云和年鉴

2023

云和县地方志编纂委员会 编

方志出版社
Publishing House of Local Records

图书在版编目（CIP）数据

云和年鉴. 2023 / 云和县地方志编纂委员会编.
北京 : 方志出版社, 2023.11
ISBN 978-7-5144-5936-4

Ⅰ. ①云… Ⅱ. ①云… Ⅲ. ①云和县－2023－年鉴
Ⅳ. ①Z525.54

中国国家版本馆CIP数据核字(2023)第234787号

责任编辑：刘方圆
责任校对：张玉霞
责任印制：梅中英
出 版 者：方志出版社
地　　址：北京市朝阳区潘家园东里9号（国家方志馆4层）
邮　　编：100021
网　　址：http://www.zgfzcb.cn
发　　行：方志出版社图书营销中心（010-67110500）
印　　刷：丽水市旺盛印刷有限公司
开　　本：889毫米×1194毫米　1/16
印　　张：24.75
字　　数：655千字
版　　次：2023年11月第1版
印　　次：2023年11月第1次印刷
定　　价：150.00元

编辑说明

一、《云和年鉴》系中共云和县委、云和县人民政府主办，云和县地方志编纂委员会牵头编纂，《云和年鉴》编辑部负责编辑的综合性地方年鉴，是一部具有公报性、史料性、科学性、权威性、实用性的地情资料工具书。自 1997 年起，坚持一年一鉴，已出版 27 卷。

二、《云和年鉴(2023)》以马克思列宁主义、毛泽东思想、邓小平理论、“三个代表”重要思想、科学发展观、习近平新时代中国特色社会主义思想为指导，坚持辩证唯物主义和历史唯物主义的立场、观点和方法，力求全面、客观、真实、系统地反映 2022 年云和县经济、政治、文化、社会、生态等方面的基本面貌和发展进程，力求涵盖全域、横陈百科、归类合理、层级分明、内容翔实、数据准确，以充分发挥年鉴存史资政、服务社会、宣传云和的作用。

三、《云和年鉴(2023)》记述时限为 2022 年 1 月 1 日至 12 月 31 日。

四、《云和年鉴(2023)》采用分类编辑法，框架结构由卷首、百科、卷尾三个部分组成，除特载、文件选编采用综合性文体外，其他类目(栏目)均采用条目体。百科部分设类目、分目、条目三个层次。条目可分为综合性条目和单一性条目，是年鉴记述的基本形式。较 2022 年卷框架略有调整，在卷首增云和县行政区划图、云和县城区图；在百科部分增设类目“云和人物”。

五、《云和年鉴(2023)》设特载、大事记、县情概览、云和人物、中国共产党云和县委员会、云和县人民代表大会、云和县人民政府、政协云和县委员会、中共云和县纪律检查委员会 云和县监察委员会、民主党派 群众团体、人力资源 社会保障、法治、军事、农业 林业 水利 气象、工业经济 招商引资、贸易、交通、邮政通信、城乡建设 环境保护、经济管理、财政 税务、国有资本投资运营、金融、教育科技、文化 广电 旅游 体育、卫生健康 医疗保障、社会生活、乡镇 街道、文件选编、附录。

六、《云和年鉴(2023)》资料、图片由县直部门、单位(含条管单位)和乡镇、街道提供，并经供稿单位负责人审核。主要数据要求以云和县统计局公布的数据为准。数字用法、标点符号用法分别采用国家标准《出版物上数字用法》(GB/T 15835-2011)、《标点符号用法》(GB/T 15834-2011)，计量单位采用国家技术监督局 1993 年 12 月发布的《量和单位》系列国家标准，农田土地面积仍沿用“亩”(1 公顷=15 亩)为计量单位。

2022年2月11—14日，云和县第十七届人民代表大会第一次会议在县文化中心召开

（县人大办/提供）

2022年2月10—13日，中国人民政治协商会议第十届云和县委员会第一次会议在县文化中心召开

（县政协办/提供）

2022年6月6日，县委书记李忠伟（前排中）赴元和街道调研童话小镇项目古竹区块
（县委办/提供）

2022年3月30日，县人大常委会主任叶晓勇（右二）为县政府组成部门主要负责人颁发任命书 （县人大办/提供）

2022年3月15日,县委副书记、县长周鸿飞（中）调研云和梯田创建国家AAAAA级旅游景区工作
（县府办/提供）

2022年5月17日，县政协主席章作飞（右一）在元和街道梨庄村苏坑雪梨基地调研指导雪梨产业发展　　（县政协办/提供）

2022年10月16—22日，云和县第三中学教师钟华燕在北京人民大会堂参加中国共产党第二十次全国代表大会　　（央视记者/提供）

2022年10月25日，省建设集团总经理叶锦锋（前排右二）一行到元和街道梨庄村走访慰问百岁老人和老党员，了解村级产业发展情况　　（元和街道/提供）

2022年11月3—4日，国家林草局副专员高尚仁一行到云和开展森林涉林案件督办工作　　　（县林发中心/提供）

2022年11月23日，由省老年活动中心、省老年事业发展基金会、市卫生健康委（市老龄办）、县人民政府主办的"共同富裕与健康老龄化"研讨会在云和举行　　　（徐天飞/摄）

2022年10月25日，县人大代表视察云和县中医医院迁建工程
（县人大办/提供）

2022年10月23日，石塘镇"宣小二"志愿者在朱村村开展党的二十大精神宣讲
（石塘镇/提供）

2022年3月2日，云和梯田创建国家AAAAA级旅游景区推进大会在县政府第四会议室召开，县委 书记李忠伟出席并讲话

（县文旅局/提供）

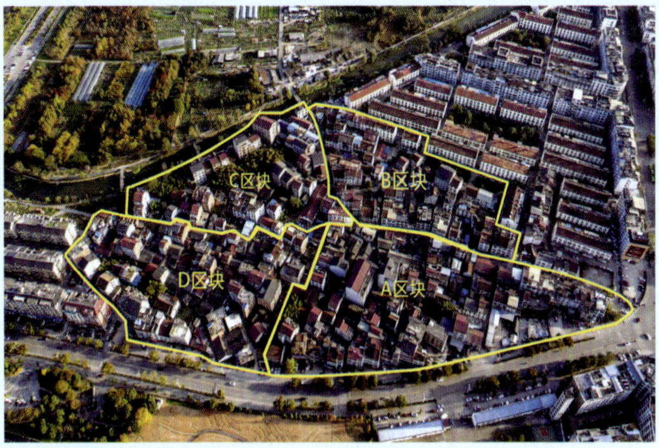

2022年4月1日，云和县小徐未来社区迁建工程分批有序启动 （元和街道/提供）

2022年3月2日，坐落于经开区兴昌街的县公共服务中心大楼落成 （县工投公司/提供）

2022年12月22日，浮云街道创成全省美丽城镇建设省级样板。图为县城浮云溪河段

（浮云街道/提供）

2022年8月19日，全市落实八个多跨制度现场推进会暨半年度工作点评会在云和召开

（县委政法委/提供）

2022年1月10日，县公安局举办“践‘三能’铸铁军 青年民警话清廉”主题演讲比赛

（县公安局/提供）

2022年5月24日，县检察院聚焦数字赋能，推动检察工作高质量发展 （县检察院/提供）

2022年11月9日，县委法院工作会议暨司法助力营商环境推进会召开（县法院/提供）

2022年12月，县司法局举办以“宪法的精神 法治的力量”为主题的庆祝现行宪法公布施行四十周年系列活动 （县司法局/提供）

2022年3月，丽水华宏钢铁制品有限公司60万吨普转优升级项目落地

（云和电视台/提供）

2022年7月，国网云和县供电公司带电作业班对线路进行检修，保障居民清凉度夏

（县供电公司/提供）

浙江诚创精密机械股份有限公司全貌

（县经贸局摄于2022年5月）

浙江和信玩具集团有限公司木制玩具展厅

（许威燕摄于2022年3月）

凤凰山街道后山村数字果园
（郑万里摄于2022年12月）

2022年9月20日，县农业农村局、元和街道在梨庄村举办第五届农民丰收节　　（元和街道/提供）

赤石乡麻垟村黑木耳基地
（县农业农村局摄于2022年10月）

2022年7月15日，云和县举办第一届“云和师傅”技能大赛
（县农业农村局/提供）

2022年12月1日，云和县“瓯江水上蛟龙节”成功入选第六批浙江省非物质文化遗产代表性项目名录　（浮云街道/提供）

2022年8月30日，中共云和县委宣传部、崇头镇人民政府等12个单位联合在黄家畲村举办第三届纳凉狂欢节　（崇头镇/提供）

2022年6月15日，县文广旅体局举办“山路促共富·全民健身走”云和梯田毅行活动　（县文旅局/提供）

2022年6月15日，第十七届浙江山水旅游节暨第十六届云和梯田开犁节系列活动开幕　（县文旅局/提供）

北京市人民政府天安门地区管理委员会将一面曾在天安门广场升挂过的国旗赠予丽水，以增强丽水人国旗意识、国家理念，进一步传承弘扬浙西南革命精神。图为2022年8月5日，该面国旗在县体育馆展出　（县档案馆/提供）

2022年3月18日，县人民政府举行《云和县志（1991—2010）》首发仪式

（县档案馆/提供）

2022年9月27日，县交通运输行业党委和快递行业党委成立（县交通局/提供）

2022年3月31日，县委常委、宣传部部长梅华（左一）在镇政府为紧水滩镇网络文化传播基地授牌　（紧水滩镇/提供）

2022年5月27日，县退役军人服务中心举行老兵优待证首发仪式（季少闽/摄）

2022 年 8 月 1—3日，云和县纪检监察干部综合业务能力提升培训班在中共丽水市委党校举办（叶 敏/摄）

2022年3月11日，全县开展以“我为亚运种棵树”为主题的全民义务植树活动（县林业发展中心/提供）

2022年8月，国网云和县供电公司员工前往白龙山街道三门村为农户秋收做好服务（张海艳/摄）

2022年4月19日，浮云街道基层治理数字化运用“治村宝”试点社区授牌仪式举行（浮云街道/提供）

2022年8月30日，全县教育高质量发展大会在县文化中心举行
（县教育局/提供）

2022年9月14日，云和中学与慈溪中学签订教育合作协议　　（县教育局/提供）

2022年7月25日，浙江中医药大学在县人民医院举行“就业实践基地”授牌仪式
（县卫健局/提供）

2022年11月23日，宁波北仑与云和文化走亲活动在县文化中心举行
（县文旅局/提供）

2022年11月6日，中国桨板公开赛在云和湖赤石水域举行　（县文旅局/提供）

2022年11月23日，全省首届老年益智木玩比赛在云和县童话小镇举行　（徐天飞/摄）

2022年3月2日，凤凰山街道新岭村举办桃花节　（县融媒体中心/提供）

2022年10月8日，白龙山街道联合多部门开展防灾减灾科普知识进社区活动　（张文娟/摄）

2022年11月1日，安溪畲族乡创建省级美丽城镇样板工程竣工验收（安溪畲族乡/提供）

2022年11月30日，安溪畲族乡举行党员教育基地（张亚人党章学堂）建成仪式（安溪畲族乡/提供）

2022年6月5日，雾溪畲族乡坪垟岗村创建丽水市花园乡村精品村相关项目竣工（雾溪畲族乡/提供）

浮云街道溪口村风光（吕周亮摄于2022年9月）

目　录

特　载

拼担当 比实干 争进位
推动全国山区县域新型城镇化
共富样板拼争成势
——2023 年 1 月 29 日在县委
十五届三次全体(扩大)
会议上的报告 ……………………(1)
云和县人民代表大会常务委员会
工作报告
——2023 年 2 月 8 日
在云和县第十七届人民
代表大会第二次会议上 ……(12)
政府工作报告
——2023 年 2 月 8 日
在云和县第十七届人民
代表大会第二次会议上 ……(18)
中国人民政治协商会议第十届
云和县委员会常务委员会
工作报告
——2023 年 2 月 7 日
在政协第十届云和县
委员会第二次会议上 ……(29)

大 事 记

1 月 ……………………………(35)
2 月 ……………………………(37)
3 月 ……………………………(38)
4 月 ……………………………(40)
5 月 ……………………………(42)
6 月 ……………………………(44)
7 月 ……………………………(46)
8 月 ……………………………(48)
9 月 ……………………………(50)
10 月 …………………………(53)
11 月 …………………………(55)
12 月 …………………………(57)

县情概览

综述　区划 ……………………(59)
县情综述 ………………………(59)
行政区划 ………………………(60)
地形　气候 ……………………(60)
地形地貌 ………………………(60)
气候气象 ………………………(60)
战略　特产 ……………………(60)
发展战略 ………………………(60)
特色产业 ………………………(61)

云和人物

钟华燕 …………………………(62)

中国共产党云和县委员会

县委重要会议 …………………(64)
全县三级干部大会 ……………(64)
县委全体(扩大)会议 …………(64)
全县领导干部会议 ……………(64)
省委巡视云和工作会议 ………(65)
县委常委会会议 ………………(65)
县委主要工作 …………………(68)
概况 ……………………………(68)
加强党的领导和党的建设……(68)
统筹项目建设和经济发展……(68)
创建美丽生态和美丽城乡 ……(69)
持续深化改革和扩大开放……(69)
增进民生福祉和平安底色 ……(70)
县委办公室工作 ………………(70)

概况 ……………………………(70)
强化理论提素养 ………………(70)
勇于担当出实绩 ………………(71)
优化服务展作为 ………………(71)
勤修内功强队伍 ………………(72)
组织工作 ……………………(73)
概况 ……………………………(73)
基层组织建设 …………………(73)
干部选用管理 …………………(74)
人才队伍建设 …………………(75)
宣传工作 ……………………(75)
概况 ……………………………(75)
理论武装走深走实 ……………(75)
主题报道强势出圈 ……………(75)
文化惠民提质增效 ……………(76)
文明风尚蔚然成风 ……………(76)
网络空间日渐清朗 ……………(76)
文化阵地巩固夯实 ……………(76)
主体责任落细落实 ……………(76)
统战工作 ……………………(76)
概况 ……………………………(76)
坚持政治引领 …………………(77)
助力共同富裕 …………………(77)
发挥乡贤作用 …………………(77)
助推民企发展 …………………(77)
重视民族工作 …………………(77)
宗教事务管理 …………………(78)
注重队伍建设 …………………(78)
党校工作 ……………………(78)
概况 ……………………………(78)
理论学习 ………………………(78)
干部培训 ………………………(78)
科研咨政 ………………………(79)
校园建设 ………………………(79)
信访工作 ……………………(79)
概况 ……………………………(79)
基层基础扎实有力 ……………(79)
信访积案攻坚有为 ……………(79)
双向规范推进有序 ……………(80)
矛盾纠纷化解有力 ……………(80)
老干部及关心下一代工作 ……(80)
概况 ……………………………(80)
全面强化党建引领 ……………(80)
服务保障落地见效 ……………(80)
抓牢抓实阵地建设 ……………(81)
有序推进各项活动 ……………(81)
扎实开展走访慰问 ……………(81)
护航青春助推成长 ……………(82)
思政教育走深走实 ……………(82)
持续加强自身建设 ……………(82)
机构编制工作 ………………(82)
概况 ……………………………(82)
重塑变革,优化资源配置 ……(83)
聚焦督查,规范编制工作 ……(83)
数字赋能,加强职数管理 ……(84)
重视践行,激发队伍活力 ……(84)
档案史志工作 ………………(84)
概况 ……………………………(84)
档案事业稳步发展 ……………(84)
史志工作全面推进 ……………(85)

云和县人民代表大会

县人大重要会议 ……………(87)
县十七届人代会一次
会议 ……………………………(87)
县人大常委会会议 ……………(87)
县人大主要工作 ……………(88)
切实开展工作评议 ……………(88)
执法检查视察调研 ……………(88)
代表议案建议办理 ……………(88)
工业园区人大工作 ……………(89)
基层单元基础建设 ……………(89)

云和县人民政府

县政府重要会议 ……………(90)
县政府常务会议 ………………(90)
县政府专题会议 ………………(92)
县政府其他会议 ………………(95)
县政府主要工作 ……………(97)
县委县政府工作成效 ………(100)
崇头镇创成全市首个省级
园林城镇 ………………………(100)
云和县获评浙江省水库移民
工作考核优秀县 ………………(100)
小顺村入选省级未来乡村
建设试点村 ……………………(101)
云和县新增 1 个省级稻渔
综合种养示范基地 ……………(101)
云和县新增 2 处省级中小学
劳动实践基地暨学农
基地 ……………………………(101)
云和县 2 所学校获评省
现代化学校 ……………………(101)
云和县“十里云河”库区经济
产业带提升工程入选
浙江省水库移民共同
富裕示范项目 …………………(102)
云和县流动供销致富车项目
入选全国首批县域流动服务
网络建设典型案例 ……………(102)
浮云街道与安溪畲族乡入选
2022 年全省美丽城镇建设
省级样板创建名单 ……………(102)

云和县获评 2021 年度法治浙江(法治政府)建设优秀单位 ……………………(102)
云和县 3 个村庄入选第一批“丽水市清廉村居引领村”……(102)
云和县被命名为第三批省级全域旅游示范县 …………(103)
云和县 2 个村入选全省第二批未来乡村创建名单 ………(103)
崇头镇成功入选首批“浙江省摄影之乡” ………………(103)
云和县发布环境空气质量健康指数案例入选健康中国行动推进地区典型经验案例 …………………(103)
《云和创新构建生态环境健康管理新模式探索“两山”转化新路径》被列入第二批全省生态环境系统共同富裕最佳实践名单 …………………(103)
云和梯田入选国家首批 15 个“天气气候景观观赏地”……(104)
云和县 36 个村入选省级乡村振兴重点帮促村 ………(104)
云和县实验小学入围基于学习方式变革的新型教学空间典型范例培育名单 ………(104)
云和县大坪社区入围第五批未来社区创建名单 ………(104)
全省首个地方海事系统防溺水实训基地在云和挂牌成立 …………………(105)
白龙山街道大坪社区妇女儿童驿站被评为 2022 年度首批浙江省三星妇女儿童驿站……(105)
云和县一条线路入选首批浙江主题非遗旅游线路 ………(105)
“云和木玩”工坊入选省级非遗工坊创建名单 ……………(105)
云和县入选全省首批“无废城市”建设名单 …………………(106)
云和梯田上榜浙江第一批山区 26 县“造月工程”名单……(106)
云和县流动供销致富车项目获评《全国农业社会化服务典型》案例 ………………(106)
崇头镇梅竹村入选 2022 年浙江省气候标志胜地名单 ………(106)
云和县 7 家农家乐(民宿)被评为浙江省五星级农家乐 ……(107)
云和县入选全省首批中小企业数字化改造试点县创建名单 …………………(107)
云和县 5 家乡村博物馆被认定为浙江省第二批乡村博物馆……(107)
云和县入选全省强村富民乡村集成改革实践试点名单 ……(107)
云和县“家校共育改革”入选浙江省深化新时代教育评价改革单项试点项目 ………(107)
云和县“家校共育系统”入选浙江省教育领域数字化改革创新试点项目 ……………(108)
云和童话书房入选首届浙江省最美公共阅读空间 ………(108)
云和县东部省级现代农业园区入选省级现代农业园区创建名单 ……………(108)
凤凰山街道新岭村获评省级美丽庭院特色村 …………(108)
云和县被命名为浙江省第二批大花园示范县 ……………(108)
大坪社区入选全省首批共同富裕现代化基本单元“一老一小”服务场景名单 ……(109)
云和县 3 处基地入选丽水市首批“丽水山景”示范基地 ……(109)
云和县云善共富暖心团入选丽水市“山区养老”十大创新案例 …………………(109)
云和县 2 个乡镇(街道)获评浙江省农村文化礼堂建设示范乡镇(街道) …………(109)
云和县创成 2021 年度省十佳新增违建管控示范典型县 ……(109)
云和县 1 家渔业经营主体获评省级渔业共富主体 ………(110)
云和县金采油茶种植专业合作社基地获评省级第二批“一亩山万元钱”高质量基地 ………………………(110)
云和县一镇五村上榜全省第二批低(零)碳乡镇(街道)、村(社区)及减污降碳协同试点创建单位名单 ………(110)
云和县 1 家社会组织获评 2022 年浙江省品牌社会组织 ……(110)
云和县设立全市首个“法制审核室” ……………(110)
云和一项目入选全省首批跨乡镇开展全域土地综合整治试点 …………………(111)
凤凰山街道普光社区入选省第六批未来社区创建名单 …………………………(111)

云和县入选 2023 年度“一事一议”财政奖补支持打造共富乡村试点实施类项目名单 ……(111)
云和县“街乡共治”管理模式入选全国乡村治理典型案例 ……(111)
云和县第二中学获评浙江省群众体育工作成绩突出集体 ……(111)
云和县一家庭农场被认定为浙江省水产健康养殖示范场 ……(111)
崇头镇梅源村入选省第十一批历史文化(传统)村落保护利用重点村名单 ……(112)
浙江云和雪梨栽培系统入选第一批省级重要农业文化遗产资源名单 ……(112)
云和县 4 人被聘为 2022 年度省级林业乡土专家 ……(112)
云和县 8 个产品入选第 15 届中国义乌国际森林产品博览会优质产品获奖名单 ……(112)
云和木玩童话小镇项目入选全省首批文化基因解码成果转换利用示范项目 ……(112)
云和 12 家民宿入选全省首批“百县千宿”培育名单 ……(112)
云和县 6 个产品被评为 2022 年浙江网上农博会优质产品 ……(112)
浙江省木制玩具知识产权联盟入选 2022 年省级产业知识产权联盟备案名单 ……(113)
云和木玩童话小镇入选第一批浙江省特色小镇最佳实践案例 ……(113)
云和县“四好农村路”两专管养新模式入选省第一批交通服务共同富裕试点名单 ……(113)
云和梯田农旅“共富工坊”入选全省首批百家电商直播式“共富工坊”典型案例 ……(113)
云和县获评 2022 年度全省深化“千万工程”建设新时代美丽乡村(农村人居环境提升)工作优胜县 ……(113)
龙泉溪(云和石塘水库—规溪村段)入选浙江省 2022 年美丽河湖名单 ……(114)
云和县 3 个乡镇(街道)入选 2022年度省级美丽城镇名单 ……(114)
石塘镇小顺村入选浙江省第二批未来乡村名单 ……(114)
白龙山街道大坪社区入选浙江省 2022 年度第二批未来社区名单 ……(114)
云和“十里云河”县域风貌样板区入选浙江省 2022 年度第三批城乡风貌样板区名单 ……(114)
云和县天盛生态农业有限公司被评为 2022 年浙江省美丽牧场 ……(115)
云和县被认定为 2022 年“肥药两制”改革综合试点县 ……(115)
云和县新增一家省级低碳生态农场 ……(115)
“云和梯田”入选 2022 年示范级文旅融合 IP 名单 ……(115)
浙江和信玩具集团有限公司被认定为 2022 年浙江省文化产业示范基地 ……(115)
云和县一模式被认定为第一批省级农民培训促富品牌 ……(115)
云和县一街区被评为 2022 年度浙江省“高品质示范街区” …(116)
县政府办公室工作 ……(116)
概况 ……(116)
办文办会 ……(116)
项目攻坚 ……(116)
督促检查 ……(116)
行政审批事务 ……(117)
概况 ……(117)
深化服务,跨省通办 ……(117)
县乡一体,一网通办 ……(117)
畅通渠道,受理诉求 ……(118)
数字改革,先导指标 ……(118)
办事流程,优化高效 ……(118)
电子交易,线上开标 ……(118)
机关事务管理 ……(118)
概况 ……(118)
规范管理 ……(119)
竭诚服务 ……(119)
自身建设 ……(119)
大数据和金融发展 ……(119)
概况 ……(119)
聚焦公共数据 ……(120)
推广两端应用 ……(120)
统筹管理项目 ……(120)
保障网络安全 ……(120)
金融成效显著 ……(120)
创新信贷模式 ……(121)

推进股改上市 ……………………(121)
争取省市试点 ……………………(121)

政协云和县委员会

县政协重要会议 ……………(122)
县政协十届一次会议 ………(122)
县政协常委会会议 …………(122)
县政协主席会议 ……………(123)
县政协主要工作 ……………(124)
讲政治,把牢正确方向 ……(124)
助发展,切实履行职能 ……(125)
谋共识,凝聚强大合力 ……(126)
强自身,激发队伍活力 ……(126)

中共云和县纪律检查委员会 云和县监察委员会

纪委重要会议 ………………(127)
县纪委十五届二次全体(扩大)
会议 ……………………………(127)
纪检监察工作 ………………(127)
概况 ……………………………(127)
加强政治监督,服务保障
精准有力 ………………………(127)
坚持惩防并举,反腐成果
不断巩固 ………………………(127)
深化四责协同,监督效能
不断提升 ………………………(128)
精准纠治四风,党风政风
持续向好 ………………………(128)
做实政治巡察,利剑锋芒
更加彰显 ………………………(128)
推动监督下沉,民生民利
有效维护 ………………………(128)
深化清廉共建,清风正气
日益充盈 ………………………(129)
聚焦铁军锻造,队伍建设
再上台阶 ………………………(129)

民主党派　群众团体

**中国民主同盟云和县基层
委员会** …………………………(130)
概况 ……………………………(130)
参政议政 ………………………(130)
社会服务 ………………………(130)
学习宣传 ………………………(131)
组织建设 ………………………(131)
爱岗敬业 ………………………(131)
云和县总工会 ………………(132)
概况 ……………………………(132)
基层工会建设 …………………(132)
职工疗养休养 …………………(132)
困难职工帮扶 …………………(132)
组织先进评选 …………………(133)
开展文体活动 …………………(133)
提升职工技能 …………………(133)
医疗互助工作 …………………(133)
文化阵地建设 …………………(133)
共青团云和县委 ……………(134)
概况 ……………………………(134)
聚焦思想建设,提高青年
引领力 …………………………(134)
聚焦组织覆盖,增强青年
聚合力 …………………………(134)
聚焦服务大局,彰显青年
担当力 …………………………(134)
聚焦创业创新,强化发展
支撑力 …………………………(134)
聚焦作风建设,提升队伍
战斗力 …………………………(135)
云和县妇女联合会 …………(135)
概况 ……………………………(135)
巾帼红 …………………………(135)
巾帼创 …………………………(135)
巾帼家 …………………………(136)
巾帼爱 …………………………(137)
云和县科学技术协会 ………(137)
概况 ……………………………(137)
重视科普建设 …………………(137)
提升科学素质 …………………(138)
加强学会工作 …………………(139)
科技人才培育 …………………(139)
基层组织建设 …………………(140)
云和县工商业联合会 ………(140)
概况 ……………………………(140)
服务企业 ………………………(140)
招商引资 ………………………(140)
教育培训 ………………………(141)
优化环境 ………………………(141)
参政议政 ………………………(141)
云和县文学艺术界联合会 ……(141)
概况 ……………………………(141)
文学创作 ………………………(142)
美术创作 ………………………(142)
摄影创作 ………………………(142)
书法创作 ………………………(143)
诗词楹联 ………………………(143)
民间艺术 ………………………(143)
云和县残疾人联合会 ………(143)
概况 ……………………………(143)
党建引领 ………………………(143)
助残惠残 ………………………(144)
康复服务 ………………………(144)

设施建设 ……………………(144)
文化助残 ……………………(144)
云和县红十字会 ……………(145)
概况 …………………………(145)
换届工作 ……………………(145)
募捐活动 ……………………(145)
应急救护 ……………………(145)
项目建设 ……………………(146)
捐献工作 ……………………(146)

人力资源　社会保障

人力资源 ……………………(147)
概况 …………………………(147)
就业服务 ……………………(147)
就业帮扶 ……………………(147)
创业扶持 ……………………(147)
人事管理 ……………………(147)
职称评定 ……………………(148)
人才引进 ……………………(148)
技能提升 ……………………(148)
社会保障 ……………………(148)
概况 …………………………(148)
社保扩面 ……………………(148)
社保待遇 ……………………(148)
社保经办 ……………………(148)
便民服务 ……………………(149)
基金监督 ……………………(149)
协调关系 ……………………(149)
劳动监察 ……………………(149)
劳动仲裁 ……………………(149)

法　　治

政法委与综治 ………………(150)
概况 …………………………(150)
除险保安 ……………………(150)
平安建设 ……………………(150)
网格治理 ……………………(150)
数字法治 ……………………(150)
执法司法 ……………………(150)
队伍建设 ……………………(151)
公安 …………………………(151)
概况 …………………………(151)
维护稳定取得新成效 ………(151)
服务大局彰显新担当 ………(151)
重点打处实现新提升 ………(151)
社会治理凸显新作为 ………(151)
公安改革再上新台阶 ………(152)
法治建设创造新高度 ………(152)
公安队伍展现新形象 ………(152)
检察 …………………………(152)
概况 …………………………(152)
刑事检察 ……………………(152)
民事检察 ……………………(153)
行政检察 ……………………(153)
公益诉讼 ……………………(153)
数字检察 ……………………(153)
队伍建设 ……………………(153)
法院 …………………………(154)
概况 …………………………(154)
刑事审判 ……………………(154)
民事审判 ……………………(154)
行政审判 ……………………(154)
执行工作 ……………………(154)
司法为民 ……………………(154)
数字法院 ……………………(154)
队伍建设 ……………………(154)
司法行政 ……………………(155)
概况 …………………………(155)
法治政府建设 ………………(155)
司法行政工作 ………………(155)
干部队伍建设 ………………(156)

军　　事

人民武装 ……………………(157)
概况 …………………………(157)
县委召开军事会议 …………(157)
完成年度征兵任务 …………(158)
积极抓好民兵建设 …………(158)
组织国防教育培训 …………(158)
抓好教育整顿帮扶 …………(159)
开展专项核查活动 …………(159)
加强安全保密工作 …………(159)
退役军人事务 ………………(159)
概况 …………………………(159)
优抚政策精准落实 …………(159)
双拥创建成效显著 …………(160)
就业培训实用高效 …………(160)
示范创建整体推进 …………(160)
权益保障全力落实 …………(160)
强化党风廉政建设 …………(160)
创新工作亮点纷呈 …………(160)
武装警察 ……………………(161)
概况 …………………………(161)
强化支部抓党建 ……………(161)
突出思教抓育人 ……………(161)
规范执勤抓安保 ……………(162)
围绕中心抓建设 ……………(162)
着眼点滴抓养成 ……………(163)
保障需求抓改善 ……………(163)

农业　林业　水利　气象

农业农村 ……………………(164)
概况 …………………………(164)

重视粮食生产 ……………… (164)
扶持主导产业 ……………… (164)
强化综合监管 ……………… (165)
产业融合发展 ……………… (165)
农业科技推广 ……………… (165)
美丽乡村建设 ……………… (166)
推进共同富裕 ……………… (166)
农业农村改革 ……………… (166)
云和三白品牌 ……………… (166)
林业 ……………… (167)
概况 ……………… (167)
林业改革发展 ……………… (167)
生态林业建设 ……………… (167)
林业产业培育 ……………… (167)
森林资源管护 ……………… (167)
落实两防措施 ……………… (168)
实施林长机制 ……………… (168)
强化队伍教育 ……………… (168)
重视廉政建设 ……………… (169)
水利 ……………… (169)
概况 ……………… (169)
水利项目建设 ……………… (169)
美丽河湖创建 ……………… (170)
农村供水保障 ……………… (170)
落实安全责任 ……………… (170)
强化行政执法 ……………… (170)
重视资源保护 ……………… (171)
加强防汛抗台 ……………… (171)
深化数字改革 ……………… (171)
气象 ……………… (171)
概况 ……………… (171)
气候特点 ……………… (172)
气候要素 ……………… (172)
气候事件 ……………… (174)
影响评价 ……………… (176)

工业经济　招商引资

工业经济 ……………… (178)
概况 ……………… (178)
推进助企服务 ……………… (178)
兑现优惠政策 ……………… (178)
深化亩均改革 ……………… (178)
发展数字经济 ……………… (178)
推进重点项目 ……………… (178)
腾出发展空间 ……………… (179)
招商引资 ……………… (179)
概况 ……………… (179)
着眼谋划，锚定招引方向 …… (179)
聚焦项目，提升招引成效 …… (179)
夯实基础，落实招引措施 …… (179)
协同推进，深化平台共建 …… (179)
促农增收，培育内生动力 …… (180)
互助共融，深化协作内涵 …… (180)
工业园区 ……………… (180)
概况 ……………… (180)
平台建设有序推进 ……………… (181)
招商引资稳步开展 ……………… (181)
营商环境持续优化 ……………… (181)
企业品质逐步提升 ……………… (182)
党建工作不断夯实 ……………… (182)
电力工业 ……………… (182)
概况 ……………… (182)
安全生产平稳有序 ……………… (183)
电网战略扎实推进 ……………… (183)
营销服务持续提升 ……………… (183)
经营管理提质增效 ……………… (183)
党建工作全面加强 ……………… (183)
创新创效成果显著 ……………… (184)

贸　易

国内贸易 ……………… (185)
概况 ……………… (185)
促进内贸发展 ……………… (185)
对外贸易 ……………… (185)
概况 ……………… (185)
助推外贸发展 ……………… (185)
培育跨境电商 ……………… (185)
供销工作 ……………… (186)
概况 ……………… (186)
思想政治教育 ……………… (186)
农村商贸流通 ……………… (186)
拓展服务渠道 ……………… (187)
搭建服务平台 ……………… (187)
资产保值增值 ……………… (187)
重视安全生产 ……………… (187)
党风廉政建设 ……………… (187)
意识形态工作 ……………… (188)
烟草专卖 ……………… (188)
概况 ……………… (188)
专卖监管 ……………… (188)
智慧工程 ……………… (188)
安全管理 ……………… (188)
石油经营 ……………… (188)
概况 ……………… (188)
确保安全运行 ……………… (189)
推进业务发展 ……………… (189)
重视治违打非 ……………… (189)

交　通

交通运输 ……………… (190)
概况 ……………… (190)

重大项目加快建设 …………(190)
民生福祉持续提升 …………(190)
行业治理切实加强 …………(191)
公路管理 …………(192)
概况 …………(192)
国省道路整治 …………(192)
农村公路养护 …………(192)
港航管理 …………(192)
概况 …………(192)
客运船舶监管 …………(193)
水域项目建设 …………(193)
邮政管理 …………(193)
概况 …………(193)
行业效益 …………(193)
安全管理 …………(193)

邮政　通信

邮政 …………(194)
中国邮政云和分公司 …………(194)
概况 …………(194)
金融业务 …………(194)
寄递业务 …………(194)
传统业务 …………(194)
电商业务 …………(194)
党建工作 …………(195)
内部管理 …………(195)
通信 …………(195)
中国电信云和分公司 …………(195)
概况 …………(195)
党员教育 …………(195)
廉政建设 …………(195)
市场经营 …………(196)
设施改造 …………(196)
服务社会 …………(196)
中国移动云和分公司 …………(196)
概况 …………(196)
党建引领 …………(196)
客户服务 …………(196)
网络建设 …………(197)
安全生产 …………(197)
中国联通云和分公司 …………(197)
概况 …………(197)
抓党建，促发展 …………(197)
抓改革，促优化 …………(197)
抓营销，促服务 …………(198)
抓融合，促增效 …………(198)
抓效能，促共建 …………(198)

城乡建设　环境保护

城乡建设 …………(199)
概况 …………(199)
推进城市建设 …………(199)
完善市政设施 …………(200)
城乡住房保障 …………(200)
优化宜居环境 …………(200)
加快绿化步伐 …………(200)
强化行业管理 …………(201)
重视安全运行 …………(201)
土地与房屋征收 …………(201)
概况 …………(201)
征收政策 …………(201)
安置管理 …………(202)
服务指导 …………(202)
党建引领 …………(202)
廉政建设 …………(202)
生态环境保护 …………(203)
概况 …………(203)
污物排放控制 …………(203)
水土污染防治 …………(204)
生态修复保护 …………(204)
生态示范创建 …………(204)
绿色低碳节能 …………(205)
环境监管执法 …………(205)
生态管理改革 …………(205)
城市管理 …………(206)
概况 …………(206)
推进执法改革 …………(206)
违建审查管控 …………(206)
市容环境整治 …………(207)

经济管理

发展和改革 …………(208)
概况 …………(208)
编制课题研究 …………(208)
经济运行分析 …………(208)
加强项目管理 …………(208)
服务迭代升级 …………(209)
推进重点改革 …………(210)
重视能源发展 …………(210)
市场价格监管 …………(210)
粮油安全管理 …………(210)
统计工作 …………(211)
概况 …………(211)
监测分析 …………(211)
统计监督 …………(212)
党建工作 …………(212)
审计监督 …………(212)
概况 …………(212)
预算执行审计 …………(212)

政策跟踪审计 ……………… (213)
民生项目审计 ……………… (213)
经济责任审计 ……………… (213)
强化审计管理 ……………… (213)
提升审计质量 ……………… (213)
推动审计整改 ……………… (214)
加强内审指导 ……………… (214)
坚持党建引领 ……………… (214)
注重队伍建设 ……………… (215)
自然资源管理 ……………… (215)
概况 ……………………… (215)
国土空间合理布局 ………… (215)
土地收储报批利用 ………… (216)
矿产管理地灾防治 ………… (216)
自然资源保护修复 ………… (216)
国土调查数据应用 ………… (217)
省域空间智治改革 ………… (217)
地下市政设施普查 ………… (217)
自然资源法治建设 ………… (218)
思想作风廉政建设 ………… (218)
应急管理 ………………… (218)
概况 ……………………… (218)
安全生产管理 ……………… (218)
防灾减灾救灾 ……………… (219)
强化基层建设 ……………… (220)
消防救援 ………………… (220)
概况 ……………………… (220)
落实监管责任 ……………… (221)
积极执勤备战 ……………… (221)
强化安全检查 ……………… (221)
重视消防教育 ……………… (222)
市场监督管理 …………… (222)
概况 ……………………… (222)
营商环境不断优化 ………… (222)
安全监管科学有序 ………… (223)
除险保安扎实有力 ………… (223)
创新实践先试先行 ………… (224)
队伍建设持续强化 ………… (224)

财政　税务

财政 ……………………… (225)
概况 ……………………… (225)
组织财政收入 ……………… (225)
经济稳进提质 ……………… (225)
服务中心大局 ……………… (225)
深化国企改革 ……………… (226)
树牢绩效导向 ……………… (226)
严守安全底线 ……………… (227)
打造精干队伍 ……………… (227)
税务 ……………………… (227)
概况 ……………………… (227)
税务征管 ………………… (227)
税费服务 ………………… (228)
党建工作 ………………… (228)
教育培训 ………………… (228)

国有资本投资运营

国有资产投资 …………… (229)
概况 ……………………… (229)
公司运行 ………………… (229)
项目建设 ………………… (229)
债券发行 ………………… (229)
三池管理 ………………… (229)
党建引领 ………………… (230)
城市发展投资 …………… (230)
概况 ……………………… (230)
政府投资项目 ……………… (230)
民生实事工程 ……………… (230)
水利建设项目 ……………… (230)
自主开发项目 ……………… (231)
交通发展投资 …………… (231)
概况 ……………………… (231)
党建引领 ………………… (231)
项目建设 ………………… (231)
公路养护 ………………… (232)
运输服务 ………………… (232)
工业发展投资 …………… (232)
概况 ……………………… (232)
项目建设 ………………… (232)
融资工作 ………………… (233)
盘活资产 ………………… (233)
安全生产 ………………… (233)
农旅发展投资 …………… (233)
概况 ……………………… (233)
强化内控管理 ……………… (233)
拓展文旅板块 ……………… (234)
推进乡村建设 ……………… (234)
打造优良工程 ……………… (234)
促进对外合作 ……………… (234)
坚持党建统领 ……………… (235)

金　融

银行 ……………………… (236)
概况 ……………………… (236)
中国人民银行云和县支行 …… (236)
中国工商银行云和县
　支行 …………………… (237)
中国农业银行云和县
　支行 …………………… (239)

中国建设银行云和县支行 ……(239)
中国银行云和县支行 ………(241)
云和农村商业银行 …………(241)
云和联合村镇银行 …………(242)
中国邮政储蓄银行
云和县支行 ………………(243)
浙江稠州商业银行
云和支行 …………………(243)
浙江泰隆银行云和支行 ……(244)
温州银行云和支行 …………(244)
台州银行云和小微
综合支行 …………………(245)
保险 ………………………………(245)
概况 ………………………………(245)
中国人民财产保险股份
有限公司云和支公司 ……(245)
中国人寿保险股份有限公司
云和支公司 ………………(246)
中国人寿财产保险股份有限
公司云和支公司 …………(246)
中国太平洋财产保险股份
有限公司云和支公司 ……(247)
中国平安财产保险股份有限
公司云和营销服务部 ……(247)

教育　科技

教育 ………………………………(248)
概况 ………………………………(248)
党的领导切实加强 …………(248)
教育资源持续优化 …………(248)
教育改革加速推进 …………(248)
教育质量稳步提升 …………(249)
立德树人成效凸显 …………(249)
义务教育均衡发展 …………(249)
队伍建设逐步加强 …………(249)
科技 ………………………………(250)
概况 ………………………………(250)
重视科技工作 ………………(250)
扶持科技发展 ………………(250)
加强科技合作 ………………(250)
招引科技人才 ………………(250)
推动科技创新 ………………(251)
坚持特派制度 ………………(251)
强化科普宣传 ………………(251)
夯实党建基础 ………………(251)

文化　旅游　体育　广电

文化旅游体育 ………………(252)
概况 ………………………………(252)
抓党建,促进业务质效
提升 ……………………………(252)
抓提质,助推文旅产业
发展 ……………………………(252)
抓攻坚,加快景区创建
升级 ……………………………(253)
重理念,全面推进文体
服务 ……………………………(253)
抓赛事,普及全民健身
运动 ……………………………(254)
抓创新,优化提升文旅
品质 ……………………………(254)
新闻媒体 …………………………(254)
融媒体中心 ………………………(254)
概况 ………………………………(254)
机构编制 ……………………………(255)
平台建设 ……………………………(255)
新闻宣传 ……………………………(255)
党建工作 ……………………………(255)
强化引导 ……………………………(256)
安全播出 ……………………………(256)
人事管理 ……………………………(257)
工作成效 ……………………………(257)
广播转播 …………………………(257)
概况 ………………………………(257)
安全转播 ……………………………(257)
政治教育 ……………………………(258)
华数电视 …………………………(258)
概况 ………………………………(258)
党建工作 ……………………………(258)
业务经营 ……………………………(258)
网络建设 ……………………………(258)
安全生产 ……………………………(259)

卫生健康　医疗保障

卫生健康 ………………………(260)
概况 ………………………………(260)
新冠疫情防控 ………………(260)
医疗卫生改革 ………………(260)
公共卫生服务 ………………(260)
健康云和建设 ………………(261)
人口家庭发展 ………………(261)
中医传承创新 ………………(261)
老龄事业发展 ………………(261)
妇幼保健服务 ………………(262)
疾病预防控制 ………………(262)
卫生监督检查 ………………(262)
基层党建工作 ………………(263)
医疗保障 ………………………(263)
概况 ………………………………(263)
基金运行 ……………………………(263)
医保待遇 ……………………………(263)
医保救助 ……………………………(263)

优化服务 ……………………(264)
医保改革 ……………………(264)
基金监管 ……………………(264)
党建统领 ……………………(264)
履行职责 ……………………(265)
队伍建设 ……………………(265)

社会生活

民政 ……………………(266)
概况 ……………………(266)
社会救助帮扶 ……………………(266)
强化基层治理 ……………………(266)
养老事业发展 ……………………(267)
民政事务管理 ……………………(267)
党风廉政建设 ……………………(267)
移民工作 ……………………(268)
概况 ……………………(268)
移民共富项目 ……………………(268)
直补资金管理 ……………………(268)
美丽村庄建设 ……………………(268)
移民产业发展 ……………………(268)
移民技能培训 ……………………(268)
住房公积金管理 ……………………(269)
概况 ……………………(269)
公积金提贷使用 ……………………(269)
公积金政策调整 ……………………(269)
公积金政策宣传 ……………………(269)
优化公积金服务 ……………………(269)
党建统领强队伍 ……………………(270)

乡镇　街道

浮云街道 ……………………(271)
概况 ……………………(271)
加强项目建设 ……………………(271)
美丽城镇创建 ……………………(271)
除险保安工作 ……………………(272)
推进共同富裕 ……………………(272)
优化干部作风 ……………………(272)
元和街道 ……………………(273)
概况 ……………………(273)
经济发展行稳致远 ……………………(273)
城乡品质持续提升 ……………………(273)
社会民生不断改善 ……………………(273)
基层党建逐步夯实 ……………………(274)
白龙山街道 ……………………(274)
概况 ……………………(274)
项目建设 ……………………(274)
经济发展 ……………………(275)
民生福祉 ……………………(275)
环境整治 ……………………(275)
基层治理 ……………………(275)
凤凰山街道 ……………………(276)
概况 ……………………(276)
隐患整治 ……………………(276)
项目建设 ……………………(277)
平安创建 ……………………(277)
民生改善 ……………………(277)
党建引领 ……………………(277)
崇头镇 ……………………(278)
概况 ……………………(278)
全力推进景区升级 ……………………(278)
乡村振兴稳步实施 ……………………(278)
产业发展提质增效 ……………………(279)
保障全面措施有力 ……………………(279)
文化浓郁数智高效 ……………………(279)
平安崇头建设到位 ……………………(280)
石塘镇 ……………………(280)
概况 ……………………(280)
抓征迁　建项目　扩投资 ……(280)
抓产业　兴经济　促增收 ……(281)
抓整治　优环境　提品质 ……(281)
抓集聚　重保障　惠民生 ……(281)
抓治理　除风险　保安全 ……(282)
紧水滩镇 ……………………(282)
概况 ……………………(282)
坚持党的建设 ……………………(283)
深化项目引领 ……………………(283)
聚力共富增收 ……………………(283)
关注民生稳定 ……………………(284)
赤石乡 ……………………(284)
概况 ……………………(284)
项目建设蹄疾步稳 ……………………(284)
共富多园扩面提质 ……………………(285)
民生福祉不断增进 ……………………(285)
产业发展稳步增强 ……………………(286)
乡村环境显著改善 ……………………(286)
安溪畲族乡 ……………………(286)
概况 ……………………(286)
项目建设成果丰硕 ……………………(286)
民生福祉不断提升 ……………………(287)
人居环境不断改善 ……………………(287)
雾溪畲族乡 ……………………(288)
概况 ……………………(288)
加强生态治理建设
　美丽乡镇 ……………………(288)
践行两山理论促进
　绿色发展 ……………………(288)
全面推进生态资源
　统筹利用 ……………………(288)
多措并举保障民生
　促进共富 ……………………(289)
探索创新基层治理
　新型模式 ……………………(289)

文件选编

中共云和县委关于认真学习宣传贯彻党的二十大精神的通知 ……………………… (290)
云和高质量发展建设共同富裕示范区产城融合样板行动方案 ……………………… (297)
云和县环境健康管理试点工作方案 ………………… (311)
2022 年云和县国民经济和社会发展统计公报 ……………… (314)

附　　录

2022 年度各级各类先进名录 ……………………… (325)
全国先进集体 ……………… (325)
全国先进个人 ……………… (325)
全省先进集体 ……………… (325)
全省先进个人 ……………… (328)
全市先进集体 ……………… (328)
全市先进个人 ……………… (329)
县级先进集体和先进个人 ……………………… (329)
2022 年云和县主要组织机构及负责人名录 ……………… (333)
社区“两委”主要负责人名录 ……………………… (344)
行政村“两委”主要负责人名录 ……………………… (344)
县情综合情况统计表 ……… (346)

特　　载

拼担当　比实干　争进位
推动全国山区县域新型城镇化共富样板拼争成势

——2023年1月29日在县委十五届三次全体(扩大)会议上的报告

中共云和县委书记　李忠伟

这次会议的主要任务是:坚持以习近平新时代中国特色社会主义思想为指导,深入学习贯彻落实党的二十大、中央经济工作会议、省委十五届二次全会、省委经济工作会议和市委五届三次全会精神,全面总结2022年工作,研究部署2023年任务,审议通过《中共云和县委关于全面学习贯彻党的二十大精神加快打造全国山区县域新型城镇化共富样板奋力谱写中国式现代化云和新篇章的决定》,动员全县上下坚定捍卫"两个确立"、坚决做到"两个维护",奋力推动全国山区县域新型城镇化共富样板拼争成势,努力为以中国式现代化全面推进中华民族伟大复兴贡献云和力量、展现云和担当。

一、回顾总结2022年工作,云和极为不易、极不平凡

2022年是极不平凡的一年。面对百年变局和世纪疫情的叠加冲击,新一届县委常委会团结带领全县上下深学笃行习近平新时代中国特色社会主义思想,认真贯彻落实中央和省委、市委重大决策部署,全面统筹疫情防控和经济社会发展,全力把握"疫情要防住、经济要稳住、发展要安全"多目标动态平衡,在直面挑战、共克时艰中实现全国山区县域新型城镇化共富样板开局起势。

一年来,县委常委会集中精力、集中力量抓了7件牵一发而动全身的大事要事:

一是迅速兴起学习宣传贯彻党的二十大精神热潮。县委常委会把迎接党的二十大胜利召开、学习宣传贯彻党的二十大精神作为首要政治任务。党的二十大召开前,专题学习《干在实处　勇立潮头——习近平浙江足迹》、《习近平谈治国理政》第四卷等重要著作,全力做好舆论宣传、维稳安保等工作,为大会胜利召开营造了浓厚氛围、稳定环境。党的二十大召开期间,钟华燕代表首次在党的历史性盛会上发出了云和好声音。党的二十大召开后,第一时间召开全县领导干

部会议、县委理论学习中心组专题学习会，深入开展“六学六进六争先，‘小县大城’谱新篇”学习实践活动，精心组织“百场宣讲进基层”“千名青年讲共富”等主题宣讲800余场次，创新推出共富车“浙丽宣”、“沿着总书记的足迹学思想”等主题宣传，受众达110万人次，切实以县级领导班子和党员领导干部带头宣讲、学深一层，推动党的二十大精神“飞入寻常百姓家”，广泛汇聚起奋进新征程、建功新时代的共同意志和强大合力。

二是奋力实现以一域之光为全局添彩。县委常委会坚持找准云和改革发展的“坐标系”，放眼全局谋一域、立足棋局落一子，做到因时成势、因势成事。多层次、全方位、立体式展示和推介“童话云和”，引发全媒全网“现象级”传播效应，县融媒指数从全省后位跃居全省前三，其中童话云和客户端指数排名全省第一，云和一年时间四上中央电视台《新闻联播》，五登《人民日报》、新华社，被外交部发言人华春莹推特推介和18家海外主流媒体集中报道。全国政协副主席兼秘书长李斌、时任省委书记袁家军等领导莅云指导、给予肯定，农业转移人口市民化改革经验通过中改办亮相全国舞台，环境空气质量健康指数、流动供销致富车、街乡共治等入选全国典型经验案例，“小县大城”相关做法获王浩省长批示点赞，云和的一域之光以空前未有的夺目之势惊艳绽放、添彩全局。

三是慎终如始抓好常态化疫情防控。（略）

四是始终保持“大抓项目、抓大项目”的强大攻势。县委常委会坚持“项目为王”工作导向，创新实施抓项目、促投资、稳增长“161”行动，坚定深化“双招双引”战略性先导工程，常态化举行“一把手”谋项目、重大项目前期推进等大比拼，制度化落实县领导联系项目、“红旗”“蜗牛”项目评选等工作机制，首次建立“1810”千亿项目储备库、招商引资“四库一清单”，新招引的华宏60万吨普转优、新能源汽车动力电池综合利用等项目实现“拿地即开工”，235国道云和段、云缦康养度假区等大体量项目加快推进、初见成效，小徐未来社区从房屋征收到开工建设再展“小徐速度”，云景生态产业园在超常规支持、大力度破难中基本具备开工条件，固定资产投资增速保持全市前列。

五是全力冲刺梯田创AAAAA。县委常委会保持工作定力、坚定必胜信心，一以贯之、一鼓作气推进梯田创AAAAA，每半月组织实地调研、专题研究，因时因势充实专班力量，系统梳理46个重大攻坚项目，以专班化运作、项目化推进、清单化落实推动AAAAA创建突破提速。一级游客接待中心、太空舱体验等项目建成投用，稻草草遇见积木木亲子酒店、稻草草冒险乐园等成为新晋打卡点，开犁节、纳凉节等节庆效应逐步显现，“十一”旅游收入稳居全市同等级景区首位。云和梯田景区入选全省首批山区26县“造月工程”，获评省2022年示范级文旅融合IP，更是作为“中国山水工程”典型案例亮相联合国大会，迎来了决战决胜国家AAAAA级旅游景区的黄金时期、最佳机遇。

六是上下同欲开启“县中崛起”逆袭征程。县委常委会积极回应教育振兴民生期盼，升格县委教育工作领导小组，顶格配置云和中学领导班子，并在半年多深入调研、谋划思考后，以前所未有的力度高规格召开教育高质量发展大会，《关于深化综合改革推进教育高质量发展实现“县中崛起”的若干意见》和8份配套文件相继出台，实验小学分校、大坪小区幼儿园等投入使用，与慈溪中学合作办学实质性推进，民办义务教育规范工作平稳完成，“家校共育体系改革”被列入省深化新时代教育评价改革试点，县职技校荣获浙江省市县职业教育发展考核一类地区一等奖，顺利通过全国义务教育优质均衡发展县省级评估，云和教育逆袭翻盘的曙光已至、未来可期。

七是纵深推进“紧起来、快起来、跑起来”作风建设年活动。县委常委会以永远在路上的执着和韧劲推进作风建设，主动向佛系、甩锅、撞钟等作风顽疾亮剑开刀，部署开展"紧起来、快起来、跑起来"作风建设年活动,重点实施政令执行提效"马上办"、作风形象提升"马上改"等五大行动,创新开展"百舸争流"部门中层岗位履职评议,整合打造全市首家"亲清政商会客厅",对16起履职不力问题进行问责,处理干部24人;查处违反中央八项规定精神以及群众身边腐败和作风问题41起,给予党纪政务处分36人、组织处理17人;运用"四种形态"处理173人次,其中第一、第二种形态占比87.3%,切实营造严管和厚爱结合、激励和约束并重的良好环境。

一年来,县委常委会还坚持统筹兼顾、付出最大努力,深入推进其他各个方面的工作:

(一)突出克难而进,经济发展负重前行。县委常委会始终把稳增长作为第一要务,专题研究经济稳进提质工作,制定出台稳经济"1+8"政策对冲疫情影响,高效整合35条惠企政策精准滴灌企业,全面重塑规上企业"1+1+4"服务队伍,累计为企业减轻各类负担3.5亿元,惠及市场主体8.1万余家次。坚持越是困难越要转型,云和木玩入选全国、全省首批中小企业数字化转型试点,工业园区升格为省级经济开发区;成功引入中国银行、台州银行,获评全省第三批全域旅游示范县、省级文化产业发展重点县;全面完成"非粮化"整治任务,云和东部现代农业园区入选省级创建名单。全年实现地区生产总值95.14亿元,规上工业增加值24.07亿元,一般公共预算收入8.8亿元,在应对超预期因素冲击中稳住了经济基本盘。

(二)突出全域美丽,城乡建设展现新颜。县委常委会坚持县域一体、全域统筹,加强美丽生态、美丽城乡联创联建,一镇五村入选全省第二批低(零)碳试点,云和入选省级"绿水青山就是金山银山"实践创新基地储备库,创成全省首批"无废城市",系山区26县唯一;高水平编制《童话云和城市建设导则》《云和县公园乡村建设研究报告》,新建南路、解放西路等"断头路"相继打通,浮云小区、公园路区块等老旧小区改造全面完成,"污水零直排"、垃圾分类等有序推进,"四好农村路"、环湖绿道等高效串联,木玩童话小镇入选幸福共富最佳实践案例、首获特色小镇考核优秀,云和入选全省首批跨乡镇全域土地综合整治试点,实现县域风貌样板区、未来社区、未来乡村、美丽城镇省级样板创建"满堂红",创成全省第二批大花园示范县,连续3年获评全省深化"千万工程"建设新时代美丽乡村工作优胜县。

(三)突出系统变革,内生动能持续激发。县委常委会坚持全面深化改革、共同富裕示范区重大改革、数字化改革一体推进,数字化改革"1612"体系演进深化,落实落细省市牵一发而动全身改革31项,落地贯通省级重大应用110个,上线运行机关助跑共富、未成年人分级精准帮教等特色应用12个,参与编撰的《大数据法律监督办案指引》获评"最响话语","小县大城"农业转移人口市民化改革荣获改革突破奖提名奖。"大综合一体化"行政执法改革深入推进,在全市率先实体运行县级社会治理中心,建立健全乡镇(街道)"编制周转池",61%的执法力量下沉一线。强化创新引领,举办人才科技峰会,新增国家高新技术企业6家,成立全国首个木制玩具类知识产权联盟,实现国家引才计划申报、山区26县高质量发展科技专项"零的突破"。聚力深化开放合作,整合组建"共富样板助跑团",常态化开展山海协作高层互访、产业合作,北云飞创现代产业园成为全省首家投产运营的"产业飞地"项目。

(四)突出共富共治,民生福祉全面增进。县委常委会把促进全体人民共同富裕作为为人民谋幸福的着力点,提前完成"大搬快聚富民安居工程"五年任务,在全市率先实现村级集体经济年收入20万元以上且经营性收入10万元以上的行政村全覆盖,入选全省强村富民乡村集成改革实践试点,并在省级会议上作经验交流。坚持民生支出一分不减、标准不降,阶段性完成"高质量打造精准保障标杆区"试点,基本医疗保险参保人数、参保率"三年连升","推进流动人口基本公共卫生服务均等化”做法获评国家基层卫生健康优秀创新案例。注重提升文化软实力，举办中国桨板公开赛、全省首届老年木玩比赛等重大赛事，崇头镇获评首批“浙江省摄影之乡”，瓯江水上蛟龙节入围第六批省非遗名录。以雷霆之势推进风险隐患“大排查大起底大整治”和除险保安“四重”排摸专项行动，电信、养老诈骗等突出违法犯罪得到有效遏制，在全省率先实现信访积案“清零”目标，县公安局荣获全省优秀公安局，我县有望实现平安创建“十八连冠”。

（五）突出正风提能，政治生态巩固深化。县委常委会坚持和加强党的全面领导和党的建设，修订《中国共产党云和县委员会工作规则》，组织召开县委依法治县委、县委审计委、县委国安委等系列会议，领导支持人大、政府、政协和监委、法院、检察院依法依章程履行职能，群团组织功能不断增强，党管武装、退役军人、史志、党校等工作取得新成效。成立全省首支县级网络巾帼护卫队、全市首个网络文化传播基地，牢牢把握意识形态工作主动权。持续巩固扩大爱国统一战线，“云贤和乡”“街乡共富石榴红”品牌逐步打响。以“七张问题清单”抓党建带全局，新设全市首个工业社区，发布全市首个全域五星强基共富指数，构建红色流动共富车、云善共富等党建联建新模式，抓实抓好年轻干部、提前退出领导岗位干部等培养管理，被列入浙里干部之家应用场景试点县。深化风清云和建设，配合做好十五届省委第一轮巡视，部署开展新一届县委巡察，落实落细“五张责任清单”，全面加强对“一把手”和领导班子监督，创新推进林业领域公权力大数据监督征占用林地子场景试点建设，高水平打造小顺清风馆、坑根清和驿站等清廉标杆，山清水秀的政治生态不断巩固涵养。

事非经过不知难。上述工作与成绩，是在宏观环境复杂严峻、各类风险困难叠加的情况下开展和取得的，殊为不易、更显不凡。这得益于习近平新时代中国特色社会主义思想的科学指引，得益于中央和省委、市委的正确领导，得益于县四套班子的齐心合力，得益于全县人民的团结奋斗。在此，我代表县委常委会，向奋战在全县各条战线上的广大党员干部群众，向给予真诚理解、鼎力支持的老干部和社会各界人士，表示衷心的感谢！回首过去三年多时间，我们进行了一场惊心动魄的抗疫大战，经历了一场艰苦卓绝的历史大考，这里我们还要特别向长期奋战在疫情防控战线上的广大医护人员、村社工作者、机关企事业干部和社会各界表示崇高的敬意！

在肯定成绩的同时，我们也要清醒地看到工作中还存在一些薄弱环节和短板弱项：一是经济下行压力长期存在，产业结构不稳定性持续放大，大平台建设、大项目支撑、大企业引育等仍有较多不足，科技、人才等支撑不够强。二是全国文明城市创建刚刚起步，城市建设品质不够高、管理不够精细，公园乡村建设仍需加大力度，童话云和特色还不够鲜明；三是生态环境治理、“扩中”“提低”、优质服务供给、除险保安等方面还有不少薄弱环节，与人民群众期盼差距不小；四是党员干部思想解放、塑造变革能力与现代化要求还不匹配，全面从严治党仍需持续加强。对于这些问题，必须高度重视，采取有力措施，切实加以解决。

二、拼担当、比实干、争进位，推动全国山区县域新型城镇化共富样板拼争成势

习近平总书记强调，我国发展进入战略机遇和风险挑战并存、不确定难预料因素增多的时期，必须准备经受风高浪急甚至惊涛骇浪的重大考验。我们务必清醒认识到，外部环境不会因为时间推移而风平浪静，内部环境不会因为顺其自然而全面向好，必须始终保持战略定力、坚定发展信心，集中精力办好自己的事，以工作的确定性应对形势的不确定性。根据中央、省市关于2023年工作的总体部署，结合云和实际，县委常委会认为：

2023年是全面贯彻落实党的二十大精神的开局之年。学习宣传

贯彻党的二十大精神，是当前和今后一个时期云和的首要政治任务。我们必须按照这次提交县委全会审议的“决定”要求，更加注重在学习深度上下功夫、在把握核心要义上下功夫、在学以致用上下功夫，持之以恒、不断深化，奋力谱写中国式现代化云和新篇章。

2023年是“八八战略”实施20周年。“八八战略”是习近平总书记留给浙江取之不尽、用之不竭的宝贵财富，“重要窗口”是习近平总书记赋予浙江干在实处、走在前列、勇立潮头的全新定位。我们必须以忠实践行“八八战略”、努力打造“重要窗口”为主题主线，对标对表市委创建革命老区共同富裕先行示范区的决策部署，推动“小县大城”这一“八八战略”云和实践版，焕发新的时代生命力、形成更多标志性成果。

2023年是全国山区县域新型城镇化共富样板拼争成势之年。打造全国山区县域新型城镇化共富样板是县第十五次党代会确定的战略目标。我们必须在2022年开局起势的基础上，主动识变应变求变，主动防范化解风险，切实把落下的进度争分夺秒赶回来、把下降的指标千方百计拉回来，统筹做好“十四五”规划实施情况中期评估，奋力跑出跨越式高质量发展“加速度”，推动全国山区县域新型城镇化共富样板拼争成势。

基于以上分析，县委常委会提出2023年全县工作的总体思路：坚持以习近平新时代中国特色社会主义思想为根本指引，全面学习贯彻党的二十大精神，认真贯彻落实党中央和省委、市委决策部署，坚持稳中求进工作总基调，完整、准确、全面贯彻新发展理念，加快构建新发展格局，着力推动高质量发展，一以贯之深化“小县大城”发展战略，以推动全国山区县域新型城镇化共富样板拼争成势为目标，以打好“147”组合拳为抓手，千方百计抓发展，提振信心稳增长，确保党建统领变革重塑、经济运行整体好转、共同富裕扎实推进，努力在中国式现代化进程中谱写云和新篇章。

县委常委会建议，2023年主要预期目标：地区生产总值力争增长6%以上，一般公共预算收入增长6%以上，规上工业增加值增长8%以上，固定资产投资增长15%以上，城镇和农村居民人均可支配收入分别增长7%、10%。

在具体工作中，要全力以赴打好“147”组合拳：

（一）“1”，即动真碰硬开展“拼担当、比实干、争进位”专题活动。“拼担当、比实干、争进位”专题活动是“紧起来、快起来、跑起来”作风建设年活动的姊妹篇、深化版，必须紧密结合党中央主题教育和“六学六进六争先”学习实践活动，以刀刃向内的自我革命精神，持之以恒、动真碰硬整治积弊陋习、顽瘴痼疾，努力让云和铁军个顶个、呱呱叫。拼担当，就是要拼出“百舸争流、奋楫者先”的大气场，拼出“狭路相逢、勇敢者胜”的大气概，不拼一把你永远不知道自己有多优秀。我们要叫响“看我做”“跟我干”，变“让我干”为“我要拼”，在“八拼八比”中展现舍我其谁的血性、忘我无私的境界、有我必成的作为，不拼出个子丑寅卯决不松手。县委也将始终坚持正向激励主基调，建立健全领导干部能上能下、激励鞭策双向发力等工作机制，真正让干部干与不干、干多干少、干好干坏评价有标尺、不一样。比实干，就是要不比权力、比初心，不比关系、比作为，不比资历、比能力，不比待遇、比奉献，切实在比中知不足、明方向、鼓干劲。我们要对标最高、聚焦最好、锚定最优，敢于和最好的比、勇于和最强的赛，凡事干就干得最好、做就做到极致。县委也将坚持以结果论英雄、凭实绩来检验，深化拓展“百舸争流”中层岗位履职评议等现有活动，建立健全季度大比拼、实绩晾晒榜等赛马机制，推动各项工作吹糠见米、落地见效。争进位，就是要勇于保持“人一我十、人十我百”的进击状态，激发“有一必争、有冠必夺”的奋进姿态，在“换道超车”“换车超车”“换人超车”中抢先机、赢未来。我们要主动走出“舒适区”、勇涉“深水区”、敢闯“无人区”，敢首创、出首例、善首为，各乡镇（街道）、各部门都要向上争取至少一项工作试点、项目资金、扶持政策，以一个个小突破小亮点推动发展活力大迸发、县域能级大提升。

（二）“4”，即纲举目张抓好4项重点工作：

一是推动工业顶压前行。云和从总量而言是经济小县，但从结构而言却是工业大县，必须锚定“生态工业倍增”目标，勇于开顶风船，善于转危为机，进而重塑工业新优势、提升整体竞争力。从某种角度来说华宏与云和休戚与共，要坚持专班化服务、精准化扶持，引导支持华宏在技改提速、研发“破零”中，向高端化、智能化、绿色化迈进，全力推动华宏逆势而上、健康成长。木玩是云和的传统产业、特色产业，要多措并举推进延链补链强链，建立木玩产业发展中心，实体运作木玩产业创新服务综合体、木玩产业大脑、木玩快维中心等新平台，接续探索全国首个《木制玩具》国家标准制定、“两仓+前置仓”联动等新路径，全面培育行业龙头企业、做大县域公用品牌、做优企业自主品牌，尤其是要主动融入全省地瓜经济提能升级“一号开放工程”，以产品多元化发展、品牌影响力提升、线上线下全方位营销等，全力推动木玩企业组团拓市场、抢订单、稳份额，加快实现内外贸一体化高质量发展。“新星”产业是云和未来所向、发展所需，要以长远眼光、前瞻视野、开拓意识，超前落子能够影响和改变区域生产力布局的前沿新材料、生物医药等新产业，推动创新资源持续汇聚、创新成果高效转化、产业生态迭代完善，努力掌握未来产业竞争的主动权。

二是推进平台“二次创业”。平台“一次开发”已然成就云和工业的今天，平台“二次创业”必将托起云和工业的明天，必须锚定“绝不让优质项目因土地问题影响落地”目标，推动平台整合扩面、能级提升。要穷尽办法推进云景生态产业园赤龙区块、数玩智谷等项目，集中优势力量、集成政策资源做好房屋征收、矿地平整等工作，力争年底前实现供地100亩以上。要上天入地推进工业用地全域整治，实质性启动老木制玩具城区块综合改造提升工作，建立健全以亩均效益、亩均研发、亩均人才为导向的制造业企业资源要素优化配置机制，坚决向天上要容积率、向地下要空间、向“五未”土地要存量，力争为先进产能落地腾出空间200亩以上。

三是全力圆梦梯田AAAAA。梯田创AAAAA是打造全域AAAAA发展模式的引领性龙头、开局先头炮，必须锚定“2023年一举创成梯田AAAAA”目标，下定“破釜沉舟”的决心，坚定“背水一战”的斗志，拼尽全力、想尽办法、竭尽所能捧回AAAAA金字招牌。要坚持速度和品质并抓，推动二三级游客接待中心、观景平台扩容、梯田滑雪场等项目早建成早投用。坚持植入和活化并进，倾力打造世界梯田博物馆、畲族博物馆等文化产品，谋划开展“四季梯田”系列活动，推动农耕文化、银矿文化、畲族文化等在梯田接续传承、共融共生。坚持综合整治和长效管理并举，精益求精做好通景道路沿线、索道视野范围和景区村庄等风貌提升工作，推动云和梯田全时全域净美秀美。坚持精细和规范并重，培育更多网红旅游业态，提升更高旅游服务质量，努力让游客来了不想走、走了还想来。

四是提升童话城市品质。县城是云和人口集中、产业集聚、功能集成的主平台，群众关注最多、感受最深，必须锚定“塑造童话云和城市新形象”目标，系统总结美丽县城建设10周年经验做法、短板弱项，推动美丽县城1.0版向童话城市2.0版蝶变跃升。要以《童话云和城市建设导则》为引领，统筹做好空间规划、功能完善等产城融合文章，紧水滩引调水、浮云溪流域综合治理等拥湖入城文章，抗战公园新建、中山公园提升等以绿靓城文章，高品位构建城市视觉识别系统，高质量推进全域未来社区创建，高水平打造童话云和示范街区，把城市建设成宜居宜业宜游的幸福高地。要常态化、长效化、精细化、人性化推进城市管理，深入开展“浙江有礼 友爱云和”新时代文明实践，大力实施公民道德建设工程，探索文明创建长效机制，深化基层文明风尚培育，构建完善高品质“10分钟文明实践服务圈”，确保夺取全国文明城市创建提名，以全域文明、全员文明为童话城市赋能增辉。

(三)“7”，即统筹兼顾实施7大行动：

一是实施从严治党提效行动。坚定不移全面从严治党，深入推进新时代党的建设新的伟大工程，以党的自我革命引领社会革命，加快打造政治清明、政府清廉、干部清正、社会清朗的风清云和。蹲牢绝对忠诚的政治信仰。以全面贯彻落实党的二十大精神为主线，健全完善党总揽全局、协调各方的领导体系，刚性落实重大事项请示报告等制度，全面抓好习近平总书记重要指示批示闭环落实机制，推动各级党员干部坚决拥护“两个确立”、做到“两个维护”。强化省委巡视、市委提级巡察整改和成果运用，有序推进县委巡察工作，持续深化以巡促改、以巡促建、以巡促治。认真贯彻民主集中制，全面落实党管武装要求，深化群团组织改革和建设，巩固团结奋进的良好局面。夯实全面过硬的政治根基。深化实施“百县争创、千乡晋位、万村过硬”工程，以省级示范标准打造县党群服务中心，提炼推广“全域五星”“红领先锋”“双建争先”“一企一品”等实践经验，探索推进乡镇(街道)跨山统筹、部门资源集约统合，全面做好党建联建、头雁培育等固本培优工作，力争创成全省首批“红色根脉”强基示范县。营造群众有感的政治生态。健全“四责协同”工作机制，不断提高对“一把手”和领导班子的监督质效，构建全面从严治党责任落实闭环。严格执行中央八项规定及其实施细则精神、省委“36条办法”，深挖细查隐形变异“四风”问题，持续为基层松绑减负，全域推进清廉单元建设。迭代升级公权力大数据监督，实施推广“村集体工程大家建”模式，以全周期管理推进“惩治防”有机统一、“三不腐”同时同向发力。

二是实施经济稳进提质行动。坚持稳字当头、稳中求进，在提升产业链韧性上用功，在做强重大项目支撑上用力，在为企纾困解难上用情，加快构建现代化生态经济体系。提升产业竞争力。聚力实施数字经济创新提质“一号发展工程”，深入开展“凤凰”“雄鹰”“雏鹰”“放水养鱼”和单项冠军培育行动，以“产业大脑+未来工厂”加快制造业数字化、智能化转型，力争实现上市公司“零的突破”。谋划开展旅游服务质量提升行动，启动AAAA级景区城创建，力争创成佛儿岩AAAA级旅游景区。抢抓消费复苏机遇，大力发展夜间经济、露营经济、直播经济。稳妥推进“非农化”“非粮化”整治，提速实施云和雪梨扩面提质引领农业发展行动，打响云和湖有机鱼品牌，精耕“稻+”共生产业，持续增加优质农产品有效供给。增强投资支撑力。主动融入全省实施扩大有效投资“千项万亿”工程，千方百计推动更多云和项目进入国家省市盘子，滚动完善“1810”千亿项目储备库，扎实做好三江口旅游综合体、现代新型工业社区服务中心等项目前期，提速推进小徐未来社区、紧水滩混合抽水蓄能等重大项目，力争全年完成固定资产投资50亿元，增速继续保持全市前列。积蓄招引内聚力。大抓特抓“双招双引”战略性先导工程，突出以商招商、产业链招商，探索推进中介招引、基金招引，加快发展总部经济、“云和人经济”，确保引进制造业大项目3个、文旅产业大项目2个，在省级以上引才计划项目中取得新突破，努力构建人才引领发展、发展集聚人才的良性循环。优化营商服务力。深入开展“大走访大调研大服务大解题”活动，大力实施营商环境优化提升“一号改革工程”，坚定落实“两个毫不动摇”，精准承接省“8+4+1”政策体系，健全完善政银企协同减负降本长效机制，持续深化“县领导+部门+助企服务员”联系重点企业制度，大力推行“拿地即开工”审批服务模式，全面优化提升政务环境、法治环境、市场环境、生态环境、人文环境，加快打造一流营商环境，以“有为政府+有效市场”提振市场主体信心。

三是实施城乡环境提标行动。

深入践行“绿水青山就是金山银山”理念，对标对表丽水诗画浙江大花园最美核心区建设，精心塑造蓝绿交织、景城交融、生态宜居的童话城乡新风貌。厚植绿色生态本底。健全完善“三线一单”生态环境分区管控体系，深化“河湖林田长制”，迭代“环境健康管理在线”应用，深入打好治水治气治土等标志性战役，启动建设清新园区，巩固提升“无废城市”创建成果，重点加快云和梯田国家湿地公园生物多样性体验地建设，努力实现从环境要素治理向生态系统修复转变。铺展最美城乡画卷。抢抓以县城为重要载体的城镇化机遇，实施交通秩序整治、浮云飘带提升、“家门口公园”建设、井盖“隐身静音”等工程，更好满足下山转移群众就业安家需求和市民生产生活需要，全面提升城市活力度、辨识度和舒适度。有序推进跨乡镇土地综合整治，引入竞争机制促建公园乡村样板、未来乡村试点、历史文化村落，以带图审批、按图施工、看图验收全面加强农房建设管理，推动实现乡村风貌常态化制度化管控，加快构建串珠成链、美美与共的云和版“富春山居图”。优化基础设施布局。立足全市“311”综合交通圈布局，扎实开展温武吉铁路、县城环城南路等项目前期，加快推进235国道云和段改建、长深高速赤石互通等重点项目，高标准建设“四好农村路”，努力打造布局完善、便捷顺畅、人民满意的综合交通网络。科学规划管网建设更新，不断提高供水、供气、污水处理等精细化智能化管理水平。

四是实施改革开放提速行动。坚持改革不停顿、开放不止步，通过深化改革释放新动能，借助扩大开放集聚新活力，构筑形成加快跨越式高质量发展的强劲体制机制内驱力。突出创新深化导向。把创新摆在核心地位，坚持全面创新、全员创新、全域创新、全程创新、全量创新、全速创新，坚定践行人才强县首位战略，高标准打造全球木制玩具创制中心和木玩、钢铁、轴承研究院，积极申报省级“尖兵”“领雁”研发攻关计划项目，争取入选“绿谷精英”计划项目5个，新增国家高新技术企业3家、省科技型中小企业15家，高新技术产业增加值增长10%以上。强化重点改革攻坚。把改革攻坚当作关键一招，变“要我改”为“我要改”、“随大流、差不多就行”为“敢当弄潮儿”、“单向性突破”为“系统性变革”，以“十年磨一剑”的历史耐心推进生态产品价值转化、农村产权制度改革，持续深化国资国企、要素市场化、“放管服”和投融资体制改革，全力争取农业转移人口市民化改革、新时代乡村集成改革等省级以上试点，加快形成更多具有云和辨识度的创新性、引领性、示范性改革成果。加大开放提升力度。把开放提升作为赢得优势、赢得主动、赢得未来的法宝，以“山海协作”打开“问海借力”大通道，以“跨山统筹”重塑区域发展新格局，深化与宁波北仑、湖州吴兴、嘉兴港区等地各领域协同、全方位合作，加快推进“科创飞地”“产业飞地”精准落地，聚力推动云景聚落发展区块建设取得更多实质性进展，不断实现借梯登高、借力发展。深入开展出海抢单行动，积极组织双向对接和洽谈活动，推动更多本土企业“走出去”、外资外企“引进来”，提高开放型经济发展水平。

五是实施民生优享提档行动。坚持在发展中保障和改善民生，聚力缩小“三大差距”，不断满足人民美好生活新期待，加快实现从全面小康到共同富裕的跃迁。拓宽全民共富路径。扎实推进“扩中”“提低”，深入开展“十万技能人才共富能力大提升行动”，启动实施稳就业惠民生专项攻坚行动，深化拓展流动供销致富车、共富工坊等创新实践，加强失业人员、高校毕业生和就业困难人员就业扶持，多渠道增加中低收入群体要素收入和城乡居民财产性收入，确保年经营性收入50万元以上的行政村占比达30%以上，城镇登记失业率控制在3%以内。补齐民生领域短板。坚定“山区也能办好教育”的信心决心，深化落实“县中崛起”行动计划，全面加强与慈溪中学合作办学，统筹推进“初中壮腰”“小学强基”工程，确保高考质量符合预期、社会认可，打响云和教育“逆袭翻盘”第一枪。扎实做好新阶段疫情防控工作，抓好“一老一小”预防治疗，有序引导群众加强个人健康管理，最大程度保护人民生命安全和身体健康。深入实施医疗卫生“山海”提升工程，抓紧抓实“浙里健康”“浙有善育”“浙里康养”专项工作，全面提升医疗救治能力水平，争创全国基层中医药工作示范县。圆满完成省市县三级民生实事。探路全龄友好场景。践行“青年重点发展”理念，完善普惠性养老、育儿服务和政策体系，健全社会救助、社会福利、社会优抚兜底体系，促进残疾人事业全面发展，全域推进殡葬改革，推动城乡公墓回归公益属性，构建覆盖全民、统筹城乡、公平统一、安全规范、可持续的多层次社会保障体系，加快打造青年发展型县域和全龄友好型社会。

六是实施童话文化提炼行动。坚持以文化人、以文塑城、以文赋能，全力打造童话文化县域发展总品牌，推动云和文化建设不断迈上新台阶。筑牢意识形态主阵地。牢牢掌握党对意识形态工作领导权，全面落实意识形态工作责任制，深入开展社会主义核心价值观宣传教育，建强基层意识形态阵地，健全网络综合治理体系，提升应急处突和舆论引导能力。推进媒体深度融合发展，不断巩固壮大奋进新时代的主流思想舆论，建设具有强大凝聚力和引领力的社会主义意识形态。擦亮童话云和金名片。提炼出台“童话云和”文化体系，深入实施文化基因解码工程，全力推动木玩童话文化、抗战省城文化等优秀文化创造性转化、创新性发展，努力打造独树一帜、别具一格的童话IP。深刻把握文化自身所具有的经济属性，健全完善现代文化产业体系和市场体系，推动文化与木玩、生态旅游等跨界融合、全链发展，让文化在经济社会发展中创造更多综合价值。构建文化惠民服务圈。启动实施“文润云和、同心共富”工程，支持组建“云和文创精英人才”团队，培育造就一批德艺双馨的文学艺术家和初具规模的文化文艺人才队伍，不断推出人民群众喜闻乐见的文艺精品。坚持“一月一主题、一月一活动”，设立“云和群众艺术日”，广泛开展全民健身活动，加强青少年体育工作，促进群众体育和竞技体育全面发展，高品质打造“10分钟文化生活圈”“10分钟运动休闲圈”，让优质公共文化服务“触手可及”。

七是实施整体智治提升行动。深入贯彻落实总体国家安全观，一体推进平安云和、法治云和建设，不断开创中国式县域治理现代化新局面。扎实推进民主法治。深入践行全过程人民民主理念，加强和改进新时代人大工作，积极推进政协协商民主，谋划开展“同心•共富”工程，支持民族乡村推进共同富裕，依法加强宗教事务治理，为推进云和跨越式高质量发展更好地发挥优势、贡献力量。推进多层次多领域依法治理，加强府院检联动，做优“政法铁军组团驻格”“法官进网格”“法治体检”“法雨春风”等法治服务新模式，全面落实“八五”普法规划，深入推进智慧法治全领域建设，力争创成法治浙江（法治政府）建设示范县。创新加强社会治理。以学习推广“枫桥经验”60周年为契机，持续深化“县乡一体、条抓块统”县域整体智治改革，更好发挥社会治理中心作用，健全完善网格化管理、精细化服务、信息化支撑的基层治理平台，切实把矛盾解决在萌芽状态、化解在基层。创新推进“最小作战单元”基层网格治理模式，持续开展“党群连心、网格走亲”活动，加快建设人人有责、人人尽责、人人享有的社会治理共同体。深入打造平安云和。坚持最高标准、最严要求、最周密措施，全力做好全国两会、杭州亚运会、亚残运会等重大活动维稳安保工作，持续防范化解政治、金融等重点领域风险，以一域之稳服务大局之安。启动实施“平安云和全域提升”专项行动，迭代完善风险闭环管控大平安机制，常态化推进扫黑除恶斗争，总结提升信访积案清零、电信网络诈骗治理等实战经验，系统深化消防、危化品等领域专项治理，确保夺取“二星平安金鼎”。

三、突出“四敢”导向，全面凝聚“丽水之干”的磅礴伟力

任何事业都是靠脚踏实地奋斗、一点一滴实干成就的。我们必须把党的二十大精神转化为奋斗实干的实践指引，高扬“丽水之干”的行动奋斗旗帜，把各方活力和积极性激发出来、调动起来，真正让干部敢为、地方敢闯、企业敢干、群众敢首创在云和成为一种自觉、一份特质、一道风景。

一是每个基层党组织都要成为“主心骨”。党的工作最坚实的力量支撑在基层，经济社会发展最突出的矛盾问题也在基层，必须全面推进“一切工作到支部”，让群众体认“党始终在身边”。要提升“有困难找组织”的凝聚力，推动党的基层组织阵地、活动、工作等有效延伸到企业群众生产生活中，做到平常多多上门，遇事才能敲得开门；平时工作没有盲区，关键时刻才能一呼百应。要提升“有任务善拼抢”的战斗力，基层组织的战斗力不是发个文件、下个通知、开个会议就能提高的，关键靠一场场硬仗拼出来、一个个难关闯出来，努力在经济发展、文明创建、项目攻坚等大战大考中将基层战斗堡垒锤炼得更加坚强有力。要提升“有想法敢尝试”的创造力，基层组织距离问题最近、掌握实情最清，务必坚持创新源于基层、办法来自一线，不断推进实践基础上的制度创新、范式创新、模式创新，努力形成“一地创新、全省共享”“一花绽放、满园飘香”的生动局面。

二是每个党组织书记都要竞当“领头雁”。各级党组织书记尤其是村社党组织书记，任务不可谓不重、责任不可谓不大，必须要有做群众领路人、贴心人、带头人的情怀和觉悟。要跟得上时代，坚持以习近平新时代中国特色社会主义思想武装头脑、指导实践、推动工作，努力在中心大局中找准发力跑道，在全速竞跑中创造发展优势，坚决杜绝“干两三年还是涛声依旧”“每年都是重复昨天的故事”。要带得好队伍，谨记“一人难挑千斤担，众人能移万座山”，严格执行民主集中制，自觉把促进班子团结作为行事准则，大事讲原则，小事讲风格，为人讲底线，切实在党的旗帜下团结成“一块坚硬的钢铁”，心往一处想、劲往一处使，做到众人划桨开大船、众人拾柴火焰高。要走得进群众，绝不能把政府当“衙门”、村部当“机关”，更不能到群众家里“蜻蜓点水雨打花，三五分钟就回家”，必须善于与联系群众打成一片，站出来敢说真话，跑出去能办成事，以工作实绩让其他同志服气、让人民群众满意。

三是每个党员干部都要争做“先锋队”。从群众的角度来看，党员干部脚下有泥土，群众心中才不堵；从党员干部的角度看，脚上沾有多少泥土，心中就沉淀多少感情。广大党员干部必须珍惜党和人民赋予的干事舞台，全面加强思想淬炼、政治历练、实践锻炼、专业训练，顶起自己该顶的那片天，担起自己该担的那份责。要强化奋进意识，摒弃“小富即安、小进即满”山区心态，树牢“不争第一、就是落后”争先理念，时刻保持少年的求知欲望、青年的奋斗激情，去“油腻”、不“躺平”，努力干出新时代“第一等的工作”。要保持尽责精神，变“无过就是功”为“无功就是过”，把“不为不办找理由、只为办好想办法”践之于行，凡是有利于党和人民的事、认准了的事，就必须事不避难、义不逃责，主动迎难而上、迎考而进、迎战而胜。要坚定勤廉追求，牢记“勤而不廉要出事，廉而不勤会误事，不廉不勤必坏事”，知敬畏、存戒惧、守底线，敬畏党、敬畏人民、敬畏法纪，自觉抵制歪风邪气、低级趣味，把心思用在干事业上，把精力用在抓落实上，做到干事且干净、干净加干事、干事能成事。

四是每个企业群众都要当好“主人翁”。企业是市场经济最活跃的主体，群众是干事创业最坚实的依靠，必须在共建共治共享中激发全社会合力，形成共同奋斗共创共同富裕美好社会的新格局。我们要构建“问需于民、问计于民、问效于民”长效机制，完善“四治融合”群众自治机制，拓宽企业群众参与决

策的渠道，从企业群众中汲取智慧和力量，最大程度激发企业群众蕴含的改革动力和治理智慧。希望广大企业家大力弘扬新时代企业家精神，坚守实业创新业，为云和发展勇闯新蓝海、拼出新天地、演绎新精彩；广大群众牢记“云和是我家，发展靠大家”，干群同心齐发力，为云和发展多提真意见、多出金点子、多做文明事，进而形成全县干部群众积极参与、气势如虹的全“丽水之干”，真正让全体人民共享发展成果、共创美好未来。

同志们，路虽远，行则将至；事虽难，干则必成。让我们更加紧密地团结在以习近平同志为核心的党中央周围，以党的二十大精神为指引，以永做新时代“挺进师”的奋斗实干，加快推动全国山区县域新型城镇化共富样板拼争成势，精彩谱写中国式现代化云和新篇章！

云和县人民代表大会常务委员会工作报告

——2023年2月8日在云和县第十七届人民代表大会第二次会议上

云和县人民代表大会常务委员会主任　叶晓勇

过去一年的主要工作

2022年，是党的二十大召开之年，也是向第二个百年奋斗目标进军和实施“十四五”规划关键之年。一年来，面对复杂多变的国内外形势，特别是新冠疫情冲击和经济下行压力加大等因素，县人大常委会在中共云和县委的坚强领导下，坚持以习近平新时代中国特色社会主义思想为指导，深入学习贯彻党的二十大精神，认真落实中央人大工作会议及省市县党代会精神，紧紧围绕打造全国山区县域新型城镇化共富样板战略目标，全力践行全过程人民民主，依法履职行权，共召开县人大常委会会议7次，主任会议12次，听取和审议“一府一委两院”专项工作报告16项，圆满完成县十七届人大一次会议确定的目标任务，各项工作实现良好开局，为全县经济社会发展作出积极贡献。

一、以加强思想政治建设为统领，不断彰显政治机关高站位

人大作为政治机关，根本要求就是旗帜鲜明讲政治。一年来，县人大常委会牢牢把握正确政治方向，不断增强在党的领导下坚持和完善人民代表大会制度的思想自觉和行动自觉。

深入学习贯彻党的二十大精神。把认真学习宣传贯彻党的二十大精神作为首要政治任务，结合贯彻落实省第十五次党代会、市第五次党代会和县第十五次党代会精神，按照中央、省市县委部署要求，制定学习方案，对党的二十大报告、新修订的《中国共产党章程》、习近平新时代中国特色社会主义思想、关于人大工作的决策部署等四个方面开展专题学习，切实将党的二十大精神内化于心、外化于行。常委会组成人员以身作则、率先垂范，带头深入各单位、乡镇(街道)、基层联系点开展专题宣讲活动60余次。通过学习深刻领悟“两个确立”的决定性意义，进一步增强“四个意识”、坚定“四个自信”、做到“两个维护”；深刻理解习近平总书记关于坚持和完善人民代表大会制度重要思想，增强做好新形势下人大工作的责任感和使命感。

始终坚持在党的领导下开展工作。认真贯彻县委决策部署，全面落实请示报告制度，先后就制定年度监督工作计划、召开人民代表大会、选举市人大代表等重要事项向县委请示报告，自觉将重大事项决定、监督、人事任免等各方面工作置于县委领导之下。积极配合省委巡视，以巡视巡察为契机，对常委会党的建设、工作开展等方面进行全面梳理总结。根据县委工作部署，主动融入梯田创5A、疫情防控、重点项目建设等中心工作，在参谋指导、沟通联系上积极作为，确保人大工作与全县中心工作相适应、相协调、相促进。

二、以保障人民当家作主为准则，不断凸显国家权力机关高效能

人大作为国家权力机关，要充分支持和保障人民当家作主。一年来，常委会深入推进全过程人民民主建设，通过法定途径、方式和程序，有效保障人民通过人民代表大会制度充分行使国家权力。

依法选举任免，落实组织意图。根据中央、省市县委工作要求，周密安排部署，精心组织实施，严格依法办事，顺利召开十七届人大一次会议，选举产生国家机关领导人员和云和县出席丽水市第五届人民代表大会代表，在常委会第一次会议上任命新一届政府工作部门主要负责人，圆满完成各项换届选举工作任务，全年共任免国家机关工作人员64人次。

严格细致审查，决定重大事项。落实中央和省委关于健全人大讨论决定重大事项制度的决策部署，紧紧围绕县委中心工作和事关我县经济社会发展的重大事项依法行使决定权，对县政府提出的年度预算决算、重大投资项目计划等进行深入调研、科学论证，对地方政府债务限额和预算调整方案开展审查，及时作出决议决定，提高决策的科学化、民主化和法治化水平。

精心选定议题，瞄准监督方向。坚持围绕县委中心工作和全县发展大局，广泛征集民情民意，充分听取代表意见。在代表审议工作报告和开展代表活动环节，主动收集记录发言和提出的意见建议，将普遍性的问题纳入监督选题参考内容，尽可能使人大监督工作更好地体现人民意愿。全年对国有资产管理、教育质量提升、电信网络诈骗等16个社会关注、群众关心的热点问题开展专题调研和监督，切实维护人民权益。

三、以助推改革发展任务为主线，不断展现工作机关高水平

人大作为工作机关，要担负起宪法法律赋予的各项职责。一年来，常委会牢牢把握发展第一要务，求真务实，担当作为，有力助推全国山区县域新型城镇化共富样板建设。

精准发力，推动财政健康运行。深化预算决算审查，开展预算执行监督，听取县政府以及相关部门、街道预算决算报告，促进预算执行规范高效。专题听取县政府关于政府投资项目竣工验收特定问题调查决议落实情况的报告，加快推进建成项目转为固定资产，更好发挥投资效益。专题审议县政府关于行政事业性国有资产管理的专项报告，实现国有资产监督常态化。持续深化审计整改，开展审计查出问题整改情况调研，进一步提高审计整改成效。2021年预算执行和其他财政收支审计工作报告中反映的问题整改率达94%，取得良好的整改成果。

尽心尽力，推动经济社会发展。密切关注宏观经济运行，审议计划执行情况报告，组织基层县人大代表听取前三季度经济社会运行和民生实事项目实施情况报告，深入分析存在问题并提出工作建议；审查批准政府重大投资项目计划报告，组织视察童话小镇地标建筑、小徐未来社区等重点项目，关注年度资金使用投向和项目实施进度，支持和督促政府年度各项重点任务开展。助推产业融合发展，审议花园乡村建设情况报告，听取美丽城镇、紧水滩引调水工程推进情况报告，调研“三位一体”农合联改革工作情况，推进“三农”工作提质增效；审议涉企专项资金使用情况报告，确保有限财政资金发挥更大效益；围绕科技创新、技能人才队伍建设工作情况开展监督，助力提升县域工业产业内生动力和竞争优势；开展云和梯田创AAAAA工作情况调研，有效保障“举全县之力争创AAAAA”专项工作部署落实。

聚焦聚力，推动依法治县进程。推进法治云和建设，开展节约能源法、消防条例、综合行政执法条例等法律法规执法检查，配合上级人大开展立法调研，其中5条相关建议被省人大采纳。听取法治政府建设情况报告，审议县政府防范和打击治理电信网络诈骗工作情况报告，提升政府依法行政意识。根据省市人大统一部署，审议县监察委员会关于开展整治群众身边不正之风和腐败问题工作情况的报告，专题调研法院执行和数字检察等工作开展情况，强化“一委两院”规范执法意识。加强干部任后监督，完成对经商局、人力社保局、农业农村局、卫健局、综合执法局等5个部门主要负责人工作评议，提升任命干部履职能力和水平。大力弘扬宪法精神，与依法治县委员会、司法局组织开展十大法治人物评选、现行宪法颁布实施四十周年法治文艺晚会等系列宣传周活动，举行新任干部集中宣誓仪式，全年共开展宪法宣誓261人次，进一步强化任命干部的宪法意识。严格备案审查程序，全年对县政府制定出台的75件规范性文件进行备案审查，有效维护法治统一。深化坐班接访、下乡走访等活动，共受理来信来访17件57人次，落实专题交办和跟踪督办机制，推动解决群众合理诉求。

持续用力，推动民生改善发展。围绕人民群众的所盼所望，重点关注全县初高中教学质量提升，审议县政府专项工作报告，围绕教育质量提升开展问卷调查、座谈走访，广泛征集教师、家长等群体意见建议，助推教育部门加大改革力度，初步形成人才引培、县管校聘、校长职级制管理、团队考核等多项制度，有效助力县委教育提质年各项工作部署落实。开展53省道交通安全问题和公共文化设施建设情况回头看，对未整改到位问题，逐项督促县政府采取具体措施加以改进。专题调研慈善工作，要求政府部门不断完善监管手段，保障慈善活动依法依规开展。聚焦生态文明建设，坚持县乡两级生态环境状况报告制度，专题调研美丽林相、城乡环境提升等工作情况，推动县域环境质量改善。关注民生实事项目代表票决制工作，制订出台年度民生实事监督方案，组织代表开展调研走访，实时监督项目进度，确保民生实事项目落地落实。市生态环境局云和分局在饮用水水源地水质检测民生实事办理过程中多次与代表见面交流，听取代表意见建议，取得较好实效。

同心协力，推动干部队伍建设。坚持高标准、严要求，严格落实全面从严治党主体责任，建立健全党建工作责任体系，多形式组织开展主题党日活动，提升爱国主义情怀和党性修养，时刻拧紧干部队伍的思想“总开关”。在强化能力建设上求实效，组织开展党的二十大精神、省市县党代会、人大相关会议精神学习200余人次，组织县乡两级人大干部履职能力提升培训50余人次，结合县委“紧起来、快起来、跑起来”作风建设年活动部署，不断改进和提升人大干部作风建设和综合能力水平。在提升人大合力上谋突破，加强对基层人大工作的联系与指导，坚持乡镇（街道）、经开区人大工作联席会议制度，指导乡镇人大召开人代会，规范街道议事会会议程序，支持和保障乡镇（街道）、经开区人大依法履职，形成指导有力、衔接顺畅、整体联动的良好局面。

四、以支持服务代表履职为重点，不断体现代表机关高标准

人大作为代表机关，要始终同人民群众保持密切联系。一年来，常委会牢牢把握代表主体地位，优化服务保障机制，拓宽代表履职渠道，有效发挥代表作用。

强化代表履职服务保障力度。完善“两联系”制度，组织开展联系代表、联系选民活动，举办县乡人大代表履职能力提升培训班，编发履职培训资料7期，累计培训500余人次，切实提高新一届县乡人大代表的履职能力和工作水平。组织开展“两优（即优秀代表、代表优秀建议）”评选活动，评选出优秀代表20名，代表优秀建议14件，提升新一届代表履职热情。坚持县人大代表列席制度，及时通报人大工作情况和动态，先后邀请人大代表参加视察调研、执法检查、工作评议、列席常委会会议等各类活动230余人次。面对“4·26”疫情，全体人大工作者和人大代表积极投身疫情防控各项工作，积极捐资捐物。

挖掘代表履职平台活动深度。深化履职平台建设，完成联络总站选址和项目方案初步设计，完善并更新代表联络站全过程人民民主基层单元软硬件设施，积极指导乡镇（街道）人大和各级代表推广应用“代表码”和“联络站码”等基层单元模块场景，实现人大业务流和数字流的融合。积极拓展经济开发区人大工作，在全市范围内率先印发实施方案，设立工作机构，建立代表联络站，组织开展代表视察调研活动，补齐经开区人大工作短板。丰富代表闭会期间履职内容，每季度明确主题按时组织开展代表小组活动。结合云和实际制定“四级人大八万代表助力八大攻坚行动”和“六访六促”主题活动实施方案，共开展各类活动 58 次，收集意见建议 1354 条。常态化开展“局长走进联络站”活动，邀请部门负责人进站活动 49 人次，解决各类问题 38 件。2022 年 7 月，浮云街道局村村群众在反映天气炎热造成生活用水困难问题后，人大街道工委邀请县水利局、县供排水有限公司负责人进站协商，仅用 3 天确定解决方案，一周内完成建设，彻底解决村民生活用水问题。

规范代表建议意见办理制度。完善专题会议交办、政府部门“一把手”承办、人大督办制度，开展建议办理结果满意度量化测评、不满意件二次交办，不断规范办理程序，提高办理质量。针对不满意件较多和部分政府部门负责人未落实“三见面”面商制度等情况开展专题调研，详细了解承办单位办理计划，将办理情况作为部门考核依据，督促依法依规办好代表建议。表彰代表建议优秀承办单位，提升承办单位对建议办理的重视程度。县十七届人大一次会议以来，代表提出的 261 件建议，通过行之有效的督办措施，代表建议办理的面商率得到了进一步提高，人民群众普遍关心的旅游产业发展、交通网络建设、集体经济增收等方面的一些问题得到了重视和解决。

各位代表，一年来常委会取得的成绩，是县委正确领导的结果，是全体人大代表、常委会组成人员和机关全体工作人员兢兢业业、履职尽责、扎实工作的结果，是“一府一委两院”密切配合的结果，也是全县人民、社会各界大力支持的结果。在此，我谨代表县人大常委会，向大家表示衷心的感谢！

在肯定成绩的同时，我们也清醒地认识到，县人大常委会的工作与新时代新要求，与人民群众的新期待还存有一定差距：依法监督的实效性有待进一步提升，密切联系群众的途径有待进一步拓宽，服务保障代表履职的水平有待进一步加强。对于这些问题，常委会将认真听取各方面意见，切实加以改进。

今年的工作任务

2023 年，是党的二十大精神贯彻落实之年，是“八八战略”实施二十周年，也是云和全国山区县域新型城镇化共富样板拼争成势之年。贯彻落实党委决策部署，不断满足人民对美好生活的新期待，人大任重道远。新的一年，云和县人大常委会工作总体要求：坚持以习近平新时代中国特色社会主义思想为根本指引，深入学习贯彻党的二十大精神，全面贯彻落实习近平总书记关于坚持和完善人民代表大会制度重要思想，坚持党的领导、人民当家作主、依法治国有机统一，立足“四个机关”定位，在县委的坚强领导下，全面担负起宪法法律赋予的各项职责，不断提高人大工作效能，为云和实现全国山区县域新型城镇化共富样板目标贡献人大力量。

一、坚持理论武装，在把牢正确政治方向中奋进前行

新的一年，常委会将始终坚持高标准政治站位，深学笃行习近平新时代中国特色社会主义思想，全面学习、全面把握、全面落实党的二十大精神，用党的科学理论指导推进新时代人大工作，切实把坚定拥护“两个确立”转化为坚决做到“两个维护”的实际行动。坚持和落实党对人大工作全面领导的制度机制，严格执行请示报告制度，不折不扣贯彻县委决定和指示精神，通过人民代表大会制度的云和实践，确保党的主张成为国家意志，确保县委推荐的人选成为国家机关工作人员。紧紧围绕县委决策部署谋划推进人大工作，切实做到县委工作重心在哪里，人大工作就跟进到哪里，确保人大工作与县委在思想上同心、目标上同向、行动上同步，不断丰富拓展全过程

人民民主的实践特色和时代特色，推动人大事业开新局、谋新篇、启新程。

二、坚持牢记使命，在全面履行法定职权中担当作为

新的一年，常委会将牢记使命职责，坚持围绕中心、服务大局，依法履职，担当作为，为我县经济社会发展提供坚强法治保障。

助推党委决策部署落实。审查《云和县国土空间规划(2021—2035年)》，围绕科学划分三大空间、合理界定三条红线相关内容开展调研，助推高质量完成编制工作，保障和提升云和未来的发展空间。围绕县委部署，重点关注"县中崛起"政策措施落实情况以及义务教育"民转公"后教学质量保障，为县委下一步决策提供科学参考。强化法治云和建设。开展乡村振兴、食品安全等法律法规执法检查，对消防条例贯彻落实情况开展回头看，继续关注法院执行难和检察院公益诉讼等工作情况，不断增强政府依法行政意识，增强司法工作实效。持续开展法治政府建设和电信网络诈骗防治工作情况监督，为建设平安法治云和创造良好环境。关注社会经济发展。全力服务经济高质量发展大局，开展"十四五"规划执行中期评估，专项调研云景生态产业平台、招商引资、科创"飞地"建设、"1810"千亿项目储备等情况，针对当前经济下行压力增大的问题，查找我县工业平台和产业发展中存在的瓶颈、困难以及影响经济发展质量的因素，加强调研成果转化运用，助推工业平台整合扩面、能级提升，营商环境优化升级。持续开展国有资产管理监督，根据市人大关于加强国有资产管理情况监督的决定，完善监督机制，审议相关工作报告，提升国有资产管理水平。全力助推乡村振兴。审议农村集体经济发展有限公司(县、乡强村公司)运营情况，就如何推动强村公司持续、有效、安全的发展提出实际的意见建议。专题调研农民建房管理工作情况，助力解决农村宅基地管理和建房审批存在的问题。此外，计划对民族乡村振兴示范带建设、农业"双强"行动、共富车运行等情况开展专题调研。持续增强民生福祉。专题审议居家养老服务建设工作，提高公众认知度，助推我县居家养老服务水平不断提升。开展疫情防控专项监督，重点关注后疫情时期医疗质量和服务水平提升工作，最大程度保护人民生命安全和身体健康。调研职工权益保障工作，不断深化工会帮扶工作举措，努力推动职工权益保障服务工作再上新台阶。

三、坚持优化服务，在发挥代表主体作用中凝心聚力

新的一年，常委会将把代表主体作用摆在更加突出的位置，加大代表履职保障力度，更好凝聚全县人民群众的智慧和力量。

强化履职平台建设。继续深化经济开发区人大工作，常态化开展代表联络站活动，规范意见建议的收集、整理、分类、交办，畅通经开区民意表达渠道。巩固和拓展代表联络站基层单元建设成果，完成代表联络总站建设和使用，推动人大工委工作业务下沉，有效发挥代表联络站"联、商、督、促、智"五大功能；继续深化"局长走进代表联络站"活动机制，推动群众普遍反映的社会热点难点问题解决。坚持密切联系代表。做好常委会委员联系代表、代表联系群众(选民)、国家机关工作人员进站听取意见等工作，落实接待、走访选民机制，规范开展县人大代表述职评议活动。充分发挥代表作用。继续加强代表、议事员履职培训，不断提高依法履职的能力和水平；严格落实重点建议政府部门一把手领办，常委会领导、各专(工)委对口督办制度，加强对重点建议、不满意件和答复承诺落实情况督查，持续强化代表建议办理闭环管理，合理应用考核指挥棒，进一步提升建议办理面商率和解决率。

四、坚持高标定位，在强化人大自身建设中展示形象

新的一年，常委会将紧抓自身建设这一根本，坚持高标准定位，深化常委会及机关政治、思想、组织、作风、纪律等各项建设，展现新时代人大队伍新形象。

完善工作制度。对常委会党组、常委会和机关各项规章制度进行全面梳理，抓好修编完善工作，构建常委会班子统一领导、组成人员各尽其职、机关委室分工协作的领导体制和工作机制。深化作风建设。围绕县委“拼担当、比实干、争进位”专题活动部署，践行“担当实干、马上就办”工作作风，深入开展“大走访大调研大服务大解题”活动，切实改进和提升人大干部队伍精气神。强化素质提升。进一步加强干部队伍政治理论、法律法规和业务知识的学习培训，不断提高工作效能。加强对乡镇(街道)、经开区人大的支持指导，深入交流，强化联动，形成合力，增强人大工作整体实效。

各位代表，伟大时代激励我们一起拼搏，伟大梦想鼓舞我们努力奔跑。让我们更加紧密团结在以习近平同志为核心的党中央周围，在中共云和县委的坚强领导下，以高度的政治自觉和责任担当，以严和实的标准，以锐意进取和奋发昂扬的精神状态，恪尽职守、依法履职，为推动全国山区县域新型城镇化共富样板拼争成势、谱写中国式现代化云和新篇章而团结奋斗！

政府工作报告

——2023年2月8日在云和县第十七届人民代表大会第二次会议上

云和县县长 周鸿飞

一、2022年工作回顾

2022年是云和发展史上极不平凡、极具挑战、极其艰难的一年。需求收缩、供给冲击、预期转弱“三重压力”持续增大，叠加疫情等因素影响，我县木玩、钢铁等行业受到严重冲击，全县经济基本面深度承压。面对前所未有的困难挑战，县政府在上级党委、政府和县委的坚强领导下，在县人大、县政协的监督支持下，坚持以习近平新时代中国特色社会主义思想为指导，深入学习宣传贯彻党的二十大精神，认真落实中央和省、市、县委重大决策部署，锚定全国山区县域新型城镇化共富样板目标，统筹打好疫情精准防控和经济稳进提质组合拳，以超常规举措和力度积极应对超预期的冲击和挑战，有效稳住了经济社会发展基本盘。全年实现地区生产总值95.14亿元、规上工业增加值24.07亿元、出口总额16.89亿元、一般公共预算收入8.8亿元，固定资产投资43.41亿元，增长15.3%，社会消费品零售总额46.64亿元，增长8.4%，农林牧渔业增加值5.94亿元，增长2.8%，服务业增加值44.84亿元，增长2.9%；城乡居民人均可支配收入分别为52841元、26078元，增长3.4%和6.2%。

一年来，县政府同全县干部群众一道，千方百计统筹谋划，全力以赴对接争取，竭尽所能落实推进，做了大量打基础、利长远、增后劲、惠民生的大事要事实事，推动全县经济社会发展动力更强、后劲更足、成色更好。我县先后争取到全国首批中小企业数字化转型试点等改革试点39项，环境空气质量健康指数、流动供销致富车、街乡共治等云和经验入选全国典型，农业转移人口市民化改革被中央改革办单篇刊发并入围全省改革突破奖；235国道云和段改建工程等12个项目被纳入省级重大项目计划，我县被纳入全省首批跨乡镇全域土地综合整治试点；工业园区升格为省级经济开发区，我县入选全省首批“无废城市”、第二批大花园示范县、第三批全域旅游示范县，连续三年荣获全省深化“千万工程”建设新时代美丽乡村工作优胜县称号，连续四年获评省“无信访积案县”，连续十七年获评省“平安县”；75项省、市、县民生实事项目圆满完成。

在具体工作中，主要抓了以下几方面：

（一）高效统筹疫情防控和经济社会发展

疫情防控体现新担当。坚持人民至上、生命至上，因时因势调整优化防控措施，不断提高科学精准防控水平，最大限度降低疫情对经济社会发展的影响。面对“4•26”疫情大考，完善平战结合、严密高效的指挥体系，丰富防要细实、控要快速的云和打法，以最短时间、最小代价打赢这场疫情防控阻击战。准确把握疫情防控新阶段特征，超前谋划定点医院、发热门诊建设和重症救治资源配置，每万人ICU床位、呼吸机、高流量吸氧仪数量均居全市前列，在全市率先完成60岁以上老人防疫包发放工作，以充足的医疗资源成功应对疫情感染高峰。

助企纾困展现新作为。坚持“全面顶格、早出快出、能出尽出、精准高效”，第一时间出台稳经济一揽子政策，接续出台工业、外贸等八大领域专项政策，高效承接落实国家、省、市政策，全力帮助市场主体渡过难关、恢复元气。全年为企业减负3.8亿元，兑付政策补助补贴资金1.29亿元，惠及企业8.13万家次。常态化召开经济调度会，高规格召开企业家座谈会，建立全市首个工业社区，全面重塑规上企业“1+1+4”服务队伍，第一时间帮助企业解决货运畅通、电力市场化交易偏差考核费用等问题。创新实施木玩进酒店、进民宿行动，开展钢铁购销对接工作，助力企业“出海”拓市场抢订单。推动银行信贷增量惠企，新增小微企业贷款24.84亿元、制造业中长期贷款1.39亿元。年末全县市场主体达2.12万户，增长9.97%，企业开办指标在全省营商环境无感监测中连续三年排名第一。

项目建设催生新动能。坚持以项目看发展论英雄，实施抓项目、促投资、稳增长“161”行动，开展“一把手”重大项目谋划大比拼，实行重点项目、重大项目前期“周通报、月评价、季评比”，固定资产投资增速较去年提升3.3个百分点。加强项目建设要素保障，新增地方政府债券8.02亿元，完成垦造耕地入库1975亩，消化处置“五未土地”879亩，盘活存量建设用地383.2亩，争取到土地指标1500亩、林地定额指标88公顷、能耗指标9.7万吨标准煤。实验小学改扩建工程、紧水滩水冷绿色数据中心等一批重点项目开工建设，全年实施重点项目55个、完成投资26.3亿元；黄安线一期、沈坑门水库等一批重点基础设施项目启动实施，全年完成基础设施投资18.4亿元，增长54.5%；华宏60万吨普转优、新能源汽车动力电池综合利用、启烨400万套木制玩具等一批制造业大项目实现“拿地即开工”，全年完成制造业投资9.36亿元，增长142.1%，增速创历史新高。

“双招双引”取得新成效。优化调整4个驻外招商队伍，建成“四库一清单”，全年引进大项目5个，其中10亿元以上制造业大项目2个，实际利用市外内资13.4亿元、外资303万美元。实施“引智强技扶业”计划，出台高校毕业生引才新政，举办首届技能大赛，全年新增技能人才1916人，引进高校毕业生1296名，落地“绿谷精英”项目5个，实现全国技术能手零的突破。深入打造“山海协作”工程升级版，北云飞创现代产业园成为全省首家投产运营的“产业飞地”，全年实施“山海协作”产业合作项目23个、到位资金13.11亿元。深化央地合作，与中铁建达成战略合作协议。

（二）铆足干劲推动产业转型升级

工业发展动能增强。深化平台“二次创业”，基本完成赤龙区块土地政策处理，完成矿地综合开发利用项目采矿权挂牌出让，云景生态产业园基本具备开工条件。开展新一轮制造业“腾笼换鸟、凤凰涅槃”攻坚行动，实施“零地技改”项目18个，整治高耗低效企业25家，盘活工业用地102亩。加大优质企业梯度培育力度，完成“个转企”44家、“小升规”9家。不断强化创新驱动，新增国家高新技术企业6家、省专精特新中小企业4家、省创新型中小企业14家、省科技型中小企业38家、省高企研发中心2家、省级企业研究院1家，实现省“领雁”项目零的突破。大力推进产业数字化转型，完成企业数字化改造32家，木玩产业被大脑纳入省级创建名单，我县入选全省首批中小企业数字化改造试点县。成立全国首个木制玩具类知识产权联盟，木玩产业基地被纳入全省内外贸一体化改革试点培育名单。

服务业发展提质增效。加快云和梯田创AAAAA步伐，一级游客接待中心、梯田管网改造一期等项目建成投用，二级游客接待中心、日出云海观景平台扩容等项目开工建设，景区沿线村庄环境风貌明显改善，成功举办省山水旅游节暨梯田开犁节，云和梯田入选山区26县首批“造月工程”、获评省示范级文旅融合IP，“十一”旅游收入稳居全市同等级景区首位。推进全域旅游多点开花，童话小镇地标建筑主体工程结顶，云缦康养度假区酒店投入运营，佛儿岩游客中心顺利完工，梅源村获评省AAA级景区村，新增省高等级民宿5家。精准实施促消费政策，发放消费券749万元，带动消费6000万元，全年新增规上限上服务业企业19家，社会消费品零售总额增速高出全市4.3个百分点，位列全市第二。成功引入中国银行、台州银行。

农业发展彰显特色。坚决保障“米袋子”安全，提升改造高标准农田2000亩，全面完成“非农化”“非粮化”整治任务。大力实施云和雪梨产业创新集成发展三年行动，完成雪梨种植1832.6亩，与中国农科院合作共建“东南丘陵梨试验站”，成功注册云和雪梨地理标志证明商标。培育“稻耳轮作”示范基地3个，新建提升云和师傅小微产业园20个，发布“梯田三白”品牌和云和湖有机鱼“康养指数”，成功招引伏布生猪养殖示范园项目，东部现代农业园区入选省级创建名单。

（三）聚力攻坚统筹城乡融合发展

城市建设加快推进。小徐未来社区开工建设，实现从房屋土地征收到项目开工实施一体高效推进，再次展现“小徐速度”；浮云小区、公园路区块等5个老旧小区完成改造，河上小区、云水居建成“幸福社区”，大坪社区创成全市首批省级未来社区，浮云溪绿道样板段街区获评省“高品质示范街区”，木玩童话小镇获省级特色小镇考核优秀。建成涌金花苑口袋公园，打通新建南路、解放西路“断头路”，翠屏街东段、龙母路南段建成通车，全年新增公共停车位163个、绿地2万平方米、天然气管道3公里，新改建城市污水管网5.6公里。我县荣获省年度“无违建县”、省“十佳控违示范典型”。

公园乡村展现新貌。高水平编制《云和县公园乡村建设研究报告》，深入开展农村人居环境整治提升五年行动，全域推进花园乡村“微改造、精提升”。成功创建“十里云河”省级县域风貌样板区，浮云街道、安溪乡获评美丽城镇建设省级样板，元和街道创成省美丽乡村示范乡镇；小顺创成省级未来乡村，黄家畲、沈村获评省级美丽宜居示范村优秀村庄，金山下获评省级优秀历史文化村落。云龙公路建成通车，县城至龙门里程缩短8.3公里、时间缩短20分钟；全年新建和提升农村公路130公里，完成城乡客运公交一体化改造线路5条，实施农村饮用水提升改造27处、农村生活污水治理设施建设15个，农村规模化供水工程覆盖率达65.97%、生活污水治理行政村覆盖率达84.71%，童话乡村更加美丽宜居。

生态保护扎实有效。认真抓好瓯江源头区域山水林田湖草沙一体化保护和修复，云和梯田生态修复工程亮相联合国生物多样性公约第15次缔约大会。协同推进降碳、减污、扩绿、增长，新增百万亩国土绿化893亩，实施碳达峰碳中和重点任务37项，新增光伏装机2.81万千瓦，崇头镇及庄前等5个村入选全省低（零）碳试点。联动打好“蓝天、碧水、净土、清废”组合拳，开展县城大气污染物走航分析，实施医疗机构废水专项治理，城市污水处理厂清洁排放技术改造项目、生活垃圾资源化处置利用中心、病死动物无害化处理中心投入使用。我县入选省级“绿水青山就是金山银山”实践创新基地储备库，获评美丽浙江建设工作优秀县，顺利通过中国“天然氧吧”复评。

（四）千方百计提高人民生活品质

公共服务扩量提质。推进教育高质量发展，出台“县中崛起”系列新政，与慈溪中学开展实质性合作办学，平稳完成民办义务教育规范工作，实验小学分校、大坪小区幼儿园投入使用，县职技校荣获全省职业教育发展考核一类地区第一名，“家校共育体系改革”入选省深化新时代教育评价改革试点，我县顺利通过全国义务教育优质均衡发展县省级评估。加快健康云和建设，县人民医院改扩建、中医医院迁建、城北社区卫生服务中心等项目完成主体工程建设，崇头镇、石塘镇“120”急救站投入使用。不断繁荣文体事业，举办中国桨板公开赛、全省首届老年木玩比赛等重大赛事，新建城市书房2个、农村文化礼堂19个，建成“15分钟品质文化生活圈”39个，考古发现新石器时期到夏商周时期的文化遗址53处，瓯江水上蛟龙节入围第六批省非遗名录，我县获评全省文化产业发展重点县。

社会保障坚实有力。实施“扩中提低”行动，开发低收入农户公益性岗位61个，城乡低保标准年人均突破1.2万元，低收入农户收入增长16%，经营性收入15万元以上行政村占比达94.3%。精准落实稳就业措施，发放就业创业补贴1400万元，新增城镇就业1254人，“零就业家庭”保持动态清零。推进社保扩面，基本养老保险参保率达99.05%，城乡居民医疗保险参保率达99.67%，“浙丽保”参保率达93.49%。强化养老服务体系建设，建成长者益智幸福坊12家、爱心驿站16家。加快推进“大搬快聚富民安居”工程，岗头安置小区交付使用，全年完成搬迁1421人，实现五年任务四年完成。实施弱势群体“善居”、残疾人“净居亮居”工程，帮助107户困难群众实现从“有居”到“优居”提升。完成全省退役军人及“三属”优待证发放试点工作，在全市率先实现退役军人免费乘坐城市公交。

社会大局平安稳定。高质量完成平安护航党的二十大各项任务。积极推进风险隐患“大排查大起底大整治”，系统开展安全生产、扫黑除恶、社会矛盾纠纷治理、电信诈骗整治等专项行动，实现火灾事故“零亡人”、工业企业领域生产安全“零事故”，电信诈骗发案数下降6.72%、案损金额下降25.07%。县公安局被省委、省政府评为全省优秀公安局。科学有效做好防汛防台抗旱工作，建立县、乡、村三级应急救援队伍，实现汛期无人员伤亡、旱情平稳过渡。

（五）从严从实加强政府自身建设

以数字化改革撬动政府高效治理。承接推进省级数字化改革试点任务31个，落地贯通省级重大应用110个，上线运行“环境健康管理在线”“云梨共富”等一批特色场景应用。深化“放管服”改革，创新设立“办不成事”反映窗口，推行“跨省通办”“乡事城办”政务服务模式。推进国资国企市场化改革，形成新“1+4”国企框架，首次发行企业债1.6亿元。

以法治化思维推进政府依法行政。深化“大综合一体化”行政执法改革，完成1435项综合行政执法事项划转，形成“1+8”执法队伍架构，实现61%的执法力量下沉一线。深入开展“法助共富、法护平安”行动，出台支持律师队伍建设的实施意见，实现重大行政决策事项目录化管理全覆盖。自觉接受人大政协监督，办理人大代表建议261件、政协提案166件。

以务实的作风推动政府效能提升。扎实开展“紧起来、快起来、跑起来”作风建设年活动，自查整改“佛系”“甩锅”“撞钟”问题，大力弘扬真干实干快干的新风正气。全面配合省委巡视工作，认真抓好巡视反馈问题整改。强化审计监督，成立县内部审计协会。落实政府过紧日子要求，非刚性、非重点支出压减10%，清理回收沉淀资金8821万元，让更多财政资金用在帮扶企业、发展产业、改善民生、保障重大项目建设上。

此外，人民武装、国防动员、人民防空工作扎实推进，老干部、关心下一代、工会、青少年、妇女儿童、残疾人等事业取得新成效，气象、移民、统计、档案、新闻、文学艺术、科普、电力等工作取得新进步，民族宗教、台湾事务、侨务、外事、红十字、慈善和对口支援等方面迈上新台阶。

各位代表，艰难方显勇毅，磨

砺始得玉成。这一年所取得的成绩，是上级党委政府和县委正确领导、科学决策的结果，是县人大、县政协和社会各界有效监督、鼎力支持的结果，是全县干部群众勇担重任、团结奋斗的结果。在此，我代表县人民政府，向全县人民以及广大建设者，特别是长期奋战在疫情防控战线上的广大医护人员、村社工作者，向人大代表、政协委员，各民主党派、工商联、人民团体和社会各界人士，向驻云和部队、武警官兵，表示衷心的感谢和崇高的敬意！

在肯定成绩的同时，我们也清醒看到全县经济社会发展还存在一些不平衡不充分的问题，离跨越式高质量发展要求还有较大差距，主要表现在：地区生产总值、规上工业增加值等部分经济指标没有完成年初预定目标；工业结构不优、科技创新能力不强等问题还未有效解决，带动性强的大好高项目支撑不足；城市建设品质不够高、管理不够精细，交通基础设施短板仍然突出；优质教育、医疗、文化等资源供给不足，与群众期盼存在不小差距；安全生产、消防安全、生态环保等领域仍存在不少薄弱环节，亟须下大力气改进提升。对此，我们将高度重视，采取更加有力的举措，认真加以解决。

二、2023年主要工作安排

2023年是全面贯彻落实党的二十大精神开局之年，是“八八战略”实施20周年，也是本届政府履职关键之年，做好各项工作意义重大。根据县委十五届三次全会精神，今年政府工作的总体要求是：坚持以习近平新时代中国特色社会主义思想为根本指引，全面学习贯彻党的二十大精神，认真贯彻落实党中央和省委、市委、县委决策部署，坚持稳中求进工作总基调，完整、准确、全面贯彻新发展理念，加快构建新发展格局，着力推动高质量发展，一以贯之深化“小县大城”发展战略，以推动全国山区县域新型城镇化共富样板拼争成势为目标，以打好“147”组合拳为抓手，千方百计抓发展，提振信心稳增长，确保党建统领变革重塑、经济运行整体好转、共同富裕扎实推进，努力在中国式现代化进程中谱写云和新篇章。

综合分析各方面因素，2023年我县经济社会发展的主要预期目标为：地区生产总值确保突破100亿元、力争增长6.5%，一般公共预算收入增长6%，规上工业增加值增长8%以上，固定资产投资增长15%以上，城镇和农村居民人均可支配收入分别增长7%、10%。

实现上述目标，必须加强工作的前瞻性、预见性、计划性，做到既要“低头走路、埋头苦干”，又要“抬头看天、科学谋划”。我们要清醒看到，当前机遇与挑战并存，随着疫情防控措施的优化以及存量政策、增量政策叠加发力，经济发展有利因素增多，经济运行有望整体好转，但宏观经济恢复的基础尚不牢固，外部环境动荡不安，“三重压力”仍然较大，经济社会发展面临的困难挑战依旧很多。因此，我们必须拿出勇猛精进、雷厉风行的干劲，拿出锲而不舍、久久为功的韧劲，比别人吃更多的苦、流更多的汗，这样才能实现预定的目标任务。在具体工作中，我们要紧紧围绕打造全国山区县域新型城镇化共富样板目标，牢牢把握稳中求进工作总基调，细化量化实化“147”组合拳，突出抓好工业经济提速、有效投资进位、“双招双引”增效、县城能级提升、梯田5A圆梦等重点任务，统筹推进乡村振兴、改革创新、生态保护、平安稳定、社会民生等各方面工作，全力以赴应变局、育新机、开新局，努力以自身工作的确定性应对外部环境的不确定性，推动经济实现质的稳步提升和量的合理增长，奋力夺取全年经济社会发展高分报表。

重点抓好以下十方面工作：

（一）坚定“工业强县”战略不动摇，促进工业经济回升向好、结构优化

坚持把工业经济作为发展的命脉，浓厚合力扶工氛围，以更大的力度拓平台、促转型、推创新，在全县形成大抓工业、齐抓工业的共识和合力。推动平台扩能跃阶，全力推进云景生态产业园、数玩智谷

等项目，做好房屋征收、矿地平整等工作，开工建设云景生态产业园一期，力争实现供地100亩以上；深化“腾笼换鸟、凤凰涅槃”攻坚行动，实施“零地技改”项目10个以上，淘汰整治高耗低效企业15家，实质性启动老木制玩具城区块综合改造提升，完成部分区域工业厂房收购、土地征收，为先进产能落地腾出空间200亩。实施木玩行业强链工程，出台木玩产业链专项政策，鼓励企业引进研发设计团队、自建研发设计机构，支持企业发展声光电、木塑、户外、家具、宠物玩具等产品，进一步延伸产业链条；探索制定全国首个《木制玩具》国家标准，加强木玩产业发展中心、木玩协会建设，推动木玩产业大脑上线运行、木玩产业创新服务综合体建成投用，进一步增强云和木玩产业洼地效应。开展钢铁行业创新、轴承行业扩量、阀门行业提质行动，支持华宏钢铁自建企业研究院，加快华宏60万吨普转优项目投产；鼓励轴承行业加快智能化改造，引导企业对接资本市场，走专精特新之路；延长阀门产业链，推进企业清洁生产，引导阀门产品向精深加工转型升级。壮大骨干企业梯队，培育“小升规”企业5家、专精特新“小巨人”企业1家，力争实现上市企业零的突破。加快创新主体升级，实施科技企业“倍增提质”计划，新增国家高新技术企业3家、省科技型中小企业15家以上，鼓励引导企业争取省“尖兵”“领雁”攻关项目，确保规上工业企业中开展R&D活动企业比重达50%以上。着力发展数字经济，加快实施紧水滩水冷绿色数据中心等项目，培育数字化标杆企业3家以上，新增智能工厂和数字化车间1家，力争数字经济核心产业增加值增长10%。全力支持企业拓市场增订单，积极打造更具活力的“地瓜经济”，坚持“企业走出去”与“外商请进来”有机统一，支持企业建立海外仓、境外销售网络，组织5个以上团组、50家以上企业出境参展增订单，同步开展“外商进云和”活动。深化木玩内外贸一体化改革试点，着力拓宽内贸销路，举办木玩外贸首单50周年纪念活动，开展木玩“五进”行动，谋划建设电商直播基地，建成电商直播式“共富工坊”10家；迭代升级外贸政策，用好“两仓”平台，充分挖掘外贸出口增长点。

（二）实施扩大有效投资“双扩双争”行动，掀起新一轮大抓项目、抓大项目热潮

坚持“项目为王”理念，实施扩大有效投资“扩增量争进位、扩储备争进度”行动，全年安排重大建设项目前期54个、重点项目63个、基本建设项目126个，力争新建重点项目60%以上在上半年开工，实现重点项目开工率、投资完成率再创新高。创新项目推进机制，建立健全联系领导督导、综合统筹协调、提级办理认领、红旗蜗牛评选等工作机制，努力为重大项目建设提供个性化、保姆式服务。强化项目谋划储备，坚持全域谋划、全员谋划，抢抓国家稳投资系列政策机遇，精准对接全省扩大有效投资“千项万亿”工程，开展项目谋划大比拼活动，不断充实“1810”千亿项目库，争取新增储备亿元项目20个以上。推进重大产业项目建设，开工建设智慧交通物流汽车服务基地等项目，加快实施木玩产业创新孵化基地等项目，推动新能源汽车动力电池综合利用等项目投产，全年实施投资5亿元以上产业项目6个，带动民间项目投资增长15%、高新技术产业投资增长20%以上。推进重大基础设施项目建设，争取温武吉铁路完成工可批复，丽云宁铁路被纳入国家中长期铁路网规划，开工建设长深高速公路云和赤石互通、210省道局村至大徐段、局龙线、龙泉溪云和段综合治理工程等项目，加快实施235国道云和段、黄安线一期等项目，带动基础设施投资增长25%。加强要素资源保障，精准对接省“8+4”政策体系，积极争取专项债券、政策性开发性金融工具，力争更多项目进入省级重大项目计划；推进跨乡镇全域土地综合整治试点工作，完成“百千万工程”1个、垦造耕地项目4个、建设用地复垦项目15个，新建和改造提升高标准农田3000亩，完成低效用地再开发78亩。

（三）打好“双招双引”提质增效攻坚战，在招大引强上取得新突破

坚持“双招双引”战略性地位不动摇，推进招商机制、招商模式、招商政策迭代升级，充分用好“问海借力”金钥匙，全力做好引才育才用才留才，持续增强县域发展动力。全年引进大项目5个，其中制造业大项目3个，实际利用市外内资9亿元、外资300万美元。完善招商政策机制，制定加强招商引资工作的若干意见，出台中介招商管理办法、总部经济政策，充分发挥招商政策引领作用；推行“一把手”招商“五个一”制度，优化招商赛马晾晒比拼机制，健全驻外招商、专班招商管理体系，把“人人都是招商员”的工作理念落实到全年任务上、传导到责任链条上。锚定招商工作方向，统筹用好以商招商、飞地招商、基金招商等模式，动态完善“四库一清单”，强化制造业延链补链强链项目招商，做实数字经济、生物医药等风口产业招商，谋划开展云景生态产业园、老木制玩具城区块等平台招商，推进三江口区块、小顺半岛等大项目招商。以“山海协作”工程实施20周年为新起点，全方位多层次深化与宁波北仑、湖州吴兴、嘉兴港区交流合作，密切与国能集团、中电建华东院等央企合作，确保云北智创空间等一批援建项目投入使用，实现“山海协作”到位资金10亿元以上。加快构筑全周期全要素人才服务体系，出台人才科技政策，开工建设人才公寓，建成杭州“人才科创飞地”，力争落地绿谷精英项目5个，新增技能人才700人以上，新引进高校毕业生1250人以上。推进青年发展型县域建设，完善青年就业创业专项政策，实施青年企业家赋能计划，加大政府产业基金对青年创新创业的支持力度。

（四）强化文旅产业支撑作用、提振消费市场信心，推动服务业高质量发展

坚持以云和梯田创AAAAA为龙头，不断深化全域旅游发展，启动实施文旅深度融合工程，加快消费市场复苏，点燃城市“烟火气”，实现服务业增加值增长8%以上、社会消费品零售总额增长5%。决战决胜云和梯田创AAAAA，集聚一切资源、想尽一切办法、穷尽一切措施，营造全县上下共同创建氛围。加快日出云海、七星墩、天籁云和等核心区块整体提升，建成世界梯田博物馆、二级游客接待中心等项目，完善停车场、游步道、通景公路等基础配套设施，全面提升梅源、下垟、坑根、梅竹等核心村颜值和业态，构建完整有序的交通运行体系、景区环卫体系和导游服务体系，确保景区软硬件设施全面达到AAAAA创建标准。统筹推进全域旅游发展，加快童话小镇地标建筑、云缦康养度假区等项目建设，做好云和湖开发、佛儿岩创AAAA等重点工作，抓好云和东旅游功能区块运营。加快推进文旅深度融合，深入挖掘农耕文化、古瓯文化、银矿文化，推动公共文化服务提质扩面，开展万册图书下乡、送戏下乡活动，举办水上运动休闲节、云和梯田泥泞障碍赛等重要文体活动，启动云和博物馆、大剧院建设，建成“15分钟品质文化生活圈”15个；加强历史文化保护传承，积极申报省级历史文化村落。把激活和扩大消费摆在优先位置，充分发挥消费券等政策支持引导作用，办好“云和好物节”“童话集市”等系列促消费活动，支持住宿餐饮、零售等生活性服务业迅速回暖，促进现代物流、金融保险等生产性服务业提质扩量，打造夜间经济、露营经济等消费体系，培育放心消费单位450家，争创省县域商业体系建设试点。

（五）实施营商环境优化提升“一号改革工程”，持续激发高质量发展活力

把营商环境改善、企业服务优化、办事效率提升作为政府关键大事来抓，统筹推进重点领域改革创新，不断激发县域发展活力。精准帮扶企业减负增效，持续深化县领导联系企业、专班化服务企业、企业诉求“135”办结等工作机制，打造“企业码、马上办”精准服务企业品牌，用真心诚意、真金白银助力企业发展壮大；健全“政策找企业”等政策直达快享机制，推动国家、省、市降本减负政策精准快速落地，梳理形成县内推动经济高质量发展一揽子政策体系，全年为企业减负2亿元以上；深入实施融资畅通工程，新增制造业贷款5亿元以上，确保普惠小微企业贷款增速不低于各项贷款平均增速。深化“放管服”改革，实施“减证便民”行动，推行“综合查一次”联合执法机制，推进电子营业执照和电子证照互通共享应用，实现企业年报“多报合一”。深入推进数字化改革，聚焦县域治理体系和治理能力现代化，开展基层智治试点建设，夯实基层治理底座；推动省级重大应用贯通落地，持续推进19个县级特色应用迭代升级。深化国资国企改革，充分尊重国企的市场主体地位，支持国企参与重要区块开发和特许经营，提高经营性收入比例；持续提升国资国企投融资能力，力争再发行债券3亿元，完成项目融资授信42亿元以上。推进生态产品价值实现机制创新，加强县级“两山合作社”及生态强村公司建设运营，实现生态资源权益交易零的突破；加强生态环境康养指数场景研究与应用，让群众家门口的绿水青山成为致富圆梦的“最大靠山”。

（六）启动县城承载能力提升工程，推动县城品质能级实现新跃升

把城市规划建设管理摆在更加重要的位置上，加快推进全国文明城市、国家园林县城“双创”工作，持续优化城市布局、完善城市功能、提升城市品质，全力争取以县城为载体的新型城镇化省级试点。强化规划统筹引领，完成国土空间规划编制，启动编制新一轮城市控制性详细规划、中心城区道路网专项规划，用好《“童话云和”城市建设导则》等成果，进一步拉开城市框架格局。改善城市人居环境，谋划推进解放街区块综合改造提升，继续推进棚户区改造项目，实施新建北路区块老旧小区改造；开展住宅小区物业管理服务提质行动，完善居住设施配套，提升住房设计、建设、管理水平；加快打造共同富裕现代化基本单元，实施未来社区创建三年行动计划，推进小徐未来社区建设，开展普光未来社区创建；深入开展城乡自建房安全隐患专项排查整治，确保城乡危房动态清零。着力补齐市政基础设施短板，开工建设祥云街（黄水碓—城西路）等项目，启动第二污水处理厂、城南污水管网建设，完成污水处理扩能增荷项目建设、复兴路两侧景观提升以及凤凰山公园、中山公园改造，新增公共停车位213个、新能源汽车充电桩15个以上，建成省级高标准生活垃圾分类示范小区2个，确保通过省级全域“无废城市”建设复核。推进引湖入城、拥湖发展，加快实施浮云溪流域综合治理工程，谋划黄溪流域综合治理和水系连通项目，完成紧水滩引调水工程，贯通梯田—县城—云和湖绿道环线，将浮云溪两岸滨水景观带打造成为云和的城市客厅。不断提升精细化管理水平，开展停车秩序、街容街貌、广告招牌等专项整治，启动市政公用领域专项体检，实施井盖“隐身静音”工程，加强城市绿化、美化、亮化日常管护；狠抓住宅小区、工业园区等重点区域违建治理，保持违建治理高压态势。

（七）扎实推进乡村振兴，加快实现农业农村现代化

坚持新型城镇化和乡村振兴“双轮驱动”，将产业振兴作为乡村振兴的重中之重，大力实施产业强村战略，推动产业布局更趋合理、村容村貌显著提升、基础设施不断完善，实现农业增加值增长4.5%。实施乡村产业提质行动，深入推进农业“双强”行动，加快永久基本农田集中连片整治，确保粮食播种面积和总产量分别稳定在5.27万亩、1.8万吨以上；高质高效发展云和雪梨，开工建设雪梨全产业链科创中心，新种植云和雪梨4000亩，启动“云和雪梨栽培系统”申报中国重要农业文化遗产；打响“云和湖有机鱼”品牌，建设高端养殖基地；精耕稻鱼、稻螺等“稻+”梯田共生产业，统筹推进食用菌、茶叶等产业品牌化、品质化发展；促进农旅融合发展，开工建设农产品加工园，打造云和师傅小微产业园20个，建设省级高品质绿色科技示范基地2个，建成“丽水山景”基地3个。实施公园乡村提升行动，开展公园乡村共富带“六个一”创建，落实常态化农村建房和风貌管控机制，建设大湾、三垟等一批美丽宜居示范村，打造梨庄、长汀等一批公园乡村样板，创建金水坑、安溪等一批未来乡村，确保“最美梯田”创成省级县域风貌样板区。完善农村基础设施，新建农村公厕10个、生活污水处理设施16个，提升改造农村饮用水8处，新改建和提升“四好农村路”92公里，建设村级“共富驿站”30个。持续深化农村改革创新，巩固全国乡村治理体系改革试点成果，扎实推进强村富民乡村集成改革，探索成立乡镇股份经济合作总社、实施农民集中建房模式；强化普惠金融服务乡村振兴，力争“两山贷”、生态贷余额达到20亿元；深入实施“大搬快聚富民安居”工程，完成人口转移300人。加强和规范县乡强村公司经营管理，推行村级工程“集体建”模式，全面提高集体经济创收能力，实现1/2以上的强村公司年经营收入达200万元以上，1/3以上的行政村年经营性收入达50万元以上。

（八）深化美丽云和建设，着力打造宜居宜业宜游童话云和大花园

牢固树立社会主义生态文明观，对照高标准美丽要求，严守生态红线和环境功能区底线，紧盯弱项找差距，精准发力补短板，全力推动减污降碳协同增效，争创国家“绿水青山就是金山银山”实践创新基地。加强绿色电源项目建设，开工建设紧水滩抽水蓄能电站，谋划分散式风电项目，实施集中式光伏电站项目，新增并网风光电装机2.5万千瓦，争创屋顶光伏示范县。落实碳达峰碳中和行动，深入开展低（零）碳试点乡镇、村建设，强化重点领域绿色低碳转型，积极争取多领域、多层级、多样化试点。加强环境污染治理，实施“全域治水、碧水兴城”攻坚行动，确保国控出境断面Ⅰ类水质天数比例达78%以上；打赢蓝天保卫战，启动“清新园区”建设，加大道路及建筑扬尘、工业废气、秸秆焚烧治理力度，确保PM2.5平均浓度低于25微克/立方米，空气质量优良天数比例达98%以上。提升生态保护和修复水平，健全完善“三线一单”生态环境分区管控体系，深化“河湖林田长制”，新增美丽林相4.5万亩、美丽河湖1条；扎实做好生物多样性保护工作，开展重要生物栖息地和重点物种调查，加强野生动植物监管和珍稀濒危野生动植物抢救保护，开工建设云和梯田国家湿地公园生物多样性体验地项目。

（九）积极主动、精准有效防范化解各类风险挑战，坚决守牢安全发展底线

统筹发展和安全两件大事，牢固树立底线思维，切实加强重大风险预测预警能力和隐患排查化解能力，着力巩固大平安发展格局。打好疫情防控平稳转换主动仗，落实“保健康、防重症、降病亡”总体要求，抓实抓细“乙类乙管”防控措施，着力提升医疗救治能力，最大程度保障人民群众健康安全；加强医疗物资储备，加快重点群体疫苗接种，补齐农村疫情防控短板，筑牢全民免疫屏障。打好公共安全组合拳，常态化开展安全生产综合治理行动，深化道路交通、危化品、工矿商贸、森林防火领域专项整治，突出抓好出租房、小微企业、城中村、地下空间等消防高风险场所隐患排查治理，做到隐患即知即改、动态清零；切实做好强台风、超强降雨和极端天气防御准备，防范化解洪水、城市内涝、地质灾害等灾害风险；加强食品药品全链条闭环监管，确保创成省级食品安全示范县。织密基层社会平安网，坚持和发展新时代“枫桥经验”，健全“县乡一体、条抓块统”高效协同治理模式，探索建立符合现代社区建设标准的“街乡共治”2.0版，增强基层治理“一中心四平台一网格”功能，加强和改进信访工作，推进自治、法治、德治、智治“四治融合”；强化社会治安整体防控，常态化推进扫黑除恶斗争，预防打击新型电信网络诈骗、“黄赌毒”等各类违法犯罪，抓好杭州亚运会等重大活动维稳安保工作，全力夺取二星平安金鼎，让“平安云和”金字招牌更加闪亮。

(十)提升优质公共服务供给水平,不断增强人民群众获得感幸福感

坚持发展为民、发展惠民,切实加强和改善公共服务供给,推动民生事业发展有质量、上档次、高水平。着力办好人民满意的教育,深入实施"县中崛起"工程,深化云和中学与慈溪中学合作办学,支持职业教育产教融合发展,力争全县高等教育毛入学率达到67%、云和中学本科上线率达65%以上,创成全国义务教育优质均衡发展县,争创全国学前教育普及普惠县。推进高品质"健康云和"建设,深化医疗领域综合改革,持续提升公立医院运营管理和发展能力,加强与省新华医院、市人民医院等合作,推动县人民医院龙头学科建设,推进全国基层中医药工作示范县创建,开工建设紧水滩卫生院、赤石卫生院迁建等项目,新改建规范化村级医疗机构3家,让群众在家门口就能"好看病、看好病"。坚持以就业促增收,抓好高校毕业生、退役军人、就业困难人员等重点群体就业,完善灵活就业综合保障体系,全年新增就业900人,城镇登记失业率控制在3%以内;聚焦技术工人、低收入农户等十类重点群体落实开发式扶持举措,让更多劳动者通过自我发展实现稳定增收、进入中等收入群体;协同推进城乡收入倍差"破二进一"行动和农民培训促共富行动,深入谋划农民增收新路径,推动城乡居民收入倍差缩小到2以内。加强住房保障,坚持"房住不炒",支持刚性和改善性住房需求,加大保障性租赁住房筹集力度,扎实做好保交楼工作。协同解决"一老一小"问题,加快构建全龄友好型城市,推进"云善共富"、敬老餐等特色养老服务,新增认知障碍照护床位15张;全面落实优化生育政策促进人口长期均衡发展措施,新增普惠婴幼儿托位40个。高水平打造"精准保障标杆区",落实救助标准自然增长和困难群众基本生活价格补贴机制,构建共富型大社保体系,完善大病保险和医疗救助制度,稳步推进社保提质扩面。全域推进殡葬改革,推动城乡公墓回归公益属性。抓好残疾人托养康复中心运营管理,推动妇女儿童、慈善事业高质量发展,持续关爱环卫工人、快递外卖小哥等特殊群体。加强国防动员和国防后备力量建设,做好退役军人服务保障工作,创成新一轮省级双拥模范县。

各位代表,让人民群众过上幸福美好的生活,是我们不变的奋斗目标和执着的工作追求。今年,县政府将继续按照民生实事"群众提、大家定、政府办"的理念,认真办好县政府民生实事,努力把群众"盼的事"变成政府"干的事"、把政府"干的事"做成群众"满意的事",让全县人民群众共享更多改革发展成果。

三、切实加强政府自身建设

面对改革发展稳定的艰巨任务,县政府将认真落实"拼担当、比实干、争进位"专题活动,以刀刃向内、自我革新的勇气加强自身建设,不断增强政府执行力和公信力,推动政府治理效能与经济社会发展相适应,努力打造人民满意的政府。

坚持旗帜鲜明讲政治。深刻领悟"两个确立"的决定性意义,增强"四个意识"、坚定"四个自信"、做到"两个维护",不断提高政治判断力、政治领悟力、政治执行力。坚持把党的领导贯穿政府工作全过程各方面,认真落实党中央和省、市、县委决策部署,做到令行禁止、步调统一。落实政府系统意识形态工作责任制,守牢意识形态主阵地。

坚持践行宗旨为人民。牢固树立以人民为中心的发展理念,深入开展"大走访大调研大服务大解题"活动,倾听群众呼声、了解群众意愿,完善民呼我为机制,把群众的问题和需求清单变成干部的履职清单,真心实意回应群众诉求关切,用心用情解决群众急难愁盼,在为民办实事、解民忧中赢得人民群众信任和支持。

坚持依法行政严用权。全面推进法治政府建设,落实领导干部带头学法制度,梳理完善政府及部门

权责清单，健全依法决策机制，做到法无授权不可为、法定职责必须为，确保政府工作始终在法治轨道上高效运行。依法接受人大监督，自觉接受政协监督，主动接受监察监督、法律监督、舆论监督，加强审计监督和统计监督。

坚持担当善为抓落实。把提高政府执行力作为“永不竣工”的生命力工程，深化政府重点工作清单式管理机制，优化完善任务清单、责任清单、措施清单，做到事事明确、层层负责、人人担当。健全赛马比拼机制，褒奖“奋斗者”，惩戒“躺平者”，努力营造崇尚实干、激励担当的干事创业氛围。运用好容错免责机制，旗帜鲜明地为担当者担当、为干事者撑腰。

坚持廉洁自律守底线。严格履行全面从严治党主体责任，锲而不舍落实中央八项规定精神和省委“36条办法”，健全重点领域关键环节廉政风险防控机制，一体推进不敢腐、不能腐、不想腐。认真抓好省委巡视反馈问题和审计问题整改。坚持政府过紧日子、群众企业过好日子，深化节约型机关建设，严格控制和压减一般性支出，让公共财政的阳光雨露更多洒向民生。

各位代表，没有等出来的精彩，只有干出来的辉煌！让我们更加紧密地团结在以习近平同志为核心的党中央周围，在县委的坚强领导下，坚定信心、迎难而上，埋头苦干、锐意进取，为推动全国山区县域新型城镇化共富样板拼争成势、谱写中国式现代化云和新篇章而团结奋斗！

中国人民政治协商会议第十届云和县委员会常务委员会工作报告

——2023年2月7日在政协第十届云和县委员会第二次会议上

云和县政协主席　章作飞

一、2022年工作回顾

2022年，是我县统筹推进疫情防控和经济社会发展极不平凡的一年，也是十届县政协的履职开局之年。一年来，县政协及其常委会高举习近平新时代中国特色社会主义思想伟大旗帜，全面落实中央和省委、市委、县委各项决策部署，在丽水市政协的有力指导和中共云和县委的坚强领导下，坚持发扬民主和增进团结相互贯通、建言资政和凝聚共识双向发力，围绕中心大局认真履职尽责，树立质量导向积极探索创新，充分发挥专门协商机构作用，推动政协工作取得新成效、呈现新气象，为我县打造全国山区县域新型城镇化共富样板凝聚了广泛共识，汇聚了强大合力。

（一）聚焦同心向党，在提高站位中把好新方向

一年来，常委会始终恪守中国共产党对政协工作的全面领导这一根本政治原则，切实担负起“落实下去、凝聚起来”的政治责任，进一步擦亮“政治底色”。

始终把政治建设摆在首位。深入贯彻落实中央和省委关于加强和改进新时代市县政协工作的部署要求，以党的政治建设统领政协事业高质量发展。坚持在党委统揽下履行职能、开展工作，及时传达学习县委指示精神，研究政协贯彻意见，切实做到县委有号召、政协有行动，县委有部署、政协有落实。充分发挥政协党组把方向、管大局、保落实的领导作用，严格执行重大事项提前请示、重要工作定期报告制度，坚持围绕县委中心任务制定年度协商计划，确保政协工作始终与县委目标同向、步调同频、工作同力；定期研究全面从严治党、党风廉政建设和意识形态工作，以加强政治引领为根本，持续推动政协高质量履职。

切实把理论学习落到实处。制定出台政协学习制度，明确学习重点，健全学习机制，形成全方位、立体式、科学化学习体系，实现委员学习全覆盖。建立并落实“第一议题”制度和习近平新时代中国特色社会主义思想学习座谈会制度，通过会议传达、座谈交流、专题讲座等形式，组织委员和机关干部深入学习习近平新时代中国特色社会主义思想，深入学习贯彻党的二十大精神和省市县党代会精神，不断夯实增强“四个意识”、坚定“四个自信”、做到“两个维护”的思想根基。全年开展政协党组带头学、常委会会议专题学、委员培训全员学、机关干部定期学等线上线下学习和座谈47次。

着力把党建引领推向纵深。全面加强政协党的组织体系和制度体系建设，建立县政协党建工作领导小组和委员履职党委，制定出台《关于进一步加强委员组履职工作支部建设的实施意见》等6项党建制度文件，成立8个委员组履职工作支部，建立党建工作“五联系”全覆盖制度，更好地发挥党支部战斗堡垒作用和党员委员先锋模范作用。着力提升“党建+”引领实效，举办“喜迎二十大，共绘家乡美”书画作品展，开展党建引领“云善共富”委员暖心服务、“传承红色基因，牢记初心使命”七一主题党日、集体过“政治生日”等活动，推动党建工作与委员培训、调研协商、主题活动等相融互促。

（二）聚焦职责使命，在助推发展中彰显新作为

一年来，常委会自觉把政协工作放到全县“一盘棋”中去谋划和推进，紧扣重大部署和重点工作，助力党政科学决策、有效施政，不断提升“建言靓色”。

服务经济转型升级。围绕县委实施“双招双引”战略举措，以“聚焦‘双招双引’提质增效，助力跨越式高质量发展”为主题召开议政性常委会会议，深度协商、务实建言。围绕“康养产业发展”召开专题协商会，就我县如何立足生态优势，大力发展康养产业提出建设性意见建议。围绕《云和雪梨产业创新集成发展三年行动计划》，组织委员聚焦我县雪梨产业发展中的突出问题开展深入调研协商，调研报告获县委书记李忠伟批示肯定，在助力政策落地、项目实施等方面取得实际成效。着眼云和木玩和织里童装两个特色产业的优势互补，与湖州市吴兴区政协共同举办“山海协作”专题协商会，促成双方在木玩展示场馆建设、木玩进商超、产业大脑共享等六方面取得阶段性成果。

助推城市能级提升。围绕“加快建立产城融合共富样板规划体系”开展专题协商，提出一系列针对性、专业化的对策建议，为党政部门提供决策参考。围绕促进我县建筑业、阀门企业健康发展组织开展调研协商，助推我县出台《加快建筑业改革与高质量发展的实施意见(试行)》《关于支持阀门行业发展的政策意见》等，积极助力相关行业高质量发展。围绕“云和梯田农耕文化走廊建设”协商成果落实，组织委员开展“回头看”，为梯田创AAAAA建言资政、凝聚共识。围绕城市文化建设、国有企业市场化转型等课题组织深入调研，提出对策建议。围绕稳企助企纾困政策落实、数字化改革推进情况、“最多跑一次”改革等，组织市县政协委员通过实地调研、蹲点督查、走访群众等方式，深入开展专项集体民主监督活动。

助力社会事业发展。围绕教育高质量发展，组织开展“我为‘逆袭翻盘’想对策”线上“谈体会、提建议”活动，收到委员意见建议161条，为助力实现美好教育积极建言。围绕“加快建设中小学生劳动教育综合实践基地”召开专题协商会，有关建议得到县政府和相关部门积极回应。围绕“推动山区26县高质量发展”“幼有所育，构建育儿友好型社会建设”“乡村振兴补短板”等主题，积极组织委员参加网络议政活动，累计参与660人次，跟帖发言1800余条。瞄准共同富裕工作靶心，围绕发展“梯田三白”、云和湖有机鱼品牌化品质化提升等开展协商建言，形成切实可行建议，为助推经济社会发展、保障和改善民生发挥了积极作用。

（三）聚焦履职合力，在团结引领中担好新使命

一年来，常委会把凝心聚力摆到政协工作突出位置，充分发挥人民政协的团结统战功能，努力寻求最大公约数、汇聚最大正能量，不断凸显“聚力特色”。

汇聚同舟共济正能量。面对突如其来的“4·26”疫情，县政协闻令而动，全力以赴，第一时间组织政协委员和机关干部积极投身疫情防控阻击战。县政协领导班子成员带头冲锋在前，全力参与一线防控督导、环境消杀、社会捐赠管理等疫情防控工作，圆满完成专班任务。广大委员和机关干部立足岗位、发挥优势，积极参与志愿服务、爱心捐赠、反映社情民意，主动捐资捐物，涌现出一批感人至深的先进事迹，在疫情防控大战大考中以实际行动展现了政协组织和政协委员的担当与作为。

建优联谊交友大平台。深化委员会客厅建设，严格落实“4+X”要求，围绕木玩产业转型升级等主题开展活动10场，参与360人次，将工作触角向党外知识分子、非公有制经济人士、新的社会阶层人士更深更广地延伸。坚持从严把关、好中选优，建成首批11家委员工作室，制定管理办法，理顺工作流程，提升运行效率。着力强化与全市政协系统的协同联动，积极主动与宁波北仑、杭州萧山、永嘉等地政协交流学习履职经验。主席会议成员分批带队开展走访在外商会、乡贤人士、优秀企业等活动，为各类人才引留回归铺路架桥。组建新一届政协智库，为高质量履职建言提供智力支撑。

发出政协履职好声音。着眼讲好政协故事，传播委员声音，提升“议政云和”微信公众号信息质量，全方位、多角度向全国和省市媒体报送政协履职信息，在省级以上媒体平台发表15篇。《“直播手术秀”泛滥，亟需避免三大风险》等3篇社情民意信息在《人民政协报》上发表；《吴兴云和两地政协跨越山海牵手协作，合力共助“两个先行”》登上省政协《联谊报》头版头条，市政协主席任淑女点赞云和政协在山海协作好故事中发出政协委员好声音；《丽水日报》专题报道我县深入开展民主监督工作，走出协商民主新路子。注重以文化人、以史资政，积极参与省政协《浙江城市名片》征编工作，开展《见证云和》“三亲”史料征集，完成《消失中的村庄》编辑工作。支持县政协书画摄影之友社举办和参与各类文化交流活动，助推各领域文化事业发展。

（四）聚焦民生福祉，在真情履职中干出新样子

一年来，常委会深入践行以人民为中心的发展思想，发挥治理优势、组织优势，坚持问计于民、为民尽责，充分展现“为民本色”。

广开为民言路。切实发挥基层协商平台集众智、聚共识、助发展、惠民生的作用，高标准建成11个民生议事堂，实现87个村（社区）协商驿站建设全覆盖，形成“梯田议事”“梨园议事”“沙滩议事”“街乡议事”等一批接地气、有特色的协商品牌。白龙山街道、石塘镇、崇头镇民生议事堂分别被市政协评为五星级、四星级、三星级民生议事堂。深入开展“助力共同富裕专题协商议事月”活动，聚焦群众身边焦点难事、关键小事组织协商议事活动65场，广大政协委员、基层代表走进阵地参与议事，营造了建真言、献良策的浓厚氛围，为助力解决基层实际问题拓宽了通道。

善谋利民良策。聚焦民生领域热点问题，综合运用各种履职手段，反映民情、资政建言。围绕“提高社区基层治理能力”“完善城南片区城市路网建设”等民生类重点提案办理进行协商督办，为党政部门决策提供广泛的民意支撑。持续加强社情民意信息的收集和反映，分别向县委县政府和省市政协编报社情民意信息15期、43篇，围绕“生态葬”“民宿纾困”“菇棚整治”“疫情防控”等问题提出高质量建议，获县党政领导批示7篇次，省市政协录用32篇，有力助推了诸多涉及群众切身利益问题的解决。立足群众关切，坚持把民主监督工作融入各项经常性工作中，选派政协委员参加各类听证和监督活动97人次；通过持续开展委派民主监督员工作，帮助基层解决问题15项。

办好惠民实事。深入开展“践行二十大，奋进共富路”大走访、大调研活动，主席会议成员领衔各专委会、委员组深入基层听民意、察民情、解民忧，收集意见建议55条，解决实际问题8项。政协机关扎实做好低收入农户“一户一策一干部”结对帮扶工作，积极帮助农户解决实际困难。切实发动委员力量，依托委员活动组、委员工作室、书画摄影之友社及“三进五送”“百名委员帮困联百户”等载体方式，广泛开展送春联、送校服、送图书等活动，内容涵盖教育、文化、养老、扶贫、水环境、法律援助、医疗卫生等各方面，惠及群众2600余人，深受广大群众欢迎和好评。

（五）聚焦提质增效，在守正创新中展示新形象

一年来，常委会始终把提质增效作为政协履职着力点，坚持与时俱进，提高履职能力，进一步擦亮“队伍成色”。

推进履职系统化。坚持把健全委员履职机制、提升委员履职能力、强化委员履职保障一体推进，以整体联动推进履职系统化、集成化。把加强学习培训贯穿履职全过程，通过举办全体委员培训班、党的二十大精神宣讲报告会、“椤林讲坛”等各类学习培训活动，着力提升委员履职能力和综合素养。紧扣委员履职新要求，全面推广运用“云和政协•掌上履职”数字化工作平台，完善委员履职评价体系和履职优秀委员评选办法，努力让全体委员“动”起来、履职成果“实”起来。创设便利条件和渠道，支持各委员组开展联合协商、联动履职，确保委员履职扎根基层、长效推进。坚持联系走访委员制度，了解和服务委员履职需求，激发委员履职热情。

推进制度规范化。坚持把制度机制作为工作推进的遵循和准则，不断完善政协组织内部规章制度和外部衔接机制。协助县委出台《关于进一步健全完善县直属有关单位与县政协专门委员会对口联系协商制度》，实现政协专委会对口联系全覆盖，切实加强政协工作与党政工作衔接。进一步规范政协系统运行机制，制定县政协协商工作规则、全面落实意识形态工作责任制的实施意见等制度文件5项，修订常委会工作规则、提案工作条例等规章制度12项，指导县政协机关规范完善有关办文办会办事制度机制5项，并印发制度汇编和委员手册，为政协高效履职、规范履职提供了强有力的制度保障。

推进机关效能化。深入贯彻落实县委“紧起来、快起来、跑起来”作风建设年活动部署，结合政协机关实际，大力开展“政令执行提效、委员服务提质、作风形象提升”三大行动，抓学习、促整改、转作风、优机制，着力营造比学赶超、创先争优的浓厚氛围。各专委会进一步加强同政协各参加单位和县直部门、乡镇（街道）的联系，做精做优服务保障工作，定位更加精准，履职更有作为。切实加强机关党风廉政建设，支持县纪委监委派驻机关纪检监察组履行监督执纪职责，持之以恒正风肃纪。

各位委员、同志们，一年来，中共云和县委高度重视县政协工作，县委常委会及时听取县政协党组工作汇报并对支持政协履职提出明确要求，县委县政府领导多次参加政协重大协商议政活动，领办重点提案18件，对政协重要履职成果作出批示9次，其中党政主要领导批示8次。我们深切感到，这些成绩的取得，是中共云和县委坚强领导的结果，是县人大常委会、县政府和社会各方面大力支持的结果，是县直各部门、各乡镇（街道）密切配合的结果，也是县政协各参加单位和全体委员团结一心、共同奋斗的结果。在此，我代表县政协常委会，向所有关心和支持政协工作的同志们、朋友们，表示衷心的感谢！

在肯定成绩的同时，我们也清醒地看到，工作中仍存在一些不足：在践行全过程人民民主中发挥政协作用上还需持续探索，协商议政的质量还需进一步提高，委员履职方式方法还需进一步创新等。这些都需要在下一步的工作中加以改进和落实。

二、2023年工作任务

2023年是贯彻党的二十大精神开局之年，是“八八战略”实施20周年，也是十届县政协履职关键之年。县政协工作的总体要求是：以习近平新时代中国特色社会主义思想为指导，全面学习贯彻党的二十大精神，深入学习贯彻习近平总书记关于加强和改进人民政协工作的重要思想，在中共云和县委的坚强领导下，围绕县委十五届三次全会提出的目标任务，坚持团结和民主两大主题，以永做新时代“挺进师”的奋斗实干，充分发挥专门协商机构作用，积极实践全过程人民民主，持续在建言资政和凝聚共识上双向发力，努力打造一批具有政协特点、云和特色的创新履职成果，为推动全国山区县域新型城镇化共富样板拼争成势贡献政协智慧和力量。

（一）更加注重思想政治引领，铸牢政治之魂。牢牢把握人民政协的政治属性，把思想政治引领贯穿到政协组织和委员履职全过程，忠实履行政治使命。坚持用习近平新时代中国特色社会主义思想凝心铸魂，采取专题报告、“椤林讲坛”、委员座谈等形式深入学习贯彻党的二十大精神，引领全体委员心有所信、行有所向，自觉做“两个确立”的坚决拥护者、“两个维护”的坚定践行者，确保党的二十大精神在政协落地见效。自觉落实党对政协工作的全面领导，执行好重大决策、重要工作、重要事项向县委请示汇报制度，将政协履职活动置于党委工作大局中谋划和推进，确保政协工作与县委要求同频共振、协调一致。全面加强政协系统党的建设，完善党建与履职互融互促制度体系，通过结对共建、阵地共享、资源整合，在民生议事堂、委员工作室建立县政协机关党支部和各委员组履职党支部党建活动阵地，实现政协党支部党建活动阵地乡镇（街道）全覆盖，推动政协系统党的组织和党的工作从“有形覆盖”向“有效覆盖”转变。

（二）更加注重融入中心大局，助推发展之势。牢牢把握围绕中心、服务大局这一重要使命，紧扣“147”组合拳的重要事项和关键环节，通过协商议政、调研视察、委员提案、反映社情民意等形式，谋划和组织好各项履职活动，以高水平建言资政成果助力高质量发展。聚焦大事要事，选择“优化营商环境”“加快木玩产业转型升级”“打造民宿产业集群”“聚焦‘以文塑城、以文赋能’，打造魅力云和”等议题开展协商建言，提出可行可用的对策建议；围绕我县“十四五”规划纲要中期实施情况，组织深入调研，提出前瞻性、可操作性的意见建议；就梯田创AAAAA、产业平台建设、城乡环境整治等重点工作组织开展委员监督视察；加强和改进“政协走亲”活动，积极为全县经济发展和产业转型招引优秀人才和优质项目。聚焦保障改善民生，就构建食品安全全链条防控体系、提升偏远山区医疗服务保障能力、农村宅基地开发利用等具体问题，开展协商议政；围绕县政府“十大民生实事”实施情况，组织委员调研，推动民生项目落细落实。聚焦重要履职成果转化，紧盯“双招双引”、城市规划建设、山海协作、康养产业发展、雪梨产业振兴、劳动教育基地建设等课题开展“回头看”，实实在在推动建议落地、问题解决。

（三）更加注重践行协商民主，彰显协商之能。牢牢把握政协新方位新使命，充分发挥专门协商机构的独特优势和重要作用，不断丰富和拓展协商民主在云和的生动实践。更好搭建协商平台，在党委领导、政府支持下，集中力量推进“请你来协商”常态长效，搭建好“政协总平台+镇街分平台+村社微平台”，完善“请你来协商”中专题协商与微协商的有效衔接机制，以平台建设串起履职链、工作链、成果链，切实提高平台运行实效。加强协商品牌建设，持续探索跨县域联合协商，做精“一镇一品”协商议事品牌，鼓励和支持各委员组因地制宜开展特色化、多样化协商议事活动，广泛传播公正理性、求真务实、平等互信、开放包容的协商文化。丰富协商民主实践，探索完善“协商+监督”工作链条，持续推进委派民主监督员工作制度化、规范化建设，充分发挥基层协商民主在重大政策出台、重大项目谋划等方面的独特作用。建立健全委员联系界别群众、定期下访等机制，有序扩大基层协商民主参与队伍，推动协商重心下移，让基层微平台释放大能量。

（四）更加注重深化团结联谊，汇聚奋进之力。牢牢把握加强大团结大联合这一政协履职的核心要求，以“好声音”赢得共鸣，用“正能量”汇聚合力。通过学习座谈、研讨交流、新闻宣传、集中视察等形式，学习好、阐释好中央和省市县委决策部署以及上级政协新部署新要求，引导委员利用自身影响力主动发声，面向社会传播共识。认真落实政协统战工作要求，以委员会客厅建设为龙头，进一步完善委员工作室、民生议事堂、社情民意信息联系点“三位一体”平台，努力打造立体多元、共享度高的凝心聚力平台矩阵。加强主席会议和专委会对政协各参加单位的工作联系和指导，进一步突出和发挥其在政协组织中的特色、优势和重要作用，更好服务大局。重视发挥民族宗教界、港澳台侨界人士的作用，围绕推进民族团结进步、社会管理创新等方面的重大问题建言献策，协助党委和政府做好协调关系、顺应民意、凝聚人心的工作。加快推进《见证云和》征编工作，深入挖掘云和历史文化内涵，用文化的力量凝聚共识。鼓励和支持委员参与各类公益慈善和志愿服务活动，持续扩大“三进五送”活动的覆盖面。积极组织政情通报会、专题通报会和在云省市政协委员联谊活动，组织委员与党政部门开展对话交流，为委员知情明政创造条件。

（五）更加注重履职能力建设，夯实履职之基。牢牢把握人民政协“四个一线”职责定位和要求，坚持以改革思维和创新理念为引领，积极探索履行职能的新形式、新领域、新途径，着力提升整体工作水平。加强履职能力建设，精心组织开展委员学习培训、常委述职等活动，推行提案、大会发言、请你来协商“三位一体”系列化履职、全链条建言，促进委员更好掌握政协工作规律特点和方式方法，努力打造一支“能说会写”“能谋善议”的政协队伍。深化“数字政协”建设，全面贯通应用省数字政协六大在线系统，进一步激发委员履职活力。注重专委会专业能力建设，更好发挥专委会联系委员、界别的纽带作用。完善智库运行机制和履职渠道，进一步发挥政协智库重要作用。锲而不舍抓作风，认真落实“拼担当、比实干、争进位”专题活动，努力打造忠诚干净担当的高素质机关干部队伍。强化机关服务保障水平，加强统筹联动、完善工作机制，为委员履职和政协工作创新发展提供有力保障。

各位委员、同志们，面对新使命新任务，让我们更加紧密团结在以习近平同志为核心的党中央周围，在中共云和县委的坚强领导下，初心不改、砥砺奋进、笃行致远，携手开创云和政协事业发展新局面，为推动全国山区县域新型城镇化共富样板拼争成势、谱写中国式现代化云和新篇章而团结奋斗！

大 事 记

1月

1日 县委副书记、代县长周鸿飞调研指导小徐未来社区、祥云路城市道路等项目建设。

同日 全省"141"体系建设工作会议召开。在职副县级以上领导干部在云和分会场参加。

同日 县委书记李忠伟调研农业(雪梨)产业发展情况。副县长江静陪同调研并参加座谈会。

6日 人民日报浙江分社社长李中文一行到云和采访调研"共同富裕"专题。县委书记李忠伟，县委常委、宣传部部长梅华陪同。

同日 县委书记李忠伟调研云和梯田创国家AAAAA级旅游景区项目。县人大常委会党组副书记林建文，副县长蓝利明陪同调研并参加座谈会。

同日 副市长戴邦和到云和调研生态工业"开门红"工作。县委副书记、代县长周鸿飞，县委常委胡坚陪同。

同日 县人武部新任部长宣布命令大会召开。

7日 全省民营经济发展大会召开。县领导李忠伟、周鸿飞、叶晓勇、章作飞、赖小文在云和分会场参加。

8日 县委书记李忠伟到佛儿岩景区调研。

10日 省信访局副局长项义从一行到云和走访慰问信访干部。县委书记李忠伟，县委副书记、政法委书记陈卿陪同。

11日 云和玩具实验室项目(SGS)签约仪式举行。县委副书记、代县长周鸿飞，县委常委、副县长孙开用在杭州参加。

12日 县委书记李忠伟到企业开展"助企开门红"活动。县委常委胡坚陪同。

同日 县委副书记、代县长周鸿飞带队检查"三合一"场所整治工作。副县长缪磊磊陪同。

同日 县委副书记、代县长周鸿飞到工业企业调研。县委常委胡坚陪同。

13日 "整洁云和、干净过年"城乡环境整治月活动启动仪式举行。在职副县级以上领导干部参加。

同日 县委召开十五届常委会第1次会议。听取县第十七届人大一次会议和县政协十届一次会议筹备情况、"共享法庭"建设工作情况、"七张问题清单"工作情况、全县社会稳定形势分析情况、十四届云和县委巡察工作情况、全县应急管理工作情况、全县消防安全形势和工作情况、全县耕地保护工作情况、全县食品安全工作情况、全县党内法规工作情况的汇报；观看长江经济带发展典型案例警示教育片；研究县委常委分工。

14日 县领导李忠伟、周鸿飞、傅雅涛在丽水参加省管领导干部离任经济事项集中交接会。

同日 县委书记李忠伟到丽水军分区开展节前走访慰问。县领导陈卿、许文金、张以军陪同。

同日 县委书记李忠伟，县委常委、组织部部长黄伟杰在丽水参加全市基层党建工作会议。

17日 全国安全生产会议召开。县领导周鸿飞、傅雅涛、胡坚、缪磊磊、蓝利明、谢岩伟在云和分会场参加。

17—21日 县委书记李忠伟，县人大常委会主任叶晓勇在杭州列席参加省十三届人大第六次会议。

18日 县委副书记、代县长周鸿飞到企业开展“助企开门红”活动。县委常委胡坚陪同。

20日 县政府工作报告征求意见座谈会召开。县委副书记、代县长周鸿飞参加。

21—30日 李忠伟、周鸿飞、叶晓勇、王新荣、章作飞等县领导分组走访慰问困难党员、县级道德模范、信访工作优秀干部、困难职工、优秀人才、企业留云和过年人员、困难群众。

22日 全省、全市党史学习教育总结大会分别在杭州、丽水召开。县领导李忠伟、周鸿飞、叶晓勇、王新荣、章作飞、黄伟杰、梅华在云和分会场参加。

同日 全县党史学习教育总结会议召开。县领导李忠伟、周鸿飞、叶晓勇、王新荣、章作飞、黄伟杰、梅华参加。

同日 全县离退休老干部座谈会召开。县领导李忠伟、周鸿飞、叶晓勇、王新荣、章作飞、陈卿、黄伟杰参加。

24日 省纪委十四届七次全会第一次大会召开。县委书记李忠伟，县委副书记、代县长周鸿飞在丽水分会场参加。县委常委、纪委书记、监委主任舒坚阳在杭州主会场参加。

同日 全县领导干部会议召开。传达学习省十三届人大六次会议和省政协十二届五次会议精神。在职副县级以上领导干部参加。

同日 县委副书记、代县长周鸿飞检查节前安全生产工作。

25日 县委务虚会召开。在职副县级以上领导干部参加。

同日 县第十六届人民政府第66次常务会议召开。审议通过2022年《政府工作报告（送审稿）》《关于云和县2021年国民经济和社会发展计划执行情况与2022年国民经济和社会发展计划草案的报告（送审稿）》《云和抽水蓄能电站资源开发合作协议（送审稿）》《云和县人民政府与杭钢合作框架协议（送审稿）》《云和高质量发展建设共同富裕示范区产城融合样板行动方案（2021—2025年）(送审稿)》《云和县2022年固定资产投资计划（送审稿）》《云和县2022年基本建设预算编制说明（送审稿）》《2021年预算执行情况及2022年预算草案（送审稿）》《关于拟给予云和县“五水共治”全域“污水零直排区”创建39个集体（个人）行政奖励名单（送审稿）》《云和县深化“证照分离”改革进一步激发市场主体发展活力的通知（送审稿）》《云和县促进互联网租赁自行车规范发展实施意见（试行）（送审稿）》；听取关于云和县2022年“十件民生实事”候选实事形成情况、扶持云和县丽宏废旧金属回收有限公司的政策意见、云和县2021年法治政府工作情况的汇报。

26日 市人大常委会主任李锋一行到云和慰问困难党员群众。县委书记李忠伟，县人大常委会主任叶晓勇陪同。

同日 市委常委、统战部部长王小荣到云和开展节前走访慰问和安全生产检查。县委常委、统战部部长赖小文陪同。

同日 县委常委会党史学习教育专题民主生活会召开。市委常委、统战部部长王小荣，县委常委，县人大常委会、县政协主要领导参加。

同日 县委书记李忠伟，县委副书记、代县长周鸿飞在丽水参加全市领导干部会议。

26—30日 周鸿飞、叶晓勇、王新荣、章作飞等县领导分别带队慰问春节期间在岗值班人员。

27日 县委书记专题会议召开。县领导李忠伟、周鸿飞、陈卿、黄伟杰、舒坚阳参加。

同日 县委召开十五届常委会第2次会议。审议通过《云和县人民政府工作报告（送审稿）》《云和高质量发展建设共同富裕示范区产城融合样板行动方案（2021—2025年）（送审稿）》《云和县2022年固定资产投资计划（送审稿）》《2022年政府投资项目计划（送审稿）》《2022年重点建设项目计划

(送审稿)》《2022年重大建设项目前期工作计划（送审稿)》《云和县2022年基本建设预算编制说明(送审稿)》《云和县2021年预算执行情况和2022年预算草案的报告(送审稿)》《2021年度乡镇(街道)综合考核结果和单项工作考核优秀单位评定情况(送审稿)》《关于云和县2021年国民经济和社会发展计划执行情况与2022年国民经济和社会发展计划草案的报告(送审稿)》；听取云和县2022年“十件民生实事”候选实事形成情况、云和县2021年法治政府工作情况的报告；研究案件工作；研究人事工作。

同日　县“双招双引”工作座谈会召开。县领导李忠伟、黄伟杰、孙开用参加。

28日　市纪委四届七次全体会议第一次大会召开。县四套班子领导、县法院院长、县检察院检察长在云和分会场参加。县委常委、纪委书记、监委主任舒坚阳在丽水主会场参加。

同日　县政府党组党史学习教育专题民主生活会召开。县政府党组成员参加。

29日　县委书记李忠伟检查指导节前安全生产工作。

同日　全县雨雪冰冻天气防范部署会召开。县领导周鸿飞、傅雅涛、江静参加。

30日　县委书记李忠伟到紧水滩镇调研检查安全生产等工作。

2月

7日　全省高质量发展共同富裕示范区推进大会召开。在职副县级以上领导干部在云和分会场参加。

8日　全县三级干部大会召开。县委书记李忠伟作以“坚定信心　变革重塑　推动全国山区县域新型城镇化共富样板全面起势”为题的报告。在职副县级以上领导干部；担任过副县级以上实职的离退休老干部；县直属各单位主要负责人；各乡镇党委书记、乡镇长，各街道党工委书记、办事处主任；县纪委监委机关、县委办、县人大常委会机关、县府办、县政协机关、县委组织部、宣传部、统战部、政法委、县发改局、财政局、经商局、住建局、农业农村局、文广旅体局、云和工业园区班子成员；15家规模企业、5家农业龙头企业和5家旅游企业主要负责人在县文化中心主会场参加。

9日　市委副书记、代市长吴舜泽一行到云和调研。县委书记李忠伟陪同。

同日　县委书记李忠伟到企业开展“助企开门红”活动。县委常委胡坚等陪同。

同日　县委副书记、代县长周鸿飞调研老农机厂区块和凤凰山街道网格化管理工作。县委常委、副县长孙开用，副县长蓝利明陪同。

同日　县委副书记、代县长周鸿飞调研重点企业复工复产工作。

10日　全县项目推进“161”行动动员大会召开。在职副县级以上领导干部参加。

同日　县委副书记、代县长周鸿飞调研重点企业、重点项目复工复产工作。县委常委、常务副县长傅雅涛陪同。

10—13日　政协云和县委员会十届一次会议召开。政协云和县委员会十届一次会议第一次全体会议应出席委员148人，实到139人。县政协主席王新荣代表政协第九届云和县委员会常务委员会向大会作工作报告。

11—14日　云和县第十七届人民代表大会第一次会议召开。本次大会应到代表170人，实到代表170人。县委副书记、代县长周鸿飞代表县人民政府向大会作工作报告。

15日　全省无废城市建设评审会召开。县委副书记、县长周鸿飞，县委常委、副县长胡坚在云和分会场参加。

同日　副市长朱磊到云和调研生态产品价值实现机制示范区建设、春运、能源“双控”、行政审批、大数据改革等工作。县委副书记、县长周鸿飞，县委常委、常务副县长傅雅涛陪同。

16日　2021年度乡镇(街道)党(工)委书记抓基层党建和人才科技工作述职评议会召开。县委常委参加。

18日 市委经济工作会议召开。县委书记李忠伟，县委副书记、县长周鸿飞在丽水主会场参加，县领导叶晓勇、章作飞、胡坚、周坚、傅雅涛、孙开用、舒坚阳、林建文、陈伟忠、叶长火、刘伟玲、蓝利明、徐志雄、郭俊、陈乐在云和分会场参加。

21日 云和县—中铁建共同富裕项目汇报会召开。县领导周鸿飞、周坚、傅雅涛、柳成东、蓝利明、谢岩伟、吕明参加。

同日 县委副书记、县长周鸿飞调研云景生态产业平台项目。县委常委周坚，副县长江静陪同。

22日 市委常委、纪委书记、监委代主任傅智超一行到云和调研纪检监察工作。县委书记李忠伟，县委常委、纪委书记、监委主任舒坚阳陪同。

同日 县委书记专题会议召开。县领导李忠伟、周鸿飞、陈卿、黄伟杰、舒坚阳参加。

同日 县委召开十五届常委会第3次会议。审议通过《中共云和县纪委十五届二次全会工作报告（送审稿）》《云和县“紧起来、快起来、跑起来”作风建设年活动实施方案（送审稿）》《县委书记第一责任人责任清单（送审稿）》《县委主体责任清单（送审稿）》《县委常委会其他成员责任清单（送审稿）》《县纪委专责监督责任清单（送审稿）》《县委组织部职能监督责任清单（送审稿）》《社建委、教育局、卫健局、四大执法领域等单位机构编制有关事宜的方案（送审稿）》《2021年度部门综合考核结果（送审稿）》；研究人事工作。

同日 县委编委会议召开。县领导李忠伟、周鸿飞、黄伟杰、柳成东、谢岩伟参加。

同日 木玩产业“助推器”项目路演活动举行。县领导周鸿飞、孙开用、胡坚参加。

23日 省级结对帮扶云和团组2022年第一次工作会议召开。省人力社保厅党组成员、副厅长金林贵，浙江能源监管办二级巡视员黄瑞意，县领导周鸿飞、陈卿、孙开用、江静在云和参加。

同日 县第十七届人民政府第1次常务会议召开。听取《云和县新能源汽车动力电池综合利用项目投资合作协议书（送审稿）》情况汇报。

24—27日 县领导李忠伟、周鸿飞、陈卿、胡坚、黄伟杰、舒坚阳在丽水参加市第五次党代会。

28日 全省改革大会暨数字化改革工作推进会召开。县领导李忠伟、周鸿飞、叶晓勇、章作飞、陈卿、黄伟杰、孙开用、傅雅涛、赖小文、梅华、缪磊磊、颜韬、江静、蓝利明、李爱勇、谢岩伟、郭俊、陈乐在云和分会场参加。

同日 全县领导干部会议召开。传达学习市第五次党代会精神。在职副县级以上领导干部参加。

同日 县委全委会议召开。县委委员、候补委员参加。

3月

1日 全省“大综合一体化”行政执法改革推进大会召开。县委常委、县人大和县政协主要领导、副县长、县法检“两长”在云和分会场参加。

同日 县委副书记、县长周鸿飞到企业调研。县委常委、副县长孙开用陪同。

2日 云和梯田创建国家AAAAA级旅游景区推进大会召开。县领导李忠伟、周鸿飞、章作飞、陈卿、胡坚、傅雅涛、梅华、林建文、柳成东、林志龙、颜韬、江静、蓝利明、谢岩伟参加。

同日 云和抽水蓄能电站资源开发合作签约仪式举行。县委副书记、县长周鸿飞，县委常委、常务副县长傅雅涛参加。

7日 县委书记专题会议召开。县领导李忠伟、周鸿飞、陈卿、黄伟杰、舒坚阳参加。

同日 县委召开十五届常委会第4次会议。传达学习习近平总书记在中央党校（国家行政学院）中青年干部培训班开班式上的重要讲话、《中共浙江省委浙江省人民政府关于从周江勇案件中汲取教训做好以案促治工作的意见》、市委政法信访工作会议精神；研究人事工作。

8日 县第十五届纪律检查委员会第二次全体(扩大)会议暨"紧起来、快起来、跑起来"作风建设年活动动员部署会召开。在职副县级以上领导干部参加。

9日 副省长王文序到云和调研。省政府副秘书长徐晓光,省民政厅厅长王剑侯,省残联理事长蔡国春,副市长杨秀清,县委副书记、县长周鸿飞,副县长颜韬陪同。

同日 省政协副主席周国辉一行到云和开展"构建育儿友好型社会"和"生态产品价值实现机制"课题调研。市政协副主席丁岳清,县领导李忠伟、章作飞、吕明陪同。

同日 全市应急管理、安全生产和消防工作会议召开。县政府班子成员在云和分会场参加。

10日 副市长戴邦和一行到云和征求《市政府工作报告》和《健全和完善精准服务企业工作机制的实施方案》意见。县委常委、副县长胡坚陪同并参加座谈会。

同日 全县改革工作会议召开。县领导李忠伟、陈卿、傅雅涛、梅华参加。

同日 县委书记李忠伟到赤石乡调研督查云缦康养度假区项目推进情况。副县长蓝利明陪同。

同日 县第十七届人民政府第2次常务会议召开。审议通过《关于支持云和中学高质量发展的若干意见(送审稿)》《云和县提升中小学校(幼儿园、教育发展中心)发展水平专项奖励办法(送审稿)》《云和县2022年土地和房屋征收计划(送审稿)》《云和县深化国企市场化改革方案(送审稿)》《云和县工业企业"零土地"技术改造项目实际操作流程(暂行)(送审稿)》《云和县"福云送券•嗨购云城"虎年消费券发放工作方案(送审稿)》《云和县合用场所消防安全管理规定(送审稿)》《云和县生态产品价值实现示范区建设(云景生态产业园)实施方案(送审稿)》《2022年度云和县人民政府重大行政决策事项目录(送审稿)》;听取云和县第三次全国国土调查主要数据公报的汇报。

同日 全县征收工作三大攻坚行动暨生态产品价值实现示范区(云景生态产业园)项目土地征收工作动员部署会召开。县领导周鸿飞、周坚、李爱勇、谢岩伟参加。

11日 省法院执行局局长魏新璋到云和开展大接访、大走访、包案化解活动。县法院院长郭俊陪同。

同日 县委书记李忠伟到企业开展"助企开门红"活动。

同日 县义务植树活动开展。在职副县级以上领导干部参加。

14日 县委书记李忠伟,县委副书记、县长周鸿飞在丽水参加全市领导干部会议。

同日 县委书记李忠伟,县委常委、组织部部长黄伟杰在丽水参加2021年度全市党委(党组)书记抓基层党建和人才科技工作述职评议会。

15日 市政协副主席汤家友到云和开展"推动学前教育普及普惠高质量发展"专题调研。副县长蓝利明,县政协副主席徐志雄陪同。

同日 县委副书记、县长周鸿飞调研一季度重点项目开工建设情况。县委常委、常务副县长傅雅涛,县政协副主席陈岑陪同。

16日 省社科院院长何显明一行到云和开展革命老区共同富裕调研。市委常委、宣传部部长李一波,县委书记李忠伟,县委常委、宣传部部长梅华陪同。

同日 县政协"立足生态优势,大力发展康养产业"专题民主协商会召开。县领导周鸿飞、章作飞、徐志雄、吕明参加。

17日 市人大常委会副主任邹培书到云和调研信访工作。县人大常委会副主任叶长火陪同。

同日 县委经济工作暨生态工业倍增、"双招双引"推进会议召开。在职副县级以上领导干部参加。

同日 县委书记专题会议召开。县领导李忠伟、周鸿飞、陈卿、黄伟杰、舒坚阳参加。

同日 县委召开十五届常委会第5次会议。审议通过《云和县深化国企市场化改革方案(送审稿)》《关于深化县管企业负责人薪酬制度改革的实施意见(送审稿)》《云和县生态产品价值实现示范区建设（云景生态产业园）实施方案（送审稿）》；研究案件工作；研究人事工作。

同日 县委审计委员会第四次会议召开。县领导李忠伟、周鸿飞、黄伟杰、傅雅涛、舒坚阳、柳成东参加。

18日 《云和县志（1991—2010）》首发式举行。县委副书记、县长周鸿飞，副县长江静参加。

19日 国铁集团经规院规划研究所所长戴新鎏一行到云和调研。县委副书记、县长周鸿飞，县委常委、常务副县长傅雅涛陪同调研并参加座谈会。

20日 县委副书记、县长周鸿飞调研县重点项目。

21日 省征兵办公室主任、省军区国防动员局大校局长赵存志到云和检查指导新兵役前教育训练工作。丽水军分区大校副司令员彭成辉，县委书记李忠伟，县委常委、人武部政委许文金，县人武部部长张以军陪同。

22日 2022年春季新兵欢送暨"从戎之剑"赠剑仪式举行。县领导李忠伟、傅雅涛、许文金、张以军、林建文、徐志雄参加。

同日 县委书记李忠伟到崇头镇调研。

23日 省委书记、省人大常委会主任袁家军，省委常委、秘书长陈奕君一行到云和指导学习贯彻全国两会精神，考察调研山区26县跨越式高质量发展和基层治理工作。市委书记胡海峰，县委书记李忠伟陪同。

24日 2022年一季度全县乡村书记"头雁争先"擂台赛举办。县领导李忠伟、周鸿飞、陈卿、胡坚、周坚、黄伟杰、傅雅涛、赖小文、舒坚阳、梅华、蓝利明参加。

25日 县委常委会扩大会议召开。传达学习省委书记袁家军在云和调研时的重要指示精神。在职副县级以上领导干部参加。

同日 县委书记专题会议召开。县领导李忠伟、周鸿飞、陈卿、黄伟杰、舒坚阳参加。

同日 县委书记李忠伟到元和街道包山村、陈前村调研乡村文化旅游发展情况。

同日 全县一季度经济形势指标分析会召开。县领导周鸿飞、傅雅涛、胡坚、缪磊磊、颜韬、蓝利明、谢岩伟参加。

28日 全省清明节期间加强疫情防控工作会议召开。县委副书记、县长周鸿飞，副县长蓝利明在云和分会场参加。

同日 县委书记李忠伟调研生态产品价值实现示范区（云景生态产业园）项目。县委常委、副县长胡坚，县委常委周坚陪同。

29日 县红十字会第三次会员代表大会召开。县领导李忠伟、周鸿飞、林志龙、颜韬、徐志雄参加。

同日 县委书记李忠伟到石塘镇调研。

同日 县委副书记、县长周鸿飞调研科技创新工作。

30日 市委常委、组织部部长戴平辉一行到云和调研组织工作。县领导李忠伟、周鸿飞、陈卿、黄伟杰陪同。

同日 县工商业联合会（总商会）第八次代表大会召开。县领导李忠伟、周鸿飞、叶晓勇、章作飞、胡坚、赖小文、吕明参加。

同日 副市长朱磊一行到云和调研抽水蓄能项目。县委副书记、县长周鸿飞，县委常委、常务副县长傅雅涛陪同。

31日 全国安全生产会议召开。县政府班子成员在云和分会场参加。

同日 县委书记李忠伟到雾溪畲族乡调研。

4月

同日 县委书记李忠伟在丽水参加市委农村工作领导小组第一次会议。

同日 市委民族工作会议暨全市宗教工作会议召开。县委书记李忠伟在丽水主会场参加，县领导周鸿飞、叶晓勇、章作飞、陈卿、胡坚、周坚、黄伟杰、傅雅涛、许文金、赖小文、舒坚阳、颜韬在云和分会场参加。

2日 全省建设平安浙江工作会议召开。县领导李忠伟、周鸿飞、叶晓勇、章作飞、陈卿、黄伟杰、傅雅涛、许文金、梅华、叶长火、李爱勇、陈岑、郭俊、陈乐在云和分会场参加。

同日 云和梯田创AAAAA工作推进情况汇报会召开。县领导李忠伟、傅雅涛、舒坚阳、梅华、林建文、江静、蓝利明参加。

6日 全省县(市、区)委书记工作交流会召开。在职副县级以上领导干部在云和分会场参加。

同日 县委巡察工作会议暨十五届县委第一轮巡察工作动员部署会召开。县领导李忠伟、黄伟杰、舒坚阳参加。

同日 县委副书记、县长周鸿飞检查指导汛前备汛工作。副县长江静陪同。

同日 县委副书记、县长周鸿飞调研云和东旅游集散中心项目。副县长蓝利明陪同。

7日 县委书记李忠伟调研群团工作。县委副书记、政法委书记陈卿陪同。

同日 县政府班子会暨县长碰头会召开。县政府班子成员参加。

8日 市委常委、常务副市长杜兴林一行到云和督查防汛工作。县委副书记、县长周鸿飞,县委常委、常务副县长傅雅涛陪同。

9—13日 县领导李忠伟、周鸿飞、叶晓勇、章作飞等在丽水参加市两会。

14日 全国防汛抗旱工作会议召开。县领导周鸿飞、傅雅涛、江静在云和分会场参加。

同日 全省防汛防台抗旱和安全生产工作会议召开。县领导周鸿飞、傅雅涛、江静在云和分会场参加。

同日 全市政府系统党风廉政工作会议召开。县政府班子成员在云和分会场参加。

同日 全县领导干部会议召开。传达学习丽水市两会精神。在职副县级以上领导干部参加。

同日 全县数字化改革暨"县乡一体、条抓块统"县域整体智治改革工作汇报会召开。县领导李忠伟、陈卿、陈乐参加。

15日 全省"5+4"政策直达快享、中小企业助企纾困暨重大项目建设工作会议召开。县领导周鸿飞、胡坚、傅雅涛、谢岩伟在云和分会场参加。

同日 全县应急管理、安全生产和消防安全暨防汛防台抗旱工作会议召开。县领导周鸿飞、胡坚、傅雅涛、缪磊磊、江静、李爱勇、谢岩伟参加。

同日 全县政府系统党风廉政工作会议召开。县领导周鸿飞、胡坚、傅雅涛、缪磊磊、江静、李爱勇、谢岩伟参加。

18日 市政协副主席、市发改委主任饶鸿来到云和调研能源"双控"工作。县委副书记、县长周鸿飞,县委常委、常务副县长傅雅涛陪同。

同日 县委书记李忠伟到崇头镇调研。

19日 全省制造业高质量发展大会召开。县领导李忠伟、周鸿飞、胡坚、傅雅涛、柳成东、吕明在云和分会场参加。

同日 全省保障物流通畅促进产业链供应链稳定会议召开。县领导李忠伟、周鸿飞、傅雅涛、谢岩伟在云和分会场参加。

同日 省国开行行长杨志明到云和调研重点项目建设和融资工作。县委副书记、县长周鸿飞,县委常委、常务副县长傅雅涛陪同调研并参加座谈会。

同日 市委常委、统战部部长徐光文到云和调研统战工作。县委书记李忠伟,县委常委、统战部部长赖小文陪同。

20日 全县一季度项目推进"161"行动点评会暨"强攻二季度、快进半年红"动员会召开。县领导李忠伟、周鸿飞、叶晓勇、章作飞、胡坚、傅雅涛、陈伟忠、缪磊磊、颜韬、江静、蓝利明、谢岩伟、吕明、郭俊参加。

20—21日 省委副书记、省长王浩,省政府秘书长暨军民一行到云和调研乡村振兴情况,考察云和梯田、春耕备耕、通景公路建设提升助力旅游经济等情况。市委书记胡海峰,县委书记李忠伟,县委副书记、县长周鸿飞陪同。

21日 市委副书记、政法委书记郎文荣一行到云和调研进城农民市民化、"县乡一体、条抓块统”改革等工作。县委副书记、政法委书记陈卿陪同。

同日 县委书记李忠伟，县委副书记、县长周鸿飞在丽水参加全市领导干部会议。

同日 县委副书记、县长周鸿飞在丽水参加全市项目建设推进现场会。

22日 县委书记李忠伟在丽水参加市委对台工作领导小组会议。

同日 县第十七届人民政府第3次常务会议召开。审议通过《云和县人民政府与中铁建合作框架协议（送审稿）》《云和县人民政府与浙江省电力实业总公司合作框架协议（送审稿）》《2022年度规划编制计划（送审稿）》《云和县市场化改革国有企业整合重组方案（送审稿）》《云和县产业政策财政奖补资金管理办法（送审稿）》《云和县木玩产业数字化服务平台项目建设运营合作协议（送审稿）》《云和雪梨产业创新集成发展三年行动计划（送审稿）》《云和县农村土地整治实施办法（送审稿）》《关于浙江上玉玩具有限公司项目实施“腾笼换鸟”工作相关情况的汇报（送审稿）》《关于云和县新能源汽车动力电池综合利用项目合作备忘录的情况汇报（送审稿）》《云和县鼓励备案非标电动自行车提前淘汰置换实施方案（送审稿）》《云和县卫生健康系统高层次紧缺人才引进奖励办法（送审稿）》；听取云和县一季度应急管理工作、《2021年应急管理、安全生产和消防工作巡查报告》、2022年县“两会”人大代表建议、政协委员提案有关情况汇报。

23日 县委副书记、县长周鸿飞调研基层治理工作。

24日 县委农村工作领导小组第一次全体会议召开。县领导李忠伟、周鸿飞、陈卿、江静参加。

25日 国务院第四次廉政工作会议和省政府第四次廉政工作会议召开。县政府班子成员在云和分会场参加。

同日 县委书记李忠伟调研教育工作。县领导陈卿、梅华、林志龙、蓝利明、徐志雄陪同调研并参加座谈会。

26日 全省数字化改革推进会召开。县四套班子领导，县法院院长、县检察院检察长在云和分会场参加。

同日 市委人才科技工作——招才引智战略性先导工程再推进大会召开。县领导李忠伟、胡坚、黄伟杰在云和分会场参加。

5月

5日 全省城乡社区工作会议召开。县领导李忠伟、周鸿飞、叶晓勇、章作飞、陈卿、黄伟杰、舒坚阳、梅华、颜韬在云和分会场参加。

6日 市委全面依法治市委员会第四次（扩大）会议暨创建全国法治政府建设示范市工作推进会召开。县领导李忠伟、周鸿飞、叶晓勇、章作飞、陈卿、傅雅涛、梅华、刘伟玲、李爱勇、郭俊、陈乐在云和分会场参加。

同日 全国法治政府示范市“迎国检”实地核查部署会召开。县领导李忠伟、周鸿飞、叶晓勇、章作飞、陈卿、傅雅涛、梅华、刘伟玲、李爱勇、郭俊、陈乐参加。

同日 全县生态产品价值实现示范区（云景生态产业园）建设工作领导小组会议召开。县领导李忠伟、周鸿飞、陈卿、胡坚、周坚、傅雅涛、谢岩伟参加。

7日 全国自建房安全专项整治会议召开。县领导周鸿飞、傅雅涛、谢岩伟在云和分会场参加。

同日 县委书记李忠伟走访慰问卡口、社区战疫人员。

同日 县政府班子会暨县长碰头会召开。县政府班子成员参加。

同日 县委副书记、县长周鸿飞调研木玩童话小镇建设项目。

9日 县委书记李忠伟调研梯田景区创AAAAA工作。县人大常委会副主任林建文、副县长蓝利明陪同。

同日 县委副书记、县长周鸿飞到县大数据中心调研。副县长缪磊磊陪同。

10日 县委书记李忠伟，县委副书记、县长周鸿飞在丽水参加市委全委（扩大）会议。

同日 县委书记李忠伟调研纪、组、宣、统工作。县领导陈卿、黄伟杰、赖小文、舒坚阳、梅华陪同。

同日 2022年全县“一把手”重大项目谋划大比拼活动举行。县领导李忠伟、周鸿飞、叶晓勇、章作飞、胡坚、孙开用、傅雅涛、缪磊磊、颜韬、江静、谢岩伟参加。

同日 县委副书记、县长周鸿飞调研科技型企业。县委常委、副县长胡坚陪同。

同日 全县自建房安全隐患排查部署会召开。县委副书记、县长周鸿飞，副县长谢岩伟参加。

11日 省发改委副主任吴红梅带队到云和开展探索山区26县高质量发展新路子专题调研。县委副书记、县长周鸿飞，县委常委、常务副县长傅雅涛陪同。

同日 2022年一季度经济社会形势分析会召开。在职副县级以上领导干部参加。

12日 副省长、公安厅厅长王成国一行到云和调研“公安大脑”建设。副市长、公安局局长毛建国，副县长、公安局局长李爱勇陪同。

同日 全市建设平安丽水工作暨市域社会治理现代化试点工作推进会召开。县领导李忠伟、周鸿飞、陈卿、梅华、刘伟玲、徐志雄、陈乐在云和分会场参加。

同日 县委书记专题会议召开。县领导李忠伟、周鸿飞、陈卿、黄伟杰、舒坚阳参加。

同日 县委召开十五届常委会第6次会议。审议通过《中共云和县委常委会2022年工作要点（送审稿）》《云和县贸促会深化改革实施方案（送审稿）》《关于县府办、县贸促会机关等单位机构编制有关事宜调整的方案（送审稿）》；听取《云和雪梨产业创新集成发展三年行动计划（送审稿）》，全县一季度应急管理、安全生产、防汛防台工作情况汇报；研究人事工作。

同日 县委常委会一季度党风廉政工作例会召开。县委常委和县人大常委会、县政协主要领导参加。

同日 县委议军会议召开。县领导李忠伟、周鸿飞、叶晓勇、章作飞、陈卿、胡坚、周坚、黄伟杰、孙开用、傅雅涛、许文金、赖小文、梅华、张以军参加。

13日 县委副书记、县长周鸿飞检查防汛工作。

同日 浙江紧水滩混合式抽水蓄能电站项目合作框架协议签订仪式举行。县领导周鸿飞、傅雅涛、缪磊磊参加。

15日 浙江紧水滩混合式抽水蓄能电站预可行性研究报告审查会召开。县委书记李忠伟，县委常委、常务副县长傅雅涛参加。

17日 县委副书记、县长周鸿飞调研雪梨产业发展、“非粮化”整治等工作。副县长江静陪同。

18日 市委常委、副市长楼志坚一行到云和调研工业经济工作。县委副书记、县长周鸿飞，县委常委、副县长胡坚陪同。

同日 县委书记李忠伟到白龙山街道调研。

同日 全县平安建设暨市域社会治理现代化试点工作推进会召开。县领导李忠伟、周鸿飞、陈卿、刘伟玲、李爱勇、陈岑、郭俊、陈乐参加。

同日 省文旅厅党组副书记、副厅长芮宏带队到云和开展省文化和旅游产业高质量发展专题调研。县领导李忠伟、周鸿飞、梅华、林建文、蓝利明陪同调研或参加座谈会。

23日 县委副书记、县长周鸿飞在丽水参加全市4月经济运行形势分析会。

24—26日 县委书记李忠伟率县党政代表团赴宁波市北仑区、湖州市吴兴区、嘉兴港区开展“山海协作”学习考察。县领导周鸿飞、叶晓勇、章作飞、胡坚、周坚、孙开用、梅华、江静参加。

25日 省农业农村厅副厅长唐冬寿一行到云和调研农业产业化、农业环保及“肥药两制”改革工作。县委副书记、政法委书记陈卿陪同。

26日 县委书记李忠伟，县委常委、人武部政委许文金在丽水参加全市党管武装工作会议暨市国动委第24次全体会议。

同日 市委全面深化改革委员会第一次会议暨市数字化改革推进会召开。县委书记李忠伟在丽水主会场参加并作工作述职。

27日 县委党建工作会议召开。县领导李忠伟、陈卿、黄伟杰、赖小文、舒坚阳、梅华参加。

同日 全县稳经济、促项目、扩投资分析会召开。县领导李忠伟、周鸿飞、傅雅涛、江静、蓝利明、谢岩伟参加。

同日 县第十六届人民政府第4次常务会议召开。审议通过《云和县贯彻落实全省新一轮制造业“腾笼换鸟、凤凰涅槃”攻坚行动实施方案（送审稿）》《关于支持企业股改上市的意见（送审稿）》《云和县人民政府关于公布云和县新增综合行政执法事项统一目录（地方扩展事项）的通告（送审稿）》《云和县推行“一支队伍管执法”改革工作实施方案（送审稿）》《云和县人民政府关于将部分部门行政处罚权交由浮云街道办事处等10个乡镇人民政府（街道办事处）行使的通告（送审稿）》《云和县房屋征收临时安置补助及搬迁补助标准（送审稿）》；研究分析全县4月经济运行形势。

30日 全省经济稳进提质攻坚行动工作推进会召开。县四套班子领导，县法院院长、县检察院检察长在云和分会场参加。

31日 中交机电工程局会长俞银成一行到云和考察。县领导李忠伟、周坚、孙开用陪同调研或参加座谈会。

同日 李忠伟、周鸿飞、叶晓勇、章作飞等县领导带队开展“六一”儿童节慰问活动。

同日 县委书记李忠伟检查防汛工作。

6月

1日 全县扎实稳住经济一揽子政策措施实施方案汇报会召开。县领导李忠伟、周鸿飞、陈卿、胡坚、傅雅涛、江静、谢岩伟参加。

同日 县委理论学习中心组专题学习（扩大）会召开。围绕“中国人权发展道路”、《信访工作条例》和党内法规制度建设开展集中交流研讨。在职副县级以上领导干部参加。

同日 县政府党组一季度党风廉政工作例会召开。县政府党组成员参加。

2日 省文物局副局长曹鸿一行到云和调研乡村博物馆建设工作。副县长蓝利明陪同。

同日 县委书记李忠伟到凤凰山街道调研。

同日 县委副书记、县长周鸿飞调研梯田创建国家AAAAA级旅游景区工作。县人大常委会副主任林建文陪同。

同日 县第十七届人民政府第5次常务会议召开。审议通过《云和县贯彻落实国务院、浙江省扎实稳住经济一揽子政策措施实施方案（送审稿）》。

3日 第四届瓯江蛟龙文化节在浮云街道局村村举行。县领导李忠伟、陈卿、梅华、林志龙、李爱勇参加。

6日 县委书记李忠伟到元和街道调研。县委副书记、政法委书记陈卿，副县长谢岩伟陪同。

同日 县委副书记、县长周鸿飞赴杭州对接洽谈招商项目。

7日 县委书记李忠伟到重点企业调研。县委常委、副县长胡坚陪同。

9日 市政协主席任淑女到云和调研。县领导李忠伟、章作飞、徐志雄、陈岑、吕明陪同调研或参加座谈会。

同日 省水利厅副厅长黄黎明到云和开展河道巡查。县委副书记、县长周鸿飞，副县长江静陪同。

10日 县委书记李忠伟在杭州参加山区26县跨越式高质量发展暨山海协作工程推进会。

同日 县“大综合一体化”行政执法改革暨全领域“一支队伍管执法”工作推进大会召开。县领导周鸿飞、陈卿、黄伟杰、刘伟玲、谢岩伟、吕明参加。

11日 县委副书记、县长周鸿飞到赤石乡检查防汛、安全生产工作。

12日 县委副书记、县长周鸿飞到石塘镇调研。

13日 县委书记李忠伟在杭

州参加省强村富民乡村集成改革专班第一次例会，并作交流发言。

14 日 县委书记李忠伟在丽水参加市委林业工作会议暨第一次市级总林长会议。

同日 县委书记李忠伟调研中国阻燃城项目。

同日 县第十七届人民政府第 6 次常务会议召开。审议通过《云和县房地产市场平稳健康发展因城施策政策举措（送审稿）》《云和县加快建筑业改革与高质量发展的实施意见（送审稿）》《关于划定云和县城镇燃气设施安全保护范围的通告（送审稿）》《关于支持律师队伍建设的实施意见（送审稿）》《云和县促进外经贸发展奖励办法补充意见（送审稿）》《云和县促消费扩容提质实施意见（送审稿）》《云和县人力资源和社会保障局云和县财政局稳就业惠民生政策实施方案（送审稿）》《云和县文化和广电旅游体育局云和县总工会关于贯彻落实稳经济政策若干举措（送审稿）》《云和县交通运输局关于鼓励物流（快递）行业发展的实施方案（送审稿）》；听取关于《云和县崇头镇岩下村魏凹垦造耕地项目变更情况》、“信访工作现代化示范县（市、区）”创建工作情况的汇报。

15 日 省建设集团总经理、党委副书记叶锦锋一行到云和调研。县领导李忠伟、周坚、傅雅涛陪同调研或参加座谈会。

同日 第十七届浙江山水旅游节暨第十六届云和梯田开犁节活动举行。省文旅厅副厅长、党组成员、一级巡视员许澎，市委常委、宣传部部长李一波，县领导李忠伟、周鸿飞、叶晓勇、章作飞、林建文、梅华、蓝利明、李爱勇参加。

同日 省水利厅副厅长杨炯一行到云和调研水利工作。县委书记李忠伟，副县长江静陪同。

同日 副市长李汉勤到云和调研木玩产业链。县委副书记、县长周鸿飞，县委常委、副县长胡坚陪同。

16 日 县委书记李忠伟到华宏钢铁有限公司调研。

17 日 市委常委、常务副市长杜兴林一行到云和检查安全生产、消防安全和防汛防台等工作。县委副书记、县长周鸿飞，县委常委、常务副县长傅雅涛陪同。

同日 县委书记专题会议召开。县领导李忠伟、周鸿飞、陈卿、黄伟杰、舒坚阳参加。

同日 县委召开十五届常委会第 7 次会议。听取 2021 年度县管领导干部考核情况、“信访工作现代化示范县” 建设工作情况汇报；审议通过《云和县 2022 年度乡镇（街道）和部门综合考核办法（送审稿）》；研究人事工作。

同日 县委常委会二季度党风廉政工作例会召开。县委常委和县人大常委会、县政协主要领导参加。

18 日 县委副书记、县长周鸿飞到重点企业调研。

20 日 县委副书记、县长周鸿飞到重点企业调研。县委常委、副县长胡坚陪同。

20—22 日 县委书记李忠伟在杭州参加省第十五次党代会。

21 日 县委副书记、县长周鸿飞到浮云街道检查指导防汛工作。

同日 全县“6•21”防汛工作部署会召开。县委副书记、县长周鸿飞，县委常委、常务副县长傅雅涛参加。

23 日 省水利厅副厅长蒋如华一行到云和开展民生实事督导。副县长江静陪同。

同日 县委副书记、县长周鸿飞督查民生实事项目推进情况。县委常委、常务副县长傅雅涛陪同。

同日 县委副书记、县长周鸿飞到紧水滩镇调研。

24 日 全县领导干部会议召开。传达学习省第十五次党代会精神。在职副县级以上领导干部参加。

同日 县委对台工作领导小组（扩大）会议召开。县领导李忠伟、陈卿、赖小文、颜韬参加。

27 日 全省经济稳进提质攻坚行动工作例会召开。县领导李忠伟、周鸿飞、叶晓勇、章作飞、胡坚、周坚、黄伟杰、舒坚阳、梅华、林建文、刘伟玲、柳成东、缪磊磊、蓝利明、李爱勇、谢岩伟、徐志雄、陈岑、吕明在云和分会场参加。

同日 县委书记李忠伟到紧水滩镇调研。

同日 县委副书记、县长周鸿飞到工业园区调研。县委常委、副县长胡坚陪同。

28 日 全国政协副主席兼秘书长李斌率全国政协调研组到云和开展“推动完善生态产品价值实现机制”专题调研。省政协主席黄莉新，市委书记胡海峰，市政协主席任淑女，县委书记李忠伟陪同。

同日 全市第三轮强降雨复盘分析会暨防汛防台工作会议召开。县领导周鸿飞、胡坚、颜韬、谢岩伟在云和分会场参加。

29 日 省生态环境厅二级巡视员李晓伟率检查组到云和开展省大花园示范县建设单位验收命名现场核验。县委副书记、县长周鸿飞，县委常委、常务副县长傅雅涛陪同。

同日 市政协副主席何卫宁到云和开展革命文物保护利用视察工作。县政协主席章作飞，县政协副主席吕明陪同。

同日 县委全面依法治县委员会第四次(扩大)会议暨法治云和(法治政府)建设第二次点评会召开。县领导李忠伟、周鸿飞、陈卿、梅华、刘伟玲、李爱勇、郭俊参加。

同日 全县现代社区建设领导小组第一次会议召开。县领导李忠伟、陈卿、颜韬参加。

同日 云和梯田创建国家AAAAA级旅游景区工作推进会召开。县领导李忠伟、林建文、蓝利明参加。

30 日 全省数字化改革工作推进会召开。县领导李忠伟、周鸿飞、叶晓勇、章作飞、陈卿、周坚、黄伟杰、傅雅涛、舒坚阳、梅华、叶长火、刘伟玲、柳成东、林志龙、缪磊磊、江静、李爱勇、谢岩伟、徐志雄、吕明、郭俊、陈乐在云和分会场参加。

同日 县委理论学习中心组(扩大)会召开。邀请厦门大学台湾研究院院长李鹏作总体国家安全观辅导报告。在职副县级以上领导干部参加。

7 月

1 日 全省党史工作会议召开。县领导李忠伟、陈卿、黄伟杰、梅华在云和分会场参加。

同日 县领导李忠伟、周鸿飞、陈卿等县领导分组开展“七一”走访慰问活动。

同日 县委书记李忠伟到崇头镇岩下村宣讲省第十五次党代会精神。

同日 县委副书记、县长周鸿飞到元和街道宣讲省第十五次党代会精神。

同日 全县深化助企服务工作推进会召开。县领导周鸿飞、胡坚、黄伟杰参加。

2 日 县委副书记、县长周鸿飞到县重点企业调研。

4 日 县第十七届人民政府第 7 次常务会议召开。听取《云和县规范民办义务教育发展工作实施方案(送审稿)》有关情况汇报。

4—5 日 县委书记李忠伟随市党政代表团赴宁波考察学习。

5 日 国家统计局浙江调查总队副队长吴红卫到云和调研。县委副书记、县长周鸿飞，县委常委、常务副县长傅雅涛陪同。

同日 市委常委、宣传部部长李一波到云和调研宣传思想文化工作。县委副书记、县长周鸿飞，县委常委、宣传部部长梅华陪同。

6—12 日 县委书记李忠伟率县党政代表团赴新疆、青海等地考察学习，看望慰问援疆、援青干部人才。

8 日 全省建设新时代美丽浙江推进大会暨生物多样性保护大会召开。县委副书记、县长周鸿飞在杭州主会场参加。县领导陈卿、胡坚、叶长火、吕明在云和分会场参加。

11 日 全国安全生产工作会议召开。县政府班子成员在云和分会场参加。

同日 全省科技创新大会召开。县领导周鸿飞、陈卿、胡坚、孙开用、傅雅涛、许文金、赖小文、舒坚阳、林建文、徐志雄在云和分会场参加。

12 日 生态环境部副部长赵英民一行到云和考察云和梯田“无

废”景区建设、“无废”乡村建设、木玩产业循环利用等工作。省政府副秘书长蒋珍贵，省生态环境厅厅长郎文荣，市委副书记、市长吴舜泽，副市长叶伯军，县委副书记、县长周鸿飞，副县长胡坚陪同。

13 日 全省数字经济发展大会召开。县领导李忠伟、周鸿飞、陈卿、胡坚、林建文、吕明在云和分会场参加。

同日 省能源局总工程师俞奉庆到云和调研能源双控工作。县委副书记、县长周鸿飞，县委常委、常务副县长傅雅涛陪同。

14 日 2022 年全国医改工作会议召开。县委副书记、县长周鸿飞，副县长蓝利明在云和分会场参加。

同日 县委理论学习中心组专题学习会召开。研讨交流省第十五次党代会精神和《干在实处勇立潮头——习近平浙江足迹》。在职副县级以上领导干部参加。

15 日 县城规委会议召开。县领导周鸿飞、傅雅涛、缪磊磊、吕明参加。

18 日 中国玩具和婴童协会会长梁梅一行到云和调研玩具产区共建工作。县委副书记、县长周鸿飞，县委常委、副县长胡坚陪同调研或参加会议。

同日 县委书记李忠伟调研云和梯田创建国家 AAAAA 级旅游景区工作。县领导林建文、江静、蓝利明陪同。

19 日 自然资源部国土整治中心副主任罗明一行到云和调研山水林田湖草沙一体化保护修复工程。县委书记李忠伟，县委常委、常务副县长傅雅涛陪同。

同日 县政府党组二季度党风廉政工作例会召开。县政府党组成员参加。

同日 县第十七届人民政府第 8 次常务会议召开。审议通过《云和县精准扶持低收入农户加快实现共同富裕 20 条政策（送审稿）》《丽水云和小徐社区（未来社区）项目投资合作实施方案（送审稿）》《投资合作方采购招标文件（送审稿）》《云和县落实国家统计督察反馈意见整改实施方案（送审稿）》和《云和县开展统计造假不收手不收敛问题专项纠治实施方案（送审稿）》；听取《云和县梯田景区游客接待中心至安置地连接桥及挡土墙工程项目变更情况》、2022 年上半年安全生产工作情况、法治政府建设工作、信访形势分析的汇报；研究经济稳进提质工作。

20 日 文化和旅游部资源开发司副司长吴科锋一行到云和调研。省文旅厅党组副书记、副厅长芮宏，副市长卢彩柳，县领导李忠伟、周鸿飞、林建文、蓝利明陪同。

同日 省文旅厅党组书记陈广胜到云和调研“山区 26 县”文化和旅游高质量发展工作。副市长卢彩柳，县领导李忠伟、周鸿飞、林建文、蓝利明陪同。

21 日 全省除险保安百日攻坚行动工作推进会召开。县领导李忠伟、周鸿飞、陈卿、李爱勇、郭俊、陈乐在云和分会场参加。

同日 县委书记李忠伟督办领办县政协重点提案。县领导章作飞、黄伟杰陪同调研并参加会议。

21—22 日 全市新时代乡贤工作推进现场会在云和召开。市委常委、统战部部长徐光文，县委书记李忠伟，县委常委、统战部部长赖小文参加。

22 日 县委常委会扩大会议召开。围绕半年工作落实情况开展交流研讨。在职副县级以上领导干部参加。

同日 县委书记专题会议召开。县领导李忠伟、周鸿飞、陈卿、黄伟杰、舒坚阳参加。

同日 县委召开十五届常委会第 8 次会议。研究人事工作。

25 日 广西壮族自治区河池市市长王军一行到云和考察。副市长叶伯军，县委副书记、县长周鸿飞陪同。

26 日 全省政法领导干部加强政治建设专题研讨班开班式举行。县委副书记、政法委书记陈卿在杭州主会场参加。县委书记李忠伟，县委副书记、县长周鸿飞在云和分会场参加。

同日 省科协副主席曾肖芃到云和调研海外引才工作。县委常委、组织部部长黄伟杰陪同。

同日 县委书记李忠伟到白

龙山街道长田村走访慰问赤龙区块征收干部。县委常委周坚陪同。

同日 县委副书记、县长周鸿飞调研云和梯田创建国家AAAAA级旅游景区工作。县人大常委会副主任林建文，副县长蓝利明陪同。

26—27日 县委书记李忠伟，县委常委、常务副县长傅雅涛在景宁参加云景聚落发展区块工作推进会。

27—28日 县委书记李忠伟，县委副书记、县长周鸿飞分组开展八一建军节走访慰问活动。

28日 县（市、区）委书记工作交流会暨全省经济稳进提质攻坚行动工作例会召开。在职副县级以上领导干部在云和分会场参加。

同日 全县“紧起来、快起来、跑起来”作风建设年活动半年推进会召开。县领导李忠伟、胡坚、黄伟杰、舒坚阳、林志龙、陈岑参加。

同日 县委副书记、县长周鸿飞到浮云街道调研。

29日 全省巡视巡察工作会议暨十五届省委第一轮巡视动员部署会召开。县领导李忠伟、周鸿飞、黄伟杰 、舒坚阳在云和分会场参加。

同日 全县党管武装工作会议暨县国动委全体会议召开。县委常委和县人武部部长参加。

30日 县委副书记、县长周鸿飞在杭州参加省政府第十一次全体（扩大）会议。

31日 全市经济稳进提质大会召开。县领导周鸿飞、胡坚、孙开用、傅雅涛在丽水主会场参加。

8月

2日 县委书记李忠伟赴义乌市考察调研新能源汽车动力电池综合利用项目。县委常委、副县长胡坚陪同。

同日 县第十七届人民政府第9次常务会会议召开。审议通过《云和县关于加快推进生态工业和数字经济高质量发展若干政策的意见（试行）（送审稿）》；研究县政府领导工作分工；听取2018年以来云和县政府党组工作情况汇报。

3日 省审计厅厅长毛子荣一行到云和调研审计工作。市委副书记、市长吴舜泽，县委书记李忠伟陪同。

同日 周鸿飞、叶晓勇、章作飞等县领导分组开展“高温送清凉”活动。

4日 省委第六巡视组与云和县党政主要负责人见面沟通会召开。省委第六巡视组成员；县委书记李忠伟，县委副书记、县长周鸿飞参加。

同日 省委第六巡视组巡视云和县工作动员会议召开。省委第六巡视组成员；市委有关领导；县四套班子领导，法检两长及其他县处级领导，县委委员、候补委员，县直属各单位及各乡镇、街道党政主要负责人，县属国有企业主要负责人，县纪委监委和县委组织部班子成员，县委巡察办主任和巡察组组长，正县处级离退休老干部和2018年以来退休（退居二线）的副县处级老干部，丽水市级以上“两代表一委员”代表参加。

同日 省委第六巡视组巡视云和县委工作汇报会召开。省委第六巡视组成员，县四套班子领导，法检两长及其他县处级领导参加。

同日 省统计局局长吴胜丰到云和调研统计工作。县委副书记、县长周鸿飞，县委常委、常务副县长傅雅涛陪同。

同日 市委农村工作领导小组第二次会议暨全市花园乡村建设现场推进会在云和召开。市领导吴舜泽、张赟、蓝玲俐、李汉勤、邵祥军，县领导李忠伟、陈卿、江静参加。

5日 省人大常委会副主任史济锡率省十三届人大代表丽水中心组到云和考察云和梯田创建国家AAAAA级旅游景区工作。市人大常委会主任李锋，市委常委、常务副市长杜兴林参加。市人大常委会副主任邹向阳，县领导李忠伟、叶晓勇、叶长火陪同。

同日 全市国家公立医院改革与高质量发展示范项目动员会召开。县委副书记、县长周鸿飞，副县长江静在云和分会场参加。

同日 “风展红旗如画”国旗展•云和站活动举行。在职副县级以上领导干部参加。

同日　全县安全生产会议暨防汛防台抗旱会议召开。县领导周鸿飞、傅雅涛、胡坚、孙开用、颜韬、江静、蓝利明、李爱勇参加。

9日　市委副书记、政法委书记张赟一行到云和调研农民增收、“除险保安”等工作。县委书记李忠伟，县委副书记、政法委书记陈卿陪同。

同日　县委副书记、县长周鸿飞到县行政服务中心调研。副县长颜韬陪同。

同日　县委副书记、县长周鸿飞到县外贸企业调研。

10日　市委文化工作会议召开。县领导李忠伟、周鸿飞、章作飞、胡坚、周坚、黄伟杰、赖小文、舒坚阳、梅华、陈伟忠、蓝利明在云和分会场参加。

同日　全市2022年重大项目会议召开。县领导周鸿飞、傅雅涛、江静、谢岩伟在云和分会场参加。

同日　全县数字化改革争星进位工作推进会召开。县领导李忠伟、陈卿、胡坚、梅华、颜韬参加。

11日　县委书记专题会议召开。县领导李忠伟、周鸿飞、陈卿、黄伟杰、舒坚阳参加。

同日　县委召开十五届常委会第9次会议。听取全县上半年安全生产工作情况、国家统计督察反馈意见及整改情况、上半年全县社会稳定形势分析情况、全县粮食安全责任制落实情况、上半年全县经济形势分析（稳进提质攻坚行动）情况、全县“除险保安”工作情况、县委常委分管工作开展和落实情况汇报；审议通过《云和县加强和规范干部教育培训工作的管理意见（送审稿）》《云和县退出领导岗位干部管理补充意见（送审稿）》《云和县规范民办义务教育发展工作实施方案（送审稿）》《关于深化综合改革推进教育高质量发展实现“县中崛起”的若干意见（送审稿）》《关于废止和宣布失效一批涉计划生育党的规范性文件的决定（送审稿）》《关于落实2021年度市委意识形态工作责任制检查反馈意见整改方案（送审稿）》；研究人事工作。

同日　县委农村工作会议暨县委农村工作领导小组第二次全体会议召开。县领导李忠伟、周鸿飞、陈卿、陈伟忠、江静、吕明参加。

12日　全省服务业高质量发展大会召开。县领导李忠伟、周鸿飞、叶晓勇、章作飞、颜韬在云和分会场参加。

14日　县政府第一次全体会议暨全县经济稳进提质大会召开。县政府班子成员参加。

15日　县委书记李忠伟调研宏地云缦康养度假区建设项目。

15—17日　江西省萍乡市莲花县党政代表团到云和考察。县领导李忠伟、叶晓勇、章作飞、陈卿、傅雅涛、谢岩伟、吕明陪同考察或参加座谈会。

15—18日　李忠伟、周鸿飞、叶晓勇、章作飞等县领导分组开展医师节走访慰问活动。

16日　2022年第二期乡村书记“头雁争先”擂台赛暨现代社区建设工作推进会召开。县领导李忠伟、胡坚、周坚、黄伟杰、许文金、赖小文、舒坚阳、谢岩伟参加。

同日　县委书记李忠伟到浮云街道调研。

17日　全县交通重点项目汇报会召开。县领导李忠伟、傅雅涛、谢岩伟参加。

同日　县委副书记、县长周鸿飞带队赴湖州市开展“双招双引”工作。

18日　中国银行浙江分行副行长吴刚一行到云和调研云和支行筹备情况。县委书记李忠伟，县委常委、常务副县长傅雅涛陪同调研或参加座谈会。

同日　县委理论学习中心组（扩大）学习会召开。邀请省委党校法学教研部主任、教授徐邦友作“学习习近平法治思想”专题讲座。在职副县级以上领导干部参加。

同日　县委书记李忠伟到县木玩展示馆调研。

19日　县委书记李忠伟调研浮云溪城区段、龙泉溪云和段综合治理工程项目。县委常委、宣传部部长梅华，副县长江静陪同调研或参加反馈会。

22日　省委第六巡视组意识形态专项检查汇报会召开。县委书记李忠伟，县委常委、宣传部部长梅华参加。

同日 县委副书记、县长周鸿飞到企业检查指导企业有序用电相关政策落实情况。县委常委、副县长胡坚陪同。

23日 全市第二次重大项目会议召开。县委副书记、县长周鸿飞，县委常委、副县长胡坚在云和分会场参加。

同日 全县木玩企业发展形势座谈会召开。县领导李忠伟、周鸿飞、胡坚、周坚、赖小文、柳成东、吕明参加。

同日 2022年上半年经济社会运行情况专题报告会召开。县委副书记、县长周鸿飞，县人大常委会主任叶晓勇参加。

24日 省发改委(省对口办)副主任骆方豪一行到云和调研对口工作。副县长颜韬陪同。

同日 全县项目推进“161”行动点评会暨“奋战三季度，冲刺四季度，全力争前列”动员会召开。在职副县级以上领导干部参加。

同日 县委副书记、县长周鸿飞督办领办县政协重点提案。县政协副主席吕明陪同。

25日 县领导李忠伟、周鸿飞、舒坚阳在丽水参加市委五届二次全体(扩大)会议。

26日 全县领导干部会议召开。传达学习市委五届二次全体(扩大)会议精神。在职副县级以上领导干部参加。

同日 县委理论学习中心组专题学习会召开。专题学习研讨《习近平谈治国理政》第四卷和市委文化工作会议精神。在职副县级以上领导干部参加。

同日 县委书记李忠伟到新云木业集团有限公司、华宏钢铁有限公司走访调研。

29日 全国深化“放管服”改革持续优化营商环境会议召开。县领导周鸿飞、孙开用、颜韬、蓝利明、李爱勇、谢岩伟在云和分会场参加。

同日 全省经济稳进提质攻坚行动工作例会召开。县四套班子领导，县法院院长、县检察院检察长在云和分会场参加。

同日 县法学会第二次会员代表大会召开。县领导李忠伟、周鸿飞、叶晓勇、章作飞、陈卿参加开幕式。

30日 全省数字化改革推进会召开。县四套班子领导，县法院院长、县检察院检察长在云和分会场参加。

同日 全县教育高质量发展大会召开，出台《关于深化综合改革推进教育高质量发展实现“县中崛起”的若干意见》。在职副县级以上领导干部；担任过正县级以上实职的离退休老干部；县直属各单位主要负责人、各乡镇(街道)党(工)委主要负责人；县教育局中层以上干部、各学校班子成员、云和中学部分教师、优秀教师代表、学生代表及家长代表；“两代表一委员”、民营企业家代表在县文化中心主会场参加。

31日 市检察院检察长吕献到云和调研检察工作。县检察院检察长陈乐陪同。

同日 县委书记专题会议召开。听取巡察工作情况汇报。县领导李忠伟、周鸿飞、陈卿、舒坚阳参加。

9月

1日 学习贯彻习近平总书记关于“三农”工作的重要论述持续擦亮浙江“三农”金名片专题研讨班举行。县委书记李忠伟，县委副书记、政法委书记陈卿在云和分会场参加。

同日 省政府副秘书长、省政府办公厅党组成员、省大数据局局长金志鹏率调研组到云和调研。副市长朱磊，县委书记李忠伟，副县长缪磊磊陪同调研并参加座谈会。

同日 省委巡办副主任俞和良一行到云和检查指导巡视工作。县委常委、纪委书记、监委主任舒坚阳陪同。

同日 县委副书记、县长周鸿飞在绍兴参加全省新一轮制造业“腾笼换鸟、凤凰涅槃”攻坚行动现场会暨“415X”产业集群推进会。

同日 县委书记李忠伟调研林长制工作落实情况。

2日 全省防汛防台工作会议召开。县委副书记、县长周鸿飞，县委常委、常务副县长傅雅涛在云和分会场参加。

同日 全市防汛防台工作会议召开。县委副书记、县长周鸿飞，县委常委、常务副县长傅雅涛在云和分会场参加。

同日 县政府党组（扩大）会议召开。县政府党组成员参加。

2—3日 省政协副主席陈铁雄率调研组到云和开展省政协十二届五次会议第19号提案《加快山区县新型城镇化发展，助力共同富裕示范区建设》专题调研。市领导吴舜泽、任淑女、杜兴林，县领导李忠伟、周鸿飞、章作飞陪同调研或参加座谈会。

3日 县委书记李忠伟暗访督查应急指挥工作。县委副书记、政法委书记陈卿陪同。

5日 全县生态产品价值实现示范区（云景生态产业园）建设工作领导小组会议召开。县领导李忠伟、周鸿飞、周坚、傅雅涛、谢岩伟参加。

同日 县城规委会议召开。县领导周鸿飞、胡坚、叶长火、谢岩伟参加。

6日 县委副书记、县长周鸿飞到白龙山街道调研。

7日 全省老龄工作暨"浙里康养"推进会召开。县领导周鸿飞、江静、蓝利明在云和分会场参加。

同日 县委副书记、县长周鸿飞，县委常委、常务副县长傅雅涛在丽水参加全市三季度经济稳进提质工作例会暨第三次重大项目调度工作例会。

8日 全市审计整改工作推进会召开。县委副书记、县长周鸿飞在云和分会场参加。

同日 李忠伟、周鸿飞、叶晓勇、章作飞等县领导分组开展教师节走访慰问活动。

9日 全省清廉浙江建设推进会召开。县四套班子领导，县法院院长、县检察院检察长在云和分会场参加。

同日 县委召开十五届常委会第10次会议。讨论通过县委十五届二次全体（扩大）会议报告；审议通过《中国共产党云和县委员会工作规则（送审稿）》《关于县委教育工委等单位机构及领导职数调整的方案（送审稿）》《云和县事业单位管理岗位职员等级晋升制度实施方案（送审稿）》《云和县事业单位管理岗位职员等级晋升制度操作办法（送审稿）》；听取2022年政治生态半年中评、全县反邪教工作情况汇报；研究案件工作。

同日 县委编委会会议召开。县委书记李忠伟，县委副书记、县长周鸿飞参加。

13日 全省、全市第12号台风"梅花"防御应对工作会议分别召开。县领导李忠伟、周鸿飞、傅雅涛、江静在云和分会场参加。

同日 全县第12号台风"梅花"防御应对工作会议召开。县领导李忠伟、周鸿飞、傅雅涛、江静参加。

同日 "云和梯田创AAAAA工作推进会"召开。县领导李忠伟、林建文、蓝利明参加。

14日 省体育局局长李华到云和参加"公益体彩·快乐操场"丽水云和站活动。副县长蓝利明陪同。

同日 市政协副主席王顺发到云和调研"推动山区26县跨越式高质量发展的丽水路径"课题。副县长蓝利明、县政协副主席吕明陪同调研或参加座谈会。

同日 县委十五届二次全体（扩大）会议召开。县委书记李忠伟作报告。会议认真贯彻落实省第十五次、市第五次党代会和市委五届二次全会精神，回顾总结2022年以来的工作，全面部署下一阶段任务，动员全县上下以绝对忠诚之心牢牢守好"红色根脉"，以感恩奋进之心忠实践行"八八战略"，坚决扛起"两个先行"使命担当，在坚毅笃行"丽水之干"中全面展现经济社会发展新气象，以优异成绩和优良作风迎接党的二十大胜利召开；审议通过县委十五届二次全体（扩大）会议报告、《中国共产党云和县委员会工作规则》。县委委员、候补委员，县纪委委员；在职副县级以上领导干部；各乡镇（街道）党政主要负责人；县直属各单位主要负责人；县委办各副主任，县人大常委会办公室主任、县人大常委会各工委主任，县府办主任、县政协办主任、县政协各专委主任；县属企业主要负责人；担任过副县级以上实职的离退休老干部；部分县第十五次党代会代表参加。

同日 县委副书记、县长周鸿飞开展《关于打造“环云和湖经济带”建设》专题调研。县人大常委会副主任林志龙、副县长蓝利明陪同。

15日 省委第三生态环境保护督察组组长刘树枝、副组长李宏庆率调研组一行到云和开展环保督察。副市长叶伯军，县委副书记、县长周鸿飞，县委常委、副县长胡坚陪同。

同日 第七个“中华慈善日”主题活动举行。省慈善联合总会副会长兼秘书长蔡国华，市慈善总会会长齐育华，县领导李忠伟、周鸿飞、叶晓勇、蓝利明、徐志雄参加。

同日 县委书记李忠伟到石塘镇调研。

同日 县第十七届人民政府第10次常务会议召开。审议通过《育英小学委托管理协议》《文元育英中学办学协议》《关于支持企业股改上市的意见（送审稿）》《关于修改和废止部分行政规范性文件的通知（送审稿）》；听取关于调整梯田景区特许经营费优惠政策情况、云和县自建房安全专项整治工作情况、重点项目谋划推进情况、云和县粮食安全责任制落实情况的汇报。

16日 全省农业高质量发展大会召开。县领导李忠伟、周鸿飞、叶晓勇、陈卿、江静、徐志雄在云和分会场参加。

同日 全市深化“除险保安百日攻坚行动”推进会召开。县领导李忠伟、周鸿飞、陈卿、李爱勇、陈乐在云和分会场参加。

同日 全县深化“除险保安百日攻坚行动”推进会召开。县领导李忠伟、周鸿飞、陈卿、李爱勇、陈乐参加。

同日 全县2022年秋季“送新兵•迎老兵”活动暨“从戎之剑”赠剑仪式举行。县领导周坚、张以军、许文金、叶长火、陈岑参加。

19日 市政协副主席郑利剑一行到云和开展“民生议事堂”调研。县委书记李忠伟、县政协副主席吕明陪同。

同日 县委书记李忠伟调研督查云和梯田创建国家AAAAA级旅游景区工作。县人大常委会党组副书记、副主任林建文，副县长蓝利明陪同。

20日 全省海洋强省建设推进会召开。县委副书记、县长周鸿飞在云和分会场参加。

同日 全市党史工作会议召开。县领导李忠伟、陈卿、黄伟杰在云和分会场参加。

同日 县委书记李忠伟暗访督查除险保安工作落实情况。县委副书记、政法委书记陈卿陪同。

同日 县委副书记、县长周鸿飞赴杭州开展招商引资工作。

21日 全省能源绿色低碳发展和保供稳价工作三年行动实施部署会召开。县领导周鸿飞、傅雅涛、江静在云和分会场参加。

同日 县委书记李忠伟到安溪畲族乡调研。

同日 县委副书记、县长周鸿飞调研文旅工作。副县长蓝利明陪同。

22日 省委统战工作会议召开。县领导李忠伟、周鸿飞、叶晓勇、章作飞在云和分会场参加。县委常委、统战部部长赖小文在丽水分会场参加。

同日 县委理论学习中心组（扩大）学习会召开。邀请省司法厅二级巡视员潘广俊作“大综合一体化”专题辅导。在职副县级以上领导干部参加。

同日 县委书记李忠伟到县重点企业调研。

23日 全国、全市安全生产会议分别召开。县领导周鸿飞、胡坚、孙开用、傅雅涛、蓝利明、李爱勇在云和分会场参加。

同日 全市三季度工业经济稳进提质会召开。县委副书记、县长周鸿飞，县委常委、副县长胡坚在云和分会场参加。

同日 县人民政府与中铁建城市开发有限公司合作签约仪式举行。中铁建华东区域总部执行总经理、中铁建城市开发有限公司总经理马建军，县领导李忠伟、周鸿飞、傅雅涛、谢岩伟参加。

同日　县委书记李忠伟调研动力汽车电池拆解、污水及垃圾处理提质扩容、燕庐文化创作基地等重点建设项目。

同日　全县安全生产会议召开。县领导周鸿飞、胡坚、孙开用、傅雅涛、蓝利明、李爱勇参加。

24日　县委副书记、县长周鸿飞检查节前安全生产工作。

26日　全省经济稳进提质攻坚行动工作例会召开。县四套班子领导，县法院院长、县检察院检察长在云和分会场参加。

同日　全省加快高水平交通强省建设推进会召开。县领导周鸿飞、傅雅涛、江静、谢岩伟在丽水分会场参加。

同日　县委召开十五届常委会第11次会议。传达学习《关于浙江省嘉兴市违规改扩建南湖宾馆问题查处情况的通报》。

27日　全省"大综合一体化"行政执法改革大会召开。县四套班子领导，县法院院长、县检察院检察长在云和分会场参加。

同日　县委书记李忠伟调研云和雪梨产业发展情况。副县长江静陪同并参加座谈会。

28日　县委副书记、县长周鸿飞调研2023年交通项目。副县长谢岩伟陪同。

28—29日　云和抽水蓄能电站预可行性研究报告审查会召开。县领导李忠伟、周鸿飞、傅雅涛参加。

30日　烈士纪念日活动举行。在职副县级以上领导干部参加。

同日　县委书记李忠伟，县委副书记、县长周鸿飞分别开展"企业追生产"走访调研。

10月

8日　县委书记李忠伟调研云和梯田创AAAAA工作。县人大常委会党组副书记、副主任林建文，副县长蓝利明陪同。

9日　县委书记李忠伟调研国资国企改革工作。县委常委、常务副县长傅雅涛陪同。

同日　县政府党组（扩大）会暨经济稳进提质工作例会召开。县政府党组成员参加。

10日　县委书记李忠伟带队赴缙云县考察学习创建国家AAAAA级旅游景区经验做法。县人大常委会党组副书记、副主任林建文，副县长蓝利明参加。

同日　县委副书记、县长周鸿飞调研重点建设项目。县委常委、常务副县长傅雅涛陪同。

同日　2022年全县优秀年轻干部培训班开班仪式举行。县委副书记、县长周鸿飞，县委常委、组织部部长黄伟杰参加。

同日　县委副书记、县长周鸿飞调研工业园区职工公寓项目。

11日　县委书记李忠伟调研现代社区建设工作。县委常委、组织部部长黄伟杰陪同。

同日　景宁畲族自治县党政代表团到云和考察。县领导李忠伟、傅雅涛、江静、蓝利明、谢岩伟陪同考察或参加座谈会。

同日　县委副书记、县长周鸿飞到崇头镇调研。县人大常委会党组副书记、副主任林建文陪同。

同日　县委副书记、县长周鸿飞调研浮云溪绿道城区段。

12日　省委社建委专职副主任孙哲君一行到云和调研社会建设工作。县委副书记、县长周鸿飞陪同。

同日　市委副书记、政法委书记张赟一行到云和调研"基层治理四平台"、综合信息指挥室、基层网格、农家乐民宿、乡村旅游等情况。县委书记李忠伟，县委副书记、政法委书记陈卿陪同。

同日　全县"双招双引"专题民主协商会召开。县领导李忠伟、章作飞、孙开用、徐志雄、陈岑参加。

13日　自然资源部国土整治中心副主任罗明一行到云和调研山水林田湖草修复项目。市政协副主席、市自然资源和规划局局长张颖洁，县委书记李忠伟，县委常委、常务副县长傅雅涛陪同。

同日　省税务局党委委员、总会计师王黎明到云和调研税收工作。

同日　县委书记李忠伟到崇头镇坑根村走访慰问低收入农户。

同日　县委副书记、县长周鸿飞调研重点建设项目。副县长谢岩伟陪同。

14日 2022年全县重大建设项目前期推进大比拼活动举行。县领导李忠伟、周鸿飞、叶晓勇、章作飞、陈卿、孙开用、傅雅涛、谢岩伟参加。

15日 县委副书记、县长周鸿飞调研城市建设工作。

同日 县委副书记、县长周鸿飞到木玩展示馆、县农旅投公司调研。

16日 中国共产党第二十次全国代表大会在北京召开。在职副县级以上领导干部在云和集中收看开幕会。

16—17日 省教育厅原副厅长、一级巡视员韩平一行到云和调研研学实践基地、“云和木玩游戏”课程建设等工作。县委常委、常务副县长傅雅涛陪同。

17日 云景生态产业园建设工作领导小组第三次会议召开。县领导李忠伟、周鸿飞、胡坚、周坚、傅雅涛、谢岩伟参加。

同日 县委书记李忠伟调研督导维稳安保等工作。县委副书记、政法委书记陈卿陪同。

18日 省供销社党委书记、理事会主任陈利江一行到云和调研深化“三位一体”农合联改革和“供富大篷车”服务等工作。县委书记李忠伟陪同。

同日 县委副书记、县长周鸿飞调研“大搬快聚”工作。副县长江静，县领导林李平陪同。

同日 全县安全生产和消防工作调度会召开。县委副书记、县长周鸿飞，县委常委、常务副县长傅雅涛参加。

19日 市委常委、统战部部长徐光文到崇头镇开展人大代表进站履职活动。县人大常委会主任叶晓勇，县人大常委会党组副书记、副主任林建文陪同。

同日 县委书记李忠伟调研督导政法单位除险保安工作。县领导陈卿、李爱勇、郭俊、陈乐陪同。

同日 县委副书记、县长周鸿飞到凤凰山街道和县国投公司调研。

20日 县委书记李忠伟到赤石乡调研。

同日 县委副书记、县长周鸿飞，县委常委、常务副县长傅雅涛在松阳参加全市土地整治修复和高效利用工作现场会。

21日 县委副书记、县长周鸿飞到县交投公司、浙江兴昌轴承有限公司等企业调研。

22日 县委副书记、县长周鸿飞到石塘镇小顺村调研。

24日 县委书记李忠伟调研“大综合一体化”行政执法改革工作。县委副书记、政法委书记陈卿，副县长谢岩伟陪同。

同日 县委副书记、县长周鸿飞到县交通运输局调研。

25日 县委书记李忠伟，县委副书记、县长周鸿飞在丽水参加全市领导干部会议。

同日 县委副书记、县长周鸿飞到县农业农村局调研。

26日 全县领导干部会议召开。传达学习贯彻党的二十大精神。在职副县级以上领导干部参加。

同日 云和梯田创建国家AAAAA级旅游景区工作领导小组会议召开。县领导李忠伟、周鸿飞、叶晓勇、章作飞、陈卿、黄伟杰、舒坚阳、梅华、林建文、颜韬、江静、蓝利明、谢岩伟参加。

同日 县第十七届人民政府第11次常务会议召开。审议通过《云和县人民政府工作规则（送审稿）》《云和县人民政府会议制度（送审稿）》《云和县人民政府关于公布云和县新增综合行政执法事项统一目录（2022年）的通告（送审稿）》《云和县房屋征收推行“房票”实施办法（试行）（送审稿）》；听取关于对陈王慧、黄董彬两人见义勇为行为进行表彰奖励、2022年三季度安全生产和应急管理工作、2022年云和县山海协作工作要点的情况汇报。

同日 县政府党组三季度党风廉政例会召开。县政府党组成员参加。

27日 高水平推进美丽丽水建设暨全国生物多样性保护引领区创建大会召开。县委书记李忠伟作“无废城市”建设典型发言，县领导周鸿飞、陈卿、胡坚、叶长火、谢岩伟在云和分会场参加。

同日 全市经信局长会议在云和召开。县委副书记、县长周鸿飞参加。

同日 县委书记专题会议召开。县领导李忠伟、周鸿飞、陈卿、黄伟杰、舒坚阳参加。

同日 县委召开十五届常委会第12次会议。审议通过《关于推进选人用人问题起底清零“十大专项整治百日攻坚行动”工作方案（送审稿）》；听取七张问题清单应用工作情况、三季度全县社会稳定（平安、信访）形势分析情况、关于落实市委意识形态工作责任制检查反馈意见整改情况、全县公安工作情况的汇报；研究人事工作。

同日 县委常委会三季度党风廉政例会召开。县委常委，县人大常委会和县政协主要领导参加。

同日 县委国家安全委员会第一次全体（扩大）会议召开。县领导李忠伟、周鸿飞、陈卿、许文金、梅华、李爱勇参加。

同日 县委网络安全和信息化委员会第四次全体会议召开。县领导李忠伟、周鸿飞、陈卿、许文金、梅华、李爱勇参加。

28日 全省数字化改革推进会召开。县四套班子领导，县法院院长、县检察院检察长在云和分会场参加。

同日 县委书记李忠伟到崇头镇宣讲党的二十大精神。

同日 全市招商工作情况汇报会召开。县委副书记、县长周鸿飞，县委常委、副县长孙开用在云和分会场参加。

31日 县残疾人联合会第八次代表大会召开。县领导周鸿飞、叶晓勇、章作飞、陈卿、许文金、舒坚阳、刘伟玲、颜韬、陈岑参加开幕式。

同日 县委副书记、县长周鸿飞调研中国桨板公开赛暨“云缦杯”云和县首届水上运动休闲节筹备情况。副县长蓝利明陪同。

31日至11月2日 县领导李忠伟、胡坚、梅华赴成都参加中国玩具展。

11月

1日 县（市、区）委书记工作交流会暨全省经济稳进提质工作例会召开。县四套班子领导，县法院院长、县检察院检察长在云和分会场参加。

2日 “丽水味道•梨”创意大赛暨云和雪梨美食节活动开幕式在云和举行。省农业农村厅副厅长唐冬寿，副市长叶伯军，县领导陈卿、江静参加开幕式。

同日 全市四季度重大项目开竣工推进会召开。县领导周鸿飞、叶晓勇、章作飞、孙开用、傅雅涛、颜韬、谢岩伟在云和分会场参加。

同日 县政府党组会议暨稳进提质工作例会召开。县政府党组成员参加。

3日 学习贯彻党的二十大精神中央宣讲团报告会召开。在职副县级以上领导干部在云和分会场参加。

同日 国家林草局上海专员办副专员高尚仁一行到云和督办涉林案件。县委副书记、县长周鸿飞，县委常委、常务副县长傅雅涛陪同。

同日 《童话云和城市建设导则》成果汇报会召开。县领导李忠伟、陈卿、谢岩伟参加。

4日 江西省抚州市资溪县党政代表团到云和考察。县领导李忠伟、章作飞、陈卿陪同考察或参加座谈会。

5日 2022年中国桨板公开赛暨“云缦杯”云和县首届水上运动休闲节开幕式在云和举行。县委书记李忠伟，副县长蓝利明参加。

7—9日 省教育厅督导处二级巡视员、省督学王振斌率督导组到云和开展全国义务教育优质均衡发展县实地督导评估。县委副书记、政法委书记陈卿陪同。

7—9日 县领导周鸿飞、胡坚、孙开用赴上海开展“双招双引”工作。

8日 市人大常委会主任李锋到云和宣讲党的二十大精神并调研。县人大常委会主任叶晓勇陪同。

同日 县委理论学习中心组学习会召开，专题学习党的二十大精神。县委常委，县人大常委会和县政协主要领导参加。

同日 县领导李忠伟、叶晓勇、章作飞、陈卿、蓝利明到龙泉市看望老干部理论学习会成员。

同日 县委书记李忠伟调研云和梯田创建国家AAAAA级旅游景区工作。县人大常委会党组副书记、副主任林建文，副县长蓝利明陪同。

同日 县委副书记、县长周鸿飞，县委常委、副县长胡坚在上海参加第五届进口博览会。

9日 县委法院工作会议暨司法助力营商环境推进会召开。市中院党组书记、院长张军斌，县领导李忠伟、叶晓勇、章作飞、陈卿、黄伟杰、傅雅涛、舒坚阳、梅华、李爱勇、郭俊、陈乐参加。

同日 县委统一战线工作领导小组(扩大)会议暨全县民族宗教工作会议召开。县领导李忠伟、陈卿、赖小文 、颜韬参加。

10日 县委书记李忠伟在龙游参加全省深化“千万工程”建设新时代美丽乡村现场会。

同日 云和—吴兴山海协作高层联席会议召开。县领导周鸿飞、陈卿、胡坚、孙开用陪同考察或参加座谈会。

11日 县委副书记、县长周鸿飞调研教育工作。

12日 县委副书记、县长周鸿飞到安溪畲族乡黄家地村宣讲党的二十大精神。

13日 县委副书记、县长周鸿飞到县重点企业调研。

14日 全县稳定耕地工作汇报会召开。县领导李忠伟、周鸿飞、傅雅涛、舒坚阳参加。

15日 县委书记李忠伟在丽水参加“智汇丽水”人才科技周开幕式。

同日 县委副书记、县长周鸿飞在丽水参加中国(浙江)自由贸易试验区高质量发展大会。

16日 中国银行云和县支行开业庆典仪式举行。省中行行长吴敏，副行长吴刚，市人大常委会副主任戴邦和，县委副书记、县长周鸿飞，县委常委、常务副县长傅雅涛参加。

同日 全县项目推进“161”行动点评会暨“奋战40天，冲刺全年胜，谋划来年开门红”动员会召开。在职副县级以上领导干部参加。

17日 县委书记李忠伟在丽水参加省委组织部重点课题调研座谈会。

同日 学习贯彻党的二十大精神市委宣讲团报告会召开。在职副县级以上领导干部参加。

同日 全市经济稳进提质例会暨企业升规和“链长制”履职情况调度会召开。县委副书记、县长周鸿飞，县委常委、副县长胡坚在云和分会场参加。

18日 省委政法委常务副书记朱晨率调研组到云和调研。县委书记李忠伟，县委副书记、政法委书记陈卿陪同。

同日 全县经济稳进提质工作例会暨2023年一季度“开门红”指标汇报会召开。县领导李忠伟、周鸿飞、陈卿、胡坚、傅雅涛、江静参加。

21—23日 县委书记李忠伟率县党政代表团赴金华市磐安县、台州市临海市、温州市永嘉县等地考察学习。

23—24日 县委副书记、县长周鸿飞在宁波参加全省土地整治工作现场会。

24日 云和县人才科技峰会暨“科技•人才•创新”赋能木玩产业活动开幕式举行。浙江工业大学校长李小年，省科协原副主席、一级巡视员姜长才，副市长叶伯军，县领导李忠伟、叶晓勇、章作飞参加。

同日 宁波市北仑区委副书记、区长王程率党政代表团到云和考察。县领导李忠伟、傅雅涛、孙开用陪同考察或参加座谈会。

同日 市政协副主席、市发改委主任周和平带队到云和开展河道巡查。县政协主席章作飞陪同。

同日 淳安县党政代表团到云和考察。县领导叶晓勇、周坚、徐志雄陪同。

25日 省委常委、统战部部长邱启文到云和调研统战工作。省委统战部副部长、省民宗委主任鲍秀英，省委统战部副部长吴炳芳，市委常委、统战部部长徐光文，县委书记李忠伟，县委常委、统战部部长赖小文陪同。

同日 县委全面深化改革委员会第一次会议暨全县数字化改革推进会召开。县领导李忠伟、周鸿飞、陈卿、周坚、黄伟杰、傅雅涛、许文金、赖小文、舒坚阳、颜韬、江静、谢岩伟、徐志雄、陈乐参加。

同日 县浮云溪综合治理方案征求意见会召开。县领导李忠伟、周鸿飞、叶晓勇、章作飞、江静、谢岩伟参加。

同日 县委副书记、县长周鸿飞到县住建局调研重点项目。副县长谢岩伟陪同。

26日 李忠伟、周鸿飞、陈卿等县领导分别带队暗访督查疫情防控工作。

同日 云和梯田文化植入工作座谈会召开。县领导李忠伟、周鸿飞、林建文参加。

27日 县委副书记、县长周鸿飞到县重点企业调研。

28日 县委副书记、县长周鸿飞，县委常委、常务副县长傅雅涛在丽水参加全市松材线虫病防治工作会议。

同日 县第十七届人民政府第12次常务会议召开。审议通过《云和县2022年地方政府债务限额、地方政府预算调整方案（送审稿）》《云和县事业单位工作人员和机关工人绩效奖金制度实施方案（送审稿）》《关于修改部分行政规范性文件的通知（送审稿）》《云和县行政许可事项清单（2022年）（送审稿）》《云和县环境健康管理试点工作方案（2021—2025年）（送审稿）》《云和县城乡客运一体化改造实施方案（送审稿）》；听取关于云和县城市污水处理厂清洁排放技术改造及城区污水零直排工程PPP项目新增和调整建设内容情况、打击治理电信网络新型违法犯罪工作情况、云和县2022年度食品安全工作情况、云和县“五水共治”（河长制）工作情况的汇报。

29日 县委副书记、县长周鸿飞调研新招引大项目。县委常委、副县长胡坚陪同。

29日至12月1日 县委书记李忠伟随市党政代表团赴嘉兴、湖州等地考察学习。

12月

1日 县委副书记、县长周鸿飞调研云和梯田创AAAAA工作。县人大常委会党组副书记、副主任林建文陪同。

5日 县委副书记、县长周鸿飞在丽水参加宁波—丽水山海协作暨浙西南革命老区对口合作“云端会商”视频会议。

6日 江泽民同志追悼大会在北京召开。在职副县级以上领导干部，担任过副县级以上实职的离退休老干部在云和集中收看追悼大会实况。

7日 “学习贯彻党的二十大精神”主题党日活动暨全市法院工作务虚会在云和召开。市法院院长张军斌、县法院院长郭俊参加。

同日 县委书记李忠伟调研云和梯田创AAAAA工作。县领导陈卿、林建文、蓝利明陪同。

同日 县委副书记、县长周鸿飞到县工投公司调研。

8日 全省文物工作会议召开。县委副书记、县长周鸿飞，副县长蓝利明在云和分会场参加。

同日 县委书记李忠伟到县重点企业调研。

同日 县生态产品价值实现示范区建设（云景生态产业园）工作领导小组会议召开。县领导李忠伟、周鸿飞、周坚、傅雅涛参加。

9日 县第十七届人民政府第13次常务会议召开。审议通过《云和县伏布生猪生态养殖示范园项目投资合作协议（送审稿）》《关于支持阀门行业发展的政策意见（送审稿）》《云和县“扩中”“提低”行动方案（2022—2025年）（送审稿）》；听取关于隆程、汇森、华宏项目用能权交易有关情况，2022年全县消防安全形势分析，云和县四季度安全生产工作情况的汇报。

10日 县委副书记、县长周鸿飞调研国际木玩游学中心、养生文化村等文旅项目。

同日 县委副书记、县长周鸿飞到华宏公司调研。

12日 县委副书记、县长周鸿飞调研云和梯田创AAAAA工作。

同日 县委副书记、县长周鸿飞调研木玩童话小镇项目。

13日 县委副书记、县长周鸿飞调研城市路网规划。县委常委、常务副县长傅雅涛陪同。

14日 乡镇（街道）书记座谈

会召开。县领导李忠伟、周鸿飞、黄伟杰、江静、赵建勇参加。

15日　县委书记李忠伟率党政代表团赴景宁畲族自治县学习考察。县领导叶晓勇、章作飞、陈卿、蓝利明参加。

同日　县委理论学习中心组(扩大)学习会召开。邀请新浪政务新媒体学院专家顾富林作专题辅导。在职副县级以上领导干部参加。

19日　县委书记李忠伟,县委副书记、县长周鸿飞在杭州参加省委十五届二次全体(扩大)会议暨省委经济工作会议。

20日　全市安全生产工作会议召开。县委副书记、县长周鸿飞,县委常委、常务副县长傅雅涛在云和分会场参加。

同日　县委书记专题会议召开。县领导李忠伟、周鸿飞、陈卿、黄伟杰、舒坚阳参加。

同日　县委召开十五届常委会第13次会议。听取县委意识形态工作主体责任落实情况、县委常委分管工作和落实情况、县委常委履行意识形态工作“一岗双责”情况、县人民政府党组工作情况、县人大常委会党组工作情况、县政协党组工作情况、市对县综合考核工作情况、全县经济社会形势分析(稳进提质攻坚行动)情况和山区26县考核情况、领导干部队伍(年轻干部队伍)建设情况、县工商联党组工作情况、团县委工作情况、县总工会党组工作情况、县妇联党组工作情况、县科协党组工作情况、县委党校工作情况、全县党支部工作建设情况、机关党建工作情况、全县党内法规工作情况、党史工作情况的汇报;审议通过《关于有关单位领导职数调整的建议(送审稿)》《关于部分机构编制违规违纪问题整改情况的建议 (送审稿)》《关于全县意识形态领域的通报(送审稿)》《云和县“扩中”“提低”行动方案(2022—2025年)(送审稿)》;研究人事工作。

同日　县委常委会四季度党风廉政例会召开。县委常委和县人大常委会、县政协主要领导参加。

21日　县委常委会扩大会议暨县委务虚会召开。在职副县级以上领导干部参加。

23日　县委书记李忠伟到崇头镇调研。

26日　县领导李忠伟、周鸿飞、舒坚阳在丽水参加市委五届三次全体(扩大)会议。

27日　县委书记李忠伟调研教育工作。

28日　副市长卢彩柳到云和调研云和梯田创建国家AAAAA级旅游景区工作。县委副书记、县长周鸿飞,县委副书记、政法委书记陈卿陪同。

28—30日　县领导李忠伟、周鸿飞、叶晓勇、章作飞等在丽水参加市两会。

29日　省委第六巡视组巡视云和县情况反馈会议召开。省委组织部有关领导;省委第六巡视组有关领导;市委有关领导;县四套班子领导,“法检”两长及其他县处级领导,县委委员、候补委员,县直属各单位及各乡镇(街道)党政主要负责人,县属国有企业主要负责人,县纪委监委和县委组织部班子成员,县委巡察办主任和巡察组组长,正县处级离退休老干部和2018年以来退休(退居二线)的副县处级老干部,丽水市级以上“两代表一委员”代表参加。

(叶　瑜　张丽梅)

县情概览

综述　区划

【县情综述】 云和县隶属浙江省丽水市。地理坐标为北纬27°53′—28°19′，东经119°21′—119°44′。明景泰三年（1452）置县，地处仙霞岭、洞宫山之间的浙西南，瓯江上游，东邻莲都，南接景宁，西壤龙泉，北毗松阳，是丽水市的地理中心，自古被喻为“洞宫福地”。县域东西宽38千米，南北长47千米，总面积989平方千米。其中，陆域面积950.3平方千米，水域面积38.7平方千米。县城距省城杭州354千米，距地级市（设区市）丽水51.9千米。全县辖4个街道3个镇3个乡、71个行政村、15个社区，户籍人口11.38万人、常住人口12.92万人。

生态系统修复良好。县域森林覆盖率达81.5%，综合环境质量列全国第10位，空气质量优良率达100%，全域断面水质常年保持在国家二类标准以上，是丽水市第一个国家级生态县，入选全国重点生态功能区和生态文明建设试点。“好山、好水、好空气”孕育了高品质的有机农产品，有500多年种植历史的云和雪梨获得“国家地理标志农产品”认证，被誉为“中华名果”，“云和雪梨酒”曾获1915年巴拿马万国博览会铜质奖章；云和黑木耳是国家地理标志产品；云和湖有机鱼是浙江省第二大有机鱼品牌。

项目建设扎实推进。2022年，新招引的华宏60万吨普转优、新能源汽车动力电池综合利用等项目实现“拿地即开工”；235国道云和段、云缦康养度假区等大体量项目加快推进，初见成效；小徐未来社区从房屋征收到开工建设再展“小徐速度”；云景生态产业园在超常规支持、大力度破难中基本具备开工条件；固定资产投资增速保持全市前列。

全域旅游步伐加快。创成省级全域旅游示范县；位于仙宫湖的仙宫景区被列为国家AAAA级旅游景区。开发于唐初，兴于元、明的云和梯田，海拔高度为200—1400米，景区核心区块面积约51平方千米，跨越高山、丘陵、谷地三个地质景观带，是华东地区最大的梯田群，距今已有1000多年历史，故有“千层梯田、千米落差、千年历史”之说，被评为中国最美的40个景点之一。2022年，云和梯田创建国家AAAAA级旅游景区项目，被列入浙江省第一批山区26县旅游“造月工程”，县委、县政府举全县之力，锚定目标，决意打赢创建攻坚战。佛儿岩景区创国家AAAA级旅游景区项目，也在全方位按规划有序推进。

经济发展稳步前行。2022年，实现地区生产总值95.14亿元、规上工业增加值24.07亿元、出口总额16.89亿元，一般公共预算收入8.8亿元，固定资产投资43.41亿元、增长15.3%，社会消费品零售总额46.64亿元，增长8.4%；农林牧渔业增加值5.94亿元，增长2.8%，服务业增加值44.84亿元，增长2.9%；城乡居民人均可支配收入分别为52841元、26078元，增长3.4%和6.2%。

【行政区划】 明景泰三年(1452)云和设县之初置4坊,统2乡、9都、47图。清同治年间(1862—1874),设2坊,统2乡、9都、306庄。中华民国时期,设8区、4里、88村、347闾、1720邻。1944年,龙泉县龙门乡(俗称汤侯门)划归云和县管辖。1949年10月1日,中华人民共和国成立。1950年2月,全县分设5个区、1个镇、15个乡。1951年,丽水县峰源、赛源乡划归云和县,建立云东区。1958年5月,撤销云和县,并入丽水县。1962年4月,恢复云和县(含原景宁县所属4个区1个镇28个公社)。全县设6个区、2个镇、41个人民公社、395个生产大队、2701个生产队。1983年5月,全县设8个区、2个镇、44个人民公社。1984年6月,经国务院批准,云和、景宁实施分县。同年11月,丽水县双港、朱村、金村3个乡划归云和县管辖。是年底,全县设4个区、1个镇、20个乡、9个居民委员会、169个村民委员会、1168个村民小组。1991年,全县设置3个镇、19个乡(含2个畲族乡)。1992年6月,根据省委办转发省民政厅《关于做好撤区扩镇并乡试点工作的意见》的通知精神,撤销局村、小徐、龙门、双港、小顺、沈村、金村、库北8个乡,增设石塘镇。全县行政区划调整为15个乡镇,辖4个镇11个乡(其中2个民族乡)、170个行政村、873个自然村、1165村民小组。2001年11月,县委、县政府实施“小县大城”发展战略,亟须拉大城市框架,拓展城市规模。根据省人民政府批复,撤销沙溪乡建制,将沙溪乡所辖13个行政村全部并入县城所在地云和镇。沙溪乡建制撤销后,全县共辖14个乡镇,设置4个镇10个乡169个村6个社区,1个管理处。2011年9月,再度实施县域区划调整,区划调整后,全县辖4个街道3个镇3个乡,即浮云、元和、白龙山、凤凰山4个街道;崇头、石塘、紧水滩3个镇;赤石、安溪(畲族)、雾溪(畲族)3个乡。

地形　气候

【地形地貌】 云和县地处浙西南山区,位于洞宫山脉和仙霞岭余脉的交会之地。四周群山环抱,山岭起伏,中间形成有陷落的面积为28平方千米的云和盆地。整个地势西南高、东北低,自西南向东北倾斜,盆地、山地(中山、低山)和丘陵(高丘、低丘)构成云和县的地貌格局。瓯江干流龙泉溪自西南向东北蜿蜒于仙霞岭和洞宫山脉之间,将县域截为南北两大部分,境北属仙霞岭余支为丘陵山地,西起菖蒲尖,横向七尖顶、牛头山直向东面延伸,以牛头山为最高,海拔1297.7米。南部属洞宫山脉为西南山地和中部丘陵盆地,西起白鹤仙顶,连至梅九尖、吊庆尖、老炉岗背、鸡头尖斜向东北。县境内千米以上山峰184座,最高峰白鹤尖,海拔1593.1米;最低点为石塘镇规溪村,海拔78.2米。

【气候气象】 2022年,云和县气温显著偏高,不但起伏大、高温日数异常偏多,而且强度强、低温日数明显偏少。降水较常年略偏少且分布极不均匀,暴雨日数偏多。日照接近常年但起伏大。总体来看,在气候变暖的大背景下,云和县域天气气候仍然异常。气象要素变幅大,多个时段的多个气象要素接近或突破历史极值。夏季现1956年有完整气象记录以来综合强度最强高温,日最高气温为42.7℃,出现在杨柳河工业园区;最低值为31.8℃,出现在崇头镇白鹤尖。灾害性天气诸如年初长时间阴雨寡照、3月的春汛、梅汛期明显的降水集中期、高强度的夏季高温、夏秋连旱、春秋的寒潮降温、春夏的强对流等,对居民的生产生活造成较明显的不利影响。

战略　特产

【发展战略】 2001年,云和针对山多地少、村多人少、县小而城相对较大的实际,提出并一以贯之实施“小县大城”发展战略,把县城作为县域经济社会发展的重点经营培育,加快推进新型城市化进程,促进全域统筹、城乡一体。

2022年，赓续坚持深化“小县大城”发展战略，为打造全国山区县域新型城镇化共富样板而努力奋斗。全县58%的农民下山转移、78%的农村劳动力向二、三产业转移，80%的人口集中在县城居住、93.4%的学生集中在县城就读、96%的企业集中在县城发展，城镇化率达74%，远高于全国平均水平。同时，探索形成与之相适应的社会治理体系，先后获评国家卫生县城、全国平安县、国家级生态示范区等，成功夺取全省首批一星“平安金鼎”，荣获全国脱贫攻坚组织创新奖和全国脱贫攻坚先进集体称号，人均期望寿命连续多年位居全市第一。“小县大城”发展战略也被广为关注，荣获“2012中国十大社会管理创新奖”，入选浙江省十大发展模式，并在省内外众多山区县推广。

【特色产业】 木制玩具是云和的传统产业、优势产业和支柱产业，历经五十年发展，从无到有、从小到大，云和已成为国内规模最大、品种最多的木制玩具创制、出口基地，先后被冠以“中国木制玩具之乡”和“中国木制玩具城”。全县共有木制玩具生产企业1000多家，成功注册“云和木玩”和“云和教玩”两个集体商标，拥有中国驰名商标3个、浙江名牌产品3个，木制玩具产品达十大类、上千个系列、数万个品种，产品畅销世界82个国家和地区，占全国同类产品的66%、浙江省的70%。除木制玩具外，钢铁、轴承、阀门等产业也异军突起，各有千秋。

云和人物

【钟华燕】 女，畲族，1985年8月出生，中共党员，中国共产党第二十次全国代表大会代表，浙江省第十四次、第十五次党代会代表，丽水市第四次、第五次党代会代表，云和县第十七届人民代表大会代表、县十七届人大常委会常委，云和三中德育处主任、体育老师。十余年里，不忘立惠树人初心，牢记为党育人为国育才使命，坚持用自己所学的健美操专业，圆了一批又一批孩子的舞蹈梦、大学梦，先后获“全国模范教师”“中国好畲娘”“全国啦啦操推广先进个人”“浙江省万名好党员”“浙江省优秀共产党员”“浙江好人”“丽水市十大杰出青年”等荣誉称号。

她热爱教育，以“健美”精神激发青春活力。钟华燕所任教的云和县第三中学是一所城乡接合部的学校，大部分都是农民工子女。平时父母关爱不足，即使有特长爱好，也很难得到培训展示的机会。为了能够让这些孩子有更大的信心走出大山，改变他们的未来，钟华燕决定要从培养学生个人身心素质着手，要培养他们的自信，激发他们的活力，因此，她想到了自己在大学时的健美操特长。于是，在上体育课时，她循循善诱，经常穿插一些健美操动作的训练，并从本班学生中挑选了几名身体条件较好、又肯吃苦的孩子，利用课余时间对她们进行专业训练指导。就这样，通过一段时间实践，2011年，她终于在学校成功组建了“云之梦”健美操队，充分利用课余、周末、假期等时间，组织学生开展专项训练。十余年来，没有寒暑假，没有节假日，风雨无阻，寒暑不畏，她始终和健美操队的孩子们在一起摸爬滚打，用自己最质朴的方式，以最严厉的要求和最刻苦的训练，培育学生的拼搏求真精神，激励山里的孩子们在各类大赛中取得了骄人的成绩，创造出了山区学生奋发成长的一个个奇迹。先后斩获全国健美操比赛第一名、第二名、第三名、第四名，省赛49金47银43铜，市赛十一连冠的成绩。其间，1名学生获得健美操国家健将称号，3名学生获得健美操国家一级运动员称号，更有“山里娃”通过健美操专业，考入北京体育大学、上海师范大学、中国美术学院、武汉体育学院等本科大学。她让山里的孩子们坚定了通过努力改变自己命运的决心，更加自信阳光地成长，实现了教育上的精准扶贫。

她信念坚定，以“健美”导向提升关怀温度。作为一名来自基层的省、市党代表和县人大代表，她始终秉持着忠于党和人民教育事业的信仰，积极发挥党员的先锋模范作用。同时，她认真履行一名基层党代表、人大代表职责，深入学生家庭走访谈话，了解学生成长环境和困难需求，充分发挥沟通联系作用，积极建言献策，在省第十四次党代会上，她提出的关于建立留守儿童和农民工子女的关爱服务体系的提案，得到省委领导的肯定和重视。在省第十五次党代会提出的关注山区孩子的心理健康的建议，也得到省委领导的重视和支持。2022年10月，在党的二十大召开期间，她把《关爱青少年心理健康树立正确三观》的建议，在有关会议上做了发言，在全国层面呼吁全社会关注未成年人心理健康，加强对困境儿童的帮扶，强化儿童主体队伍建设。以她的典型事迹为题材的微电影《从云边走来》，获浙江省党员电教片一等奖，入选“学习强国”学习平台。2019年9月10日教师节，她的事迹以人物单条的形式在中央电视台宣传报道3分多钟。

中国共产党云和县委员会

县委重要会议

【全县三级干部大会】 2月8日，全县三级干部大会召开。会议宣读2021年度云和县获得的省级以上荣誉和县级综合考核先进集体表彰文件，并进行颁奖。元和街道、崇头镇、县发改局、经商局、文广旅体局分别作交流发言。县委书记李忠伟作以《坚定信心 变革重塑 推动全国山区县域新型城镇化共富样板全面起势》为题的讲话。在职副县级以上领导干部，担任过副县级以上实职的离退休老干部，县直属各单位主要负责人，各乡镇党委书记、乡镇长，各街道党工委书记、办事处主任，县纪委监委机关、县委办、县人大常委会机关、县府办、县政协机关、县委组织部、宣传部、统战部、政法委、县发改局、财政局、经商局、住建局、农业农村局、文广旅体局、云和工业园区班子成员，15家规模企业、5家农业龙头企业和5家旅游企业主要负责人参加。

【县委全体（扩大）会议】 9月14日，县委十五届二次全体（扩大）会议召开。会议认真贯彻落实省第十五次、市第五次党代会和市委五届二次全会精神，回顾总结今年以来工作，全面部署下阶段任务，动员全县上下以绝对忠诚之心牢牢守好“红色根脉”，以感恩奋进之心忠实践行“八八战略”，坚决扛起“两个先行”使命担当，在坚毅笃行“丽水之干”中全面展现经济社会发展新气象，以优异成绩和优良作风迎接党的二十大胜利召开。县委书记李忠伟作题为“对标‘两个先行’笃行‘丽水之干’加快打造全国山区县域新型城镇化共富样板”的报告。全会审议通过县委十五届二次全体（扩大）会议报告、《中国共产党云和县委员会工作规则》。县委委员、县委候补委员、县纪委委员，在职副县级以上领导干部，各乡镇、街道党政主要负责人，县直属各单位主要负责人，县委办各副主任，县人大办主任、县人大常委会各工委主任，县府办主任、县政协办主任、县政协各专委主任，县属企业主要负责人，担任过副县级以上实职的离退休老干部，部分县第十五次党代会代表参加。

【全县领导干部会议】 1月24日，全县领导干部会议召开。会议传达学习省十三届人大六次会议和省政协十二届五次会议精神。在职副县级以上领导干部，县纪委监委班子成员，县直属各单位主要负责人，各乡镇、街道党政主要负责人，担任过副县级以上实职的离退休老干部参加。

2月28日，全县领导干部会议召开。会议传达学习市第十五次党代会精神。在职副县级以上领导干部，县纪委监委班子成员，县直属各单位主要负责人，各乡镇、街道党政主要负责人，担任过副县级以上实职的离退休老干部参加。

4月14日，全县领导干部会议召开。会议传达学习市“两会”精神。在职副县级以上领导干部，县纪委监委班子成员，县直属各单位主要负责人，各乡镇、街道党政主要负责人，担任过副县级以上实职的离退休老干部参加。

4月27日，全县领导干部会议召开。会议传达学习市委主要领导讲话精神，布置新冠疫情防控工作。在职副县级以上领导干部，县纪委监委班子成员，县直属各单位主要负责人，各乡镇、街道党政主要负责人参加。

6月24日，全县领导干部会议召开。会议传达学习省第十五次党代会精神。在职副县级以上领导干部，县纪委监委班子成员，县直属各单位主要负责人，各乡镇、街道党政主要负责人，担任过副县级以上实职的离退休老干部参加。

8月26日，全县领导干部会议召开。会议传达学习市委五届二次全体(扩大)会议精神。在职副县级以上领导干部，县纪委监委班子成员，县直属各单位主要负责人，各乡镇、街道党政主要负责人，担任过副县级以上实职的离退休老干部参加。

10月26日，全县领导干部会议召开。会议传达学习贯彻党的二十大精神。在职副县级以上领导干部，县纪委监委班子成员，县直属各单位主要负责人，各乡镇、街道党政主要负责人，担任过副县级以上实职的离退休老干部参加。

【省委巡视云和工作会议】 8月4日，省委第六巡视组巡视云和县工作动员会议召开。省委第六巡视组成员，市委有关领导，县四套班子领导，法检两长及其他县处级领导，县委委员、候补委员，县直属各单位及各乡镇、街道党政主要负责人，县属国有企业主要负责人，县纪委监委和县委组织部班子成员，县委巡察办主任和巡察组组长，正县处级离退休老干部和2018年以来退休（退居二线）的副县处级老干部，丽水市级以上“两代表一委员”代表参加。

12月29日，省委第六巡视组巡视云和县情况反馈会议召开。省委组织部、省委第六巡视组、市委有关领导，县四套班子领导，“法检”两长及其他县处级领导，县委委员、候补委员，县直属各单位及各乡镇、街道党政主要负责人，县属国有企业主要负责人，县纪委监委和县委组织部班子成员，县委巡察办主任和巡察组组长，正县处级离退休老干部和2018年以来退休（退居二线）的副县处级老干部，丽水市级以上“两代表一委员”代表参加。

【县委常委会会议】 1月13日，县委召开十五届常委会第1次会议。传达学习习近平总书记在中国文联第十一次全国代表大会和中国作协第十次代表大会开幕式上的重要讲话，中央巡视办主任王鸿津在制定巡视工作规划专题辅导会议上的讲话，中央农村工作会议，全国、全省宗教工作会议，推动长江经济带发展领导小组全体会议，省委常委会会议，省委经济工作会议，市委四届十二次全会，市委法院工作会议精神。听取县第十七届人大一次会议和县政协十届一次会议筹备情况、“共享法庭”建设工作情况、“七张问题清单”工作情况、全县社会稳定形势分析情况、十四届云和县委巡察工作情况、全县应急管理工作情况、全县消防安全形势和工作情况、全县耕地保护工作情况、全县食品安全工作情况、全县党内法规工作情况的汇报。观看长江经济带发展典型案例警示教育片。研究县委常委分工。

1月27日，县委召开十五届常委会第2次会议。传达学习习近平总书记在省部级主要领导干部学习贯彻党的十九届六中全会精神专题研讨班开班式上的重要讲话，中央党史学习教育总结会议，全省、全市党史学习教育总结会议，全国宣传部长会议，全省宣传思想工作会议，全国、全省统战部长会议，省委政法工作会议暨全省政法队伍教育整顿总结会议，全市基层党建工作会议精神。学习《关于贯彻落实〈党委（党组）网络意识形态工作责任制实施细则〉的意见》。审议通过《云和县人民政府工作报告（送审稿）》《云和高质量发展建设共同富裕示范区产城融合样板行动方案（2021—2025年）（送审稿）》《云和县2022年固定资产投资计划（送审稿）》《2022年政府投资项目计划(送审稿)》《2022年重点建设项目计划(送审稿)》《2022年重大建设项目前期工作计划(送审稿)》《云和县2022年基本建设预算编制说明(送审稿)》《云和县2021年预算执行情况和2022年预算草案的报告(送审稿)》《2021年度乡镇(街道)综合考核结果和单项工作考核优秀单位评定情况(送审稿)》《关于云和县2021年国民经济和社会发展计划执行情况与2022年国民经济和社会发展计划草案的报告(送审稿)》。听取云和县2022年"十件民生实事"候选事项形成情况、云和县2021年法治政府工作情况的报告。研究有关案件和人事工作。

2月22日,县委召开十五届常委会第3次会议。传达学习习近平总书记在十九届中央纪委六次全会上的重要讲话、省纪委十四届七次全会、市纪委四届七次全会精神。审议通过《中共云和县纪委十五届二次全会工作报告(送审稿)》《云和县"紧起来、快起来、跑起来"作风建设年活动实施方案(送审稿)》《县委书记第一责任人责任清单(送审稿)》《县委主体责任清单(送审稿)》《县委常委会其他成员责任清单(送审稿)》《县纪委专责监督责任清单(送审稿)》《县委组织部职能监督责任清单(送审稿)》《社建委、教育局、卫健局、四大执法领域等单位机构编制有关事宜的方案(送审稿)》《2021年度部门综合考核结果(送审稿)》。研究人事工作。

3月4日,县委召开十五届常委会第4次会议。传达学习习近平总书记在中央党校(国家行政学院)中青年干部培训班开班式上的重要讲话精神以及《中共浙江省委浙江省人民政府关于从周江勇案件中汲取教训做好以案促治工作的意见》、市委政法信访工作会议精神。研究人事工作。

3月17日,县委召开十五届常委会第5次会议。传达学习全省、全市组织部长会议,全市机关党的工作暨纪检工作会议精神。审议通过《云和县深化国企市场化改革方案(送审稿)》《关于深化县管企业负责人薪酬制度改革的实施意见(送审稿)》《云和县生态产品价值实现示范区(云景生态产业园)建设实施方案(送审稿)》。研究有关案件和人事工作。

5月12日,县委召开十五届常委会第6次会议。传达学习习近平总书记关于安全生产重要指示和李克强总理关于安全生产批示,全国巡视工作会议暨十九届中央第九轮巡视动员部署会,省委副书记、省长王浩到云和调研讲话,全省基层党建工作重点任务推进会,全省"两新"工委书记会议暨新业态、新就业群体党建工作推进会,全省深化纪检监察体制改革暨公权力大数据监督应用建设第二次推进会,全省粮食购销领域腐败问题专项整治工作推进会,全省"扫黄打非"工作会议,省、市对台工作会议和市委对台工作领导小组会议,全市宣传思想工作会议精神。审议通过《中共云和县委常委会2022年工作要点(送审稿)》《云和县贸促会深化改革实施方案(送审稿)》《关于县府办、县贸促会机关等单位机构编制有关事宜调整的方案(送审稿)》。听取《云和雪梨产业创新集成发展三年行动计划(送审稿)》,全县一季度应急管理安全生产防汛防台工作情况汇报。研究人事工作。

6月17日,县委召开十五届常委会第7次会议。传达学习习近平总书记在中央政治局第三十九次集体学习时的重要讲话,中共中央办公厅、国务院办公厅《关于更加有效发挥统计监督职能作用的意见》,省市两级巡视巡察办主任培训班、全市巡察工作会议暨五届市委第一轮巡察工作动员部署会,山区26县跨越式高质量发展暨山海协作工程推进会,全省信访和维护社会稳定工作会议,全市现代社区建设领导小组第一次会议精神。听取2021年度县管领导干部考核情况、"信访工作现代化示范县"建设工作情况汇报。审议通过《云和县2022年度乡镇(街道)和部门综合考核办法(送审稿)》。研究人事工作。

7月22日,县委召开十五届常委会第8次会议。会议研究人事工作。

8月11日，县委召开十五届常委会第9次会议。传达学习习近平总书记在中共中央政治局第四十次集体学习时的重要讲话和在省部级主要领导干部专题研讨班上的重要讲话，《中共浙江省委巡视工作规划(2022—2027年)(试行)》《中国共产党政治协商工作条例》《最高人民检察院关于支持和服务保障浙江高质量发展建设共同富裕示范区的意见》《浙江省人民代表大会常务委员会关于进一步加强新时代检察机关法律监督工作的决定》《关于当前我省意识形态领域形势的通报》，全省巡视巡察工作会议暨十五届省委第一轮巡视动员部署会、对县级巡察开展指导工作动员部署会和全省巡办主任培训班精神。听取全县上半年安全生产工作情况、国家统计督察反馈意见及整改情况、上半年全县社会稳定形势分析情况、全县粮食安全责任制落实情况、上半年全县经济形势(稳进提质攻坚行动)分析情况、全县“除险保安”工作情况、县委常委分管工作开展和落实情况汇报。审议通过《云和县加强和规范干部教育培训工作的管理意见 (送审稿)》《云和县退出领导岗位干部管理补充意见(送审稿)》《云和县规范民办义务教育发展工作实施方案 (送审稿)》《关于深化综合改革推进教育高质量发展实现“县中崛起”的若干意见(送审稿)》《关于废止和宣布失效一批涉计划生育党的规范性文件的决定(送审稿)》《关于落实2021年度市委意识形态工作责任制检查反馈意见整改方案(送审稿)》。研究人事工作。

9月9日，县委召开十五届常委会第10次会议。传达学习习近平总书记在《求是》杂志发表的重要文章《全党必须完整、准确、全面贯彻新发展理念》、全省各级人大常委会主任学习会、《浙江省纪委通报7起违反中央八项规定精神问题》等内容。组织学习《中央机构编制委员会关于印发〈机构编制违规违纪违法行为处理和问责规则(试行)〉的通知》。讨论通过县委十五届二次全体(扩大)会议报告。审议通过《中国共产党云和县委员会工作规则(送审稿)》《关于县委教育工委等单位机构及领导职数调整的方案(送审稿)》《云和县事业单位管理岗位职员等级晋升制度实施方案(送审稿)》《云和县事业单位管理岗位职员等级晋升制度操作办法(送审稿)》。听取2022年政治生态半年中评、全县反邪教工作情况汇报。研究有关案件工作。

9月26日，县委召开十五届常委会第11次会议。传达学习《关于浙江省嘉兴市违规改扩建南湖宾馆问题查处情况的通报》。

10月27日，县委召开十五届常委会第12次会议。组织学习《中华人民共和国乡村振兴促进法》。传达学习习近平总书记在二十届中共中央政治局常委同中外记者见面时的重要讲话、省委统战工作会议、省委《重大事项请示报告清单》、市委《重大事项请示报告清单》、全市干部监督工作联席会议暨推进选人用人问题起底清零“十大专项整治百日攻坚行动”动员部署会精神。审议通过《关于推进选人用人问题起底清零“十大专项整治百日攻坚行动”工作方案(送审稿)》。听取七张问题清单应用工作情况、三季度全县社会稳定(平安、信访)形势分析情况、关于落实市委意识形态工作责任制检查反馈意见整改情况、全县公安工作情况的汇报。研究人事工作。

12月20日，县委召开十五届常委会第13次会议。传达学习中央经济工作会议和12月6日习近平总书记在中央政治局会议上的重要讲话精神。听取县委意识形态工作主体责任落实情况、县委常委分管工作和落实情况、县委常委履行意识形态工作“一岗双责”情况、县人民政府党组工作情况、县人大常委会党组工作情况、县政协党组工作情况、市对县综合考核工作情况、全县经济社会形势分析(稳进提质攻坚行动) 情况和山区26县考核情况、领导干部队伍(年轻干部队伍)建设情况、县工商联党组工作情况、团县委工作情况、县总工会党组工作情况、县妇联党组工作情况、县科协党组工作情况、县委党校工作情况、全县党支部工作建设情况、机关党建工作情况、全县党内法规工作情况、党史工作情况的汇报。审议通过《关于有关单位领导职数调整的建议(送审稿)》《关于部分机构编制违规违纪问题整改情况的建议(送审稿)》《关于当前我县意识形态领域的通报(送审稿)》《云和县"扩中""提低"行动方案(2022—2025年)(送审稿)》。研究人事工作。

县委主要工作

【概况】 2022年,中共云和县委常委会坚持以习近平新时代中国特色社会主义思想为指导,深入学习党的二十大精神,认真贯彻落实中央和省委、市委重大决策部署,全力把握"疫情要防住、经济要稳住、发展要安全"多目标动态平衡,在直面挑战、共克时艰中实现全国山区县域新型城镇化共富样板开局起势。全年实现地区生产总值95.14亿元,一般公共预算收入8.8亿元,规上工业增加值24.07亿元,城镇和农村居民人均可支配收入分别达52841元、26078元,有效稳住了经济社会发展基本盘。

【加强党的领导和党的建设】 县委常委会始终紧扣新时代党的建设总要求,以自我革命精神推进全面从严治党,真正以高质量党建引领跨越式高质量发展。一是加强党的政治建设。组织新一届县委开展"学党史、明初心"学习教育,专题学习《干在实处 勇立潮头——习近平浙江足迹》、《习近平谈治国理政》第四卷等重要著作,尤其是在党的二十大胜利召开后,第一时间组织召开全县领导干部会议、县委理论学习中心组专题学习会,深入开展"六学六进六争先,'小县大城'谱新篇"学习实践活动,创新推出共富车"浙丽宣"、"沿着总书记的足迹学思想"等宣讲宣传活动,受众达110万人次,切实以县级领导班子和党员领导干部带头宣讲、学深一层,推动党的二十大精神"飞入寻常百姓家"。二是强化党建统领作用。修订《中国共产党云和县委员会工作规则》,组织召开县委依法治县委、县委审计委、县委国安委等系列会议,领导支持人大、政府、政协和监委、法院、检察院依法依章程履行职能,群团组织功能不断增强,党管武装、退役军人、史志、党校等工作取得新成效。牢牢把握意识形态工作主动权,成立全省首支县级网络巾帼护卫队、全市首个网络文化传播基地,县融媒指数从全省后位跃居全省前三,云和一年时间四上中央电视台《新闻联播》,五登《人民日报》、新华社。持续巩固扩大爱国统一战线,成立县佛教协会,"云贤和乡""街乡共富石榴红"品牌逐步打响。三是全面提升党建质量。以"七张问题清单"抓党建带全局,组织实施"全域5星、全县示范"行动,发布全市首个全域五星强基共富指数,新设全市首个工业社区,构建红色流动共富车、云善共富等党建联建新模式。加强优秀年轻干部选拔培养、政企干部"双向挂职",强化退出领导岗位干部管理,被列入浙里干部之家应用场景试点县。四是巩固涵养政治生态。配合做好十五届省委第一轮巡视,部署开展新一届县委巡察,落实落细"五张责任清单",全面加强对"一把手"和领导班子监督。部署开展"紧起来、快起来、跑起来"作风建设年活动,创新开展"百舸争流"部门中层岗位履职评议,6名落后岗位负责人被免职或转岗交流。持续加大正风肃纪力度,对16起履职不力问题进行问责,处理干部24人;查处违反中央八项规定精神以及群众身边腐败和作风问题41起,给予党纪政务处分36人、组织处理17人;运用"四种形态"处理173人次。创新推进林业领域公权力大数据监督征占用林地子场景试点建设,整合打造全市首家"亲清政商会客厅",高水平打造小顺清风馆、坑根清和驿站等清廉标杆。

【统筹项目建设和经济发展】 县委常委会始终把稳增长作为第一要务,以工作的确定性应对形势的不确定性,确保经济平稳发展。(一)坚决有力促进稳进提质。制定出台稳经济"1+8"政策,全年为企业减负3.8亿元，兑现政策资金1.29亿元，惠及市场主体8.1万余家次。坚持“项目为王”理念，实施抓项目、促投资、稳增长“161”行动，深化“双招双引”战略性先导工程，常态化开展“一把手”谋项目、重大项目前期推进等大比拼，制度化落实县领导联系项目、“红旗”“蜗牛”项目评选等工作机制，建立“1810”千亿项目储备库、招商引资“四库一清单”，华宏60万吨普转优、新能源汽车动力电池综合利用等制造业大项目实现“拿地即开工”，235国道改建工程、沈坑门水库等重点项目启动实施，235国道云和段、云缦康养度假区等大体量项目加快推进，固定资产投资增速保持全市前列。(二)紧抓不放推动产业转型。深化平台“二次创业”，以超常规力度推进云景生态产业园建设前期工作，基本具备基建开工条件；实施“零地技改”项目18个，整治高耗低效企业25家，完成“个转企”44家、“小升规”9家，工业园区升格为省级经济开发区。坚持越是困难越要转型，木玩产业基地纳入全省内外贸一体化改革试点培育名单，云和木玩入选全国、全省首批中小企业数字化转型试点。以专班化运作、项目化推进、清单化落实推动云和梯田创建国家AAAAA级景区项目突破提速，一级游客接待中心、太空舱体验等项目建成投用，开犁节、纳凉节等节庆效应逐步显现，云和梯田景区入选全省首批山区26县“造月工程”，获评省2022年示范级文旅融合IP。全面完成“非粮化”整治任务，云和雪梨产业创新集成发展三年行动启动实施，云和东部现代农业园区入选省级创建名单。

【创建美丽生态和美丽城乡】 县委常委会始终践行“绿水青山就是金山银山”理念，对标对表丽水诗画浙江大花园最美核心区建设，县域一体、全域统筹推进城乡面貌精彩蝶变。一是巩固生态优势。全面落实“河湖林田长制”，抓好瓯江源头区域山水林田湖草沙一体化保护和修复，云和梯田生态修复工程亮相联合国大会。协同推进降碳、减污、扩绿、增长，新增百万亩国土绿化893亩，一镇五村入选全省低(零)碳试点，云和县入选省级“绿水青山就是金山银山”实践创新基地储备库，创成全省首批“无废城市”，系山区26县唯一。二是联建美丽城乡。高水平编制《童话云和城市建设导则》《云和县公园乡村建设研究报告》，开工建设小徐未来社区，全面完成浮云小区、公园路区块等老旧小区改造，木玩童话小镇入选幸福共富最佳实践案例、首获特色小镇考核优秀，云和入选全省首批跨乡镇全域土地综合整治试点，实现县域风貌样板区、未来社区、未来乡村、美丽城镇省级样板创建“满堂红”，创成全省第二批大花园示范县，连续3年获评全省深化“千万工程”建设新时代美丽乡村工作优胜县。三是完善基础设施。把优化交通网络摆在重要位置，云龙公路建成通车，新建南路、解放西路等“断头路”相继打通，“四好农村路”、环湖绿道等高效串联。稳步推进市政建设，全年新增公共停车位163个、绿地2万平方米、新建天然气管道3千米，新改建污水管网5.6千米，农村规模化供水工程覆盖率达65.97%、行政村生活污水治理覆盖率达84.71%，荣获省年度“无违建县”称号。

【持续深化改革和扩大开放】 县委常委会始终坚持改革不停顿、开放不止步，通过深化改革释放新动能，借助扩大开放集聚新活力，努力为跨越式高质量发展增添更多后劲。(一)抓好重点改革。坚持全面深化改革、共同富裕示范区重大改革、数字化改革一体推进，落实落细省市牵一发而动全身改革31项，上线运行机关助跑共富、未成年人分级精准帮教等特色应用12个，环境空气质量健康指数、流动供销致富车、街乡共治等入选全国典型经验案例，“小县大城”发展模式相关做法获省长王浩批示点赞，农业转移人口市民化改革荣获省级改革突破奖提名奖，并通过中改办亮相全国舞台。“大综合一体化”行政执法改革深入推进，在全市率先实体运行县级社会治理中心，建立健全乡镇(街道)“编制周转池”，

61%的执法力量下沉一线。(二)强化创新引领。实施"引智强技扶业"计划,出台高校毕业生引才新政,举办人才科技峰会,落地"绿谷精英"项目4个,实现国家引才计划申报、山区26县高质量发展科技专项"零的突破"。突出创新驱动发展战略,成立全国首个木制玩具类知识产权联盟,新增国家高新技术企业6家、省科技型中小企业38家、省高企研发中心2家、省级企业研究院1家。(三)聚力开放合作。深入打造"山海协作"升级版,常态化开展山海协作高层互访、产业合作,实施"山海协作"产业合作项目23个、到位资金13.11亿元,北云飞创现代产业园成为全省首家投产运营的"产业飞地"。深化央地合作,与中铁建达成战略合作协议。

【增进民生福祉和平安底色】 县委常委会始终坚持"群众感受"这个基本标尺,坚持在发展中保障和改善民生,不断满足人民美好生活新期待。一是推动共同富裕稳健前行。扎实推进"扩中""提低",精准落实稳就业措施,发放就业创业补贴1400万元,"零就业家庭"保持动态清零,新增城镇就业1254人,低收入农户收入增长16%。阶段性完成"高质量打造精准保障标杆区"试点,基本医疗保险参保人数、参保率"三年连升"。提前完成"大搬快聚富民安居工程"五年任务,经营性收入15万元以上的行政村占比达94.3%,入选全省强村富民乡村集成改革实践试点。二是推动公共服务优质共享。坚定实施教育优先发展战略,升格县委教育工作领导小组,以前所未有的力度高规格召开教育高质量发展大会,出台"县中崛起"系列新政,与慈溪中学开展实质性合作办学,实验小学分校、大坪小区幼儿园投入使用,顺利通过全国义务教育优质均衡发展县省级评估。加快健康云和建设,"推进流动人口基本公共卫生服务均等化"做法获评国家基层卫生健康优秀创新案例。不断繁荣文体事业,举办中国桨板公开赛、全省首届老年木玩比赛等重大赛事,瓯江水上蛟龙节入围第六批省非遗名录,获评全省文化产业发展重点县。三是推动平安云和纵深发展。高质量完成平安护航党的二十大各项任务。实施风险隐患"大排查大起底大整治"和除险保安"四重"排摸专项行动,有效遏制电信、养老诈骗等突出违法犯罪,实现工业企业领域安全生产"零事故"、汛期和火灾事故"零亡人",在全省率先实现信访积案"清零",县公安局荣获全省优秀公安局,云和县已实现平安创建"十八连冠"。

(叶　瑜　张丽梅)

县委办公室工作

【概况】 2022年,县委办公室在县委的正确领导和市委办的关心指导下,紧紧围绕县委中心工作,高扬"丽水之干"奋斗旗帜,扛起"两个先行"使命担当,乘势而上,当好县委的"坚强前哨""巩固后院",优质高效完成各项工作任务,有力保障县委工作的高效运转。是年,精心筹组全县教育高质量发展大会、县委全会等各类会议200余次;组织撰写各类文字材料260余篇。开展督查20余次,下发督查通报15期、重要事项交办函32期,办理县委领导批示件78件,向县委领导报送信息专报30份,向上级党委督查室报送材料87份。全年编报信息2000余条,其中,省每日简报采用14篇、工作交流和增刊录用5篇;市采信息300余篇。信息总量、简报省采量、市采量等3项指标居全市第一。

【强化理论提素养】 县委办公室始终把思想政治建设作为锤炼忠诚灵魂的首要条件,着力打造学习型机关,全面提升全体干部的参谋辅政能力。一是狠抓理论学习强素质。始终坚持以习近平新时代中国特色社会主义思想为指导,认真贯彻落实党中央和省市县委决策部署,严格落实"三会一课"、民主生活会、"周一夜学"等制度,在全面学习中深化认识、忠诚核心,带领全办干部坚定捍卫"两个确立"、坚决做到"两个维护",政治判断力、政治领悟力、政治执行力进一步提高。二是加强业务学习提能力。按照“需要什么学什么，缺什么补什么”原则，结合发展形势和工作实际持续“充电”“加油”，通过部门领导授课、“学习沙龙”等形式，全面加强办文办会、信息调研、督查考核及项目、经济、数字化等方面知识的学习，优化知识结构，加快知识更新，丰富知识储备。同时，坚持向领导学习，向实践学习，向群众学习，不断与时俱进，业务能力进一步增强。全年邀请项目、统计、数改等部门领导授课5次，组织全办干部交流研讨4次。三是注重学以致用优服务。始终把理论学习与工作实践相结合，坚持在工作中思考、在思考中提高，把学习成果转化为提高工作水平的具体行动、实干实效的工作热情。创新性开展人人都当“编辑员”活动，鼓励全办干部深入部门和基层一线，广泛开展走访调研，收集问题建议，编撰《云和信息周报》34期，为县委科学决策提供有益参考。

【勇于担当出实绩】 始终把服务县委中心大局作为首要任务，坚持想在前、做在前、冲在前，团结带领全办干部敬业负责、担当作为，精益求精、高效服务，确保县委工作有力有序开展。(一)精心提供文字服务。立足云和县情，紧紧围绕县委中心工作和各阶段性任务，努力做到贴近发展大局、贴近领导思路、贴近群众意愿，反复琢磨观点，精心锤炼文字，进一步增强文稿的政策性、指导性和针对性。全年，高质量完成全县教育高质量发展大会、县委全会等各类文字材料260余篇，文稿起草工作再上新台阶，以文辅政作用进一步发挥。(二)切实加强调查研究。制发《关于加强和改进全县调查研究工作的通知》，部署开展县委务虚会专题、2023年工作思路专题等调研活动，汇集县领导重点调研课题18个、重点部门调研课题31个，印发《云和信息(云和调研)》13期，切实营造求真务实、与时俱进的调研之风，形成大学习大调研大抓落实的长效机制。(三)信息宣传再创佳绩。坚持强化调查研究、深入挖掘信息，全方位展示“云和亮点”，为县委提供全面、准确、及时的信息服务。全年，共编报信息2000余条，累计省采每日简报14篇、工作交流和增刊5篇、问题类信息上报25篇，市采信息300余篇，录用量均获历史性突破，信息总量、简报省采量、市采量等3项指标居全市第一，突发快响应用考核居五星(满星)，为全市第一，多篇信息获省市领导批示肯定。(四)考核督查精准有力。发挥督查“利剑”作用，重点围绕梯田创AAAAA等中心工作开展跟踪督查，全力以赴促进决策落地、政策落实、责任到位。全年，共开展督查20余次，下发督查通报15期、重要事项交办函32期，办理县委领导批示件78件，向县委领导报送专报30份，向上级党委督查室报送材料87份。发挥考核“指挥棒”作用，进一步完善优化县级综合考核办法，加大省对26县和市对县考核结果的挂钩运用力度，进行“一票推优”“一票否优”认定，创新设置重点项目(重点工作)推进奖，进一步完善考核机制，传导考核压力，激励各单位拼担当、比实干、争进位。

【优化服务展作为】 充分发挥办公室“桥梁”“纽带”作用，积极加强与市委办的沟通衔接，全力做好配合工作。坚持同兄弟县(市、区)办公室沟通情况、紧密衔接，相互学习促进提升。加强同乡镇(街道)、部门的沟通联系，把领导批示、交办的工作等，原原本本传达，责任落实到人，确保全县上下步调一致。在办文方面，严格执行《党政机关公文处理工作条例》等法规，规范公文处理程序，加强党的规范性文件前置审核，控制发文数量、规格和篇幅，切实精简各类文件。全年，共制发重点精简三类文件252份，较上年减少2%。严格执行党的规范性文件备案审查制度，全年共向市委报送党的规范性文件11件，做到应备尽备、及时报备和规范报备，审查下一级党委报备的规范性文件11件。在办会方面，积极探索浙政钉视频会议等新形式，确保会前、会中、会后各环节衔接有序，筹办会议更加全面细致、主动周到、高效迅速。全年共组织各类会议200余次，其中，县委全会2次，县委常委会会议13次。在深化改革方面，坚持在融入发展大局中找准改革的突破口，充分发挥数字化改革激发发展活力、增添发展动力的作用。全年争获数字化改革试点31项，谋划建设19个特色场景，形成理论成果47项、制度成果64项，智汇引擎、幸福清单等两个应用获全省推广。迭代升级“141”体系，梳理形成“基层治理一件事”需求事项25项，创新推出基层网格最小作战单元、“木玩工坊”等新做法，云和县“农业转移人口市民化改革”工作经验在中改办《改革情况交流》刊发，“流动供销致富车”应用获评《全国农业社会化服务典型》30个案例之一。在“七张问题清单”工作方面，根据省市部署，不断健全联系、例会、晾晒、培训、考核、贯通等工作机制，创新建立交办督办、周报月报、考核奖惩等清单问题全周期闭环管理机制，获市专班表扬肯定。全年共整改省、市、县清单问题125个、聚集栏目曝光问题14个，销号率达100%。完成全县72家单位“七张问题清单”考核工作，并将结果运用至县委、县政府综合考核和乡镇（街道）“七张问题清单”工作星级评价。在机要保密、对台、外事、档案等方面，均取得较大实效。严格执行24小时值班制，顺利完成全年电报办理工作。开展保密教育月活动和保密工作检查，组织保密法律法规专题学习，覆盖79家单位、3000余人次。云台交流交往线上线下不中断，先后接待“开犁农耕民俗行”、云和雪梨宣传团组等4个台胞团组70余人次。成功举办“云和共富 梨享生活”云和雪梨主题两岸文创设计大赛，收集多个“云和雪梨”伴手礼包装台湾设计作品，有关事项被中国台湾网、海峡新闻网等10余家媒体宣传报道。开辟外国人来华到云“快捷通道”，第一时间协助外商企业加快复工复产。开展“进机关、进企业、进社区、进学校、进乡村”的“五进”领事保护宣传月活动，新增设首个云和县青（少）年领事保护教育基地，成立“箬溪书院——青少年领事站”，承担开展“出国第一课”实体公益课堂、组织学生制作领保宣传短视频、实施媒体宣传和推广等任务。组织开展档案安全检查和业务培训，深化数字档案室创建目标，完成3家示范档案室创建工作。

【勤修内功强队伍】 县委办公室始终把班子自身建设和干部队伍建设摆在突出位置，探索运用科学有效的管理办法和机制，进一步激励全办干部争做干事创业的“马前卒”和“排头兵”，形成团结务实、争先创优的工作氛围。注重强化综合能力提升。高度重视干部培养使用，主动给年轻干部出题目、压担子，提高其在工作中挑大梁、独当一面的能力。创新开展年轻干部联系乡镇（街道）、部门活动，组织定期走访调研，以“店小二”式的服务，进一步推动全办干部深入基层、奔赴企业、走近群众，聚焦问题、找准需求、精准服务，切实为各乡镇（街道）、各部门出谋划策。2022年，全办共开展活动50余次。同时，经常性组织干部交流工作心得，通过“岗位大练兵”、选派专业干部挂职锻炼、部分干部轮岗交流等，着力打造提笔能写、张口能讲、有事会办、遇事能断的复合型干部队伍。严格树立选人用人导向。坚持党管干部原则，树立正确用人导向，严格按照《党政领导干部选拔任用工作条例》和《云和县股级干部选拔任用实施意见》等文件要求，强化选拔任用干部的监督管理工作，切实把好民主推荐、民主测评和公开公示等选人用人关。全年，共选拔任用干部7名，其中正股级干部3名、副股级干部4名。同时，通过各种途径关心干部工作生活，切实解决干部的后顾之忧，激发干事热情。

县委办公室工作虽然取得良好成绩，但客观审视，超前谋划、参谋辅政、综合协调等方面仍需不断加强，超前意识、服务意识、细节意识还需进一步优化。对此，办公室将持续创新思维、破解难题，坚持高标服务、高质参谋、高效落实，在推动工作落地上寻求新突破，在加强统筹协调上力争新

作为，在提高工作水平上实现新提升，进一步发挥办公室承上启下、参谋助手、服务保障、沟通协调作用。（叶　瑜　张丽梅）

组织工作

【概况】 截至2022年年末，全县共有中国共产党基层组织590个，其中，党委28个，党总支67个，党支部495个；机关事业单位党组织263个，建制村党组织164个，城市社区党组织25个，“两新”（新经济组织、新社会组织）党组织89个，国企党组织13个，其他类型党组织30个。党员总数9954人，其中，农村党员3994人，占党员总数的41.1%；城市社区党员1267人，占党员总数的12.7%；机关事业单位党员3029人，占党员总数的30.5%；离退休党员711人，占党员总数的7.1%；“两新”领域党员748人，占党员总数的7.5%；国企党员205人，占党员总数的2.1%；女党员3064人，占党员总数的30.8%；少数民族党员739人，占党员总数的7.4%；中华人民共和国成立前入党的党员7人，占党员总数的0.07%。

是年，圆满完成护航党的二十大，省委巡视、省委选人用人专项检查和市委提级巡察等一批大事要事。推选钟华燕当选为党的二十大代表，系1984年云、景分县以来云和县首位全国党代表。“街乡共治”模式成功入选第四批全国乡村治理典型案例。“流动共富车”被评为全国农业社会化服务典型案例，并在全市推广。招才引智工作实现量质齐升，北仑“产业飞地”、杭州人才科创“飞地”落地，实现技能人才培养金牌零的突破。“红领先锋”工作机制入选全国百个“两新”党建创新案例，“网格联心、哨响就到”服务机制被评为全省第十轮机关党建“创新成果”。老李帮忙团服务中心党支部获全市十佳两新党组织品牌评比大赛第一名。成立全市首个工业社区并开始实体化运作。

【基层组织建设】 （一）持续提升基层组织引领力。突出抓好党的政治建设，部署开展“二十大代表话二十大”“百场党课下基层”“8090新时代理论宣讲团”等活动，推动各级党组织和广大党员干部群众的思想统一到党的二十大精神上来。精心组织开展党的二十大代表候选人初步人选推荐和省、市党代会代表的推选工作，县三中教师钟华燕成功当选党的二十大代表。推进红色美丽村庄“四级联建”，王荫山村“挺进师战斗在云和展厅”开馆，小顺村、下武村分别获评全市“红绿融合助共富”红色美丽村庄大比拼二等奖、三等奖。全面开展排查整治突出问题规范党务工作，规范党务工作事项外包、委托辅助服务、非党员从事党务工作。深化村社换届“回头看”行动，完成545名村、社干部资格条件审查，查处违纪违法人员26人，组织处置2人，完成两个重点村的督查提升，切实提升村、社组织阳光治理、高效运转水平。（二）持续提升共同富裕服务力。组织实施“全域5星、全县示范”行动，发布全域五星强基共富指数，创成农村基层党建示范点42个，建成“共富工坊”52家，直接或间接带动4000余人就业。做深做实党建联建，筑强“1+10+100”党群服务中心阵地，编制共富车服务网，累计开展代购、代办、代送服务4.2万余件次，擦亮“流动共富车”党建服务品牌，全市流动共富车党建联建工作现场推进会在云和召开。“云善共富”暖心团工作在全市机关党建“实招妙招”比拼中获得第一名。全面实施党员带头致富、带领创富、带动共富行动，开展“跟着乡村干部学技能”系列活动，开设雪梨种植、渔业养殖、电工教学等系列共富技能课程，累计培训1200余人次。（三）持续提升村社网格组织力。大力推进现代社区建设，深化党建统领网格智治行动，建立县领导联系社区制度，完善“1+3+N”人员配备，整合资源协调解决社区办公场所问题，大坪社区创成全市首批省级未来社区。探索街、乡一体化治理融合，推动干部村、社双任职、党员村、社双报到、全域党员双流通，“街乡共治”模式成功入选第四批全国乡村治理典型案例。（四）持续提升党员队伍战斗力。高质量完成年度党员发展计划，发展党员155名，培训积极分子185人，发展党员工作在全省党员发展调度会上作经验交流发言。培育县级党员教育优秀讲师13人、宣讲团队19支，打造精品党员教育基地6个、精品党课14堂，先锋直播间示范点2个。新华社区和老李帮忙团分别获评全市“96345”优秀党员志愿服务分站、最美党员志愿服务队。(五)新业态、新就业群体党建提质增效。成功创建全市首个工业社区。成立交通运输行业党委和快递行业党委，新建货运司机工作支部2个。“红领先锋”工作机制入选全国百个“两新”党建创新案例；老李帮忙团服务中心党支部获全市十佳“两新”党组织品牌评比大赛第一名。(六)统筹推进各领域基层党建工作。持续深化机关党建，常态化开展“查学比”活动，实现全县机关单位党建工作调研评比全覆盖。优化“网格联心、哨响就到”服务机制，实行单位承包制、干部责任制、属地管理制，组织机关党员干部下沉网格、服务一线。《“云善”暖心团服务“零距离”》《党员“爱心妈妈”用爱和责任点亮孩子人生》获评全市机关党建“实招妙招”大比拼十佳创新案例。被列入全省“机关党组织系统联动助力共同富裕”数字化改革试点单位。扎实推进“机关助跑共富”系统建设，获省直属机关工委通报表扬。统筹推进国企、学校、离退休干部、医院等领域党的建设，筑牢基层战斗堡垒。

【干部选用管理】 (一)扎实做好乡镇换届“后半篇文章”。高质量开展乡镇换届“回访分析”和县直部门“走访调研”，组建多个调研组，县领导任组长赴乡镇(街道)、部领导带队到县直部门开展调查研究，全面了解乡镇换届后乡镇(街道)、部门领导班子运行情况，深入分析研判，科学精准调配。2022年，共调整干部10批次223人次，提任或进一步使用37人。(二)明确导向激励干部担当。完善提前提出领导岗位干部管理办法，明确规定：不参与县委、县政府重点工作(临时机构、工作专班)、“九大员”或没有承担实际工作的“退二线”干部，职级晋升不予考虑，推动100余名“退二线”干部重新上一线“当主角”“挑大梁”。(三)选优育良重视干部储备。从严把好公务员、事业人员、选调生等公职人员入口关，90%以上岗位设置专业性要求，不断提高全日制本科、硕士研究生和“双一流”高校毕业生招录比例，从源头优化干部队伍结构，全年新招录公务员32人，其中，全日制本科28名，研究生2名。加强专业型干部储备，开展紧缺型专业岗位干部综合比选，通过“笔试+面谈+赋分+考察”等层层把关方式，在环境资源、城乡规划、经济等5个领域储备60名专业能力较强、综合素质较高的优秀年轻干部。(四)压担培养促推干部成长。强化年轻干部思想淬炼、政治历练、实践锻炼、专业训练，选派百余名优秀年轻干部到乡村振兴、疫情防控、招商引资、重点项目建设等一线岗位培养锻炼，选派20余名优秀干部到上级机关、“山海协作”和对口支援地区帮助工作。开展中层干部制度性交流，竞争性选拔10余名优秀干部到乡镇团委书记、妇联主席等岗位锻炼；实施专业干部转岗专业部门交流任职，推动优秀人才在合理范围流动，有效激发干部队伍活力。(五)严管厚爱强化干部监督。部署开展选人用人问题起底清零“十大专项整治百日攻坚行动”，从巡察问题整改、领导干部违规兼职、干部违规招录调动等十个方面开展专项整治，排查问题1362个，并逐步推进问题整改，逐个销号。部署开展领导干部亲属从业及从事经营性活动大排查，持续深入纠治领导干部违规经商办企业问题。会同纪检部门开展“百舸争流”部门中层岗位履职评议活动，对全县361个中层岗位开展履职评议，评选先进岗位6个、落后岗位6个，通过表彰嘉奖、免职调整等激励鞭策举措，在全县上下点燃担当实干激情、昂扬争先进位斗志。(六)全面规范公务员队伍管理。部署开展公务员工资津贴补贴发放情况自查自纠，取消窗口补贴、专职仲裁办案补贴等5项未经中央批准发放的补贴。

大力推进执法队伍整合，精简撤销水政监察、劳动保障监察、殡葬管理3支行政执法队伍，保留市场监管、生态环境保护、交通运输等8个领域的专业执法队伍，整合形成“1+8”的执法队伍架构。

【人才队伍建设】 (一)健全人才工作机制。健全完善人才办工作例会、专项工作推进会、人才科技工作重点事项推进例会等会议制度，实行“招才引智”工作纪实，对重点工作开展周晾晒、月通报，锚定目标任务，加强工作调度。(二)创新人才政策体系。结合人才队伍实际和产业发展需求，制定出台《关于加强引进高校毕业生工作的若干意见》《云和县卫生健康系统高层次紧缺人才引进奖励办法》《云和师傅乡村领富精英人才共富技能提升工作的实施意见》等政策，编制《紧缺人才需求目录》，强化新形势下人才政策吸引力。(三)打造人才集聚平台。深化校地合作、政企合作，推动北仑“产业飞地”、杭州人才科创“飞地”落地，实现木玩产业创新研究院科研成果在企转化。隆重举办全县人才科技峰会暨“科技 人才 创新”赋能木玩产业活动。(四)大力推进人才招引。实施高层次人才“突破行动”、青年人才“云上纳贤”专项行动，集全县之力推进人才招引，引进高校毕业生4732人，博士143人，硕士180人，实现国家级海外引才申报零的突破。(五)加强本土人才培育。深入实施技能人才共富能力提升行动，创新探索“以赛定才”模式，举办第四届“云和工匠”系列技能大赛，将大赛一等奖获得者纳入F类人才培育。全年共培养各类技能人才1916人，其中，高技能人才796名。县职技校教师季海平获“全国技术能手”称号，实现技能人才培养金牌零的突破。(六)优化人才服务环境。建立人才科技服务十件实事清单，加快人才公寓、园区职工公寓等配套设施建设，布设人才服务休闲驿站，开展“情浓端午·粽爱人才”等系列活动，营造尊重人才的浓厚氛围。 (刘小伟)

宣传工作

【概况】 2022年，云和县宣传思想文化战线坚持以习近平新时代中国特色社会主义思想为指导，认真贯彻落实中央决策部署和省委、市委、县委部署要求，围绕举旗帜、聚民心、育新人、兴文化、展形象的使命任务，着力推动习近平新时代中国特色社会主义思想深入人心，为云和县打造全国山区县域新型城镇化共富样板提供有力思想保证和强大精神力量。是年，持续掀起学习宣传贯彻党的二十大精神热潮，营造浓厚氛围。外宣工作异军突起，央视《新闻联播》报道云和4次，央视大屏直播7场，外交部发言人华春莹推特推介云和，18家海外主流媒体集中报道云和，“融媒指数”从全省末位跃居前列。云和文化产业营业收入增加值拉动全市文化产业营业收入增长8.1%，获得三年3000万元的省文化产业发展专项资金扶持。

【理论武装走深走实】 落实党委(党组)理论学习中心组学习制度，实行中心组学习巡听旁听机制、党委(党组)重大决策前专题学习制度，印发党委(党组)理论学习中心组学习工作提示单4期，编发《学习参阅》12期。扎实开展“六学六进六争先”学习实践活动，举办理论宣讲活动1200余场次，听众达3万余人。持续做好“学习强国”学习平台推广应用，建立学情通报机制，每月对各单位学习强国学习情况进行通报，“学习强国”浙江学习平台共录用稿件400篇(条)。

【主题报道强势出圈】 开设“喜迎二十大召开”“学习贯彻省第十五次党代会精神”等专题专栏20余个，推出“春天里 向共富”“童话城里的新云和人”等系列主题报道，全媒体平台共刊发新闻1.2万余篇(条)，中央、省级主流媒体刊发报道600余篇(条)，开展海外媒体宣传5000余次。“小县大城”报道频频登上《人民日报》、新华网等主流媒体，刊播重量级报道85篇，创山区26县之最，全省县(区)前列。“走进县城看发展”云和篇章登上热搜榜，并带动当日《新闻联播》收视率由0.5%提升到0.83%，是中宣部选定的60县中唯一。“瓯江蛟龙”霸屏出圈，“云和梯田”亮相“‘浙’十年·丽水”主题新闻发布会。“建好‘新媒矩阵’做活‘云’传播”获“2022年丽水市宣传思想文化工作创新奖”。

【文化惠民提质增效】 举办“童话云和杯”瓯江行丽水摄影大赛、第十六届云和梯田开犁节、第三届寻瓯溯源文旅周等重大文旅活动，丰富了群众精神文化生活。公共文化服务优质均等，开展送戏下乡100余场，送电影下乡1500余场，送书下乡25000余册，推出“椤林雅艺”文艺教学品牌，木玩非遗工坊入围浙江省首批非遗工坊创建名单，瓯江水上蛟龙入选浙江省第六批非物质文化遗产名录，云和木玩童话小镇项目入选浙江省首批文化基因解码成果转化利用示范项目。歌曲《云上五天》获2022年浙江省山区26县村歌故事会十佳村歌故事奖、歌曲《幸福里的生活咿啰咆》获2022年“歌颂新时代 喜迎二十大”全省歌词大赛银奖，全民艺术普及进一步夯实。

【文明风尚蔚然成风】 坚持以社会主义核心价值观为引领，深化农村移风易俗专项治理，常态化开展“身边好人”典型选树活动，评出云和好人56名，入选“浙江好人”1名，“丽水好人”7名。打造“友爱云和”区域精神文明品牌，设计童话云和版“浙风十礼”系列漫画。实施“春泥计划”活动，开展各类文体培训、劳动教育、文化传承、习惯养成等活动100余场。全力争取全国文明城市创建提名，组织开展交通秩序百日整治、市容市貌整治等各类文明创建行动，整改问题5000余个。成立“云善共富暖心团”“乡村小喇叭”等80余支志愿服务队伍，深入基层开展“助企帮困”“理论宣讲”“疫情防控”等各类志愿服务活动2000余场。

【网络空间日渐清朗】 严格落实24小时值班制度，绘制《云和县“三情”联动思维导图》。发起“党徽闪耀共富路”“云上战疫”“背地妈粉”等微博话题讨论，总话题阅读量突破1.3亿人次，其中网络热词“背地妈粉”上升微博热搜榜第28位。开展全县网络安全专项检查，防范网络安全重大事故，护航党的二十大胜利召开。

【文化阵地巩固夯实】 公共文化设施扩面提标，新建城市书房2家，文化驿站1家，乡村博物馆5家，建成“15分钟品质文化生活圈”39个，云和童话书房被评为首届浙江省最美文化空间。新建农村文化礼堂19家，实现500人以上行政村文化礼堂全覆盖。建成新时代文明实践中心1个，实践所10个，实践站77个，新时代文明实践点257个。深入推进“扫黄打非”工作，全年查办“扫黄打非”案件12起，收缴非法出版物、侵权复制品146册（件），崇头镇创成省级“扫黄打非”进基层示范点。凤凰山“清风公园”创成丽水市廉洁文化示范点。

【主体责任落细落实】 制定《2022年意识形态工作要点》《2022年宣传和意识形态考核办法》，印发《2022年意识形态工作组织领导和责任分工》，明确工作重点和工作要求。编发《意识形态责任制工作纪实手册》《意识形态工作应知应会口袋书》。县委常委会定期学习研究意识形态工作，听取县委常委履行意识形态“一岗双责”情况汇报，构建意识形态闭环管理机制。贯彻落实《关于意识形态工作责任制约谈工作实施办法》，全年约谈科级干部3人，一般干部4人。完成市委意识形态巡察反馈意见整改，全年完成县委8家单位和9个村的巡察，巩固提升巡察成果。

（毛荣杰）

统战工作

【概况】 2022年，县委统战工作部门坚持以习近平新时代中国特色社会主义思想为引领，深入学习宣传贯彻党的二十大及中央、省委统战工作会议精神，认真贯彻落实上级各项决策部署，加强党对统战工作的集中统一领导，巩固和完善大统战工作格局，牢牢把握大团结、大联合主题，坚持常规工作争先、重点工作进位、特色工作出彩、底线工作抓牢，各项工作取得显著成效，为打造全国山区县域新型城镇化共富样板作出了积极贡献。

【坚持政治引领】 强化思想政治引领，精心谋划开展“喜迎二十大·奋进新征程”及学习贯彻党的二十大精神系列主题活动，通过开展“统战论坛”“同心讲堂”等载体和形式广泛开展理想信念教育。组织开展统战领域党的二十大精神宣讲8次，听众达500余人次。支持县民盟、宗教界开展“不忘合作初心,继续携手前进”“五教同行，奋进新时代”主题教育等富有统战领域特色的学习教育活动，进一步夯实全县统一战线思想基础。建立健全统战工作“日日做功、久久为功”的常态化机制，完善县领导与统战代表人士的联系交友制度，画好最大最美“同心圆”。

【助力共同富裕】 推进民族乡村振兴促共富。全力打造“童话云和·云上山哈”“百里欧帆·千年畲村”两条省级民族乡村振兴示范带，支持云和梯田景区核心村——下垟民族村发展建设，助力梯田景区创建国家AAAAA级旅游景区。全年共安排各类少数民族发展资金共计460余万元，安排中央、省、市、县少数民族资金扶持项目21个。凝聚侨智侨力促共富。开展“同心共富·侨来建功”活动，全年对接侨界回国创业投资项目3个，成功落地总投资2500余万元的“浙江知北教育科技有限公司”项目。实行统战社团、侨联“一村一校一社区”共富助力模式，全年结对挂牌共富实践基地12处，实现县域乡镇（街道）全覆盖。

【发挥乡贤作用】 汇聚新乡贤力量促共富。与时俱进实施“云贤带富”工程，引导新乡贤回归助力乡村振兴。7月，圆满承办全市新乡贤工作推进现场会。开展“新乡贤带富帮富”“新乡贤引资引智行动”“新乡贤乡风引领行动”等三大行动，推进新乡贤助力集体致富、劳务致富和供销带富等。推行乡贤企业向来料加工点定向招工、技术传授等模式，为2000余名下山转移农民解决就业问题，带动群众年均增收3万余元。建立完善乡贤工作室、乡贤网格、乡贤综合信息库、乡贤馆，完善乡贤参治组团服务制度等五项制度，引导更多乡贤参与基层社会治理，努力为全省、全市提供经验借鉴。

【助推民企发展】 用好亲清政商会客厅2.0版，常态化、实效化开展“亲清直通车·政企恳谈会”，助力民营企业健康发展和民营企业家健康成长。推进助企纾困，加强民营企业走访慰问和调研工作，形成民营企业企情专报，获县委书记李忠伟批示肯定。发动各商会、企业参与协同招商，义乌商会秘书长徐芳芳回乡投资15亿元，开发新能源汽车动力电池综合利用项目，该项目已完成前期并开工建设。加强清廉民企建设，制定云和县清廉民企创建标准、清廉民企建设工作计划和重点任务清单，推动浙江兴昌轴承有限公司、浙江金尔泰玩具有限公司等10家民营企业参与2022年丽水市清廉民营企业创建。实现县域乡镇、街道商会全覆盖。

【重视民族工作】 打造“街乡共富石榴红”民族工作品牌，推进中国少数民族特色村寨建设，依托大坪社区、各民族村，设立完善集来料加工、养生养老、教育医疗等功能于一体的综合服务平台，着力改善少数民族群众的生产生活条件。打造浙西南畲族红色高地，做好少数民族文化新老传承人间的代际传递，深入整合挖掘畲族红色文化资源，浙西南革命老区云景畲族“红色高地”教育基地被列为浙江省第一批民族团结进步教育基地。推进畲族文化的传承弘扬，注重畲族民歌、畲药的开发传承，编辑出版《蛇药集》《凤凰曲(2)》等民族文化书籍。

【宗教事务管理】 召开全县宗教场所除险保安工作推进会，为全县宗教场所、民间信仰场所配备消防设备。规范全县宗教场所财务管理，召开全县宗教场所财务规范管理工作部署会，指导各乡镇、街道开展宗教场所财务巡察和民间信仰场所信息补录工作。

【注重队伍建设】 推进县委统一战线工作领导小组运行机制系统性重塑，健全统战各领域工作协调机制，抓好数字统战建设，落实浙江省三级书记本地区统一战线工作第一责任人责任清单，着力完善大统战工作格局。注重党外代表人士队伍建设，高质量完成县知联会换届工作，全县党外领导干部队伍数量充足、素质优良、结构合理，优秀党外年轻干部占全县优秀年轻干部队伍比重达27%。打造“技能型”统战队伍品牌，常态化、规范化、实效化开展统战队伍技能提升培训，组织开展“箬溪同心讲堂”系列活动4期，切实展现新时代云和统战队伍良好形象。2022年，县委统战部获评全省统战工作先进集体。（杨　勇）

党校工作

【概况】 2022年，在县委的正确领导和上级党校的精心指导下，中共云和县委党校（以下简称县委党校）深入学习贯彻习近平新时代中国特色社会主义思想和党的二十大精神，贯彻落实《中国共产党党校（行政学院）工作条例》，紧紧围绕县委、县政府中心工作，解放思想，认真履职，充分发挥全县干部培训、思想引领、理论建设和决策咨询的主阵地作用。2022年，共举办主体班次15个，参训1384人；承接社会培训12个，参训538人；承办省委党校视联网培训班7个，参训352人。组建宣讲团深入村社、学校、企业开展线下面对面宣讲104场，受众达7048人次。云和县委党校获全市党校系统“争先创优”先进奖；李秀云被评为全市党校系统优秀教师；马玉琴同志被评为全市党校系统先进工作者。

【理论学习】 立足职能实际，精心组织实施，推动党的二十大精神入脑入心。一是备好党校教师“先学谱”。组织教职工参加学习宣传贯彻党的二十大精神培训30余人次，确保教职工在学深悟透二十大精神核心要义和内涵实质的基础上，抓好宣传阐释。组织骨干教师筹备好相关课程10余个。二是弹好线上线下“培训曲”。突出主责主业，将学习党的二十大精神作为党员干部教育培训的必修课，推动党的二十大精神第一时间进课堂，实现党校培训班次全覆盖。在公务员初任培训等班次中列入党的二十大精神课程39个。三是搭好下基层“宣讲台”。依托教学基地、流动讲坛等载体，组织教职工开展党的二十大精神线下面对面宣讲16场次，受众达1000余人次。

【干部培训】 聚焦主课主业，强化基地建设，全力提高干部培训实效。一是科学制订培训计划规范办班。面向全县各部门开展培训需求调研，制订年度干部教育培训主体班次计划。重点规范培训班次、学制、课程设置，突出党的理论教育和党性教育主业主课地位，把习近平新时代中国特色社会主义思想作为中心内容。2022年，共举办主体班次15个，参训1384人；承接社会培训12个，参训538人；承办省委党校视联网培训班7个，参训352人。二是扎实推进现场教学基地建设。根据市委党校现场教学基地建设“六个一”建设标准和星级管理办法要求，组织开展长汀村乡村振兴发展背景和管理运行模式专题调研，深度挖掘小顺红色抗战文化资源，进一步凸显红色教育。小顺现场教学基地获评四星级，长汀“两山理念”、云和木玩生态文化产业现场教学基地获评三星级。三是谋划更新专兼职教师课程库。鼓励教师挖掘开发具有云和辨识度的新专题，在全省党校系统精品课评选活动中获优秀奖1项，系全市唯一；在全市党校系统精品课评选中获一等奖精品课1项。结合教学需求，将7名政治素质过硬、善于课堂教学的领导干部充实到兼职教师库。2022年，29名兼职教师在主体班次中授课。

【科研咨政】 聚焦中心工作，强化借势借力，聚力提升科研咨政成效。一是坚持全员科研。搭建联合攻关机制，聚焦共同富裕、基层党建、社会治理等中心工作和县委、县政府关注的热点难点问题，打破科室边界“点将”组建课题小组，形成攻关合力。2022年度，完成省委党校课题申报2项，完成市级课题申报并立项3项；在省委党校系统学术年会暨理论研讨会征文活动中获三等奖1项，入选1项；在全市党校系统征文活动中获三等奖2项。发挥专业优势，主动加压，参与市委党校承接的市发改委重大课题“提升相对贫困群体收入实现路径研究”，积极发出云和声音。二是坚持借势借力。主动对接省委党校，聚焦“小县大城”发展战略，先后编撰《“小县大城”理论研究成果》《忠实践行习近平新型城镇化理念的县域样本——云和实施“小县大城”发展战略21年的探索》；通过《浙江社科要报》向省委提交决策咨询成果。挖掘学员资源，收集学员调研文章40余篇，推动学员调研报告向决策咨询转化，形成智库建设合力。三是坚持载体建设。办好三个刊物，擦亮刊物品牌，扩大基层研究和意识形态宣传影响力。2022年，编发《党校调研专报》5期，获县领导批示8人次；编发《资讯参阅》6期，受众超450人次；发送《求是手机报》12期，受众超4.2万人次。

【校园建设】 聚焦基础设施，强化规范提升，奋力提升服务保障能力。一是抓新校园迁建。紧盯影响项目进度的重点难点问题，不定期召开工作专班会议，专题研究党校迁建、信息化建设等项目推进中存在的问题，统筹整合力量加以破解，确保项目建设顺利推进。2022年年底，迁建主体工程基本完工。二是抓后勤服务质量。严格物资采购、公务接待、公车使用和办公用房管理，夯实后勤保障基础。着力打造与党校教育培训工作相匹配的后勤服务保障体系，不断提升精细化水平，实现主体班次后勤服务满意度测评全覆盖。三是抓数字化改革。接入电子政务视联网，参与省委党校“浙里好课”在线直播课堂，实现优质教学资源共享。与市委党校对接，建设完成云和县委党校数字驾驶舱界面，为市县党校数据协同打牢基础。（谢丽燕）

信访工作

【概况】 2022年，信访战线在县委、县政府的坚强领导下，深学笃行习近平总书记关于加强和改进人民信访工作的重要指示精神，深入贯彻落实中央、省、市、县委信访工作会议精神和《信访工作条例》，全面统筹信访工作，实现全县信访生态持续向好。全县信访工作有序开展，先后获4项荣誉：成功创成全国信访工作示范县(全省9个县创成，系丽水市唯一)，被省人社厅、省信访局评为全省信访系统先进集体(全市2个县获此殊荣)，被评为省级“无信访积案县”(连续5年获评，系丽水市唯一)，市对县信访综合考核第1名(连续5年位列第1名)。

全县信访形势总体平稳，共有来访、来信、网上信访、来电7778件。其中，初信初访6841件，重复信访937件。共受理来信150件，同比下降40.19%。共受理网上信访4266件，同比上升355.28%。“12345”政务服务热线共接听群众来电38375件，同比上升173.57%。来电转后台办理2600件，同比下降3.92%。

【基层基础扎实有力】 2022年，省信访局首次按照“一图一指数”对全省11个市、90个县(市、区)的信访工作进行排名考核。云和县对照考核办法，强优势、补短板、抓过程，各项指标均得到有效落实。1—11月，云和县“一图”在全省排第九名(1—12月排名)，成功进入绿色区域。

【信访积案攻坚有为】 2022年，按照国家、省级信访积案“动态清零”决策部署，云和县紧盯积案攻坚，率先在全省实现三批积案100%化解，并于9月实现再次“清零”目标。该项工作得到市委领导肯定，被省信访局列为全省积案化解县级首个“最佳实践”案例。通过积案攻坚，推动了全县一批复杂疑难历史遗留信访问题得到有效破解。

【双向规范推进有序】 2022年，云和县深入贯彻落实省级“双向规范”要求，全力维护县域信访秩序。2022年，一方面积极拓宽信访渠道，做好服务，让有上访诉求的人们有充分路径和说理的地方。另一方面对以访施压等手段谋取不正当利益的行为，依法给予制止。同时，按照“双向规范”的工作要求，对落实信访工作责任不力的干部也进行了追责。

【矛盾纠纷化解有力】 云和县矛调中心将党建与信访工作深度融合，构建依托党建抓信访、抓好信访强治理的“党建+信访+群众路线”工作新格局，推动一大批矛盾纠纷有效化解。2022年，县矛调中心共接待群众2550批4536人次，共受理矛盾纠纷935件，大调解阳光调解成功调解327件，矛盾化解成功率为98.8%。同时，严格落实领导接访制度，常态化安排县领导坐班接访，采用预约接访与随机接访相结合的方式，通过领导面对面接待群众，零距离解决群众诉求，推动矛盾纠纷得到有力化解。（2022年10月底，矛调中心正式迭代升格为社会治理中心。县信访局于12月底将原矛调中心相关工作与资产正式移交至社会治理中心，信访局接访窗口及“12345”中心入驻社会治理中心。）

（吴佳佳）

老干部及关心下一代工作

【概况】 2022年，云和县老干部服务中心(关心下一代工作委员会)始终坚持以习近平新时代中国特色社会主义思想为指导，紧紧围绕迎接党的二十大胜利召开和深入学习宣传贯彻党的二十大精神这一主线，全力推进离退休干部党建，着力优化服务管理，广泛凝聚老干部助力中心大局的智慧力量，切实抓好阵地建设，奋力谱写老干部工作高质量发展新篇章。至2022年12月底，全县共有离休干部22人，其中，外地安置在云和的离休干部1人，直管单位和军队离休干部2人；行政机关离休干部11人、事业单位离休干部6人、企业离休干部2人；解放战争时期入伍的离休干部22人；享受县处级待遇的离休干部8人，享受科级及科级以下待遇的离休干部14人；90岁以上的离休干部22人，平均年龄95.3岁。

【全面强化党建引领】 政治建设。通过线上课堂、专题辅导、送学上门等“线上+线下”常态化学习形式，学习传达党的二十大、省第十五次党代会、市第五次党代会及共同富裕等精神，认真落实情况通报，积极引导广大老干部做“两个确立”忠诚拥护者、“两个维护”示范引领者。

思想建设。举办离退休干部党支部书记暨骨干党员培训班，通过专题学习进一步提高离退休支部书记的履职能力。邀请党的二十大代表钟华燕、县委宣讲团成员黄克没开展专题宣讲，党组成员利用老年大学“课前十分钟”深入30个班级进行微宣讲，发放党的二十大精神折页，结合党的二十大知识竞赛、赴安溪“党章课堂”现场教学、艺术宣传等系列活动，有力有序地宣传了党的二十大精神。

党的建设。指导全县各离退休支部共同开展以重温入党誓词、学习省第十五次党代会精神、党史学习教育专题党课，开展“喜迎二十大”木玩大比拼活动等形式的主题党日活动，发挥好基层退休党支部的作用。为各离退休干部党支部下发《关于推进离退休干部党支部规范化建设的指导意见》手册，明确支部规范化建设的具体举措、要求和目的。开展困难帮扶党内关爱行动，持续推进离退休干部党建融入城市基层党建工作。

【服务保障落地见效】 认真落实老干部“两项待遇”(政治待遇、生活待遇)，常态化开展离休干部及遗属待遇落实情况督查,确保不漏一人、不落一项。充分利用"政府买单送服务"和社区"四就近"(就近学习、就近活动、就近得到关心照顾、就近发挥作用)服务机制,全面落实老干部工作人员、离休干部服务管理单位、社区等与老干部"一对一""多对一"结对联系制度。根据离休干部的不同情况和实际需求,量身定制"一人一策"精准服务档案和电子台账22份。11个老干部所在社区全年共开展上门走访、共度佳节、学习座谈等各类活动50余场。组织全县老干部进行健康体检,加强人文关怀和困难帮扶,完善离休干部健康休养和体检制度,关心异地安置和异地居住的离休干部,落实离休干部和遗属困难补助资金5万余元。同时,通过组织通报会、座谈会、理论学习会等形式组织老干部学习新思想新政策,并向老干部通报县委县政府中心工作,不折不扣地落实好老干部的生活待遇和政治待遇。

【抓牢抓实阵地建设】 加强"两个阵地"(老年大学、老干部活动中心)建设,按照"一班一特色、一室一主题"的要求,实施两个阵地内涵建设提升工程,以老年教育资源整合试点工作为契机,促进两个阵地提质扩容,共建共享全县老年教育资源。

老年大学建设。安全平稳完成老年大学30个班级的教学任务。组建全市首个老年教育联盟,挂牌成立老年大学大坪分校、夕阳红老年学校、崇头村老年学堂示范教学点,逐步构建县—镇街—村社三级联动的办学体系,同时积极推进智慧校园建设,录制推送特色云味、益心茶艺等具有云和特色的"云上课堂"系列课程,不断完善日常教学和管理服务机制。

老干部活动中心建设。老干部活动中心有序开放,新增红色典藏陈列室,以文字、图片、视频等形式陈述20多位离退休干部的革命故事,展现革命风采;新增益智木玩活动室,新设汉诺塔、桌面冰球、桌面冰壶、桌面足球等大型木制玩具及技巧球、投壶、滚铁环、神龙摆尾等极具操作性的木制玩具。

"银尚乐活"品牌建设。积极开展寻找"银尚达人"和"银尚之家"活动,营造"老来乐、老来俏、老有为"的浓厚氛围。2022年度共报送健身、摄影、书画、诗词、公益等领域银尚达人43名,银尚之家5个,乐活驿站3个,深化"银尚乐活"品牌建设,引领老干部"乐龄乐活"新风尚。

【有序推进各项活动】 开展践行党的二十大精神为主线的系列主题活动。先后举办了"奏响共富曲 奋进新征程"文艺晚会、"翰墨书盛世 光影谱华章"书画摄影展、"银辉向党 聚力同行"健步走等活动;组织老干部参加省市举办的"红耀绿谷增银龄能量 强基共富展桑榆风采"手机摄影比赛,收集参赛作品136幅;参加"廉韵润初心 喜迎二十大"廉洁文化书画大赛,收集参赛作品30余幅;开展"建言二十大""我看中国特色社会主义新时代"调研活动,收集意见建议38条;在"迎亚运 展风采"全市老干部中国象棋比赛中,获得团体、个人双第一的优异成绩。同时结合线上听取专题报告、线下集中辅导、送学上门、知识竞赛、现场教学、专题宣讲等形式,让党的二十大精神入脑入心。

开展"走基层、看变化、促发展"活动。结合座谈会、理论学习会、政情通报会等引导老干部围绕中心工作,建言助力发展,针对当前云和社会发展重点项目、重点工作,利用老干部的政治优势、经验优势、威望优势,为发展建言献策。

开展志愿服务活动。充分发挥"老李帮忙团"示范引领作用,深化"党建+正能量"模式,进一步打造"银色童话"志愿服务品牌。鼓励离退休干部党员到居住地社区党组织报到,引导老干部参与共富宣讲、共解纠纷、共护健康、共播文明、共抗疫情等活动,为基层网格治理助力赋能。2022年,共开展志愿服务活动50余场,参与活动老干部3000余人次。

【扎实开展走访慰问】 落实基层走访工作。先后20次走访联系企业，深入了解生产情况，努力为企业排忧解难。先后13次赴联系村后山村和联系社区新华社区详细了解基层群众的生活生产困难，切实为群众办实事办好事，共走访慰问联系村低收入农户88人次，并给予联系村帮扶资金2万元。在春节、“七一”、重阳节三个节点集中开展“关爱老干部 真情大走访”活动，2022年共上门走访慰问老干部300余人次。

开展走访慰问困难学生活动。积极发动“五老”，联合团县委等部门以及爱心人士分别对石塘小学、黄源小学、云坛小学、云和县特殊学校等地进行深入走访，摸清困境青少年底数，对低收入农户、贫困学生、残疾学生等困难家庭进行慰问，送上生活用品及学习文具；市老干部局、市关工委领导亲自带队到云和县石塘小学、赤石小学等地走访慰问，落实帮困举措。

【护航青春助推成长】 开展安全教育宣传。在寒暑假等假期来临之际主动靠前，广泛发动“五老”们深入农村社区开展各类安全教育活动，大力宣传防溺水、防触电、防火等生活安全知识，督促家长从严管理子女假期生活。

推行网吧义务监管。组织“五老”网吧监督队坚持每周到县城各网吧进行巡查，督促禁止未成年人进入网吧。

推进阳光助学工作。深入调查摸底，积极谋划做实助学工作。联合团县委、教育、民政、残联、慈善总会等部门以及各乡镇（街道）、村（社区）合力开展2022年云和县“爱心圆梦励志学子”大学新生阳光助学行动，发放助学金25万余元，帮助困难学生57人。发挥老干部服务中心与关工委机关合署办公优势，启动“老少携手 互帮互助”关爱行动，募集助学资金9万余元，建立动员老年大学学员、离退休党支部、党员与困难学生结对互助互爱机制，促进老少友爱共进。

【思政教育走深走实】 弘扬革命优良传统。联合团县委、退役军人事务局等部门在革命烈士纪念碑组织开展“学党史、强信念、跟党走”学习教育活动启动仪式暨“浙西南革命精神代代传”清明祭英烈教育实践活动，重温党史，缅怀革命先烈，释放革命传统教育和爱国主义教育新能量。关工委宣讲团多次深入学校、村（社区）开展党史学习教育宣讲活动，宣传英雄故事，传承红色基因。

弘扬优秀思想品德。联合县文明办、团县委、县教育局、县妇联等多部门在全县开展2022年云和县“新时代好少年”评选宣传活动，旨在发现、挖掘“新时代好少年”，激励广大青少年学习先进、奋发进取，在云和县打造全国山区新型城镇化样板县域“重要窗口”的征程中展现青年担当。

未成年人保护法宣讲。积极参与文化下乡活动，创新载体，拓宽渠道，在乡乡一台戏中加入《中华人民共和国未成年人保护法》相关知识宣传，获得良好社会反响。

【持续加强自身建设】 深入开展“学习双先典型，争做四有干部”主题实践活动，主动适应新时代老干部工作要求，全面加强干部队伍自身建设。落实全面从严治党主体责任，着力加强思想政治建设，及时制订工作计划，调整责任分工并进行专题部署，全年共组织各类学习49次。关心干部成长，鼓励干部多学、多写、多锻炼，支持干部参加选调考试、宣讲比赛、比选，重视优秀年轻干部推荐和交流工作。积极部署开展“紧起来、快起来、跑起来”作风建设年活动，完成“廉心工作室”系列任务，安排“廉洁润初心 奋进担使命”专题廉政党课，通过举办“翰墨扬清风”廉政书画展，全面营造崇廉、尚廉、倡廉、守廉的浓厚氛围，着力锻造一支想担当、敢担当、善担当的老干部铁军。

（蓝钊艺）

机构编制工作

【概况】 2022年，中共云和县委机构编制委员会办公室（以下简称县委编办）围绕县委县政府中心工作，以习近平新时代中国特色社会主义思想为指导，着力加强机构编制管理，与中心工作保持同频共振，持续优化机构编制资源配置，积极推进机构编制法治化建设，进一步提升了机构编制工作质效，为打造全国山区县域新型城镇化共富样板提供重要体制机制保障。

【重塑变革，优化资源配置】 （一）改革工作有序推进。一是配合推进大综合一体化行政执法改革。设立综合行政执法指导办公室，搭建“1+8”的部门执法架构，下沉乡镇（街道）锁定编制149名，实现乡镇（街道）全域赋权执法。针对涉及职能划转、名称变更的执法单位，县劳动维权中心、县水政事务管理中心、县殡葬管理所3家单位制订了编制划转和人员分流方案。二是扎实推进深化基层管理体制改革。推进乡镇（街道）分类管理，根据人口规模、地理区位、产业特点和经济社会发展水平，确定乡镇（街道）功能定位与发展重点，实行分类管理，将10个乡镇（街道）分为中心型5个、复合型2个、生态型3个。构建“1+4+X”运行架构，除设置“1+4”对应的“常规机构”外，增设综合行政执法队、街乡共治服务中心、乡村振兴服务中心、云和梯田发展中心等特色机构。同时，建立30名乡镇（街道）编制“周转池”和10名中层职数“周转池”。三是推进“县乡一体、条抓块统”县域整体智治改革工作。梳理属地管理事项68项，并与赋权乡镇（街道）行政执法事项进行比对，完善优化乡镇（街道）权责清单，梳理形成《乡镇（街道）权力清单目录》，涵盖建设工程规划许可、农村村民住宅用地审批等140项权力事项；政务服务清单，梳理乡镇（街道）可办事项清单150项。按照“执法目录总清单+综合执法清单+专业执法清单+乡镇执法清单”的框架，全面梳理全县执法总清5352项，综合执法清单1435项，8个部门专业执法清单3742项，赋权10个乡镇（街道）行政执法事项清单175项。四是加快“141体系”迭代升级。组建正科级事业单位县社会治理中心，同时整合县综合指挥和大数据中心与县金融发展中心，组建县大数据和金融发展中心。（二）保障中心重点更加凸显。一是完成县委社会建设委员会、县委教育工委和GD等机构的机构设置。制定印发县行政服务中心、县贸促会机关、县社会治理中心、县大数据和金融发展中心“三定”规定，努力充当职责边界不清裁判员。二是调整优化教育编制资源。根据《浙江开放大学综合改革方案》，将浙江广播电视大学云和分校更名为浙江开放大学云和学院；根据国家、省相关文件标准，重新核定全县公办中小学教职工编制1017名，幼儿园教职工编制88名，共计1105名。为进一步统筹教职工编制资源，提高编制使用效益，建立教职工编制“周转池”，将超出标准的67名教职工编制纳入“周转池”，由教育部门根据需要统筹使用。为加强和规范学校干部队伍管理，核定全县16所公办中小学校级领导职数53名。

【聚焦督查，规范编制工作】 监督检查力度全面提升。一是加强机构编制违纪违规检查。建立预警平台问题处置制度，坚持问题分类处置的思路，预警平台产生的各类问题，逐条分析和查找原因，2022年，预警平台共生成问题275条，已完成处置问题37条，其中申请列入白名单158条。同时加大“条例”“规则”宣贯力度，将内容纳入县普法考试必考内容。二是开展全县“三超两乱”专项整治工作。对照“三超两乱”问题清单，对云和县机构编制问题进行全面梳理。对自查的问题，能立即整改的做到“立行立改”，暂时不能整改的则实行“挂号建账”，制定整改计划和消化途径。云和县违规高配、事业单位核定技术领导职务等问题均得到整改，县纪委监委、交警大队等违规设置和提高机构规格等问题正在积极整改中。三是积极参与经责审计和选人用人专项检查工作。全年参与县总工会、县应急管理局、县医疗集团3家单位选人用人专项巡察工作，参与县自然资源和规划局、县教育局、县生态环境管理局、县综合执法局、雾溪乡等5家单位经责审计工作。实现了机构编制管理向外的借势借力，加强机构编制管理工作的严肃性。强化助推“双招双引”服务力量。县委编办始终坚持从严从紧的用编原则，推动编制资源向重大改革、重大项目、重大平台、重大政策倾斜，通过统筹总盘、内部调配等方式共审批人才引进编制使用计划38名，为急需重点人才、紧缺人才引进提供编制资源保障。

【数字赋能，加强职数管理】 完善实名制系统管理。2022年共办理实名制入编504人（其中划转133人），出编394人，完成5次集中统一用编审批，共审批使用编制计划272名（行政32名、参公22名、事业168名、报备员额50名），提前审批2023年公务员用编计划35名。通过快速审批流程，完成48家单位股级职数使用计划审批工作，未有超职数审批和使用股级职数情况。该项审批工作已实现“日审批”，为部门提供最方便的审批服务。高效完成事业单位法人公示工作。2022年以来，完成全县192家应公示事业单位法人的公示工作，共办理事业单位设立登记1家，变更登记94家，注销登记6家，证书补换领12家。受理机关、群团统一社会信用代码证书信息变更34家，新增3家，完成续费中文域名226个。开展6家事业单位法人公示信息进行“双随机”抽查工作，并在网上公布问题督促整改。率先完成事业单位章程制定工作。在完成科、教、文、卫四个领域事业单位章程制定的基础上，2022年，率先完成76家面向社会提供公益服务的事业单位的章程制定工作。

【重视践行，激发队伍活力】 深化“四提四有”主题实践活动。坚持“五学”制度，认真抓好理论学习中心组和集体学习，同时利用每周一夜学时间继续开设悦学课堂，每月确定一主题，党员干部轮流讲学；建立“业务大学堂”，深入学习中央政策理论和省、市、县委决策部署和机构编制业务；完善《县委编办积分制考核办法》，即时展现个人工作成效。开展作风建设年活动。制订《县委编办“紧起来、快起来、跑起来”作风建设年活动实施方案》，开展自查整改工作；县委编办4个科室参加“百舸争流”中层岗位评议活动；开展“四心四联”第一期活动，并积极配合其他成员单位开展“四心四联”轮值活动。（雷海军）

档案史志工作

【概况】 2022年，云和县档案馆坚持以习近平新时代中国特色社会主义思想为指导，全面贯彻落实党的二十大精神和习近平总书记对史志、档案工作的重要论述、指示批示精神，持续推进档案资源、利用、安全、治理体系建设，用好红色资源、赓续红色血脉，不断提升史志、档案工作的影响力，较好完成各项工作任务，为云和跨越式高质量发展贡献史志、档案力量。全年完成了21家单位档案的接收进馆任务，接收永久和长期保管的文书档案2955卷、47509件。共计接收7个单位电子档案2853卷、35919件，合计数据量560.54GB。累计接待来人、来电、来信咨询1022人次，查阅人数1271人，查阅档案资料2878卷，复印档案6298页，出具档案证明2660份。完成馆藏民国档案441卷35615页裱糊、修复和消毒等保护抢救工作。完成馆藏档案数字化加工133.15万页。扎实推进《中国共产党浙江省云和县历史》（第三卷）编撰工作，共征集到90家单位撰写的文献资料、专题编写资料。深入开展对红军挺进师云和战斗暨粟裕大将第六次负伤这一历史事件的研究。成功举行《云和县志（1991—2010）》首发仪式，完成《云和年鉴（2022）》出版工作。

【档案事业稳步发展】 依法做好档案征集与接收。认真做好2022年度计划单位的到期档案移交接收进馆工作，完成21个全宗档案接收进馆，累计接收进馆档案2955卷47509件。做好脱贫攻坚档案和疫情防控档案归集工作，累计收集13个单位疫情档案目录99卷、263件，脱贫攻坚档案49卷、7件。组织相关单位的数字化成果及电子档案进行移交与接收，全年共计接收7个单位电子档案2853卷、35919件，合计数据量560.54GB。加大档案社会征集力度，在全县范围内，征集散存、散失在各单位组织或个人的具有永久保存的珍贵档案，征集到褚氏、雷氏、王氏族谱、老物件及畲族史料等近10件。

提升档案查阅服务能力。严格执行档案保管利用制度，努力提升档案服务群众满意度，积极做好服务接待工作，方便群众档案查询利用，为群众提供更加便利，全年共接待来人、来电、来信咨询1022人次，查阅人数1271人，查阅档案资料2878卷，复印档案6298页，出具档案证明2660份；推动民生档案政府服务网远程共享跨馆查阅工作，利用平台为群众查阅文书、婚姻登记、山林和土地等各类民生档案，提供"一站式"查档服务。完成馆藏民国档案441卷35615页裱糊、修复和消毒等保护抢救工作。积极推动网上查档、异地查档，提升档案查阅服务能力，累计受理网上异地查档共41件。

强化档案安全体系建设。严格贯彻落实档案鉴定制度、档案资料保管制度、档案保密制度、档案资料利用制度等各项工作制度，做好档案馆库房管理工作。制定安全工作突发事件应急预案，不定期开展应急演练工作，不断提高档案馆的安全保障和救灾能力，最大限度地减少安全灾害。开展"云和县数字档案协同管理系统"及"云和县档案馆数字档案管理系统"二级等级保护备案及测评工作，提升政务系统安全防护水平，完善档案实体和信息安全措施，进一步构建人防、物防、技防"三位一体"档案安全体系。将档案信息化安全风险评估工作纳入常态化管理，稳步提升档案基础设施设备和系统软件自主可控能力。

深化档案数字化改革。做好数字资源系统及数字资源目录的梳理、党政机关整体智治门户等工作，将数字档案协同系统上架浙政钉，为全面深化改革做好基础性工作。做好13个公共服务事项进行日常维护。依托"浙里档案"数字应用平台，让馆藏档案数据实现共享，累计完成上传婚姻、土地、户籍等民生档案共计15.43万件。持续推进存量档案数字化，全年共完成馆藏档案数字化加工133.15万页（折合A4）扫描。其中民国档案37.58万页，宗谱3.41万页。继续开展电子文件接收归档，实现电子文件长久保存和共享利用。

加强档案资料挖掘。通过馆藏民国档案修复和数字化加工成果，挖掘出涉及红军挺进师档案资料70多卷，并将相关档案影印整理成《红军挺进师在云和档案资料汇编（1935—1937年）》；挖掘整理出《云和县战时政工队档案资料汇编（1938—1940）》一书，该书反映中国共产党在抗战时期云和县政工队内建立了第一个党支部，以党支部骨干史之华领导政工队开展宣传抗日、发动和组织群众活动。研究整理《鼎臣日记》（1941—1946年）。该书详细记录抗战时期，云和县青年王莱赴西安参加战干团期间学习、工作和生活中的所见所闻、所思所想。

开展宣传提升影响力。积极开展以"喜迎二十大•档案颂辉煌"为主题的"国际档案日"系列宣传活动。举行珍贵档案捐赠仪式；在社区开展"喜迎二十大•档案颂辉煌"图片展、《中华人民共和国档案法》小红漫画图版展等；在学校开展"党史颂辉煌"图片展活动。共制作宣传展板12面，悬挂宣传横幅2条，发放宣传资料600多份，接受市民群众咨询100多人次，现场参加活动人员230余人。

【史志工作全面推进】 扎实推进云和党史三卷编写工作。一是全面开展党史资料征集工作，对全县各专题史料编写单位进行业务指导，全年共征集到90家单位撰写的文献资料、专题编写资料。二是完成《一张蓝图绘到底——忠实践行"八八战略"全记录》云和专题初稿撰写工作。收集整理《中共云和县委文件选编（第四辑）》，选录1997年1月至2002年12月县委（县委办）重要文件和县委负责人的部分讲话稿，更好地为党史编纂工作提供坚实的基础材料。

持续开展史实资料研究。深入开展对红军挺进师云和战斗暨粟裕大将第六次负伤这一历史事件的研究，通过查阅民国军法档案材料、《粟裕年谱》等权威史料，对粟裕第六次受伤的时间、地点进行考证。得出了挺进师在云和南部战斗暨粟裕第六次负伤时间为1936年4月15日，地点为云和境内安溪畲族乡岚头岭的结论，填补了挺进师一处史实的细节空白。该研究成果在浙江省委党史和文献研究室主办的刊物《足迹》《今日丽水》等处刊发。

有序开展革命遗址保护。积极开展革命遗址保护行动，以《丽水市革命遗址保护条例》正式颁布为契机，开展新一轮的云和县革命遗址普查，开展省级第二批不可移动革命文物申报工作。全力配合市委党史办谋划的红立方——革命遗址数字智治应用工作。大力协助有关部门和乡镇办好“云和县党群服务中心”“挺进师在云和”等展览馆。积极参与尖坳“挺进师战斗在云和展厅”和“梅湾革命纪念馆”等红色旅游项目开发，助力云和县红色旅游事业发展，强化红色旅游教育功能、扶贫功能，厚植“红色”底蕴。

创新开展宣传提升影响。开展“党史颂辉煌”图片展的“三进”(进机关、进社区、进学校)宣传活动，到普光社区、云和二中、体育馆开展巡展。开展党史教育暑期社会实践活动，组织参加暑期春泥计划的学生参观“党史颂辉煌”党史展、馆藏精品档案展，观看纪录片《烽火云和》，学习讨论《中国共产党云和简史(1935—2020)》，通过活动多维度呈现云和的革命历史和红色记忆，不断夯实党史红色教育，引导未成年人学习党史、了解党史，传承红色基因。成功举办“风展红旗如画”国旗展云和站巡展活动，不断增强广大市民爱党爱国爱家乡的情怀。

圆满完成年鉴编纂工作。2月份，县委办发出《关于做好云和年鉴(2022)编纂工作的通知》(云委办发〔2022〕5号)，根据文件要求，组织编纂队伍，创建浙政钉工作群，做好全县106家单位年鉴稿件的收集、整理、修改工作，按时完成《云和年鉴(2022)》编纂出版工作。

积极推进乡镇志编纂工作。根据“十四五”期间乡镇街道志编纂规划要求，积极推进乡镇志的编纂工作。完成《安溪畲族乡志》终审和《雾溪畲族乡志》初审等工作。 (符　雅)

云和县人民代表大会

县人大重要会议

【县十七届人代会一次会议】 2月11—14日在云和县文化中心召开，出席会议正式代表170名，列席人员91名。会议听取和审查了《云和县人民政府工作报告》《云和县2021年国民经济和社会发展计划执行情况及2022年国民经济和社会发展计划草案的报告》《云和县2021年预算执行情况及2022年预算草案的报告》《云和县人大常委会工作报告》《云和县人民法院工作报告》《云和县人民检察院工作报告》，会议批准了6个报告，并作出了相应的决议。会议审查和批准了县经商局、县行政服务中心、浮云街道、凤凰山街道2022年部门预算草案。会议书面审议了《云和县2021年度环境状况和环境保护目标完成情况的报告》《2021年度县政府民生实事完成情况的报告》，并票决出2022年度10件民生实事。依法选举叶晓勇为县十七届人大常委会主任，林建文、陈伟忠、叶长火、刘伟玲、柳成东、林志龙为副主任，王永春等22人为委员；选举周鸿飞为县人民政府县长，傅雅涛、胡坚、颜韬、江静、蓝利明、李爱勇、谢岩伟为副县长；选举舒坚阳为县监察委员会主任；选举郭俊为县人民法院院长；选举陈乐为县人民检察院检察长；选举叶青等21人为云和县出席丽水市第五届人民代表大会代表。会议依法通过关于云和县第十七届人民代表大会法制和监察司法委员会、财政经济委员会、社会建设委员会组成人员人选名单。

【县人大常委会会议】 2022年，全年举行会议8次，听取和审议相关工作报告、议案57个，作出决议、决定8个，依法任免国家机关工作人员64人次。

1月7日，县十六届人大常委会举行第45次会议。会议通过关于召开云和县十七届人大一次会议的决定。

1月29日，县十六届人大常委会举行第46次会议。会议听取提交大会审议的各项工作报告起草说明；审议通过县十七届人大一次会议有关文件资料；会议决定免去周坚的云和县人民政府副县长职务；会议还表决通过县人民政府部分人事任免议案。

3月30日，县十七届人大常委会举行第1次会议。会议审查和批准县政府2022年重大投资计划；听取和审议浮云街道、元和街道、白龙山街道、凤凰山街道2021年度人大工作情况和2022年度人大工作计划；审议通过《云和县人民代表大会常务委员会组成人员守则》、县人大常委会2022年工作要点和监督计划；表决任命孙开用、缪磊磊为云和县人民政府副县长；表决通过县人大常委会、县人民政府、县监察委员会部分人事任免议案。

5月27日，县十七届人大常委会举行第2次会议。会议听取和审议县政府关于贯彻落实《浙江省消防条例》情况的报告；听取县政府关于贯彻落实节约能源法“一法一条例”情况的报告；表决通过县人民法院部分人事任免议案。

6月24日，县十七届人大常委会举行第3次会议。会议表决通过代表许可相关事项。

7月27日，县十七届人大常委会举行第4次会议。会议听取和审议县政府2022年上半年国民经济和社会发展计划执行情况、县政府2021年预算执行和其他财政收支的审计工作情况、县政府2022年上半年预算执行情况、县政府关于初高中教育质量提升工作情况等4个报告；听取县政府关于政府投资项目验收转固特定问题调查相关决议落实情况和关于法治政府建设情况的报告；审查和批准县政府2021年决算；书面审查县住建局、退役军人事务局和元和街道、白龙山街道2021年决算草案；书面听取县经商局、行政服务中心和浮云街道、凤凰山街道2022年上半年部门预算执行情况的报告；表决通过县人大常委会部分人事任免议案。

9月27日，县十七届人大常委会举行第5次会议。会议听取和审议县政府关于2021年度行政事业性国有资产管理情况、县政府关于涉企专项资金使用情况、县政府关于花园乡村建设情况、县政府关于防范打击治理电信网络诈骗工作情况、县政府关于贯彻实施《浙江省综合行政执法条例》情况、县人大常委会执法检查组关于检查《浙江省综合行政执法条例》实施情况等6个报告；首次听取县监委关于开展整治群众身边不正之风和腐败问题专项工作报告；表决通过县人大常委会、县人民政府部分人事任免议案。

11月29日，县十七届人大常委会举行第6次会议。会议审查批准县政府2022年度债务限额和预算调整方案；听取和审议县政府关于审计查出问题整改情况的报告；听取县政府关于代表建议办理工作情况的报告；书面听取和审议县人大法制和监察司法委员会关于2022年规范性文件备案审查工作情况的报告；表决通过县人民法院部分人事任免议案。

县人大主要工作

【切实开展工作评议】 8—10月，县人大常委会组织评议工作组，对县经商局局长蓝雪飞、县人力社保局局长项宗荣、县农业农村局局长叶晓彬、县卫健局局长刘伟彪、县综合行政执法局局长邱荣宴5位政府工作部门主要负责人开展履职工作评议。县人大常委会各工作组深入被评议单位、乡镇、街道，采取座谈、测评、个别谈话等形式，广泛征求社会各界的意见建议；走访县纪委监委、县法院、县委政法委、县公安局、县司法局、县信访局等单位，了解被评议对象依法履职、公正司法、廉洁自律等情况。在此基础上于10月27日召开工作评议大会，听取被评议对象的履职工作报告和评议工作组对被评议对象的履职评议调研报告，对被评议对象进行询问或提出意见建议，并进行现场测评。

【执法检查视察调研】 2022年，县人大常委会紧紧围绕年度工作要点和监督计划，先后开展《浙江省综合行政执法条例》《丽水市物业管理条例》等法律法规执行情况检查。听取审议县政府关于防范和打击治理电信网络诈骗、涉企专项资金使用、全县初高中教学质量提升等情况报告。听取县政府关于《中华人民共和国节约能源法》贯彻执行、法治政府建设、美丽城镇建设、紧水滩引调水工程建设等情况报告。组织视察童话小镇地标建筑、小徐未来社区等重点项目。组织开展法院执行和数字检察、教育“双减”、涉企专项资金使用等专题调研。

【代表议案建议办理】 县十七届人大一次会议期间，收到代表议案、建议共261件，其中，12件议案被转为建议办理。根据议案、建议的内容划分，属城建环资类的52件，属农业农村类的113件，属教科文卫类的32件，属财政经济类的16件，属社会建设类的40件，属民族宗教类的2件，属民主法制类的6件。261件代表建议中，两年内能解决的（A类）144件，占总数的55.17%；正在解决或被列入计划逐步解决的（B类）56件，占总数的21.46%；因受政策规定或其他原因目前难以解决的（C类）61件，占总数的23.37%。8月下旬，县人大常委会开展代表建议办理结果满意度测评，参与测评的260件建议中，满意和基本满意的237件，占91.15%；不满意的23件，占8.85%。9月中旬，将23件不满意件退回重办。11月上旬，再次征询代表对办理结果的意见，均表示满意或基本满意。

【工业园区人大工作】 2022年，县人大常委会先行先试，积极探索云和经济开发区人大工作，进一步加强和推进经开区的民主法治建设。5月，县人大常委会先后联系桐庐、临安、平湖、瓯海区等地人大代表工委负责人进行沟通交流，学习借鉴他们的经验做法。6月，制订经开区人大工作调研方案，明确调研重点任务，并多次在云和经开区进行实地走访调研。8月，印发《关于推进云和工业园区人大工作的实施方案》。9月，组织经开区内的市、县代表开展第一次代表小组活动。10月，开展经开区人大代表小组视察调研活动。通过积极探索尝试，进一步拓宽人大工作思路，拓展人大工作渠道，强化经开区人大工作，使云和县成为丽水市首个开展经开区人大工作的县。

【基层单元基础建设】 2022年，县人大常委会认真贯彻省、市人大的要求，以数字化改革为引领，迭代升级代表联络站，深化和拓展联络站的“联、商、督、促、智”五方面功能，全面推进基层单元建设。一是夯实基层单元建设用户基础。全县468名县、乡两级人大代表，已经100%完成浙政钉的注册和激活。二是夯实基层单元建设软硬件基础。指导10个乡镇、街道联络站采购安装数字大屏和电脑等设备，在应用场景内完善联络站基本信息、进站代表信息、工作制度等；引导各乡镇、街道对“代表码”和“联络站码”进行推广。三是充分发挥基层单元作用。在“联”方面，推行“代表亮身份”制度，运用好代表二维码和代表联络站二维码，深化县人大常委会组成人员联系代表机制。在“商”方面，常态化组织开展“局长•代表面对面”等活动。在“督”方面，制定《县人大代表建议和县政协委员提案办理工作“一把手责任制”》等，组织代表经常性参与检查、视察、调研活动。在“促”方面，印发“六访六促”“八万代表助力八大攻坚行动”等主题活动计划。在“智”方面，积极打造代表和群众意见建议收集、办理、反馈全链条，实现与基层治理“四平台”贯通。（蓝朱斌）

云和县人民政府

县政府重要会议

【县政府常务会议】 1月25日，云和县第十六届人民政府召开第66次常务会议，传达市政府第90次常务会议精神，听取2022年云和县“十件民生实事”候选实事形成情况的报告、关于扶持云和县丽宏废旧金属回收有限公司的政策意见汇报、云和县2021年法治政府工作情况汇报（书面），审议2022年《政府工作报告（送审稿）》《关于云和县2021年国民经济和社会发展计划执行情况与2022年国民经济和社会发展计划草案的报告（送审稿）》《云和抽水蓄能电站资源开发合作协议（送审稿）》《云和县人民政府与杭钢合作框架协议（送审稿）》《云和高质量发展建设共同富裕示范区产城融合样板行动方案（2021—2025年）（送审稿）》《云和县2022年固定资产投资计划（送审稿）》《云和县2022年基本建设预算编制说明（送审稿）》《2021年预算执行情况及2022年预算草案（送审稿）》《关于拟给予云和县“五水共治”全域“污水零直排区”创建39个集体（个人）行政奖励名单（送审稿）》《云和县深化“证照分离”改革进一步激发市场主体发展活力的通知（送审稿）》《云和县促进互联网租赁自行车规范发展实施意见（试行）（送审稿）》。

2月23日，云和县第十七届人民政府召开县政府党组会议暨第1次常务会议，听取县经商局关于《云和县新能源汽车动力电池综合利用项目投资合作协议书（送审稿）》有关情况的汇报。

3月10日，云和县第十七届人民政府召开第2次常务会议，学习《中华人民共和国土地管理法实施条例》（书面），听取云和县第三次全国国土调查主要数据公报的汇报（书面），审议《关于支持云和中学高质量发展的若干意见（送审稿）》《云和县提升中小学校（幼儿园、教育发展中心）发展水平专项奖励办法（送审稿）》《云和县2022年土地和房屋征收计划（送审稿）》《云和县深化国企市场化改革方案（送审稿）》《云和县工业企业“零土地”技术改造项目实际操作流程（暂行）（送审稿）》《云和县“福云送券•嗨购云城”虎年消费券发放工作方案（送审稿）》《云和县合用场所消防安全管理规定（送审稿）》《云和县生态产品价值实现示范区建设（云景生态产业园）实施方案（送审稿）》《2022年度云和县人民政府重大行政决策事项目录（送审稿）》。

4月22日，云和县第十七届人民政府召开第3次常务会议，听取云和县一季度应急管理工作情况汇报（书面）、2021年应急管理、安全生产和消防工作巡查报告（书面）、关于2022年云和县“两会”人大代表建议、政协提案有关情况的汇报（书面），审议《云和县人民政府与中铁建合作框架协议（送审稿）》《云和县人民政府与浙江省电力实业总公司合作框架协议（送审稿）》《2022年度规划编制计划（送审稿）》《云和县市场化改革国有企业整合重组方案（送审稿）》《云和县产业政策财政奖补资金管理办法(送审稿)》《云和县木玩产业数字化服务平台项目建设运营合作协议(送审稿)》《云和雪梨产业创新集成发展三年行动计划(送审稿)》《云和县农村土地整治实施办法(送审稿)》《关于浙江上玉玩具有限公司项目实施“腾笼换鸟”工作相关情况的汇报(送审稿)》《关于云和县新能源汽车动力电池综合利用项目合作备忘录的情况汇报(送审稿)》《云和县鼓励备案非标电动自行车提前淘汰置换实施方案(送审稿)》《云和县卫生健康系统高层次紧缺人才引进奖励办法(送审稿)》。

5月27日,云和县第十七届人民政府召开第4次常务会议。组织学习《中华人民共和国行政处罚法》、习近平总书记关于统计监督工作重要讲话精神和《关于更加有效发挥统计监督职能作用的意见》,审议《云和县贯彻落实全省新一轮制造业“腾笼换鸟、凤凰涅槃”攻坚行动实施方案(送审稿)》《关于支持企业股改上市的意见(送审稿)》《云和县人民政府关于公布云和县新增综合行政执法事项统一目录(地方扩展事项)的通告(送审稿)》《云和县推行“一支队伍管执法”改革工作实施方案(送审稿)》《云和县人民政府关于将部分部门行政处罚权交由浮云街道办事处等10个乡镇人民政府(街道办事处)行使的通告(送审稿)》《云和县房屋征收临时安置补助及搬迁补助标准(送审稿)》,研究分析云和县4月经济运行形势。

6月2日,云和县第十七届人民政府召开第5次常务会议,听取关于《云和县贯彻落实国务院、浙江省扎实稳住经济一揽子政策措施实施方案(送审稿)》(以下简称《实施方案》)有关情况的汇报。

6月14日,云和县第十七届人民政府召开第6次常务会议,组织学习《中华人民共和国退役军人保障法》,听取关于《云和县崇头镇岩下村魏凹垦造耕地项目变更情况》的汇报、关于“信访工作现代化示范县(市、区)”创建工作有关情况的汇报(书面),审议《云和县房地产市场平稳健康发展因城施策政策举措(送审稿)》《云和县加快建筑业改革与高质量发展的实施意见(送审稿)》《关于划定云和县城镇燃气设施安全保护范围的通告(送审稿)》《关于支持律师队伍建设的实施意见(送审稿)》《云和县促进外经贸发展奖励办法补充意见(送审稿)》(书面)、《云和县促消费扩容提质实施意见(送审稿)》(书面)、《云和县人力资源和社会保障局 云和县财政局稳就业惠民生政策实施方案(送审稿)》(书面)、《云和县文化和广电旅游体育局 云和县总工会关于贯彻落实稳经济政策若干举措(送审稿)》(书面)、《云和县交通运输局关于鼓励物流(快递)行业发展的实施方案(送审稿)》(书面)。

7月4日,云和县第十七届人民政府召开第7次常务会议,听取关于《云和县规范民办义务教育发展工作实施方案(送审稿)》(以下简称《实施方案》)有关情况的汇报。

7月19日,云和县第十七届人民政府召开第8次常务会议,听取关于《云和县梯田景区游客接待中心至安置地连接桥及挡土墙工程项目变更情况》的汇报、2022年上半年安全生产工作情况汇报、2022年上半年法治政府建设工作汇报(书面)、2022年上半年信访形势分析(书面),审议《云和县精准扶持低收入农户加快实现共同富裕20条政策(送审稿)》《丽水云和小徐社区(未来社区)项目投资合作实施方案(送审稿)》及《投资合作方采购招标文件(送审稿)》、《云和县落实国家统计督察反馈意见整改实施方案(送审稿)》和《云和县开展统计造假不收手不收敛问题专项纠治实施方案(送审稿)》,研究稳进提质工作。

8月2日,云和县第十七届人民政府召开第9次常务会议,学习《浙江省公共数据条例》(书面),研究县政府领导工作分工,听取2018年以来云和县政府党组工作情况汇报,审议《云和县关于加快推进生态工业和数字经济高质量发展若干政策的意见(试行)(送审稿)》。

9月15日,云和县第十七届

人民政府召开第10次常务会议，组织学习《中华人民共和国家庭教育促进法》，听取关于调整梯田景区特许经营费优惠政策的情况汇报、云和县自建房安全专项整治工作情况汇报、重点项目谋划推进情况汇报、云和县粮食安全责任制落实情况汇报（书面），审议育英小学委托管理协议和文元育英中学办学协议、《关于支持企业股改上市的意见（送审稿）》（书面）、《关于修改和废止部分行政规范性文件的通知（送审稿）》（书面）。

10月26日，云和县第十七届人民政府召开第11次常务会议，组织学习《中华人民共和国乡村振兴促进法》、省长王浩在全省知识产权保护和发展大会上的讲话摘要（书面），听取关于对陈王慧、黄董彬见义勇为行为进行表彰奖励的情况汇报、2022年三季度安全生产和应急管理工作情况汇报（书面）、2022年云和县山海协作工作要点情况汇报（书面），审议《云和县人民政府工作规则（送审稿）》《云和县人民政府会议制度（送审稿）》《云和县人民政府关于公布云和县新增综合行政执法事项统一目录（2022年）的通告（送审稿）》《云和县房屋征收推行“房票”实施办法（试行）（送审稿）》。

11月28日，云和县第十七届人民政府召开第12次常务会议，学习习近平对河南安阳“11·21”凯信达商贸有限公司特别重大火灾事故作出的重要指示、《浙江省数字经济促进条例》（书面），听取关于云和县城市污水处理厂清洁排放技术改造及城区污水零直排工程PPP项目新增和调整建设内容情况汇报、关于打击治理电信网络新型违法犯罪工作情况汇报、云和县2022年度食品安全工作情况汇报（书面）、云和县“五水共治”（河长制）工作情况汇报（书面），审议《云和县2022年地方政府债务限额、地方政府预算调整方案（送审稿）》《云和县事业单位工作人员和机关工人绩效奖金制度实施方案（送审稿）》《关于修改部分行政规范性文件的通知（送审稿）》《云和县行政许可事项清单（2022年）（送审稿）》《云和县环境健康管理试点工作方案（2021—2025年）（送审稿）》《云和县城乡客运一体化改造实施方案（送审稿）》。

12月9日，云和县第十七届人民政府召开第13次常务会议，学习《浙江省医疗保障条例》《浙江省知识产权保护和促进条例》（书面），听取关于隆程、汇森、华宏项目用能权交易有关情况汇报、2022年全县消防安全形势分析（书面）、云和县四季度安全生产工作情况汇报（书面），审议《云和县伏布生猪生态养殖示范园项目投资合作协议（送审稿）》《关于支持阀门行业发展的政策意见（送审稿）》《云和县“扩中”“提低”行动方案（2022—2025年）（送审稿）》（书面）。

【县政府专题会议】 1月29日，受县委常委、县政府常务副县长傅雅涛委托，县府办副主任郑云良召集县发改局、县财政局、县应急管理局等单位负责人对2022年县级应急救灾物资启动紧急采购程序等有关事宜进行专题研究。根据2022年1月21日云和县人民政府减灾委员会办公室下达的《云和县救灾物资购买计划用函》要求，县发改局按照采购程序于2022年1月25日在浙江省政府采购网公开发布询价文件，递交投标文件截至时间为2022年1月29日上午10:00，到截至时间只有1家供应商递交投标文件。根据相关云和县人民政府办公室规定，不足3家供应商否决本次公开询价采购。鉴于全县疫情防控的需要和县级应急物资数量不足的实际，根据《丽水市发展和改革委员会、丽水市应急管理局、丽水市财政局关于印发〈丽水市救灾物资储备管理办法〉的通知》（丽发改粮储〔2021〕446号）文件第二点第九款“为应对重大突发事件，当现有救灾物资品种和数量不能满足救灾需要时，由应急管理部门会同粮食物资部门提出紧急采购计划，经县人民政府批复后，由粮食物资部门按‘特事特办、急事急办’原则，在保证采购物资质量和功能的前提下进行紧急采购”之规定，经研究决定启动紧急采购程序，直接从原公开询价采购已递交投标文件的浙江金汇休闲制品有限公司采购救灾专用单帐篷 120 顶、军用棉大衣 200 件、草席 500 件。救灾物资有关品种、规格型号、数量、金额等均按递交的投标文件执行。

3 月 22 日，云和县工业投资“标准地”项目准入决策与建设监管领导小组召开会议，会议由县委副书记、县长周鸿飞主持,县领导傅雅涛、胡坚、孙开用、颜韬、谢岩伟及县府办、县发改局、县经商局、云和工业园区管委会等 15 个成员单位负责人参加会议。会议就浙江上玉玩具有限公司(原上玉集团云和阀门有限公司，以下简称上玉公司)项目地块转让事宜进行研究和讨论。会议议定，原则上同意县工业投资“标准地”领导小组办公室就上玉公司“腾笼换鸟”项目的会审意见，一是上玉公司地块及地上建筑物通过“腾笼换鸟”的方式转让给浙江启烨玩具有限公司。但须在转让前，完成竣工违约金、亩产税收违约金以及“腾笼换鸟”过程中不动产产权转移登记中涉及的相关税费清缴，确认无违约款项后再启动该地块不动产产权转移登记工作。二是该地块土地和地上附属物转让后，土地工业性质不变，用于木制玩具生产，继续延续该地块土地使用期。在产权转移登记完成后须重新进行相关规划审批及工期约定。不允许其在面向 53 省道、和信路方向设置出入口。三是新项目入园后，业主须与园区签订《云和县工业园区“标准地”项目入园合同》，纳入标准地各项经济指标管理。项目建成后，企业不得将厂房进行分割转让。会议要求：一要在发展增量的同时盘活存量，结合省、市“腾笼换鸟”工作要求，抓紧制定出台县级“腾笼换鸟”政策，进一步提高云和县亩均投入产出、亩均创新强度。二要牢牢把握“腾笼换鸟”的核心要义，在腾换过程中要符合相关规定，严格按照规范程序执行。三要加强对新上项目的风险把控，做到举一反三。在新项目纳入各项经济指标管理的同时，也要纳入科技创新指标进行考核，鼓励企业加大科技研发投入力度，支持企业开展科技创新，进一步激发企业活力。

8 月 5 日，云和县工业投资“标准地”项目准入决策与建设监管领导小组会议召开，县领导周鸿飞、傅雅涛、胡坚、孙开用、颜韬以及县府办、县发改局、县经商局、云和工业园区、县经合中心、市生态环境局云和分局、县自然资源和规划局、县住建局、县财政局、县税务局、县市场监管局、县应急管理局、县行政服务中心、县科技局、县司法局等单位负责人参加会议。会议就中云新能源集团有限公司(以下简称中云公司)云和县新能源汽车动力电池综合利用项目进行了研究和讨论。会议议定，原则上同意云和县工业投资“标准地”项目准入决策与建设监管领导小组成员单位的会审意见；同意云和县新能源汽车动力电池综合利用项目以“一事一议”入园；同意项目入园指标要求和落地地块建议。会议要求，项目建设单位做到“拿地即开工”，在土地挂牌公告期满前完成能评、稳评等工作，并同时做好项目设计方案会审、环评、安评、工程施工图图审等前期审批流程和施工进场准备工作。会议指出，中云公司满足全部入园条件后，根据签署的相关投资协议及项目入园合同等约定履行义务，其中固定资产投资强度≥325 万元/亩，亩均税收≥235 万元/亩。会议强调，要加快项目推进。根据 9 月底前开工要求，相关部门要按照项目倒排时间节点，紧密联系，做到无缝衔接，合力推进项目建设。要加强服务和监督，各相关部门要靠前服务，指导项目建设单位开展项目前期等相关工作，并严格按照签署相关协议执行，确保项目履约到位。在工作上要落实、落细、落深，加强与项目单位充分沟通，确保项目签订的各类协议保持一致，不要出现偏差、歧义、漏洞，后续相关单位针对会上提出的细节问题再进行研究和探讨。

9 月 6 日，副县长江静召集县卫健局、县财政局、县住建局等单位负责人对全县基层医疗机构退休人员享受住房补贴问题进行了专题研究。现将会议议定事项纪要如下：基层医疗机构（乡镇卫生院、社区卫生服务中心）退休人员因身份为差额事业编制，一直未能享受住房分配货币化及住房补贴政策。随着“基本药物制度”“基层医疗卫生机构补偿机制”等改革的推进，基层医疗机构退休人员经费已由政府纳入财政预算管理并足额安排。经会议研究决定，云和县基层医疗机构退休人员住房补贴发放相关事宜参照县全额事业单位执行，所需资金由县财政统一列入预算安排。对2022年12月31日前已办理退休（含已故）的75名基层医疗机构工作人员的116.24万元住房补贴资金，在2023年予以一次性解决，相关资金由县财政安排拨付至县住房保障中心，由县住房保障中心按照程序审核发放。对基层医疗机构中符合住房补贴政策且尚未退休的20名工作人员，参照全额事业单位标准，纳入《云和县人民政府关于印发云和县住房分配货币化及住房补贴资金管理实施细则的通知》（云政发〔2004〕41号）规定的住房补贴发放对象，按规定程序办理住房补贴申请，预测所需资金23.52万元，由县财政根据县住房保障中心预算的经费按年度拨付。

10月28日，受江静副县长委托，县府办副主任李云伟召集县发改局、县财政局、县住建局、县水利局、县农业农村局、县应急管理局、白龙山街道、崇头镇、县城投公司、县供排水公司等单位负责人就实施雾溪水库饮用水源引水应急工程相关事项进行了研究。2022年7月以来，云和县高温少雨、旱情严重，降水量比常年偏少71.1%，为历年同期第二少。10月27日，雾溪水库水位线为30.06米，预计最大可供水天数63天。根据气象部门预测，2022年11月至2023年1月的降水量将比常年偏少2—4成，旱情仍将持续，将进一步加剧雾溪水库供水紧张情况。为确保城市供水安全，根据《浙江省防汛防台抗旱条例》《云和县防汛防台抗旱应急预案》等相关法律法规和预案要求，经研究决定实施雾溪水库饮用水源引水应急工程。引水应急工程具体方案：取水口为白龙山街道村头电站取水压力池，沿崇溪绿道铺设DN300应急道4.8千米，在黄桥头接入雾溪制水厂闲置的DN600旧供水管道，引至雾溪制水厂；项目投资估算约245万元，施工时间15—20天。会议议定：一是县水利局为引水应急工程项目主管单位，委托云和县水利发展有限公司为项目业主单位，负责具体项目实施；为加快工程实施进度，由县水利发展有限公司先行采购引水应急工程管道材料，边设计、边施工、边审批。二是根据《水利工程建设项目招标投标管理规定》，工程采用直接委托方式走简易发包程序，采用下浮率签订施工合同，工程量清单及价款后续跟进。三是县发改局要做好项目立项和相关审批服务工作，加快审批进度。四是项目所需资金由县财政给予保障，县水利局要积极向省级相关部门争取资金。五是引水应急工程结束后，拆除的管道材料作为国有资产，由县水利局保管使用。六是因该引水应急工程利用村头电站引水渠道和压力管等设备，将影响电站发电收入，参考供排水公司从雾溪水库取水价格，在引水期间由县供排水公司按实际引水量0.07元/立方米的价格给予村头电站补偿，引水量以实际计量为准，按年度结算补偿金额。七是各部门要形成合力、共同推进。县农业农村局要指导农业抗旱和农业恢复生产工作；县村集体经济发展有限公司要积极配合县水利发展有限公司实施村头电站取水工作；县水利局要做好抗旱调度、水量调度工作；县住建局要落实城市节水措施；白龙山街道、崇头镇要做好群众思想工作，确保引水应急工程顺利推进。

11月3日，受县政府副县长谢岩伟委托，县府办副主任徐雪飞召集县法制办、县发改局、县财政局、县自然资源和规划局、县文广旅体局、县交通运输局、县市场监管局、县国资办、崇头镇、县交警大队、县交发中心、梯田景区管委会、梯田公司等单位负责人，就将县道后交线、村道后交线至梅竹、后交线至坑根、梅竹至坑头部分路段调整为梯田景区专用道路等有关事宜进行了专题研究。现将会议议定事项纪要如下：原则上同意将县道后交线 K16+000 至 K18+400、村道后交线至梅竹 K1+900 至 K6+109、后交线至坑根 K0+000 至 K2+014 和梅竹至坑头 K0+000 至 K0+678 路段调整为梯田景区专用道路。相应的公路资产和管养责任由县交发中心移交给梯田景区管委会，并做好相关工作。县财政局负责做好资产划转的指导和审批工作。涉及农村公路规划修改的，按照《中华人民共和国公路法》《农村公路建设管理办法》等法律法规有关规定，由县人民政府报市人民政府批准，并报省交通运输厅备案。公路部门和梯田景区管委会要尽快完成移交工作，签订公路路产路权和管养权移交协议书，并移交相关公路档案资料。交警部门要进一步加强道路交通安全管理，其他相关部门要各司其职，做好配合工作。

11 月 18 日，受县委常委、常务副县长傅雅涛委托，县府办副主任吴孔平召集县发改局、县财政局、县住建局、县行政服务中心、云和工业园区、县供电公司、县城投公司等单位负责人，就停止执行《关于云和县政府性投资项目电力工程建设有关问题专题会议纪要》(〔2018〕18 号)议定事项等有关事宜进行了研究。会议议定：为进一步加强政府投资项目中电力工程的组织实施，切实优化市场公平竞争环境，根据省市场监管局、省电力公司相关要求，经县政府研究，决定停止执行《关于云和县政府性投资项目电力工程建设有关问题的专题会议纪要》(〔2018〕18 号)议定事项。请各单位认真贯彻落实法律法规规定，推进政府投资项目有序实施。本纪要自 2022 年 11 月 18 日起施行。

12 月 2 日，云和县工业投资“标准地”项目准入决策与建设监管领导小组办公室召集县自然资源与规划局、经商局、财政局、税务局、工业园区等 15 个成员单位就 2021 年度达产企业考核标准、口径、年限等进行充分讨论，并形成一致意见：会议认为，受疫情、国际形势的双重影响，云和县工业经济形势不容乐观。在特殊经济背景下，应该具体问题具体分析。经过前期摸排了解，部分无法完成达产考核的主要原因：一是该企业工程建设和机器设备投入较多，2021 年度在建工程和固定资产留抵税额(年度)抵扣较多，导致实际入库税收减少；二是在竣工的次年即完成考核，企业未有足够的试生产缓冲期，不能完全释放产能；三是受疫情影响，企业订单、工人等都存在不稳定，出现订单减少、工人招工难的问题，导致无法按照原有计划正常开展生产经营。会议同意，对本批次达产考核企业原合同履约内容不予执行，本着助企纾困的服务理念，借鉴周边县市经验，研究重新确定适合全县经济形势下的企业达产考核办法，以此解决合同履约与助企纾困的矛盾。具体办法：(一)亩均税收考核口径。2021 年度达产考核企业根据 2020 年会议纪要执行，即实际入库+自营出口免抵+安置残疾人就业享受增值税即征即退税款+政策减免+在建工程和固定资产留抵税额当期抵扣。该项政策仅适用于疫情影响年份。(二)考核年限。借鉴丽水周边县市开发区的考核情况，企业达产考核期由原来竣工次年变更为竣工后 3 年内完成。由企业自行提出申请并与园区管委会签订补充合同。(三)适用主体。2021 年(含 2021 年)后需达产企业，考核期限均放宽为 3 年达产考期；2022 年(含 2022 年)后入园合同约定达产考核期参照本办法签订。(四)考核主体。因原合同签约主体—园区下属开发公司已完成了国有公司改革，遂由云和县经济开发区负责执行。

【县政府其他会议】 1 月，召开全县疫情防控工作部署会、疫情防控“平急一体”县级指挥长会议、县政府工作报告征求意见座谈会、全县党史学习教育总结会议、全县新冠肺炎疫情应急处置演练复盘会、县“双招双引”工作座谈会、全县雨雪冰冻天气防范部署会。

2月，召开全县项目推进"161"行动动员大会、全县复工复产疫情防控工作会议、云和县—中铁建共同富裕项目汇报会、省级结对帮扶云和团组2022年第一次工作会议。

3月，召开云和梯田创建国家AAAAA级旅游景区推进大会、全县改革工作会议、全县征收工作三大攻坚行动暨生态产品价值实现示范区（云景生态产业园）项目土地征收工作动员部署会、县政协"立足生态优势，大力发展康养产业"专题民主协商会、县委经济工作——生态工业倍增、"双招双引"推进大会、全县一季度经济形势指标分析会、县红十字会第三次会员代表大会、县工商业联合会（总商会）第八次代表大会、全县清明节期间疫情防控工作会议。

4月，召开云和梯田创AAAAA工作推进情况汇报会；全县数字化改革暨"县乡一体、条抓块统"县域整体智治改革工作汇报会；全县应急管理、安全生产和消防安全暨防汛防台抗旱工作会议；全县一季度项目推进"161"行动点评会暨"强攻二季度、快进半年红"动员会；县委农村工作领导小组第一次全体会议；云和县第一次县级林长会议暨全县清明时期森林防灭火工作会议；迎接保障农民工工资支付国务院考核动员部署会；全县安全生产工作会议；全县光伏开发项目工作推进会；全县城乡风貌整治提升（美丽城镇建设）工作推进会；云和县土地整治工作推进会。

5月，全县生态产品价值实现示范区（云景生态产业园）建设工作领导小组会议；全县自建房安全隐患排查部署会；2022年一季度经济社会形势分析会；浙江紧水滩混合式抽水蓄能电站预可行性研究报告审查会；全县平安建设暨市域社会治理现代化试点工作推进会；全县稳经济、促项目、扩投资分析会；大综合一体化执法改革工作例会；职业技能提升行动推进会；全县耕地保护工作会议；全县促进城镇居民增收工作联席会议；全县粮食安全工作推进会；全县重大项目前期提速推进会。

6月，召开全县扎实稳住经济一揽子政策措施实施方案汇报会；县"大综合一体化"行政执法改革暨全领域"一支队伍管执法"工作推进大会；全县"6•21"防汛工作部署会；县委全面依法治县委员会第四次（扩大）会议暨法治云和（法治政府）建设第二次点评会；全县现代社区建设领导小组第一次会议；云和梯田创AAAAA工作推进会；全县交通、住建、征收重点项目推进会；全县企业职工养老保险提标扩面工作部署会；全县驻外招商干部座谈会；根治欠薪工作领导小组第二次会议暨迎接国务院保障农民工工资支付考核工作会议；规范民办义务教育发展工作会议；全县食品药品安全委员会全体会议；小徐社区（未来社区）投资合作实施方案汇报会。

7月，召开全县深化助企服务工作推进会；全县"紧起来、快起来、跑起来"作风建设年活动半年推进会；全县党管武装工作会议暨县国动委全体会议；全县经济稳进提质攻坚行动工作汇报会；国有房产（土地）集中排摸整治攻坚行动动员部署会；企业股改上市政策汇报会。

8月，召开省委第六巡视组巡视云和县工作动员会议；省委第六巡视组巡视云和县委工作汇报会；全县安全生产会议暨防汛防台抗旱会议；全县数字化改革争星进位工作推进会；县委农村工作会议暨县委农村工作领导小组第二次全体会议；县政府第一次全体会议暨全县经济稳进提质大会；全县交通重点项目汇报会；省委第六巡视组意识形态专项检查汇报会；全县木玩企业发展形势座谈会；2022年上半年经济社会运行情况专题报告会；全县项目推进"161"行动点评会暨"奋战三季度，冲刺四季度，全力争前列"动员会；全县教育高质量发展大会；健康云和建设工作推进会；云和县城市改造（棚改）"9+X"领导小组会议暨小徐未来社区专班会议。

9月，召开全县生态产品价值实现示范区（云景生态产业园）建设工作领导小组会议；全县第12号台风"梅花"防御应对工作会议；

云和梯田创 AAAAA 工作推进会，全县深化“除险保安百日攻坚行动”推进会；全县安全生产会议；云和抽水蓄能电站预可行性研究报告审查会；2022 年度治理城市交通拥堵和道路交通安全工作会议；全国基层中医药工作示范县动员部署会；国庆期间疫情防控工作会议；审计整改工作会议。

10 月，召开全县“双招双引”专题民主协商会；云景生态产业园建设工作领导小组第三次会议；全县安全生产和消防工作调度；云和梯田创 AAAAA 工作领导小组会议；县委网络安全和信息化委员会第四次全体会议；县残疾人联合会第八次代表大会；农村饮用水保供工作会议；云和梯田创 AAAAA 环境整治工作会议。

11 月，召开《童话云和城市建设导则》成果汇报会；县委法院工作会议暨司法助力营商环境推进会；县委统一战线工作领导小组(扩大)会议暨全县民族宗教工作会议；云和—吴兴山海协作高层联席会议；全县稳定耕地工作汇报会；全县项目推进“161”行动点评会暨“奋战 40 天，冲刺全年胜，谋划来年开门红”动员会；全县经济稳进提质工作例会暨 2023 年一季度“开门红”指标汇报会；全县疫情防控工作会议；县委全面深化改革委员会第一次会议暨全县数字化改革推进会；云和梯田文化植入工作座谈会；浙江紧水滩抽水蓄能电站建设征地移民安置规划大纲评审会；全县深化“放管服”改革工作会议。

12 月，召开县生态产品价值实现示范区建设（云景生态产业园）工作领导小组会议；省委第六巡视组巡视云和县情况反馈会议；全县共同富裕、大花园(生态产品价值实现)工作推进会；全县林长制工作推进会暨林业工作会议；全面依法治县委员会执法协调小组会议暨“乡镇(街道)综合行政执法法制审核室”工作推进会；木制玩具产业创新服务综合体创建工作领导小组会议；山海协作共富助跑团会议。

县政府主要工作

1 月，人民日报浙江分社社长李中文一行到云和调研“共同富裕”专题；市人大常委会主任李锋一行到云和慰问困难党员群；省信访局副局长项义从一行到云和走访慰问信访干部；市委常委、统战部部长王小荣一行到云和开展节前走访慰问和安全生产检查；副市长戴邦和一行到云和调研生态工业“开门红”工作。举行 SGS 云和玩具实验室项目签约仪式、“整洁云和、干净过年”城乡环境整治月活动启动仪式；开展春节前安全生产检查、疫情防控检查、走访慰问等。

2 月，市委副书记、代市长吴舜泽一行到云和调研；副市长朱磊一行到云和调研生态产品价值实现机制示范区建设、春运疫情防控、能源“双控”、行政审批、大数据改革等工作。举行木玩产业“助推器”项目路演活动。

3 月，省委书记、省人大常委会主任袁家军，省委常委、秘书长陈奕君一行到云和指导学习贯彻全国两会精神，考察调研山区 26 县跨越式高质量发展和基层治理工作；副省长王文序一行到云和调研；省政协副主席周国辉一行到云和开展“构建育儿友好型社会”和“生态产品价值实现机制”课题调研；省社科院院长何显明一行到云和开展革命老区共同富裕调研。市人大常委会副主任邹培书一行到云和调研信访工作；副市长戴邦和一行到云和征求《市政府工作报告》和《健全和完善精准服务企业工作机制的实施方案》意见；副市长朱磊一行到云和调研抽水蓄能项目；市政协副主席汤家友一行到云和开展“推动学前教育普及普惠高质量发展”专题调研；省法院执行局局长魏新璋一行到云和开展大接访、大走访、包案化解活动；国铁集团经规院规划研究所所长戴新鎏一行到云和调研。举行云和抽水蓄能电站资源开发合作签约仪式、义务植树活动、《云和县志(1991—2010)》首发仪式、2022 年春季新兵欢送暨“从戎之剑”赠剑仪式。

4 月，省委副书记、省长王浩，省政府秘书长暨军民一行到云和调研乡村振兴情况;省国开行行长杨志明一行到云和调研重点项目建设和融资工作;省残联副理事长宣清松一行到云和调研结对帮扶工作、净居亮居试点工作和省政府民生实事项目推进情况。市委副书记、政法委书记郎文荣一行到云和调研进城农民市民化、“县乡一体、条抓块统”改革等工作;市政协副主席、市发改委主任饶鸿来一行到云和调研能源“双控”工作;省残疾人福利基金会理事长陈玉国一行到云和调研残疾人救助帮扶工作。举办“4•26”知识产权宣传周活动。开展“织密基金监管网　共筑医保防护线”集中宣传月活动。

5月,副省长、公安厅厅长王成国一行到云和调研“公安大脑”建设;省军区司令员夏俊友一行到云和调研指导基层武装工;省发改委副主任吴红梅一行到云和开展探索山区26县高质量发展新路子专题调研;省文旅厅党组副书记、副厅长芮宏一行到云和开展省文化和旅游产业高质量发展专题调研;省农业农村厅副厅长唐冬寿一行到云和调研农业产业化、农业环保及“肥药两制”改革工作;市委常委、副市长楼志坚一行到云和调研工业经济工作。举办全市退役军人优待证首发仪式;紧水滩混合抽水蓄能电站合作签约仪式。开展庆祝“5•12”国际护士节系列活动。赴宁波市北仑区、湖州市吴兴区、嘉兴港区开展“山海协作”学习考察。

6月,全国政协副主席兼秘书长李斌率全国政协调研组到云和开展“推动完善生态产品价值实现机制”专题调研;省生态环境厅二级巡视员李晓伟一行到云和开展省大花园示范县建设单位验收命名现场核验;省自然资源厅执法局局长、二级巡视员、省“三改一拆”办副主任赵建平一行到云和开展违建数据督查工作,省自然资源厅副巡视员邱建平一行到云和调研地质灾害防治、矿地综合利用开发项目;省人力社保厅二级巡视员陈荣华一行到云和调研博士后和人才工作;省政府参事叶真一行到云和调研山海协作“飞地”建设工作;省水利厅副厅长黄黎明一行到云和开展河道巡查;省水利厅副厅长杨炯一行到云和调研水利工作;省水利厅副厅长蒋如华一行到云和开展民生实事督导;省文物局副局长曹鸿一行到云和调研乡村博物馆建设工作;省建设集团总经理、党委副书记叶锦锋一行到云和调研;省残联副理事长宣清松一行到云和调研残疾人“净居亮居”项目;省供销社副理事长沈省文一行调研流动供销致富车迭代升级、“浙丽销”共富鸡认养殖工作。市委常委、常务副市长杜兴林一行到云和检查安全生产、消防安全和防汛防台等工作;副市长李汉勤一行到云和调研木玩产业链;宁波市对口支援合作局局长黄焕利一行到云和调研山海协作工作。举办第四届瓯江蛟龙文化节;第十七届浙江山水旅游节暨第十六届云和梯田开犁节活动;“智聚山海•助力共富”专家服务工程启动仪式,云和邮政管理局成立大会暨揭牌仪式,“全民反诈在行动”集中宣传攻坚月启动仪式。

7月,生态环境部副部长赵英民一行到云和考察云和梯田“无废”景区建设、“无废”乡村建设、木玩产业循环利用等工作;中国科学院生态环境研究中心主任欧阳志云一行到云和调研生态产品价值实现机制建设工作;省文旅厅党组书记陈广胜一行到云和调研“山区26县”文化和旅游高质量发展工作;省文旅厅一级巡视员柳河一行到云和调研“助力山区26县旅游业高质量发展专家行”活动。广西壮族自治区河池市市长王军一行到云和考察;自然资源部国土整治中心副主任罗明一行到云和调研山水林田湖草沙一体化保护修复工程;文旅部资源开发司副司长吴科锋一行到云和调研;国家统计局浙江调查总队副队长吴红卫一行到云和调研;省能源局总工程师俞奉庆一行到云和调研能源双控工作;省供销社副主任冯冠胜一行到云和调研基层供销社工作、云和流动供销致富车等工作;中国玩具和婴童协会会长梁梅一行到云和调研玩具产区共建工作;省科协副主席曾肖芃一行到云和调研海外引才工作。

市委常委、宣传部部长李一波

一行到云和调研宣传思想文化工作；市人大常委会副主任蓝伶俐一行到云和调研3岁以下婴幼儿照护服务体系建设情况；新疆一师十三团代表团党委副书记、团长李静一行到云和调研基层党建、招商引资、文化旅游、新时代文明实践和电子商务等工作；中国人民大学经济学院党委书记、院长刘守英一行到云和调研乡村振兴和高中教育情况工作；省村镇建设处处长胡金法一行到云和调研农村生活污水工作；华东院城乡建筑工程院院长黄璁一行到云和对接央地项目合作、抽水蓄能项目推进等工作；省生态环境厅督察专员李宏庆到云和开展“下访”活动。举办“风展红旗如画”国旗展·云和站活动。赴新疆、青海等地考察学习，看望慰问援疆、援青干部人才。开展八一建军节走访慰问活动。

8月，省人大常委会副主任史济锡率省十三届人大代表丽水中心组到云和考察云和梯田创建国家AAAAA级旅游景区工作；省审计厅厅长毛子荣一行到云和调研审计工作；省统计局局长吴胜丰一行到云和调研统计工作；省发改委（省对口办）副主任骆方豪一行到云和调研对口工作；省建设厅副厅长姚昭晖一行到云和督察城镇燃气安全“百日攻坚”工作推进情况；省人力社保厅副厅长金林贵一行到云和调研大坪城乡融合及群众就业工作；省民政厅党组成员、副厅长佘新荷一行到云和调研促进社会组织高质量发展工作；省司法厅党委委员、省综合行政执法指导办公室主任储厚冰一行到云和督查“大综合一体化”行政执法改革情况，中国银行浙江分行副行长吴刚一行到云和调研云和支行筹备情况；浙江开放大学党委副书记、校长张建国一行到云和调研云和开放大学工作；市委副书记、政法委书记张赟一行到云和调研农民增收、“除险保安”等工作；江西省萍乡市莲花县党政代表团到云和考察。举办云和县第四届全民运动会开幕式。赴义乌市考察调研新能源汽车动力电池综合利用项目，赴湖州市开展“双招双引”工作。开展医师节走访慰问活动。

9月，省政协副主席陈铁雄率调研组到云和开展省政协十二届五次会议第19号提案《加快山区县新型城镇化发展，助力共同富裕示范区建设》专题调研；省政府副秘书长、省政府办公厅党组成员、省大数据局局长金志鹏一行到云和调研；省委第三生态环境保护督察组组长刘树枝、副组长李宏庆率调研组一行到云和开展环保督察；省商务厅厅长韩杰一行到云和督导稳住经济督导服务工作；省体育局局长李华一行到云和参加“公益体彩·快乐操场”丽水云和站活动；市人大常委会副主任戴邦和一行到云和调研民族乡村振兴工作；市政协副主席王顺发一行到云和调研“推动山区26县跨越式高质量发展的丽水路径”课题；宁波对口支援局吴军（二级巡视员）一行到云和考察山海协作工作；省财政厅财政监督局局长刘臻一行到云和调研财政工作。举办第七个“中华慈善日”主题活动；县人民政府与中铁建城市开发有限公司合作签约仪式；烈士纪念日活动；云和站“全民健身奔共富·喜迎党的二十大”浙江省体育助力山区26县系列赛事暨浙江省定向运动系列赛；第五届农民丰收节暨云和雪梨节；小徐未来社区开工仪式。

10月，省供销社党委书记、理事会主任陈利江一行到云和调研深化“三位一体”农合联改革和“供富大篷车”服务等工作；国家自然资源部国土整治中心副主任罗明一行到云和调研山水林田湖草修复项目；省委社建委专职副主任孙哲君一行到云和开展社会建设工作调研；省税务局党委委员、总会计师王黎明一行到云和调研税收工作；省教育厅原副厅长、一级巡视员韩平一行到云和调研研学实践基地、“云和木玩游戏”课程建设等工作；省新华医院院长张威一行到云和对接中医院合作事宜；市委副书记、政法委书记张赟一行到云和调研“基层治理四平台”、综合信息指挥室、基层网格、农家乐民宿、乡村旅游等情况；副市长朱磊一行到云和督查交通运输领域保通保畅、安全生产检查；景宁县党政代表团到云和考察。赴缙云县考察学习创建国家AAAAA级旅游景区经验做法；赴成都参加中国玩具展。

11月，国家林草局上海专员办副专员高尚仁一行到云和督办涉林案件；省农业农村厅副厅长唐冬寿一行到云和调研乡村建设；省教育厅督导处二级巡视员、省督学王振斌率督导组到云和开展全国义务教育优质均衡发展县实地督导评估；浙建集团党委副书记、工会主席陈光锋一行到云和对接党建联建和第二污水处理厂建设合作模式等事宜。市委常委、常务副市长杜兴林一行到云和沈村村宣讲党的二十大精神；宁波市北仑区委副书记、区长王程率党政代表团到云和考察；市政协副主席、市发改委主任周和平一行到云和开展河道巡查；江西省抚州市资溪县党政代表团到云和考察；淳安县党政代表团到云和考察。举办全省首届老年木玩比赛；“丽水味道·梨”创意大赛暨云和雪梨美食节活动开幕式；2022年中国桨板公开赛暨“云缦杯”云和县首届水上运动休闲节开幕式；第十七届民间民俗文化艺术月暨“欢歌颂党恩、奋进新征程”首届乡镇街道民乐团演奏大赛；中国银行云和县支行开业庆典仪式；赴金华市磐安县、台州市临海市、温州市永嘉县等地考察学习。

12月，市委常委、副市长楼志坚一行到云和丽水华宏钢铁制品有限公司调研企业生产情况；副市长卢彩柳一行到云和督导检查食品安全工作；调研云和梯田创建国家AAAAA级旅游景区工作。举办2022年防汛防台综合演练；第四届全民运动会闭幕式；2022浙江省电商公共服务“双百”行动走进云和暨云和县跨境电商资源对接会；“党建引领共富 村企同心向未来”主题活动暨“沙溪片区共富家园”开园仪式；赴景宁畲族自治县学习考察。

县委县政府工作成效

【崇头镇创成全市首个省级园林城镇】 1月12日，浙江省住房和城乡建设厅公布2021年度全省园林城镇评审结果，云和县崇头镇作为全市唯一代表，创成省级园林城镇，成为全市首个省级园林城镇。一是精准定位，绿色机构强推进。根据“生态环境优越、功能设施完善、富有梯田文旅特色”定位，科学制订《崇头镇创建浙江省园林城镇实施方案》，明确园林绿化建设、生态环境保护、市政设施环卫管理、镇容景观保护、特色风貌建设等具体任务。二是重点突出，绿色主打重实效。对入镇景观公园、镇区绿道、水体岸线等区域进行公共绿地建设，新建改建绿化带1748米、绿道930米、公园绿地10234平方米。截至2022年末，全镇建成区绿地率达31.3%，绿化覆盖率达35.4%，人均公园绿地达到10.2平方米，基本形成组织管理到位、规划设计规范、景观保护得力、绿地系统完整、市政配套完善的建设格局。三是长效机制，绿色蝶变展百色。全镇累计投入资金8.2亿元，完善各类市政基础设施。实施农村饮用水达标提标工程三年行动，并推进生活垃圾“户集、村收、镇处理”管理体系建设，还开展污水管网改造、公厕改造、新建污水处理厂等深入推进城乡环境综合整治，建设沿溪绿道串联绿地公共空间，打造镇景融合生活带。梯田景区年游客量超100万人次，年营收达3000多万元，带动旅游收入3亿元，入选丽水市生态产品价值实现机制典型示范创建试点乡镇。

【云和县获评浙江省水库移民工作考核优秀县】 1月27日，浙江省水库移民安置办公室下发关于2021年度水库移民工作考核情况的通报，云和县获评2021年度全省移民工作考核优秀县，移民工作获得省、市移民系统高度肯定。一是政策支持，培育移民创业“活水源头”。加大对移民发展特色经济、休闲旅游服务业、农家乐、来料加工业、专业合作社、产业基地和移民村发展集体经济的扶持力度，重点扶持示范效应好，带动效应强，解决移民就业多的专业合作社和产业基地。2022年，共引导扶持移民成立专业合作社50余家，建成清江生态龟鳖养殖、石塘板栗、云海鹊山鸡、大库花白鲢、山羊生态养殖等百万元产业基地9个，新开发茶叶、干水果、玩具林等6588亩，抚育玩具林干水果等经济林13017亩，发展食用菌340.9万袋，家畜2161头。二是致富增收，做好沿库移民村产业培育工作。着重发展赤石、梓坊、龙门、局村、小顺、长汀等沿库移民村的农家乐、“渔家乐”、民宿和特色垂钓旅游业，先后投入200余万元开展农家乐综合体建设，促进农家乐民宿经营管理标准化、规范化，切实提高库区农家乐经营服务质量，已建成“云栖木屋”湖畔民宿、“龙门绿水”渔家民宿、“船帮驿站”船帮民宿等主题特色鲜明的沿库民宿136家(三星以上农家乐47家，其中四星级4家)，占全县农家乐的47.72%，据统计，库区农家乐年均带动游客90多万人，产值达8000多万元，带动了移民群众创业就业、增收致富。三是探索创新，打赢富民强村消薄攻坚战。积极培育村集体经济的“源头活水”，深入挖掘增收潜力资源，切实增强村集体经济“造血”功能，至2022年末，累计投入移民项目3996.25万元扶持经济薄弱移民村51个，全面发挥移民村展示消薄攻坚“重要窗口”的积极作用。

【小顺村入选省级未来乡村建设试点村】 1月27日，浙江省农业农村厅、浙江省财政厅、浙江省城乡风貌整治提升工作专班办公室公布第一批未来乡村建设试点名单，确定了100个全省第一批未来乡村建设试点村，云和县石塘镇小顺村榜上有名。小顺村将以抗战文化为主题，以红色体验为特色，围绕未来邻里场景、未来文化场景、未来健康场景、未来生态场景、未来创业场景、未来风貌场景、未来交通场景、未来数字场景、未来服务场景、未来治理场景等建设，通过挖掘红色文化，充分开发以初心使命、研学体验、文创写生、绿道骑行、乡村度假等为支撑的十大品谱系，并实现数字化智能升级，创成以抗战文化为主题的旅游风情乡村、国家级AAAA级旅游景区，争取进入全国红色旅游经典景区名录。

【云和县新增1个省级稻渔综合种养示范基地】 1月30日，省农业农村厅公布2021年浙江省稻渔综合种养重点示范县和示范基地建设结果,确定杭州博帆农业开发有限公司等50家单位为省级稻渔综合种养示范基地(第二批)，云和县清江生态龟鳖养殖专业合作社榜上有名。云和清江生态龟鳖养殖专业合作社主要产品有水库鳖、稻田鳖、清水鳖及其鳖蛋、苗种，是丽水市规模较大、养殖模式创新能力较强、产业链较完善的水产养殖企业之一，通过严格生产管理、加大科技创新、引入电商化营销等措施，建设了石浦种苗繁育、卜家流水生态放养、栗溪稻鳖共生3个基地，总面积108亩，年产值300万元以上，为周边县、市、区稻田养鳖提供2.5万公斤以上优质、健康、安全的苗种，累计推广稻田养鳖面积1500余亩。

【云和县新增2处省级中小学劳动实践基地暨学农基地】 1月26日，省教育厅办公室、省农业农村厅办公室、省林业局办公室联合发布浙江省中小学劳动实践基地(第三批)暨学农基地名单，共104家，云和梯田公社学农基地、云和大田劳动实践基地榜上有名。云和梯田公社学农基地学农活动主要包含田间实践教育、农产品加工、拓展训练、生态体系观察教育四大板块，同时完善的配套设施，拥有5辆大巴车、索道、大型停车场以及住宿、餐饮配套支持，拥有完善的运营体系。云和大田劳动实践基地集种植、采摘、观光、休闲、亲子、研学于一体，实践劳动内容主要包括田间实践教育、农产品深度加工、农业科普类三大板块，同时，拥有完善的多功能教室、餐厅等附属配套设施，可同时供300名以上中小学生开展大田劳动实践操作活动，培养学生的创新精神和实践能力。

【云和县2所学校获评省现代化学校】 1月6日，浙江省教育厅及省政府教育督导委员会办公室联合发布《浙江省教育厅 浙江省人民政府教育督导委员会办公室关于2021年浙江省现代化学校评估结果的公示》，云和县中等职业技术学校被评为省现代化中等职业学校，云和县石塘镇成人文化技术学校被评为省现代化社区学校。至2022年末，云和县创成省现代化学校4所（县实验小学、县实验幼儿园、县职技校、石塘成技校）。

【云和县“十里云河”库区经济产业带提升工程入选浙江省水库移民共同富裕示范项目】 2月15日，云和县“十里云河”库区经济产业带提升工程入选浙江省水库移民共同富裕示范项目。浙江省水库移民共同富裕示范项目建设是贯彻落实省委、省政府高质量建设共同富裕示范区战略的重要举措，也是省民政厅、省移民办水库移民共同富裕六大行动计划的重要组成部分，此举标志着云和县的移民工作得到了省政府和水利部的充分肯定。

【云和县流动供销致富车项目入选全国首批县域流动服务网络建设典型案例】 1月17日，云和县流动供销致富车项目经中华全国供销合作总社层层筛选后，成功入选首批县域流动服务网络建设典型案例。县供销联社打造的流动供销致富车服务平台，打通偏远山区物流的难点堵点，以微小切口快速渗透到山区商业流通的末端，提供产业、文化、帮扶、促富一站式供给。19辆“产供销”致富车、25个共富服务点站，编织起山区高能级的物流矩阵和“精微”服务网。云和可复制、可模仿的“山区版”的创新，不仅首次入选中华全国供销合作总社典型案例，还成为浙江山区26县推广致富车项目的试点县。

【浮云街道与安溪畲族乡入选2022年全省美丽城镇建设省级样板创建名单】 3月1日，根据浙江省美丽城镇建设办公室《关于公布2022年度全省美丽城镇建设省级样板创建名单》，云和县安溪畲族乡入选2022年全省美丽城镇建设样板创建名单，浮云街道入选2022年山区县城城镇样板名单。2022年，安溪畲族乡将投入资金1200万元，建设十大重点项目，对道路绿化、景观节点、污水处理等方面进行打造提升。浮云街道也初步拟定十大创建项目，通过项目建设开展创建。此外，2022年纳入创建的乡镇（街道）也将在原先城乡环境、综合服务、产业发展、生活品质以及强化治理等方面进行提升的基础上全面融入全省城乡风貌整治提升行动。

【云和县获评2021年度法治浙江（法治政府）建设优秀单位】 3月21日，中共浙江省委全面依法治省委员会公布《关于表扬2021年度法治浙江（法治政府）建设优秀单位的通报》，对全省共59家单位通报表扬，其中丽水市5家，云和县榜上有名。2022年，云和县委县政府高度重视依法治县工作，先后召开法治浙江（法治政府）示范创建动员部署会、法治建设工作点评会等重要会议全面部署法治建设工作，强化党委核心作用。协同运作交办、点评、亮晒、督查、约谈五大工作机制，加强法治建设保障。重点开展“烦企扰民”等行政规范性文件专项清理活动，优化法治营商环境，推进政府职能转变。印发《2021年云和县普法依法治理工作要点》，深入开展系列主题普法宣传活动，扎实推进普法宣传教育工作。启动“五清”专项行动、持续优化“最多跑一次”服务，加快提升公共法律服务质效升级。采用县乡联动调解模式加大社会矛盾纠纷排查化解工作力度。选聘社区矫正“公益大使”，形成“司法部门+业务骨干+公益大使”的社区矫正帮教模式，培育全县首个“社区矫正社会化精品项目”——云和县老李帮忙团服务中心，着力提升维护社会稳定能力。

【云和县3个村庄入选第一批“丽水市清廉村居引领村”】 3月7日，中共丽水市委农村工作领导小组办公室公布第一批“丽水市清廉村居引领村”名单。云和县凤凰山街道贵溪村、崇头镇坑根村、石塘镇小顺村获评。凤凰山街道贵溪村创新“清廉村居统计图”，设立民情收集站，并将“崇德明礼”村训、优秀家风家训、历史名人名言、美丽庭院、“和”文化等清廉元素，融入新建的贵溪村清风公园等宣传阵地，以小品、舞蹈、演讲等文艺表演夯实阵地建设。崇头镇坑根村依托“乡贤名士”，打造清廉文化品牌，同时，建设清廉长廊、标语、专栏等内容，开展“寻找好家风好家训好家规”及“廉洁好家风”活动，打造坑根清廉村居展示窗口。石塘镇小顺村结合村级特色，提出“红色小顺”宣传元素，建设清风馆，打造一批清风墙、廉政角、廉政文化长廊等廉政小景，努力形成长汀—小顺一带的廉政文化旅游线路。

【云和县被命名为第三批省级全域旅游示范县】 3月18日，浙江省人民政府同意命名杭州市萧山区等12家单位为第三批浙江省全域旅游示范县（市、区），云和县榜上有名。2022年，云和县谋划“全域AAAAA”发展蓝图，依托以县城为轴心的“一城一湖一梯田”三个全域旅游发展环，深入实施“旅游跨越发展3610工程”（3个AAAAA级、6个AAAA级、10个AAA级），着力构建全域布局、错落有致、功能齐全、辐射有力的全域旅游发展大格局。同时以旅游业高质量发展助力山区县共同富裕，紧密围绕产业增收这一核心命题，出台《产业兴旺26条》《精准扶贫工作若干扶持政策》等产业扶持政策，着力优化旅游人才创业环境，旅游扶贫乘数效应加速释放，为创建全域AAAAA级旅游景区打好坚实基础。

【云和县2个村入选全省第二批未来乡村创建名单】 3月25日，浙江省农业农村厅、浙江省城乡风貌整治提升工作专班办公室公布第二批未来乡村创建名单，确定全省第二批未来乡村创建村（片区）278个，云和县元和街道沈村村、崇头镇梅源村榜上有名。云和县第二批2个未来乡村建设试点村已完成“一村一方案”编制，建设周期内计划共完成项目28个，投入建设资金约6690万元，根据方案各试点村将以党建为统领，以人本化、生态化、数字化为建设方向，重点围绕产业、风貌、文化、邻里、健康、低碳、交通、智慧、治理九大场景，积极探索新的生产和生活方式，构建引领乡村振兴的生态、生产、生活共同体。

【崇头镇成功入选首批“浙江省摄影之乡”】 4月15日，浙江省摄影家协会公布首批“浙江省摄影之乡”名单。全省共有13个乡镇（街道）上榜，云和县崇头镇成功入选。崇头镇深入践行“绿水青山就是金山银山”理念，有效保护、传承与弘扬地方传统文化，发掘特色资源，繁荣浙江摄影创作，以影像力量赋能乡村，助推艺术乡建，为打造全国山区县域新型城镇化共富样板贡献力量。

【云和县发布环境空气质量健康指数案例入选健康中国行动推进地区典型经验案例】 3月29日，健康中国行动推进委员会办公室公布了第二批健康中国行动推进地区典型经验案例，《浙江省丽水市云和县：发布环境空气质量健康指数拓宽“两山”转化通道》案例成功入选，全国共计32个，全省仅2个。作为全国首批生态环境与健康试点县，云和县认真落实“健康优先”理念，于2019年7月27日在中国内地、世界第三个发布环境空气质量健康指数（AQHI），为全国生态环境健康管理工作贡献了云和经验、提供了云和样本。AQHI综合考虑$PM_{2.5}$、二氧化硫、二氧化氮、臭氧四种大气污染物的健康危害，将空气质量划分为4个级别、11个等级，并按不同级别向社会及敏感人群提出健康建议，最大限度地为公众提供健康风险信息参考，使公众了解当前的空气质量水平，指导群众健康生活、健康出行。

【《云和创新构建生态环境健康管理新模式探索“两山”转化新路径》被列入第二批全省生态环境系统共同富裕最佳实践名单】 4月21日，浙江省生态环境厅公布第二批全省生态环境系统共同富裕最佳实践名单，《云和创新构建生态环境健康管理新模式探索“两山”转化新路径》入选。2018年生态环境部启动了生态环境与健康管理试点工作，云和县成为全国首批2个试点县之一。为有效保障公众健康和生态环境安全，探索生态环境与健康管理路径，云和县从风险管控、健康管理角度探索出了推动生态产品价值转化的新模式，打开了生态富民的新路径。在2019年第十六届世界低碳城市联盟大会上，云和成为中国内地首个、世界第三个正式官方发布环境空气质量健康指数（AQHI）的地区。在AQHI指数基础上，融入生态环境状况指数、水康养指数、人体舒适度等指标，构成“康养指数”，综合反映生态要素与人体健康养生的适宜程度，为游客出行，民宿和景区收费，康养金融产品开发等经济活动提供实时参考。此外，还归集污染源、企业工况、无组织扬尘、机动车尾气、水气环境质量五大监测系统数据，构建“环境健康风险管理”系统，动态评估环境健康风险，生成可视化评估报告，实现环境影响公众健康全过程管控，为“精准治污”提供技术支撑，也为产业绿色发展提供有利环境数据支撑。截至2022年末，已建成7个地表水自动监测站、3个“清新空气”自动监测站、3个大气环境自动监测站、1个大气辐射环境自动监测站和1个机动车尾气遥感监测站，建成企业工况监控系统137套、视频监控系统70多套。

【云和梯田入选国家首批15个“天气气候景观观赏地”】 5月9日，中国气象服务协会对首批15个“天气气候景观观赏地”予以公布。其中，云和梯田（梯田云海景观）在名单中。浙江省共有两地上榜，分别是云和县梯田云海（梯田云海景观）和松阳县大毛岘背星空（星空景观）。云和县崇头镇以云和梯田AAAAA创建为契机，大力推进梯田景观建设，深入挖掘梯田历史悠久的农耕文化，依托保护较好、独具特色的自然资源禀赋，扎实开展湿地生态保护，推进梯田保育、生态监测、“一村万树”、“增花添彩”等工作。

【云和县36个村入选省级乡村振兴重点帮促村】 5月13日，浙江省乡村振兴局发文公布省级乡村振兴重点帮促村名单，杭州市淳安县汪宅村等1942个村入选省级乡村振兴重点帮促村，云和县36个村名列其中。2022年，云和县为加快推进乡村振兴，落实低收入农户帮扶措施，深入实施“八个万元”系列富民增收行动，成立县乡级强村公司11家，并在产业发展基础较好的村创建“扶贫创业孵化实训基地”，引导低收入农户发展蜜蜂、雪梨、小香薯、茶叶等特色产业。建立低收入农户“一户一策一干部”帮扶机制，发动全县4000多名干部职工结对年人均收入8000元以下低收入农户5780人。创新建立“幸福清单”，明确困难群众家庭状况、残疾类别等基本情况以及帮扶部门、帮扶措施、帮扶资金等保障信息，由结对干部分户施策、定向帮扶。

【云和县实验小学入围基于学习方式变革的新型教学空间典型范例培育名单】 5月19日，浙江省教育技术中心、浙江省教育厅教研室、浙江省教育科学研究院联合发布《浙江省教育技术中心 浙江省教育厅教研室 浙江省教育科学研究院关于公布基于学习方式变革的新型教学空间典型范例培育名单的通知》，确定萧山区世纪实验小学等20个学校为“基于学习方式变革的新型教学空间典型范例培育对象”，云和县实验小学入围培育名单，成为丽水地区唯一入围学校。作为典型范例培育对象。

【云和县大坪社区入围第五批未来社区创建名单】 5月25日，浙江省建设厅、浙江省风貌办公布浙江省第五批未来社区创建名单，共计186个项目符合未来社区创建要求。大坪社区是继云和县小徐社区之后，云和县又一个入围全省未来社区创建名单的社区。该社区创建类型为旧改类创建项目，规划单元总用地面积28.51公顷，实施单元总用地面积19.17公顷，计划总投资5000余万元，直接受益居民达7838人，建设期限至2023年12月。未来将聚焦“绘富民安居·塑合和大坪”的目标定位，以“一心一轴一环多点”（邻里中心、社区生活服务轴、1公里慢享乐活环、活力点）为建设内容，立足“富民”和“聚民”为出发点和落脚点，通过“街乡共治”的方式，积极推动下山转移和异地搬迁安置小区功能完善、环境和服务提升，形成友好、便民、绿色、整洁、有序的美好生活社区，使市民群众的获得感、幸福感、安全感明显增强，同时激发城市的发展潜能。

【全省首个地方海事系统防溺水实训基地在云和挂牌成立】 5月27日，云和县2022年中小学（幼儿园）防溺水安全主题教育启动仪式暨防溺水实训基地、少年海事学校签约授牌仪式在云和县实验小学举行。这标志着由交通主管部门、学校、社会三方共同合作创建的浙江省地方海事系统首个“防溺水实训基地”在丽水云和挂牌成立。为切实深化水上交通安全教育资源建设，云和县积极依托当地教育资源推动少年海事学校建设，依托游泳馆推动防溺水社会实践点建设，将云和县古坊小学打造为云和县少年海事学校，云和县盼盼游泳馆作为云和县中小学生防溺水实训基地，构建起以公益为主题、以学校为引领、以资源为共享的水上综合培训服务体系，使水上安全教育和技能培养从书本走向实践、从课堂走向社会。

【白龙山街道大坪社区妇女儿童驿站被评为2022年度首批浙江省三星妇女儿童驿站】 5月6日，省妇联印发《关于公布2022年度首批浙江省三星妇女儿童驿站名单的通知》，云和县白龙山街道大坪社区妇女儿童驿站成功入选。该驿站从下山转移群众中选出9名居民作为工作人员，覆盖砻铺、大坪经合社、云甬小区三大片区113幢居民楼，组建吸纳了“合和”爱家园巾帼志愿服务队15人、巾帼广场舞队25人、巾帼宣讲团15人，巾帼志愿者39人。该驿站一楼为儿童之家，二楼为妇女之家，建有就业大楼，可以提供宣传教育、维权调解、公益关爱、就业技能培训等服务，还设立巾帼文明岗积分兑换超市。工作开展以项目化运转为主，如承接民政的低保儿童关爱项目，妇联的小园丁妈妈关爱陪伴项目，省妇儿基金会的焕新乐园项目，还有平安创建中的家事婚姻调解等，每年邀请资深调解员或者心理咨询师、律师等为调解志愿者培训调解专业知识，为困境家庭妇女、外来务工女性，包括外籍新娘、外来媳妇等开设维权讲堂，为困境家庭成员提供来料加工送货下乡服务，为残疾家庭、孤老家庭送加工产品上门服务，为刚毕业的大学生提供电商平台、就业指导等。该驿站始终以服务辖区妇女、儿童、家庭为工作重点，开拓创新、扎实工作，不断推动大坪社区妇女儿童工作走深走实。

【云和县一条线路入选首批浙江主题非遗旅游线路】 6月11日，浙江省文化和旅游厅发布了16条首批浙江主题非遗旅游线路，其中丽水市古村探秘 芒种开犁——松阳云和乡村非遗之旅、“剑”钟情、从“瓷”开始——龙泉青瓷宝剑之旅两条线路入选。古村探秘 芒种开犁——松阳云和乡村非遗之旅线路，串连云和梯田和云和湖仙宫景区两个AAAA级旅游景区，通过游览以“瓯江帆影”、佛教文化和船帮文化为主题的“十里云河”游线，参观瓯江帆船展示馆、船帮农耕微博馆，体验船帮古镇生产生活方式。游览云和梯田日出云海、九曲银环，沉浸式体验“梅源梯田开犁节”的视觉和文化盛宴，参与活动体验云和畲族婚嫁习俗，感受云和特色古村落。此次入选，进一步推动“梅源梯田开犁节”非物质文化遗产与旅游融合发展，弘扬传统文化，助力云和梯田创国家AAAAA级旅游景区。

【“云和木玩”工坊入选省级非遗工坊创建名单】 6月16日，浙江省文化和旅游厅关于公布省级传统工艺工作站、省级非遗工坊（创建）名单，“云和木玩”工坊成功入选省级非遗工坊。“云和木玩”工坊建设主体为新云木业集团有限公司，是省级非物质文化遗产项目木玩具制作技艺的生产性保护基地，是全国集研发、生产、经营木制玩具、工艺品于一体的民营企业。“云和木玩”工坊建有500平方米的产品展示空间，对木玩的历史、制作流程、木玩样品进行全方位展示。省级木玩具制作技艺非遗代表性传承人廖复新带领新云木业经过多年的创新与开发，创造了八大系列2000多个品种，这些产品独具特色、品质上乘，畅销世界100个国家和地区，受到市场广泛的认可与喜爱。工坊为周边群众提供上千个就业岗位，为云和的乡村振兴和共同富裕贡献力量。

【云和县入选全省首批“无废城市”建设名单】 7月8日，在全省建设新时代美丽浙江推进大会暨生物多样性保护大会上，公布了全省首批“无废城市”建设名单，云和县入选，系丽水全市首个、山区26县唯一。自2020年全面启动“无废城市”建设工作以来，云和县将“无废城市”建设作为打造全国山区县域新型城镇化共富样板的重要抓手，全面完成33项创建指标，创新打造“无废城市”数字化管理系统，建成市级以上“无废城市细胞”20个，组建以“老李帮忙团”为核心的“无废城市建设志愿者”，“四大硬招，为工业固体废物在园区安家”“正面清单制度破解水性漆渣管理难题”“‘五化’打造‘一把扫帚扫到底’的城乡环卫管理服务体系”3个典型案例入选浙江省全域“无废城市”建设巡礼，持续推动县域高质量绿色发展。

【云和梯田上榜浙江第一批山区26县“造月工程”名单】 7月9日，浙江发布第一批山区26县“造月工程”名单，云和梯田上榜。“造月工程”取意“众星捧月”，旨在为浙江山区26县的文旅产业“造血”，凝聚发展动能。该工程的目标是争取每个县拥有或纳入培育国家AAAAA级旅游景区或国家级旅游度假区1家，打造山区26县旅游核心吸引物，成为旅游业高质量发展的“核动力”。总投资力争突破3918亿元，年度计划完成投资超629亿元。云和县充分利用当地梯田、云海、星空、花海等独特的生态资源和历史村落、传统农耕、银矿文化等特色人文资源，大力发展乡村旅游产业，已成功创建了云和梯田国家湿地公园、国家AAAA级旅游景区、国家水利风景区，2022年继续再创建国家AAAAA级旅游景区，已投入运营观云索道、一级游客接待中心等项目。

【云和县流动供销致富车项目获评《全国农业社会化服务典型》案例】 7月15日，农业农村部举办2022年全国农业社会化服务典型发布会活动。云和县流动供销致富车项目获评《全国农业社会化服务典型》30个案例之一，系全市唯一，浙江省仅2例入选。云和县高度重视山区低收入农户共同富裕问题，大力推进流动供销致富车项目，通过“浙丽销”“浙丽供”“浙丽产”致富车系列服务，积极破解山区群众公共服务、生产销售存在“盲区”等现实困难，让山区群众致富增收。截至2022年6月，该项目已为山区群众提供代购、代销、代办服务7.7万件次，服务路程达52.45万千米，帮助山区群众销售农产品720多万元，户均增收3000元。

【崇头镇梅竹村入选2022年浙江省气候标志胜地名单】 8月12日，浙江省气候中心公布2022年度浙江省气候标志名单，其中第二批浙江省避暑气候胜地14个、第二批乡村氧吧14个、第二批气候康养乡村22个，云和县梅竹村入选“避暑气候胜地”。此次评选活动旨在深入挖掘浙江省优质生态气候资源，推动气象、农业、旅游、康养等领域融合发展，服务乡村振兴战略，助力美丽浙江和健康浙江建设，促进共同富裕示范区建设。梅竹村地处云和梯田的核心景区，平均海拔900米。年平均气温为14.0℃，盛夏时节，梅竹村的6月、7月、8月平均气温分别为21.0℃、23.3℃、22.9℃，较其他地区气温明显偏低。梅竹村属亚热带季风气候区，温度湿润、气候宜人，气象景观资源丰富；夏季平均温度低、生态环境优良；自然风光秀丽，休闲旅游四季皆宜，是养生避暑福地，是回归自然的理想乐园，更是实至名归的避暑胜地。

【云和县7家农家乐（民宿）被评为浙江省五星级农家乐】 8月25日，浙江省农业农村厅公布了2022年五星级农家乐认定名单。云和县稻田民宿、花开初夏民宿、浮云一盏民宿客栈、云上五天民宿客栈等7家入围，数量系全市最多。至2022年，云和县开展“空闲农房二次创业”行动，推出“民宿+木玩”“民宿+文化”“民宿+平台”“民宿+农业”“共享农屋”发展模式，创新建立“农家乐民宿成长贷”“农权贷”等机制贷款产品，吸引、鼓励工商资本发展民宿产业，打造独具特色的“云和云居•六头民宿”。加强云和小吃制作等技能培训，提升了农家乐民宿经营者的综合能力。

【云和县入选全省首批中小企业数字化改造试点县创建名单】 8月30日，省数字经济发展领导小组办公室公布全省中小企业数字化改造试点县（市、区）创建名单，云和县木制玩具行业作为试点行业从参选的49个县（市、区）中脱颖而出、成功入选，系全市唯一入选的县（市、区）。由于云和县紧紧围绕数字化改革工作部署，抢抓数字化、生态化时代风口，把发展数字经济作为县域换道超越的战略抓手，各项工作多点开花：2022年6月，云和木玩产业大脑被列入第二批工业领域行业产业大脑创建名单；本地服务商企业浙江木多鱼智能科技有限公司被列入2022年省级产业数字化服务商。同时制定出台推进企业数字化能力提升的激励政策《云和县关于加快推进生态工业和数字经济高质量发展若干政策的意见（试行）》，对企业实施数字化改造应用的，给予软硬件30%的补助，对数字化标杆工厂、“N+X”试点示范企业提高到50%，引导木制玩具中小企业积极参与数字化改造。全面实现产业优化升级，奋力打造全省产业集群数字化改造示范样本，显著提升企业竞争能力，为助力当地建设中国乃至世界先进制造业基地作出了努力。

【云和县5家乡村博物馆被认定为浙江省第二批乡村博物馆】 8月26日，浙江省文物局公布第二批乡村博物馆名单，云和县银矿展示馆、瓯江船帮文化展示馆、农耕文化微博馆、畲族民俗文化展示馆和中国工农红军挺进师斗争史梅湾纪念馆5家申报单位均验收通过。通过此次乡村博物馆的创建，有效促进乡村文化振兴，切实发挥了保护乡村文化遗产、传承乡村优秀传统文化、推进乡村振兴的作用。同时，丰富了历史文化和旅游资源，也让居住偏远乡村的群众享受到高质量的公共文化服务。

【云和县入选全省强村富民乡村集成改革实践试点名单】 9月2日，浙江省强村富民乡村集成改革工作专班公布了强村富民乡村集成改革实践试点名单，确定全省试点地区30个，云和县入选宅基地改革+乡村建设试点名单，系丽水地区唯一入选。自云和提出“小县大城”发展战略以来，坚持以“两山”理念为指引，深化生态产品价值实现机制、户籍管理制度、农村集体产权制度、农村金融等改革，在全国率先将村经济合作社改组为股份经济合作社，在全省率先完成“城乡统一”的户籍管理制度改革试点，在全国首创农村产权抵押融资免担保模式，产业发展实现了跨越式转型发展，盘活了强村富民“一盘棋”，探索走出了一条欠发达山区跨越式发展的“云和模式”。

【云和县“家校共育改革”入选浙江省深化新时代教育评价改革单项试点项目】 9月5日，中共浙江省委教育工作领导小组秘书组公布浙江省深化新时代教育评价改革试点项目名单，本次共确定2个综合试点区、16所综合试点校、100个单项试点项目。云和县“家校共育改革”入选市县组单项试点项目。至2022年末，云和县坚持“大场景、小切口、快应用、大牵引”,在教育领域主抓数字化改革，构建“家校共育”这个“大场景”,立足破解“家长所难”这个“小切口”,以“浙里办”为依托，积极开发线上教育服务“快应用”,为落实国家“双减”政策推进教育高质量发展服务，成效明显。

【云和县“家校共育系统”入选浙江省教育领域数字化改革创新试点项目】 9月9日，浙江省教育厅办公室公布2022年教育领域数字化改革创新试点项目名单，本次根据《浙江省教育领域数字化改革工作方案》要求，在各地各高校申报的基础上，组织专家评审并进行综合筛选，确定了2022年教育领域数字化改革创新试点项目共55项。云和县“家校共育系统”入选。云和县坚持“大场景、小切口、快应用、大牵引”,在教育领域主抓数字化改革，构建“家校共育”这个“大场景”,立足破解“家长所难”这个“小切口”,以“浙里办”为依托，积极开发线上教育服务“快应用”,为落实国家“双减”政策推进教育高质量发展服务，成效明显。助力全省“打造数字变革高地”,为实现“两个先行”积极贡献力量。

【云和童话书房入选首届浙江省最美公共阅读空间】 9月14日，文旅浙江公众号公布首届浙江省最美公共文化空间获奖案例，云和童话书房获得“最美公共阅读空间”的荣誉。该次评选活动由浙江省文化和旅游厅、浙江日报传媒有限公司联合举办，于8月中旬启动，经申报初审、读者点赞等环节，最终由专家组从全省入围的262个公共文化空间中选出5个大项共50个获奖案例。童话书房建在云和县新建路木玩公园旁，总面积235平方米，分为上下两层。座位数65个，藏书2万册，其中少儿中外童话故事及绘本5000多册，尽显童话气质。书房采用智慧化管理，书房内将图书与木玩文化元素融合，是一所温馨又带着独特浪漫童话气息的智慧书房，是点亮云和的文化灯塔，童话书房融入了生活，是云和人童话般生活的一部分。

【云和县东部省级现代农业园区入选省级现代农业园区创建名单】 9月13日，浙江省粮食安全和推进农业现代化领导小组农业“两区”办公室公布2022年省级现代农业园区创建对象名单，确定杭州市钱塘区等11个园区为2022年省级现代农业园区创建对象，其中丽水市云和县东部省级现代农业园区成功入围。云和县东部省级现代农业园区拟定规划面积约176平方千米，其中核心区面积2.5万亩，园区空间布局为雪梨乡村共富示范带、云和雪梨创新融合全产业链，以及规模种植核心区、加工流通功能区、农旅融合体验区、绿色生态示范区，形成“一带一链四区”总体架构。

【凤凰山街道新岭村获评省级美丽庭院特色村】 9月28日，浙江省妇女联合会和省农业农村厅联合印发《关于公布省美丽庭院特色村名单的通知》,确定了100个省美丽庭院特色村，其中丽水市10个村榜上有名，云和县凤凰山街道新岭村成功入选。新岭村地处云和县县城以北，距县城1.5千米，云龙公路绕村而过，交通便利。畲族人口占比51%，是典型的畲族汉族两族混居村。曾荣获全国第三批少数民族特色村寨、第三批省级引领型农村社区、省A级旅游景区村等称号。至2022年，新岭村改造农房83幢，创建星级美丽庭院35户；拆除菇棚4.5万平方米，种植桃树3600株；拆除旱厕53处，新建星级公厕6座；建成乡村公园3处、生态绿道3.2千米，实现美丽乡村大变身。同时，新岭村按照“花样畲寨、魅力新岭”的发展思路，形成“以农促旅、以旅兴农”的发展之路，成功转变为民族特色明显、村庄环境整洁、产业兴旺发达的新农村。

【云和县被命名为浙江省第二批大花园示范县】 10月10日，浙江省推进“四大建设”工作联席会议办公室发布《关于公布全省第二批大花园示范县的通知》,云和县被成功命名为浙江省第二批大花园示范县。自2019年被列入浙江省大花园典型示范建设单位名单以来，云和县深入贯彻《浙江省大花园典型建设工作方案》《浙江省大花园典型示范建设指南(试行)》等文件精神，积极组织，加快实施，圆满地完成了大花园典型示范创建各项任务，成功创成浙江省第二批大花园示范县。

【大坪社区入选全省首批共同富裕现代化基本单元“一老一小”服务场景名单】 10月10日，浙江省城乡风貌整治提升专项办公室公布浙江省首批300个共同富裕现代化基本单元“一老一小”服务场景名单，其中城镇社区228个，未来乡村72个。云和县大坪社区作为托幼服务场景入选。大坪社区是云和县“大搬快聚富民安居”工程中最大的下山转移安置小区，面对社区幼儿家庭对四点半课堂、托育服务、亲子活动场地等需求，截至2022年，云和县通过打造面积约为198平方米的幼托一体社区0—3岁托育中心和面积为40平方米的儿童之家等幼儿成长空间，积极构建儿童友好成长社区。已可为社区0—3岁婴幼儿家庭提供全日托、临时托管、亲子活动等服务，搭建起一个科学育儿的交流平台。同时还为留守儿童和困境儿童提供绘本阅读、心灵关怀、亲情连线、学业辅导，组织动员社工开展各种形式的帮扶活动。

【云和县3处基地入选丽水市首批“丽水山景”示范基地】 10月9日，丽水市文化和广电旅游体育局公布首批35家“丽水山景”示范基地名单，其中云和大田葡萄庄园、新岭村果蔬采摘基地入选果蔬采摘示范基地，云逸的院子入选乡村酒店类示范基地。云和大田庄园是一家集“生态餐厅、农产品超市、会务中心、四季水果采摘、野外拓展、休闲观光”等于一体的综合旅游度假地；新岭村依托生态地理优势，按照“花样畲寨、魅力新岭”的发展思路，大力发展新型农业、旅游业，新岭，现有桃园面积80亩；云逸的院子建在云和梯田景区内，作为一家休闲度假概念的精品民宿，深受游客喜爱，2022年国庆期间实现营业收入约33万元。

【云和县云善共富暖心团入选丽水市“山区养老”十大创新案例】 10月21日，市民政局公布2022年度丽水市“山区养老”十大创新案例名单，云和县云善共富暖心团成功入选。2022年，云和县高度重视山区农村养老难题，大力推进云善共富暖心团项目，通过全县统筹组建“1+6+N”的集成式帮扶队伍，推进县级部门、社会组织、社会力量资源整合、资金集合、服务下沉，帮助留守老年人解决困难、提供服务，基本形成为民、便民、省心、暖心、安心、舒心的服务体系。截至2022年末，各服务联队前往各乡镇(街道)偏远山村开展义剪、义诊、家政等服务1万多人次。

【云和县2个乡镇(街道)获评浙江省农村文化礼堂建设示范乡镇(街道)】 10月9日，浙江省农村文化礼堂建设示范县(市、区)、示范乡镇(街道)名单公布，云和县凤凰山街道、赤石乡获评浙江省农村文化礼堂建设示范乡镇(街道)。至2022年末，云和县因地制宜，结合实际情况打造提升特色文化礼堂阵地，已累计完成农村文化礼堂建设82家，实现行政村文化礼堂全覆盖。同时，依托“小红花”“汀大姐”等志愿服务团队，积极开展志愿服务、公益活动等，丰富村民精神生活，营造了良好的文化氛围。已开展各类特色宣讲80余场，组织各类志愿服务240余次。

【云和县创成2021年度省十佳新增违建管控示范典型县】 10月8日，浙江省“三改一拆”(违建别墅清查整治)行动领导小组办公室发文件通报了全省2021年度“无违建”创先争优示范评选结果，云和县成功获评2021年度省十佳新增违建管控示范典型县，崇头镇创成2021年度省治违控违示范乡镇。此次评选，由县级申报，市级初评推荐，严格把关、好中选优，经过严格规范评选、公示程序，全省评选 10 个县（市、区）为 2021 年度十佳新增违建管控示范典型县（市、区），评选 30 个乡镇街道为 2021 年度治违控违示范乡镇街道。2021 年以来，云和县深入践行“两山”发展理念，紧紧围绕省市决策部署，持续巩固“无违建县”创建取得的成果，严格对标省“无违建”创建创先争优考评办法，以数字化手段实现违法建筑由“传统管控”向“精密智控”转变，深入推进违法建筑治理能力和治理体系现代化。截至 2022 年底，已拆除违法建筑 13 万平方米，完成年度任务的 650%；完成三改 21.03 万平方米，完成年度任务的 133.95%。

【云和县 1 家渔业经营主体获评省级渔业共富主体】 10 月 18 日，浙江省农业农村厅公布了百家渔业共富主体名单，确定龚老汉控股集团有限公司等 100 家主体为渔业共富主体，云和县清江生态龟鳖养殖专业合作社入选。云和县清江生态龟鳖养殖专业合作社是省级稻渔综合种养示范基地，建有石浦种苗繁育、栗溪稻鳖共生、卜家流水生态放养等 3 个基地，总面积 108 亩，年产值 300 万元以上，已形成产供销一条龙和“合作社+农户”的发展格局，为千家万户山区农民发展高效种养新型农作模式提供强有力的种苗和技术保障。

【云和县金采油茶种植专业合作社基地获评省级第二批“一亩山万元钱”高质量基地】 10 月 20 日，浙江省林业局公布第二批“一亩山万元钱”高质量基地名单，云和县金采油茶种植专业合作社（坐落在凤凰山街道贵溪马槽头村）入选名单。云和县金采油茶种植专业合作社采用“合作社+基地+农户”的经营管理模式，共租赁山林面积 1292 亩，涉及农户 69 户，其中良种油茶 700 余亩、老油茶 400 余亩、油茶林下套种黄精 30 亩，雪梨、猕猴桃、茶叶、油蟠桃等经济作物 160 余亩，是云和县单体规模最大的林业产业基地。先后被评为“省级示范性家庭林场”“丽水市农村科技示范户”“云和师傅产业振兴示范基地”“云和师傅放心农产品示范基地”等。

【云和县一镇五村上榜全省第二批低（零）碳乡镇（街道）、村（社区）及减污降碳协同试点创建单位名单】 10 月 28 日，省碳达峰碳中和工作领导小组办公室公布全省第二批低（零）碳乡镇（街道）、村（社区）及减污降碳协同试点创建单位名单，共确定了 56 个低（零）碳乡镇（街道）、432 个低（零）碳村（社区）和 12 个减污降碳协同试点创建单位，其中云和县共有 1 个乡镇、5 个乡村上榜，分别是崇头镇、浮云街道庄前村、元和街道梨庄村、石塘镇规溪村、紧水滩镇金水坑村、安溪畲族乡安溪村。截至 2022 年末，云和县牢固树立“绿水青山就是金山银山”的理念，全面贯彻习近平总书记碳达峰碳中和重要论述精神，落实省委省政府碳达峰碳中和工作决策部署，发挥好生态资源禀赋，高标准推进山水林湖田草沙治理，实现从环境要素治理向生态系统修复转变。

【云和县 1 家社会组织获评 2022 年浙江省品牌社会组织】 10 月 28 日，浙江省民政厅通报 2022 年全省品牌社会组织和社会组织领军人物评选结果，云和县公益救援促进会获评 2022 年浙江省品牌社会组织。云和县公益救援促进会于 2016 年成立，共有会员 105 人，其中专业救援人员 35 人。自成立以来累计参与洪涝、泥石流等自然灾害抢险救援 10 余次，协助找回 24 小时内走失老人 60 余人，开展防火、防骗、防疫等宣传 40 余次。

【云和县设立全市首个“法制审核室”】 11 月 3 日，云和县设立全市首个“法制审核室”，以进一步夯实“一支队伍管执法”法治保障基础，解决乡镇（街道）法制人员力量不足、专业性不强等问题。该审核室采取“10+4+1+N”实时入驻模式，即由 10 个乡镇（街道）法制员+4 名司法所工作人员+1 个律师顾问团队+N名业务行政主管部门法制员组成法制审核人员队伍并实时入驻。截至2022年末，已纳入法制审核人员24名。同时，实行“简案主审、要案联审、以案定人”等多种审核模式，将出具法制审核意见作为乡镇（街道）在行政处罚案件办案系统上出具处罚决定的重要依据。

【云和一项目入选全省首批跨乡镇开展全域土地综合整治试点】 11月2日，浙江省保护耕地和全域土地综合整治与生态修复领导小组办公室公布了全省首批跨乡镇开展全域土地综合整治试点项目名单，云和县白龙山、凤凰山街道全域土地综合整治项目入选。云和县以重点聚焦区域内建设用地及生态环境保护，按照高质量绿色发展要求，积极稳妥推进老旧工业区块改造、低效工业用地腾退入园、生态不稳定地带重点修复等工作，实现土地高效利用、生态环境明显改善、经济结构得到优化升级。

【凤凰山街道普光社区入选省第六批未来社区创建名单】 11月15日，省建设厅、省风貌办公布了浙江省第六批未来社区创建名单，共计有316个项目入选，其中引领型112个，普惠型204个。云和县凤凰山街道普光社区入选普惠型未来社区创建名单。该社区以农民下山进城的公寓式安置小区为主，此次实施改造的面积为10.8公顷，涉及常住户数1203户、常住人口3850人。根据规划内容，普光社区重点打造党建智治和“一老一小”公共服务场景，完善未来养老、教育、文体、医疗等综合服务功能。

【云和县入选2023年度“一事一议”财政奖补支持打造共富乡村试点实施类项目名单】 11月2日，省财政厅公布关于同意列入2023年度“一事一议”财政奖补支持打造共富乡村试点项目的批复，云和县成功入选2023年度“一事一议”财政奖补支持打造共富乡村试点实施类项目名单。至2022年末，云和县紧扣高质量发展共同富裕时代主题，以改革创新为根本动力，多渠道增加村集体经济收入，取得积极成效。

【云和县“街乡共治”管理模式入选全国乡村治理典型案例】 11月7日，农业农村部办公厅会同国家乡村振兴局综合司联合发布第四批全国乡村治理典型案例，为各地乡村治理提供可复制、可推广的实践样板，全国共入选31个案例，云和县首创的农民流入地和流出地共同服务进城农民“街乡共治”管理模式成功入选，系全市唯一。该模式可有效破解人口聚集带来的融入难、管理难、致富难等问题，构建起共建共治共享的山区县城乡融合共富格局，提升基层社会治理水平。

【云和县第二中学获评浙江省群众体育工作成绩突出集体】 10月20日，浙江省体育局公布2018—2021年度浙江省群众体育工作成绩突出集体和个人名单。丽水市9家单位获评2018—2021年度浙江省群众体育工作成绩突出集体；9人获评2018—2021年度浙江省群众体育工作成绩突出个人。其中，云和县第二中学获评浙江省群众体育工作成绩突出集体。截至2022年，云和县第二中学深入贯彻落实全民健身战略，努力构建更高水平的全民健身公共服务体系，特别在学生篮球方面取得可喜成绩。

【云和县一家庭农场被认定为浙江省水产健康养殖示范场】 11月28日，省农业农村厅公布了2022年浙江省渔业健康养殖示范创建结果，认定杭州市萧山区等21个县（市、区）为浙江省渔业健康养殖示范县（第三批）、永嘉县马介山丰润农业专业合作社等127家单位为浙江省水产健康养殖示范场（第四批）。云和县金坞岭家庭农场（崇头镇栗溪村）榜上有名，被认定为浙江省水产健康养殖示范场。2022年，云和县依托优质的水资源，系统利用5G和物联网技术，推动水产养殖业融入科技力量，实现了绿色高质量发展。

【崇头镇梅源村入选省第十一批历史文化(传统)村落保护利用重点村名单】 11月18日,浙江省“千村示范、万村整治”工作协调小组办公室公布省第十一批(2023年度)历史文化(传统)村落保护利用重点村和一般村名单。云和县崇头镇梅源村榜上有名,被列为省历史文化(传统)村落保护利用重点村。梅源村始建于明代,距今已有600多年历史,截至2022年,该村以梯田创建国家AAAAA级旅游景区为契机,大力推进美丽村庄建设,充分挖掘老村文化,强化资源整合,发展壮大村集体经济,让“老梅源”焕发出了“新活力”。

【浙江云和雪梨栽培系统入选第一批省级重要农业文化遗产资源名单】 11月29日,浙江省农业农村厅公布第一批省级重要农业文化遗产资源名单,浙江云和雪梨栽培系统成功入选。云和雪梨素有“中华名果”之称,距今有560多年的栽培历史,至2022年,为适应市场需求,云和县大力推广雪梨的先进栽培技术和优良品种,积极遴选优质品种植株进行种植,有效提升了雪梨品质,还制订出台云和雪梨产业创新集成发展三年行动计划,通过实施种质品质提升、规模种植、技术创新、品牌培育、精深加工、农文旅融合等产业转型升级系列组合拳,培育做强“云和雪梨”公共品牌等目标,实现产业规模效益整体跃升。

【云和县4人被聘为2022年度省级林业乡土专家】 11月14日,浙江省林业局发布聘任2022年度省级林业乡土专家通知,云和县4人被聘为2022年度省级林业乡土专家,其中,张土荣为新聘,蓝小建、张安定、廖水成3人通过复选。至2022年末,云和县以培育林业乡土专家为抓手,持续激发社会民间林业实用人才开展科技推广的积极性和创造性,带动了基层林业科技工作有序发展。

【云和县8个产品入选第15届中国义乌国际森林产品博览会优质产品获奖名单】 11月21日,中国义乌国际森林产品博览会组织委员会公布第15届中国义乌国际森林产品博览会优质产品获奖名单,云和县8个产品入选,其中,云和县羽林家庭农场有限公司“黄岗雨林”牌百花蜜等3个产品获金奖,云和县白龙山果蔬专业合作社“山亨”猕猴桃等5个产品获优质奖。截至2022年末,云和县立足生态发展定位,依托丰厚的森林资源,大力发展林下经济,实现了生态效益和经济效益的“双赢”。

【云和木玩童话小镇项目入选全省首批文化基因解码成果转换利用示范项目】 12月5日,浙江省文化和旅游厅公布全省首批20个文化基因解码成果转化利用示范项目,云和木玩童话小镇项目成功入选,系丽水市唯一。云和木玩童话小镇位于该县城南区块,规划面积2.46平方千米,核心区面积0.95平方千米,规划实施24个重点项目,总投资48.9亿元。截至2022年末,已完成投资30亿元,建成童话小镇规划展示馆、木玩展示馆、文旅商品展销中心等项目。

【云和12家民宿入选全省首批“百县千宿”培育名单】 11月30日,浙江省首批“百县千宿”培育名单在金华发布,全省11市649家民宿上榜,云和县12家民宿榜上有名,入选全省首批“百县千宿”培育名单。至2022年末,云和县因地制宜、创新举措,积极发展民宿产业,富民效应逐步显现。早在2021年,全县农家乐(民宿)就已接待游客466万人次,实现营收1.37亿元。

【云和县6个产品被评为2022年浙江网上农博会优质产品】 12月2日,浙江农业博览会组委会办公室公布2022浙江网上农博会优质产品推选结果,云和县6个产品入选,其中“云河”牌中华鳖获金奖,“梯源”牌稻鱼米等5个产品获优质奖。至2022年末,云和县围绕“绿水青山就是金山银山”发展理念,紧盯农民持续增收的核心目标,大力实施乡村振兴战略,深入推进农业供给侧结构性改革,培育了“中国生态黑木耳”“浙江生态绿茶”“南方早熟梨”等一批生态精品农产品。

【浙江省木制玩具知识产权联盟入选 2022 年省级产业知识产权联盟备案名单】 12 月 8 日，浙江省市场监督管理局公布 2022 年省级产业知识产权联盟备案名单（第二批），浙江省木制玩具知识产权联盟成功上榜，系全市唯一。该联盟由 16 家木制玩具相关企业及高校院所、行业协会、金融机构等 31 家单位组建成立，是全国首个木制玩具类知识产权联盟。该联盟的组建，将探索木玩知识产权资源共享、利益共享的合作模式，共同抵御涉及行业类的专利风险，有力提高创新和知识产权价值的转化能力。

【云和木玩童话小镇入选第一批浙江省特色小镇最佳实践案例】 12 月 14 日，省发展和改革委员会公布第一批浙江省特色小镇最佳实践案例，云和木玩童话小镇榜上有名，入选幸福共富最佳实践案例。云和木玩童话小镇位于县城南郊核心区块，规划面积 2.46 平方千米，核心区面积 0.95 平方千米，总投资 48.9 亿元，按照产业、文化、旅游和社区功能四位一体的要求，以“木玩+”为核心发展理念，依托木玩产业，把握山水童话，引入童话创作、童话度假等高端产业要素，着力打造以木玩文创高地、幼教研学基地和童话度假胜地为支撑的旅游特色小镇。至 2022 年末，小镇已完成浮云溪水影景观工程、城南九年一贯制学校、白龙山农庄、全民健身中心、木玩乐园提升、小镇客厅（旅游集散中心）等项目建设，木制玩具产业创新服务综合体、童话云和规划馆等项目有序推进中。

【云和县“四好农村路”两专管养新模式入选省第一批交通服务共同富裕试点名单】 12 月 7 日，浙江省交通运输厅办公室公布第一批交通服务共同富裕试点名单，按照“推广一批、培育一批、储备一批”的原则确定了 26 个试点项目，云和县“四好农村路”两专管养新模式入选第一批交通服务共同富裕储备类试点名单。两专管养模式，是指通过人才队伍+器械设备+技术培训，形成自有专业化管养队伍，提升养护管理综合能力。同时，通过科技、信息支撑保障，促进“专业化管理+专业化养护”的两专新模式推广。

【云和梯田农旅“共富工坊”入选全省首批百家电商直播式“共富工坊”典型案例】 12 月 11 日，首届全球数字贸易博览会在杭州国际博览中心开幕，会上发布了《首批百家电商直播式“共富工坊”典型案例》，云和梯田农旅“共富工坊”成功入选。随着直播电商的快速发展，云和梯田景区积极深入开展“直播+电商”融合实践，借助梯田景区人才优势、资源优势和互联网平台及直播技术，实施直播电商模式，进行本地产品线上展示和梯田景区推荐，并携手云和梯田周边农户、县域内农产品生产加工企业，整合优化云和特色产业及产品供应链，利用电商直播“快车道”，把云和当地的特色产品通过直播电商进行宣传售卖，扩大农产品销售渠道的同时带动当地农民增收。至 2022 年末，已直播 500 多场次，实现收入 500 多万元。

【云和县获评 2022 年度全省深化“千万工程”建设新时代美丽乡村（农村人居环境提升）工作优胜县】 12 月 12 日，浙江省“千村示范、万村整治”工作协调小组办公室公布了 2022 年度全省深化“千万工程”建设新时代美丽乡村（农村人居环境提升）工作优胜县等名单，确定杭州市西湖区等 46 个县（市、区）为 2022 年度全省深化“千万工程”建设新时代美丽乡村（农村人居环境提升）工作优胜县，云和县榜上有名。同时，元和街道获评 2022 年度浙江省美丽乡村示范乡镇，石塘镇朱村村、元和街道沈村村、安溪畲族乡下武村 3 个村获评 2022 年度浙江省美丽乡村特色精品村。至 2022 年末，云和县全域推进花园乡村“微改造、精提升”，编制《云和县公园乡村建设研究报告》《云和县公园乡村风貌一体化研究》，完成安溪村等5个花园乡村精品村，完成沙铺、栗溪、下垟等6个历史文化村落保护利用一般村，新增3个省级美丽乡村特色精品村，实现新时代美丽乡村达标村全覆盖，并成功入选第二批省大花园示范县名单。

【龙泉溪（云和石塘水库—规溪村段）入选浙江省2022年美丽河湖名单】 12月15日，浙江省水利厅、省美丽浙江建设领导小组河长制办公室公布2022年美丽河湖名单，龙泉溪（云和石塘水库—规溪村段）成功入选。至2022年末，云和县以河长制为重要抓手，全力推进生态美丽幸福河湖建设工作，以“补防洪短板、强生态修复、增河流管护、彰河流文化、提景观品位”为重点，通过水系整治、生态修复、文化挖掘、景观提升等措施，因地制宜地打造了一批幸福河湖。通过全域美丽河湖建设，流域防洪体系日趋完善，水生态环境显著改善，文化景观打造与旅游资源有机融合，水管理水平逐步提高，逐步实现“河岸治理保安全，生态修复促健康，文化传承提品质，亮点突出美云和”的总体目标。

【云和县3个乡镇（街道）入选2022年度省级美丽城镇名单】 12月21日，浙江省城乡环境整治工作领导小组公布了全省美丽城镇建设2022年度评价结果，云和县浮云街道、安溪畲族乡、雾溪畲族乡成功入选省级美丽城镇创成名单。其中，浮云街道创成美丽城镇建设山区县县城省级样板、安溪畲族乡创成美丽城镇建设省级样板，雾溪畲族乡创成美丽城镇建设基本达标城镇。2022年，云和县把美丽城镇建设作为贯彻落实“十三项战略抓手”重点任务，集成推进“五美”建设，始终坚持“一镇一方案”建设思路，因地制宜，为每个城镇描摹出独具特色的方案，注重彰显特色和亮点。至2022年末，已创成崇头、石塘、浮云、安溪4个省级样板镇和紧水滩、赤石、雾溪3个省级达标镇，硕果累累。

【石塘镇小顺村入选浙江省第二批未来乡村名单】 12月21日，省农业农村厅、省财政厅和省风貌办联合公布了2022年浙江省未来乡村创建成效评价结果，浙江省第二批未来乡村名单揭晓，共239个，云和县石塘镇小顺村榜上有名。2022年，小顺村依托优美的自然风光、深厚的抗战文化和地理区位优势，以“三化九场景”为主轴，全面开展未来乡村建设工作，全力奔向“共同富”。通过红色小顺展示馆、军民融合体、雪梨标准化示范基地等项目建设，拓宽了农旅融合乡村发展之路。梦里老家、清风馆改建（邻里中心）、智慧公厕、健康小屋等公共设施，让村民享受到了更多、更优的服务。

【白龙山街道大坪社区入选浙江省2022年度第二批未来社区名单】 12月20日，浙江省城乡风貌整治提升工作专班公布浙江省2022年度第二批未来社区名单，云和县大坪社区入选。大坪社区云和县异地搬迁进城人员集聚地，居住人口涉及电站和水源地保护移民、下山脱贫农民、大坪原住民等，人口结构复杂。为提升下山转移群众获得感、幸福感，云和县投入近3000万元，改造升级配套公共设施、增加亮化设计等。

【云和“十里云河”县域风貌样板区入选浙江省2022年度第三批城乡风貌样板区名单】 12月20日，浙江省城乡风貌整治提升工作专班公布浙江省2022年度第三批城乡风貌样板区名单，云和“十里云河”县域风貌样板区成功入选。自城乡风貌整治提升工作开展以来，云和县紧紧围绕“整体大美，浙江气质”的建设目标，深入践行“小县大城”发展战略，高标准创建“十里云河”县域风貌样板区，充分发挥区域内自然山水、历史人文和旅游产业优势，以云和湖为轴线，以船帮文化、抗战文化、移民文化为底蕴，打造滨水休闲、民宿休闲、乡村休闲、生态休闲和产业休闲互促互动的特色旅游产品体系，塑造起了“山水家园、童话世界”的旅游地形象及“和美山城、童话绿谷”的意境。

【云和县天盛生态农业有限公司被评为2022年浙江省美丽牧场】 12月19日，浙江省农业农村厅公布2022年浙江省美丽牧场认定结果，认定杭州萧山种鸡(萧山鸡)有限公司等103个养殖场为2022年浙江省美丽牧场，云和县天盛生态农业有限公司(安溪畲族乡下武村)榜上有名。至2022年末，云和县参照省级美丽牧场创建要求，出台《云和县美丽生态牧场创建标准》，通过改善设施设备，规范制度建设，将养殖场营造为“场区布局合理、设施制度完善、生产全程清洁、产出安全高效、资源循环利用、整体绿化美化”的美丽生态牧场，取得了积极成效。

【云和县被认定为2022年“肥药两制”改革综合试点县】 12月27日，浙江省农业农村厅公布2022年度“肥药两制”改革综合试点创建认定结果，云和县被认定为2022年“肥药两制”改革综合试点县。2022年以来，云和县牢固树立绿色发展理念和系统创新思维，以数字改革为引领、减污降碳为重点、试点创建为载体、“双替”行动为抓手、农业“双强”为驱动、优质优价为导向，全面落实“肥药两制”改革综合试点创建各项目标任务，重塑了绿色发展治理体系，促进了绿色发展能力提升，拓宽了生态价值转换通道。至2022年末，云和县所有的农资店通过安装数字化设备，融合身份证识读和人脸识别技术，农户只需完成首次“身份信息+人脸识别”的身份核实后，即可实现全县任意农资门店“刷脸实名购买”。

【云和县新增一家省级低碳生态农场】 12月31日，浙江省农业农村厅公布2022年度低碳生态农场创建结果，云和兴逸生态农业发展有限公司(崇头镇梅源村)成功上榜。2022年，云和县积极打造“零碳”示范县，探索符合自身实际的生态发展之路，积极推进低碳生态农场创建，有效促进了绿色低碳经济发展。

【“云和梯田”入选2022年示范级文旅融合IP名单】 12月26日，浙江省文化和旅游厅公布2022年示范级、创建级文旅融合IP名单，“云和梯田”被认定为2022年示范级文旅融合IP。至2022年末，云和梯田景区一直以保护特有的农耕文化IP为核心，每年举办“开犁节”“丰收节”“畲族山歌节”等活动，让云和梯田千年的农耕文化得以延续，传承文明。同时，为进一步促进云和梯田文化和旅游融合发展，培养和打造具有示范性、影响力的非遗旅游商品，云和梯田景区设计“稻草草遇见积木木”IP人物形象，并入选第三批浙江省优秀非遗旅游商品名单。

【浙江和信玩具集团有限公司被认定为2022年浙江省文化产业示范基地】 12月23日，浙江省文化和旅游厅公布2022年浙江省文化产业示范基地认定名单及动态评估结果，浙江和信玩具集团有限公司被认定为2022年浙江省文化产业示范基地，系全市唯一。浙江和信玩具集团有限公司是云和木制玩具行业的龙头企业，是一家集设计、生产、销售木制玩具、工艺品及动漫制作、衍生产品开发于一体的民营股份制企业。2022年，企业相继成立了品牌推广中心、设计研发中心、电子商务中心、直营连锁中心，实现了飞速发展。至年末，该企业生产儿童玩具、青少年玩具、成人玩具，木制家居生活用品四大系列产品，拥有40多个类别及上万个品种，以及“木玩世家”“比好”“爱木”等多个自主品牌。特别是旗下的杭州定格文化创意有限公司，是国内最专业的定格动画制作公司之一，以定格动画和动漫衍生品开发为核心，专门从事动画制作、影视拍摄、动漫衍生品设计和销售，实现产业创新融合发展。

【云和县一模式被认定为第一批省级农民培训促富品牌】 2023年1月3日，浙江省农业农村厅公布第一批省级农民培训促富品牌，“‘云和师傅’，百亿共富”模式入选其中。2022年，云和县全力推进“云和师傅”百亿产业发展，先后制定出台《关于加强云和师傅品牌创建工作的若干意见》《关于实施创业致富带头人产业贷款贴息工作的通知》等文件，在政策上给予“云和师傅”更多支持外，还成立食用菌研究所、葡萄研究所等5个“云和师傅”民间研究所，并在异地创建8个“云和师傅”创业科技示范基地，推进科研成果转化。截至2022年末，云和县共培育“云和师傅”764名，涉及食用菌、茶水、水电、玩具、建筑、商贸、饮食、种养、加工9项专业技术。据统计，2021年“云和师傅”年创经济社会效益130亿元，带动中西部地区100多万名农民发展。

【云和县一街区被评为2022年度浙江省“高品质示范街区”】 12月27日，省建设厅公布2022年度浙江省“高品质示范街区”“街容示范街”评审结果，云和县浮云溪绿道样板段街区被评为2022年度浙江省“高品质示范街区”。2022年，云和县紧盯“高品质示范街区”建设要求，聚焦“环境美、生活美、产业美、人文美、治理美”，推动“高品质示范街区”建设提质增效。

（王业琦　李卉宇晴　程鹏鹏）

县政府办公室工作

【概况】 2022年，县政府办公室在县委、县政府的直接领导下，在县纪委的监督指导下，深入贯彻党的二十大精神，以服务领导决策、服务部门工作、服务企业群众为宗旨，勤思善谋、务实干事，充分发挥承上启下、协调左右的作用，为整体工作目标的实现和各项工作的有序开展，发挥了积极作用。特别是在项目实施中，新能源汽车动力电池、启烨年产400万套玩具等3个项目实现“拿地即开工”，云和湖度假区、木玩产业孵化基地等4个项目列入省4+1重大项目、华宏60万吨普转优项目，被列入省重大产业项目。同时在涉及全县的75项省市县级民生实事全面完成，在进度率、完成率排名全市前列。

【办文办会】 云和县政府办公室切实贯彻党中央的决策部署和省、市、县党委、政府有关文件精神，出台《云和县人民政府工作规则》《云和县人民政府会议制度》，不断规范优化议题酝酿、审批、上会、发文等流程，进一步提升了办文办会质量和效率。严格执行《国家行政机关公文处理办法》，保证政府公文高效运转。在办公室内部印发《关于进一步提升文稿质量的通知》，明确文稿起草责任和完成时限并强化督查考核，对县领导的讲话材料的起草，能做到符合上级政策，符合新的形势，符合领导要求，切合我县实际，条理分明，言之有物。高质量完成2022年《政府工作报告》等文稿。紧紧围绕县委、县政府中心工作，突出重点，及时做好请示汇报、协调沟通和联系联络工作，做到安排周密、环环相扣、有条不紊、快速推进，确保政令统一，形成工作合力。2022年，共承办县政府党组会议8次、县政府常务会会议13次、各类重点工作专题会议50余次，开会次数、时长、参加范围都有缩减；处理省、市、县各类公文8706件，以县政府和县府办的名义发文203件，进一步按规范精简发文，切实减轻基层压力。

【项目攻坚】 协助开展抓项目、促投资、稳增长“161”行动，新能源汽车动力电池、启烨年产400万套玩具等3个项目实现“拿地即开工”，云和湖旅游度假区、木玩产业创新孵化基地等4个项目被列入省“4+1”重大项目，华宏60万吨普转优项目被列入省重大产业项目。协助出台县领导联系、综合协调等4项机制，建立“一个副主任+一个联络员”联系重点项目制度，推行重点项目、重大前期“周通报、月评价、季评比”，累计解决项目问题200余个，发布项目预警提示函31次，组织颁发“蜗牛奖”3个。协助举办“一把手”项目谋划大比拼、重大建设项目前期推进大比拼等活动，谋划出62个总投资283亿元的大好高项目，全方位推进项目前期提速增效。协助谋划建立“1810”千亿项目储备库，实行项目储备库滚动更新管理。

【督促检查】 坚持把“高质量办好民生实事”作为践行“以人民为中

心”发展思想的重要抓手，按应早尽早，应快尽快，应多尽多，用心用力用情加快办结原则全力推进民生实事项目，做到“民之所盼、政之所向”。2022年，涉及全县的75项省市县级民生实事已全面完成，进度率、完成率排名全市前列。组织对疫情防控、民生实事、政府数字化转型、项目政策处理、重点项目进度、值班值守等各项重点工作开展督查50余次。全年收到人大代表建议261件，政协委员提案166件，办理率达100%。（王业琦）

行政审批事务

【概况】 云和县行政服务中心（以下简称县行政服务中心）系县政府直属的公益一类事业单位，承担着县级政务服务和招标投标服务工作。内设办公室、业务协调科、效能监督科3个科室，事业编制10名，设主任1名，副主任3名，股级职数5名；下设股级事业单位——县公共资源交易中心，事业编制4名，设主任1名，副主任1名。2022年在县委、县政府的正确领导下，以习近平新时代中国特色社会主义思想和党的二十大精神为指导，纵深推进政务服务和“放管服”改革等工作，在服务群众方面不断开拓创新，为建设“全国山区县域新型城镇化共富样板”贡献力量。2022年，各窗口共办理各类服务事项719079件，办结719079件，办结率100%，“最多跑一次”完成比例100%。招标投标工作共完成项目425项，交易金额达14.92亿元，节约项目预算资金1.53亿元，国有资产增值15.21万元。

【深化服务，跨省通办】 一是深入推进“放管服”，让服务按下“加速度”。协同各部门成立领导小组，明确责任分工，建立常态化工作机制，制定《改革协调小组工作例会制度》《改革协调小组办公室工作例会制度》等系列文件，发布2期云和县“放管服”改革工作专报，系统推进“放管服”工作落地落实。同时为更好地方便群众办事，2022年8月，水、电、气、宽带、有线电视等公务服务事项正式全面进驻中心大厅并对外提供服务。二是设立政务服务党建联建服务站，让务工人员不再跨省办事。持续深化“跨省通办”业务，以“跨省通办”为切入口，将窗口前移，3月主动与浙江振华木业有限公司对接，在该公司设立党建联建政务服务点，并在该服务点专窗配备7名企业代办员，负责事项的咨询、收件、审查、结果送达。工作开展以来，共梳理外省（贵州籍）人员在云可办事项71项，云和人在外可办事项138件。2022年5月30日，在振华木业有限公司完成服务站的揭牌仪式。同时，自该服务点开通“跨省通办”业务以来，共办理业务1023件，咨询服务8000多次。

【县乡一体，一网通办】 一是优化乡事城办服务模式，破解群众办事“两头跑”难题。结合进城群众增多，返乡办事困难的民生问题，行政服务中心开设“乡事城办”（乡事城服务）特色服务，2022年为优化资源配置，通过乡镇事项授权，在服务事项不减、服务质量不降的前提下，将乡事城服务窗口和乡事城办等6个窗口整合为1个窗口，由一名窗口人员负责前台审批服务，各乡镇（街道）的便民服务中心综合窗口作为后台，同步依托系统或微信、钉钉等多种信息化服务渠道，联通县、乡、村政务服务网络，为在中心“乡事城办及乡事城服务”的办事群众做好远程办理，让在县城务工的群众不用回乡回村就可以办事。自窗口设置以来共办事项737件，咨询类事项575件。2022年10月，该项工作被省委改革办《竞跑者》作为创新亮点项目进行宣传报道。

二是稳步推进“一网通办”，实现便民服务向家门口延伸。根据省市县“县乡一体、条抓块统”县域整体智治改革工作部署，督促各乡镇完成政务服务2.0平台事项认领及使用，并全面结合村（社区）自身条件，不断推进政务服务“一网通办”向有条件的村（社区）延伸，2022年云和县10个乡镇（街道）便民服务中心均完成“一网通办”2.0平台网点的开通使用，已有26个村（社区）实现2.0平台延伸工作，并完成相关政务服务2.0平台网点开设及硬件人员配置培训工作，认领政务服务2.0事项数1907项，总办件3036件，其中2.0平台办件量1442件（内含自助终端办件55件）。

【畅通渠道，受理诉求】 设立办不成事反映窗口，让办不成的事不再难办。为畅通民意反馈渠道，进一步解决群众办事难、办事慢，甚至办不成事的问题，2022年9月19日，在三个大厅咨询台设立政务服务"办不成事"反映窗口。"办不成事"反映窗口按照接待群众来访、听取群众意见、受理群众诉求、派遣受理工单和联系协调窗口人员整改、解决或解释答复，并全程跟踪督办的流程操作。同时，"办不成事"反映窗口建立"办不成事"反映台账，如实记录群众反映问题、诉求及意见建议。对于不能立即解决的问题，将会转至具体承办部门或科室，2个工作日内反馈结果；对于重大疑难问题，需承办部门集体研究的，5个工作日内反馈结果。2022年10月，该项工作获丽水市副市长朱磊的批示及肯定。

【数字改革，先导指标】 创新梳理政务服务先导性指标。为充分发挥行政服务中心在全面数字化改革和整体智治现代化政府建设中的重要基础作用，利用政务服务平台的及时感知功能，对各窗口每月提供的大量、混乱、难懂的政务服务数据进行粗浅的梳理，从中提取出有价值、有意义的数据，汇总归类成9类28项数据指标，形成一份图文俱全的《云和县政务服务经济先导性指标运行情况报告》，以期为上级领导的决策提供些微参考。2022年，完成10期《云和县政务服务经济先导性指标运行情况报告》；4月，该先导性指标运行情况报告获得丽水市副市长朱磊的批示及肯定，并在全市范围内进行推广。

【办事流程，优化高效】 为保证浙江中云环保有限公司新能源汽车动力电池综合利用项目的顺利开工，行政服务中心通过提前介入、安排专人负责等方式为浙江中云环保有限公司提供精准指导和服务，将审批时限由原来的50个工作日压缩至10个工作日，审批效率提高400%，实现工业项目"拿地即开工"新的突破。同时为进一步做好企业投资项目代办服务工作，按照"全面覆盖、无偿服务、业主主体、自愿委托、专业优质、精简高效"的原则，建立事项跟踪协调和材料容缺办理机制，采用联席会议、联合踏勘、联合审图和部门联动的方式，为企业投资项目开工前涉及的行政审批事项提供全流程代办、咨询、指导等无偿服务。2022年共帮助业主代办事项182项，其中投资项目环节代办178项，全程代办4项，并已办结；10月，《云和县政务服务"一站办"跑出便民惠企"加速度"》得到丽水市副市长朱磊批示。

【电子交易，线上开标】 依托公共资源交易2.0系统，将开标场景从线下迁移到线上，建成"不见面"开标系统，实现开标全流程线上操作、开标人远程参与投标，评标结果及时在网上大厅公开，实现交易全流程电子化、全过程可视化、投标人足不出户完成投标活动，目前市政房建、交通类的施工和养护项目已实现远程不见面开标。同时政府采购项目从招标公告发布到评标报告及监督过程实行全流程通过政采云电子交易系统完成，2022年云和县已完成工程建设远程不见面开标项目26项，交易金额4.58亿元，节约项目预算资金5027.1万元，节约率为9.89%。完成政府采购项目143项，交易金额2.07亿元，节约项目预算资金2308.22万元，节约率10.03%。（马欣怡）

机关事务管理

【概况】 2022年，在县委、县政府的坚强领导和上级机关事务部门的指导下，云和县机关事务保障中心（以下简称事务保障中心）认真贯彻落实党的二十大精神以及省、市、县重要会议精神和习近平总书记系列重要讲话精神，坚持围绕中心、服务大局，积极履行机关事务管理、服务、保障职能，全力推进党政机关高效运行。2022年，事务保障中心获评全省机关事务工作先进集体。

【规范管理】（一）国有资产。全年开展办公用房专项督导检查2次，实地走访检查县直单位34个，调剂解决县大数据中心等3家单位办公用房，推进办公用房资源合理配置和节约集约使用。坚持"能调剂不采购"，规范采购资产73批次449件，及时保障梯田创AAAAA专班等4家临时机构高效办公。（二）安保管理。协助配合县公安局完成机关大院警务联络室进驻，在警务联络室的指导下大院安保力量加强，人防、物防和技防建设进一步提升。及时接待、劝解到机关大院上访和办事人员。全年未发生刑事、治安案件和重大安全责任事故。（三）大院环境提升。完成季度草花种植、重大节庆活动氛围营造、第9幢民房修缮及县人大、政协等多个办公室维修，改善机关干部办公环境。稳步推进西副楼修缮工程、县机关大院第四会议室装修及弱电整治项目。全年接收物业服务513次，处理513次，办结率100%。

【竭诚服务】（一）会务服务。持续强化会务人员考核管理、技能培训，提升服务软实力，会务服务组获评"丽水市巾帼文明岗"称号。聚焦数字会务建设，完成县政府第四会议室全面升级改造以及县政府第一会议室无纸化会议设备采购安装，大院会务硬件系统全面升级，会务服务效能进一步提升。全年累计保障县两会等大型会务服务活动1700余场次。（二）餐饮服务。围绕创办职工"满意食堂"的目标，推出减脂餐、小火锅等特色菜品满足干部职工多样化消费需求；创新数字化"刷脸就餐"支付方式，规范餐卡使用，月均接待就餐人员11949人次，全年满意度测评达98.79%。（三）公车出行。全年更新购置公务车7辆，高效保障县级会议、活动、调研、督查等公务用车9682次，安全行驶303万公里。（四）公务接待。严控标准规范接待，积极探索公务接待+农产品新模式，将"云味十二道""飘香梨宴"等本地特色优质农产品搬上接待餐桌。全年共接待来宾352批次3190人次，其中副部级以上领导8人次，副厅级以上领导56余人次，各党政代表团7批次。圆满完成了县两会、第十六届云和梯田开犁节等大型活动及省委巡视组驻云等重要专项的接待保障任务。

【自身建设】（一）改善机关作风。紧跟县"紧、快、跑"作风建设年活动部署，扎实推进岗位廉政风险排查、廉洁家访、谈心谈话等规定工作。梳理机关事务上位法律法规、办法7项，更新中心内部日常制度31项，编印《机关事务管理制度汇编》，廉洁后勤制度建设进一步夯实。（二）夯实党建工作。加强支部建设，规范党内组织生活，认真执行"三会一课"制度，深入开展每月主题党日活动，确保规定动作做到位，自选动作有创新。扎实推进"网格联心"，真正做到"哨响就到"。同时，选派驻村第一书记、两新党建指导员、规上企业驻企服务员共3人入村、入企服务、指导，及时将组织的关怀送到基层。（三）强抓队伍建设。完成2名股级干部选任，招录3名临聘人员。注重在重点工作中考验和锤炼后勤干部，抽调1名年轻干部参与县级重点工作。（柳海娟）

大数据和金融发展

【概况】2022年，大数据和金融发展中心围绕数字化改革和金融发展工作着力促提升，创新求突破，努力实现大数据工作"先进完备、支撑有力"，金融工作提质增效。统筹信息化项目管理，共梳理应用29个，涉及21家单位，其中建设中5个，试运行12个，运行中12个，应用与项目、组件、云资源、数据目录的关联率达100%，使用组件应用数21个，统一组件利用率达100%，编制数据目录1443条。共上架浙里办的7个自建应用，应用每百万日均活跃度均高于全市平均值。钉应用的可用性、好用性达99%以上，浙政钉日均活跃率96%。完成15个应用治理侧发布、7个服务侧发布，两端应用发布率均达100%。云和县三维数字地图资源管理系统被其他区县申请复用，均按要求完成应用工厂代码托管任务。完成全县各部门政务外网终端安全防护软件的部署，整改高危漏洞、弱口令、高危端口、非法外联等问题411个，整改率97%，25个存量应用系统等保备案率100%，完成等保测评12个，测评率48%。制定出台《金融机构支持地方经济发展业绩考核奖励办法》，更加突出金融业支持县域经济发展和改革创新有关内容，确保金融保障工作平稳推进。

【聚焦公共数据】 主动作为，提升能力。开展数据目录梳理归集工作，以部门核心业务+重点任务为基础，组织指导全县各单位开展数据目录梳理归集工作。全县数据目录数量2300个，列全市第2。

【推广两端应用】 一是深化"浙里办"应用。紧扣"泛在可及、智能便捷、公平普惠"要求，全面提升"浙里办"作为群众企业服务总入口的支撑能力。做好高频自建服务小程序日常监测工作，前期共上架浙里办的7个自建应用，应用每百万日均活跃度均高于全市平均值。二是做好浙政钉日常运维。钉应用的可用性、好用性达99%以上，浙政钉日均活跃率96%以上，保持全市前三，解散不活跃群800余个，整改率达100%。三是精细化开展资源规范编目。截至12月底，共梳理应用29个，涉及21家单位，其中建设中5个，试运行12个，运行中12个，应用与项目、组件、云资源、数据目录的关联率达100%，使用组件应用数21个，统一组件利用率达100%，编制数据目录1443条，列全市第三。四是全量化开展两端规范发布。完成14个应用治理侧发布、8个服务侧发布，两端应用发布率均达100%。五是积极开展共享应用代码托管工作。云和县三维数字地图资源管理系统被其他区县申请复用，均按要求完成应用工厂代码托管任务。

【统筹管理项目】 一是科学安排项目资金，有序组织项目评审。组织召开信息化项目资金安排专题会。核减6个项目，预算资金412.47万元。根据重点保障省市试点、揭榜挂帅、基础类项目的原则对其他12个项目预算资金进行统筹安排。召开联审会议10次，通过联审项目32个，项目预算金额4344.1万元。二是推进信息化项目造价审核。探索信息化项目造价审核机制，目前小徐未来社区、县教育局"教育魔方"、县医疗健康集团的智慧化改造、云和县委办基层网格最小作战单元应用建设等项目已进行造价审核。三是探索建立项目评价机制和评价体系。将信息化项目分为应用类、基础类、运维类三大类，并分别制定绩效评价指标。选择2021年度7个信息化项目作为第一批绩效评价试点，评价方式包括部门自评、专家评价和综合评价，初步达到了项目绩效评价类型、评价方式多样化的要求。

【保障网络安全】 不断提升网络安全防护能力，截至12月，组织开展网络安全培训2次，印发《云和县政务外网网络安全情况通报》11期，完成84家单位政务外网接入设备情况自查，完成全县各部门政务外网终端安全防护软件的部署，整改高危漏洞、弱口令、高危端口、非法外联等问题411个，整改率97%，32个存量应用系统等保备案率100%，完成等保测评12个，测评率48%。

【金融成效显著】 2022年，面对复杂的金融形势，扎实做好金融稳定工作。一是加强开展防范非法集资宣传活动，6月15日，在中山广场开展以"守住钱袋子，护好幸福家"为主题的集中宣传日活动，并通过微信、电子屏等向群众做了充分的风险提示，大力推动全社会形成抑制非法集资的良好氛围。二是加强金融突发事件的报告和处置。健全快速反应机制，严格执行重大事项报告制度，力争实现对风险苗头早发现、早报告、早控制、早解决，最大限度减少金融突发事件对经济社会造成的危害和损失。制定出台《金融机构支持地方经济发展业绩考核奖励办法》，更加突出金融业支持县域经济发展和改革创新有关内容，金融保障工作平稳推进。三是有效促进存贷款稳步增长。9月末，云和县金融机构各项存款余额161.26亿元，同比增长18.94%；各项贷款余额149.31亿元，同比增长16.24%。新增贷款主要来自制造业贷款，制造业贷款余额30.12亿元，同比增长17.71%，增幅最大的是水利、环境和公共设施管理业，余额7.85亿元，同比增长281.03%。四是有效控制不良贷款保持低位。通过持续多年信用县建设，全县不良贷款余额及不良率得到有效控制，资产质量保持良好。9月末，全县不良贷款余额7387万元，不良贷款率0.49%，较年初减少0.05%。五是让保险业发挥积极作用。截至9月，辖内保险机构累计保费收入1.46亿元，同比增长5.38%。累计保费赔付0.51亿元，同比增长3.66%。六是2022年积极推进两家银行加快筹建开业，中国银行在11月初开业，台州银行也于12月1日开始试营业，两家银行机构将为云和县银行业注入新的活力。另外，截至9月底，蚂蚁金服网商银行当前贷款金额1.67亿元，当前贷款人数3075人，便利了小微企业及农村农民融资。通过以上诸多做法，确保了全县金融平稳运行。

【创新信贷模式】 一是创新“两山贷”模式，助推生态产品价值实现。推进“两山转化”，指导云和农商银行创新推出“普惠•两山贷”模式，探索“生态信用+金融信贷”模式，立足雾溪乡水资源保护实际，创新建立生态信用评价正负面清单，破解村民融资难题，提升村民生态信用意识，推动生态产品价值变现。二是推进“三权”抵押贷款，涉农信贷不断扩大。以生态公益林收益权质押贷款为载体，深入推进林权抵押贷款工作，大力发展绿色金融。截至9月底，全县“两山贷”贷款778笔，余额达到13752.86万元，“生态贷”贷款6985笔，余额达到17.42亿元，“三权”抵押贷款余额11.44亿元。三是持续推动信用云和品牌建设。深化信用乡(镇、街道)、信用社区创建工作，信用体系建设使全县80%的农户成为“信用户”、70%的行政村成为“信用村”、90%的乡镇成为“信用乡镇”；在创建全市首个诚信文化教育基地的基础上，指导辖内所有金融机构“一对一”结对学校，建立10家诚信文化教育基地，实现教育基地全覆盖。

【推进股改上市】 深入贯彻浙江省推进企业上市和并购重组“凤凰行动”计划各项要求，修改完善支持企业股改上市政策。及时掌握资本市场的政策变化和趋势，特别是科创板、创业板注册制改革和北交所改革等最新政策，争取最大支持，企业股改上市工作有了新进展。2022年上半年，绿林幼教完成定向增发募集资金1001万元，并首次进入新三板创新层，成为2022年全市进入创新层四家企业之一。

【争取省市试点】 一是入选市级协同办公系统智能会议模块试点。根据市大数据局下发的《关于开展“协同办公系统智能会议模块”试点运行工作的函》，中心于2月15日启动试点工作，到3月25日，全县共有14家单位申请使用“智能会议系统”，开展专项技术培训3次，开展无纸化会议80场次，反馈建议27条。二是入选省级电子证照社会化应用试点。6月12日，省大数据局印发《关于开展电子证照社会化应用试点工作的通知》，云和县申报“码上证照”场景应用列入省级试点，系丽水市唯一。11月24日，项目已在IRS发布，完成应用的浙里办上架，下一步计划将推广至市级部门。 (徐晶晶)

政协云和县委员会

县政协重要会议

【县政协十届一次会议】 2022年2月10—13日，中国人民政治协商会议第十届云和县委员会第一次会议召开。会议应出席委员163人，实到154人，符合法定人数。县政协主席王新荣代表政协第九届云和县委员会常务委员会向大会报告工作。会议期间，共收到以提案形式提出的意见建议171件，其中，党派团体提案3件，委员个人提案168件。会议听取和审议了政协第九届云和县委员会常务委员会工作报告和提案工作报告；审议通过了选举办法、大会决议和县政协十届一次会议提案初审情况报告；表彰了2021年度县政协先进委员组、优秀委员、反映社情民意信息工作先进个人、县政协九届五次会议以来的优秀提案、县政协十届一次会议优秀大会发言；选举章作飞为政协第十届云和县委员会主席，选举徐志雄、陈岑、吕明为政协第十届云和县委员会副主席，选举颜元祖为政协第十届云和县委员会秘书长，选举马达飞、王伟友等24人为政协第十届云和县委员会常务委员。

【县政协常委会会议】 1月28日，县政协召开九届三十次常委会会议。会议传达学习中共中央政治局会议、习近平总书记在全国政协新年茶话会上的重要讲话、省政协十二届五次会议精神；协商讨论《云和县人民政府工作报告（讨论稿）》《云和县人民检察院工作报告（讨论稿）》《云和县人民法院工作报告（讨论稿）》；审议通过政协第十届云和县委员会委员名单及委员分组名单；审议通过2021年度各类先进名单；审议通过县政协十届一次会议有关文件。

3月22日，县政协召开十届一次常委会会议。会议传达学习中共中央政治局会议、十九届中央纪委六次全会、全国两会、省纪委十四届七次全会、丽水市第五次党代会、丽水市纪委四届七次全会等会议精神；审议通过《2022年云和县政协常委会工作报告重点工作责任分工方案》《中国人民政治协商会议云和县委员会协商工作规则》《中国人民政治协商会议云和县委员会常务委员会工作规则（修订稿）》《中国人民政治协商会议云和县委员会专门委员会工作规则（修订稿）》《中国人民政治协商会议云和县委员会委员组工作规则（修订稿）》；审议决定政协第十届云和县委员会委员组组长、副组长和部分委员分组调整名单及有关人事事项。

7月21日，县政协召开十届二次常委会会议。会议组织学习《中国共产党政治协商工作条例》、习近平总书记重要文章《坚定不移走中国人权发展道路 更好推动我国人权事业发展》；传达学习浙江省第十五次党代会、全市“请你来协商·民生议事堂”平台建设工作推进会、全市政协系统党建工作推进会等精神；听取全县经济社会运行情况通报及县卫健局、县经商局、县人力社保局工作情况通报；审议通过《中国人民政治协商会议云和县委员会提案工作条例》《中国人民政治协商会议云和县委员会提案审查立案实施细则》。

10月12日，县政协召开十届三次常委会会议。会议组织学习习近平总书记重要讲话《新发展阶段贯彻新发展理念必然要求构建新发展格局》，学习省政协主席黄莉新的文章《把学习成效转化为奋进新征程建功新时代的强大合力》；传达学习习近平总书记在中央全面深化改革委员会第二十七次会议、中央统战工作会议上的重要讲话精神；学习省委书记袁家军在全省经济稳进提质攻坚行动工作例会、清廉浙江建设推进会及市委五届二次全会、县委十五届二次全会精神；听取县发改局关于全县项目建设情况和县应急管理局、县民政局、县医疗保障局工作情况通报；讨论通过有关人事事项。

【县政协主席会议】 2022年，政协云和县委员会召开主席会议11次。

1月28日，县政协召开九届六十一次主席会议。传达学习中共中央政治局会议、习近平在全国政协新年茶话会上的重要讲话、省政协十二届五次会议精神；协商讨论政协第十届云和县委员会委员名单和委员分组情况；协商讨论2021年度先进委员组和优秀委员、优秀提案和提案办理工作先进单位、反映社情民意信息先进个人名单；协商讨论《政协第九届云和县委员会常务委员会工作报告（送审稿）》《政协第九届云和县委员会常务委员会关于提案工作情况的报告（送审稿）》及县政协十届一次会议有关文件；协商讨论县政协九届三十次常委会会议建议议程及有关人事事项；审议通过政协第十届云和县委员会第一次会议委员发言。

2月16日，县政协召开十届一次主席会议。传达学习省政协十二届七十七次主席会议、市纪委四届七次全体会议精神；审议通过《政协第十届云和县委员会主席会议成员分工方案（审议稿）》。

3月22日，县政协召开十届二次主席会议。传达学习中共中央政治局会议、十九届中央纪委六次全会、全国"两会"、省纪委十四届七次全会、市第五次党代会等精神；协商讨论《2022年云和县政协常委会工作报告重点工作责任分工方案》及2022年度主要工作安排；审议通过县政协十届一次会议优秀大会发言篇目、《全县政协系统建立完善习近平新时代中国特色社会主义思想学习座谈会制度》；协商决定十届县政协委员组组长、副组长及部分委员分组调整名单；审议通过《中国人民政治协商会议云和县委员会协商工作规则》《中国人民政治协商会议云和县委员会常务委员会工作规则（修订稿）》《中国人民政治协商会议云和县委员会主席会议工作规则（修订稿）》《中国人民政治协商会议云和县委员会专门委员会工作规则（修订稿）》《中国人民政治协商会议云和县委员会委员组工作规则（修订稿）》《云和县政协工作考核办法（修订稿）》《中国人民政治协商会议第十届云和县委员会提案委员会关于县政协十届一次会议提案复审情况的报告》、2022年度县政协重点提案和重要协商课题；协商讨论县政协十届一次常委会会议建议议程及有关人事事项。

5月10日，县政协召开十届三次主席会议。传达学习中共中央政治局会议、省政协党组会议精神，学习省政协主席黄莉新文章《奋力谱写服务共同富裕示范区建设的新篇章》。

5月31日，县政协召开十届四次主席会议。传达学习中共中央政治局会议、习近平围绕尊重和保障人权发表的系列重要论述、省委常委会会议、省政协常委会第二十七次专题政治协商会精神，学习贯彻省委办公厅《关于加强和改进新时代市县政协工作的实施意见》等；审议通过《云和县政协"民生议事堂"推进计划（审议稿）》《云和县政协学习制度》《政协云和县委员会委员工作室管理办法（修订稿）》《县政协特邀社情民意信息员名单》等。

6月28日，县政协召开十届五次主席会议。传达学习中共中央政治局会议、《中国共产党政治协商工作条例》、省第十五次党代会、全市"请你来协商·民生议事堂"平台建设工作推进会、全市政协系统党建工作推进会精神；听取县政协各专委会上半年工作汇报，部署下半年工作；审议通过《“奋力推进云和雪梨产业振兴”专题民主协商会方案》《中国人民政治协商会议云和县委员会委员组考核办法》《中国人民政治协商会议云和县委员会委员履职情况综合评价办法》《中国人民政治协商会议云和县委员会先进委员组、优秀委员评选办法》《中国人民政治协商会议云和县委员会关于推进“协商驿站”建设的实施意见》；协商讨论《中国人民政治协商会议云和县委员会提案工作条例》《中国人民政治协商会议云和县委员会提案审查立案实施细则》；审议通过《政协云和县委员会关于加强和改进反映社情民意信息工作的若干意见》《政协云和县委员会办公室特邀信息员管理办法》《进一步健全完善县直有关单位与县政协专门委员会对口联系协商制度》；协商讨论县政协十届二次常委会会议建议议程。

8月1日，县政协召开十届六次主席会议。传达学习习近平在省部级主要领导干部专题研讨班上的重要讲话精神及省巡视巡察工作会议暨十五届省委第一轮巡视动员部署会、省政协主席读书会、全县“紧起来、快起来、跑起来”作风建设年活动推进会精神；审议通过《云和县政协“百名委员联系帮扶百户低收入农户，促乡村振兴、促共同富裕”活动实施方案》《2022年云和县政协委员（机关干部）培训方案》。

8月31日，县政协召开十届七次主席会议。传达学习全省政协委员读书交流会、市委五届二次全体（扩大）会议、全市政协主席暑期读书会、全县领导干部会议精神；审议通过《“聚焦‘双招双引’提质增效，助力跨越式高质量发展”调研方案》《“加快建立产城融合的共富样板城市规划体系”专题民主协商会方案》《云和县政协“助力共同富裕示范区建设专题协商议事月”暨“政协委员走进困难群众集中帮扶月”活动方案》。

9月30日，县政协召开十届八次主席会议。传达学习中共中央政治局会议、中央全面深化改革委员会第二十七次会议、全省经济稳进提质攻坚行动工作例会、清廉浙江建设推进会、“大综合一体化”行政执法改革大会、省委统战工作会议精神；学习省政协主席黄莉新文章《把学习成效转化为奋进新征程建功新时代的强大合力》；审议通过《“聚焦‘双招双引’提质增效，助力跨越式高质量发展”调研报告》及专题民主协商会方案、《2022年度云和县政协考核工作细则》；协商讨论《政协十届三次常委会会议建议议程》及有关人事事项。

10月27日，县政协召开十届九次主席会议。传达学习中共二十大及全省、全市领导干部会议精神；审议通过《“凝聚奋进二十大，彰显委员新作为”政协第十届云和县委员会第一次趣味运动会方案》《云和县政协各委室2022年度党委政协工作评价责任分工》。

12月8日，县政协召开十届十次主席会议。传达学习中共中央政治局会议、习近平总书记在二十届中央政治局常委同中外记者见面时的重要讲话精神，省委书记袁家军在各民主党派省委会、省工商联主要负责人和无党派人士代表座谈会上的讲话精神；学习贯彻《中国人民政治协商会议浙江省委员会主席会议工作规则》等；听取县政协十届二次会议集体提案、重点提案选题征集情况、县政协办公室和各专委会2022年度工作总结及2023年工作思路汇报；审议通过《政协云和县委员会关于加强对政协参加单位工作联系和指导的实施意见（试行）》《政协第十届云和县委员会智库组成人员名单》。

县政协主要工作

【讲政治，把牢正确方向】 把“讲政治”作为第一责任，把稳把好正确方向。始终把习近平新时代中国特色社会主义思想作为统揽县政协工作的总纲，增强“四个意识”、坚定“四个自信”、做到“两个维护”，努力争做“两个确立”的忠诚拥护者、示范者。一是坚持政治领路。把政治建设摆在首位，坚持党委有号召、政协有行动，党委有部署、政协有落实，切实把党对政协工作的各项要求落到实处。深度围绕县委工作部署，全力聚焦中心工作，组织开展各类重点履职活动20余项，报送协商调研报告7篇；县党政领导出席政协相关会议9次、对有关履职成果作出批示7篇次。严格落实重大事项请示报告制度，年度重点协商工作及重大活动主动向县委请示汇报，确保政协工作与县委目标同向、步调同频、工作同力。二是坚持学习开路。健全完善以政协党组理论学习中心组学习为引领，主席会议、常委会会议、委员组党支部会议集体学习相配套的学习制度体系，贯彻落实习近平新时代中国特色社会主义思想学习座谈会制度，组织全体党员干部学习贯彻党的二十大精神、省第十五次党代会、市第五次党代会、县第十五次党代会精神等各类专题学习50余次，班子成员带头赴联系乡镇、街道宣讲党的二十大精神、省第十五次党代会精神11次。着力推进以"椤林讲堂"为载体的"书香政协"建设，分别以党的二十大精神等为主题举办椤林讲堂2期；加强统筹协调，建成集政协书屋、民生议事堂、书画摄影之友社、社情民意收集点等功能于一体的政协之家，为委员学习活动开辟新阵地。三是坚持党建引路。制定出台《云和县政协党的建设领导和组织体系》《关于进一步加强云和县政协委员组委员党员履职工作支部建设的实施意见》《云和县政协党建工作对政协委员全覆盖的联系制度》《关于高质量全面落实意识形态工作责任制的实施意见》等多个文件制度，精心谋划设计党建工作载体，强化政协党建工作与履职工作相融互促的鲜明导向，在机制创新、活动组织中逐步释放党建的牵引之功、浸润之效。四是全面落实"一岗双责"。严格落实"一岗双责"责任清单，每月召开县政协党组会议研究部署工作，每季度召开党风廉政专题例会研究县政协党风廉政建设和反腐败工作，把意识形态工作纳入党建工作责任制，切实加强县政协网站、微信公众号、微信工作群、钉钉工作群等意识形态阵地建设和规范管理，确保主流思想和先进文化牢牢占领意识形态阵地。

【助发展，切实履行职能】 把"助发展"作为第一要务，抓实抓好工作落实。坚持把围绕中心、服务大局作为履职的基本遵循，自觉把政协工作放到全县发展大局中谋划推进，坚持在县委的领导下用好用足政协话语权，努力为推动云和高质量发展建真言、献良策。（一）协商议政有新作为。精心制订年度协商工作计划，组织开展"立足生态优势，大力发展康养产业""奋力推进云和雪梨产业振兴""云和木玩与吴兴童装融合发展""加强中小学生劳动综合实践基地建设""聚焦'双招双引'提质增效，助力跨越式高质量发展""加快建立产城融合共富样板规划体系"等6场专题民主协商，取得良好效果。调研报告《关于"奋力推进云和雪梨产业振兴"的若干思考》得到县委重视和肯定，在助力政策落地、项目立项等方面取得实际成效；"关于加快云和县建筑业转型升级健康发展"协商意见建议被县政府出台的《建筑业高质量发展实施意见》采纳；与湖州市吴兴区政协联合创新举办的"云和木玩与吴兴童装融合发展"的专场专题协商，在木玩展示场馆建设、木玩线上销售、木玩进学校、木玩进商超、两地企业结对、共享产业大脑六大方面取得阶段性成果。（二）民主监督有新起点。探索创新民主监督机制，重新修订《云和县政协委派民主监督员工作实施方案》，根据全县重点工作和中心任务，深入推进民主监督员委派工作，选派40名政协委员担任民主监督员，组成8个委派小组分赴8家单位开展民主监督。全年开展民主监督活动32次，发现项目问题12个，解决问题（推进工作）11项。医卫社保组在履职过程中，发现安溪畲族乡村级公益性公墓建设滞后问题，监督组积极帮助协调公墓建设林地的报批等事宜，得到妥善解决。（三）为民履职有新答卷。围绕涉及群众反映的热点焦点问题，聚焦县第十五次党代会提出的"持续优化公共服务"

等内容，深入开展大走访、大调研活动，努力做好听民意、察民情、纾民困的文章。组织广大委员开展“云善共富”“百名委员联系帮扶百户低收入农户，促乡村振兴、促共同富裕”“践行二十大，奋进共富路”等活动，发动委员走访帮扶群众150余人次，收集意见建议51条，帮助解决问题86个。(四)提案办理有新质效。从县“两会”并案处理后的166件提案中，遴选事关经济建设、社会发展大局、民生福祉的18件提案作为重点提案，由县委、县政府领导领办，县政协主席、副主席领衔督办。由县委书记李忠伟领办的《不拘一格育人才，千方百计引人才，助力县域经济高质量发展》的提案，通过实地督查、座谈交流等形式，对提案办理情况进行持续跟踪和督办，推动提案高标准落实落地，推动相关工作有效高效开展。

【谋共识，凝聚强大合力】 把“聚共识”作为第一目标，画大画好同心圆圈。坚持大团结大联合，聚焦县第十五次党代会提出的“凝聚同心同向的强大合力”这一任务要求，全力做好“凝心聚力”这篇大文章，为云和发展稳定汇聚最大正能量。一是营造基层协商浓氛围。大力推进“民生议事堂”建设，截至5月底，已建成10个乡镇、街道和县工业园区的“民生议事堂”，形成全覆盖的“10+1”模式；实现覆盖全县72(行政村)+15(社区)共87个点位的“协商驿站”格局。组织协商议事活动60余场，群团代表和乡贤纷纷走进阵地参与议事、共献良策，营造良好氛围，传递党政决策部署，为最广泛、最充分汇聚发展共识、凝聚各方力量培育协商议事、建言献策的文化土壤。二是汇聚同舟共济正能量。加强与各界人士的联谊交友，积极引导委员通过扩大“朋友圈”投身社会建设主战场，全体政协委员向党政中心工作看齐，与全县发展“同呼吸、共命运”。三是努力发出政协好声音。牢牢把握信息宣传工作的正确方向，通过设立“云和政协”网站，发布云和议政微信公众号等形式，先后发布履职动态75条。积极向上级新闻媒体投稿，8篇新闻稿件在全国、省、市媒体刊发，其中，《人民政协报》刊发3篇。组织召开社情民意信息工作会议，重新聘任特邀信息员，建立社情民意信息征集的长效机制，全年共收到社情民意180篇，被上级领导批示4篇次；报送上级政协45篇，被上级政协录用28篇。

【强自身，激发队伍活力】 把“强自身”作为第一要求，激发激活队伍活力。紧扣县委关于开展作风建设年活动的任务要求，把“懂政协、会协商、善议政，守纪律、讲规矩、重品行”作为第一标准，着力加强自身建设，为履行政协职能提供坚强保障。(一)完善政协履职制度提升执行力。坚持把制度机制作为工作推进的遵循和准则，先后制定和修订《中国人民政治协商会议云和县委员会全体会议工作规则》等44项议事规则和制度，形成较为完备的制度体系和运行程序，为政协高效履职、规范履职提供强有力的制度保障。(二)强化委员队伍建设激发创造力。改进和加强对委员的服务与管理，修订《中国人民政治协商会议云和县委员会委员组考核办法》等考核评价机制。组织全体政协委员赴浙江大学城市学院集中开展履职培训。遴选16名专家学者、业内能人作为政协首批智库专家。政协主席会议成员分批次、分组别带领委员开展大调研、大走访活动，引导全体政协委员积极参政议政、建言献策，展现新一届政协委员的时代风采。(三)营造良好履职环境增强服务力。以县委“紧起来、快起来、跑起来”作风建设年活动为契机，制定县政协机关作风建设实施方案，深入开展“政令执行提效、委员服务提质、机关形象提升”三大行动，抓学习、促整改、转作风、优机制，营造比学赶超、创先争优的浓厚氛围，着力打造学习型、服务型、创新型、智慧型、清廉型政协机关，切实提高政协机关干部的思想政治素质和整体服务水平。 (方晓俊)

中共云和县纪律检查委员会 云和县监察委员会

纪委重要会议

【县纪委十五届二次全体（扩大）会议】 2022年3月8日，中共云和县第十五届纪律检查委员会第二次全体（扩大）会议在县文化中心召开。在职副县级以上领导干部，县纪委委员，各乡镇（街道）党政主要负责人、纪（工）委书记（监察办主任），县直属各单位主要负责人，部分县党代表，县监委特约监察员和清风讲师，县委巡察办、巡察组专职干部，县纪委县监委机关及派驻纪检监察组全体干部参加会议。会议回顾总结云和县2021年纪检监察工作，研究部署2022年工作任务。县委书记李忠伟出席会议并作重要讲话。会议审议通过县委常委、纪委书记、监委主任舒坚阳代表中共云和县纪律检查委员会常务委员会所作的《永葆自我革命精神 纵深推进风清云和建设 为打造全国山区县域新型城镇化共富样板提供坚强保障》的工作报告。

纪检监察工作

【概况】 2022年，县纪委、监委在市纪委、监委和县委的领导下，坚持以习近平新时代中国特色社会主义思想为指导，以风清云和建设为主线，对标纪检监察工作高质量发展指数，深入践行"唯实、争先、正规、专业"要求，不断强化政治监督，一体推进正风肃纪反腐，推动全面从严治党向纵深发展。

【加强政治监督，服务保障精准有力】 配合省委巡视云和县委、市委提级巡察云和县纪委监委机关工作，对巡察中反馈问题立知立改、举一反三全面整改，切实以整改实效推动纪检监察工作高质量发展。紧扣监督重点，构建政治监督"12+3+1"体系，聚焦重点项目建设等内容开展"防疫情、稳经济、保安全"专项政治监督，发现并督促整改问题1100余个，通报进度滞后的重点项目21个，有力护航县委县政府决策部署落地见效。贯通把握、一体落实党中央、省委、市委关于加强对"一把手"和领导班子监督"五张责任清单"的有关要求，扎实履行监督责任，发放《主体责任纪实手册》《落实党风廉政建设主体责任季度提醒函》，推动"关键少数"履职尽责。

【坚持惩防并举，反腐成果不断巩固】 坚持"零容忍"惩治腐败，全年受理信访举报71件，处置问题线索178件，立案83件，给予党纪政务处分77人，组织处理91人，采取留置措施1人，移送检察机关依法审查起诉5人。运用监督执纪"四种形态"处理173人次，其中运用第一、第二种形态处理151人次，占87.28%，"咬耳扯袖、红脸出汗"成为常态。以"裁判式"模式协审基层案件52件，反馈问题150

个，有效规范了基层案件办理。做好案件查处“后半篇文章”，发出纪律检查建议、监察建议6份，推动问题解决、促使制度完善。对全县受处理处分干部开展回访教育，帮助消除顾虑、轻装前进。坚持以身边事教育身边人，组织党员干部参加违法犯罪案件庭审旁听，常态开展“周一夜学”警示促廉工作，切实增强拒腐防变自觉性。在高压震慑和政策感召下，2022年度云和县共有2名党员干部主动投案，5人次主动通过“581”廉政账户上交收受的礼金。

【深化四责协同，监督效能不断提升】 深化片区协作实体化运行，建立“组地协作”“一事一协作”“跨片区协作”等工作机制，启动片区协作办信办案46次，立案21件，给予党纪政务处分15人。全面推行“廉心”工作体系，整合派驻纪检监察组、被监督单位、有关主管部门等监督力量，组织开展党风廉政专题活动100项，发现并督促整改问题355个，推动完善制度76项。深化政治生态评价工作，联合县委组织部、县委宣传部等18个责任部门，对各乡镇（街道）、部门政治生态建设情况开展动态测评，县领导对排名靠后的单位“一把手”开展约谈提醒，推动政治生态建设主体责任落细落实，浮云街道入选2022年度全市乡镇（街道）政治生态优胜榜。

【精准纠治四风，党风政风持续向好】 保持作风建设永远在路上的定力和韧劲，持续深化“四风”纠治，查处违反中央八项规定精神的问题21起，给予党纪政务处分18人、组织处理10人，印发典型案例通报9期，时刻保持警钟长鸣。协助县委开展“紧起来、快起来、跑起来”作风建设年活动，聚焦“佛系”“甩锅”“撞钟”3类问题12种消极表现，组织全县各单位及党员干部深入开展自查整改，编发工作简报4期，集中通报重点项目建设慢作为等各类典型问题。协助县委开展“百舸争流”中层岗位履职评议活动，在全县46个单位361个中层岗位中评选出先进岗位、落后岗位各6个，并强化结果运用，推动树立“能者上、庸者让、劣者下”的鲜明导向。

【做实政治巡察，利剑锋芒更加彰显】 高质量开展十五届县委巡察，采取“常规巡察+机动式巡察”“部门+乡镇+村”等方式，对14个部门、2个乡镇、9个村开展巡察，对10个村（社）开展“回头看”，发现问题840条，移交问题线索30条，向相关职能部门提出意见建议24条，给予党纪政务处分5人，诫勉1人，移送公安1人，清退违规违纪款48.9万元，建章立制158项。依托省委“重大巡视（巡察）问题清单”平台，不断强化成果运用，1个案例被列入“重大巡视（巡察）问题清单”省示范榜，1个整改案例获评市级整改优秀案例，推动全县“职能外包”“村级工程”等工作专项治理。注重经验总结，提炼形成巡察工作五年综述《高质量巡察护航县域高质量发展》，围绕市委巡察指导督导反馈意见，开展巡察规范化建设，完善与相关部门协作配合机制，推进四项监督贯通融合。

【推动监督下沉，民生民利有效维护】 聚焦教育、医疗、养老、社保以及网络诈骗等领域，紧盯群众“急难愁盼”，联合10家单位开展漠视侵害群众利益问题专项治理，查处群众身边腐败和作风问题20起，给予党纪政务处分18人，组织处理7人，促推相关部门对6方面系统性、领域性问题进行整改。开展村级工程项目腐败问题专项治理，处理违规承揽工程的村干部6名，促进基层干部廉洁履职。推进林地征占用公权力大数据监督场景建设，制定预警规则12条，查实红色预警13条，开展专项治理1次，挽回经济损失174万余元，“项目建设未及时调整公益林”监督模型被评为浙江省公权力大数据监督“县级最佳监督模型”。用好公权力大数据监督平台，办结红色预警157条，查实94条，开展提醒谈话35次，批评教育35次，给予党纪处分2人，以大数据监督不断规范公权力行使。

【深化清廉共建，清风正气日益充盈】 开展“清廉单元大升级、监督保障大护航、政商亲清大促进、廉洁文化大发展、清廉理论大研讨”五大行动，凤凰山街道贵溪村被评为省级清廉村居建设示范村，贵溪村清风公园入选市级廉洁文化示范点，崇头镇坑根村、石塘镇小顺村被评为市级清廉村居引领村，小顺爱国主义法纪教育基地、云和梯田景区、箬溪书院研学馆入选“一核三带”市级点位。串联县域16个清廉示范点位及16个清廉阵地，打造“清风之旅”导览图，绘就全域清廉画卷。开展“廉韵润初心　喜迎二十大”廉洁文化作品征集活动，编发《云和文学》廉洁专刊1100余册，切实营造崇廉倡廉的良好氛围。着力优化营商环境，以“线上+线下”双平台模式打造“亲清政商会客厅”工作品牌，助推政商交往健康态、政商关系正循环。

【聚焦铁军锻造，队伍建设再上台阶】 开展“强素质、精业务，全员大学考”活动，以纪法知识“日学月测”、全员培训、岗位练兵、赛马比拼等为抓手，持续增强队伍战斗力。完善派驻（出）机构、乡镇（街道）纪检监察机构考核评价体系，召开全县纪检监察系统“坚持高质量发展，锻造高素质铁军”誓师大会，进一步强化纪检监察干部竞位意识。推进“以案为鉴严约束、护航‘窗口’铸铁军”警示教育活动，切实强化内部监管。持续推进内控制度建设，汇编《云和县纪委县监委议事会议规则》等22项制度，不断提升纪检监察工作规范化、法治化、正规化水平。完善一线培养机制，坚持上挂下派，择优推荐4名干部到省（市）纪委挂职，抽调33名干部参与巡视巡察、办信办案等，有效提升干部综合能力。不断强化外部监督，聘任县监委第二届特约监察员15名，切实让监督执纪执法权在阳光下运行。　（周嘉琪）

民主党派　群众团体

中国民主同盟云和县基层委员会

【概况】 2022年，民盟云和县基层委员会共有盟员74人，其中，担任市人大代表1人，市政协委员2人；县人大代表1人，县政协委员13人（含副主席1人，常委4人）。下设4个支部，教育支部20人，占27.03%；经济科技支部18人，占24.32%；文化支部16人，占21.62%；医卫支部20人，占27.03%。2022年，民盟云和县基层委员会被民盟丽水市委会授予"2022年度优秀集体"称号；盟员吴丽琴、雷海燕、倪小红、胡拥军被民盟丽水市委会授予"2022年度优秀盟员"称号。盟员黄芳导演的歌曲《云上五天》，荣获2022年浙江省山区26县村歌故事会十佳村歌故事奖；编排的舞蹈《星星之火》，荣获丽水市第五届原创舞蹈大赛表演金奖；导演的小品《321叮咚》，荣获2022年丽水市第六届原创戏剧小品大赛铜奖。

【参政议政】 提案发言展现风采。重视发挥盟员的主体作用，在县政协十届一次会议上，积极向县委、县政府建言献策，以《充分挖掘木玩文化价值优势，打造"童话云和"城市文化IP》为题的大会发言，得到县委书记李忠伟批示。全年累计提交市人大建议2件，市政协提案2件；县人大建议1件，县政协提案22件，内容涉及城乡建设、文化建设、民生保障等方面。重视搜集社情民意。民盟云和县基层委员会关注民情民意，积极反映社会热点难点问题。截至12月底，共向民盟丽水市委会、云和县政协报送反映社情民意的稿件28篇，其中，被民盟省委会采用6篇，市政协采用5篇，县政协采用4篇。精心选题认真调研。召开县民盟基层委（扩大）会议，专题讨论研究各支部上报的课题，确定《山区县域智障孩子家庭状况调研》《以农家乐民宿为切入口，推动山区县域新型城镇化共富样板打造》为年度调研课题，明确课题负责人，并获民盟丽水市委会立项。

【社会服务】 一是着力打造服务品牌。在紧水滩镇龙门村建立乡村振兴实践基地，整合盟内资源，高质量开展社会服务。3月，组织全县盟员赴龙门村开展乡村振兴实践基地调研，了解村级集体经济发展情况、村庄建设整体规划和发展思路等。围绕乡村振兴示范基地建设的目标、要求展开深入探讨。6月，邀请丽水、青田等地盟员赴龙门村开展乡村振兴主题采风创作活动，将创作作品赠予龙门村，为乡村振兴示范基地建设增添文化艺术气息。二是持续推进同心服务。推进"民盟同心·名医服务站"建设。6月10日，联合省护理学会理事长胡斌春、秘书长王惠琴等赴云和县石塘镇开展以"科普促健康　携手向未来——安全护航　健康生活"为主题的科普活动。开设内科、骨科、中医等健康咨询，开展疫情防控、急救技术、手指健智操等科普讲座，受到当地群众的热烈欢迎。11月8日，云和"民盟同心·名医服务站"在安溪畲族乡开展义诊活动，开设内科、外科、骨科、妇产科、血管外科、中医科、护理等专科，医护专家针对患者的不同病症和个体差异，提出合理的治疗建议。三是发挥优势服务民生。1月，会同县政协、老年书画研究会、图书馆、乡贤会、文联、书协等，联合开展历时20余天的“迎虎年，送祝福——春节文化活动进万家”公益活动。盟员童少锋、舒子信、戴建英、毛云龙等为10个村、2个社（小）区、2个企业、7个部门（单位）开展25场次、3176人次的送“福”字送春联活动，为当地群众送去春联4300对、福字960个、书画100幅，受益群众5000余人。1月4日，县民盟基层委组织盟员前往石塘镇中心小学开展新冠肺炎防控知识讲座。1月13日，县民盟基层委组织各支部盟员到县体育馆方舱新冠疫苗接种点，开展血压测量、接种引导、注意事项提示等志愿服务。6月6日，民盟云和医卫支部到县文元育英外国语实验学校开展医学科普知识进校园活动，举办“拒绝垃圾食品”讲座，受益师生100余人。6月8日，民盟云和教育、医卫支部在云和二中联合开展青春期女生健康成长讲座，向200多名女生讲解青春期生理心理变化、青春期如何正确保护自己、困惑如何解决、如何正确与异性交往等知识。8月23日，民盟云和文化、经济科技支部联合开展助企服务活动，先后赴浙江汉威阀门制造有限公司、浙江丹妮木制玩具有限公司送政策、送知识、送服务。

【学习宣传】 民盟云和县基层委把理论学习作为思想政治建设的首要任务，以提升盟员政治素质，增强民盟组织的凝聚力。一是巩固思想政治基础。组织学习中共十九届六中全会、中共二十大和浙江省第十五次代表大会精神；召开基层委会议和支部会议，传达学习民盟中央、民盟省委、民盟丽水市委会清廉党派建设暨五届九次全体（扩大）会议精神，统一全体盟员的思想认识，统一部署落实各支部工作。二是稳步推进主题教育。开展“3•19”建盟日主题教育，组织盟员重温入盟承诺。4月25日，召开基层委（扩大）会议，传达贯彻民盟浙江省委会关于开展《“矢志不渝跟党走、携手奋进新时代”政治交接主题教育工作方案》，强调要将政治交接主题教育与年度工作安排统筹谋划、一体推进，确保主题教育顺利有效开展。

民盟云和县基层委把宣传作为提高民盟组织社会影响力的主要手段，将民盟组织的工作成效及时上报省、市民盟开展宣传。同时，利用民盟省委会、市委会的盟刊、网站和微信公众号等载体，积极宣传报道民盟组织动态、盟员先进事迹和工作业绩。截至12月底，共向民盟丽水市委会报送信息46篇，其中，被浙江统战、浙江民盟公众号采用1篇；被民盟丽水市委会网站、公众号采用42篇，被县融媒体中心采用1篇。

【组织建设】 组织建设是民主党派履职尽责的重要环节。民盟云和县基层委员会不断夯实组织建设基础，确保各项工作落实到位。严把盟员吸收入口关，以政治认同感、综合素质、参政议政能力三方面作为甄别遴选盟员发展对象的主要条件，兼顾社会分工，强化党派特色，将有强烈的事业心、责任感，参政议政能力较强的社会各界知名人士被列入民盟组织发展对象。2022年，发展李晓勤、丁勤、柳青菲、刘丽瑛、方柔嘉5名入盟积极分子加入县民盟组织。

【爱岗敬业】 民盟云和县基层委员会被民盟丽水市委会授予“2022年度优秀集体”称号；盟员吴丽琴、雷海燕、倪小红、胡拥军被民盟丽水市委会评为“2022年度优秀盟员”；盟员雷海燕被民盟丽水市委会评为“2022年度参政议政工作先进个人”；盟员黄芳被民盟丽水市委会评为“2022年度社会服务工作先进个人”；盟员刘杰华被民盟丽水市委会评为“2022年度盟务工作先进个人”。盟员黄芳导演的歌曲《云上五天》荣获2022年浙江省山区26县村歌故事会十佳村歌故事奖，编排的舞蹈《星星之火》荣获丽水市第五届原创舞蹈大赛表演金奖，导演的小品《321叮咚》

荣获丽水市第六届原创戏剧小品大赛铜奖；盟员林金娟、杨海峰获云和县“教育教学质量”奖；盟员林浩被云和县人民政府授予常态化疫情防控先进个人称号；盟员吕毅、丁勤、吴丽琴、黄芳、雷海燕被政协云和县委员会评为“2022年度优秀政协委员”。（吴雅晨）

云和县总工会

【概况】 2022年，全县有工业园区总工会1个、街道总工会4个、镇总工会3个、产业工会3个、系统工会工作委员会9个。全县已建立基层工会组织354家，涵盖单位400家，工会会员22597人，女会员10391人。其中，行政机关工会71家，事业单位工会60家，国有企业工会20家，非公独立企业工会191家（其中有非公联合企业工会5家覆盖下属51家），其他工会组织（社区）11家，社会团体1家。云和县总工会下属有工人文化宫、职工业余学校2个事业单位。

【基层工会建设】 新建云和玉禾田智慧城市运营有限公司工会委员会等6家工会，入会会员530人。督促、指导云和县水务投资有限公司工会委员会等60家基层工会依法换届选举。继续推进新就业群体建会入会工作，新建房地产中介联合工会、县交通运输行业联合工会；建立县级总工会联系指导新业态重点企业工会制度，党组书记亲自联系“云”骑士外卖快递物流业联合工会。同时，指导和帮助新业态基层工会规范化建设，开展“同携手、促规范、共发展”模范职工之家与新业态基层工会结对共建试点活动，县税务局职工之家与“云”骑士外卖快递物流业联合工会结为共建单位。做好“云”骑士外卖快递物流业联合工会申请2022年度新业态基层工会专项经费补助。做好新业态就业群体慰问等工作。

【职工疗养休养】 一是深化接待站建设，推动疗休养产业发展。组织召开2022年度云和县职工疗休养接待站创建提升工作座谈会及联审会议，并将审核通过后的103家云和县职工疗休养接待站及5家职工疗休养承办单位名单在我县人民政府网站公示7日后发文公布，供县内外职工选择。二是根据经济社会发展需要，结合县委县政府召开的“稳经济、促项目、扩投资”会议要求，部署2022年职工疗休养相关工作。组织召开职工疗休养部门联席会议，达成职工疗休养方案，并提交县委县政府审核通过。同时，组织职工疗休养承办单位、山海协作地区（宁波北仑、湖州吴兴）、结对单位（省人力社保厅、浙江水利水电学院、省建设集团、人保财险浙江分公司、省交投集团等）召开座谈会。商讨职工疗休养对外推荐和开拓相关事宜，与县文旅局商讨工作领域内更精准的纾困帮扶政策，两个单位联合发布相关鼓励政策举措。截至年底，已有淳安县总工会、萧山区总工会等多家单位2000余名职工到云和疗休养，按照相关政策给予1300余名县外到云和疗休养职工派送大礼包。三是结合考察，不断提升疗休养工作。省总工会党组成员、副主席张兆都，浙江省教育工会副主席李茜、丽水市教育工会副主席张丽伟分别带队来云和开展职工疗休养基地（接待点）考察工作，详细查看了解接待点住宿、餐饮、疗休养项目、管理机制等情况，不断提升服务职工水平，进一步助力乡村振兴，推动山区26县共富。四是开展云和县职工疗休养区域协作活动。邀请宁波市总工会、宁波北仑区总工会、湖州吴兴区总工会等山海协作地区总工会及台州市玉环县总工会等兄弟县市总工会、省移动公司工会、省铁路工会领导嘉宾到云和考察职工疗休养资源路线。2022年，已有161家基层工会5577名职工完成疗休养，没有发生职工疗休养安全事故。

【困难职工帮扶】 为做好节庆期间的送温暖活动，及早部署，开展入户入单位走访活动，摸清底数户数，对符合条件的困难职工家庭及时纳入工会救助体系，及时录入全国总工会困难职工帮扶系统，实行动态管理。8月研究出台困难职工家庭(医疗、生活、助学)建档通知文件,并对各基层工会提交的困难职工家庭申请材料进行初步审核。严格按政策制度办事,按程序操作,按规发放困难职工帮扶资金及送温暖资金。元旦、春节期间,根据困难职工家庭户数情况,为全县13户困难职工家庭送去帮扶资金8.2万元,其中医疗救助类6户送去慰问金共计4.8万元;生活救助类8户送去慰问金共计1.8万元;子女助学类5户送去慰问金共计1.6万元。走访2家困难企业慰问职工10人,共计0.15万元。

【组织先进评选】 一是为深入推进和谐劳动关系创建工作,切实发挥劳动关系和谐企业示范作用,县总工会召集人社局、工商联、工业园区等单位召开三方五家会议,对云和县级和谐企业符合申报市级的情况进行推荐陈述,通过实地调研考察,推选浙江金马工艺品有限公司为市级和谐企业,经过层层审核,最终入选为市级和谐企业。二是推荐云和梯田投资发展有限公司蓝彦青、云和县沿溪路及南侧地块(农技站区块综合改造)项目的刘志红参加丽水市重点工程立功竞赛先进个人的评选,并最终入选。三是与县人社局联合筛选讨论,并通过实地调研考察,推选云和县青龙头家庭农场有限公司的卜伟绍、浙江金尔泰工艺品有限公司游小卫及云和城南综合医院和平老年护理康复中心陈艳等参加浙江省工匠评选,最终浙江金尔泰工艺品有限公司的游小卫及云和城南综合医院的和平老年护理康复中心陈艳2人获选。四是推选浙江金尔泰工艺品有限公司的游小卫创新工作室入选为市级创新工作室。

【开展文体活动】 一是开展全县职工"喜迎二十大•家风伴成长"主题征文活动,助力打造全国山区县域新型城镇化共富样板。二是积极参与"中国梦劳动美共富裕"全市职工文艺展演,精心挑选基层工会文艺节目,并上报文化系统工会原创作品《从未如此骄傲》参演。三是组织参加全市职工气排球联赛和开展了2场浙工缘"喜迎二十大,青年云和•工会有约"青年职工交友活动。四是开展"爱心托班"暑期公益服务活动,参与职工子女共14人,受益职工20人,其中涵盖了新业态劳动者子女7人,进一步拓宽工会爱心托管服务活动覆盖面。五是组织开展"喜迎二十大•巾帼建功展芳华"女职工健身活动、女职工花艺展示活动。六是根据《关于开展2022年"玫瑰书香"全国女职工主题阅读活动的通知》文件要求,积极组织各基层工会参加,此次活动共举办5场,有效提升了职工思想和文化素养。

【提升职工技能】 一是开展系列职工线上、线下培训课程,做好浙江省一线职工学历学费补助申报、审核、发放工作。二是举办职工技能提升公益培训班,进一步提升全县待业人员、劳模(职工)疗休养接待站人员、困难职工家庭成员创业就业和职业转换能力。组织新业态新就业群体专业医疗急救知识培训、组织全县企业职工(困难职工家庭人员)、待业人员、新业态及民宿农家乐从业人员开展中式面点制作技能培训班等技能培训。三是积极举办职工技能培训比武活动。举办云和县第四届"云和工匠"系列技能大赛暨车工技能大赛、组织全县电工技能大赛。

【医疗互助工作】 在职职工医疗互助保障遵循广大职工"有病人帮我•没病我帮人"的互惠互助理念,切实用"小钱"为患病职工构筑起了一道抵御疾病风险的"大防线",截至年底,已经有151家6914名职工基层工会参保,收缴医疗互助保障金55.312万元。其中新业态劳动者160余名职工参保,收缴医疗互助保障金1.28万元。

【文化阵地建设】 本着优化资源、合理规划的原则,建设职工办事窗口、户外劳动者驿站、妈咪小屋、工人文化宫等综合性服务阵地。着重发挥工人文化宫阵地作用,以职工心理疏导室、劳模工作室、影音室、红娘工作室等为载体，开展各类文体活动，为职工提供健康有益的活动场所，做好服务职工群众各项工作。一是与下属8家团队续签2022年场地安全使用管理协议书，确保活动有序开展与疫情管理双规范。并对团队进行动态管理，扩大各基层工会使用率、知晓率。二是开展2022年新春"写春联、送福字"活动，合计25场次，送出对联、"福"字和字画共计4850幅(副)，参加人数125人，为基层群众送去温暖和祝福。三是落实省总工会《关于开展"庆祝浙江省总工会成立70周年"职工书画大赛的通知》，按照征选要求积极组织发动职工创作、投稿并报送参赛。（丁晓春）

共青团云和县委

【概况】 2022年，团县委在团市委和中共云和县委的坚强领导下，立足新时期团组织的职能定位，紧密围绕党政中心，紧扣主责主业，以迎接党的二十大胜利召开为主线，结合庆祝建团100周年活动，助推建设青年发展型城市，争当推动全国山区县域新型城镇化共富样板全面起势的青年助手和后备军，为实现童话云和宏伟目标贡献青春力量。

【聚焦思想建设，提高青年引领力】 深化青少年思想政治引领，牵头开展各类系列主题宣教活动17场次，各部门、各乡镇(街道)团组织运用快板、短视频、送学进村等形式，开展基层宣讲110余场次。举办"青春心向党 礼赞二十大"青年理论知识定向赛，2个青年宣讲视频、多篇宣讲报道被浙江新闻客户端、"学习强国"等学习平台录用。加强以"云和青年"为代表的团属新媒体宣传体系建设，在微信公众号新开设"云青有声音""云青有作为""云青创客""云青榜样"等专栏。举办"青年说"微型党(团)课大赛及"和小宣"系列培训班，形式多样地开展党代会、团代会精神和重要方针政策等宣讲。全县学校获评省、市集体和个人荣誉50余项。

【聚焦组织覆盖，增强青年聚合力】 2022年9月，汇集杭州、宁波、云和三地云和青年，在杭州成立云和县青年发展促进会，增强在外云和青年的归属感、家乡情和凝聚力。深入开展新业态、新就业群体团组织建设，新成立快递行业团工委和互联网企业团工委，实现组织全覆盖、工作增活力。积极打造山海协作"青春帮共体"，持续实施云和—北仑伙伴成长计划，深化云和—吴兴团建共建行动。召开山海协作青年伙伴成长交流会，云和青年、山海协作挂职干部共话成长。举办对台"双招双引"政策推介会暨云台青年共富论坛，成立"云台青年共富学堂"。落实重点青少年帮扶走访措施，结对帮扶率达100%。

【聚焦服务大局，彰显青年担当力】 围绕云和梯田创国家AAAAA级旅游景区工程，举办"我在梯田等你"青年短视频大赛，在微信、抖音、小红书等平台掀起云和"梯田热"。组织举办青年政务讲解员培训班，新充实储备青年讲解员30余名。注重志愿队伍建设，积极助力服务全国桨板公开赛、全市"花园乡村"现场会、云和梯田开犁节等重大赛会节庆活动10余场。实施"书桌陪伴 筑梦成才"公益项目，为困难家庭学生筹措捐赠200套陪伴书桌。发起成立云青"微光"公益摄影服务队，组织青年摄影师走进乡村拍摄留守老人照片。相关亮点工作被中央电视台、"学习强国"学习平台、《浙江日报》、浙江新闻客户端、中国青年报客户端等报道。

【聚焦创业创新，强化发展支撑力】 着眼提升受益面和需求性，制定青年发展型县域建设实施方案，营造"青年与云和共发展"的优质环境和体系支撑，谋划打造"青年童话""青年宜创""青年圆梦""青年乐享""青年作为"城市名片。强化技能人才培养，高质量举办直播达人训练营7期，受训280余人次；举办"云和带货达人"系列技能大赛，培育直播达人后备军30余人；成立"云青共富直播创客联盟"，形成资源共建共享、青年聚力发展的创业新格局。开展云和青年家乡行、大学生暑期社会实践等活动，为300余名大学生提供实践岗位，中国美院等高校10余支实践团队到云实践，与云和建立全方位的校地校企合作关系。

【聚焦作风建设，提升队伍战斗力】 对标《新时代全面从严治团实施纲要》，推动团干部作风建设三年行动"巩固深化年"目标任务落细落实。根据县委"紧起来、快起来、跑起来"作风建设年活动要求，出台《云和县共青团系统作风建设年实施方案》，制定年度重点工作清单和作风建设清单，明确任务和时间节点，确保作风建设工作取得实效。对标团市委重点工作指标，及时查漏补缺、勇争前列，各项指标排名进位明显。结合团组织和团干部队伍建设，统筹各方力量推进共青团基层组织改革工作，成立改革领导小组，制订出台改革方案，截至2022年年底，已完成34项改革任务中的18项。（钟超众）

云和县妇女联合会

【概况】 2022年，云和县妇联在县委、县政府的正确领导下，在上级妇联的关心指导下，全面贯彻习近平新时代中国特色社会主义思想和党的二十大精神，围绕县委县政府工作，紧贴全县妇女工作的实际，坚持服务大局、服务妇女、服务基层的工作宗旨，开拓进取，推动各项工作迈上新台阶、实现了新发展。至2022年末，全县有乡镇（街道）妇女联合会10个，农村（社区）、股份经济合作社妇联86个，城镇机关企事业单位妇委会46个；巾帼文明岗134个；妇联专兼职干部77人[其中县妇联6人，乡镇（街道）25人，城镇机关46人]。

【巾帼红】 （一）坚持用习近平新时代中国特色社会主义思想凝心铸魂，发挥浙江"红色根脉"独特优势，组织"和姐"宣讲团深入外国媳妇集中村、台联会妇联、来料加工共富工坊等开展茶文化交流、美丽庭院故事会、外国媳妇亲子会朗读二十大金句等群众喜闻乐见的宣讲活动200余场。推出《烽火云和巾帼情》革命故事展播，宣传红色特工朱枫、省儿童保育院院长戚铮音等一批革命时期在云和生活和战斗过的妇女先辈的事迹，以巾帼故事鼓舞人心，以革命精神激励斗志。（二）广泛开展"巾帼心向党 喜迎二十大"群众性主题宣传教育活动。学习贯彻省第十五次党代会精神、丽水市妇代会精神、县两会精神，以精神武装自身，展现巾帼力量。全年各乡镇（街道）、村（社）、"木玩共富工坊"、妇女儿童综合服务驿站等妇联阵地共组织开展省、市、县党代会精神宣讲220场。（三）推出"喜迎二十大　巾帼党员风采展"，报道党的二十大代表钟华燕、全国农牧渔业丰收奖获得者徐小燕等优秀女共产党员先进事迹。积极发挥网协会妇联作用，三八节设置微博话题"身边的她"，展示云和优秀女性故事，阅读量突破1200万人次；母亲节期间推出微博热词"背地妈粉"，阅读量达5800万人次，并登上微博热搜榜；疫情期间开设"牛牛战疫"专栏，推出原创音乐、动漫短视频及漫画20余篇，将妇联元素、云和故事在互联网上唱响。

【巾帼创】 （一）数字赋能，精准帮扶。组织动员全县751名县、乡、村三级妇联干部、妇联执委运用好"浙里家·连心桥"数字平台，深入开展"四必访四必应"工作，即创业就业困难女性必访、困难家庭必访、空巢老人及留守妇女儿童家庭必访、婚姻家庭矛盾纠纷家庭必访。同时，以乡镇街道为单位开展专题培训，制作针对性强、易操作的执委工作手册，面对面开展业务辅导，手把手培训数字化操作技能，县、乡、村三级妇联执委均能熟练运用平台，激活率、登录率、走访率等指标均达100%，形成常态走访联系、协同解决问题、量化履职评价的工作机制。（二）推动妇女岗位建功。开展"巾帼建功"活动，激励广大妇女岗位建功。2022年以来，认定2021年省级巾帼文明岗

1个、市级2个、县级2个，牛云云工作室徐幸艺获评省级巾帼建功标兵，其事迹入围全国“百个巾帼好网民故事”(全省五人，丽水唯一)，云和县凤凰山街道普光社区党委书记王旭芳获评市级巾帼建功标兵。组织乡镇街道妇联换届，推进基层组织改革。完成10个乡镇街道妇联换届工作，选出主席10名、副主席20名、执委751名，每个乡镇街道都配备一名30周岁以下妇联班子。组织乡镇街道开展执委培训，制作并发放妇联执委工作手册，开展妇联业务工作培训，提升执委工作能力水平。2022年11月4日，组织开展乡镇(街道)、村社、机关妇联干部聚焦主责主业大讨论，聚焦基层妇联难点堵点，打通服务“最后一公里”，疏通组织网络运行，提升执委工作能力，提升业务水平。(三)实施来料加工扩面提质。2022年1—11月，全县共发放加工费2.94亿元，加工人数达到1.35万人。组织来料加工经纪人、从业人员培训共计11期，培训600人次。完成大坪雾溪乡就业服务中心、简真玩具有限公司2家市级巾帼“共富工坊”创建申报工作，完成第一批18家党建引领巾帼“共富工坊”创建。根据丽水市《关于全面推进党建引领“共富工坊”建设的实施意见》要求，县妇联把来料加工发展专项资金200万元列入年度县财政预算，加快制定出台云和县来料加工“共富工坊”扶持政策实施细则，用于支持和奖补共富工坊建设。政银合作推出“妇女小额贷款”助力工坊创建，为全县来料加工点、创业妇女提供免担保信用贷款。截至11月，全县农商行系统共授信妇女创业贷590万元。(四)引领妇女振兴乡村。开展“花园庭院”“绿色家庭”“无废家庭”创建，评选“十佳花园庭院”10户、“无废家庭”10户。组建“和姐”志愿服务队86支约2000人，将每月8日定为“和姐环境综合整治日”，开展垃圾分类、环境卫生整治活动进农村、进社区、进企业活动，动员广大妇女群众参与环境综合整治。参加市“妈妈的味道”茶歇大赛，云和县参赛作品获二等奖。省“妈妈的味道‘一县一味道’”短视频大赛，进一步挖掘云和传统餐饮文化，宣传云和味道。

【巾帼家】 (一)围绕家庭，拓展文明建设内涵。深入推进《中华人民共和国家庭教育促进法》《浙江省家庭教育促进条例》贯彻实施，有序推进家庭教育工作。深入推进《中华人民共和国家庭教育促进法》贯彻实施，将其列入全县党员干部周一夜学；开展《中华人民共和国家庭教育促进法》线上知识问答活动，2000余人参与答题；全国家庭教育宣传周期间(每年5月15日国际家庭日所在周)，云和电视台播放《建设好家庭 涵养好家教 弘扬好家风》和《“有增有减 孩子向远”助力教育“双减”工作》公益宣传片，每天播放时长1小时；联合司法局、法院对3家社区矫正少年家庭进行回访，了解矫正少年的生活现状，家庭教育讲师叶发水对其家长进行家庭教育促进法的宣传及家庭教育指导。组建云和县家庭教育讲师团，走进社区、妇女儿童综合服务驿站，开展家庭教育讲座30余场。(二)切实维护妇女儿童合法权益。每月8日开展“平安丽姐”宣传活动，就反家暴、防性侵、婚姻家庭等妇儿权益维护进行宣传，全年共开展15次，受众3000余人次。规范来信来访接待处置程序，实行专人负责，对2022年以来18起来信来访、申请法律援助个案实行一人一档，形成闭环管理。新建6家儿童之家(小顺村、狮山社区、紧水滩镇、东门社区、箬溪社区、阜安门社区)，省级示范儿童之家1个(大坪社区)，市级示范儿童之家2个(中山社区、元和社区)，全年累计开展200余场活动。(三) 加强妇女儿童综合服务阵地建设。整合乡镇(街道)、村(社)资源，创建三星级(大坪社区)妇女儿童综合服务驿站1家、二星级妇女儿童综合服务驿站(元和街道、阜安门社区、普光社区、元和社区、崇头镇、中山社区)6家，一星级妇女儿童综合服务驿站(东门社区、狮山社区、紧水滩镇、箬溪社区、下武村、雾溪村、小顺村、赤石村、新华社区、解放社区)10家。依托妇女儿童综合服务驿站，开展涵盖红色故事、暑期安全教育等形式多样的寒暑期儿童关爱服务活动，让孩子们在乐趣中学习，在欢乐中度过假期。

【巾帼爱】 （一）关心关爱困境妇女儿童。开展“把爱带回家 温暖来敲门”暖冬行动，走访困境儿童30余名。积极开展妇女“两癌”检查，全年“两癌”免费筛查妇女4000余名。积极争取上级妇联低收入妇女两癌救助，5名低收入妇女获得每人5000元救助，2名低收入妇女获得每人1万元救助。（二）开展多元化基层服务。中秋期间，赴消防救援大队、三中开展“妈妈的味道”月饼手工制作活动。联合台办开展“云台巾帼情·书香话中秋”花灯制作活动，联合外事办邀请缅甸、柬埔寨等六国外籍媳妇开展“中秋情满童话城、携手共话新家园”活动，为她们送上云和文化书籍，致以节日祝福。（吴云飞）

云和县科学技术协会

【概况】 2022年，云和县科学技术协会（以下简称县科协）紧紧围绕县委、县政府打造全国山区县域新型城镇化共富样板的宏伟目标，积极履行“四服务”职责，凝心聚力“双招双引”，大力开展“母亲科普”“助力双减”等科普活动，充分发挥科协作为科普工作主要社会力量、学术交流主渠道、科技交流主代表与“科技工作者之家”的主要职能，弘扬科学精神，普及科学知识，培养乡土人才，助力共同富裕。

截至2022年末，县科协有护理、会计、财税、药学、教育、防疫、林学、质量、蔬菜专业、云和雪梨、老科技工作者、云和师傅、冬泳、养蜂等下属学会14个。市级科普馆2个：和信木玩科技馆、箬溪科普馆；县级科普馆4个：和信木玩科技馆、智慧园木玩科普馆、箬溪科普馆、宣蔚青瓷科普馆；科普活动中心1个：云和县科普活动中心。市级科普教育基地2个：县图书馆生态科普教育基地、县牧野甲虫养殖教育基地；县级科普教育基地6个：县图书馆生态科普教育基地、玩具智慧园生态科普教育基地、和信木玩科普教育示范基地（和信木玩科技馆）、县牧野甲虫养殖教育基地、木玩童话小镇木玩科普教育基地、县档案馆党史科普教育基地。县工业园区企业科协6个：工业园区、汉威阀门制造有限公司、金成木业有限公司、和一实业有限公司、丽水华宏钢铁制品有限公司、和信工艺品有限公司。各乡镇、街道和各社区科协组织齐全，科普网络健全。

【重视科普建设】 2022年，县科协在围绕提高科普建设能力，提升居民科学素养等方面开展一系列工作，推动全县科普工作有效健康发展。（一）县级农村科普基地管理工作。农村科普示范基地是农村普及推广新技术、新品种、新成果，传播科技信息、管理方法，进行技术示范、品种示范、管理示范的有效途径，是提升农村科普水平和农民群众科学文化素质的重要载体。一是农村科普示范基地命名工作。经过对申报对象的审核，2022年，命名水金家庭农场科普示范基地为云和县县级科普示范基地。二是深入农村科普示范基地开展调研活动。2022年，组织专家下基地指导60余次，班子成员下基地累计服务32次，发放科技示范户培育（3批）经费共27.9万元，受灾补助款（2批）2.1万元。三是省、市、县领导调研科普示范基地建设。6月2日，省科协领导王忠民、骆春荣，市科协副主席徐瑛调研石浦龟鳖产业化科普示范基地。6月10日，省科协二级巡视员戴力、市科协党组书记邝时忠到云和考察童话云和展示馆、木玩产业创新服务综合体、大田葡萄庄园科普示范基地。9月11日，县委副书记、政法委书记陈卿走访调研县云鲲生态鱼养殖科普示范基地、城西葡萄科普示范基地建设情况，并提出发展建议。（二）农村科技示范户评定工作。农村科技示范户是农村科技发展的带头人，是新农村建设的骨干力量，是科技推广体系的基点，建立和发展科技示范户有利于把科学技术送到千家万户。一是县级农村科技示范户的评定。印发《关于做好县级农村科技示范户推荐工作的通知》，结合农村科技示范户实施细则要求，评定5户为2022年度县级农村科技示范户。二是注重教育培训，推进乡土人才培养工作。依托“农函大”，举办农村实用人才培训22期，受训1607人；高素质农民培训4期，受训224人；留守农民培训154期，受训8894人。组织科技示范户到庆元学习食用菌、甜橘柚、稻田养螺等种植养殖技术，以进一步拓宽视野，增长见识。(三)加强队伍建设，做好农民职称评定工作。县农职称评定工作领导小组办公室开展全县农民技术人员职称申报评定工作。2022年，共评出农民技师26名，其中，茶叶6名、农业经济管理6名、果树5名、园林4名、淡水养殖2名、食用菌1名、农作物栽培1名、海(淡)水养殖1名。截至2022年末，全县拥有农民技术员3791人，高级技师50人。

【提升科学素质】 根据省、市全民科学素质工作领导小组的统一部署，2022年，云和县全民科学素质工作领导小组办公室发挥牵头单位的协调职能和沟通联络作用，会同各成员单位共同推进全民科学素质建设。

(一)贯彻实施《全民科学素质行动计划纲要》。根据部门职责，发挥部门优势，对计划纲要和科学文化素质提升任务进行分解，25个成员单位每个领受任务2项以上。通过开展科普活动、打造科普队伍、建设科普工程、培养科技人才等举措，进一步提升公民科学素质。

(二)实施未成年人科学素质提升行动。6月1日，由省委宣传部、省科学技术协会指导，县委宣传部、县科学技术协会、县教育局共同承办的“全省文化赋能山区26县‘春苗科学行’”启动仪式在云和举行。邀请市级科普讲师团讲师蓝洁 、陈志伟、徐美萍赴县实验小学、中等职业技术学校、第三中学、城西小学开展《中华人民共和国未成年人保护法》及“远离毒品，健康生活”“关爱自我，健康成长”“生物多样性”等主题科普讲座，受益学生1000余名。市级科普教育基地——“牧野虫社”甲壳虫基地，利用甲虫养殖馆吸引小朋友近距离观察、了解甲壳虫，开展生物多样性科普教育，全年接待青少年3000余人。市级科普教育基地——云和县科普活动中心，通过开展“书香云和‘全民阅读节’”“少儿手工制作”“科普电影大放送”等活动，搭建亲子互动平台，推进教育“双减”落地见效。

(三)实施城镇居民素质提升行动。一是借力社区，开展科普宣传活动。重点围绕15个社区，加强科普基础设施和科普队伍建设，1—6月，投入19万余元资金，在县城新建小区及人口密集处开辟科普画廊13座，营造科普氛围。2022年，县科协联合卫生健康局、残联、公安局等单位在13个社区，开展低碳节能、应急避险、防范诈骗、健康管理等科普教育活动13次，受教育民众1万余人，现场发放科普宣传资料7900册，提高了社会公众的理性认知水平。邀请市科普讲师团成员陈旭东、谢银莲和县级讲师季明等举办“母亲科普”讲座6场，受益人数400余人。二是开展“银铃跨越数字鸿沟”科普专项行动。根据市科协工作部署，县科协牵头召集县教育局、老年大学部署全县“银铃跨越数字鸿沟”科普专项行动。县科协征订100本《银铃跨越数字鸿沟》教材和3000份科普宣传品用于日常培训宣传；依托社区、老年大学、成人技校等机构举办老年人智能手机培训活动，县老年大学每周每班增设一节老年人智能手机培训课程，以老师在讲堂上授课、志愿者在讲堂下辅导操作的形式开展培训；各社区组织开展“浙里办”APP实名制认证，对辖区内老人开展智能手机培训；成人技校利用暑期，由1名老师带队负责1个乡镇，在6个乡镇开展老年人智能手机培训和老年人健康知识讲座。2022年，全县共开展“银龄跨越数字鸿沟”科普专项行动98次，培训老年人10450人。

(四)实施农民科学素质提升行动。2022年，云和“双百”专家组下乡开展指导293次，培训2251

人次，推广新品种数102个，新增双百专家2名、调整专家4名。9月29日，来自渔业、林业、农业等不同领域的12名科技专家、30余名科技示范户在崇头镇召开2022年“百名专家联百村、科技服务乡村振兴”交流会。交流会以专家授课+座谈交流+现场教学的形式，现场传授农村科技示范户的好技术、好经验、好办法，进一步增进了解、加强合作，为乡村振兴赋能添智。

（五）打造科普信息化建设阵地，推动科普信息化建设。2022年，县科协向科技示范户和社区科普宣传微信群累计发布信息1312条。利用科普短信平台，累计发送科普短信40条，共计40160人次。

【加强学会工作】 学会作为党和政府联系科技工作者的桥梁和纽带，在开展学术交流、理论研究，提升社会科普意识，促进科普事业发展等方面发挥了重要的推动作用。（一）老科技工作者协会积极开展调查研究、建言献策，《关于推动华宏公司短流程钢铁冶炼与压延产业高质量发展的建议与对策》《关于云和县蔬菜产业的调研报告》《提升云和县中小学“在地化”劳动教育质量的对策建议》等调研报告，得到县政府相关领导的批示 。9—10月，举办2场“喜迎二十大同行共富路”科普文艺晚会，以传统戏曲、歌舞、朗诵等形式，迎接党的二十大胜利召开。全年开展特色服务社会系列活动4次，受益人数2500余人。（二）云和县护理学会深入推进“一县一业一学会”智汇山区赋能行动合作。6月10日，副县长蓝利明代表云和县与省护理学会签订战略合作框架协议，就共同发展老年护理及“互联网+护理服务”的建设目标达成全面合作。浙江省科协、省护理学会、云和县政府三方举行授牌仪式，至此，浙江省护理学会云和县康复护理产业服务站正式落地。同日，省护理协会专家一行40余人赴石塘镇朱村村开展“一县一业一协会”智汇山区赋能行动科普下乡活动，为村民开展疫情防控、急救技术、手指操演练等科普专题讲座和健康义诊服务。全年开展“5•12”国际护士节及“高血压日”“抗癌日”“艾滋病日”等科普活动20余次，举办健康知识讲座15场，受益6000余人。

【科技人才培育】 （一）高层次人才招引。根据人才专项工作部署会要求，县科协积极发挥人才资源优势，排摸上报“海外博士”3人，并参与协助申报材料的收集，提高申报材料质量。（二）丽水市“科技新秀”申报。根据《关于选拔丽水市第一批“绿谷英才”特殊支持计划对象的公告》精神，县科协联合多部门在医疗卫生、教育与教学、农业生产和技术推广、工程技术等领域调查排摸，申报“科技新秀”5人。（三）“博士创新站”建设。县科协按照市科协“一家三站”建设的总体部署，结合云和产业特点，实地调研浙江汉威阀门制造有限公司、云和立信泵阀制造有限公司、云和县金成木业有限公司、浙江木艺工艺品有限公司、云和县清江生态龟鳖养殖专业合作社等有博士合作项目的企业，并向有意向企业宣传博士创新站有关政策，联系有合作意向的博士6名，申报建站企业3家，申报成功1家。（四）引才引智工作。7月26日，省科协党组成员、副主席曾肖芃等一行4人，在丽水市科协党组书记、主席邝时忠，副主席王善刚等陪同下到云和调研海外引才工作。调研组一行先后考察调研浙江诚创精密机械股份有限公司和浙江和信玩具集团有限公司，深入科研生产一线了解科研人员和科技成果转换等情况。同时，召开海外人才工作座谈会，县委常委、组织部部长黄伟杰介绍云和县人才工作情况，县相关单位、相关企业负责人围绕企业人才发展现状、政策兑现、实际困难及需求等开展交流。（五）深入推动“百名博士助百企、百名专家连百乡”活动。9月8日，丽水学院赵海军博士团队一行4人，到云和县金马工艺品有限公司、浙江华福莱玩具有限公司、浙江智木玩具有限公司调研座谈，针对云和县木玩企业发展现状及存在问题，面对面与企业负责人商讨疫情时代木玩产业发展的突破口，并提出建设性的意见。(六)深度推进“希望之光”组合式人才帮扶团活动。与省创意设计协会建立紧密联系机制，共同研究帮扶事项。8月3日，邀请省创意设计协会团队到云和开展产业调研，结合前期调研情况，梳理确定包括品牌培育、木塑结合、设计创新等10个帮扶问题清单。9—10月，县委组织部、县科协多次前往省创意设计协会进行面对面交流对接。经过密切沟通衔接，确定了帮扶合作的思路、举措和目标。(七)积极承办“云和县人才峰会开幕式”。11月24日，云和县举办人才科技峰会暨“科技·人才·创新”赋能木玩产业活动，省科协原副主席、一级巡视员姜长才出席开幕式并致辞。同时，举办“希望之光”组合式人才帮扶签约仪式。省创意设计协会副会长兼秘书长李佳以“创意设计驱动产业发展的生态性能力”为题作了专题讲座。省科协原副主席、一级巡视员姜长才走访调研浙江金马工艺品有限公司，对“希望之光”帮扶工作进行了调研指导。

【基层组织建设】 (一)加强科协基层组织建设。4月2日，牵头组织县农业农村局、县卫生健康局、县科技局、县教育局召开专题会，对《云和县关于加强乡镇(街道)科协组织建设暨开展实施“三长带三会”工作的指导意见》和《云和县“三长带三会”工作制度》进行审议。4月15日，县科协、县农业农村局、县卫生健康局、县科技局、县教育局五部门联合下发《云和县关于加强乡镇(街道)科协组织建设暨开展实施“三长带三会”工作的指导意见》。(二)充实基层科协力量。6月，全县10个乡镇、街道进一步健全完善科协组织。截至8月底，全县已建立“卫生健康服务队”8支、“教育科技服务队”5支、“农业农村技术服务队”8支，共170余人，开展各类科普宣传活动567次，受益人数6万余人。 (季　璐)

云和县工商业联合会

【概况】 云和县工商业联合会(总商会)依据《中国工商业联合会章程》，充分利用“统战性、经济性、民间性”的综合优势，坚持当好党和政府联系非公有制经济的桥梁和纽带，紧紧围绕县委、县政府中心工作,在促进“两个健康”发展，维护非公有制企业和非公有制经济人士的合法权益，构建新型亲清政商关系等方面持续发力，为全县经济社会发展作出积极贡献。

县工商业联合会(总商会)第八次会员代表大会于2022年3月30日在县文化中心召开，选举产生云和县工商业联合会(总商会)第八届执行委员会委员132名。云和县工商业联合会(总商会)第八届执行委员会第一次会议选举产生常委58名，选举吕明为主席(会长)，梁伟华、李朝阳为专职副主席(副会长)，选举县工商联顾问2名，兼职副主席11名，兼职副会长9名，柳一康为县工商联秘书长。

【服务企业】 2022年，县工商联开展“四服务”活动80余次，走访调研企业100余家。组织民营企业代表和商会会长召开座谈会，收集民营企业在生产、发展过程中的困难和问题38个，通过“三服务”小管家平台及时反馈给县相关部门，帮助协调解决问题，积极营造民营企业发展的良好环境。赴陕西、温州、宁波等地走访联系云商企业，关心云和籍人士在异地经商办企业的情况。走访调研各类大、中、小民营企业，了解企业发展状况、态势和需求，定期向县委、县政府汇报。同时，积极对接县相关部门，为企业解决发展难题。全年已编辑民营企业企情专报3期，完成木玩行业专题调研报告1篇。

【招商引资】 根据浙江省山区26县跨越式发展的目标要求，充分利用政策优势，加强相关项目的跟踪服务，推动意向性项目落地见效。助力实施“双招双引”先导战略工程，积极发挥工商联组织的网络优势，发动组织各商会、企业参与招商引资。义乌云和商会秘书长徐芳芳回家乡投资的新能源汽车动力电池综合利用项目，投资额达12.8亿元。9月，项目已落地并开工建设。2022年，与安徽霍邱县工商联、湖州吴兴区工商联签订协作协议，建立两地工商业领域的战略合作伙伴关系。

【教育培训】 一是加强引导和培训，提升新生代企业家综合素能。9月，为深入学习贯彻习近平新时代中国特色社会主义思想，促进非公有制经济健康发展，促进非公有制经济人士健康成长，联合相关部门在浙江海洋大学举办为期3天的新生代企业家培训班，40多名新生代企业家参加综合素能相关课程培训，取得良好成效。二是提升商会会员的法律意识和维权意识。邀请杭州顾典律师事务所法律专家，在云和亲清政商会客厅举办法律知识讲座。2022年，已先后为各商（协）会组织举办3次法务知识方面的培训。

【优化环境】 （一）改善经商、办企业环境，推出亲清政商会客厅平台。6月2日，县纪委、县委统战部、县工商联联合举行丽水市首家亲清政商会客厅启动仪式。会客厅由线下平台和线上平台两部分组成，包含洽谈、监督、问政、解难、宣廉、预警六大功能。在县工业园区设置线下实体平台，推行涉企服务"一站办"、信息公开"一览表"、解决问题"一条链"、监督举报"一码通"、政企互动"一个台""五个一"运行机制。在政府门户网站设立线上网络平台，搭建政策公布、事项申办、问题留言、监督举报等板块，实现政企互动"一键通"，企业诉求"一键达"。邀请涉企部门、各商会及相关企业，定期召开政企恳谈会，了解民营企业高质量发展和惠企政策落实情况，听取意见建议和困难需求，帮助协调解决企业困难。全年召开政企恳谈会3次，发布交办单3件，解决惠企政策落实难、非公企业融资难等问题12个，企业满意率达100%。（二）打造清廉民企新样本，助推民营经济大发展。围绕清廉民企创建标准，制定云和县清廉民企建设工作计划和重点任务清单，成立清廉民营企业建设工作专班，把"清廉思想、清廉制度、清廉规则、清廉纪律、清廉文化"融入民营企业发展之中，形成民营经济"清明、清朗、清新"的良好运行生态。2022年，浙江兴昌轴承有限公司、浙江金尔泰玩具有限公司等10家民营企业参与丽水市清廉民营企业创建活动。

【参政议政】 2022年县"两会"期间，工商界的县政协委员提交提案21件；撰写了《关于持续打造"云味"品牌　助力全域旅游发展的建议》《发展民族风情片区　助推乡村共富》《充分挖掘木玩文化价值优势　打造"童话云和"城市文化》等委员大会发言材料。　（周昕彤）

云和县文学艺术界联合会

【概况】 云和县文学艺术界联合会（以下简称县文联）内部刊物《云和文学》（半年刊）2022年出版至第十期。2022年1—2月开展"文化进万家活动"，组织民间艺术家协会和戏剧家协会编排农村题材表演节目，开展送戏下乡活动累计为农村送"乡村春晚"30余场；组织摄影家协会开展"艺心向党　浙里共富——文化进万家　温暖全家福"摄影惠民、送春联、送戏下乡活动，组织100余名文艺志愿者走进崇头镇陈坞村等10多个村庄开展文艺志愿服务；举办了"喜迎党的二十大"云和县文学创作大赛，共评出获奖作品26篇（首）；在丽水市美术馆举办第二届童话云和"艺起共富"视觉艺术展，以"梯田+云和湖+老云和"三大主题展出优秀作品160件，有力地宣传了云和，获得了观众好评；开展"文化共富乡村行"活动，通过向乡村民宿、农家乐赠送本土文化书籍，宣传云和文化，引导乡村民宿、农家乐提升文化品位，助推旅游发展；举办"浙风十礼　艺路同行"文艺志愿服务进乡村活动，在凤凰山街道巧云新村文化礼堂，为观众献上了一场高规格、高水平的文艺晚会；与县纪委、县委宣传部联合开展喜迎党的二十大廉洁文化作品征集活动，征集到文学、书画、摄影、剪纸等作品

400余份，评出优秀文学作品45篇、优秀书法作品39幅、优秀美术作品49幅、优秀摄影作品31幅。在此基础上，编印并分发《云和文学》（廉洁专刊、增刊）两册1200本，在县委大院、县图书馆、各中小学举办了10场廉洁作品展，形成全县廉洁文化浓厚氛围；举办了“童话云和·宋韵墨香”书法临帖展和美术作品展，共征集书法作品和美术作品各50幅，在县文化馆展厅展出；承办“铭刻初心·喜迎二十大”丽水市第五届刻字艺术展，在县文化馆一楼展厅，以刻字艺术的形式展现云和魅力，取得良好效果；开展省美协结对提升工作，2022年共邀请浙江省中国人物画研究会会长池沙鸿等结对老师到云和现场教学3次，2022年云和美协会员1人作品入全国中国画展，6人作品入浙江省美术作品展；举办“享童话书香 书云和故事”写作笔会活动，邀请知名作家鲁晓敏老师作“走读人生”讲座；承办“深入生活 扎根人民 喜迎党的二十大”第九届丽水市油画双年展来云和梯田采风活动；编排的村歌故事《云上五天》获评2022年浙江省山区26县村歌故事会“十佳村歌故事”，以村歌+故事的形式，演绎乡村振兴、共同富裕实践中的生动案例；开展艺术之乡建设活动，崇头镇成功获评全省首批“浙江省摄影之乡”；编辑出版了全县第一本以地方文化为素材的连环画《以木为梦》，以连环画的艺术形式挖掘和展示云和民间故事和文化元素，助推云和文化繁荣发展。

【文学创作】 2022年，云和县作家协会的会员在人民日报海外网、中国新农村资讯网及《诗刊》《诗词中国》《文学报》《东海岸》《中国乡村》《东南烽火》《大地文学》《平安时报》《浙江禁毒》《丽水文学》《处州晚报》《丽水电力行业杂志》《云和文学》《芝田文学》《今日云和》等国家级、省级、市级、县级网站和刊物共发表小说、散文、诗歌、纪实文学等文学作品100余篇。2022年，会员创作的50余篇作品在全国、市、县级文学大赛中获奖。会员余登分的作品《老阀门里有道场》和王伟娟的作品《暗夜里，那些点点微光》分获第十届全国品牌故事征文大赛二等奖；会员蓝义荣、魏世荣的作品《浴血浙西南》获2022年丽水文学大赛优秀奖。会员蓝义荣的作品《一份老战士的“红色嘱托”》、刘远江的作品《“病毒搬运工”的那些事儿》获“喜迎党的二十大”云和县文学创作大赛金奖。会员黄育盛50万字《椤林旧事》和杨春的散文集《引路人的自豪》分别由西泠印社、中国文化出版社出版。

【美术创作】 一年来协会组织参加各级写生活动并通过全体会员的共同努力，积极创作，参加各级各类画展选送，取得了不少的成绩。吴跃华国画作品《岩下村的变迁》入选第四届“陆俨少奖”全国中国画展，《暖风盈家山》入选“浙江省群文美术文旅融合写生优秀作品展”，《云涌万壑间》入选“浙江省城市双年展”，《祥云绕岭》入选纪念潘天寿125周年诞辰“天寿翰骨”全省美术作品展。黄崧作品《温暖的午后》入选浙江省第三届水彩、粉画写生作品展。王艳中国画作品《乡情物语》入选“工致匠心”2022浙江当代新工笔画展。赵鸿薇中国画作品《山深藏雪梨 传媒万家晓》入选工致匠心，2022浙江当代新工笔画展。蓝新章创作的《长征路上闯关夺隘八件套》入选长三角优秀民间文创作品展。陈威成油画作品《传承·记忆》入选“向度之境——2022青年油画家作品展”。陈骏飞木刻版画《劳动赞歌》作品入选浙江省版画展览，钢笔画作品《全面奔向小康》入选丽水市钢笔画巡回展。在第九届丽水油画双年展中，曾子元的《桥》、黄崧的《浙西南的群山》、陈元森的《最美志愿者》、廖雯欣的《三月的气氛——油画》、项曼婷的《春去秋来》入展。

【摄影创作】 开展文化进万家温暖全家福摄影惠民活动，共到10余个街道村庄，拍摄照片700余幅；举办元和街道“梨花微雨”摄影比赛；开展“童话云和杯瓯江行”全国摄影大赛采风活动；开展“浙丽保”

摄影比赛活动；开展“美丽大花园”全民摄影比赛活动；完成丽水市十大民生实事微视频拍摄活动；为云和梯田创 AAAAA 拍摄资料；完成佛儿岩四季摄影大赛评审工作。

【书法创作】 2022 年举办了书法临帖展、廉洁文化书法作品展、丽水市第五届刻字展、第二届童话云和视觉艺术作品展等活动，这几个大展的展出得到了广大书友的一致认可并激发了书法爱好者对书法的浓厚兴趣，前后共参加投稿 500 多人次，引起了很好的共振效应，让社会各界看到了书法家展示才华和良好书协团体的形象。学习交流方面也取得了较好的效果，与全市各县老师一起多次到青田项长春老师的刻字工作室进行木刻学习和参观，取得了较好的效果。

【诗词楹联】 一年来，会员创作踊跃，作品缤彩纷呈，硕果累累。据不完全统计，诗会会员创作诗词 900 多首，创作楹联 100 多联。学会收集整理了会员部分作品，编印《云和诗词》（第 61 期），很好地展现了诗词成果。会员积极参加各类征文和比赛，取得良好成绩。组织集中投稿，会员稿件集中在中华《诗词月刊》专辑刊登。积极开展《浙江省楹联集成》“云和县楹联景观篇”修正工作，多方走访收集古代楹联。坚持每月 16 日活动日，通过集中学习、外出采风等形式，加强交流。全年共组织集中外出采风 3 次，先后赴云章村、雾溪村、坪垟岗村、麻垟村等村采风，创作了一批乡村诗词作品，通过诗词，有力地宣传了云和美丽乡村。重视会员队伍建设，鼓励会员加入上级诗会，2022 年，有 1 名会员加入中华诗词学会。

【民间艺术】 组织民间艺术家协会和戏剧家协会编排农村题材表演节目，开展送戏下乡活动累计为农村送“乡村春晚”30 余场。大型情景音画诗剧《云和故事》荣获丽水市最高政府奖“瓯江文化奖”的优秀成果奖。村歌《云上五天》荣获浙江省山区 26 县十佳村歌故事。原创歌曲《幸福生活咿啰吔》获丽水市第十六届原创歌曲大赛创作、演唱、辅导三铜奖。成立云和县音乐家协会二胡专业委员会（二胡学会），并举办二胡演唱艺术沙龙活动。2022 年参加丽水市第四届少儿戏曲小金桂比赛，云和县戏协选送的两个节目分别获银奖和优秀奖。小品《321 叮咚》参加丽水市第六届原创戏剧小品大赛获铜奖。（华　颖）

云和县残疾人联合会

【概况】 2022 年，云和县残疾人联合会（以下简称县残联）高举习近平新时代中国特色社会主义思想伟大旗帜，认真贯彻落实党的十九届六中全会和二十大精神，坚持以推动残疾人事业高质量发展为主题，以保障残疾人基本民生、维护残疾人合法权利、促进残疾人共同富裕为主线，统筹做好残疾人劳动就业、教育医疗、社会保障等各项工作，有力促进残疾人事业与经济社会和谐发展，推动残疾人共同富裕进程。县残疾人康复指导中心和县残疾人托养中心两个项目，总建筑面积 9713 平方米，设康复（托养）床位 160 张，总投资 5381 万元，2022 年 1 月竣工通过验收。

【党建引领】 一是加强党风廉政建设。建立健全党风廉政建设责任制，召开党风廉政建设工作会议，逐级签订党风廉政建设责任书；严格落实党风廉政建设“一岗双责”责任，加大压力传导，认真落实全面从严治党“六个方面责任”（政治责任、主抓责任、党组书记第一责任、集体和分管责任、整改责任、监督责任）。开展“紧起来、快起来、跑起来”作风建设年活动和“当好残疾人第一知情者、当好残疾人第一维护者、当好残疾人第一代言者”主题实践活动，认真对照分析，深刻查找全县残疾人事业存在的短板问题，科学制定解决措施，进一步增强全体党员干部的宗旨意识、纪律意识、大局意识和责任意识。二是圆满完成乡镇、街道残联组织换届。根据省、市残联的换届工作部署，9 月底，已全面完成全县 10 个乡镇、街道残联组织的换届工作。10月31日，召开县残联第八次代表大会，选举产生新一届主席团、执行理事会、残疾人专门协会成员和出席市残联第八次代表大会代表。潘峥当选为县残联第八届执行理事会理事长；练涛当选为执行理事会副理事长；华守阳、叶慧慧当选为执行理事会理事。

【助残惠残】 一是继续落实保险补贴。为全县持证残疾人缴纳城乡居民基本医疗保险、意外伤害保险和“浙丽保”提供全额保障；为1369名残疾人提供城乡居民基本养老保险补助。为314名从事个体经营和灵活就业的残疾人发放城镇职工养老保险补贴31万元；为21名创业残疾人发放一次性创业补贴4.2万元；为25名残疾人发放创业贷款贴息补助20.5万元。二是搭建就业创业平台。通过举办残疾人就业专场招聘会、扶持残疾人发展种植养殖业等方式，新增残疾人就业52人；举办残疾人职业技能培训班3期，培训残疾人114人，切实提升残疾人的就业创业能力。三是实施“净居亮居”工程。以落实困难残疾人“无障碍进家庭”项目为契机，实施残疾人“净居亮居”工程，通过墙体粉刷、卫生间改造、厨房改造等方式，开展“量体裁衣”式优化居住环境，完成“净居亮居”改造20户、“无障碍进家庭”改造26户。该项工作得到副省长王文序、省残联理事长蔡国春等领导的充分肯定；副市长李汉勤作出批示；相关工作经验在全省26个山区县“净居亮居”试点工作中推广。

【康复服务】 （一）按期配发康复器具。3月初，组织残疾人专职委员进村入户，对辖区残疾人的康复需求进行全面摸底、调查、核实，进一步摸清全县残疾人的康复需求情况，为310名残疾人配（核）发康复辅助器具和货币补贴，其中，配发轮椅113辆、护理床15张、助听器95只、假肢9条、小额类辅助器具56件，核发货币补贴22人。同时，完成相关资料录入和建档工作。（二）实施残疾儿童抢救性康复项目。加强与定点康复机构对接，实时掌握0—6周岁抢救性残疾儿童受训情况，为31名在定点康复机构训练的残疾儿童提供康复资金补助，合计补助资金45.46万元。（三）开展精准康复服务。坚持每年开展全县持证残疾人基本状况调查和数据动态更新，不断提升残疾人工作的精准化和精细化水平。据统计，2022年，全县共有康复需求的残疾人958人，康复服务率达100%。

【设施建设】 推进“残疾人之家”建设。县残联在大坪社区居家养老服务中心的基础上，完成对各功能区的硬件装备配置更新，新建“幸福家园残疾人之家”，并于5月底投入运营。按照“残疾人之家”星级提升要求，对“中山残疾人之家”实施改造提升，5月底，已完成基础设施改善、专业设备配置等6项提升工程，并顺利通过验收。圆满完成“省政府民生实事项目”明确的新建和改造提升“残疾人之家”各1家的任务。推进无障碍设施建设。2022年，县残联、县文化中心、县客运中心、县行政服务中心等10个重要公共服务场所的无障碍设施改造，被列入“省政府民生实事项目”，项目概算总投资48万元。县政府牵头召开重要公共服务场所无障碍环境改造工作推进会，县残联负责项目改造方案设计和委托施工。至年末，10个公共场所无障碍设施改造项目全部完工并通过验收。推进康复托养中心建设。县残疾人康复指导中心和县残疾人托养中心两个项目，总建筑面积9713平方米，设康复（托养）床位160张，总投资5381万元。两个项目建设进度基本同步，按时完成电梯、空调、智能化设备、厨房用品等器材的采购安装，均于2022年1月竣工通过验收。

【文化助残】 以残疾人文化艺术周和“特殊艺术进万家”活动为载体，结合“全国助残日”等节日，举办形式多样的文化助残活动。“国际聋人节”期间，联合景宁畲族自治县残联共同举办“喜迎二十大·畲汉一家亲”云景助残共富文艺晚会，来自云和、景宁两地的残疾人朋友和演员们欢聚一堂，用舞蹈和音乐向观众展示残疾人特殊的艺术才华。“全国助残日”期间，会同元和街道狮山社区开展“全国助残日”活动，走访慰问县特殊教育学校的学生，组织开展健康义诊、趣味游园等活动；县“老李帮忙团”组织志愿者，深入“残疾人之家”、古坊特殊教育学校及残疾人家庭，走访慰问残疾人62名。开展残疾学生及残疾人家庭子女爱心助学活动，累计发放助学资金52.9万元。残疾人体育事业同步发展，云和籍残疾人运动员陈宗飞在全国第十一届残运会自行车比赛中取得2枚铜牌；组团参加丽水市第五届残运会，斩获14枚金牌、15枚银牌、12枚铜牌，荣获金牌总数第二名、团体总分第四名的历史最好成绩。（叶伟军）

云和县红十字会

【概况】 2022年，云和县红十字会（以下简称县红十字会）在县委、县政府的正确领导和上级红十字会的精心指导下，坚持弘扬“人道、博爱、奉献”红十字会精神，聚焦“三救三献”（救灾、救助、救护，无偿献血、造血干细胞捐献、人体器官组织遗体捐献）核心业务，履职尽责，积极建设“群众身边的红十字会”，充分发挥党和政府在人道领域联系群众的桥梁纽带作用。2022年，一是开展红十字会“博爱送万家”活动。春节前组织各乡镇（街道）红十字会对辖区内部分生活困难家庭进行走访慰问，发放米、油、棉衣、羽绒衣、运动鞋等物资，共慰问440户折款6.23万元。二是开展困难群众人道救助。对递交困难申请书的因病因灾等突发事件导致生活困难家庭，给予临时资金救助。全年共救助困难家庭50户发放7.18万元。三是开展为受灾户“送温暖”活动。针对县“6•20”暴雨灾情，主动购买米、油等救助物资对石塘镇、紧水滩镇、崇头镇、赤石乡、浮云街道等地受灾户开展走访慰问，送上党和政府的温暖和关爱，共发放慰问物资160份，价值2.4万元。

【换届工作】 2022年3月29日，县红十字会第三次会员代表大会召开，选举产生了第三届理事会、监事会，其中，理事会理事31名，监事会监事4名；同时，聘请县委书记李忠伟、县委副书记县长周鸿飞为名誉会长，聘请县人大常委会副主任林志龙、县政协党组副书记、副主席徐志雄为名誉副会长。

【募捐活动】 5月初，按照省市红十字会开展“5•8”人道公益日活动要求，依托腾讯公益平台开展“云和县应急救护驿站”网络筹资活动，此次活动得到省、市红十字会的肯定，在全省红十字系统赈济业务培训班上作经验交流。8月下旬，与团县委合作启动“书桌陪伴　筑梦成才”云青公益项目，为有需求的困难家庭学生、农民工子女认领捐赠书桌，帮助部分孩子改善课桌等学习条件。9月底，与县烟草公司达成捐赠协议，共募集捐款（困难群众人道救助金）3万元，用于救助本县因灾因病等意外事件致困的基层困难群众。11月，与浙江佳禾玩具有限公司联系募集公益善款26825元，用于赤石乡中心小学帮扶助学，为全校学生购买冬季校服。通过以上各方面的努力，切实增强了县红十字会的人道救助实力。

【应急救护】 （一）主动与各部门联系对接，达成合作意向，以合作机制为抓手加强应急救护培训工作。依托县应急局的“百万员工大培训”工程，在全县600余家企业中推进加入红十字CPR+AED取证培训；依托县农业农村局的“云和雪梨种植共富技能大培训”工程，开展了9场相关农户急救知识普及培训；与县教育局合作，在12所中小学校开展急救知识普及培训；继续与职技校、消防队、长跑协会、公车中心、木玩企业等单位合作，在重点人群中开展红十字救护员取证培训。全年共培训红十字救护员685人，CPR+AED取证2195人，普及救护知识10598人次，分别完成全年任务数的120%、192%、113%，极大地提升了群众自救互救意识和技能。（二）完成市民生实事项目。继续开展“五分钟社会应急救护圈”建设，在县文化中心、山水广场、石塘镇小顺村、梯田景区下垟村、安溪佛儿岩游客中心5个公共场所投放AED（自动体外除颤仪），并开展AED定点救护员培训，为提高社会应急救护能力奠定了基础。（三）加强救护师资队伍建设。新增二级救护培训师资11名，复训救护培训师5名，增强了县救护培训师资力量。同时，推荐3名救护师资参加丽水市2022年应急救护教学大赛，其中1人取得优胜奖，促进了救护师资教学水平的提高。

【项目建设】 （一）开展应急救护培训基地建设。认真实施省红十字会"应急救护培训公益山区行"项目，新建元和街道白垟墩应急救护培训基地，配备心肺复苏模拟人、AED训练机及救护包等培训设备，打造群众身边的应急救护服务阵地，为普及应急救护知识和技能提供更多方便可及的服务。（二）抓好博爱家园示范点建设。认真用好市红十字会补助资金10万元，主要建设"石塘镇小顺村博爱家园"和"赤石乡赤石村博爱家园"两个市级博爱家园示范点，督促相关村以村博爱家园建设为核心，围绕人道传播、救护培训、博爱救助、志愿服务等内容，将红十字工作深度融入乡村治理，打造"群众身边的红十字会"。

【捐献工作】 坚持主题活动日宣传与日常工作宣传相结合的方式，大力开展无偿献血、造血干细胞捐献和器官（组织、遗体）捐献等相关知识的宣传动员。（一）定期组织工作人员、志愿者到献血车、献血屋等处开展无偿献血与造血干细胞入库宣传动员，全年共完成造血干细胞捐献志愿者血样采集入库26人，超额完成年度任务指标。（二）利用"三八"妇女节、"5•8"红十字博爱周、"5•12"防灾减灾日等为活动契机，与各单位合作开展宣传活动，普及防灾减灾与心肺复苏等急救知识，宣传无偿献血、造血干细胞捐献和器官（组织、遗体）捐献知识，进一步推动了红十字会"三救三献"工作开展。 （季海燕）

人力资源　社会保障

人力资源

【概况】 2022年，云和县人力资源和社会保障局坚持以习近平新时代中国特色社会主义思想为指导，紧靠“稳进提质、除险保安、塑造变革”的要求，深入推进高质量就业促进行动、社保提标提质行动、高素质人才集聚行动、技能提升行动、劳动关系和谐促进行动、人社数字化改革深化行动“六大行动”，为打造全国山区县域新型城镇化共富样板贡献力量。2022年，被国家人社部办公厅表彰为新闻宣传做得好单位，获评为浙江省人社系统先进集体、浙江省人社系统绩效考评优秀单位、丽水市人社系统绩效考核优秀单位。

【就业服务】 深入开展稳就业惠民生攻坚行动，制订出台《稳就业惠民生政策实施方案》，推行“非公企业一次性用工补贴（1000元/人）”“就业人员一次性就业补贴（500元/人）”“人力资源机构一次性市外招工补助（500元/人）”，并提高非公企业见习补贴标准至每人每月2000元。通过“免申即享”（无感智办）模式向1311家单位成功发放一次性留工培训补助519万余元，向1081家单位成功发放失业保险稳岗返还560万余元。开展就业服务“春风行动”，举办乡镇（街道）巡回专场招聘会、夜市专场招聘等招聘活动40余场，打通求职就业“最后一公里”，全年实现城镇新增就业1254人，城镇登记失业率控制在1.12%，零就业家庭实现动态清零。

【就业帮扶】 为292名就业困难人员发放社保补贴213万余元；为1926人次失业人员发放失业金299万余元，为1893人次代缴医疗保险费59万余元；为613人次失业人员发放失业补助金45万余元。全年为重点群体提供服务1857人次，已实现就业1326人，就业率为89.35%，帮扶率为100%。开发村（社区）公益性就业岗位157个，安置低收入农户和就业困难人员68人，开发残疾人专职委员公益性岗位10个，安置残疾人困难群体10人。

【创业扶持】 发放一次性创业补贴3人，共15000元，为15名创业人员新增发放创业担保贷款620万元，为13名创业人员发放贷款贴息35万余元，扶持创业带动就业人数242人。坚持开展各类就业创业培训，全年开展创业培训21期，培训605人，开展企业职工在岗培训23期，培训847人。

【人事管理】 认真开展人事招聘和管理工作，2022年事业单位新录用117人，其中定向委培33人，政策性安置1人，公开招聘57人，人才引进26人。办理人员交流调动手续70人，其中调出县外12人，县外流入1人。深化事业单位人事制度改革，稳步推进事业单位管理岗位职员等级晋升，2022年事业单位管理岗位职员等级首批晋升20人。完善事业单位绩效工资制度，配合做好公务员工资津贴补贴自查清理工作；落实机关事业单位工资福利和奖金政策，及时调整机关事业单位工作人员基本工资标准；加强评比达标表彰活动的规范管理。

【职称评定】 有序推进职称改革工作，开展全县年度两个批次大中专毕业生职称初定，召开职称评审会19场，评审通过人员共215人，其中初级120人，中级67人，副高25人，正高3人。开展职称改革督察和职称改革自查工作，对全县教育、卫生等系列的中级评委会，即2022年度职称评审工作开展职称改革巡查复查。开展丽水市第二届养老专业技术人员职称评定照护师1人。全面推广运用浙江省专业技术职务任职资格申报与评审管理服务平台，全县专业技术人员职称申报和评审全程线上运行，共审核全县职称评审对象365人次，线上申报评审率100%。

【人才引进】 出台《云和县人民政府办公室关于加强引进高校毕业生工作的若干意见》，明确提出提高人才津贴、购房补助等补助标准的8条意见，政策力度在全市甚至山区26县名列前茅。摸清云和柔性硕博人才资源，发布紧缺人才引进公告。2022年累计引进高校毕业生4732人，其中博士143人，硕士180人。新设省级博士后工作站1家，完成博士后进站2人。有序推进“双百引领计划”工作，成功入选丽水市第七批“双百”人才挂职企业5家，挂职博士人才5人。

【技能提升】 举办第一届云和技能大赛，推出“云和鲁班工匠”等八大系列赛事，为来自各行业领域的技能人才搭建赛道，以赛促训，以赛选才。开展项目设计培训、企业岗位技能提升培训、创业培训等120余期，完成技能提升6816人次。新增技能人才1916人，完成目标任务数的383%；新增高技能人才796人，完成目标任务数的265%。积极申报职业标准开发目录，成功获批木制玩具制作工省级职业标准以及木制玩具白坯件制作、木制玩具装配、木制玩具涂饰3个专项标准的开发项目，填补了全县木玩技能人才参考标准的空白。

社会保障

【概况】 2022年，云和县人力资源和社会保障局在县委、县政府领导下，围绕全县工作重心，紧扣“稳进提质、除险保安、塑造变革”的要求，深入推进高质量就业，实施社保提标提质行动，和谐劳动关系，切实做好社会保险扩面工作。据统计，全县基本养老保险参保9.29万人，参保率达99.05%。养老待遇资格认证率达98.54%，位居全市第二，其中无感认证率72.25%，位居全市第一。

【社保扩面】 切实做好社会保险扩面工作，全县基本养老保险参保92943人，较2021年底新增620人，参保率达99.05%。全县企业职工基本养老保险参保单位1595户14653人、以灵活就业身份参保32217人，共计46870人。全县机关事业养老保险参保单位168户，参保职工7133人。全县城乡居民基本养老保险参保38940人，其中享受养老金待遇12783人。全县2018家企业（包括建筑工程项目）的46799名职工参加工伤保险。2022年度云和县政府代缴城乡居民基本养老保险3229人，共计代缴33.84万元。

【社保待遇】 调整15540名企业职工基本养老保险退休人员待遇，共计补发1143万元，调待后月平均养老金2576.66元，人均增资106.77元；调整2332名机关事业养老保险退休人员待遇，共计补发359万元，调待后月平均养老金7122.21元，人均增资220.38元；调整城乡居民基本养老保险基础养老金，从225元调整至255元，涉及12947人，共计补发237.3万元。

【社保经办】 通过开展线上有奖问卷调查、政策宣传短视频、发送短信、入企服务等方式，精准推进企业职工基本养老保险提标扩面工作。云和作为全省人社标准研制试点工作中“退休(退职)一件事联办工作规范”事项试点县，严格按照省市要求，落实好试点的各项工作。通过涉工部门、微信公众号、企业经办服务群等平台向符合社保费缓缴的企业宣传缓缴政策，确保政策告知率100%，全年共为7家企业办理养老、工伤保险缓缴业务，缓缴金额达65.8万元。严格执行工伤保险条例，受理工伤379起，认定工伤378起，支付工伤待遇2411万余元。

【便民服务】 2022年5月起实施“特殊群体”便民服务制度，充分发挥县乡村三级保障平台作用，就近为70周岁以上老年人、残疾人等特殊群体提供精细化“一站式”“跑零次”服务。全年高频事项网办率、政务2.0好评率位居全市前茅，养老待遇资格认证率达98.54%，位居全市第二，其中无感认证率72.25%，位居全市第一。

【基金监督】 组织开展社保基金管理提升年行动，落实社保基金内控管理制度，完善岗位相互监督、业务环节相互制衡机制。全面开展社保基金安全风险点排查，坚持日常检查与专项核查相结合，开展社保基金运行分析、第三方审计、冒领多领养老金稽核等工作。依托“社保基金安全在线”数字化平台，运用行政、协议等手段，核实基金疑点数据62条，严惩欺诈骗保行为，切实维护社保基金安全。

【协调关系】 2022年，云和县劳动关系和谐同行三年计划稳步推进。培育124名劳动关系协调员，其中：技师10名，高级78名，中级36名。采取政府购买服务免费为全县90家企业提供劳动用工体检，选树市级金牌劳动关系协调员6人、金牌劳动关系协调组织1家、金牌劳动人事争议调解组织3家。推进劳动合同“无纸化、电子化、数据化”助力企业劳动用工管理数字化转型，“浙里签”平台机构合同覆盖率和当期任务完成率在全市排名第一。持续推进县管企业负责人薪酬制度改革，研究出台《关于深化县管企业负责人薪酬制度改革的实施意见》《云和县国企经营业绩考核结果与薪酬挂钩实施方案》，初步完成全县县管企业负责人薪酬制度改革。组织召开云和县新业态劳动用工标准洽谈会暨集体合同“要约行动”，拟定新业态企业工资专项集体合同，确定云和县新业态企业的平均工资标准和最低工资标准。农民工服务保障在线基础数据更新15617条，数据完善占比99.82%，位居全市第二。

【劳动监察】 坚决打赢根治欠薪攻坚战，全面推进建筑领域工资监管平台的应用，通过数字化手段加强源头治理及事中事后监管，规范建筑业用工市场秩序，提高工程建设领域欠薪治理的精准性，在建设领域中取得了较好成效。深入推进“互联网+监管”现场掌上执法工作，规范化开展“双随机、一公开”执法检查，现场将检查结果录入“浙政钉掌上执法”系统。加强欠薪工作排查流转，探索建立欠薪线索处置工作制度，快速化解欠薪矛盾，开展“安薪我先行，服务浙共富”活动，送“安薪码”进工地、进厂区、进公共场所，张贴“安薪码”2万余张。劳动保障监察立案6起，办结6起，分类流转各类欠薪线索91条，化解劳资纠纷151件。

【劳动仲裁】 妥善处理各类劳动人事争议案件，积极推行工资、工伤速调模式改革，提升办案效能、加强裁审衔接，仲裁机构受理各类劳动人事争议182件，涉及劳动者人数199人，办结178件，涉案金额869.21万元，仲裁结案率97.3%，调解成功率94.2%。　(朱美云)

法　　治

政法委与综治

【概况】 2022年，在中共云和县委、县人民政府的坚强领导下，县委政法委坚持以习近平新时代中国特色社会主义思想为指引，深入学习贯彻党的二十大精神，以“平安护航党的二十大”为工作主线，全力以赴防风险、保平安、促稳定，较好完成了既定的目标任务，全县社会形势持续保持稳定，全年未发生平安“一票否决”事项。是年，云和县平安建设工作排名全市第一，连续17年被省委、省政府命名为“平安县”；落实“八个多跨”制度专项工作排名全市第一。8月29日，召开县法学会第二次会员代表大会，选举产生县法学会第二届理事会及其领导班子，县委副书记、政法委书记陈卿当选法学理事会会长。

【除险保安】 成立云和县“除险保安”晾晒工作领导小组，抽调专班实体化运作，部署开展风险隐患“大排查、大起底、大整治”专项行动和除险保安“四重”排摸行动，全县累计排查并整改隐患问题2000余个。重点时段严格落实情报信息会商研判、值班备勤、应急处置等制度，圆满完成党的二十大、北京冬奥会冬残奥会等系列维稳安保任务，为党的二十大胜利召开营造了安全稳定的政治社会环境。

【平安建设】 多次组织召开平安建设部署推进会，制定印发平安建设工作责任分解表和工作手册，压紧压实平安建设责任。全力做好省三轮平安暗访迎检，联合“平安建设监察官”队伍对全县重点行业领域开展多轮督导检查，发现并交办整改隐患问题350余个。坚持宣教和打击并举，全力打击整治养老诈骗，部署开展“线索有奖征集”“组团宣讲”“有奖问答”等六大活动，全县范围累计组织各类活动136场次，发放宣传手册3.7万余份，侦办办结“12337”平台转办线索件1件，查办虚假宣传保健品案件两起。

【网格治理】 优化全科网格划分，制定印发《进一步深化党建统领网格建设工作的实施意见》，进一步明确网格划分标准、网格员职责、考核办法等内容。

【数字法治】 迭代升级数字法治门户，持续推动应用贯通和试点建设，积极开展成果申报工作。“智汇引擎”云检监督系统获省委书记袁家军点赞，获省检察院检察长贾宇批示肯定，实现“一地创新”“全省共享”目标。“精准布控被执行人”“浙丽网格”被列入数字法治系统“一本账S3”，“分级精准帮教”入围全省重大改革“一本账S3”，拟在全省贯通推广。“浙丽网格”入围2022年第一批数字法治优秀应用；“未成年人分级精准帮教”应用入选市级基层治理一件事“一本账”，同年，入选省检察院未成年人综合司法保护场景应用研发载体。

【执法司法】 成立“八个多跨”工作专班，制订印发实施方案，定期召集县政法系统各单位召开工作推进会，多次对各单位落实情况进行督查，全力推进八个跨部门跨领域制度建设，着力提升云和执法司法质效。8月，成功承办全市“八个多跨”现场推进会并在会上作经验交流。深化虚假司法确认法律监督、刑事诉讼涉案财物取证管理等经验做法在刊物《浙江政法》刊发。2022年，云和县落实“八个多跨”制度专项工作排名全市第一。

【队伍建设】 加强政法干警依法履职保护，成立县政法干警依法履职保护委员会，制定出台《政法干部履职受伤紧急医疗救治工作实施办法》等多项制度，统筹推进全县履职保护和应急处置工作，全年累计处置侵害干警案件数8起，行政处罚5人，追究刑事责任1人。加强县政法系统中层干部任用审核和过程管理，制定《关于加强政法单位中层股级干部任用管理的若干规定》等三项制度，严格把好政法系统股级干部任用审核关口，全年累计完成县政法系统股级干部任免审核62人次。 （程洪波）

公 安

【概况】 云和县公安局有内设机构22个（含看守所），下辖6个派出所，2022年有行政编制262名，实有人数250名，其中民警243名，职工7名。2022年，全县共发生刑事案件538起，同比上升12.3%，五类案件发生6起破获6起；破刑事案件199起，同比上升30.06%；移送起诉289人，较2021年基本持平；共查处治安案件1178起，同比上升9.3%；行政处罚1346人次，同比下降21.3%。共发生上报道路交通事故65起，死亡13人，受伤80人。2022年，云和县公安局共有19个集体、181名个人受到省、市、县党委、政府及省、市公安机关的表彰。其中，云和县公安局被省委、省政府授予全省优秀公安局称号，有1位民警被省委、省政府授予全省优秀人民警察称号，1位民警荣立个人二等功，9位民警荣立个人三等功。特别是云和县公安局已连续8年荣获全省公安机关执法质量考评优秀单位称号、连续4年获全市公安信访业务目标管理考核优秀单位称号。

【维护稳定取得新成效】 圆满完成北京冬奥会冬残奥会、全国两会、党的二十大等各类安保维稳任务，高质量实现了“五个严防、三个确保”的工作目标。

【服务大局彰显新担当】 深化交通事故预防“减量控大”专项攻坚，查处道路交通违法2.3万余起，完成13处挂牌事故点段治理任务。扎实开展“浙江有礼，友爱云和”交通秩序集中整治活动，机关警力全部下沉一线，街面守法率大幅提升。持续优化营商环境，完善园区为企警务服务站，迭代升级“11087”服务专区，解决实际问题58个，切实为企业排忧解难。

【重点打处实现新提升】 2022年，牢固树立“绿色高质量打击”理念，强势推进各类重点专项打击，成功破获“10•12”销售有毒有害食品案、“1•6”侵犯公民个人信息案等案件，全力打击防范电信网络诈骗犯罪，持续构建全社会反诈格局，得到县主要领导批示肯定。全年案发数、案损数同比分别下降6.72%、25.07%；部署开展“全县干部进村社”“全警包格扫楼”反诈宣传专项行动，“国家反诈中心”APP安装注册率位列全市第一。扎实开展各类专项工作，综合运用指纹比对、人像比对、大数据筛查等手段，实现连续12年五类恶性案件全破，并抓获潜逃25年的命案逃犯叶某文，群众安全感满意度得到进一步提升。

【社会治理凸显新作为】 创新发展新时代“枫桥经验”，石塘派出所被省委省政府评选为“枫桥式公安派出所”，城北派出所被确定为重点培育所，获省财政200万元专项资金支持。深化矛盾纠纷防范化解，全面推广“矛盾纠纷警源智治”场景应用，“民转刑”案件发生率降低80%。持续净化“黄赌”等社会丑恶现象。积极构建“打击+预防”“科技+机制”“教育+关爱”的三位一体“护苗”体系，全力护航“县中崛起”逆袭征程。

【公安改革再上新台阶】 以“公安大脑”建设引领、撬动全面深化改革，上线“矛盾纠纷警源智治”应用，入选全省数字法治系统“一本账S3”，相关经验做法在全省《数字化改革》期刊发表。纵深开展机制变革，深化“三位一体”警务运行体系，警务效能大幅提升，2小时内快破团伙偷盗案、19分钟锁定并抓获涉嫌强奸犯罪嫌疑人等案件被省市媒体报道。创新推进体制变革，刚性落实派出所“负面清单”，结合老民警下基层机制，推动基层所队进一步融入“141”体系，全面提升了派出所核心战斗力。持续深化“放管服”改革，建成“网办中心”，高频民生事项网办率达100%，自助办占比提升至55%，政务服务效率显著提升。

【法治建设创造新高度】 2022年，致力深化执法办案管理中心运行，持续推进中心“一站式”办案。县公安局刑事案件中心办案率达86.79%，行政案件快办率达70%。注重日常执法监督，常态化开展巡察考核工作，确保“问题案件”清仓销号。深入推行行政处罚减责免罚、少拘慎押等措施，实现行政复议诉讼撤变率、检察监督案件比等案件质量反向指标显著下降。深化执法素养提升，依托钉钉“学法强警”等载体，发布学习课程100余部，组织民警常态化开展法律法规在线测试12次，有效提升民警执法能力和实战素养，云和县公安局连续4年荣获执法质量考评全市第一名。

【公安队伍展现新形象】 迅速掀起党的二十大学习宣传贯彻热潮，通过邀请党的二十大精神代表钟华燕上专题党课等形式开展学习，做到研学细悟、弄懂做实、学以致用。推进“红色根脉强基工程”建设，制定出台《“三能”战力民警日常考核实施办法》，推动实现“一件警服回归一个高效警力”。严格执行公安部“六项规定”、省厅“四个一律”等铁规禁令，常态化开展专项检查。纵深推进“清廉公安”建设，城北派出所、石塘派出所被推荐为市级创建示范试点，看守所被推荐为省级创建示范试点。以“紧起来、快起来、跑起来”作风建设年活动为载体，不断加强作风建设，队伍形象大幅提升，在县“百舸争流”中层岗位履职评比中，多个科室进入所属类别前十，城北派出所荣获执法类第一。注重战时表彰、一线奖励，不断激发队伍生机活力。2022年，立功授奖3个集体、111名个人。严厉打击执法侵权行为，共办理民警维权案件8起，切实让民警“有困难找组织”成为第一选择。 （余云校）

检　察

【概况】 2022年，云和县检察院在县委和上级检察机关的坚强领导，县人大及其常委会的有力监督，县政府、县政协和社会各界的关心支持下，坚持以习近平新时代中国特色社会主义思想为指导，全面贯彻党的二十大精神，紧密围绕全县工作大局，忠实履行宪法和法律赋予的职责，各项工作取得新成效。全年获得市级以上集体或个人荣誉23个，其中，国家级3个，省级8个，市级12个；获评2022年度全省数字检察示范院。

【刑事检察】 依法惩治影响人民群众安全感的各类犯罪，共批准逮捕47人，起诉189人。全面落实“少捕慎诉慎押”，不断探索惩治犯罪与维护社会稳定间的最佳平衡，共不批准逮捕31人，不起诉103人。加强刑事诉讼监督，牢固树立“在办案中监督，在监督中办案”理念，与公安机关共同设立侦查监督与协作配合办公室，派驻检察官轮值监督刑事侦查活动，提前介入引导侦查21次，就马某某故意杀人案等9起重大案件提出具体取证意见。深化立案监督和撤案监督，追捕追诉1人，发出纠正违法通知书3份；切实加强刑事审判监督，提请抗诉1件；检察长列席法院审委会4次，共同协商解决疑难复杂案件。强化刑事执行监督，持续开展"派驻+巡回"检察监督，实现对全县社区矫正监督全覆盖。深化监管场所执法活动监督，发出纠正违法通知书2份。

【民事检察】 加强对民事生效裁判的监督，办结案件3件。加强民事执行监督，在虚假司法确认和车辆查封扣押等领域开展专项监督，办理监督案件20件。聚焦案件背后的社会治理问题，制发检察建议，并牵头联合县法院、县公安局、县司法局出台《关于防范和打击虚假司法确认的实施意见(试行)》，助推源头治理。所办案件获评全省检察机关精品案例，撰写的相关文章获评国家政法智能化建设创新论文。

【行政检察】 紧紧围绕法治云和建设，切实加强行政检察监督，共办理各类监督案件9件，着力解决行政执法不规范、执法不到位和管理不严格等问题。创新出台行政争议化解特邀调解员机制，邀请调解经验丰富的基层人员参与办案，共办理行政争议实质性化解案件3件，实现案结事了、政通人和，有关经验材料被最高人民检察院以专刊方式推介。强化府院检联动，联合召开联席会议，共同推进行政争议顺利化解。

【公益诉讼】 牢牢把握检察官是国家公共利益代表的职责使命，紧盯生态环境、外来入侵物种等民生热点问题，办理公益诉讼案件34件。与县林长制办公室探索建立"林长+检察长"工作机制，深化执法司法衔接，更好守护绿水青山。针对云和—龙泉天然气管道工程施工破坏林地、耕地未及时修复问题，持续跟进监督近一年，督促施工单位投入2200余万元，修复受损的林地、耕地，案例被最高人民检察院专刊刊发。

【数字检察】 融入数字浙江建设潮流，探索具有云和检察辨识度的数字化发展道路，以数字化建设推动山区小院跨越式发展。县检察院获评2022年度全省数字检察示范院，全省仅15家，全市仅此1家；"云上论检•创智空间"数字检察文化品牌获评全省检察机关文化品牌建设银奖；数字化改革工作获县推进重点项目(重点工作)一等奖。创新研发"智汇引擎"虚假司法确认监督应用系统，推动全省在该领域开展专项监督，办理监督案件267件，相关案件均被撤销，移送公安机关刑事立案5件7人，有效维护债权人的合法权益和司法权威。"智汇引擎"监督应用系统获全国检察机关大数据法律监督模型竞赛三等奖和全省检察机关创新成果称号，在省数字化改革"最系列"成果评选中，入选15项"最响话语"成果协作单位。依托检察履职聚合各方力量，打造"未成年人分级精准帮教应用"，贯通职能部门、乡镇街道、学校和医疗机构等部门单位67个；以数字化力量推动涉未案件、事件一站式分办、反馈和督办，全年批捕侵害未成年人的犯罪嫌疑人6人，起诉8人。提升数字应用实战实效，移送线索并引导侦查的一起强奸案被告人被判处有期徒刑十一年六个月。坚持对犯罪未成年人宽容而不纵容的原则，对犯罪情节轻微且有悔改表现的，依法不起诉6人，开展帮教11人次，倾力帮助罪错未成年人回归社会；对犯罪情节恶劣的，依法起诉3人。"未成年人分级精准帮教应用"相继入选全省数字化改革重大应用"一本账S1、S3"，并在全省推广。

【队伍建设】 坚持党对检察工作的绝对领导，严格执行党内请示报告制度，自觉向县委报告重大事项和重大案件，确保检察工作正确方向。持续深化思想政治建设，深入学习贯彻党的十九届六中全会、党的二十大精神，组织开展"赓续奋斗、再启征程"系列主题学习活动，筑牢检察履职思想基石。持续推动党风廉政建设，成立检务督察办公室，严格落实新时代政法干警"十个严禁"和防止干预司法"三个规定"，筑牢防范人情案、关系案、金钱案的制度堤坝，全年共填报"三个规定"报告事项35件。第一时间按照县委"紧起来、快起来、跑起来"作风建设年活动部署，出台实施方案，以问题整改为切口直面作风顽疾，以全面整顿为抓手激发干警干事创业活力。强化领导班子示范引领，以理论研究、业务讲座、典型培育等方式深化“传帮带”，构建人才发展梯队。强化全员岗位练兵，通过青年干警课堂、换位实战等途径，不断提高干警办案实战和综合能力。深化业绩考核考评，落实季度案件质量常规评查机制，以评查促规范，助推检察官业务水平提升。全年共有14人次获得市级及市级以上机关表彰；5篇理论文章在国家级、省级有关刊物上发表。（章锣锣）

法　　院

【概况】 2022年，云和县人民法院在县委的领导以及县人大及其常委会的监督和上级法院的指导下，认真学习贯彻党的二十大精神，服务大局、司法为民、公正司法，全年受理各类案件3331件，审执结3283件，当事人一审服判息诉率94.32%，主要办案质量和效果指标保持省市前列。

【刑事审判】 全年审结刑事案件117件，判处罪犯175人。其中，故意伤害、两抢一盗、网络诈骗等犯罪案件29件34人，侵害未成年人犯罪案件6件6人，危害食品药品安全犯罪案件8件11人，贪污、受贿等职务犯罪案件2件3人。为捍卫法律尊严，还审结云和县首例袭警罪案。开展强化电信网络诈骗、养老诈骗等专题宣传，守好人民群众的“钱袋子”。

【民事审判】 全年审结民商事案件1548件。加强劳动者权益保护，帮助追回欠薪103.2万元。聚焦“保交楼、保民生、保稳定”，审结涉房地产案件47件。加强民间借贷协同治理，及时甄别、严厉惩处虚假诉讼。围绕木玩产业转型升级，获最高人民法院批准管辖全市除莲都、缙云、青田之外六县市知识产权案件，2022年5月开始收案，共办结各类知识产权案件217件。

【行政审判】 推进行政案件全域智治集成改革，全年办结行政案件27件。妥善处置涉小徐未来社区房屋征收补偿协议纠纷类案。推动召开府院检联席会议。编写的行政处罚案例入选年度浙江法院环境资源审判典型案例。

【执行工作】 全年执结案件1524件，到位金额1.03亿元。联合县纪委监委、组织部出台《关于对失信党员和公职人员实施信用惩戒的意见》。开展集中执行专项行动5次，依法限制高消费865人次，对291人作出司法拘留决定，罚款306人，以拒不执行判决、裁定罪判处5件5人。2022年10—12月开展终本库存案件出清专项行动，累计出清终本案件803件8280.65万元，其中10年以上案件381件1706.66万元，全额执行到位案件占比、10年以上案件占比均居全市首位。

【司法为民】 浙江省委编办批复设立崇头人民法庭。在诉讼服务中心设立“司法审判释明中心”。部署开展“无信访积案法院”创建，信访投诉率0.4%，排名全省第二。完成117个“共享法庭”建设，化解纠纷336件，诉前纠纷化解率62.75%，万人成讼率下降11.3%。设立人才科技司法服务保障中心。2022年11月9日，云和县委召开法院工作会议暨司法助力营商环境推进会，云和县委办、云和县府办联合出台司法助力营商环境行动方案。

【数字法院】 全面推广“司法公正在线”，收到评价和意见建议777条，来信来访同比下降46%。“精准布控”和“终本案件后续智能管理”两个应用场景入选全省数字法治系统“一本账S3”，上线并试运行“终本案件后续智能管理”子场景应用，“全域数字法院”建设考核排名全市法院第一。

【队伍建设】 坚持“支部建在庭上”，开展“一支部一特色”党建品牌创建。推进政治、业务、服务、变革、廉洁、落实“六大能力”建设，实施年轻法官培养“青蓝工程”，设立“云法智享”学习交流平台。严格执行新时代政法干警“十个严禁”，落实防止干预司法“三个规定”，纳入“四类案件”监管比例1.45%。推进清廉法院建设，开展“紧起来、快起来、跑起来”作风建设年活动，推动队伍教育整顿成果制度化常态化。　（叶小川）

司法行政

【概况】 2022年，云和县司法局以党的二十大精神为指引，深入学习贯彻习近平法治思想，扎实履行工作职能，全力开展“法助共富、法护平安”“除险保平安百日攻坚”等专项行动，持续放大法治建设和司法行政工作新优势，为云和打造全国山区县域新型城镇化共富样板提供优质法治服务和坚实法治保障。一是党委政府“一把手”亲自部署抓落实。召开由县四套班子主要负责人参加的全国法治政府示范市创建“迎国检”部署会，县委书记李忠伟对创建迎检工作进行高位部署，县长周鸿飞作为县（市、区）代表参加座谈访谈。二是打造习近平法治思想学习宣传贯彻“八进”活动品牌。组织全县干部职工学习《习近平法治思想学习纲要》，编印法治建设应知应会手册。2022年，共召开法治建设点评会4次，亮晒通报9期，交办任务10批次。三是加大对律师队伍支持力度。先后举办依法治县能力提升培训班、“法治人员技能大比武”等活动，进一步提升全县法治人员依法行政、依法办案水平。全县“律师万人比”达3.25，实现行政诉讼案件“零败诉”。四是成立云和县“八五”普法讲师团。强化基层法治人员队伍建设，共培育“法律明白人”855名，其中，“法治带头人”242名，为社会普法提供人才支持。

【法治政府建设】 严格规范性文件备案审查，2022年，审查县政府行政规范性文件、行政机关合同等各类政府法律事务85件，出具书面审查意见48份。加强行政规范性文件备案监管，对乡镇（街道）、政府部门报送备案的行政规范性文件进行备案审查并发出审查意见函27份。设立3个丽水市司法局基层立法联系点。县乡两级政府及全县24个政府部门均完成年度重大行政决策事项目录编制工作，纳入目录事项50项。强化行政执法监督，建立“乡镇（街道）综合行政执法法制审核室”。推行轻微违法告知承诺首违免罚制度，公布《云和县轻微违法行为不予行政处罚事项清单》。联合县检察院制定《关于特邀调解员协助参与行政争议化解工作的实施意见（试行）》，联合涉诉行政机关做好行政争议诉前调解和诉中化解工作。县复议局办理行政复议案件21件（2021年结转2件），审结16件。推行行政复议受理前调解，受理前调解4件。2022年，云和县新发生行政诉讼案件11件，结案9件，败诉率为零。

【司法行政工作】 构建“1个中心、10个站、86个法律服务站点”的法律服务网络，形成了覆盖城乡、惠及全民的公共法律服务体系。为126家民营企业开展法治体检服务，累计办理法律援助案件350件（其中刑事案件65件，民事案件285件）、公证案件526件，县法律援助中心在全市援助案件质量评比中排名第一，公证案件办证量全市排名第三。开展“法助共富、法护平安”专项行动，细化落实“48+N”条任务清单。搭乘流动供销致富车开展“法助共富”系列法律服务，开展法治宣传活动113场次。举办“宪法的精神　法治的力量”主题文艺晚会、云和县十佳法治人物证书颁发仪式等纪念现行宪法公布施行四十周年系列活动，进一步营造学习宣传宪法氛围。新增全国民主法治示范村1个，累计创建2个；新增省级“民主法治村（社区）”5个、市级“民主法治村（社区）”14个。深入开展社会矛盾纠纷“大排摸、大预防、大化解”、“除险保安百日攻坚”矛盾纠纷调解专项行动，共开展矛盾纠纷排查4677次，调处矛盾纠纷1023件，调解成功1018件，调处成功率99.5%，涉及金额5555.01万元，疑难复杂及重大矛盾纠纷38件。创新开展人民调解质效提升三年行动，完成云和县第一批金牌银牌人民调解员以及2021年度人民调解工作先进集体、个人评选工作。社区矫正工作推深做实，2022年，全县在册社区矫正对象64人，刑释解矫人员382人，安置帮教率100%。积极开展“智慧矫正”创建工作，并成功通过省级验收。

【干部队伍建设】 制订年度学法计划，坚持“一月一法、一季一考”，提升干部法治素养。加强“清廉司法”建设，扎实开展“紧起来、快起来、跑起来”作风建设年活动，成立领导小组，制订实施方案，全面开展自查整改工作，开展每月科室工作晾晒活动，每季度召开工作推进会。开展副股级以上（包括科级干部）政治画像工作、“百舸争流”部门中层岗位履职评议活动自评、互评工作，精准把握全局政治生态状况、弘扬真干实干快干的新风正气。每月开展正风肃纪检查，对局机关干部职工上班纪律、疫情防控入网格等情况进行了专项检查。进一步提高全局干警法治素养和廉洁意识，自觉接受群众监督，不断增进民生福祉、促进共同富裕，打造忠诚干净担当的司法行政队伍。（兰刘红）

军　事

人民武装

【概况】 2022年，云和县人民武装部在丽水军分区党委和县委、县政府的领导下，坚持以习近平强军思想为指导，深入学习贯彻党的二十大精神，坚持抓思想铸军魂、抓备战谋打赢、抓管理正秩序、抓党建强堡垒，圆满完成年度各项工作任务，全面建设发展保持向上向好态势，全县国防动员和后备力量建设开创新局面。思想政治建设。落实军队改进学风12条措施要求，坚持每月组织2天理论学习。集中收看党的二十大精神，邀请党的二十大代表钟华燕来部宣讲。民兵开展“学贯二十大、奋进新征程”演讲比赛，自编自演“学贯二十大”群口快板，成立“学贯小分队”深入基层一线宣讲，有关学习做法先后被《中国民兵》《钱塘兵事》等省以上媒体报道，走在军分区前列。全年召开党委会23次，理论学习中心组学习53次，组织专题民主生活会2次，召开支部会议25次、党小组会议13次，开展主题党日活动6次。注重为党存史，编撰4个年度《军事年鉴》，完成云和县《人民武装党史(1978—2012年)》编写。练兵备战。坚持把备战打仗作为第一要务，落实每季度党委议战议训，及时修订完善各类方案，开展辖区战场勘察，更新完善《兵要地志》录像片，每季度组织战备拉动演练，督导推进小顺军民融合训练基地建设，提升战备规范化建设水平。开展作战问题攻关，形成理论研究成果3篇。注重在急难险重任务中用兵练兵，3人受到全县通报表彰。国防动员。坚持党管武装，协调召开县委议军会、党管武装会暨国防动员会，落实第一书记述职、县领导过“军事日”、武装工作考评等制度，依令推进国防动员体制改革，进一步强化担责兴武、实干强武、依法管武的新格局。开展清明祭扫烈士陵园、向烈士纪念碑敬献花篮、立功受奖官兵八一光荣榜宣传、高中学生军训等活动；竭力打造国防教育特色样板学校，县城西小学被教育部、军委政治工作部联合授予“八一爱民学校”称号，协调落实军队帮扶资金和地方财政资金，用于学校国防教育工作。安全发展。以“迎接二十大、创建安全年”活动为总纲，围绕重大活动安全、练兵备战安全等11个方面问题，研究制订19个细化方案；落实每季度党委安全形势分析，紧盯“人车枪弹密”等17个重点要素和疫情防控特殊要求，开展风险评估，做好风险预判，落实个人日查、科室周查、领导月查和每季度综合性安全检查，保持安全稳定。开展涉党史领域境外有害出版物及信息专项整治工作，推动信息清理和思想清理走深走实。开展资产大清查、固定资产打码贴签工作，包括物资服务采购、经费结算报销、民兵事业费使用等。严格军地交往，贯彻落实军委国动部军地交叉地带“十三个严禁”、省军区军地交往“十条禁令”，规范廉洁征兵，坚决纠治违规饮酒等行为，单位建设风清气正。

【县委召开军事会议】 2022年5月12日，县委召开常委议军会议，研究加强党管武装和支持驻云部队建设等问题。县委书记、县人武部党委第一书记李忠伟主持会议并讲话。县长周鸿飞、县人大常委会主任叶晓勇、县政协主席章作飞、县委副书记、县委政法委书记陈卿等领导及县人武部党委委员出席会议，县委办、县府办、编办、发改局、人力社保局、财政局（县国资办）、退役军人事务局、城投公司等单位主要负责人列席会议。会议传达学习市委议军会议和军分区党委八届九次全体（扩大）会议精神，听取全县武装工作情况报告，研究解决涉军相关事项。7月29日，云和县委武装工作会议暨县国防动员委员会（简称县国动委）全体（扩大）会议在县机要会议室一楼召开。县委常委、县人武部军政主官、县国动委成员单位主要负责人、各乡镇（街道）党政领导、全县专武部长参加会议。会议由县长、县国动委主任周鸿飞主持，县委书记、县人武部党委第一书记、县国动委第一主任李忠伟作会议讲话，县人武部上校部长、县国动委常务副主任张以军作工作报告。会议宣读了新任乡镇（街道）武装部政治教导员任职命令并颁发任命状，浮云街道、雾溪乡党（工）委书记进行党管武装工作述职，其他乡镇（街道）党（工）委书记作书面述职。会后，全县副处以上领导赴驻云和某部过“军事日”活动并开展走访慰问活动。

【完成年度征兵任务】 2022年2月，根据丽水军分区承办全省征兵工作组织实施“一个过程”试点任务部署分工，县人武部负责《征兵工作“一个过程”组织实施》《征兵工作部门人员职责》2本手册编写及《为有源头活水来——征兵工作“一个过程”组织实施纪实》录像片脚本编撰、拍摄制作任务。县人武部成立攻坚工作专班，由部领导分工负责，聚合精干力量，采取学习征兵法规、收集相关资料、研究确定框架、分工拟写文稿、集体研究审定的办法，高质量完成试点任务。5月初，在松阳县召开的全省征兵工作组织实施“一个过程”规范化试点现场会上，2本手册作为重要会议资料分发至各与会代表，纪实录像片作为核心内容进行播放展示。试点成果受到省军区主要首长和全省各地市参会人员充分肯定。坚持廉洁征兵，通过微信公众号、报刊电话、宣传栏等形式，公开公示征兵政策条件、征兵监督举报电话、征兵工作机构成员、“双合格”人员及定兵人员名单，选聘县、乡两级廉洁征兵监督员参与征兵全程，组织填写廉洁征兵承诺书、问卷调查表，落实廉洁征兵“零报告”制度，征兵工作阳光公开，社会反响良好。

【积极抓好民兵建设】 2022年1—6月，县人武部根据《民兵组织整顿工作实施办法》规定要求，围绕编实建强民兵队伍工作目标，按照健全组织、潜力摸底、业务培训、体检政考、人员编组、集合点验、检查验收等步骤，如期完成全县民兵队伍调整编组，基干民兵达到了任务分队落实、人员相识相知、兵员结构优化、编组布局科学、人员在位达标的标准，在军分区民兵整组检查考评中连续第3年位居前列。3月28日至4月1日，县人武部承办全市森林灭火专业民兵骨干集训，全市9个县（市、区）选派民兵骨干参训。集训围绕森林火灾扑救组织实施课题，采取外聘和内请教员相结合的方法，邀请消防、应急、林业、装备厂家7名专业人员，进行22课时理论授课和14课时实操训练，组织案例分析、讨论交流、考核验收和比武竞赛，着力提升民兵骨干火灾扑救实操技能和组织指挥能力。

【组织国防教育培训】 为深化高中学校国防教育、培养储备优质兵员，县人武部联合县教育局，依托云和中等职业技术学校在该校高一年级开设“国防预备班级”。该班级在完成国家规定课程基础上，开设军事体育、军事技能和思想政治教育等特色专业课，开展军事夏令营、实弹射击体验、军事体育竞赛等活动，结合课业考核组织军事课目考评；选派优秀骨干教师负责班级工作，配备退役军人教师负责日常教育、训练和管理，聘请驻地部队官兵和民兵教练员承担相关军事课目教学；参照部队连排管理模式，按照学生士兵化、校园军营化、生活制度化、举止文明化、行为规范化、学习职业化“六化”要求，制定管理规章制度，实行专业课程单独编、文化课混合编，提前适应部队生活；学生毕业后，实行“三个优先”，即作为身体条件兵优先选送特种部队、“3+2 模式”培养的优先作为预备大学生兵员征集对象、大学毕业后优先推荐到驻地优质企业工作。

【抓好教育整顿帮扶】 2022 年 5—9 月，按照上级统一部署，县人武部同步开展“四严四整”教育整顿活动。活动围绕“严抓政治意识、整顿思想，严防政治风险、整肃纪律，严实政治担当、整饬作风，严格政治淬炼、整治队伍”4 个方面 15 项重点内容，区分动员部署、集中整训、巩固深化、常效落实 4 个阶段展开。通过整训活动，干部职工和文职人员队伍得到纯洁巩固。

7 月 1 日，县人武部机关党支部、紧水滩镇机关党支部、紧水滩镇大源村党总支在大源村组织“军地联学联教聚合力、支部结对帮扶促共富”主题党日活动。活动安排佩戴党员徽章、重温入党誓词、党课教育、学习讨论、重走抗战古道、走访慰问困难党员、环境卫生整治等，参加活动党员思想上受到一次精神洗礼。

【开展专项核查活动】 2022 年，县人武部为加强资产掌控和监督，进一步盘活闲置及库存固定资产，提高资产使用效率，适应信息化建设要求，根据军队资产可视化建设任务和累积性难题“两年攻坚”行动推进会精神，在 2021 年资产大清查基础上，围绕资产定位定责、账物相符、账目盈亏，开展物资归整和数据编组补录。对账上每件资产进行核查，对实物打码贴签，登记造册。对存在的累积性历史遗留问题和待报废资产进行了核查统计，处置待报废资产 4 件。按照上级统一部署，牵头协同县市场监管局、县公安局等单位，联合开展“守护戎装”专项行动。成立云和县军地联合开展“守护戎装”专项行动领导小组，印发《云和县军地联合开展“守护戎装”专项行动方案》。会同教育部门采取跟踪督导、执法巡查、挂牌督办等措施，对学生军训服装进行规范；会同文旅局对旅行社和户外团队使用、穿戴军服进行纠治，通过综合施治，构建起联管联动、打防一体的军服管控格局。

【加强安全保密工作】 2022 年 4 月起，县人武部围绕 10 个方面，开展保密工作大排查大清理活动。活动突出保密防范风险源隐患点排查，抓实保密重难点问题整治，挂单列表、销账归零，保密工作基础进一步夯实。根据上级统一部署，10—12 月，开展“百日安全活动”。结合党的二十大召开背景，着眼于确保年底前安全稳定工作目标，突出打好“安全稳定攻坚战、风险防范主动战、问题隐患清剿战”。根据活动要求，县人武部加强组织领导，成立活动领导小组，坚持问题导向，统筹推进整改；召开党委会，专题研究活动方案，列出问题清单、责任清单、整改清单；紧盯重点领域，加强风险预判，常态开展安全教育训练；夯实安全根基，强化制度约束，落实安全工作“一岗双责”，坚决消除安全隐患，确保问题归零，单位安全管理水平稳步提升。（楼寿高）

退役军人事务

【概况】 2022 年，县退役军人事务局围绕党的二十大报告提出“做好退役军人服务保障工作，巩固发展军政军民团结”的要求，坚决贯彻落实县委、县政府的工作部署，积极践行“以退役军人为中心”的工作理念，对照市局的工作要求，持续推进退役军人、双拥工作高质量发展。截至年底，共建成全国“示范型”服务（中心）站 53 个，新时代枫桥式退役军人服务站 20 个。

【优抚政策精准落实】 精准落细落实政策，对全县优抚数据进行实时更新，实现优抚政策不漏一个、不错一人。落实临时帮扶援助政策

8.6万元；为低保、低边、特困供养退役军人发放生活补助“为困难退役军人送温暖”落实慈善项目；开展“安居乐行”走访慰问活动为困难退役军人发放慰问金；为符合医疗援助金享受对象发放援助金。与县农商银行签订合作协议，为现役、退役军人提供更加广泛的优质、优先、优惠的“三优”金融服务。

【双拥创建成效显著】 春节和八一建军节，县人武部、武警中队、市武警执勤二大队、消防大队、军休干部、生活困难优抚对象等送去慰问金和慰问品。开展“致敬·2022清明祭英烈”云祭扫+代祭扫活动，推广通过手机端、电脑端为烈士献花、向烈士鞠躬，参与5000余人次。进一步发挥爱国主义教育主阵地作用，完成县烈士纪念碑整修工程，依托阵地，全县各界广泛开展“9·30”烈士纪念日活动，缅怀革命先烈，传承英烈精神。展现老兵风采，发挥老兵宣讲团作用，开展老兵宣讲活动。

【就业培训实用高效】 技能培训方面，依托现有7家培训机构，将创新意识纳入退役军人的教育培训方案，开展退役军人创新意识和创业能力培训，实现创新教育与专业技能教育互为支撑。鼓励退役军人接受“订单式”“定向式”“定岗式”职业教育培训，推进培训精细化、个性化，切实有效地提高退役军人的职业竞争实力。2022年9月，为促进退役军人就业安置，云和县退役军人职业技能提升培训暨适应性培训开班，为期2天，旨在于提升退役士兵综合素养，提高就业竞争力。开班仪式后，退役军人及随军家属专场招聘会同时启动，8家企业提供30余个就业岗位。严格按照有关规定和程序开展2名符合政府安排工作退役士兵安置工作，全程阳光操作，监督到位。

【示范创建整体推进】 有序推进退役军人服务站建设步伐，2022年云和县全国示范型村（社）退役军人服务站创建13个，新时代枫桥式退役军人服务站10个，截至年底共建成全国“示范型”服务（中心）站53个，新时代枫桥式退役军人服务站20个。开办2022年度云和县退役军人服务中心（站）业务骨干培训班。7月，组织全县退役军人业务人员进行培训，现场教学课程包含服务体系建设理论学习等内容。

【权益保障全力落实】 加强对退役军人群体关心关爱，体现党和政府关心关爱重点优抚对象，积极落实优抚安置政策。注重解决实际问题，充分利用八一建军节走访契机，通过召开座谈会、走访等方式，进一步了解退役军人的主要诉求。

【强化党风廉政建设】 完善规章制度，提高责任意识，明确任务分工，梳理、完善、建立机关各项管理制度，根据县委巡视组反馈意见完善并下发相关制度，切实构建廉政风险防控管理长效机制。加强理论学习，定期召开党风廉政建设专题例会，及时报告“一岗双责”履职情况，学习传达习近平总书记系列重要讲话及上级部门重要文件精神等内容。开展常态化谈心提醒教育、警示教育、集中学习等活动，提高思想认识，提升政治素养，锤炼干部队伍。强化内部监督，每月定期开展正风肃纪检查，两年来未发生违反党的政治纪律、政治规矩或组织纪律等行为，没有因不担当、不作为、乱作为等不履行或者不正确履行职责问题被问责情况。

【创新工作亮点纷呈】 坚持质量优先，高质量推进省建档立卡和优待证发放试点工作：“三率先、三注重、三到位”保障建档立卡，提高优待证发放申请通过率；创新推行“五必查五必核”工作法，提高优待证发放审核通过率；发挥合作银行专业优势，多形式探索优待证发放新模式，提高优待证发放制卡通过率；建立问题反馈协调机制，为优待证发放工作开辟道路；全省首创推广优待目录清单二维码，激发优待证申领主动性。推出共富清单，促进退役军人同致富：优待目录清单保基本；政策清单助创业；纾困清单保民生；培训目录清单助就业；社会化优惠清单促减支。推进双拥

"云联盟"建设，浓厚双拥工作氛围：多形式招募拥军商家；推广老兵码、商家码，发挥数字改革成果应用；完善进出机制，促进云联盟健康发展；建立优待目录清单二维码。（季少闽）

武装警察

【概况】 2022年，武警云和中队（以下简称中队）在上级党委的正确领导下，以《基层建设纲要》《军队政治工作条例》及《中国共产党军队委员会（支部）工作规定》为指导方针，突出迎接保卫和学习贯彻党的二十大精神为主线，认真贯彻落实总队、支队党委（扩大）会议精神，紧紧围绕"争创'四铁'先进单位"的年度工作目标，开展主题教育、"新大纲"学习、涉网涉密教育整治和疫情防控等工作，支部班子增强了凝聚力，官兵斗志昂扬，中心任务圆满完成，各项建设呈现向上向好的态势。

【强化支部抓党建】 因为支部建设的质量决定着部队建设的层次，中队认真厘清年度工作思路，制订按纲建队计划，支部建设保持健康发展。一是抓好支部学习。中队按照"勤学习、抓落实、严规范"的思路，通过严格落实组织生活制度，适时召开组织生活会，认真抓好党课学习。为浓厚学习氛围，适时在开饭前空隙开展理论小抢答活动，每周利用队务会前5分钟抽查骨干学习效果，周一采取理论测试学习成果。把搞好团结摆在班子建设的重要位置来抓，在支部学习活动中，开展批评与自我批评，坚持用好"四互"，班子成员能够心往一处想，劲往一处使。党支部正副书记工作上能够相互学习和通气、生活上能够相互关心和帮助，委员之间相互协调和支持，在评议党员、骨干任命、集训考学、经费开支、发展党员等中队事务上，始终坚持集体研究，党务公开，充分发挥集体领导作用。二是群众组织作用明显。支部通过交任务、压担子、定责任、放权力的方式充分发挥两个群众组织的助手作用。团支部积极准备节假日期间的文化活动，有效运用特色人才队伍，持续开展"一队一品"文化育人活动，助手作用发挥得力。军人委员会充分发挥"三大民主"，在问卷调查、伙食满意度、集训考学、"双争"评比等活动中畅通了民主渠道，发挥了纽带作用，能引导官兵发挥好"参谋""监督""桥梁"作用，认真组织开展"双争"评比活动。在内部关系教育整顿中，军人委员会主动作为，收集官兵意见及时，组织问卷调查，充分解决了官兵的实际困难问题。三是队伍能力显著提升。党员发挥先锋模范作用，树立起学习榜样、训练标杆、守纪表率，着力纠治形式主义、官僚主义和官兵身边"微腐败"不正之风，党员队伍严守纪律规定，清白做人、干净做事，努力做到了作风过硬、形象过硬。积极组织重温入党誓词等活动，在训练、工作、生活中时刻树立起党员就是一面旗帜的形象。干部发挥"领头雁"作用，坚持以上率下树标杆，立说立行做表率，通过组织开展公开承诺、民主评议和查摆问题等方式，全面提高与自身岗位相匹配的能力素质。中队长林煜健带领中队对照武警部队新时代执勤安保工作规范化集训精神对中队进行整改完善，带动全体官兵积极研读新大纲，营造"学大纲、研大纲、用大纲"氛围。政治指导员杨飞龙与战士落实"五同"好，发挥表率作用，及时对营区政治文化环境进行规范，及时更新荣誉墙、荣誉室建设。四是大力开展基层风气整治。2022年初以来，支部深入开展基层风气整治活动，认真学习习近平主席关于武警部队的两次批示精神，严格对照武警部队方案明确的六个方面突出问题以及100个"有没有"问题清单，采取逐条过的方式，全面摸排、查摆问题、立行立改。同时，支部能把舵定向，充分发扬民主，做到"一碗水端平，一把尺子量到底"，对关系官兵切身利益的敏感问题，严格组织程序，全程坚持"公开、公平、公正"的原则，官兵满意度提升。

【突出思教抓育人】 中队支部始终把思想教育作为"铸魂工程"来抓，进一步提升官兵的学习领悟力和语言表达能力，深入开展“忠诚维护核心、矢志奋斗强军”深化“传承红色基因，担当强军重任”主题教育，在抓落实、求实效上下功夫，官兵思想政治意识不断提升。一是紧跟看齐深化理论武装。坚持用习近平强军思想建队育人。学习贯彻两会、党的十九届六中全会精神，深入开展五四主题团日活动，原文学习习近平主席在庆祝中国共产主义青年团成立100周年大会重要讲话精神，精读《习近平论强军兴军(三)》和《习近平谈治国理政》第四卷两本书籍，通过干部领学、集中普学、个人自学等方式，使学习入心入脑、指导实践；浓厚学习氛围，醒目位置有训令训词、橱窗灯箱有强军标语、官兵个人有理论书籍、教育课堂有习语金句，积极协调云和县图书馆补充图书2000余册书籍，充实了中队图书室，官兵在学习中坚定忠诚之魂。二是活用载体确保思想稳定积极。中队支部坚持抓实抓细抓小，把思想政治工作做稳妥。充分发挥“双四一”“三互”等载体作用，不断为官兵营造了良好工作氛围和生活环境。建立部队、家庭联管方式，做好了官兵思想稳定工作，达到了“四心”的目的，先后帮助多名武警战士解决请假买房、家庭变故和办理公积金贷款等事务，有效拉近官兵距离。三是抓好特色文化陶冶官兵情操。中队支部积极组织各类文体活动，教唱忠诚卫士组歌、观看红色电影、组织集体生日晚会、烧烤晚会等活动，充分调动全体官兵参与的积极性和主动性，通过开展丰富多彩的文体活动，缓解了心理压力；结合老兵退伍时机，组织了“学老兵、赞老兵”活动，退伍老兵向哨位告别仪式，鼓励退伍老兵发扬风格，积极回乡干事创业，鼓舞留队人员学习老兵优秀品质，营造“聚是一团火、散是满天星”的良好氛围，大大强化了官兵的集体荣誉感。

【规范执勤抓安保】 2022年，中队坚决贯彻上级党委决策部署，聚焦党的二十大召开的政治之年特殊背景，始终把执勤工作摆在中心位置，以新时代执勤安保规范化集训精神为引领，以规范化执勤等级评定为抓手，扎实抓好执勤工作，确保了目标的安全稳定，迎接总队执勤规范化等级评定考核总评良好。

【围绕中心抓建设】 2022年，中队坚持围绕中心抓建设、抓好建设保中心不动摇，以习近平主席开训动员令为引领，以《军事训练指导法》和《军事训练大纲》为指导，在中队掀起大抓军事训练的热潮。2022年，参加支队创破纪录竞赛和新大纲知识竞赛分别荣获团体第二名和第三名，参加总队年终军事考核总评良好。一是寻求突破口。中队坚持以“学大纲、研大纲、用大纲”活动为契机，以2022新版《军事训练大纲》、配套教案及军事训练指导法为学研重点，突出加强“四会”教练员培养，扎实推进第二周期军事训练。在全面组织学习理解的基础上，区分执勤人员、分队警官、分队保障人员三个类别，依据《武警部队按纲施训周期运行表》，对照执勤人员及分队警官必训课目，分队保障人员对应各专业课目抓好教学分工、教案编写、备课示教、教学训练及考核评估，抓好支队重难点课目教练员集训成果转化，严格落实警官跟班组训，教练员积极利用每半月备课示教日刚性落实“四不”，每周组织军事会操，每季度组织通用五项测试，科目训练结束及时做好考核，中队训练有力有序推进，教练员教学组训水平有明显提升。二是抓住关键点。狠抓基础体能训练，针对“基础体能差、教员队伍弱”的实际，中队坚持每周行政例会、每月支委会议战，及时总结分析训练中的不足，研究制定下一步整改措施；狠抓教练员队伍提升，落实主官、骨干、党员三级责任制，全面抓实教练员队伍新大纲学习及体技能提升，中队军事五项训练成绩稳步提升，其他科目由基本掌握向全面精进转变；狠抓按纲施训，结合军事领域专项监察，拟制训练组织与实施规范，完善军事训练登统计，官兵依法训、依规训，正规组训的能力得到提升。三是找准侧重点。中队树牢“练兵先练官”思想，重点抓好教学骨干队伍。组织抓好军事法规学习，使官兵掌握训练制度，熟悉落实方法，提高依法抓训能力；组织动作示范，规范基础动作，统一训练标准，确保重点科目规范一致；组织教学科目研究，以组训、管训、考评为重点，突出训练指导法学习，组织教案编写，开展示范示教训练。2022年，中队教学笔记、教练员档案、科目教案俱全。

【着眼点滴抓养成】 以落实责任提升正规化建设水平。2022年，中队扎实开展“聚力迎盛会、扎实保稳定”活动，严格落实条令条例和从严治军要求，在安全意识、生活养成和安全隐患治理上下功夫，全年来无安全事故的发生。一是强化条令意识。以学习新规定为基础，坚持日学一法规，周抓一规范，不断强化条令意识，注重从一点一滴抓起，培养官兵养成服从命令、听从指挥、令行禁止的好习惯。二是强化安全意识。以党的二十大召开为契机，中队牢固树立“管理要严、安全靠建”理念，通过安全教育辅导、事故案件通报学习、观看警示录像，持之以恒地抓好条令法规和《武警部队人员行为手册》学习。坚持把落实上级指示精神，作为进一步深化安全活动成果的重点工作来抓，重点培养班长为安全员，明确安全职责，增强官兵安全意识。三是规范日常养成。以落实安全工作八个规范等规章制度为重点，采取集中学习、板报宣传、问卷调查、理论测试等方法，提高官兵理解和掌握能力。落实日检查、周评比、月考核制度，使中队的各项管理工作更正规。合理划分卫生区域，中队从班宿舍到各库室，逐项进行统一规范，实行量化管理，落实定人定位定责，部队的精细化管理再上层次、软实力明显提升。

【保障需求抓改善】 以过硬的后勤保障带动中队建设。中队严格落实年度后勤工作指标，着力改善官兵生活质量，切实提升后勤综合保障效益。一是狠抓账目经费管理。中队始终坚持按计划开支、经常性开展财务检查和定期账目公开制度，确保中队资金安全，开支合理；加强营产营具管理，对公用物资实行计价挂账，做到了件件物品有人负责，营具损坏专人维修。2022年中队重新修缮执勤设施、军营图书馆和后勤地面建设，并协调云和县公安局改造建设训练棚，官兵生活和执勤环境得到进一步改善。结合资产清查“两年攻坚行动”活动，按照方案要求，资产账目盈亏、报废资产积压和军地产权纠纷进行盘点。二是狠抓人才队伍建设。中队高度重视后勤人才队伍建设，加大自主培训，以老带新，提高了后勤人员技能，不断满足官兵生活需求和中队建设，健全以炊事员兼给养员、军械员兼文书、网络维护员兼通信员、卫生员兼驾驶员的后勤保障队伍。结合每月优秀士兵评比组织对后勤人员进行民主测评，用官兵的满意度锤炼后勤人员专业技能。至2022年末，中队自主培养了预备炊事员2人。三是认真落实各项制度。严格落实伙食管理规定，聚力提升保障水平。在伙食质量上，本着“粗粮细做、细粮精做”的原则，遵循“早餐讲营养、午餐讲质量、晚餐讲调剂”的思路，做好伙食调节。军人委员会定期收集伙食意见，分管后勤的干部与炊事员共同研究制定周食谱，坚持每周推出1个新菜品，丰富菜品种类，购置和面机、烤箱等厨房工具，进一步完善了厨房设施，官兵反映满意度达到100%　　（杨飞龙）

农业 林业 水利 气象

农业农村

【概况】 2022年，县农业农村局紧紧围绕打造全国山区新型城镇化样板县域，坚持疫情防控和农业农村生产两手抓，加快实施乡村振兴战略，奋力推动农业全面升级，农村全面进步，农民全面发展。全县农业总产值8.7亿元，增长2.96%；农业增加值5.94亿元，增长2.8%；全县农村常住居民人均可支配收入26078元，增长6.2%；低收入农户人均可支配收入18435元，增长16%，增幅居全市第6位。是年，云和县被列为省强村富民乡村集成改革实践试点县(宅基地改革+乡村建设)；获评2022年度全省深化"千万工程"建设新时代美丽乡村(农村人居环境提升)工作优胜县，连续3年获此殊荣；获评2022年度省级"肥药两制"改革综合试点县；云和雪梨成功注册国家地理标志证明商标；成功申报云和东部省级现代农业园区。县农业农村局被省政府办公厅评为浙江省农村宅基地工作成绩突出集体；被省委农村工作领导小组办公室、省农业农村厅评为全省新时代乡村集成改革工作成绩突出集体。

【重视粮食生产】 全面贯彻落实《云和县耕地"非粮化"专项整治行动实施方案》，扎实推进耕地"非粮化"整治工作，切实保障粮食生产安全。全面完成耕地"非农化""非粮化"整治任务，粮食生产功能区面积达1万余亩，粮食播种面积达5.54万亩。

【扶持主导产业】 根据云和产业实际，调整优化"一果两茶一菌一蜂一鱼"主导产业思路，创新培育以云和雪梨为主导，茶叶、油茶、食用菌、中蜂、有机鱼等特色产业同步发展的农业产业发展体系。启动实施"云和雪梨产业创新集成发展三年行动计划"，培育云和梯田三白(白辣椒、白黄瓜、白茄子)、云和湖有机鱼等公共品牌。完成复垦种植面积5925亩，完成粮食生产功能区整治优化2528亩，高标准农田达到8.29万亩，新建"稻耳轮作"示范基地3个，云和师傅小微产业园20个，云和县东部现代农业园区入选省级现代农业园区创建名单。2022年，新发展云和雪梨1832亩，食用菌产量5084.58吨，产值2.03亿元，同比分别下降15.09%、4.99%；中药材821.7吨，总产值5036.21万元，同比增长0.46%；茶叶产量1221.2吨，产值7186.75万元，同比分别增长1.5%和23.12%；渔业产量2033吨(有机鱼养殖3.5万亩)，产值2600.66万元，同比增长5.01%和6.02%。

推动畜牧业标准化、规范化生产，提升畜牧业稳产保供能力。改造提升数字化规模生猪养殖场1家，成功招引年出栏5万头的伏布生猪养殖项目。2022年，全县生猪存栏1.33万头、出栏1.66万头，同比分别减少5.62%和10.17%；牛存栏1795头、牛出栏499头，同比增长6.09%和1.84%；羊存栏646头、羊出栏588头，同比分别增长11.38%、29.23%；家禽存栏16.2万羽、家禽出栏27.97万羽，同比分别减少0.4%、12.97%；蜜蜂总量1.66万箱，同比增长11.41%。

2022年，全县共有农业龙头企业34家，其中，省级3家、市级17家、县级14家；农民专业合作社256家（省级3家，市级10家）；家庭农场714家（省级24家、市级生态精品家庭农场23家）；农创客285人。

【强化综合监管】 （一）强化农产品质量安全监管。坚持以“三品一标”认证为抓手，突出绿色农产品基地建设，扶持品牌推动监管，全县“三品一标”认证产品达87个，其中，绿色农产品25个，无公害农产品23个，有机农产品39个，农产品地理标志登记保护1个，实现省例行抽检合格率达98.6%以上。开展农作物统防统治工作，完成主要农作物统防统治面积1.14万亩，回收农药废弃包装物11.53吨，进行无害化处置。（二）强化农业行政执法。以农资市场、农产品质量安全、生猪屠宰、渔业捕捞等为重点，扎实开展农业行政执法工作，严厉打击农业违法行为，有效维护农民的合法权益，保护生态资源。全年共出动执法人员2975人次，检查市场68个次，检查主体852个次，受理电话举报接待群众来访186次，现场制止各类轻微渔事违法行为325起，收缴“地笼网”713只予以销毁，检查渔船845艘次，检查场所59个，查处案件71起，其中，简易案件33起，结案70起，处罚金额13.09万元。（三）强化动植物检疫工作。完善植物疫情监测点9个，植物疫情监测覆盖率达85%以上；各行政村均设立村级动物疫情监测点。同时，严格规范畜禽及其产品调运、检疫等监管，切实守牢生产、屠宰、运输、销售等关键环节，完成备案、报验、目的地核查21批次。健全畜产品质量安全管理制度，全面推行动物检疫电子出证，开展产地检疫生猪6080头，检疫家禽68羽；屠宰检疫生猪19805头；开展瘦肉精检测，产地检测143批次，421头（份），屠宰场检测1022批次，1846头（份），检验合格率100%。（四）强化农资市场监管。开展“5S”农资店星级创建活动，创建五星级农资店1家，四星级农资店2家，三星级农资店10家，超额完成市级下达的任务。对全县的种子、化肥、农药、饲料、兽药开展专项抽样检测，共抽取35个品种，检测出不合格产品5个，对不合格产品的经营主体进行立案处罚。

【产业融合发展】 探索农文旅融合发展路径，编制实施“三带三园”农文旅产业融合发展规划，深入推进“文化+”“旅游+”等产业融合发展模式，推出全市首个农家乐民宿成长贷，发放贷款300万元。2022年，新增农家乐民宿18家，全县农家乐民宿达319家，获评五星级农家乐7家、四星级农家乐20家、三星级农家乐13家、市级精品民宿4家。农家乐民宿接待游客360万人次、营业总收入1.52亿元。培育丽水山耕经营主体6家，推出“梯田三白”品牌，举办“丽水味道”创意大赛暨云和雪梨美食节、“云台共富 梨享生活”云和雪梨伴手礼两岸文创大赛、“喜迎二十大 迈步共富路”云和雪梨主题书画展等系列活动10场次。

【农业科技推广】 一是聚焦农业科技创新推广。制定《云和县2022年基层农技推广体系改革与建设补助项目实施方案》，创建数智云农平台，包含云和雪梨全产业链发展、云和惠农补贴一件事、项目管理、云和师傅等板块，推进农业数字化转型，浙农码赋码累计达1.3万次；建成“益农信息社”服务站点79个，累计服务达567.45万人次，电子商务成交额781.44万元，实现便民服务全覆盖。二是聚焦农业科技人才队伍建设。健全完善农业农村“四个优先”的体制机制，促进资金、土地、人才等资源要素向农村流动和优化配置。加强乡村人才队伍建设，完成农民素质技术技能培训11437人次，完成率114%，其中，农村实用人才培训23期1608人，完成率106%；留守农民培训173期9575人次。三是大力推进农业“双强”行动。谋划抓好“十四五”农业机械发展“机械强农”农事服务中心、全程机械化应用基地、“一县一业”农机化试点和项目建设。切实做好丘陵山区新型农机具的推广工作，积极引进适宜丘陵山区使用的高性能现代化生产农机具，全年共引进推广新式农机具800多台套，为全县农业机械现代化发展打下扎实基础。

【美丽乡村建设】 深入推进厕所、垃圾、污水三大革命，高标准开展村庄清洁行动，农村生活垃圾分类处理覆盖面达100%，创成省级高标准示范村4个；生活垃圾分类的资源化利用率达100%，无害化处置率达100%；创建省级星级农村公厕10座。实施农村生活污水治理强基增效双提标行动，完成黄庄、三门等15个农村生活污水处理设施建设改造。启动实施公园乡村课题研究和乡村风貌管控导则编制，成功申报十里云河共同富裕示范带、小顺等3个未来乡村、梅源等2个历史文化重点村为省级项目。完成安溪村等5个花园乡村精品村创建；完成沙铺、栗溪、下垟等6个历史文化村落保护利用项目，新增3个省级美丽乡村特色精品村，实现新时代美丽乡村达标村全覆盖。元和街道获评省级美丽乡村示范乡镇。推进十里云河、最美梯田、梨花乡里3条乡村共富示范带建设，圆满完成全市花园乡村现场会、“丽水味道”创意大赛等活动。元和街道、白龙山街道、崇头镇等7个乡镇（街道）获评省级革命老区乡镇（街道）。云和县获评2022年度全省深化“千万工程”建设新时代美丽乡村（农村人居环境提升）工作优胜县、2022年度“肥药两制”改革综合试点县。

【推进共同富裕】 全面实施“扩中”“提低”改革，调整完善“一户一策一干部”结对帮扶工作机制，开展“百宿千家”共富帮带行动，开发低收入农户公益性岗位69个。推动县乡强村公司实体化运行，全县村集体总收入达3556.49万元，增长37.37%；经营性收入2169.56万元，增长31.78%。全面消除集体收入20万元，经营性收入10万元以下的行政村，年经营性收入50万元以上的村达19个。岗头限价商品房小区已交房，基本完成大坪等3个安置小区建设，搬迁1421人，在全市率先实现“大搬快聚”工作“五年任务四年完成”。

【农业农村改革】 深化农村产权制度改革，创建清廉村居规范村23个、引领村3个，善治（示范）村8个。全面完成全国乡村治理体系建设试点工作，云和县《创新“街乡共治”模式 推动城乡融合治理》案例，获评全国第四批乡村治理典型案例。完成数字乡村（一期）项目建设，搭建云和县农业产业大脑，创建“云梨共富”场景应用，成功入选省强村富民乡村集成改革实践试点（宅基地改革+乡村建设）。云和县流动供销致富车项目，入选《全国农业社会化服务典型》的30个示范案例。

【云和三白品牌】 指主要产自崇头镇境内，云和梯田及周边区块（海拔800米以上）的白茄子、白辣椒、白黄瓜三类高山有机蔬菜，故又名“梯田三白”。因品种谱系古老，种植历史悠久，是浙江省蔬菜种质保护品种之一，广受消费者青睐，给广大种植户带来良好的经济效益，已成为山区农民增收的新产业。其中，最负盛名的是白茄子，种植已有100余年历史，其果皮白色，果实长棒形，光泽度好，口感鲜嫩，具有较高的药用价值，2015年、2018年先后两次荣获浙江省精品果蔬展销会金奖，并被省农业农村厅列入优质种质资源名录，2022年制定出台《云和高山白茄生产技术规程》。白辣椒（灯笼椒），形似灯笼，果皮淡绿色，有丰富的维生素C，味道比较淡，甚至无辣味，2016年荣获丽水市“二十佳”高山生态精品特色蔬菜，2017年荣获浙江省精品果蔬展销会金奖。白黄瓜，果皮黄白色，果实呈长棒形，肉质厚实，口味纯正，具有补充营养、促进消化、润肠通便、辅助减肥等作用与功效。云和县属中亚热带季风气候，境内温度湿润、雨量充沛、四季分明、无霜期长，很适宜高山蔬菜种植。（周　芬）

林 业

【概况】 2022年，云和县生态林业发展中心(以下简称县林发中心)坚持以习近平生态文明思想为指导，紧紧围绕县委、县政府的中心工作，按照省、市林业主管部门的工作部署和林长制工作要求，紧盯重点指标，聚焦重要工作，锚定重大清单，持续推动林长制等各项工作落地见效，不断为建设全国山区县域新型城镇化共富样板夯实基础。2022年，县林发中心重点工作指标实现稳中有升，全县森林覆盖率达81.24%，增幅为0.27%；林木蓄积量达681.86万立方米，年增率为5.34%。县域湿地保护率为100%，远高于保护率53%的要求。林业生产总值939437万元，同比增长2.1%。县林发中心被浙江省关注森林组织委员会评为“浙江省关注森林活动15周年”成绩突出集体；2人被评为“浙江省关注森林活动15周年”成绩突出个人，2人被评为浙江省林业科技工作成绩突出个人。

【林业改革发展】 2022年，完成森林资源流转6015.8亩，培育林业经营主体6家；森林火灾保险面积80.42万亩，保费36.19万元。选择紧水滩镇外垟行政村为林权类不动产登记试点。林权抵押贷款累计发放3619万元，贷款余额51286万元，比年初新增849万元。是年，全县建成公益林优质林分2376亩，累计建成重点公益林优质林分69.13万亩。切实保障重点项目使用林地，完成云和县生态产品价值实现示范区长田区块、235国道、云和县沈坑门水库工程、浙江省中波发射管理中心和广播转播台建设项目等重点项目的使用林地审批，并向省林业局追加林地定额指标88公顷。全年共办理征占用林地36件，面积为51.09公顷，其中，占用征收林地27件，面积44.29公顷；临时占用林地3件，面积2.84公顷；林业生产服务设施6件，面积3.96公顷。同时，做好林业行政执法工作，对林业行政处罚案件进行严格审核。

【生态林业建设】 2022年，完成新增百万亩国土绿化893亩。大力实施瓯江源头区域山水林田湖草沙一体化保护和修复工程(云和县健康森林建设项目)，在生态脆弱区、重要节点区位以及其他面上区域，采取补植阔叶树种、森林抚育等措施，改造优化林相2600亩。实施千万亩森林质量精准提升工程，完成面积2.5万亩。建设美丽林相5.2万亩。新建1个省级“一村万树”示范村(凤凰山街道新岭村)。完成县级民生实事任务，在凤凰山街道梅垄村采取补植阔叶树种等措施开展珍贵彩色林建设1000亩。实施天然气管道建设后植被恢复项目，投资256.6万元完成生态修复389亩，种植木荷、枫香、檫树、黄山栾树、紫荆、樱花、映山红等树种25万余株。做好林木种苗保障，完成乡土树种苗木培育任务，赠送省调控的珍贵彩色树种容器苗2.9万株，全县种苗质量抽检苗批合格率100%。

【林业产业培育】 继续培育以油茶、林下经济为主的绿色富民产业。全县完成新建油茶基地85亩，油茶低产林改造1077亩。新建培育包括毛竹林下套种多花黄精、板栗林下仿生栽培铁皮石斛等模式的“一亩山万元钱”示范基地2222亩、辐射推广示范基地5835亩、巩固深化示范基地11405亩，完成湖滨村林下中药材项目、东岱村竹林套种多花黄精项目等“千村万元”林下经济增收帮扶工程。加快推进林业科技创新，申报板栗树仿生栽培铁皮石斛标准化试点项目，经过两年试点，该项目已于10月通过市级验收。组织科技下乡技术培训5期，累计培训林农142人次、百万农民素质提升培训1505人。全年培育获聘省级以上乡土专家一名(张土荣)，共有5人获丽水乡村旅游讲解员初级资格。

【森林资源管护】 强化责任落实，扎实推进森林督查案件查处整改工作，完成森林、草地、湿地调查监测工作。县域湿地面积保持不变，已完成重要湿地矢量落界任务。全县省级以上公益林达804247亩，占林业用地总面积的64.3%；建成公益林优质林分2376亩，累计建成重点公益林优质林分691308亩。完成2021年度（工程项目征占用林地）省级以上公益林变更调整235亩。全年共发放损失性补偿资金2831.8万元，发放率100%；通过政采云采购159套护林装备，拨付各乡镇、街道公益林护林员劳务报酬177.6万元，护林员网格覆盖率达96.07%。按要求开展自然保护地体系建设，对云和梯田国家湿地公园、云和湖省级森林公园和白龙山省级森林公园3处自然保护地实施重点保护。开展野生动物保护宣传巡查救护，全年累计发放宣传图册300余份、倡议书500余份，悬挂横幅标语26条，救护放生野生动物穿山甲、红隼、斑头鸺鹠、白鹇等49只。投资2万元资金，购置救助设备，建成野生动物救助中心。完成野猪危害调查评估，制定出台野生动物致害保险实施方案，出资17.5万元购买野生动物致害公众责任保险，减少因野生动物肇事造成的群众损失。

【落实两防措施】 高度重视森林预防火工作，县林发中心领导班子把森林防火作为头等大事来抓，强化森林安全检查，逐级召开森林防火工作部署会和森林防火专题会议，组织护林员学习280余人次，制作悬挂标语70余幅，发放宣传单13000余份、宣传品800余份，发布微信公益广告20万条，手机短信宣传64万余条。同时，创新防火宣传形式，依托“浙丽供”服务车下乡服务区域广、覆盖村落多的特点，以流动供销致富车为载体，开展森林防火宣传，通过在宣传车辆上安装扩音器播放宣传音频，在车辆明显部位悬挂森林防火宣传牌，深入宣传《浙江省森林防火条例》等有关法律法规。是年，全县未发生森林火灾。狠抓松材线虫病防治，完成松材线虫病除治面积96836亩，疫木入厂重量7004吨（县内建有2家设施符合粉碎要求和标准的疫木加工企业）。其间，组织开展疫木清理专项行动，共组织检查91次，出动检查人员302人，清缴疫木17500千克。采购24.6万支注干剂对全县古松树和重点区位松林进行打孔注药保护，共注药保护松树57507株。经无人机秋季疫情普查结果显示，全县松材线虫病发生面积85200亩，枯死松树6373株，实现疫发面积和枯死松树双下降。

【实施林长机制】 全面落实林长制工作，不断夯实林业治理的基层基础。制定出台《云和县林长制县级会议制度》等五项制度，建立部门协作机制。全县设置林长154人、警长36人。召开总林长专题会议，部署落实林业重点工作。在全市率先建立“林长+检察长”联动工作机制，有效推动森林资源保护管理。及时调度落实市委林业工作会议暨第一次市级总林长会议部署的县级重点任务工作清单，并根据县情实际，制定《云和县林长制暨森林云和考核办法》，对全县10个乡镇、街道的林业重点工作进行考核。各乡镇、街道林业工作站重新挂牌，不断完善林业工作站的标准化建设。同时，根据《浙江省林业局关于印发浙江省公益林护林员管理办法的通知》和《云和县人民政府办公室关于印发云和县公益林（天然林）管护工作实施方案的通知》精神，护林员在巡山护林时统一着装、佩戴标识，并携带必要的护林防火装备。

【强化队伍教育】 （一）深学践行党的二十大精神。利用党组会议、周一夜学、党员学习日等平台，将习近平生态文明思想和关于林业发展的重要论述等作为重点学习内容，多形式开展学习交流研讨。组织干部观看党的二十大会议实况直播，学习贯彻党的二十大精神。组织全体党员赴重河湾示范基地开展主题党日活动，县林发中心党组书记徐向前组织党员认真学习《习近平谈治国理政》第四卷有关内容和《新时代中国共产党的历史使命》等重要文章。同时，组织党员沿着习近平总书记在浙江任职时的考察调研足迹，参观良种育苗示范基地，深刻领会习近平总书记对林业的重要指示精神。此外，县林发中心党组带领党员和结对村黄家畲村党员深入贯彻学习党的二十大精神，通过党课教育等方式，力求把党的二十大精神落到实处。（二）认真落实意识形态工作责任制。班子成员认真履行“一岗双责”，按要求抓好意识形态工作，将意识形态工作作为述职报告和民主生活会重要内容，定期向中心党组报告履责情况。注重理论武装，全年共组织集体学习11次，意识形态专题例会3次，邀请县委宣传部副部长叶小平讲授意识形态专题辅导课。组织全体党员干部赴遂昌县大柘镇柘溪上村红色教育基地参观学习。把网络意识形态工作列入党组会议专题研究的重要内容。按时按量完成年度党报党刊订阅任务。（三）巡察整改真正落实到位。根据县委统一部署，是年5月30日至7月8日，县委第四巡察组对林发中心党组进行全面巡察，并于9月7日反馈了巡察意见。县林发中心把整改落实作为一项重要的政治任务来抓，第一时间召开专题会议研究部署巡察整改事宜，直面巡察反馈突出问题，深入分析问题症结所在，量化细化整改措施。通过努力整改，巡察反馈的30个问题，已按照计划全部整改到位。

【重视廉政建设】　始终将党风廉政建设工作与业务工作同谋划同研究同落实。定期召开会议进行工作部署，坚持问题导向，强化责任落实。按照县委办关于《“紧起来、快起来、跑起来”作风建设年活动实施方案》的要求，召开动员部署会，制定林发中心作风建设年活动实施方案。在作风建设年活动中，参与自查54人，查找问题136个，单位自查整改问题9个。全年组织集中性传达学习37次、召开党组会议11次、党风廉政建设专题例会3次，编发廉政信息38条。开展上班纪律、拟办公文、疫情防控守小门等正风肃纪效能检查11次，开展廉政谈话53人次，教育提醒16人次。召开民主生活会2次，深入剖析问题，查找自身不足，制定问题清单，落实改进措施。　（陈　莉）

水　利

【概况】　2022年，云和县水利局认真学习贯彻党的二十大精神和习近平新时代中国特色社会主义思想，坚持“绿水青山就是金山银山”的发展理念，贯彻“节水优先、空间均衡、系统治理、两手发力”的治水方针，苦干实干，提速创优，全力抓好重大水利项目建设、水旱灾害防御和水资源管理等重点工作，圆满完成年度各项目标任务。坚持“安全第一、预防为主、综合治理”，以防洪安全、水利工程安全为核心，加强安全基础建设，强化安全责任落实，有效防范各类事故的发生，确保全县水利生产持续安全稳定。认真履行“依法治水管水”职能，着力加强执法队伍建设，切实规范水行政执法行为。强化水域资源保护、“无违建河道”创建等工作，加大水事违法案件查处力度，确保全县水事秩序正常运行。切实抓好水旱灾害防御工作，做到“抓早抓小、宁重不漏”，紧绷防大汛、抗大旱、抢大险、救大灾之弦。着力完善基层防汛防台工作体系，提高全县科学防灾救灾能力。实现连续28年汛期无人员伤亡目标。

【水利项目建设】　2022年，云和县共有水利项目16个，计划完成投资2.3亿元。重大水利项目有龙泉溪治理二期工程（青龙潭至长汀）、龙泉溪云和段综合治理工程、浮云溪流域综合治理工程城区段提升改造、安溪、泉溪、云坛溪、梧桐坑流域综合治理工程、沈坑门水库新建工程等8个，计划完成投资1.85亿元，其中，新建重大水利项目4个，一是沈坑门水库工程，新建库容59.4万立方米的小型水库1座，计划总投资10335万元，已开工建设。二是梧桐坑流域综合治理工程，整治岸坡22千米，包括堤防护岸、防汛通道等，计划投资10237万元，已完成坝中坝基础开挖。三是龙泉溪云和段综合治理工程，治理堤岸共33.13千米，包括岸坡整治7.79千米，新建管理道路31.13千米，总投资概算5亿元，已完成初设批复。四是浮云溪流域综合治理

(崇头段、城区段提升改造),治理河道长9.05千米,改造堤防1.58千米,计划总投资15103万元,已完成初设批复,进入施工招投标阶段。此外,加强农村饮用水提升、生态堰坝改造等项目建设,全年投资0.45亿元。

【美丽河湖创建】 坚持水利引领,统筹推进山水林田湖草系统治理。创建省级美丽河湖1条、美丽山塘2座、水美乡镇1个。累计完成中小河流治理18.8千米、整治病险山塘1座、改造生态堰坝2处,高质高效完成水土流失治理2平方千米,完成25个水保项目审批及12个项目的核查验收备案。狠抓水岸共治,高压推进河湖"清四乱"工作常态化、规范化,在河湖"清四乱"过程中发现的20个问题全部整改销号。落实部颁碍洪图斑问题整改销号78处,销号率100%。

【农村供水保障】 2022年,云和县根据《丽水市农村供水保障行动计划(2022—2024年)》要求,编制完成《云和县农村供水保障行动计划(2022—2024年)》,并付诸实施。同年,全县实施农村饮水提升改造项目14处,完成年度计划投资9611万元,新增供水保障人口1.54万人。农村饮用水工程被纳入省民生实事项目7个,计划更新改造农村供水管网39千米,实际完成改造提升8个点位,超额完成1个储备项目,实际完成农村供水管网改造49.92千米,超额完成28%。改造项目均出具水质检测报告,水质合格符合生活饮用水标准。投入278万元,采购安装一批一体化净水设备,对全县部分农村简易处理的水站进行设备提升改造,全年完成常住人口50人以上农村简易供水站点销号共计74处,其中,供水站提升改造62处,管网延伸10处,水厂覆盖新建区域2处。

【落实安全责任】 (一)全面落实水电安全生产"双主体"责任。公布2022年度农村水电站防汛安全"双主体"责任人名单和小型水库"双主体"责任人名单,接受社会监督。同时,落实小型水库大坝安全责任人和小型水库防汛"三个责任人",确保安全度汛。对各小型水库的控运计划进行批复;雾溪水库(中型)转报市水利局批复。(二)全面开展安全生产大检查。根据省水利厅、市水利局关于安全生产的工作要求,县水利局以安全生产零事故为基本前提,分组深入电站开展汛前检查和安全生产大检查,对查出来的问题当场发放整改通知书;对省水利厅和市水利局对云和县小水电站检查发现的问题,及时进行整改。(三)开展安全生产标准化创建和复评。按照水利部和浙江省有关安全生产标准化达标评级实施办法要求,完成6座水电站标准化复评。(四)认真履行工程质量监督职责。按基本建设程序实施的水利工程质量监督覆盖率100%,以项目法人为抓手,提高参建各方质量意识,督促各责任主体切实履行质量管理职责,按照《水利工程建设质量与安全监督检查办法》及《问题清单》实施监督,开展质量监督检查活动21次,发出质量监督意见21份,发现的问题全部得到整改落实,工程质量状况总体保持稳定。

【强化行政执法】 一是水政执法工作再上新台阶。加大巡查执法力度,严厉打击各类水事违法行为。全年累计出动执法人员420人次,执法车辆152次,出动执法快艇5次,巡查河道长度2755千米,水域面积20余平方公里,及时制止各类水事违法事件10余起,其中,移送县综合行政执法局立案查处违法采砂采石事件7起,已经结案5起,罚没款4万余元。二是完成防汛保安专项执法行动任务。完成部颁碍洪图斑排查,拆除龙泉溪历史遗留碍洪围堰1处;查处河道湖泊管理范围内倾倒垃圾、渣土3处,砍伐河道内种植阻碍行洪的林木一处;查处围湖造地占用水域一处。三是加强小水电监管。县水利局不定期派出技术人员对全县农村水电站的生态流量泄放情况进行现场检查。同时,通过智慧水电平台,对全县农村电站生态流量泄放开展线上监督检查,对生态流量泄放不达标的相关电站,要求其业主及时进行整改。及时联系联通公司技术人员维护和整改视频监控线路的故障、离线等问题。完成全县57座水电站的生态流量泄放评估工作。

【重视资源保护】 (一)强化水资源保护宣教。举办节约用水宣传进校园、进农村、进社区主题活动。增强民众的节水意识。县治水办、县水利局联合"老李帮忙团"到金丰嘉苑小区开展节水进社区宣传活动。发放节约用水宣传手册600余份。县治水办、县水利局、雾溪畲族乡政府在雾溪村文化礼堂,举办第29届世界水日第34届中国水周暨"共建秀水畲乡 共富绿色未来"水文化主题系列活动启动仪式,现场宣读主题系列活动倡议书,现场授旗"红小畲""河小畲"等志愿者服务队,沿雾溪水库周边清理杂物垃圾,净化水源环境。同时,结合垃圾分类活动发放节约用水宣传教材。(二)抓好水资源管理工作。全面落实最严格水资源管理制度,严格执行水资源三条"红线"管理、取水许可审批、建设项目水资源论证和水资源有偿使用制度,全年共征收水资源费255.48万元。(三)推进节水型社会建设。突出节水标杆载体建设,创建省级节水标杆企业和校园各1个。

【加强防汛抗台】 坚持"人民至上、生命至上",打好打赢水旱灾害防御主动仗,强化水文预报预警,调整充实水文监测站网,完成水文"5+1"项目建设,新建雾溪水库下游水文站1个,新建江河水位站2个、地下水位站1个,新(改)建水位站26个;建设视频会商系统1处;配置遥测终端机,备份8套,有效提升水文测报能力。汛期共对县内3座水库进行调度20余次,发布山洪灾害预警14次,最高预警等级为黄色,累计发送预警短信4万余条,有效降低山洪灾害对人民群众造成的影响。

【深化数字改革】 打造云水安澜系统,云水安澜系统既包括省级统建基础性、通用性水利业务应用,也包括按需开展的特色业务应用。通过全面整合水利信息资源,梳理水利核心业务,整编水利数据资源,实现省、市、县三级水利数据资源和微应用的共建共享;提升水利数据共享服务水平,建设云和县水利数据仓,实现分散数据资源的整合和更新;建成云和县水利统一数据平台和业务中台,打通业务系统之间的关联,建成在线互联、数据共享、业务协同、决策支持的全行业统一的主要工作平台,实现水利核心业务"网上办""掌上办"。 (叶晶晶)

气 象

【概况】 2022年,云和县气象局在省、市气象局党组和县委、县政府的坚强领导下,深入贯彻落实习近平总书记关于气象工作的重要指示精神,围绕全县工作大局,开展"我学二十大,建功新征程"大讨论。组织党员干部职工赴小顺党史教育基地接受红色教育。开展"哨响就到"进社区报到,与石塘村结对帮扶、环境整治、科普宣传、微心愿、疫情防控等志愿服务和"人民至上,生命至上"主题实践活动。通过"党课+微讲堂""晨学+夜学""走红路+忆红事""线上学+线下学"等形式,推进党史学习教育常态化、长效化。党组成员上专题党课6次、学习研讨10余次,邀请专家上"中国共产党党史""党的二十大精神宣讲"等专题党课2次。全力以赴做好冷空气、梅汛期、高温干旱、台风等重大灾害性天气的监测预报预警服务,并为"春节""中高考""开犁节""中国公开桨板赛"等重要时节和社会活动提供优质气象保障服务。全年共发布预警信号101次,预警短信56万余条,制作《气象信息报告》等服务材料157期。动态更新气象灾害预警信息,实现预警信息发布全覆盖,更新修订重大气象灾害"叫应"服务制度,制定了本地化的"梯次化"预报预警服务制度。强化部门联动应急和共建共享，联合发布山洪灾害预警13期、地质灾害气象风险预警17期、森林火险气象风险预警1期、农业气象灾害预警1期。开展气象协理员、信息员、网格员等各类培训约400人次。加强“中国天然氧吧”“浙江避暑气候胜地”等品牌宣传。助推云和梯田景区入选全国首批15个“天气气候景观观赏地”，崇头镇梅竹村获“浙江省避暑气候胜地”称号，“中国天然氧吧”通过复评。完成云和县二十四节气等农耕文化资源挖掘工作。积极推进第二批气象服务新时代美丽乡村（梅竹）示范点项目建设和丽水国家气象公园云和示范建设，连续三届联合举办崇头镇纳凉节活动，开展省市县乡四级联动避暑直播。发布云和湖奇雾预报指数，联合开展康养指数场景化应用，助力乡村振兴和民宿品牌推广价值。尤其是及时完成《云和县气象设施和气象探测环境保护专项规划（2021—2035）》编制。落实地方常规经费225万元、项目资金90万元。全局上下凝心聚力、大抓落实，圆满完成年度各项工作任务。

【气候特点】 2022年，云和县气温显著偏高。不但起伏大、高温日数异常偏多，而且强度强、低温日数明显偏少。降水常年略偏少且分布极不均匀，暴雨日数偏多。日照接近常年但起伏大。总体来看，在气候变暖的大背景下，云和县的天气气候仍然异常。气象要素变幅大，多个时段的多个气象要素接近或突破历史极值，而且年初长时间阴雨寡照、3月的春汛、梅汛期明显的降水集中期、高强度的夏季高温、夏秋连旱、春秋的寒潮降温、春夏强对流等灾害性天气造成了较明显的不利影响。

极端气象要素有：年平均气温与2020年持平，同为历年第2高，年高温日数为历年最多；3月平均气温为历年最高；5月平均气温为历年最低；7月平均气温为历年最高；8月平均气温为历年最高，月高温日数为历年最多，月降水日数为历年最少；9月降水量为历年最少，月降水日数为历年最少；10月极端气温为历年最高；11月平均气温为历年最高，月降水量为历年最多。

主要天气气候事件有：1月22日至2月23日长达1个月的阴雨寡照天气；三月下旬多暴雨过程引发不同程度的春汛；梅汛期明显的降水集中期，不仅暴雨过程多、强度强，而且累计雨量大；夏季1956年有完整气象记录以来综合强度最强高温；夏秋的伏秋连旱，引发明显的水资源短缺；10月初罕见酷热天气；夏末冬初冷空气强度强，夏秋和秋冬季节转换快，入冬时出现大范围的强寒潮天气。

【气候要素】 1. 气温：2022年平均气温19.3℃，比常年（18.3℃）偏高1.0℃，为历年同期第二高。

1月平均气温9.0℃，比常年偏高2.0℃，为历年同期第三高；

2月平均气温7.0℃，比常年偏低2.2℃；

3月平均气温16.4℃，比常年偏高3.7℃，为历年同期最高；

4月平均气温18.6℃，比常年偏高0.3℃；

5月平均气温20.2℃，比常年偏低2.4℃，为历年同期最低；

6月平均气温为25.2℃，比常年偏低0.2℃。

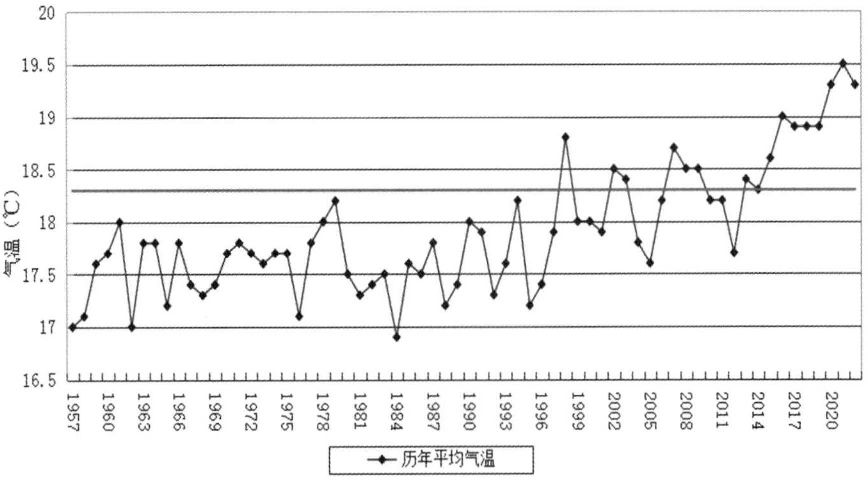

图1 云和县历年平均气温变化图

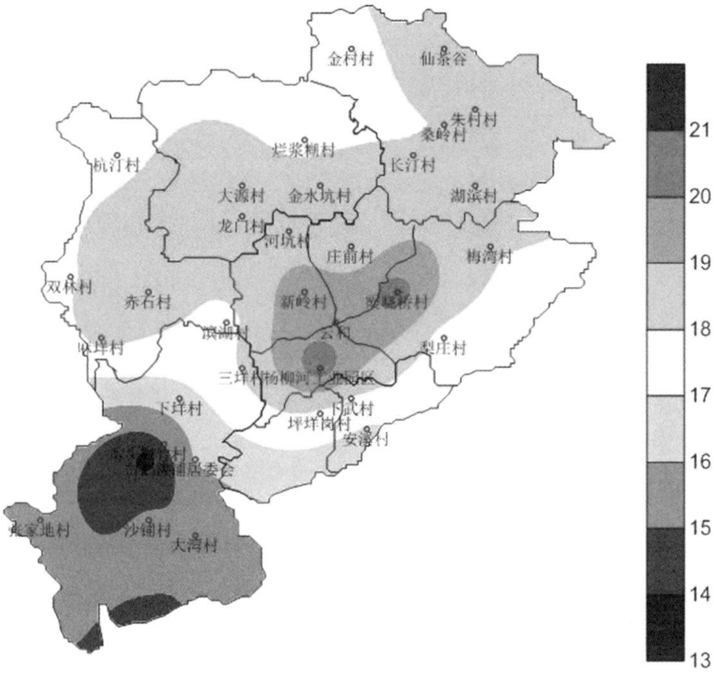

图 2　云和县 2022 年平均气温分布图(单位:℃)

7 月平均气温 31.2℃,比常年偏高 2.6℃,为历年同期最高;

8 月平均气温 31.6℃,比常年偏高 3.4℃,为历年同期最高;

9 月平均气温 26.5℃,比常年偏高 1.9℃,为历年同期第四高;

10 月平均气温 20.6℃,比常年偏高 1.1℃;

11 月平均气温 17.8℃,比常年偏高 3.5℃,为历年同期最高;

12 月平均气温 7.1℃,比常年偏低 1.0℃。

县城极端最高气温 42.4℃,出现 7 月 24 日;县城极端最低气温 -3.6℃,出现在 12 月 19 日。2022 年各乡镇平均气温在 12.2℃—20.5℃,最高出现在杨柳河工业园区,最低出现在白鹤尖;日最高气温最高值为 42.7℃出现在杨柳河工业园区,最低值为 31.8℃出现在白鹤尖;日最低气温最高值为 -2.8℃出现在金水坑村,最低值为 -11.9℃出现在白鹤尖。

2. 降水:2022 年降水量 1638.1 毫米,比常年同期偏少 12.7 毫米,偏少 0.8%。

1 月雨量为 55.8 毫米,比常年偏少 13.8 毫米,偏少 19.8%;

2 月雨量为 142.3 毫米,比常年偏多 58.3 毫米,偏多 69.4%;

3 月雨量为 219.6 毫米,比常年偏多 54.5 毫米,偏多 33.0%;

4 月雨量为 159.7 毫米,比常年偏少 7.7 毫米,偏少 4.6%;

5 月雨量为 244.4 毫米,比常年偏多 49.2 毫米,偏多 25.2%;

6 月雨量为 399.8 毫米,比常年偏多 91.3 毫米,偏多 29.6%。

7 月雨量为 27.8 毫米,比常年偏少 125.1 毫米,偏少 81.8%,为历年同期第四少;

8 月雨量为 93.2 毫米,比常年偏少 83.6 毫米,偏少 47.3%;

9 月雨量为 14.5 毫米,比常年偏少 128.5 毫米,偏少 89.9%,为历年同期最少;

10 月雨量为 4.7 毫米,比常年偏少 52.3 毫米,偏少 91.8%,为历年同期第三少;

11 月雨量 198.8 毫米,比常年偏多 126.9 毫米,偏多 176.5%,为历年同期最多;

12 月雨量为 77.5 毫米,比常

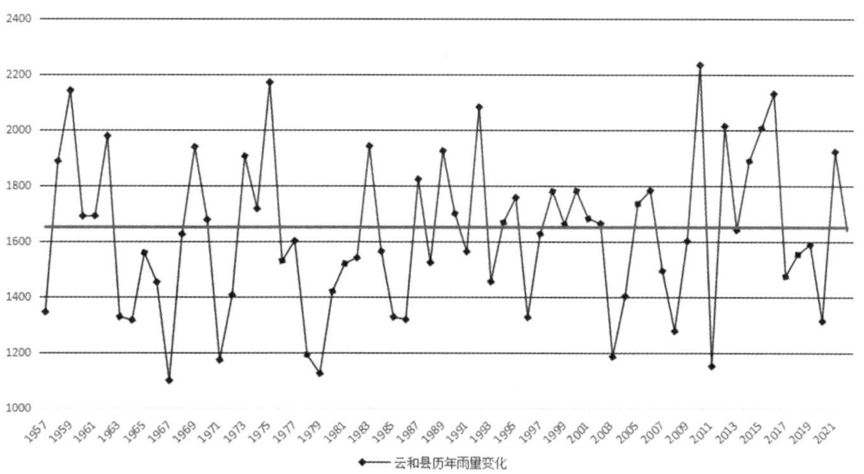

图 3　云和县历年雨量变化图(单位:毫米)

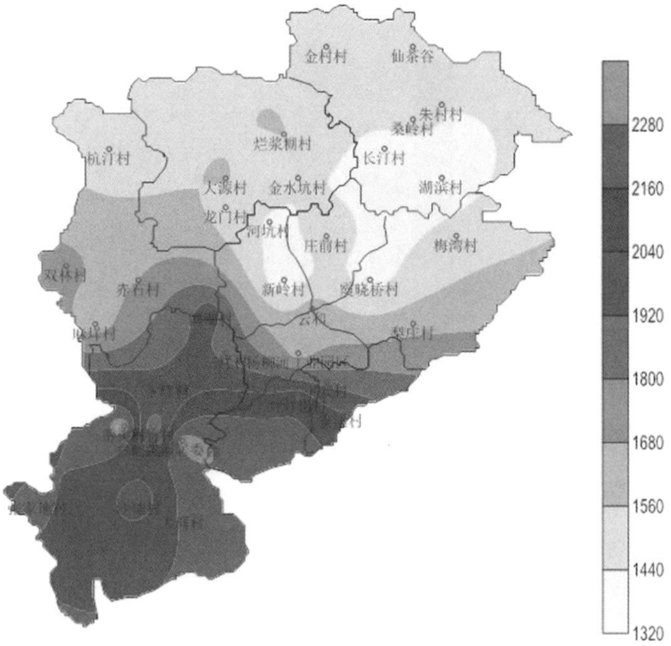

图 4　云和县 2022 年累计雨量分布图(单位:毫米)

年偏多 18.1 毫米,偏多 30.5%。

2022 年降水日数 177 天,比常年同期偏多 2.8 天。其中 2—3 月、5—6 月、11—12 月雨日较常年偏多,其余月份雨日较常年偏少。月雨日最多为 22 天,出现在 11 月,最少为 4 天,出现在 9 月。全年暴雨日数 6 天,比常年偏多 1.7 天。

2022 年各乡镇降水量分布不均匀,在 2352.0—1357.5 毫米之间,最大出现在陈坞村,最小出现在湖滨村。

3. 日照:2022 年日照时数 1618.1 小时,与常年持平。除 1—2 月、5—6 月、11—12 月较常年同期偏少外,其余月份月均较常年同期偏多。其中,8 月日照最多,为 286.6 小时,比常年偏多 87.8 小时,为历年同期第 2 多;2 月最少,为 49.2 小时,比常年偏少 42.5 小时;11 月日照 51.9 小时,为历年同期第 3 少。

【气候事件】 1. 气温显著偏高但起伏大,年平均气温为历年第 2 高。

2022 年平均气温 19.3℃,比常年偏高 1.0℃,为历年同期第二高。从各月来看,1 月、3 月、7 月、8 月、9 月和 11 月偏高明显,其中 3 月、7 月、8 月和 11 月平均气温均为历年最高;2 月、5 月和 12 月偏低明显,其中 5 月平均气温为历年最低。

2. 降水分布极不均匀,夏秋持续偏少并出现伏秋连旱。

2022 年降水量 1638.1 毫米,比常年同期偏少 12.7 毫米,偏少 0.8%。从各月来看,1 月、4 月、7 月、8 月、9 月、10 月偏少,其中 7 月降水量为历年同期第 4 少,9 月降水量为历年同期最少,10 月降水量为历年同期第 3 少;2 月、3 月、5 月、6 月、11 月、12 月偏多。其中 11 月降水量为历年最多。

3. 日照时数接近常年但起伏大,部分月份突破历史极值。

2022 年日照时数 1618.1 小时,与常年持平。从各月来看:1 月、2 月、5 月、6 月、11 月、12 月偏少,其中 11 月日照时数为历年第 3 少;3 月、4 月、7 月、8 月、9 月、10 月偏多,其中 8 月日照时数为历

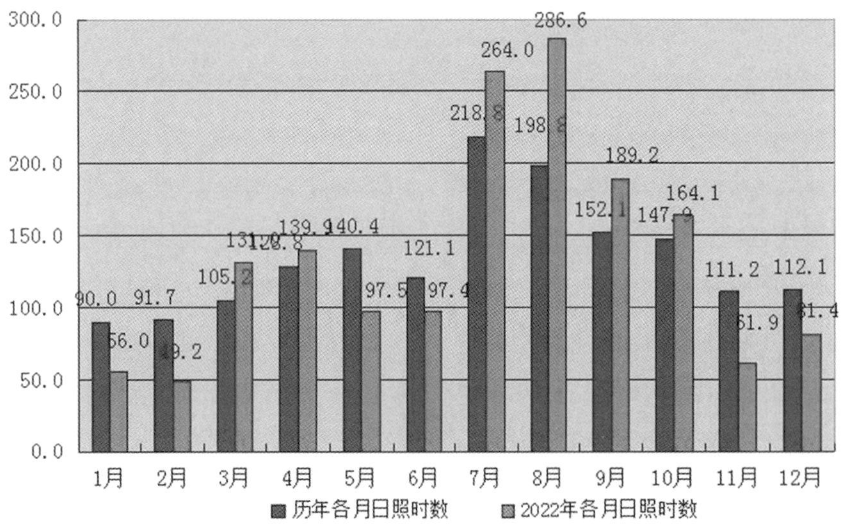

图 5　2022 年日照时数与常年均值比较(单位:小时)

年第2多。

4. 年初降水明显偏多，日照明显偏少，并出现长时间阴雨寡照天气。

2022年1—2月，云和县降水偏多、日照明显偏少。1月降水量较常年偏少19.8%，日照时数较常年偏少34.0小时；2月降水量较常年偏多69.4%（中旬降水量为历年第3多），日照时数较常年偏少42.5小时。其中，1月22日至2月23日出现长达1个月的阴雨寡照天气，其间降水量和降水日数均较常年显著偏多，日照时数较常年显著偏少。

5. 3月下旬多次出现暴雨过程，降水异常偏多，春汛突现。

2022年3月下旬降水异常偏多，降水量177.9毫米，较常年偏多180.2%，为历年同期最多。其中，22日共有30个站点超过50毫米，最大为滨湖村76.7毫米；31日共有19个站点超过50毫米，最大为坪垟岗村81.2毫米。受连续降水天气影响，云和县出现较明显的春汛。

6. 5月气温异常偏低，入夏时间相比常年晚近1个月。

2022年5月，云和县气温持续偏低并以中旬为最。月平均气温20.2℃，比常年偏低2.4℃，为历年同期最低。其中，上旬平均气温20.0℃，较常年偏低1.6℃；中旬平均气温18.7℃，较常年偏低3.8℃，为历年第2低；下旬平均气温21.6℃，较常年偏低1.7℃。受气温持续偏低影响，云和县直到5月25日才进入气象意义的夏季，入夏时间相比常年晚了近一个月。

7. 降水集中期明显，累计雨量大。

2022年云和县的梅汛期降水集中期出现在5月26日至6月21日，其特点为：一是降水集中期时间长，累计雨量大。降水集中期降水量为517.2毫米，为历史同期最多。二是雨日多，降雨过程间歇短。27天的降水集中期内仅6月7日、8日、15日、16日、17日无明显降水，雨日多达21天。

8. 夏季出现1956年有完整气象记录以来综合强度最强高温。

2022年夏季（6—8月），高温（日最高气温≥35℃）日数63天，较常年偏多23.4天，为历年第2多。其中日最高气温≥38℃的炎热日数45天，较常年偏多35.3天，为历年最多；日最高气温≥40℃的酷热日数25天，较常年偏多23.8天，为历年最多。综合来看，2022年夏季的高温强度超过2003年，为1956年有完整气象记录以来最强。

9. 夏秋气温持续偏高，季平均气温创历史新高。

自6月下旬初出梅以后至11月，云和县气温持续偏高。其中，夏季（6—8月）平均气温29.3℃，较常年偏高2.0℃，为历年同期最高，7月、8月平均气温均为历年最高；秋季（9—11月）平均气温21.6℃，较常年偏高2.3℃，为历年最高，11月平均气温为历年最高。

10. 夏秋雨少温高，伏旱连秋旱，水资源短缺较明显。

自6月下旬初出梅以后至10月，云和县降水持续偏少。其中，7月降水量27.8毫米，较常年偏少81.8%，为历年第4少；8月降水量93.2毫米，较常年偏少47.3%；9月降水量14.5毫米，较常年偏少89.9%，为历年同期最少；10月降水量4.7毫米，较常年偏少91.8%，为历年同期第3少。受高温少雨天气影响，7月开始的气象干旱持续并加剧，水资源短缺较为明显，直至11月才趋于缓解。

11. 10月初出现罕见酷热天气，月极端最高气温均创历史新高。

10月初（1—4日）受强大的西太平洋副热带高压控制，云和县连续4天出现38℃以上高温酷热天气，其中3日城区气温达40.6℃。月极端最高气温创有完整气象记录以来的历史新高。

12. 夏末冬初冷空气强度强，夏秋和秋冬季节转换快。

10月初（1—4日）受强大的西太平洋副热带高压控制，云和县连续出现盛夏一般的高温酷热天气，平均气温高达31.1℃。10月5日受强冷空气影响后，气温剧降并持续走低，而且达到气象上的入秋标准，云和县一夜之间从盛夏迈入秋天，入秋时间与常年持平。11月29日至12月1日受强冷空气影响日平均气温平均降幅达13.8℃,超过了寒潮天气标准,并于11月30日进入气象意义的冬天,入冬时间较常年偏早。

【影响评价】 2022年,1月气温显著偏高,降水前少后多,前期晴多雨少的天气对农作物生长发育和农事活动开展较有利,方便人们清洗、晾晒、出行和购物。后期降雨明显偏多,不利农作物光合作用,也不利节前洗晒和出行。29—31日受较强冷空气影响,出现大幅降温天气,容易引发儿童感冒、老年人心脑血管等疾病。

2月降水明显偏多,且出现长时间的多雨寡照天气,对春茶萌芽非常不利,油菜等越冬作物长势普遍偏弱,春菜育苗和幼苗生长发育,烂苗、徒长现象严重。春节期间,持续低温阴雨天气,对节前洗晒、春节走亲访友均造成诸多不便,也导致儿童感冒、老年人心脑血管疾病、呼吸道疾病多发。

3月上半月晴雨相间天气,气温明显上升,对茶叶萌发采摘、春菜播种育苗、春耕备耕以及油菜开花结荚均有利,方便人们安排旅行、踏青、赏花等户外活动。下半月多阵雨或雷雨天气,不利春播作物生长发育以及田间作业,给市民日常生产、生活带来不利影响。但一定程度上又有利于茶叶营养素、芬香物质和黄酮物质的合成和积累,提高茶叶品质。另外,月内冷空气较频繁,忽冷忽热的天气容易引发呼吸道疾病。

4月上、中旬以晴好天气为主,总体有利各类春播作物生长发育,有利人们外出踏青、旅行、晾晒及室外作业。下旬起多阵雨或雷雨天气,部分时段还出现强雷电、短时强降水、大风等强对流天气,影响春茶采摘,也使得油菜植株容易出现倒伏、滋生病菌。月内受冷空气影响忽冷忽热的天气容易引发呼吸道疾病。

5月内云和县晴雨相间天气为主,上旬晴多雨少,对于枇杷、蓝莓、西瓜等水果品质形成和采摘收获较为有利,非常有利居民日常生产、生活及外出旅游。中、下旬降雨明显增多,出现阶段性阴雨寡照天气,不利油菜后期收晒,枇杷、杨梅、桑葚等水果容易出现落果,产量、品质均受到一定影响,对人们日常生产、生活受到一定影响。

6月上中旬云和县处于梅汛期降水集中期,不利居民日常生产、生活及外出旅游,低温阴雨寡照天气影响杨梅、西瓜、蓝莓等水果的采收,同时使得杨梅出现落果、烂果,产量、品质均受到一定影响。下旬梅汛期结束后晴多雨少,光照充足,昼夜温差大,对于杨梅、蓝莓、西瓜、桃子等水果的成熟、品质和采摘较为有利。但高温天气容易引发热射病,影响人的身体健康。

7月云和县高温日数明显偏多且强度偏强,降水明显偏少且分布极不均匀。高温天气容易使农作物出现热害,也引发部分地区较明显的农业气象干旱,农业经济遭受一定损失。但有利雪梨、西瓜、葡萄、桃子等夏季瓜果品质形成和成熟上市。月内高温天气对日常生活造成明显影响,严重时会引发热射病,影响身体健康和生命安全。

8月多高温酷热天气,气温异常偏高,降水偏少明显。高温酷热少雨天气有利桃子、葡萄、西瓜等水果的成熟、采收以及上市,但也造成露地作物明显的热害及水果、蔬菜产时和品质下降,造成经济损失。同时降水偏少引发了较明显的农业干旱。罕见高温酷热天气明显影响人们的日常生活,而且极易引发中暑及热射病,严重影响人们的身体健康。

9月多晴少雨,温高光足,总体对农作物生长发育有利。但持续少雨天气,使得土壤墒情持续恶化,夏季以来的气象干旱进一步发展,森林火险等级持续偏高,不利于单季晚稻后期灌浆乳熟,影响千粒重。上旬中后期和月末出现了连续高温天气,影响人们户外生产活动,并容易引发中暑。

10月云和县以多晴少雨天气为主,对秋收冬种作业以及各类农事活动的开展十分有利,对居民日常生产、生活及外出旅游等均较为有利。但气象干旱进一步发展,对油菜等秋播作物播种、出苗以及幼苗生长造成明显的不利影响。受强冷空气影响，5日云和县进入气象意义的秋天，短时间的大幅降温容易引发感冒、心脑血管等疾病。

11月气温异常偏高，降水异常偏多。上半月温高雨少，总体有利于日常的生产和生活，有利于晚稻收割和晾晒，但不利于秋播和出苗。下半月雨水增多，气象干旱基本解除，充足的降水有利秋播作物播种和出苗。月底大范围的强降水和寒潮天气造成的强降温及雨雪天气对人们日常生产、生活及外出旅游造成明显影响，而且强降温和低温天气容易引发呼吸道、心脑血管、支气管炎等疾病。

12月上旬雨多光少，不利于食用菌以及各类农作物品质形成，也不利于柑橘采收以及果园清园等农事活动开展，对人们日常出行、游玩以及衣物晾晒等造成明显的影响。中、下旬受寒潮和冷空气持续影响，出现阶段性低温霜冻和冰冻天气，露地作物不同程度受冻，还对人们的日常生活造成一定影响，而且冰冻天气容易发生冻伤，低温也使得呼吸道疾病、心脑血管疾病、支气管炎等疾病多发易发。（陈思炼）

工业经济　招商引资

工业经济

【概况】 2022年，受疫情冲击及复杂多变的外部形势影响，云和县的经济发展面临前所未有的困难和挑战。云和县经济商务局（以下简称县经商局）在县委、县政府的正确领导下，认真贯彻落实中央和省委、市委、县委重大决策部署，全力把握“疫情要防住、经济要稳住、发展要安全”多目标动态平衡，直面挑战，推动全县工业和商贸经济承压前行。

2022年，全县规模以上工业实现产值153.63亿元，比2021年下降21.7%。规模以上工业实现增加值24.07亿元，比2021年下降20.3%。规模以上工业实现出口交货值17.55亿元，比2021年下降4.6%。规模以上工业实现新产品产值15.98亿元，比2021年下降3.2%。实现工业投资11.2亿元，比2021年增长138.6%。

【推进助企服务】 （一）组建新队伍。成立5人助企服务专班，建成90名助企服务员队伍。印发《云和县健全和完善精准服务工业企业工作机制的实施方案的通知》，走访服务企业1916次。（二）谋划新政策。出台《关于加快推进生态工业和数字经济高质量发展的若干政策意见（试行）》，着力推进企业梯度培育、推进企业创新发展，鼓励企业数字化转型改造、出台《云和县规上工业制造业企业加班追产补助政策意见》鼓励企业加班追产，稳定发展，促进工业经济稳进提质。出台《支持阀门行业发展的政策意见》，助推产业振兴，鼓励企业做大做强。

【兑现优惠政策】 全年完成工业普惠、留云返云、省纾困资金、低小散等政策兑现9412.33万元，惠及企业420家次，惠及产业工人3117人次。牵头推进全县“5+4”产业及惠民线上兑现系统建设和推进，全年累计线上兑现全县各类政策2.54亿元。2022年，累计为企业减轻各类负担3.9亿元，惠及企业129405家次，同时，完成拖欠中小企业账款1件。

【深化亩均改革】 完成规上、规下、小微园324家企业2021年度亩均评价工作，评出A类企业65家、B类企业70家、C类企业25家、D类企业36家，全县纳评324家企业亩均税收21.76万元，比上年提高1.3万元/亩，同比上升6.35%；规上工业企业实现亩均税收30.33万元，比上年上升0.6万元/亩，同比上升2.05%。为全县企业转型升级发展、市场出清提供了导向依据。

【发展数字经济】 积极推动云和木玩产业大脑建设，成立木玩产业大脑公司，积极开展大脑建设前期工作。木玩产业大脑纳入省级第二批工业领域行业产业大脑建设单位、全省首批数字化改造试点。云和木制玩具产业获评工信部、财政部第一批财政支持中小企业数字化转型试点。

【推进重点项目】 引进新能源动力电池综合利用项目，为三季度省重点集中开工项目，总投资7.5亿元，年底前完成一期基础工程。出台《云和县工业企业“零土地”技术改造项目实际操作流程（暂行）》，完成零地技改项目备案18家。有序推进县金成木业有限公司1000万套木制玩具等13个新供地项目，12个项目已完成主体工程建设，其中括木等3个项目已竣工验收。

【腾出发展空间】 积极开展淘汰落后、创新强工、招大引强、质量提升等攻坚行动，成立新一轮“腾笼换鸟、凤凰涅槃”攻坚行动小组，进一步研究低效工业企业整治政策、第一批上报高耗低效企业9家已全部完成整治，腾出面积58.96亩，腾出能耗287.35吨标煤；第二批上报高耗低效企业16家，11月底前全部完成整治；全年完成高耗低效企业整治25家，腾出面积102.38亩，腾出用能791.27吨标煤，完成任务数的100%。（方　辉）

招商引资

【概况】 2022年，云和县经济合作交流中心（以下简称县经合中心）在县委、县政府的领导下，围绕年初制定的各项目标任务，坚定不移贯彻新发展理念，真抓实干，聚焦主业，突出重点，扎实推进中心各项工作取得实效。一是招商引资方面：2022年，云和县引进大项目5个（10亿元以上制造业项目2个），完成年度目标任务数的100%；完成实际利用市外内资13.4亿元，同比增长11.5%，完成年度目标任务数的149%；完成实际利用外资303万美元，同比增长50.7%，完成年度目标任务数的101%。二是山海协作方面：2022年，云和县产业合作新建项目3个，续建20个，实际到位资金13.11亿元，完成年度目标任务（10亿元）的131.1%；实现消费帮扶总金额1470万元，完成年度目标任务1300万元的113%；实现劳动力就业培训1014人次，完成年度目标任务600人次的169%。

【着眼谋划，锚定招引方向】 立足全局和长远，摸清家底，从“产业导向、要素匹配”等维度，围绕生态工业、产城融合、生态旅游、生态农业、城市建设、能源金融、新兴产业七大类重点产业谋划梳理重点在谈盯引项目，并实行动态调整。借力招引专班资源优势，充分发挥驻点招商作用，突出特色化、差异化，靶向招引企业，全力打好招引“组合拳”，切实提升招引实效。

【聚焦项目，提升招引成效】 在重点招商地区疫情反复的大背景下，以“线上谈”“线下约”等多种途径，与中云新能源集团、杭州亿尚智能科技、北京山海文旅、江苏仲元、浙江华统等优质企业及上海纺科院、中国科学院等大院大所开展对接，全方位开展宣传推介，谋求合作机会。引进华宏优特钢及下游产品生产线、中云环保新能源汽车动力电池综合利用、浙江启烨玩具有限公司年产400万套木制玩具产品、浙江铭泽年产600台螺丝机印刷生产线等大项目以及国际货物运输代理、印刷包装、木玩产业服务平台等木玩产业强链补链项目落地开工建设。

【夯实基础，落实招引措施】 建成“招商线索库”“重点在谈盯引项目库”“落地项目库”“资源要素库”，建立“本土成长型企业清单”“四库一清单”，并实现动态调整优化。充实调整驻外招商队伍，对新入职驻外招商干部以课题研究、模拟招引等形式开展轮训。组织开展招商引资专题培训，强化招引干部业务知识培训，提升招引工作水平。同时积极强化服务，对招引落地的项目，实行全生命周期服务机制，积极走访云缦康养度假区、安溪后塘农旅融合产业园、紧水滩水冷式绿色数据中心、燕庐文化创作基地等项目，及时解决项目落地建设和生产经营过程中存在的各类困难和问题，着力营造最优招引环境。

【协同推进，深化平台共建】 一是推进产业园建设。按照产业园五年发展规划，编制完成2022年度产业园“一园多点”投资计划，上报云和梯田旅游区、云和东旅游服务集散中心、小镇地标建筑——木玩展示体验馆等新建、续建项目8个。高质量推进云和、北仑重点产业合作项目——木玩智创空间项目建设。二是推进“产业飞地”建设。云和、北仑两地国资公司正式签约成立云北飞创现代产业园合资开发公司，一期项目进度总体顺利，力争2023年5月竣工交付。同时，完成云和—北仑“产业飞地”项目申报工作。三是推进重点项目建设。由云北公司竞拍获得的全国首宗出让附带生态增值土地建设云和湖仙宫景区醉月楼项目工程进展顺利，不断完善仙宫景区旅游接待能力；产业园“人才公寓”项目也在有序启动，已完成规划设计方案编制、经济效益分析报告，项目建成后，将极大助力云和木玩产业提质升级。

【促农增收，培育内生动力】 一是发挥援建资金示范带动作用。2022年，各乡镇（街道）共上报山海协作援建项目40余个，经实地考察走访，确定12个县级山海协作帮扶资金补助项目，累计县级补助资金544万元，推进援建项目建设，带动乡村振兴产业发展，实现促农增收。二是推进乡村振兴示范点建设。积极推进长汀村、安溪村、栗溪村3个山海协作乡村振兴示范点改造提升，同时，充分对接北仑、吴兴，考察浮云街道溪口村、崇头镇黄家畲村等乡村，与北仑、吴兴签订《山海协作乡村振兴示范点建设合作协议》，在原有基础上，分别确定浮云街道溪口村、崇头镇黄家畲村为新一轮云和—北仑、云和—吴兴山海协作乡村振兴示范点。三是打造云和—吴兴“共富村”。将凤凰山街道新岭村确立为云和—吴兴“共富”村，截至2022年末，该村蜜桃累计销售5万余公斤，全村第一家凤凰人家农家乐自开张以来累计接待顾客1万人次，营业额约70万元。

【互助共融，深化协作内涵】 一是开展交流互访。2022年，结对地区互访频繁，与北仑、吴兴、嘉兴分别签订2022年度合作协议，确定2022年合作重点。二是创新搭建协作平台。云和县与省人社厅、省交通集团、省水利水电学院、省二建集团等相关单位组成“共富样板助跑团”，出台《云和县“共富样板助跑团”工作实施方案》，搭建信息互通、资源共享的交流平台，形成共富建功团体。2022年，仅紧水滩镇和省交投的订单农业项目农产品销售额达300余万元，一批农旅融合、现代养殖等项目正在有序推进。三是加大消费帮扶力度。创新消费帮扶模式，充分挖掘消费潜力，精准对接两地供销需求。2021年12月，云和、吴兴两地供销社签订的农产品购销战略合作协议，让云和的农产品走出大山，云和雪梨、梯田大米成了热销的产品。云和、吴兴“共富”鸡消费帮扶模式被中国“蓝新闻”报道，为498户建档困难群众免费提供了5000只鸡苗。截至2022年底，大部分“共富”鸡预售订单已被吴兴百姓认购，新谋划的“共富羊”项目已完成项目选址，同时邀请吴兴区农业农村技术专家赴云和县实地考察。（范小丽）

工业园区

【概况】 2022年，工业园区坚决贯彻、迅速落实县委县政府各项决策部署和要求，以“紧起来、快起来、跑起来”的作风和举措，以招商引资、平台建设、优化服务等重点工作为抓手，积极应对疫情冲击，真抓实干、立足本职，保证了各项工作有序开展。1—12月，工业园区完成工业总产值164.55亿元，同比下降23.99%，销售产值157.44亿元，产销率95.68%。规模以上工业完成144.49亿元，同比下降20.60%，占园区全部工业的87.81%，占全县规模以上工业的94%。规模以下工业完成20.07亿元，同比下降41.86%，占园区全部工业的12.19%。木玩行业下行压力大。截至12月，园区玩具行业完成工业总产值46.38亿元，同比下降22.58%，占全部工业的28.18%；轴承行业相对稳定。截至12月，园区轴承行业完成工业总产值5.71亿元，同比下降3.16%，占全部工业的3.47%，2022年轴承企业数仍为13家，规上企业6家，无增减，发展势头较为平稳。阀门行业增幅明显。截至12月，园区阀门行业完成工业总产值11.84亿元，同比增长41.25%，占全部工业的7.20%；压延加工降幅较大。截至12月，园区压延加工业完成工业总产值54.80亿元，同比下降35.22%，占全部工业的33.30%。其他行业有所下降。截至12月，园区其他行业完成工业总产值45.83亿元，同比下降20.59%，占全部工业的27.85%。

【平台建设有序推进】 2022年，园区平台建设持续推进，改变以往注重大挖大建发展，转为以精细化管理、企业技术改造为主，建管并重谋发展。一方面抓续建。2022年园区投资建设项目12个，其中基础设施项目8个，平台拓展项目2个，重点企业技术改造项目2个，全年完成投资10亿元，形成有效固定资产投资8.4亿元。建成街心公园2个、绿化面积1.5万平方米，公共服务中心大楼8000平方米；浙江启烨玩具年产400万套木制玩具项目，投资2亿元，新供中云新能源动力电池项目145亩，投资15亿元，完成华宏60万吨普转优项目主体工程。2022年，完成年度投资3.89亿元。建成木玩孵化基地项目小微企业园标准厂房、工旅大楼、人才公寓等建筑16万平方米，年底投资2亿元，一批重点项目投资有效，筑牢云和工业"压舱石"，稳住了经济基本盘。另一方面抓谋划。谋划数玩智谷项目用地300亩，打造声光电玩具产业园，有效破解了云景生态产业园项目永久基本农田限制开发瓶颈等关键性节点性困难问题，赤龙区块矿地综合开发利用项目年底开工有望；完成了云和县现代新型工业社区服务中心项目、杨柳河二期三期工业平台改造提升项目、和信路和城西路等"断头路"延伸工程、老木制玩具城区块城市有机更新项目可行性研究和概念性方案、低效企业整治摸底调查工作，积极向上争取省专项债券，预备申报2023年省专项债券项目3个，申报资金32亿元、省政策性和开发性金融工具贷款16亿元等重大投资项目，为园区开发建设谋方向、定盘子、促发展。

【招商引资稳步开展】 1. 抓项目入园。组织完成温州、乐清、青田等地外出招引活动9次，接待温州、深圳、杭州客商到云和考察15次。初筛储备申请入园企业共计35个。入园项目实际利用内资34537万元，实际利用外资260.5万美元。2. 抓项目建设进度。积极做好入园项目跟踪和服务工作，确保项目顺利推进。入园在建项目24个，其中开工建设6个（已完成规划核实4个）。同时，主动靠前服务，帮助企业减少受疫情影响导致的难达产困难，针对2020年度达产考核企业出台了相应的惠企政策，完成该年度内38家达产企业考核，其中未达产企业11家，收取违约金80.3万元，共计为企业减负149.7万元。3. 抓"腾笼换鸟"。完成"腾笼换鸟"企业3家，实现腾换土地面积35277.87平方米。

【营商环境持续优化】 经省政府批复，整合设立为浙江云和县经济开发区，实行省级经济开发区政策；探索成立了丽水市首个工业社区；在经济开发区公共服务中心大楼一层建设人大代表联络站，成为丽水市首个开展人大工作的开发区。1. 聚焦生态环境。"五水共治"工作：对园区4个总排口安装24小时监控设备，聘请2名环境保护巡查人员，及时、有效配合县执法部门开展各类环境执法工作，通过发放宣传海报、宣传手册和微信、短信平台等各种宣传手段，提高企业对"五水共治"工作的知晓率；环境卫生整治工作：园区将环境整治工作与53省道环境综合整治、城乡环境综合整治等各项工作有机结合，进行环境卫生、乱堆放等问题整治面积约4万平方米；"三改一拆"工作：为进一步巩固"无违建县"创建工作，完善园区企业存量摸底，制作"一企一档"，共排摸违法搭建铁皮棚面积约200284平方米。2. 严抓安全生产。园区始终保持"大排查大整治"高压态势，由园区班子成员带队，全体干部下沉企业，全面落实责任，对园区内所有建筑工程、在建项目、企业开展安全生产和消防安全全覆盖检查两轮，签订责任书932余份，开展企业安全生产培训8次，培训员工人数1万人。3. 开展助企纾困。园区落实干部联企网格制度，主动作为、靠前服务，积极对接相关部门为云和县老牌木玩企业金茂公司按时开出“无违建证明”，助力企业争取价值800万元的外贸订单。同时，全力为33名企业外来员工，解决子女教育就学难题。每月完成劳动监察主动巡查，配合解决处置工资争议案件5起，涉及4家企业、1个在建工程项目，数额达55.93万元左右。

【企业品质逐步提升】 1. 正面引导。加强企业走访，了解企业经营、用工、社保缴纳、人才引进等相关情况，并进行政策宣传，提振企业信心。2022年，园区新增规模企业12家（其中玩具规模企业新增8家，阀门规模企业新增4家），园区规模企业达到86家。2. 绩效评价。配合县经商局开展2021年度“亩均论英雄”绩效评价，根据评价结果，对综合排名在前的企业，在项目核准、政策优惠、用电安排、企业融资等资源要素配置方面给予倾斜。3. 政策兑现。积极向企业宣讲工业政策，配合经商局指导开展研发创新、品牌推广、人才培育、“机器换人”、市场开拓、教玩研发和平台建设七大专项行动的企业进行项目申报和政策兑现。已指导97家企业完成工业发展专项资金项目补助申报工作，共申报149个项目、兑现金额170余万元。4. 引进人才。排摸企业200余家，排摸有效线索10条，其中海外高层次人才1条，绿谷精英3条，青年创业人才6条，为下一步引进人才奠定基础。

【党建工作不断夯实】 一是认真推进“两个覆盖”（党的组织覆盖和工作覆盖）工作，召开“两个覆盖”工作推进会，常态化联系128名党建指导员，2022年已发展党员14名，培养入党积极分子33名，新建党支部4个。二是依托“主题党日”延伸党课课堂。结合两新党建工作积极开展多形式的“一月一主题”活动，以“红心向党、喜迎二十大”“先锋绿富美”等系列活动为载体，充分调动党员积极性，以模范行动影响和带领广大职工努力完成各项工作任务。三是以“党建品牌”强辐射。全面推进党建示范园区建设，按照“一格一点、一园一品”发展定位。不断扩大“老梁”工作室、“云”产业链党建联建等园区党建品牌影响力，深挖细耕木制玩具领域的党建品牌。力争年底前建成党建示范园区，新增4家示范党支部。四是注重党风廉政建设。不断健全深化思想政治教育。充分运用党委会、班子会、“三会一课”、夜学、网络课堂、“学习强国”等学习平台，进一步学深悟透习近平新时代中国特色社会主义思想。开展清廉强基行动，以清廉机关、清廉干部队伍建设为抓手，一体推进不敢腐、不能腐、不想腐，把党风廉政建设引向深入。开展谈话谈心12次，警示提醒2次。按规范流程提任股级干部1人，严格把好人选关。依托亲清政商会客厅，着力构建亲而有度、清而有为的亲清政商关系，营造风清气正的政治生态和良好发展环境。深入开展正风肃纪行动，不懈纠治“四风”问题。认真贯彻落实县委“紧起来、快起来、跑起来”作风建设年活动，紧盯项目建设等重点领域，加大用权监督约束力度，巩固深化扫黑除恶斗争成果。五是常态化抓好精神文明建设各项工作，营造迎接宣传贯彻党的二十大精神的浓厚氛围。依托园区网络生态“瞭望哨”工程，着力打造一支作风优良、敢打硬仗、能打胜仗的队伍。开展入企宣传，切实强化意识形态工作，为园区各项事业发展提供重要思想保障。 （徐凡珂）

电力工业

【概况】 2022年，国网云和县供电公司（以下简称公司）深入贯彻省、市公司和县委县政府各项决策部署，团结带领全体员工，坚定信心、加压奋进，圆满完成全年各项工作任务，公司发展迈上新台阶。全年实现固定资产投资8884万元，售电量13.69亿千瓦时，营收7.29亿元，利润251万元，供电可靠率99.9824%，连续安全日5974天。扎实巩固电网基础，供电可靠性同比提升0.0134个百分点，时户数同比压降35.31%，其中故障时户数占比全市最优。

【安全生产平稳有序】 坚持“求真务实、谋精做细”安全生产工作思路，狠抓安全作风建设与本质安全水平提升。动态修编《安全责任清单》，创新推出《岗位安全履职量化清单》，实现三级及以上风险作业点，领导人员到岗到位全覆盖。深化安全督查作风建设，全年开展“线上+线下”稽查共2411次，其中远程稽查占比60.3%。扎实提升风险防控综合能力，顺利通过应急能力建设评估复查和首轮消防安全性评价，完成云和县大面积停电、调度大楼高层建筑消防、应急基干队伍年度拉练等综合演练。

【电网战略扎实推进】 积极促成全县电力工作大会召开，进一步落实政府属地责任。高标站位支撑9大主网项目在云建设实施，按期完成丽西变等4个项目竣工投产，攻克8处政策难题，有力推动“十四五”时期县域电网大跨越发展。高质量完成“一所三图两清单”编制，精准储备2023年全口径项目71项。加快智敏运检体系建设，累计投入全自动FA线路31条，安装量子加密智能开关60台，配电自动化有效覆盖率91.47%。建优补强无人机机巡中心，设备主人飞手取证率77%，全面完成10千伏架空线路激光建模与航线规划。

【营销服务持续提升】 全面打赢迎峰度夏电力保供攻坚战，组建政企协同的电力保供专班，“一日一策”点对点沟通用电方案，日均压降负荷2.79万千瓦，累计为企业争取需求响应补贴460万元。积极探索空调负荷管理新模式，完成3户空调负荷感知能力建设，基本建成1.97万千瓦“一键响应”资源池。促成电力分担机制发文，落实160千瓦以下用电报装用户“零投资”，有效节约企业用电成本。推动供电服务窗口进驻行政服务中心，联合大数据中心开展“一码通办”试点工作，“刷脸办、扫码办”优化办电流程。持续深化“供电+能效服务”，选定两家木玩企业量身定制能效提升方案，完成2023年度售电市场购售电合同签订235户，合计电量1.81亿千瓦时。

【经营管理提质增效】 完成提质增效732万元，新增有效资产1.12亿元。开展物资全流程全链条业务规范管理，库存年周转率达11次，标准化率、固化ID率100%。创新召开“省市县一体”风控委员会会议和全市首期法治合规讲坛，合规管理体系建设不断完善。“一所一策”推动供电所转型登高，实现数供平台与安全域以及车辆、物资系统的贯通应用，累计线上派发工单2000张以上，国网“掌上数供”应用率100%。开展供电所“大培训、大比武、大练兵”全员技能鉴定竞赛，试点运用工单积分制二级绩效分配模式，落实农电人员到岗到位19人，回归率95%。线损管理争做示范，唯一入选国网精品台区典型样板示范区建设，结对安徽宣城开展精准降损联建工作。

【党建工作全面加强】 举办党的二十大精神“班组微讲堂”“支部微党课”，推动党的二十大精神学习宣贯走深走实。长效推进设备主人制建设的“党建+”项目，认领“硬骨头”清单44项，37项问题得到落实解决。精心设立总经理特别奖，出台竞赛调考奖惩管理办法、班组长管理实施细则，持续激发员工干事创业活力。聚焦青工成长成才，招收“青云计划”三类学员47名，开展座谈会、培训班4次，带头参与管理创新、QC、技能竞赛，荣获市级以上荣誉9项。合力营造幸福云电生态，党政工团齐心协力，尽其所能为职工办实事、解难事、做好事。职工书屋获2022年度“全国职工书屋示范点”称号（全市唯一），咖啡小屋、阳光茶吧陆续建成,“洗衣”“洗车”服务相继落地。调整优化疫情防控策略,提前做好医药用品等保障,守护职工生命健康。

【创新创效成果显著】 注重成果培育,在各大奖项评选中收获颇丰。全市唯一管理创新项目获省优秀推广成果。唯一项目获省能源数据创新应用大赛优秀创意奖,3 项 QC 成果分获省质协、市质协奖项。聚焦业务提升,在各类竞赛调考中斩获佳绩。在 RPA 应用、仓储技能等 5 类专业竞赛中获得优胜奖项,7 人次荣获优胜个人。锚定新型电力系统建设,坚持从解决实际问题出发,基于“黑白耦合”的示范园区建设获市公司点赞肯定。大力助推光伏事业发展,联合省能监办等开展公益光伏共建,落地全市单体最大分布式光伏项目,光伏总装机容量居全市第 2,产业单位丽水宏盛电力有限公司获评光伏倍增功臣集体。 （汪 鹏）

贸　易

国内贸易

【概况】 2022年，全县实现社会消费品零售总额46.64亿元，比2021年增长8.4%，其中限额以上社会消费品零售总额79428万元，比上年增长13.4%。分行业看，批发业销售额增长25.2%，其中限额以上批发业销售额增长27.8%；零售业销售额增长10.7%，其中限额以上零售业销售额增长16.7%；住宿业营业额增长2.8%，其中限额以上住宿业营业额增长3.3%；餐饮业营业额增长8.8%，其中限额以上餐饮业营业额增长0.2%。

【促进内贸发展】 （一）升级消费政策。出台《云和县促消费扩容提质实施意见》《云和县2022"乐享生活"消费季实施方案》，从大型商业促销、支持"工贸分离"、鼓励电商提档等方式推动批发零售业持续向好。（二）发放消费券。1月发放49.26万元省外员工留云和消费券；3月发放"福云送券·嗨购云城"虎年消费券200万元；5—10月发放"遇见云和你"文旅消费券500万元，全年累计发放消费券749.26万元，拉动消费超过2500万元。（三）推动"帮扶任务"促消费。将东西部消费帮扶任务转化为促消费动力，通过公开征集，确定2家限下样本单位承接消费帮扶任务，涉及全县150个单位，累计4233份帮扶订单，拉动县内限下样本消费317万元。（四）全力推进纳统工作。全面排摸、精准挖潜，运用工贸分离、税转统等渠道推动企业纳统工作实现新突破，2022年批零住餐企业上限12家。（方　辉）

对外贸易

【概况】 2022年，云和县全年实现外贸进出口总额17.42亿元，比2021年下降9%。其中，出口总额为16.89亿元，比2021年下降8.7%。按美元计量，全年实现外贸进出口总额26187万美元，比上年下降11.5%。其中，出口总额为25374万美元，比2021年下降11.3%；进口总额813万美元，比2021年下降17.5%。

【助推外贸发展】 （一）加大政策支持力度。出台《云和县促进外经贸发展奖励办法》（云政发〔2022〕1号）、《云和县促进外经贸发展奖励办法补充意见》（云经商〔2022〕20号）、《云和县内外贸稳定发展实施意见》等商务系列政策，为企业纾困、解难、助力。（二）加大出口主体培育。累计新增对外经营备案企业16家，新增出口实绩企业8家。成功创建全市首家省外贸综合服务成长型企业（丽水瀚海进出口有限公司）。（三）持续推进内外贸一体化发展。云和木制玩具内外贸一体化改革试点基地入选省第三批内外贸一体化改革试点产业基地培育名单，新云木业集团入选省级内外贸"领跑者"企业。

【培育跨境电商】 （一）人才培养服务体系获激励。2022年4月云和县跨境电商人才培养服务体系经市里推荐、部门初审、专家评审，成功入选浙江省2022年度产业集群跨境电商发展专项激励，获省财政专项资金200万元，成为全省入选的29个项目之一。（二）举办首届跨境电商峰会。2022年7月，成功举办首届云和跨境电商峰会暨丽水学院云和跨境电商人才实训基地授牌仪式。为全县广大从事跨境电商企业或者有意向往跨境电商发展的企业提供了参考方向和思路，共同促进云和县跨境电商的提速发展。（三）培育跨境电商人才。强化舆论宣传，利用网络媒体，及时宣传推广跨境电商人才培训。邀请了阿里巴巴丽水区域运营主管、广州市力凝商贸有限公司总经理、阿里国际站供应链武义区负责人等跨境电商专家，开展TikTok、阿里国际站、亚马逊等跨境电商培训。共开展了6场跨境电商人才培训活动，培训达200人次。（四）培育跨境电商主体。通过开展新签沙龙等方式，对接国际站、亚马逊、速卖通等服务商来云和宣讲，吸引企业在三大平台入驻开店，引导传统外贸和制造企业上线经营，增强开展线上交易的能力，帮助传统企业开展跨境电商业务，已成功促成31家企业入驻阿里巴巴国际站、1家企业入驻亚马逊。（方　辉）

供销工作

【概况】 2022年，县供销联社紧紧围绕县委、县政府工作大局，认真贯彻落实党的二十大和习近平总书记关于供销合作社工作的重要指示精神，始终牢记为农服务根本宗旨，持续深化“三位一体”（生产、供销、信用）的农合联（农民合作经济组织联合会）改革，抢抓发展机遇，开拓进取，攻坚克难，各项工作有序推进。全国首创并在全省试点推广的流动供销致富车项目，先后获评“全国首批县域流通服务网络建设典型案例”和“全国30个农业社会化服务典型案例”。

【思想政治教育】 县供销联社在全面学习、全面把握、全面落实上下足功夫。党组及时组织全体党员干部收看党的二十大开幕会。党组理论学习中心组开展党的二十大精神专题学习交流研讨会，并组织全系统党员干部学习党的二十大精神、聆听相关党课、召开学习心得交流会。通过线上线下、读报告与讲报告、边学习边实践的方式，更加深刻地理解和把握党的二十大精神，增强全系统干部职工学习贯彻党的二十大精神的政治自觉、思想自觉和行动自觉。组建由党的二十大代表钟华燕、致富车车主和50余名宣讲人员参与的“浙丽宣”党的二十大精神宣讲队，配备24辆“浙丽宣”流动宣讲车，开展宣讲100多场，覆盖全县所有的行政村，受教育群众5万余人次，打通山区宣讲“最后一公里”。

【农村商贸流通】 （一）坚持党建统领。成功探索尝试通过创新党建统领的组织形式，聚集全县有关党组织和党员干部力量，根据农村群众的实际需求，提升流动供销致富车精准服务山区群众的能力，取得明显成效，一系列事关山区群众生产生活的民生实事、关键小事得到妥善解决。2022年，全县配置流动供销共富车24辆，常态化固定服务点位20个，覆盖全县71个行政村，为全县山区群众提供代购、代销、代办服务9.2万件次，服务里程65万余千米，帮助山区群众销售农产品1000余万元，户均增收3000元。流动供销致富车恢复了“供与销”的农村商业流通服务功能，初步形成“党建统领、产业支撑、资源共享、抱团致富”的服务特色和服务品牌。（二）落实落细服务。依托流动供销共富车和供销服务网点（红色驿站、农产品收购点等点位），奋力拓展各种服务形式，落实好“上门和开门”服务、平衡好“专题重点和常态化”服务、融合好“有形和无形”服务、融合好“线上和线下”服务，扎实推进流动供销服务进村入户，到田间地头。（三）聚焦改革赋能。实施数字化赋能，实现农产品生产环节可追溯，打造短视频、微信、直播等销售云平台，将农产品交易搬上云端，品质好无公害的高山蔬菜搭上“互联网+”的快车。探索生态产品价值实现机制（GEP）的

“供销路径”，进一步打开云和山区“两山”转化通道。开辟零售新模式，在居住小区等人口密集区域设置“共享冰箱”，实现农产品无人销售。

【拓展服务渠道】 （一）农合联换届开启新征程。顺利完成县级农合联、10个乡镇（街道）农合联换届工作，县供销联社全面履行执委会职责，使农合联成为服务农民生产生活的生力军和综合平台，不断推动以农合联为大平台的大合作、大服务、大产业全面发展的新格局。（二）农业生产服务迈上新台阶。充分发挥农资供应“国家队”、主渠道作用，扎实做好农资淡季储备、春耕备耕工作，全面推广农业专用肥，保障全县农业正常生产。按时完成化肥500吨、农药1吨的应急储备任务。每年补贴农药、化肥应急储备费用13万元。逐月落实应急储备检查，确保农资储备满足市场需求。开展“四季服务”助增收。开展春耕备耕“五送进乡村”服务活动，共发放各类政策咨询、技术指导相关资料2500多份，赠送蔬菜种子1500包、有机肥3.5吨。（三）农产品供销服务打造新格局。与山海协作挂钩联系单位吴兴区、北仑区签订购销协议，设置云和农合联农产品直销点，吴兴区订单销售农特产品105万元，北仑区销售农产品200余万元。

【搭建服务平台】 出台农合联产业奖补政策和农合联星级会员评定奖励办法，发放奖补资金5万元，有效推动全县生态绿色农业产业融合与转型升级。投资170万元建成云和供销共富展销中心，并投入试运行。展销中心设置“农合联”会员农产品、“云和师傅”生态农产品、“丽水山耕”农产品、强村公司专区、稻草草和木积积景区IP伴手礼展区、旅游农特产品等六大区块。小县大互助品牌农民资金互助会累计发放贷款7873.30万元，有效解决农民贷款难、贷款贵问题。持续深化“一户一策一干部”精准帮扶，全面落实指导创业、帮助就业、技能培训、资金帮扶等各项精准帮扶措施，帮助低收入农户加快增收，累计走访联系低收入户120余次。指导帮助结对村元和街道梅湾村壮大集体经济，落实结对村帮扶资金4万元；协调完成包山自然村观音桥、里湾路面硬化工程项目；围绕红色美丽村庄建设，与村双委干部一起谋划村庄发展“红色行动”，确定落实梅湾革命纪念馆修缮提升、红色学堂暨红色影院建设、村内环境改造等9个项目，总投资370万元。

【资产保值增值】 （一）积极推进社有企业改革。针对社有企业现代企业制度建设相对滞后、发展活力和为农服务实力不强等问题，建立健全社有企业监管权力责任清单，通过推进体制机制创新，理顺社企关系。（二）开展社有资产建档立卡工作。推动“数字供销”建设，建立健全信息化监管平台，提升资产监管效能，县供销社制定实施方案，细化实施步骤，明确任务分工，完成社有资产信息的录入工作，建立资产数字化明细台账，为实现社有资产数字化管理打下坚实基础。（三）强化社有资产日常监督管理。做好社有资产出租管理工作，在经济下行和租赁市场疲软形势下，防止房屋出租客源流失，确保租金收入稳定，有力促进了社有资产的保值增值。同时，细心抓好暖心关爱走访活动，做到企业退休生病住院人员100%走访到位、困难家庭100%慰问到位、全体企业退休人员100%联系到位。

【重视安全生产】 配合县应急管理局工作，将县供销联社六楼会议室作为全县应急管理培训基地，挂“云和县应急管理培训基地”牌子。结合全县“除险保安”行动，全面检查社有出租房产，对因年久失修形成的危房、危墙，老化及私拉乱接的电源线路，积极进行维修改造，真正发挥以检查促整改、以整改保安全、以安全促发展的作用。

【党风廉政建设】 制定出台《2022年度党风廉政建设和反腐败工作计划》《2022年党风廉政建设和反腐败工作组织领导与责任分工》

等文件，将贯彻落实党风廉政建设和反腐败工作与日常各项工作同部署、同落实、同检查、同考核。贯彻落实全县“紧起来、快起来、跑起来”作风建设年活动要求，以作风建设的“紧起来”，促进工作开展“快起来”，推动供销工作“跑起来”。全年共查找单位问题5个，个人问题16个，并全部完成整改。以制度保障党风廉政建设和单位规范化管理，全年共召开班子会议15次，研究“三重一大”事项92件，进一步规范了权力运行。认真抓好巡察整改工作，整改完成率达97.2%。

【意识形态工作】 认真贯彻落实上级关于意识形态的相关规定精神和工作要求，严格执行意识形态工作责任制，建立健全意识形态工作研判机制，积极倡导社会正能量，牢牢把握意识形态工作的主动权。全年开展集中学习20余次、专题学习13次、专题研讨4次。重点学习党的二十大精神、习近平总书记关于意识形态工作的重要论述、省第十五次党代会、市第五次党代会、县第十五次党代会精神等。开展意识形态领域研判及督查13次，形成了领导主抓、科室负责、全员参与的意识形态阵地和网络意识形态安全的工作格局。同时，通过大屏幕滚动播放疫情防控、垃圾分类、文明用餐、公勺公筷等宣传标语、视频8条；新闻宣传工作取得新进展，媒体上稿数量有所增加，主流媒体上稿量达20余篇。（林 炜）

烟草专卖

【概况】 2022年，云和县烟草局（公司）聚焦省烟草局“生态培基年”的主题定位，对接“1116”及“1113”工作思路，保经营、强监管、抓重点、防风险、提士气、强队伍，管理基础不断夯实，各项工作平稳推进，队伍活力充分迸发，呈现稳中向好的积极态势。全年销售卷烟5776.23箱；卷烟销售额2.7亿元，同比增长0.62%；毛利7614.83万元，同比增长0.85%；单箱销售额4.67万元，同比增长2.45%。

【专卖监管】 在外打内管中强执行、促提升，专卖管理成效明显。县烟草局扎实推进卷烟市场净化工程，全年查获涉烟违法案件101起，查获各类违法卷烟7950.3条，同比增长34.4%，其中，查获假私烟5211.5条，同比增长1943.33%；异流治理全面发力，查获省外流入真烟2308.5条，同比增长38.57%。有序推进电子烟监管，贯彻落实“1+2+N”电子烟监管体系，顺利完成过渡期电子烟市场监管任务。

【智慧工程】 实施数字化建设“六大智慧工程”。设立领导小组，制定实施方案，落实员工责任，在开展智慧营销、智慧专卖、智慧物流、智慧终端、智慧治理、智慧队伍建设等方面，强化全过程跟踪检查督办，扎实推进云和烟草数字化改革转型步伐。

【安全管理】 重视安全管理工作。统筹抓好应急管理、网络安全等工作，持续推进企业安全生产标准化建设，企业运行平稳有序，全年零事故发生。（周芷祎）

石油经营

【概况】 中国石化销售股份有限公司浙江丽水云和石油支公司简称云和石油公司。2022年，云和石油公司全体员工在县委、县政府及相关职能部门的正确领导和关心支持下，认真学习贯彻党的二十大精神，发动组织全体员工，全力做好油品保供等工作，取得一定成效。全年完成成品油销售22595吨，其中，零售14116吨（含汽油10682吨，柴油3434吨）；直分销8479吨。拓宽业务经营范围，全年非油品全口径交易额达822.7万元。服务地方项目建设，确保235国道云和段改建工程、局龙线（金水坑至龙门段）改建工程、黄安线提升改造工程（一期）、“四好农村路”建设工程（农村公路大中修、改善提升等）、云龙公路（新殿垟至龙门段）改建工程、佛儿岩游客中心、小徐未来社区改造区块等县重点工程用油的正常供应。同时，注重企业党建工作，组织党员干部到云和小顺红色教育基地、缙云河阳廉政教育基地开展主题党日活动，增强党员干部的党性意识和廉政观念。

【确保安全运行】 树牢底线思维，强化安保措施，确保安全平稳运行。推动HSE（健康、安全、环保）新体系运行，加大风险隐患的排查、治理力度，着力向本质安全迈进；切实抓好安全教育培训，要求每一名从业人员必须具备胜任岗位的安全素养和处置能力。强化数质量体系化管理，做好油品全环节计量检定，确保销售的油品质优量足。

【推进业务发展】 拓展经营市场，确保业务稳步高质量发展。做强“大零售”业务，开展“百日竞赛”服务活动，促进业务、品牌、效率和执行力全面提升；进一步建强零管队伍，切实做到“一站一策”，精准提升营销能力。做大直分销业务，灵活运用经营策略，加强客户经理与客户间的联络维系，扩大直分销业务量。继续开拓天然气销售市场。开辟非油品业务，探索适合云和石油“非油”的“新市场、新业务、新路子”，强化基础运营管理，实行线下线上融合互促，将销售业务与员工业绩挂钩，提升企业员工拓展业务，参与销售的积极性。

【重视治违打非】 2022年，云和石油公司积极配合政府相关职能部门，研究制订相关行动方案，严厉打击非法经营和走私油品的行为。同时，全力配合做好油品化验、罐车处理等后勤保障工作，为有效净化营销市场、优化营销环境作出积极努力，取得阶段性成效。

（邹宗敏）

交　通

交通运输

【概况】 截至2022年底，云和县共有公路157条，总里程855.72千米，干线公路网密度17.6千米/百平方千米。其中，高速公路2条50.13千米，国省道公路3条86.53千米，县道公路10条135.39千米，乡道公路18条178.05千米，村道公路117条379.22千米，专用公路7条26.4千米。共有二级客运站1个，村邮站91个。全县境内有紧水滩、石塘、玉溪三大库区，总水域面积5万余亩，有干线航道53千米，渡口10处，码头10处、渡埠29处，在册船舶71艘。

2022年，全县共计划实施交通建设项目7个。其中，续建项目2个，新开工项目5个。续建项目有：云龙公路（新殿垟至龙门段）改建工程、紧水滩库区水上服务站；新开工项目有235国道云和段改建工程、局龙线（金水坑至龙门段）改建工程、黄安线提升改造工程（一期）、老云龙公路提升工程、2022年"四好农村路"建设工程（农村公路大中修、提升改善等）。

【重大项目加快建设】 2022年，云和县共计划实施交通建设项目7个，计划总投资5.58亿元，截至12月底，累计完成投资5.66亿元，占年度计划的101.4%，同比增长332.1%，交通投资增速全市第一。（一）重点项目建设破冰前行。2022年6月30日，黄安线提升改造工程（一期）项目开工建设，该项目路线起点位于白龙山街道芝畈村，与现状黄安线顺接，终点位于下武村黄安线与梅下线交叉口，全长2.27千米，采用二级公路标准设计，全路段设桥梁1座，涵洞7道。总投资5846万元。8月31日，235国道云和段改建工程项目发布工程开工令，先行点位和临时场站建设顺利推进，该项目起点位于石塘镇水照垟村，与235国道松阳段相接，终点位于元和街道霞晓桥村，与235国道云坛至景宁段相接，全长34.8千米，其中一级公路16.2千米、二级公路18.6千米。共设桥梁5848米/34座，隧道10280米/10.5座，设互通立交1处。批复概算总投资29.76亿元，其中建安费21.51亿元。（二）干线公路辐射不断完善。云龙公路（新殿垟至龙门段）改建工程于9月完成交工验收并投入使用，该项目全线长10.07千米，按四级公路标准修建，全路段设桥梁5座，隧道5座，总投资约5.16亿元。有效巩固拓展了交通脱贫成果，提升了农村公路服务品质。（三）项目前期取得重大突破。长深高速公路云和赤石互通改建工程已完成用地预审批复，正在开展初步设计编制；局龙线一期改建工程完成初设调整批复，选址红线已报征收中心下达征收任务；陈麻线提升改造工程完成勘察设计招标；S210仙居至景宁公路云和局村至大徐段初设送审稿已完成编制，用地预审已报市局审查；S210仙居至景宁公路、云和朱村口至规溪亭段完成工程可行性审查。

【民生福祉持续提升】 根据《省交通运输厅办公室关于2021年度全

省农村公路路况评定情况的通报》(浙交办〔2022〕15号)文件显示，云和县农村公路技术状况(MQI指标)和路面优良中等路率(PQI指标)在全省86个地区中分别获得第7名和第11名，较上一年排名上升了76位和72位，两项指标提升幅度全省第一，农村地区公路通行环境得到显著提升。(一)勤做“加法”补短板。着眼省市民生实事，高水平建设“四好农村路”。2022年，农村公路提升改造及养护工程共130千米，其中路面大中修101.4千米，改善提升28.6千米。完成危桥改造1座。“四好农村路”建设在2022年度山区26县高质量发展实绩考核(“四好农村路”建设水平)中取得第三名的历史最好成绩。(二)勇做“减法”降不良。持续推进国省道日常管养(小修保养)等项目，2022年，共投入机械设备1907台次、人员5825人次，完成国省道起伏不平等病害点段整治10.41千米，路面病害修复2681平方米，沥青灌缝6123米，热熔型路面标线1993.65平方米，路面清扫3307.7千米，路基边沟、边坡清理2053.4千米，桥下空间清理42座次，隧道清洗88.69千米，路面病害修复4240平方米，垃圾清运767.9吨，绿化种植2238平方米，路面灌缝1999米以及桥头跳车点位整治3处，改善群众出行条件，提升出行品质。(三)善做“乘法”强服务。2022年，共完成5条农村客运班线公交化改造工作，其中完成公交停靠站点改造78处、修复(重设)农村客运班线停靠站点95个、安装刷卡设备12辆、优化公交线路3条。相比2021年，云和县城乡公交一体化率从26.76%提升至59.15%，进一步推进城乡客运一体化改造工作，为群众出行提供优质的运输服务。(四)巧做“除法”保畅通。全力开展县域治堵项目建设，打造宜居山城。2022年，全县新增新能源公交车3辆、新增城区停车位200个、新建城市联网路1条、新改建城市公交站点5个，开展城市重要廊道拥堵治理与“民评民选”拥堵点治理等行动，全面提升云和县城市道路通行保障水平。

【行业治理切实加强】　(一)平安交通建设统筹发展。圆满完成“春运”“三防”“两会”等重点时段的安全监管工作，深刻吸取河南郑州“7•20”特大暴雨灾害事故教训，全面加强安全生产风险隐患排查治理。2022年，共出动人员169人次，检查企业10家次，船舶121艘次，发现整改隐患17处。(二)交通运输执法强势亮剑。2022年，共出动交通执法人员2410人次，出动执法车780车次，检查车船1430辆(艘)次。共受理案件54件(办结案件53件，未办结1件案件正在走法律程序)，治超处理违法案件数84件(与交警联合)，共处罚人民币145776元。(三)整体智治改革初见成效。结合“大综合一体化”改革，构建“金字塔形”队伍体系，推动交通运输执法力量进一步向一线下沉。2022年，共赋权乡镇(街道)事项14个，选定执法人员11名、辅助执法人员3名“实时下沉”9个乡镇街道，其中白龙山街道、凤凰山街道、崇头镇、紧水滩镇均“实时下沉”执法人员2名，元和街道、浮云街道、石塘镇“实时下沉”执法人员1名和辅助执法人员1名，雾溪乡、安溪乡均“实时下沉”执法人员1名(重复使用的人员)。2022年，共与7个专业执法部门联合开展“综合查一次”行政执法检查活动10次，办理赋权乡镇(街道)权力事项案件1件。(四)船舶码头防污不断深化。通过检查船舶垃圾记录簿记录、船舶防污染设备、船舶污染应急处置流程等手段全面了解船舶污染物流去向。2022年，累计出动执法人员54人次，检查船舶112艘次，燃油检测3艘次，生活污水、船舶垃圾均实现100%转运处置，本年度累计上岸转运处置7.91吨船舶垃圾、36.6立方米船舶生活污水，未发现船舶污染物偷排违法案件。(五)邮政快递行业稳步发展。2022年6月29日，云和县邮政管理局在县交通局正式揭牌成立。全年，云和县邮政行业业务总量完成

24255.42万元，排名全市第4，增速19.69%，排名全市第1。其中，快递业务量2609.39万件，排名全市第3，增速23.45%，排名全市第1；快递业务收入11032.2万元，排名全市第五，增速18.69%，排名全市第2。(六)主题教育宣传深入人心。以安全生产宣传教育“七进”和“安全生产月”等活动为载体，深入群众宣传交通安全知识，全行业共组织各种安全宣传活动49次，发放各类宣传资料1660余份，现场解答咨询1500余人次，举办安全、法制教育培训10场，组织观看安全警示教育片7场；以专项整治行动为契机，以扫黑除恶等工作为抓手，在运输企业、客货站场、公路沿线等地出动宣传车3台，悬挂横幅44条，张贴公告标语400余份，发放扫黑除恶宣传资料500余份。

公路管理

【概况】 云和县境内有公路157条，总里程855.717千米。2022年，全县公路养护项目共投入作业人员7096人次、机械设备2351台次，总投资约2655万元。实施新改建农村公路项目工程共6个，总投资约4757万元。“四好农村路”建设130.1千米，在2022年度山区26县高质量发展实绩考核(“四好农村路”建设水平)中取得第3名的历史最好成绩。

【国省道路整治】 2022年，云和县持续推进公路养护项目。全年共投入作业人员7096人次、机械设备2351台次，其中，国省道日常管养(小修保养)完成投资592万元，同步迎亚运“两路两侧‘三化一平’”专项整治行动，共投入作业人员5825人次，机械设备1907台次。

完成国省道起伏不平等病害点段整治10.41千米，路面病害修复2681平方米，沥青灌缝6123米，热熔型路面标线1993.65平方米，路面清扫3307.7千米，路基边沟、边坡清理2053.4千米，桥下空间清理42座次，隧道清洗88.688千米，路面病害修复4240平方米，垃圾清运767.9吨，绿化种植2238平方米，路面灌缝1999米以及桥头跳车点位整治3处。

推进提升桥梁应急抢修工作，S328规溪立交桥隐患治理项目全部完工，共投资157万元。国省道公路服务站提升工程完工，对小顺等3个公路服务站进行数字化提升，共投资50万元。

【农村公路养护】 2022年，云和县实施新改建农村公路项目工程共6个，总投资约4757万元。其中，对小云线等12条公路进行路面大中修，共计101千米，投资2662万元；完成路况改善应急养护工程，对部分严重路面病害进行治理修复，投资454万元；对高芽桥和木樨花2号桥的两座桥梁进行维修加固，投资56万元。助推云和梯田创国家AAAAA级旅游景区，计划实施5个项目，对后交线等公路进行沿线环境风貌整治，总投资约3763万元，2022年已完成4个。

高质量建设“四好农村路”，2022年，云和县“四好农村路”建设130.1千米，主要对16条农村公路实施路面大中修101.4千米、改造(改善)提升28.6千米、桥梁维修加固2座，精品红色线路1条，乡镇规范化管理站3个，示范乡镇1个，累计投入4300万元。农村公路路况检测PQI、MQI两项指标在全省86个县(市、区)分别排第12位和第28位，路况水平属于优良序列。在2022年度山区26县高质量发展实绩考核(“四好农村路”建设水平)中取得第三名的历史最好成绩。

港航管理

【概况】 云和县境内有紧水滩、石塘、玉溪三大库区(总水域面积5万余亩，干线航道总里程53千米)，涉及4个乡镇2.3万人的出行。全县有渡口10处、码头10处、渡埠29处，在册船舶71艘，共有1家水路客运企业、1家渡运企业，渡船27艘693客位、客船7艘199客位。2022年度完成渡运量17.5万人次，车辆3.8万辆次，(电动)摩托车1.56万辆次；2022年度完成水路客运量6.5万人次，32.5万千米。

【客运船舶监管】 2022年，累计检查企业16家次，船舶192艘次，发现整改隐患23处(其中重大安全隐患3处)，注销不满足经营条件水运企业1家。全年出动人员285人次，出动车(船)92辆(艘)次，发放整改通知书9份，处罚3起，处罚金额4000元。组织水运企业应急演练3次。

【水域项目建设】 2022年，完成紧水滩库区水上服务站项目并投入使用。完成浙云和趸0010、0011建造、协助完成12客位电动舴艋舟建造。编制完成《瓯江美丽(旅游)航道云和段规划》《云和湖玉溪库区航道提升改造工程可行性研究报告》《云和湖小型船舶船型可行性研究》。

邮政管理

【概况】 2022年6月29日，云和县邮政管理局在县交通局正式揭牌成立。全县共有快递企业9家(包含EMS)，共有EMS、顺丰、中通等快递品牌12个，从业人员320余人。全行业共有营业网点31个，其中设在农村的有12处。邮政信筒信箱108个，邮政报刊亭6个，在乡乡设所的基础上实现建制村100%直接通邮。截至2022年底，全县共有汽车邮路10条，城镇投递道段33条，农村投递道段28条，村邮站91个，直接投递到10个乡镇街道、71个建制村，通过接转等方式，全面实现县域范围投递服务全覆盖。

【行业效益】 2022年，云和县邮政行业业务总量完成24255.42万元，排名全市第4，增速19.69%，排名全市第1。其中，快递业务量2609.39万件，排名全市第3，增速23.45%，排名全市第1；快递业务收入11032.2万元，排名全市第五，增速18.69%，排名全市第二。

【安全管理】 2022年，云和县邮政管理局为高标准迎接杭州亚运会和亚残运会召开，按照重大事故隐患专项排查整治行动方案要求，对全县快递法人企业、分支机构和末端网点开展全方位的重大事故隐患专项排查整治，对能够现场整改的隐患问题进行口头提醒并督促其现场整改，对部分经营场所无法现场整改的隐患问题下发责令改正通知书，要求企业限期完成整改，排查发现隐患问题4处，下发责令改正通知书2份，并通过查看监控、翻阅台账及检查消防设施等方式，对工作人员“三项制度”落实情况、消防安全情况进行详细检查。要求各企业压实安全生产主体责任，认真落实寄递安全管理“三项制度”，全面排查整治各类风险隐患，防止安全事故的发生。　(李铖昊)

邮政 通信

邮　　政

中国邮政云和分公司

【概况】 中国邮政集团有限公司浙江省云和县分公司(以下简称邮政云和县分公司),共有在岗职工132人,其中,合同制员工64人、派遣制员工68人。2022年,邮政云和县分公司以习近平新时代中国特色社会主义思想为指导,全面贯彻落实党的二十大精神,紧紧围绕经济发展大局,狠抓上级决策部署的落地落实,全年完成业务总收入5126.75万元,同比增长17.54%,完成年度计划的103.15%。经营利润402.69万元,完成年度利润计划的100.28%。截至2022年末,全县共设汽车邮路10条、城镇投递道段33条、农村投递道段28条、村邮站91个。邮件直接投递到10个乡镇、街道,71个建制村,通过接转等方式,投递服务覆盖全县。

【金融业务】 2022年,代理金融业务实现收入1976.98万元,比上年同期增长16.07%,占全年业务总收入的39.12%。其中,AUM(全量总资产)新增23766万元;总余额年增20975万元,同比增长8502万元;保险收入完成467.24万元;大理财新增1048万元;商户收单年度新增870户;第三方支付绑定年度新增商户2913户。在金融业务方面建立片区经理责任制度,调整划分业务板块,更加明晰业务责任。采取轮岗转岗和员工行为排查等措施,严格把控金融风险。

【寄递业务】 寄递业务实现新突破。2022年,累计完成寄递业务收入2547.27万元,同比增长19.18%,完成年度计划的106.89%。累计完成业务量839.63万件,同比增长31.99%。电商特快业务有新增长,新增电商客户6户,累计业务收入42.48万元;快递包裹业务有新发展,道段由7条增加到8条,增设道段的同时,调整原道段揽收效能不平衡状况,揽收效能与平均值差距从6.25%缩小为4.51%,各道段平均业务量占比为12.5%;积极疏通渠道,拓展国际物流业务,新增电商平台(OZON)客户"叶进鹏",系全市第一个国际物流业务客户。2022年,国际业务收入为57.09万元。

【传统业务】 新增融媒体中心积分商城运营项目业务,持续为"政采云"项目提供下单,2022年4季度下单金额超3万元。定制业务有所增长,开发县邮政管理局个性化邮折业务,实现收入3.25万元。报刊文传项目实现新突破,成功开发赤石乡文化礼堂有声图书墙项目,实现收入1.3万元。在协同协作方面,一是全面完成会员服务项目,会员数、积分会员数及积分兑换率三项指标均超额完成。二是完成惠农协同、汽车产业链及总部客户项目等重点协同工作;网点群粉丝及企业微信转发任务全面完成。

【电商业务】 一是成功引入合作社及经营商户9家,其中,销售额超亿元的大单品经销商1户,主要经营金龙鱼油品、百事可乐等,销售额达1000万元以上的经销商1户,主要经营常温奶及低温奶。二是引入浙江省采真里有限公司雪梨糖，成为销售亮点并为寄递造包1200多个，增加“极速鲜”寄递收入近万元。三是扎实开展“网点+站点”活动，开通标杆站点，先后组织相关活动9场，促进市场部门与金融部门的相互引流，完成注册VIP会员、邮生活会员、福临门油品批销等业务。

【党建工作】 加强党风廉政建设，进一步推动从严治党落实落细。坚持全面从严治党，永葆自我革命精神，不断推进清廉邮政建设，引领云和邮政焕发新气象。认真对照省邮政公司全面从严治党主体责任清单，推动党委主体责任、纪委监督责任、党委书记第一责任人责任、班子成员“一岗双责”层层落实到位。持之以恒纠治“四风”，贯彻落实中央八项规定精神，开展重点领域专项整治和监督检查。严肃执纪问责，共运用“四种形态”中的第一种形态，提醒谈话5人，主要涉及欠费管理、疫情防控、业务发展、巡察整改等方面。常态化开展党员廉洁教育，召开警示教育大会，组织党风廉政专题学习。组织开展廉政微党课活动、廉政书画摄影活动等，积极营造风清气正的政治生态环境。常态化推动巡察整改，密切配合巡察组工作，做好巡察“回头看”的问题整改。同时，配合做好市邮政公司党委巡察“回头看”工作。在创先争优，助推企业发展上新台阶的过程中，始终秉承“人民邮政为人民”的宗旨，主动彰显行业“国家队”的责任担当，向社会传递邮政正能量。梅盛希获得2022年浙江省“最美快递员”称号。柳青海获得2022年云和县“云和好人榜”称号。张魏瑶、朱斌在“喜迎党的二十大”云和县文学创作大赛中分别获得银奖、铜奖。

【内部管理】 加强利润管控，制定出台邮政云和县分公司各部门的绩效考核办法，确保利润管控工作全面落实。绩效考核办法对金融、寄递、邮务的薪酬进行切块管理，核定重点业务费用，对使用进度每月进行通报，以此提升全员的效益意识。加强欠费和资金管理，根据欠费资金管理办法及时予以公布。每季度对超账期、大额欠费发布询证函，及时、准确地掌握欠费数量、额度，以避免财务风险。此外，通过签订薪酬二次分配和规范缴款承诺书的方式，确保各项制度落实到每一位员工，做到人人知晓。划小单元，强化对标。寄递绩效考核采取划分最小经营单元的办法，对各项费用开支，均根据业务量进行零基测算，确保数据的真实可靠，利于执行。（张魏瑶）

通　信

中国电信云和分公司

【概况】 2022年，中国电信云和分公司（简称云和电信）围绕省、市公司党委“143”工作主线和“改革再深化，发展再聚焦”整体部署，聚焦三项重点工作，坚持长期主义，以客户为中心，夯实基础管理，提升云网运营能力。公司上下齐心协力，各项工作取得明显成效。进一步实现企业利润增长和员工收入提升有机统一，全面保障企业高质量发展行稳致远。

【党员教育】 以习近平新时代中国特色社会主义思想为指导，深入贯彻党的二十大精神，坚持守正创新，纵深推进省公司“143”工作主线，着力开辟发展新领域新赛道，不断锐意进取。坚持政治引领，在服务中心大局上精准发力。持续推动党的创新理论学习，全面贯彻落实党的二十大精神。深入理解内涵，精准把握外延。体现在思想上，落实到行动中。在各大营销战役中，党员干部始终冲在前面，勇于担当。

【廉政建设】 落实全面从严治党，深入推进党风廉政建设有效落实，每季召开党风廉政建设和反腐败工作调研小组会议，各部门签订党风廉政建设责任书。重要节日发布节日提醒防止“四风”现象发生。加强廉洁宣讲和警示教育，为全体党员讲授廉洁专题党课“守住内心　拒腐防变”，组织参观廉洁警示教育基地，观看警示教育影片，督促党员干部坚定理想信念，提高拒腐防变能力和抵御风险的能力。

【市场经营】 认真贯彻落实中央重大决策部署，全面实施云改数转战略，加快5G建设发展。全面落实新时代党的建设总要求，为群众办实事与提升工作能力相结合，促使各项工作稳步推进。围绕“143”工作主线和“改革再深化，发展再聚焦”整体部署，聚焦三项重点工作，深入一线抓落实，围绕收入抓发展，以千兆引领带动有价值规模发展和存量客户深耕。持续推进云和电信标准化运营，强基强渠强支撑。

【设施改造】 加快老旧设备退网，加快装维服务满意度提升。做好5G网络建设工程、4G网络优化补点工作，加快2G退网工作。完成7个线路建设项目，总投资60.5万元。线路维护投资40余万元，成功签约235国道云和段改建工程——电信弱电综合管线迁改工程。完成云和柳变电杨站、汉威阀门、解放街街道、城西、崇头、沙溪移动、城北梅溪岭、贵溪文化礼堂、后山北村移动、普光寺东、杨柳河工业区、后山、城西移动等29个5G基站开通工作。完成4个重点千兆小区及网格XGPON割接，并对高负荷PON口进行XGPON割接，全年总共完成80个PON口。

【服务社会】 为扎实推进民生实事工程，积极配合消防、民政为残疾人家庭安装烟感探测报警器。接到任务后，云和分公司一方面积极与街道(乡镇)进行沟通，获取残疾人名单及地址。另一方面协助上门为其安装烟感探测报警器，为201户残疾人家庭构筑起一道“防火墙”。

2022年，中国电信云和分公司认真贯彻乡村振兴工作的指示精神和工作要求，全面落实“两不愁三保障”工作举措，持续推动低收入农户持续增收。公司领导班子先后10余次到结对村深入调查研究，结合实际制定乡村振兴工作方案。重要节日上门慰问走访结对户，为他们送上食用油、大米等生活用品和节日的温暖，用实际行动拉近与结对户的关系，使结对村低收入农户真切感受党的关怀，进一步增强他们面对困难的勇气与信心。 (陈时岚)

中国移动云和分公司

【概况】 中国移动通信集团浙江有限公司云和分公司(以下简称云和移动)，属中国移动丽水分公司10个县市(区)分公司之一，成立于2000年，2022年有在册员工49人。云和移动下设综合部、市场部、政企部、网络部四个部门和云东、云西两个网格，其中市场部下设营业厅、销售部、社会渠道，有中山中路、新建路、复兴路、中山西路4个县城营业厅。2022年，公司运营收入超9400万元。

2022年，云和移动在云和县委县政府的正确领导下，始终坚持以习近平新时代中国特色社会主义思想为指导，深入学习并贯彻落实中共二十大精神，根据省公司“一三一六”及市公司“一三六”年度工作思路进行各项工作部署，牢记“坚定坚持就是胜利的信心、发扬艰苦奋斗的精神、秉持求真务实的工作作风”三种信念，坚持高质量党建引领保障高质量发展，深入公司经营改革与发展，各方面工作实现了稳中有进，进中提质，取得较好的成绩。

【党建引领】 一是聚焦“三个提升”，彰显使命担当。支部深入开展“实事暖人心、创新争先锋”主题宣传教育活动，千方百计提升服务质量、提升网络品质、助力乡村信息化发展。二是深化“两和”再升级，助力发展提质增效。一方面是做优“党建和创”，联合和创单位共同开展党建工作交流座谈会，分享工作经验；另一方面是做实“和格行动”，重点结合“书记项目”“党建带团建”等共同开展，组织开展“党员进网格、服务在一线”、“宽带义诊”、服务帮扶等系列活动，全年共服务客户1000多人次，发放宣传单页800多份，帮扶困难群众8人次。

【客户服务】 云和移动本着“以客户服务为中心”的思想，坚持用心服务理念，通过细化主动服务、上门服务、现场服务、线上服务等方式，持续提升客户满意度。一是细分服务场景，加强网格联动，加大业务融合力度，进一步提升自身的服务意识和服务标准。二是通过网格下沉、多场景产品创新、推进场景、行业、集团服务，提升群众的满意度。三是加强宽带网络义诊服务、开展数字乡村、服务下乡等多种方式做好用户服务，积极推动个人市场、家庭市场、政企市场和新业务市场"四轮驱动"齐发力，从多维度、多层次来服务用户，以此增强用户的感知度。至2022年末，云和移动通信用户达到12.85万户，5G网络用户达到4.5万户，有线宽带出账用户数3.7万户。

【网络建设】 围绕"基建更新、品质升级"两大方面持续提升网络品质和用户网络使用感知。一方面全力推进无线网络规划建设，完成5G四期宏站开通10个，5G四期室分开通18个，700M宏站开通36个，完成疑难站点开通4个。另一方面重点提升无线网络感知，强化基站巡检巡查及故障处理能力，紧抓日常巡检不松劲，隐患上报不落单，重点对网络弱覆盖区域进行扩容和优化调整，不间断对网络热点地区进行测试和优化部署，2022年整体网络运行良好。

【安全生产】 成立以分公司总经理为组长，副总经理为副组长以及各部门经理为成员的安全生产领导小组，制订全年安全生产工作计划，大力推动安全生产三年整治行动，强化"一岗双责"，与每位员工签订安全生产责任书，明确责任，层层落实；采取多形式、多样化、全方位安全教育活动，积极开展安全生产月活动，通过线上、线下学习，提升全员安全意识；定期组织对综合楼、机房、营业厅、食堂、车辆及施工现场进行全面安全检查。2022年，由总经理带队检查3次，分管副总经理带队8次，检查出安全隐患54处，隐患整改全部完成。　（褚林根）

中国联通云和分公司

【概况】 中国联合网络通信有限公司云和县分公司（以下简称云和联通），2022年，以学习贯彻习近平新时代中国特色社会主义思想为核心，以党建与中心工作相融合为抓手，实现了营收增长13%，用户数达15000户。云和联通公司紧紧围绕丽水市公司下达的各项指标要求，加强团队建设，提升全员的业务获取能力，同时聚焦数字化转型，紧跟政府数字化改革步伐，在改善网络质量，提升网络口碑，实现联通、电信4G/5G网络共建共享，推动政府数字化改革，稳固业务发展方面取得新的突破。县域内拥有较为完善的3G/4G/5G网络，具备移动电话、固网业务、互联网+等全业务接入能力，是一家全业务经营的通信运营商。近两年通过与电信大力开展网络共建共享，县城网络覆盖密度提升了50%以上，网络质量及口碑得到大幅提升，其中5G网络以联通承建为主，2022年底已实现县城中心区域的全覆盖。

【抓党建，促发展】 坚持党风廉政建设与生产经营工作两手抓两促进，坚定发展信心不动摇，咬定任务目标不放松，全力以赴抓好各项工作。一是认真组织落实党员干部学习党的二十大精神、习近平总书记重要讲话精神、党史等理论学习，落实上级党委关于职工队伍建设、思想建设及国企党建的新要求，营造抓党建促发展的浓厚氛围；二是推动企业改革发展和数字化转型，借助政府数字化改革东风，利用联通产业大脑相关平台建设经验，推进数字经济、数字社会、数字乡村等政府数字门户建设；三是抓作风建设，严明纪律，做好全员的安全警示教育工作，树立正确的企业发展观。

【抓改革，促优化】 2022年下半年，云和联通公司开始进行机构优化，集中力量向市场一线倾斜，加强客户服务，提升客户感知。设置综合支撑中心、政企中心，公司共有员工18人。同时对网络建设维护力量进行了优化，基站建设及杆路线缆维护等工作委托第三方公司承接。

【抓营销，促服务】 公司以实行“践行使命、创优服务、致力和谐”的理念，倡导“互信、担当、创新、卓越”，以追求领先通信技术和客户需求为核心，全心全意为用户提供最优质的服务，精心铸造联通服务品牌。云和联通在积极参与政府信息化建设方面不断创新，提升干部员工的综合能力。积极推广联通自有产品，如数睿广告，沃舆情，校对等。积极参与职技校机房改造，农业局数字乡村一期，工业互联网云MES平台，市场监管局数字化执法办案项目，县小分校精品与校园电视台等项目建设。同时投入各行业数字化改革赋能，成功完成本地数字经济门户的签约，并借助“数字政府一号工程”，成功协助云和县政府申报“省级中小企业数字化改造试点县”和部级“中小企业数字化转型试点项目”及木玩产业大脑建设项目，为后续政府数字化建设打下了基础。

【抓融合，促增效】 2022年联通与电信继续开展网络共建共享，网络深度整合。全年县域建设开通42个5G共享站点和7个室分站点，4G网络县城全面开放共享，机房站点成倍增加，并同步开展宽带FTTB小区改造，2022年移动网络和固网网络覆盖效果明显改善，并且整体能耗明显节省。

【抓效能，促共建】 2022年，云和联通公司积极发挥自身效能作用，围绕县委县政府全面改善城乡环境，助力打造新型城镇化样板县域这一工作重心，为建设云和美丽县城积极参与共建，多方面发挥了作用。一是参与了政府主导的小徐未来社区迁建工程；二是积极配合县政府做好235国道工程的改建和迁改；三是为云和县争创文明县城进行了弱电线缆整治；四是还参与了紧水滩电厂第一台5G无人自动驾驶车数字化建设并投入使用。（叶晓玲）

城乡建设　环境保护

城乡建设

【概况】　云和县住房和城乡建设局（简称县住建局）主管全县住房和城乡建设工作，主要负责房地产业管理、住房保障、物业管理、村镇建设、市政公用事业管理、建筑业管理、建设工程质量管理等工作。局机关编制30名，其中，行政编制8名，全额事业编制22名。2022年，在职实有人数32人，其中，行政人员10人、全额事业人员22人。局机关内设办公室（挂法规科牌子）、市政公用事业管理科（挂城市园林绿化管理科牌子）、建筑业房地产业管理科（挂行政许可科牌子）等3个科室。局本级下设6家服务中心，分别为城市建设项目服务中心、城市园林服务中心、房地产发展服务中心、建设工程质量服务中心、建筑安全服务中心、综合服务中心。局机关下属公益一类事业单位3家，分别为县村镇建设服务中心、县环境卫生服务中心、县住房保障和房屋服务中心。县人民防空事业发展服务中心因机构改革，已于2022年底划转县发改局。2022年，在县委、县政府的正确领导下，县住建局认真落实县委、县政府各项决策部署，紧紧围绕年度考核工作任务要求，积极推进项目建设、产业发展、共同富裕现代化基本单元创建等工作，取得了一定成效。

【推进城市建设】　（一）全力推进项目建设，推动城市品质提升。2022年，共实施项目39个，其中重点项目15个，全年完成固定资产投资9.36亿元，居全县第1，占全县固定资产投资的20.8%。发挥规划引领作用，编制完成《云和县城乡风貌整治提升规划》《城镇社区建设专项规划》《云和县生活垃圾综合治理专项规划》等规划，高标准编制《“童话云和”城市建设导则》，为建设“童话云和”打好基础。（二）扎实做好共同富裕现代化基本单元和美丽镇村创建工作。共同富裕现代化基本单元创建实现“满堂红”。未来社区创建方面，云和县共有3个社区被列入省级未来社区创建名单，其中，大坪未来社区提前一年通过创建验收，成为全省第2批、丽水市首批、云和县首个未来社区，托幼服务场景、养老服务场景、老幼融合服务场景入选省共同富裕现代化基本单元“一老一小”场景名单；小徐未来社区改造区块、拆建区块均已开工建设；普光社区被列入省第六批未来社区创建名单。城乡风貌整治提升方面，成功打造县域风貌样板区，“十里云河”县域风貌区成功创建2022年度浙江省第三批城乡风貌样板区。美丽城镇建设方面，浮云、安溪、雾溪3个乡镇（街道）成功创建省级美丽城镇，其中，浮云街道创成美丽城镇建设山区县县城省级样板，安溪畲族乡创成美丽城镇建设省级样板，雾溪畲族乡成功创成美丽城镇建设基本达标城镇。推进美丽村镇建设方面，崇头镇黄家畲村、元和街道沈村村创成省级美丽宜居示范村优秀村庄；赤石乡麻垟村、紧水滩镇田铺村、崇头镇栗溪村建成省级美丽宜居示范村合格村庄。崇头镇大湾村、元和街道陈前村完成美丽宜居示范村项目建设。成功申报崇头镇三垟村、梅源村为美丽宜居示范村，均已开工建设。崇头镇大湾村传统村落风貌保护提升村和村庄设计与农房设计落地试点村，均已完成项目建设。新增历史建筑3处。（三）强化人民防空工作，根据人防控规有序推进项目建设。提升人防服务水平，大力做好“最多跑一次”人防项目规范审批工作，严格执行法规政策，提升审批服务质量，做到人防设施应建尽建，人防易地建设费应收尽收。组织开展人防警报设施维护巡查，确保设备长期良好。在文元小学、县住房保障中心增设防空警报设施2台。顺利完成防空防灾警报试鸣任务，警报试鸣率和鸣响率达到100%。重视人防宣传教育，开展“3·1”国际民防日、“5·12”防灾减灾日主题宣传和人防宣传周活动，向群众普及防灾减灾和安全防护知识。

【完善市政设施】 2022年，全县规划改造老旧小区项目7个（省民生实事），已全部开工，其中，浮云小区改造项目已完工。中山街（城东路至新建路段）城市道路的“三化一平”提升整治项目（省民生实事），工期提前3个月完工。完善市政配套设施，全年已完成新改建污水管网5.6千米，排查管网20千米，污水处理厂清洁排放技术改造项目已竣工。铺设雨污分流管网2.6千米，雨水管网4千米，提标改造管网2.6千米，实施排水管网清淤60千米，新增应急抽排能力0.025万立方米每小时。新建供水管网7千米，改造供水管网3.1千米。在大坪路、祥云街、公安路等路段埋设燃气管道3千米，天然气管道入户505户，管道燃气特许经营评估已完成。

【城乡住房保障】 住房保障方面，住房保障受益覆盖率达25.26%，提前完成市级指标22.9%的考核要求。完成三个批次公租房申请审核工作，符合保障条件的家庭达123户、332人，连同年审符合条件的家庭，共给167户发放货币补贴，补助金额35.66万元。棚户区改造方面，完成小徐未来社区征收补偿1294套，并录入省住房保障管理系统。同时，实现2018年底前棚改开工项目竣工率达100%，交付率达85%。农村危旧房改造实现动态清零，2022年，对全县114户农民房屋进行安全鉴定，确认为危房的73户（C级72户、D级1户），D级危房1户已拆除重建，C级危房均已修缮完成。农房“浙建事”全生命周期综合管理服务系统运用方面，成立农房“浙建事”全生命周期综合管理服务系统工作专班，实现系统常态化使用，共受理办件177件。有序开展农村建筑工匠培训，培训建筑工匠264人次。城镇危旧房改造方面，鉴定危旧房屋19幢，其中，C级6幢、D级1幢。处置措施是拆除2幢，腾空硬隔离5幢。完成全县第三次城镇房屋调查登记工作，并录入浙江省城镇房屋安全信息系统。

【优化宜居环境】 加强环境整治，实现生态宜居。一是持续推进垃圾分类，城镇生活垃圾分类处理覆盖面达100%，累计建成省级高标准示范小区9个，“定时定点”投放商业街14条，“定时定点”桶边督导清运小区56个。农村生活垃圾分类处理覆盖面达100%，累计建成农村生活垃圾资源化利用站5座，报废雾溪垃圾资源化利用站点，创成省级高标准示范村11个。完成1个分拣中心建设，生活垃圾分类的资源化利用率达100%，无害化处置率达100%。二是狠抓农村污水治理，完成120个农村生活污水设施标准化运维任务，年初计划新改建的16个污水处理项目，已全部开工，其中，梅竹村、上官村、靛青山村、新岭村、石板桥村终端已完成改造，全县行政村生活污水处理率达84.71%。

【加快绿化步伐】 实施城市园林化，提升城市绿化率。以城市主次干道、公园广场为重点，结合“增花添彩”工程，全面推进绿化项目建设。2022年，建成涌金口袋公园、大徐三角地公园等城市公园，完成城北路沿路绿化整治提升工程，复兴路绿化提升工程已开工。实现城市人均公园绿地面积15.25平方米，建成区绿地率达38.47%。

【强化行业管理】 建筑业方面，制定出台《云和县加快建筑业改革与高质量发展的实施意见》，进一步完善优化激励政策，促进企业稳步健康发展。据统计，全县建筑业产值达15.86亿元，同比增长11.58%。房地产业方面，先后制定出台《云和县推动房地产市场平稳健康发展的实施方案》《云和县人民政府关于印发云和县房屋征收推行"房票"实施办法(试行)的通知》《云和县中心城区购房交易契税补贴实施细则》等政策，坚持因城施策，支持刚性和改善性住房需求，进一步促进全县房地产业良性循环和平稳健康发展。2022年，全县新建商品房销售面积15.3万平方米，增长21.2%，居全市第2位，高于全市平均增幅46.7个百分点；房地产投资额8.7亿元，下降30.1%。开展无物业管理住宅小区清零攻坚行动，完成19个无物业管理住宅小区清零。

【重视安全运行】 把好安全质量关，抓好安全生产。工程质量方面，对新开工的58个项目，均按要求提供"两书"(建设工程项目负责人质量终身责任书和授权书)，辖区内竣工交付使用的工程质量达到国家标准及规范要求。竣工验收工程42项，竣工备案工程33项，竣工交付使用工程一次验收合格率100%。在建工程质量安全监督覆盖率100%，住宅工程质量分户验收制度覆盖率100%，永久性责任标牌设置率100%。工程质量整体水平保持稳中有升，建设工程质量问题投诉率同比下降，办结率为100%。全年组织开展监督执法检查185次，发出整改通知书80份，运用企业自查和主管部门检查相结合的方式，加强上下层级督查，坚持对工程质量安全提升行动的考核。建筑安全方面，全县建筑工程在建项目77个，云和东旅游服务集散中心(一期)项目、城东南路道路工程二期(复兴路至祥云路段)市政工程被评为标化工地；县木玩童话小镇地标建筑——木玩展示体验馆项目，被评为2022年度第一批丽水市"红绿标杆工地"。积极开展"安全生产月"活动，播放安全主题公益广告2部，委托县电视台录制安全生产宣传片1部，发放《中华人民共和国安全生产法》500余份，安全生产宣传资料600余份。通过工作人员现场讲解建筑安全知识，增强了建设系统员工和群众的安全意识和防范能力。自建房安全专项整治方面，已排查28037户，其中，经营性自建房2401户、其他25636户，检查发现疑似危房73户，均已完成治理改造。　（刘雯青）

土地与房屋征收

【概况】 2022年，云和县土地和房屋征收工作指导中心(简称县征收中心)在县委、县政府的坚强领导下，以习近平新时代中国特色社会主义思想为指导，深入学习贯彻党的十九届历次全会和党的二十大精神，紧紧围绕县委、县政府决策部署，坚持问题导向、结果导向、目标导向，加大推进力度，狠抓各项重点工作任务的落实，取得较大成效。2022年，全县列入土地和房屋征收考核项目数66个，征收土地7834.5亩，房屋66319.3平方米。截至12月底，已启动实施项目64个，完成土地丈量6259.5亩，签约6199.4亩，清表1292.1亩；完成房屋评估21895.3平方米，签约34260.3平方米，腾空拆除34178.9平方米，征收完成率为60.15%。

【征收政策】 为依法顺利推进全县房屋征收实施工作，充分保障被征收人的合法权益，制定出台《云和县临时安置补助费及搬迁补助费等标准》《云和县2022年房屋征收重置价格等相关补偿标准》。设置征收"三大攻坚"专项行动认定专家库，切实保证征收认定工作的合法性与科学性。根据浙江省自然资源厅下发的征地补偿协议框架精神，对《云和县征收集体所有土地房屋补偿实施细则》等补偿协议进行多次修改完善，以确保其合法性与可操作性。同时，发布实验小学改扩建工程、局龙线（金水坑至龙门段）改建工程等项目的补偿方案；完成祥云街（黄水碓—城西路）道路建设、老木制玩具城区块改造过渡安置厂房补偿方案的拟制工作。完善征收项目考核机制，制定出台《云和县2022年度土地和房屋征收工作考核细则》《云和县2022年度土地和房屋征收工作附加分考核细则》。

【安置管理】 加快处州汽校迁建安置区在建安置房建设进度和城南安置区、霞晓桥安置区的竣工验收工作。在东景苑、佳龙云筑房地产项目中配建安置房19000平方米，通过限价房购买方式购买云璟台、箬溪雅居安置房20套。将南铂湾安置小区控规调整方案和建筑设计方案面向社会公示，并拟定建设模式和配建方案。完成原百货商场区块被征收户第二次安置房抽签和处州汽校安置地第三批地基分配抽签工作。开展云景生态产业园安置区选址和概念方案设计工作。确定棚改剩余安置房及配建安置房的接收管理和分配结算流程。开展华鸿云墅安置房及营业用房的接收工作。

【服务指导】 2022年，县征收中心抽调精干力量积极参与云景生态产业园的政策处理攻坚行动；完成235国道主线和云章安置地征收报批组件工作；开展地类认定、土地权属纠纷调处、政策咨询和业务指导工作。联合县纪委、监委举办“浙里征”业务系统培训会，进一步规范征收程序。制作阳光征收“一张图”，把2013年以来的征收项目进行收集汇总，形成覆盖全县、坐标一致、边界吻合的征收项目数据“一张图”。完成2008—2018年的项目录入，完善系统底册。认真抓好信访和建议提案办理工作，全年共答复处置信访件9件，协助乡镇、街道办理3件，答复处置县人大代表和政协委员的建议、提案6件，其中协办2件。

【党建引领】 始终把深入学习贯彻习近平新时代中国特色社会主义思想、党的十九届历次全会和党的二十大精神、习近平总书记的重要指示批示精神作为首要政治任务，把坚持和加强党的全面领导落实到征收工作的全过程。一是强化理论学习教育。聚焦学懂弄通习近平新时代中国特色社会主义思想和党的二十大精神，开展领导班子专题研讨交流，并通过党组理论学习中心组学习（扩大）会带领学、党支部理论学习集中学、主题党日全面学、专题党课深入学、“学习强国”常态学、红色基地体验学等形式，有效提升党员的理论修养和党性修养。二是认真开展组织活动，严格落实“三会一课”制度，抓实党员日常学习教育和管理，扎实开展主题党日活动、党费收缴、党员民主评议定级、支部书记述职评议等工作。2022年，组织“三会一课”等基层党组织会议和党课18次，开展主题党日活动12次，召开支部组织生活会1次，领导班子成员和党支部书记上党课4次。

【廉政建设】 严格落实中央八项规定精神，着力抓好党风廉政和反腐败工作。认真贯彻落实中央办公厅关于《党委（党组）落实全面从严治党主体责任规定》和县委关于《进一步强化党风廉政建设党委主体责任和纪委监督责任的若干意见》精神，充分发挥党组的核心作用。一是履行全面从严治党主体责任，认真履行党风廉政建设责任制，结合工作实际，制定《2022年县征收中心班子成员党风廉政建设责任分工》《县征收中心2022年度党风廉政建设工作计划》，逐项细化分解落实到领导班子成员。定期召开党风廉政建设专题会议，研究部署党风廉政工作。层层签订党风廉政建设责任书，压实全面从严治党主体责任。落实日常廉政谈话、提醒谈话等制度，助推主体责任落实到底，杜绝苗头性、倾向性问题。开展“紧起来、快起来、跑起来”作风建设年活动。通过政令执行提效“马上办”、项目建设提速“马上干”、政务服务提质“马上好”、作风形象提升“马上改”、典型案例提升“马上报”的实际行动，对照“佛系”“甩锅”“撞钟”三种表现12项问题开展自查，共查找问题60个，完成整改36个，持续整改24个。单位自查整改问题18个，已完成整改9个，持续整改9个。二是加强意识形态领域思想政治建设。认真落实单位一把手意识形态工作第一责任人制度，定期分析研判意识形态领域情况，有针对性地进行引导。坚持中心工作与意识形态工作两手抓、两手硬，强化监督检查，严格责任考核，严肃执纪问责，推动意识形态工作责任落实，为各项工作的顺利推进营造良好氛围。三是抓好巡察整改工作。进一步坚定政治意识、强化政治担当，全力配合县委巡察组开展第二轮巡察工作。针对巡察组提出的征收中心在项目资金结算工作中的扫尾清零问题，县征收中心党组多次召开专题会议，落实整改措施，制定印发《县征收中心关于落实县委巡察组反馈意见整改方案的报告》《云和县土地和房屋征收项目资金结算“清零销号”行动实施方案》，明确分管领导、责任科室、整改措施、整改时限。同时，成立由党组书记、主任为组长，其他班子成员为副组长的巡察整改工作领导小组，负责巡察整改工作的协调推进和跟踪督办，保障整改工作有序推进，形成层层落实的良好工作格局。（陈樱名）

生态环境保护

【概况】 2022年是党的二十大召开之年，也是开启全面建设社会主义现代化国家新征程，向第二个百年奋斗目标进军的开局之年。云和县在县委县政府的坚强领导下，以习近平生态文明思想为指引，把握发展新方向，贯彻发展新理念，生态环境保护各项工作取得有效进展，全县生态环境质量继续在全省保持领先，生态环境状况级别为优。一是空气环境质量状况。全县空气质量优良天数比为98.3%，轻度污染天数比为1.7%。PM2.5浓度为19微克/立方米，PM10浓度为30微克/立方米，二氧化硫（SO_2）、二氧化氮（NO_2）、臭氧（O_3）、一氧化碳（CO）的年均浓度达标率均为100%。二是水环境质量状况。集中式饮用水源地水质符合集中式生活饮用水一级保护区II类水质要求。县域内10个地表水常规断面中，Ⅱ类水质断面8个，Ⅲ类水质断面2个，地表水Ⅲ类以上水质断面比例达100%。“千吨万人”农村饮用水源地水质达标率为100%。出境水交接断面水质考核结果为优秀。三是土壤环境质量状况。云和县土壤环境质量保持稳定，全县暂无受污染耕地或污染地块。重点建设用地安全利用率100%，无因土壤污染引发农产品超标、污染地块违规开发等事件。四是生态资源状况。全县共有耕地面积10.248万亩，水域湿地面积5.88万亩。林业用地面积125.8412万亩，占土地总面积的84.79%，其中公益林面积80.4247万亩，森林覆盖率81.55%，林木蓄积量601.4651万立方米，年净增率5.65%，湿地保有量6万亩。根据首次县域生物多样性本底调查结果，全县共有维管植物1136种，其中国家重点保护植物46种；鸟类247种，其中国家重点保护鸟类、中国生物多样性红色名录受威胁物种及中国特有种等珍稀濒危鸟类共44种；哺乳动物20种，包括国家重点保护野生动物“猕猴”“豹猫”等；两栖爬行动物59种，其中国家重点保护动物、中国脊椎动物红色名录受威胁物种21种；鱼类43种；底栖动物62种；陆生昆虫物种305种；大型真菌共有155种。五是环境风险状况。2022年，全县未发生重特大环境污染和生态破坏事件，未发生因环境问题引发的群体性事件。

【污物排放控制】 严准入，控增量。按照“三线一单”生态环境分区管控方案以及主要污染物总量控制的有关要求，严格项目污染物排放以及空间分布要求，对于新增化学需氧量（COD）、氨氮（NH3-N）、二氧化硫（SO_2）和氮氧化物（NOX）等主要污染物排放的项目，实行区域削减替代、排污权交易等制度，完成控制区域污染物排放总量要求。

【水土污染防治】 一是治水方面。推进落实生态环保领域民生实事，为村民免费开展农村饮用水源地水质检测。检测范围涉及10个乡镇(街道)的29个村，共43个农村饮用水源地，做到应检尽检。经检测，43个农村饮用水源地水质达标率为100%，其中达Ⅰ类标准限值的指标占61.5%。水质检测结果在云和县政府门户网公示。印发《云和县重要水系生态修复和生物多样性保护行动方案(2022—2025年)》，编制浮云溪、紧水滩水库中心、石塘电站坝下“一点(源)一策”保护方案和雾溪水库饮用水水源保护区和“千吨万人”及其他乡镇级饮用水水源保护区基础环境状况调查报告，开展省级工业园区“污水零直排区”建设“回头看”，累计排查企业242家、园区公共区域点位87处，发现问题41个并完成整改；推进浮云溪流域综合治理工程、紧水滩引调水工程、城市污水处理厂清洁排放工程扩能增荷等重点工程。二是治气方面。印发实施《云和县臭氧污染防治攻坚三年行动方案》《云和县打好柴油货车污染治理攻坚战行动方案》《云和县污染天气应对攻坚战实施计划》，完成重点行业VOCs治理5家，木玩行业水性漆占比达到95%以上，新增汽车废气检测治理站1家。采购完成黑烟抓拍项目。完成滚漆中心超低排放改造，确保有组织废气实现超低排放(颗粒物小于10毫克/立方米)。完成非道路移动机械环保牌照编码登记及上牌102台，超额完成年度任务。三是净土清废方面。实行土壤污染重点单位监管制度，3家企业被纳入重点监管单位名单，并全部完成用地土壤自行监测和公开、有毒有害物质排放情况报告、污染隐患排查，暂未发现存在污染隐患企业。形成医废“1234”工作法，健全医疗废弃物监管体制机制。通过实施配方肥推广补助，开展第三方统防统治作业等方式，促进“肥药两制”改革，推广配方肥和按方施肥应用1930吨，实施统防统治面积1.14万亩。开展农药废弃物回收处置，全年回收处置农药废弃包装物11.5吨，农膜30.6吨，秸秆综合利用率达到96.8%，畜禽养殖资源化利用率达99%，无害化处理率95%以上。

【生态修复保护】 生态资源与生物多样性保护取得新进展。完成首次县域生物多样性本底调查，形成《云和县生物多样性本底调查总结报告》，较为全面地摸清了云和县生物资源家底。推进生态用地持续增长，完成新增百万亩国土绿化893亩，千万亩森林质量精准提升2.45万亩，建设美丽林相5.1万亩，超额完成年度任务。实施瓯江源头区域山水林田湖草沙一体化保护和修复工程(云和县健康森林建设项目)，在生态脆弱区、重要节点区以及其他面上区域，采取补植阔叶树种、森林抚育等措施改造林相2100亩。以“稻田+养殖”水产共生方式为特点的云和梯田“自然法修复湿地生态循环系统”在央视《新闻联播》播出。加强野生动植物的监管和珍稀濒危野生动植物抢救保护，全年救护放生野生动物41只，完成松材线虫除治面积96836亩，有效除治率达100%。启动云和梯田国家湿地公园生物多样性体验地建设项目，估计全年投入资金约10.2亿元。

【生态示范创建】 全面推进“无废城市”创建，创新打造“无废城市”数字化管理系统，有效提升了环境污染物的末端无害化处理水平。2022年7月8日，在全省建设新时代美丽浙江推进大会暨生物多样性保护大会上，云和被授予全域“无废城市”建设“清源杯”，系全省首批、全市首个、山区26县唯一。持续推进“两山”基地创建，2022年12月成为全市首个被纳入省级“两山”基地储备库的县(市、区)，为下一步成功创建“两山”基地奠定了基础。进一步深化生态环境与健康管理试点建设，《浙江省丽水市云和县：发布环境空气质量健康指数拓宽“两山”转化通道》案例入选第二批健康中国行动推进地区典型经验案例，《云和县创新构建生态环境健康管理新模式 探索“两山”转化新路径》入选第二批全省生态环境系统共富最佳实践。

【绿色低碳节能】　城镇、农村生活垃圾分类处理覆盖面均达100%，实现垃圾分类点位全覆盖。累计建成省级高标准示范小区9个、高标准示范村11个，建成农村生活垃圾资源化利用站4座。推进全县建筑节能工作，城镇新建绿色建筑比例达100%。推广绿色出行，推动公交车等公共交通工具的绿色节能更新工作，全县新能源电动车型公交车占比达89.3%。积极开展低碳元素摸排和第二批省级低(零)碳试点申报工作，崇头镇入选全省第二批低(零)碳乡镇试点，梨庄村等5个村入选全省第二批低(零)碳村试点，获省级专项资金65万元。

【环境监管执法】　一是落实省委环保督察。严格落实省委生态环境保护专项督察问题整改工作要求，对督察组交办的问题，及时制订整改方案，明确部门职责，谋划建立工作协调和整改验收机制，统筹推动问题企业环境违法行为调查处理和重点行业环境污染问题排查治理。立案查处专项督察相关环境违法案件7件，责令9家企业实施整改，7个涉嫌违法的问题均已整改到位。完成对18家阀门制造企业和600余家木制玩具企业的“举一反三”排查，重点掌握问题企业清单、编制问题企业名录，并督促企业实施整改。二是强化日常执法监管。全年开展行政执法检查168家次。其中，日常检查91家次，专项检查32家次，“双随机”执法检查55家次，共发现问题21个，均已完成整改。处理环境信访83起，均圆满办结。办理行政处罚案件19起(其中6起不予处罚)，共处罚款人民币101.8万元。积极推进“环保智管服”，完成辖区内239家企业“环保码”认领。开展“绿剑2022”专项执法行动，出动执法人员977人次，检查企业点数332家，发现问题47个，均已完成整改。三是聚焦“七张问题清单”。全面落实“七张问题清单”重大环保督察问题清单系统及省生态环境厅“问题发现•督察在线”系统相关工作要求，细致梳理、精准研判，构建起上下联动、整体贯通的一体化工作格局。全年纳入省市级“重大生态环保督察清单”问题22个，已办结9个，其余问题按要求有序推进中。在省生态环境厅建立的“问题发现•督察在线”系统中，云和县累计上报问题248个，已办结245个。四是落细落实“除险保安”。大力加强应急能力建设，组织生态环境、水利等6个单位开展雾溪水库饮用水水源地环境污染事件和工业园区小微企业废水处置风险问题应急演练，进一步提升应急处置能力。强化落实重大活动环境安全保障，以“临战”和“实战”要求做好各项环境应急准备和值班值守工作，全力护航党的二十大等大事要事，保障生态环境安全。开展环境隐患“大排查、大整治”行动，上报隐患问题20个，均已完成整改。

【生态管理改革】　一是构建“数智”环境闭环监管体系。推进环境健康风险管控，汇集污染源、企业工况、无组织扬尘、机动车尾气、水气环境质量五大监测系统数据，构建动态评估环境健康风险的“环境健康管理在线”系统，为环境管理前期风险评估和过程风险管控提供有效技术支撑；建成年收储转运能力达2万吨的危险废物收储运转中心，上线“无废城市数字化管理系统”，创新打造“无废城市”数字化管理模式，以数字化破题重塑危废管理机制，实现“一物一码”全周期可溯源，已形成1600多条危险废物全过程管理记录。建成年处理能力达7.5万吨的污水分质处理站，上线清源污水处理实时监控系统，实现废水产生企业扫码下单、分质水站在线接单、专用车辆上门清运、集中统一处置的闭环管理机制，已形成2800多条污水清运、处置记录，清清楚楚核算“污水账”。二是拓宽生态产品价值实现路径。印发《关于生态环境康养指数在民宿定价中的应用工作推进方案》，建立基于生态康养指数的民宿“生态康养价”与生态保护挂钩机制，发布凤凰山街道、崇头镇、石塘镇、赤石乡、安溪乡等区域共11家“生态康养价”首批试点民宿，开展首批试点民宿建设。推广

“生态抵(质)押贷”“两山信用贷”等绿色金融贷款,“生态抵(质)押贷”余额新增2.08亿元,“两山信用贷”余额新增4126.34万元。深化“生态地”改革,出台《云和县土地出让领域生态环境价值专项资金管理办法》,将地块出让后核算的生态环境增值资金注入土地出让生态增值“资金池”,专项用于生态环境保护与修复工作,全县累计挂牌出让8宗“生态地”,获得163.5万元生态环境增值,紧水滩镇2个山体修复项目已申报生态修复项目专项资金。三是完善生态环境保护体制机制。深入实施《云和县雾溪水库饮用水水源地保护生态补偿暂行办法》,雾溪乡探索开展水源地保护生态奖补机制,研究制定《雾溪畲族乡饮用水水源地保护生态奖补机制(试行)》。持续推进瓯江流域上下游横向生态补偿,与莲都、龙泉续签上下游生态补偿协议。进一步推进生态环境损害赔偿,办理生态环境损害赔偿案件5件,赔偿金额共计2.32万元。深入推进领导干部自然资源资产离任(任中)审计,着力揭示和反映重大环境污染、重大资源损毁、重大违纪违法等资源环境领域的“短板”问题、风险隐患以及背后的体制机制问题,完成市生态环境局云和分局和雾溪乡领导干部自然资源审计项目,审计报告和审计专报多次获得县领导批示。推进生态环境系统山海协作,与北仑、吴兴签订合作框架协议,与北仑签订项目协议和资金捐赠协议。(董喻春)

城市管理

【概况】 2022年,是党的二十大召开之年,也是云和县打造全国山区县域新型城镇化共富样板起势之年,更是数字化改革、大综合一体化执法改革深化之年,还是疫情常态化防控严格实施之年。这一年,云和县执法局以大综合一体化执法重大改革为牵引,不断夯实执法之基,统筹推进各项重点工作落地落实,高效助力县域治理现代化。一年来共巡察3384次,部门联合整治违建103次;劝导流动摊贩2895起、查办相关案件42起;规范非机动车乱停放约11000台次,整治违停机动车4904辆,教育劝离3749辆。

【推进执法改革】 2022年,云和县为加强行政有效执法,实施“大综合一体化”行政执法改革,把“六个一”措施一体落地且已初见成效。一是一个机构统率领导。成立了以县党政“一把手”为双组长的“大综合一体化”行政执法改革领导小组。二是一个平台协调指挥。搭建起综合行政执法指挥平台,监控视频网覆盖城区及主要乡镇,健全“综合查一次”联合执法工作机制,涵盖违法停车、室内装修、燃气安全等60个“监管一件事”。三是一个中心办案审核。谋划建设县综合行政执法办案中心,推动实现全县行政执法“一站式”集中办案;建立县乡一体的行政执法法制审核协作机制。四是一支队伍管执法。组建10个乡镇(街道)综合执法队;完成“四个梯段”的差异化赋权,确保赋权事项可承接;五是一套清单厘清边界。制定“三张清单”,明确各相关单位的工作责任和职责红线,向社会公布通告,接受监督和投诉。六是一张导图串联闭环。以数字化执法改革为牵引,完成《云和县“一支队伍管执法”日常工作流程图》等制度汇编,健全乡镇(街道)综合执法队执法办案线上线下一体融合的全流程操作指引。

【违建审查管控】 2022年,违建管控常抓不懈。一是紧盯重点区域。重点关注违法建设情况,保持“即查即拆”高压态势。2022年以来,共巡查3384次,部门联合整治违建103次,发放整改通知书64份、停建通知书175份,发现制止新发违建17起,“即查即拆”面积约7135.65平方米。二是抓牢关键环节。将住宅小区违法建设列入重点管控,分类梳理云溪府违建类型、制订分批处置和拆除方案,与住建、自规、物业建立了华鸿云墅小区违建管控工作联络机制,与自规、住建联合出台《云和县住宅房屋违法装饰装修处置指导意见》。

三是治理隐患点位。对涉及严重消防安全隐患的违法建筑组织再查再改，推进存量违建清零。

【市容环境整治】 2022年，环境整治取得可喜成效：一是开展“清新空气行动”。牵头开展秸秆禁烧“发现一起、扑灭一起”专项治理，全年劝导扑灭秸秆焚烧384起、立案查处28起。二是实施“五水共治”碧水行动；重点开展养殖污水排放、饮用水源保护区垂钓等方面的巡查执法，全年查办污水违法排向市政管网案件3起，查办涉渔案件17起。三是加强“无废城市”建设，加大垃圾分类案件执法力度，全年处置垃圾分类321起，查办案件36起。四是开展“静音安民”行动，高效处理夜间噪声等信访举报。五是柔性查处流动摊贩，助力民生经济，落实柔性执法和首违免罚，教育劝导疏导为主、立案查办为辅，全年已教育劝导流动摊贩2895起、查办相关案件42起。六是强化人行道机动车、非机动车违停整治，全年规范非机动车乱停放约1.1万台次，整治违停机动车4904辆，教育劝离3749辆，开出罚单1158辆。同时加强青桔共享电动车停放管理，合力施划停车位，全年已施划机动车停车位80余个。七是加强犬类管理。严格执行落实“免疫登记+执法捕捉”管理措施。全年已捕捉65只，处罚13起，办理犬证26本。八是推进侵占城市人行道盲道清障治理。持续推进民生实事“城市人行道盲道清障行动”，完成全县6条路段的侵占盲道基础设施等清障工作。　（张晓燕）

经 济 管 理

发展和改革

【概况】 2022年，云和县发展和改革局(以下简称县发改局)坚决贯彻习近平新时代中国特色社会主义思想，锚定打造全国山区县域新型城镇化共富样板的总目标，站位全局、科学谋划，攻坚克难、实干笃行，以超常规举措应对超预期冲击和挑战，统筹推进发展改革领域各项重点工作，有效稳定经济社会发展基本盘。全县实现生产总值(GDP)95.14亿元，其中农林牧渔业增加值5.94亿元、服务业增加值44.84亿元、规上工业增加值24.07亿元。实现固定资产投资43.41亿元，增长15.3%。为推进县域经济社会的稳定发展，一是加强信用体系建设，深入推进信用“531X”工程，认真做好2022年度生态信用村评定工作。对照全县失信企业清单，分类指导企业开展失信治理，协助做好企业信用修复、失信企业黑名单退出等工作，2022年共协助20家企业完成信用修复、8家企业退出失信企业名单。做好“绿谷分”推广注册工作，积极开展“绿谷分”宣传，有效提高“绿谷分”注册率和群众知晓率。二是有备无患，做好应急物资储备，严格执行《救灾物资储备仓库管理制度》，将棉被、帐篷、行军床、应急灯等22项生活保障救灾物资统一存放于云和物流城转租的物资仓库内，指定专人24小时值守。

【编制课题研究】 精心谋划2022年度规划编制计划，确定规划、课题计划39个，完成29个，完成规划经费核拨868万元。完成《云和县生态产品价值实现课题研究》《共同富裕产城融合样板课题研究》《碳中和及碳汇资源加值转化研究》等课题。积极谋划26县高质量发展和共同富裕工作推进机制，牵头编制《2022年云和县推进跨越式高质量发展重点工作任务清单》《云和县加快跨越式高质量发展建设共同富裕示范区2022年度重点工作任务清单》《丽水市云和县加快跨越式高质量发展建设共同富裕示范区系统架构图》等。推进云景聚落发展区块建设，积极谋划推进云景合作事项，加快云景一体化发展。

【经济运行分析】 组建全县经济稳进提质专班，制订《云和县经济稳进提质攻坚行动方案》，在全市率先出台《云和县贯彻落实国务院、浙江省扎实稳住经济一揽子政策措施实施方案》，共8个方面38条措施，助力经济稳进提质。科学制订年度经济发展目标计划，定期召开经济形势分析会，全面分析经济运行情况，针对工业大幅下降，服务业增长困难等问题，提出精准措施建议，全力收窄各项指标降幅。2022年，组织召开全县经济形势分析会3次，完成经济形势分析报告11份。

【加强项目管理】 (一)投资增长平稳较快。2022年，全县完成固定资产投资43.41亿元，同比增长15.3%，位列全市第4,4个主要结构性指标中，除高新技术投资因项目支撑不足下滑外，其他指标均达到15%以上的目标增速。（二）项目攻坚换挡提速。开展抓项目、促投资、稳增长“161”行动，2022年共召开综合协调例会39次，编制周报43篇，梳理交办问题99项、发布项目预警提示函32个，问题销号率超80%。实行重点项目、重大前期周通报、月评价、季评比，有效运用重大项目数字监管系统，增强部门抓项目、赶进度紧迫感，华宏60万吨普转优、新能源汽车动力电池综合利用、启烨年产400万套木制玩具等3个项目基本实现“拿地即开工”。（三）谋划储备提质提效。举办“一把手”项目谋划大比拼，全县谋划62个项目，总投资283亿元，其中25个项目进入最终比拼环节并评选出10个最佳谋划项目，19个比拼项目被增补纳入年度重大项目前期计划。建立“1810”项目储备库，加强常态化谋划，实行项目储备库滚动更新管理。（四）项目取得成效。云和湖旅游度假区等4个项目被列入省“4+1”重大项目；235国道云和段改建工程被列入省重点项目，生态产品价值实现示范区（云景生态产业园）—赤龙区块等3个项目被列入省重点预安排项目；华宏60万吨普转优项目列入省重大产业项目，可获用地指标奖励44亩。（五）综合交通项目建设稳步推进。编制完成“温武吉”铁路预可研报告，已报国铁集团审查；开工建设235国道改建工程，累计完成投资4.46亿元；长深高速公路云和赤石互通改建工程等3个项目建议书批复完成；2022年建成绿道44.3千米。（六）瓯江山水诗路文化带建设成效显著。加快推进235国道云和段改建工程、云和梯田旅游区等18个项目，2022年完成投资16.24亿元，完成年度投资计划的242%。云和县瓯江山水诗路文化带建设工作年终考核在全市排名第1。（七）大花园建设亮丽纷呈。出台《大花园典型建设实施方案》，制定重点任务清单、重点项目清单、重大活动清单“三张清单”，明确工作职责，凝聚工作合力，成功创建浙江省第二批大花园示范县。每月对“大花园”重点建设项目进度进行通报，每季对“五大工程”“两大行动”工作任务进行跟踪督查，以真督实查促工作落实，全年完成省级“大花园”投资14.31亿元，完成率达140.27%。出台《“人人成园丁 处处成花园”行动方案》，积极开展“人人成园丁、处处成花园”行动，圆满举办第十六届云和梯田开犁节、野梨音乐节等14个重大活动。加快培育云和梯田“耀眼明珠”，全面提速美丽乡村、美丽河湖等美丽载体建设。深入实施增花添彩行动，建成2条花园绿道，2条花园大道，2处浪漫花海，1处网红花墙，5家花园民宿，10处花园阳台。

【服务迭代升级】 （一）迭代升级惠企政策。对2021年度符合奖励条件的53家服务业规上限上单位发放上规上限、提档升级和营收增速奖励，共兑现奖励资金260万元。研究出台《关于〈进一步加快云和县发展服务业的实施意见〉的补充政策》，明确新上规的服务业企业需具备一定发展潜力。（二）强化发展动态监测。每季度召开服务业运行情况分析会，细致分析服务业各项主要指标，及时准确掌控服务业发展动态，重点关注全县“规上”（规模以上）、“限上”（限额以上）服务业企业的发展情况，引导企业做大做强。（三）做优服务业企业培育。用好驻企服务员、亲清政商会客厅等载体，深化涉企服务，广泛开展惠企政策宣传解读，鼓励和引导相关企业（个体户）开展“个转企”和“上规”“上限”申报，努力培育一批新的“规上”“限上”企业。2022年，新培育“规上”服务业企业2家、“限上”服务业企业17家。（四）迭代完善架构体系。扎实做好《云和加快跨越式高质量发展打造全国山区共同富裕样板县行动方案（2021—2025年）》《共同富裕系统架构图1.0版》《云和高质量发展建设共同富裕示范区产城融合样板行动方案（2021—2025年）》编制工作，完善共同富裕顶层设计。（五）积极打造创新成果。“小县大城”发展战略获省长王浩批示；云和县“小县大城”农业转移人口市民化改革入围“中国改革2022年度地方全面深化改革典型案例”名单；云和成功入选全省强村富民乡村集成改革实践“宅基地改革+乡村建设”领域试点地区。(六)着力推进共建共享。印发实施《云和县“扩中”“提低”行动方案(2022—2025年)》，持续拓宽增收渠道。抢抓26县政策窗口，推进与国能集团、中铁建、华东院等央企、大型国企合作。

【推进重点改革】 (一)特色小镇建设卓有成效。木玩童话小镇成功入围浙江省特色小镇高质量发展最佳实践(第一批)名单，并在2021年省级特色小镇考核中获评优秀等次，获新增土地指标100亩奖励。(二)数字化改革纵深推进。牵头推进数字社会建设，省数字社会领域26个重大应用贯通率100%；家校共育应用入围省教育领域数字化改革试点；大坪未来社区托幼服务场景入选全省首批300个共同富裕现代化基本单元“一老一小”场景名单。经济调节e本账等七大数字政府应用实现浙政钉、浙里办两端贯通。创新开发“绩效培优e评通”应用并成功入选浙江省经济调节e本账第一批试点。(三)生态产品价值实现机制改革不断突破。建设云和湖“奇雾”生态气象服务系统和生态雾溪数字化应用，打造生态环境智治场景；建立生态环境康养指数在民宿定价中的场景应用，开展首批“生态康养价”民宿建设；开展“两山贷”“两山兑”等积分应用，“两山贷”完成贷款221笔，合计6100余万元。(四)营商环境持续优化。省级评价中营商环境便利度水平全市第2，开办企业、登记财产、纳税、注销企业、信用体系和信用监管等指标成为全省标杆指标。(五)“标准地”改革深入实施。2022年新增出让“标准地”2宗、面积339.21亩，新出让工业用地百分百按“标准地”供地出让。

【重视能源发展】 (一)扎实推进新能源项目建设。与华东院签订云和抽蓄前期合作协议，与省电力实业总公司签订紧水滩混合式抽蓄合作框架协议，紧水滩抽蓄项目完成移民大纲审查批复并完成其他核准材料上报，云和抽水蓄能项目完成预可研审查并加快开展三大专题编制；整县分布式光伏开发试点建设加快推进，2022年累计完成项目装机2.81万千瓦；完成风电场场内道路建设；推进充电基础设施建设，全年建成15个充电桩。(二)全面推进能源“双控”。加强重点用能企业管理，公布重点用能企业17家，做好重点用能企业年度考核工作；对两家重点用能企业开展专项节能监察，积极淘汰落后工艺和设备，共计淘汰45台落后电机；出台有序用电、错避峰生产工作方案，188家企业参与夏季有序用电，做到让电于民；对高耗能企业实行用能预算化管理；年度创建节约型机关23家，三年累计创建率达95%，超额完成市级下达80%的目标任务；完成节水型机关复核验收。(三)积极开展电力交易市场化改革，召集全县重点用能企业、年用电超100万千瓦时企业、重点行业企业等参加电力市场化交易培训，完成300余家企业入市签约，预警企业2家。(四)推进节能管理数字化应用建设。创新开发“绩效培优e评通”，建立起全县企业信息集成、企业综合评价和分类处置等工作机制。(五)积极保障重点项目用能，为重点企业争取能耗指标9.7万吨标准煤。

【市场价格监管】 公布云和县公办幼儿园3岁以下婴幼儿照护服务收费标准，核定云和县太阳山公墓二期桑后湾(公益墓区)公墓墓穴价格。协助县市场监管局对云和县教育收费情况进行了监督检查。持续对15个监测点涉及粮食、成品油、农资、液化石油气、钢材、水泥等94个国计民生重要基础性商品的价格变动情况进行监测。落实省、市、县有关个体工商户和企业纾困政策，督促电力公司施行用电欠费不停供政策，设立6个月费用缓缴期政策，全年共减免企业水资源费6500元。

【粮油安全管理】 认真做好储备粮油轮换工作，加强粮食安全生产规范化管理，全面落实安全生产责任制，认真开展粉尘防爆检查、安全隐患大排查、季度常规检查、粮食购销定期巡查等各类安全检查及2022年“安全生产月”“粮食安全宣传周”等宣传活动。制定印发《云和县社会化储粮实施意见（试行）》，增强粮食市场调控及应急保障能力。完成“浙江粮仓”数字化平台的部署应用，实现“出入库+粮温”、AI一体机、调度扦样、相关配套智能物流、粮情监管等模块与省级平台的贯通。（吴婷婷）

统计工作

【概况】 2022年，县统计局在县委、县政府的坚强领导下，秉承统计工作“三求”精神，立足“信息、咨询、监督”三大职能，进一步发挥统计部门在做好党委政府“参谋部”、经济发展“晴雨表”、数据监测“预警器”等方面的作用，积极为党委政府提供决策参考，为全县经济社会高质量发展贡献统计力量。从统计专业看，工业方面，全县共有规上工业企业92家，规下工业调查单位98家。贸易方面，共有限上调查单位96家，其中，批发14家、零售56家、住宿6家、餐饮20家；限下调查单位22家，其中，批发1家、零售9家、住宿8家、餐饮4家。服务业方面，共有规上服务业企业7家，其中，营利性服务业2家。建筑业方面，在库资质以上建筑业企业23家。投资方面，在库项目144个，其中，5000万元以上46个。居民收入监测方面，共设城乡住户调查及低收入农户监测样本点35个，记账户共350户。

2022年，全县实现生产总值（GDP）951435万元，按可比价格计算，比上年下降4.1%；与2020年相比，两年平均增长2.5%，按常住人口计算人均地区生产总值为74331元。其中，第一产业增加值57116万元，增长2.7%；第二产业增加值445964万元，下降11.7%；第三产业增加值448355万元，增长2.9%。全年实现规模以上工业产值1536332万元，同口径比上年下降21.7%。全年资质以上建筑业完成总产值158652万元，比上年增长11.6%。全年全县固定资产投资43.41亿元，比上年增长15.3%。全县常住居民人均可支配收入43684元，比上年增长4.4%。其中，城镇常住居民人均可支配收入52841元，比上年增长3.4%；农村常住居民人均可支配收入26078元，比上年增长6.2%。

【监测分析】 （一）统计监测再精准。在重点行业持续低迷叠加疫情冲击导致部分主要经济指标和年度目标存在较大差距的背景下，锚定监测职能，充分发挥“四分之一”月度工作机制及时掌握全县社会经济运行态势，注重对重点指标、重点行业的深度分析，加强对山区26县跨域式发展、共同富裕等重点考核指标的监测分析，强化指标体系研究，及时反馈弱势指标状况，并提出精准建议，全年向县委、县政府提交统计专报16期，获县委、县政府主要领导及分管领导批示6篇。（二）协作机制再完善。以国家统计督察反馈意见整改为契机，健全农业统计联席会议、非营利性服务行业劳动工资总额增长工作联席会议等制度，切实履行统计监测、预警、参谋职能，使统计工作机制进一步畅通，工作合力进一步加强。（三）业务指导再强化。全年累计走访城乡住户调查和低收入农户样本监测点50个，走访记账户500余户。走访规上工业企业、服务业、批零贸易统计调查对象200余家次。组织开展统计业务培训20场，受训1000余人次。举办基层基础建设人员技能提升培训班1期。（四）改革任务再落实。构建“党委政府牵头实施、统计部门业务指导、部门属地条块结合、村居企业共同参与”的大统计工作格局。实现共同富裕系统贯通，6—11月，浙企“最多报一次”平均活跃度达93.58%（10月、11月均达100%），9—11月活跃度保持全市前三位。完成统计e家四上企业注册211户，激活率100%。截至11月底，全县服务类用户（四上企业）活跃率93.3%，位居全市第五；治理类用户（局机关干部、乡镇街道统计员）活跃率100%。开展走访调研25次，活动管理（线上程序应用）53次，学习资源上传8个，报送文章信息11篇。率先完成一体化统计监督系统关联IRS应用；统计大脑注册率和活跃度均达100%。按照“三年任务两年完成”计划，累计完成5个重点乡镇、街道的“统计之家”建设。

【统计监督】 一是高压推进防惩统计造假。根据省市统一部署，县委、县政府和各乡镇街道、各有关部门认真学习贯彻习近平总书记关于统计工作系列指示批示精神和相关意见、规定、办法等法规、文件，全面开展国家统计督察反馈意见整改和统计造假不收手不收敛专项整治。召开全县统计工作会议暨国家统计督察反馈意见整改工作动员部署会，制定出台《云和县落实国家统计督察反馈问题整改实施方案》《云和县开展统计造假不收手不收敛问题专项纠治实施方案》，实行清单化、节点化推进整改工作。加强与县纪委、监委合作，开展专项工作督导，推动防惩统计造假弄虚作假长效机制落地见效。将《中华人民共和国统计法》列入党校培训计划，由局党组书记为中青班学员作《中华人民共和国统计法》专题讲座。二是持续强化统计法治建设。对全体基层统计对象落实专业联动执法机制和双随机执法检查，累计检查企业36家，立案一起，罚款1000元，进一步强化统计法治意识，优化统计生态环境。三是谋划实施强基固本工程。召开全县统计基层基础提升工作会议2次，结合住户调查及低收入农户样本轮换，通过拍摄小剧场、宣传片等形式开展广泛宣传，对辅调员和新样本户落实全流程陪访指导，为今后五年住户调查及低收入农户监测工作打下坚实基础。

【党建工作】 依托“精彩统计”党建品牌建设，开展“打造精彩统计，助力共同富裕”专题活动，以“党建红”引领“统计蓝”，不断增强全局干部的凝聚力、执行力和战斗力。（一）聚焦素质提升。建设“红色领航”学习型党支部，深入学习贯彻党的二十大和省十五次党代会精神。常态化执行局党组会“第一议题”制度，利用局党组会、全局干部职工会、党员夜学等平台，认真学习习近平新时代中国特色社会主义思想，学习统计法律法规、警示教育案例等。邀请县有关专家学者开展党史、意识形态、档案等专题授课3次，赴革命旧址黄家地村现场教学1次。（二）聚焦服务基层。注重发挥农村“第一书记”“两新党建”指导员和助企服务员作用，深入参与挂钩结对村的日常治理，帮助结对村——浮云街道溪口村协调云龙线改造工程红线内居民的补偿事宜，实现局干部联系结对村生活困难户和微心愿认领全覆盖，一般每月走访1次。临汛期间，主动帮助居民联系避险场所1次；农村党建指导员为溪口村群众开展党的二十大精神宣讲1次；定期开展企业走访，“两新”组织党建指导员到工业园区第六联合党支部开展宣讲3次，帮助结对企业协调技改补助和环保检查整改事宜各1次。（陈　科）

审计监督

【概况】 2022年，云和县审计局完成审计项目13个，其中，审计署、省审计厅、市审计局同步项目3个，经济责任审计项目5个、县定其他项目5个。全年向县纪委移送案件线索3件，查处违规和管理不规范金额1.08亿元。撰写审计信息专报39篇，获县领导批示77篇次，健全完善县委、县政府及有关部门的规章制度20余项。1个审计项目获全市优秀审计项目三等奖，获全省、全市审计机关考核优秀单位称号。

【预算执行审计】 根据全面实施预算绩效管理、政府过“紧日子”等政策要求，完成县本级预算执行和决算草案、崇头镇、雾溪畲族乡人民政府2021年财政决算审计3个审计项目。其中，县本级预算执行和决算草案审计继续实行“1+N”审计模式，在核心审计的基础上，同时进行违规兴建楼堂馆所、政府财务报告编制、项目库管理、招商引资、单一来源采购情况5个方面的专题审计，发现预算编制与执行管理、项目库管理、政府财务报告编制等5个方面28个问题，撰写信息专报15篇，有效促进财政预决算管理及相关政策的规范执行。

【政策跟踪审计】 根据年度审计计划，开展政策落实情况跟踪审计。完成数字化改革推进、教育均衡化建设落实情况专项审计调查等2个项目。其中，教育均衡化建设政策落实情况专项审计调查重点关注财政资金投入分配和教育成本分担机制的建立执行情况、教育资源投入和规划布局情况、促进基础教育均衡发展相关重要政策的落地和执行情况等内容，揭示基础教育经费投入和使用、教育机构布局和促进均衡建设相关政策执行过程中存在的问题，撰写的2篇信息专报均得到县有关领导批示。通过审计调查，使县域教育资源布局更加均衡、管理更加规范。

【民生项目审计】 关注粮食安全、最低生活保障、重大民生项目建设等问题，完成储备粮管理、2022年省政府十大民生实事推进、民政部门专项资金管理使用情况专项审计调查及城南九年一贯制学校（一期）工程竣工决算审计等4个审计项目，主要关注民生政策的普惠性、基础性和兜底性，着力保障民生资金安全规范运行。其中，储备粮管理情况专项审计调查项目发现粮食主管部门职责履行、地方储备粮储存管理、地方储备粮购销和轮换管理、公共资金管理使用、内部控制制度建立执行等5个方面24个问题。审计过程中移送案件线索2条，撰写信息专报7篇，其中，得到县长批示2篇，有效助推《云和县粮食应急预案》等制度的制定出台，切实保障粮食安全。

【经济责任审计】 加大审计监督力度，深化经济责任审计和自然资源资产离任（任中）审计，组织开展领导干部任期经济责任审计项目5个，涉及被审计领导干部8人，其中，市生态环境局云和分局、雾溪畲族乡的领导干部经责审计与自然资源资产离任（任中）审计同步开展，并将生态产品价值实现机制运营情况全面纳入自然资源资产离任审计内容。此外，配合县委组织部指导完成15位领导干部离任交接事项交接材料的审核。

【强化审计管理】 全面工程落实《中央审计委员会关于加强地方党委审计委员会工作的指导意见》和《中共浙江省委审计委员会关于加强市县党委审计委员会工作的实施意见》，累计向县委审计委员会报送审计结果、信息专报及重要事项文稿46篇，得到县委、县政府主要领导批示13篇，向市委审计办报告重要事项文稿3篇。强化局党组对具体审计业务的领导，在审计业务管理方面实行“两张清单”制度，即以“周”或“半月”为周期，以审计组为单位填报《审计项目日常工作量化表》，每位审计人员以“半年”为周期填报《审计人员年度工作量化表》，定期向局党组报告审计项目及其他工作开展情况，便于局党组持续跟踪审计工作进度及成效。

【提升审计质量】 一是强化法治思维。深入学习贯彻新修订《中华人民共和国审计法》，积极推进法治政府、法治云和建设，制发《2022年度云和县审计局重大行政决策事项目录清单》《2022年云和县审计局执法人员培训计划》；印发《审计法》修订后的变更条文并开展专题培训，领会《中华人民共和国审计法》修订的背景及意义，强化审计人员的法治意识，提升依法审计的能力和水平。二是强化审计项目全生命周期管理和审计质量标准化研究。组织全局干部开展2021年度审计项目质量检查和局内优秀审计项目评比，针对检查评比中暴露出来的短板、弱项及缺陷进行探讨和完善，通过“以评代训”方式，进一步提高审计人员专业水平，提升审计质量和成效。三是强化经济责任审计创新破难，推进审计成果运用。完善经济责任审计机制，牵头制定出台《2022—2026年县管领导干部经济责任审计项目规划》《云和县乡镇(街道)主要领导干部经济责任审计操作细则》《云和县县管领导干部经济责任审计结果反馈实施办法(试行)》《云和县经济责任审计成果会商研判操作办法》等制度,推进经济责任审计提质增效。

【推动审计整改】 (一)健全审计整改工作机制。持续落实审计整改“挂销号”制度,启用审计整改督查系统,运用大数据手段跟进审计整改,提高审计整改工作效率。印发《中共云和县委审计委员会办公室云和县审计局关于实行审计整改督促指导工作清单化管理的通知》,建立审计整改工作专班,对审计整改工作实行清单化管理,按月统计、通报审计项目平均整改率,倒逼审计整改落实。(二)持续开展审计整改跟踪督促。召开全县审计整改工作会议,对2022年审计工作报告反映的27个方面81个问题和上级审计机关发现的涉及云和县尚未整改到位的6个问题的整改工作进行专题部署。先后会同县纪委、县委办、县府办、县人大财经工委、县检察院等部门对审计整改情况开展联合督查,发放审计整改督办函23份,对审计发现但尚未整改到位的问题进行督查指导、督促整改。(三)积极推进“重大审计问题清单”应用,组织全局干部进行“七张清单”基础知识测试,以“重大审计问题清单”为抓手推进审计整改落实。累计录用县级清单问题11个,市级清单问题10个,促成被审计单位及主管部门出台制度10余项,撰写举一反三案例2个,重大审计问题清单工作实现进位赶超,位列全市第6名、全省第63名。

【加强内审指导】 对全县56家内审单位的内审人员配备及内审工作开展等情况进行调查统计,规划部署新一轮“三年轮审”工作,组织各单位上报并编制2022—2024年轮审计划。加强内审宣传,组织开展《浙江省内部审计工作规定》线上有奖答题活动,扩大《浙江省内部审计工作规定》的知晓率和影响力。与县国投公司等5家国企联合出台《国家审计与内部审计协同机制工作方案》,指导督促县住建局、科技局、财政局等部门出台内部审计工作制度。推进内审队伍建设,组织内审人员参加省市内审培训及内审优秀论文、案例、项目评比,对县财政局、住建局、科技局等单位进行走访指导,不断提升内审工作水平。牵头协调成立内审协会,强化内审行业管理,11月,成立云和县内部审计协会,组织全县59家机关、企事业单位召开全县内审协会成立大会,为全县内审工作和内审队伍建设提供新平台。

【坚持党建引领】 一是严守意识形态主阵地,认真落实党组主体责任,引导审计干部增强“四个意识”、坚定“四个自信”、做到“两个维护”,用习近平新时代中国特色社会主义思想武装头脑、指导工作。二是努力营造“云审青年党建风尚”,以青年党员干部为主体,不定期开展青年干部授课和探讨交流8次,以锻炼青年干部说写能力。1名青年党员干部撰写的《基层审计机关推动党建与业务工作融合有效路径的探索研究——引用麦肯锡7S模型》一文,获云和县机关党建论文一等奖和全省机关党建优秀课题研究成果优秀奖。三是强化学习交流,充分利用党组理论学习中心组学习会、学习强国、主题党日、“三立”(立德、立功、立言)学苑等平台,实现党建工作和审计业务相互促进的良性循环,全年开展党组理论学习中心组学习16次、主题党日活动12次、“三立”学苑交流11次。以“清廉机关、模范机关”创建为抓手,主动参与“廉心”工作室开展岗位廉政风险排查、政府采购工作专项检查等活动,全面规范单位内部管理。常态化开展廉政警示教育和审计现场纪律执行监督检查,联合派驻纪检监察组对县自然资源和规划局、白龙山街道等单位进行审计回访,全面了解审计组执行审计纪律情况,使每个审计干部绷紧作风纪律之弦,打造忠诚干净担当实干的清廉审计队伍。全年开展疫情防控职责落实、上下班工作纪律等检查12次，开展党风廉政教育8次。

【注重队伍建设】 2022年，成功引进硕士人才1名。先后组织10余名一线审计干部参与省审计厅、市审计局、县委组织部等部门组织的各类线上线下培训，加快审计干部知识更新，提升业务能力。切实转变工作作风，印发《云和县审计局“紧起来、快起来、跑起来”作风建设年活动实施方案》，整治“佛系”“甩锅”“撞钟”三大表现，激励全体审计干部想担当、敢担当、善担当。在全县百舸争流部门中层干部履职评议中，财政审计科荣获先进中层岗位称号。积极参与重点工作，分批次选派年轻干部参与省市项目审计、县委巡察，深入一线实践锻炼。全年选派审计干部参加省、市审计项目审计6人次，参与县委巡察11人次、项目征迁（棚改）4人次。 （蓝凯媛）

自然资源管理

【概况】 2022年，通过全局干部职工的共同努力，已完成“三区三线”成果划定；《云和县国土空间总体规划（2021—2035年）》形成中期成果稿；白龙山街道等2个街道全域土地综合整治项目列入全省首批33个跨乡镇试点；完成235国道云和段等3个重点项目农用地转用征收报批，面积1311.8亩；供应建设用地36宗1212亩，土地出让价款10.3亿元；报备产生耕地指标1975亩；消化2009—2018年批而未供土地310.6亩，盘活存量建设用地383.2亩，完成低效用地再开发205.8亩；统筹推进山水林田湖草生态保护修复，完成形象进度投资额1879万元，修复梯田约3000亩；全面完成地质灾害整体智治三年行动，完成崇头镇等5个乡镇地质灾害风险调查评估，完成石塘镇金村村等4个应急治理项目，新建10个普适性地质灾害监测点，安装雨量报警器17个，设置地下水动态监测井（眼）2处；完成第三次全国国土调查任务并公布主要数据成果；有序开展土地矿产卫片执法监察，按时整改上报2021年度补充卫片图斑584个、2022年前三季度卫片图斑28个，对11宗违法用地行为进行整改，耕地整改完成率和永久基本农田整改完成率均达100%；不断深化不动产智治改革，实现“国有土地及商品住宅产权全链智治”和“不动产信息集成应用”子场景贯通应用；做好省域空间治理数字化平台2.0县级承接应用，加快推广“耕地智保”“不动产智治”“地灾智治”“天巡地查”“多规合一”“空间利用”6个应用场景。

【国土空间合理布局】 通过“三区三线”省级三轮试划，按要求完成“三区三线”成果划定，划定耕地保有量10.07万亩，永久基本农田8.58万亩，城镇开发边界17.89平方千米，生态保护红线363.65平方千米。对标童话云和新定位新要求，全面推进国土空间总体规划编制工作，形成《云和县国土空间总体规划》中期成果，并进入中后期编制阶段。统筹推进乡镇国土空间规划和村庄规划编制，乡镇国土空间规划已完成“一村一梳理”前期工作，并提出规划编制思路；村庄规划编制已完成前期评估工作。启动云和县中心城区道路网专项规划编制，进一步优化中心城区路网布局。探索一般生态空间价值转化，划定一个小流域治理单元，在单元内编制“小流域国土空间一体化综合治理”规划方案，推进流域生态修复，2022年，编制完成《云和梯田生态价值转换路径探索专题和小流域一体化综合治理规划方案》并通过专家评审。

有序推进各区块详细规划编制实施，开展控规修改和控规编制审查，2022年，组织召开评审会13次、审查规划方案38个，组织召开县城规委会3次、完成议题审议10个。全年共办理工程规划设计方案审批39件，项目规划拟选址36件，土地出让规划设计条件6件，工程竣工规划核实确认书76份，项目用地预审与选址意见书43宗（份），建设用地规划许可证100份，建设工程规划许可证135份，乡村规划建设许可证61份。营商环境不断优化，华宏60万吨普转优、新能源汽车动力电池综合利用、启烨年产400万套玩具项目实现“拿地即开工”。

【土地收储报批利用】 完成后山村后山45-1地块和大庆寺CB-01-03-08地块等4宗地块的收储，收储面积222亩；完成土地出库7宗，出库面积243亩，充分发挥土地收储“蓄水池”作用。进一步规范土地储备管理，修订云和县《土地储备管理办法》，力争将所有国有土地供应前统一纳入储备库，健全“批—征—储—供—用”全周期管理。加强日常巡查，对储备地块巡查达100余次，确保侵害政府土地的行为能够早发现、早制止、早处理，防止国有资产流失。

完成235国道云和段等3个重点项目农用地转用征收报批，总面积1311.8亩，土地征收成片开发报批面积3787.82亩，拟征收集体土地2518.53亩。积极向上争取规划空间和新增建设用地指标，2022年，新增建设用地指标共155亩，其中，山区26县考核指标奖励100亩，省重大产业项目新增建设用地计划指标奖励44亩。此外，235国道云和段改建工程落实省留指标1162亩，并按照40%的比例（上限），申请省统筹补充耕地指标162亩。

2022年，供应各类建设用地36宗1212亩，土地价款总计10.3亿元，其中，公开出让土地6宗550.53亩，出让价款8.75亿元；划拨供应土地30宗661.47亩，划拨价款1.55亿元。办理临时用地17宗101.41亩，办理设施农用地备案7宗15.66亩。办理二级市场补缴出让金共计210宗，收缴土地出让价款7973万元。是年，省国土资源厅下达云和县消化2009—2018年转而未供任务为305亩，完成310.6亩；盘活存量建设用地任务为302亩，完成383.2亩；低效用地再开发任务为78亩，完成205.8亩。新增工业项目用地2宗均以“标准地”供应。

【矿产管理地灾防治】 开展绿色矿山质量再提升行动，落实7家矿山矿产资源储量动态监测及开发利用方案监督检查，督促矿山企业做好生态环境恢复保护工作。做好矿山剥离物、废弃物及工程余方的处置工作。巩固机制砂行业的清查整治成果，制定出台建设工程领域砂石资源管理办法，严格规范机制砂行业准入条件和监管措施，形成以国有企业为主导开发利用的绿色机制砂产业发展新模式。

全面完成地质灾害整体智治三年行动，建立地质灾害风险防范“一张图”。完成崇头镇等5个乡镇的地质灾害风险调查评价；完成石塘镇金村村等4个应急治理项目；划定地质灾害风险防范区213个，通过大搬快聚搬迁、工程治理等方式核减39个，仍有风险防范区174个。推进地质灾害风险隐患“双控”管理，新建普适性地质灾害监测点10个；安装雨量报警器17个；建设地下水动态监测井（眼）2处。不断完善县、乡镇、村三级群防群测网络建设，将地质灾害防范与“地灾智防”APP相结合，不断提升地质灾害群测群防水平。

【自然资源保护修复】 制定出台《云和县农村土地整治实施办法》和《〈云和县农村土地整治实施办法〉补充意见》，抽调15名干部组建稳定耕地整改工作专班，全面启动稳定耕地整改工作。2022年，报备产生耕地指标1975亩，其中，水田指标1023亩。截至2022年底，云和县指标库耕地指标已转正为101.92亩，水田指标为-140亩。开展跨乡镇全域土地综合整治试点工作，白龙山街道等2个街道全域土地综合整治项目被列入全省首批33个跨乡镇试点。

2022年底，瓯江山水工程完成形象进度投资额1879万元（支付中央资金745.7万元），修复梯田约3000亩，修复田间道路7200米，水渠5400米，建设观测平台4处，生态小水潭6处。云和梯田湿地修复成效显著，被央视专题报道4次。受联合国环境署委托，自然资源部牵头在云和梯田景区拍摄

《联合国环境署山水工程旗舰项目微纪录片》，将云和梯田(国家湿地公园)修复工程作为"中国山水工程"典型案例，在联合国《生物多样性公约》第十五次缔约方大会(COP15)颁奖典礼上展示。

坚守耕地保护和粮食安全底线，严格落实耕地两个"平衡"，坚持"人防+技防"的双重监管，推进省域空间治理数字化平台2.0"耕地智保"应用，初步构建县、乡、村三级"田长制"责任体系，设立84个村级田长、156个村级巡查员，安装77个铁塔高位视频探头，对耕地进行实时在线监测。

坚决遏制耕地"非农化"、基本农田"非粮化"，对违规占用耕地从事"非农"建设的94个问题图斑，2022年底已全部整改到位。结合内业分析和外业调查，有序开展土地矿产卫片执法监察，按时整改上报2021年度补充卫片图斑584个、2022年前三季度卫片图斑28个，总面积4029.71亩，涉及耕地1421.1亩，永久基本农田234.05亩。对发现的11宗违法用地行为，及时进行整改，耕地整改完成率和永久基本农田整改完成率均达100%。

从严抓好自然资源督察问题整改，国家自然资源督察上海局发现涉及云和县的问题3个，2022年涉耕、涉矿问题疑似问题81个，往年例行督察发现问题106个。结合国家自然资源督察上海局下发的问题清单，积极向上对接，逐条逐项分析，查找解决问题突破口，按时保质保量完成各类图斑问题的摸排及处置工作。

【国土调查数据应用】 经历初始调查和统一时点更新两个阶段，全面完成第三次全国国土调查任务并公布主要数据成果。全县调查面积98962.58公顷，汇集55327个调查图斑。全县国土利用状况为耕地6858.75公顷，其中，水田6092.66公顷、旱地766.09公顷；园地3963.74公顷；林地79274.82公顷；草地96.97公顷；湿地0.31公顷；城镇村及工矿用地2564.69公顷；交通运输用地937.22公顷；水域及水利设施用地3542.36公顷。根据国家、省级公布的国土三调成果及可公开成果目录，做深国土三调成果共享应用，完善优化国土三调数据管理，满足国土空间规划编制、耕地保护、土地卫片执法、农村宅基地确权登记和管理等工作需求。开展年度土地变更调查，摸清全县2021年土地利用及重点地类变化情况，在国土三调成果基础上进行动态更新，保持国土调查成果的现势性。

【省域空间智治改革】 不断深化不动产智治改革，实现"国有土地及商品住宅产权全链智治"和"不动产信息集成应用"子场景贯通应用，权属查询、预告登记、一般抵押登记等33类业务全部实现"一网通办"，平台利用率达95%以上，商品房首次登记、预告登记，二手房转移、抵押登记等实现全覆盖，全年在"不动产智治应用"平台办理业务3126件。加强跨部门数据的及时传递、处理和应用，实现不动产登记与纳税联办1228宗、金融信贷+不动产抵押登记联办2509件、银行抵押登记"总对总"4130件、水电气联动过户145宗、不动产司法处置"一件事"72件。

切实做好省域空间治理数字化平台2.0县级承接应用，加快推广"耕地智保""不动产智治""地灾智治""天巡地查""多规合一""空间利用"等6个应用场景，做好数据资源汇聚整合、县本级应用试运行及推广，充分应用省域空间治理数字化平台2.0赋能自然资源和规划管理业务，不断提升国土空间治理能力现代化水平。

【地下市政设施普查】 2022年，开展云和县城地下市政基础设施普查及普查成果数据建库，完成地下空间普查40.22万平方米，完成率达98%；完成地下管线普查1088千米，其中，燃气管线94.7千米，包含52.2千米过境管线，普查率达100%；完成县域1:2000比例尺的基础地理信息资源更新；完成地理信息公共服务平台要素在线实时更新2583条；完成全县范围地址名称采集3763条，为建设“社会治理一张图”提供有力支撑。

【自然资源法治建设】 调整成立依法行政工作领导小组，制定《云和县自然资源和规划局2022年法治建设工作要求》，建立健全顾问律师参与法制审查机制，全面推进重大事项及规范性文件合法性审查、公平竞争审查，做好行政复议、行政应诉工作，落实行政执法公示、执法全过程记录、重大执法决定法制审核三项制度。强化法治宣传教育，利用“4·22”世界地球日、“6·25”全国土地日、“8·29”《中华人民共和国测绘法》宣传日等载体开展自然资源法律法规宣传。

【思想作风廉政建设】 2022年，局党委坚持理论学习中心组学习、干部集中学习制度，领导班子带头上廉政党课，不断提升党员干部的纪律意识、规矩意识和廉政意识，全年开展理论学习中心组学习12次，领导干部上党课4次，干部培训30人次。制定《2022年党风廉政建设和反腐败工作的实施意见》《2022年党风廉政建设和反腐败工作任务分工》和《2022年落实全面从严治党主体责任清单》，明确党政班子成员党风廉政建设职责和分工，局党委书记、班子成员、科室所负责人切实履行“一岗双责”主体责任，召开党风廉政专题例会4次，研究“三重一大”事项218件。认真贯彻落实县委“紧起来、快起来、跑起来”作风建设年活动，紧盯土地出让、用途审批、不动产登记、征地拆迁、执法拆违等重点领域，巩固深化扫黑除恶专项斗争成果，持续开展“沙霸”“矿霸”整治工作，全年开展整治12次。严格落实《云和县自然资源和规划局干部职工考勤管理办法》，实行打卡上下班、外出报备制度，累计查岗通报11次，开展干部违纪约谈13人次。 （褚佳敏）

应急管理

【概况】 2022年，云和县应急管理局坚持以习近平新时代中国特色社会主义思想为指导，根据省、市、县安全生产和应急管理工作会议精神和总体部署，全面提升安全生产综合治理能力，持续提升自然灾害科学防控和应急救援处置能力，积极推进应急管理体系和能力现代化建设，有效防范较大社会影响事故，坚决遏制重特大事故，全县安全生产和自然灾害领域总体平稳。

2022年，全县共发生各类生产安全事故3起、死亡3人，事故死亡人数占全年控制指标的100%。其中，建设施工领域发生事故1起、死亡1人，事故起数和死亡人数同比持平；道路运输领域发生事故1起、死亡1人，同比下降50%；水上运输领域发生事故1起，死亡1人，同比上升100%。

【安全生产管理】 2022年，深入贯彻“国务院15条”和“省25条”关于安全生产的重要措施，全面落实县委、县政府决策部署，大力推进安全生产责任体系建设、重点领域安全综合治理、重大安全风险防范等工作，实现安全生产形势总体稳定向好。（一）完善责任传导机制。建立安委会“1+9”组织架构并有效运行，督促各专委会发挥专业统筹作用，落实行业监管责任。健全“1+5”应急管理指挥体系，完善自然灾害领域会商研判机制、协调机制、指令机制和落实机制。县政府与57个部门（单位）主要负责人签订责任书，实行定期通报的动态考核机制。各级党政班子成员按照“一岗双责”的要求，抓好分管领域的安全生产工作，形成安全生产齐抓共管、协同作战的良好格局。（二）优化考核评价体系。着力构建全覆盖的考评体系，实现应急管理责任纵向到底、横向到边。按照“省考市县、市考乡镇、县考村社”的考核机制，制定县级对86个村（社区）的考核办法，推动安全生产责任落到“最后一公里”。开展安全生产“除险保安”大排查大整治，组织巡查暗访11轮，发现问题隐患282个，其中，重大隐患6个、重点问题2个，均按期完成整改销号。“重大安全生产问题清单”整改取得阶段性成效，发挥党建统领处置“问题清单”，建立清单例会制度，完善清单工作机制，通过“重大安全生产问题”统计分析、闭环整改，以点带面提升各系统各行业的安全水平。2022年，云和县共纳入省级重大安全生产问题清单2个，市级重大安全生产问题清单7个，管控力指数排名全省第61名，全市第3名。（三）加强安全生产监管。重视法制宣教，加大执法力度，在严格执法的同时，落实人性化执法、说理式执法要求，以检查整改为主，处罚教育为辅，推动企业落实主体责任。2022年，收缴非事故行政执法处罚款76万元。（四）强化重点领域整治。根据全省“除险保安”工作月度评价指数晾晒情况，县安委办不定期组织各重点行业领域主管单位开展安全风险研判，找准各行业领域、属地范围存在的突出风险隐患，分层分级分类落实管控措施，确保风险防范到位。加强工矿领域隐患排查，紧盯有限空间、涉爆粉尘、危险化学品等突出风险，围绕“工贸领域25项重点任务清单、百日清零行动、工业企业在线系统”等重点，开展重大安全生产风险防范化解工作。32家阀门企业使用危化品不规范问题完成整改，16家涉爆粉尘企业完成隐患整改，同时，检查涉危险化学品企业20余家次，发现安全隐患45处，办理非法经营危险化学品行刑衔接案件1起。开展非煤矿山企业检查20余家次，发现安全隐患55处，责令相关企业限期整改，处罚违法的矿山企业2家，罚金8.5万元。开展木玩企业消防安全整治，联合工业园区管委会、消防救援大队开展安全执法检查，对全县1000余家木玩企业及相关企业、加工点进行消防安全大排查大整治，并在《云和聚焦》栏目曝光木玩企业安全生产、消防安全、违章搭建等问题。

【防灾减灾救灾】 坚决贯彻落实习近平总书记关于防灾减灾救灾工作的重要讲话和指示精神，坚持“人民至上、生命至上”理念，扎实推进防灾减灾救灾各项工作，力求实现“不死人、不伤人、少损失”的目标。一是推进避灾场所建设。避灾安置场所建设被纳入县级十大民生实事项目，如期完成15个避灾场所规范化建设。截至2022年底，全县已完成90个避灾安置场所规范化建设，实现县、乡级规范化避灾安置场所覆盖率100%。成功创建2022年度省级综合减灾示范社区，根据《关于做好2022年度省级综合减灾示范社区创建工作的通知》（浙减办〔2022〕2号）要求，从组织架构、应急力量、隐患排查、宣传教育等方面入手，在大坪社区开展减灾示范社区创建工作，10月，顺利通过省级验收。二是启动县应急救援及物资储备中心项目。项目以应急物资储备仓库、应急指挥中心为主体，打造“一库二中心三基地”的应急管理综合设施，规划总用地面积10380.39平方米，总投资7508万元，项目前期准备工作已完成。三是加强防汛防台抗旱工作。按照“早部署、早动员、早检查、早落实”要求，及时调整县、乡、村三级防汛责任人，组织召开汛期动员部署会，编制完成县级“五断”“五停”工作指引，指导各乡镇、街道完成86个村（社）防汛人员的转移演练。同时，组织开展汛前风险隐患点排查，出动检查人员1267人次，检查235处，发现隐患23处，发出督办单2件、提示函10件，在汛前全部落实隐患整改或落实度汛措施。投入110万元资金，推进基层防汛防台体系标准化建设。成功应对“6·20”超标洪水防御，实现紧急防御期间无人员伤亡的目标。6月20日，受瓯江上游庆元、龙泉等地强降水影响，瓯江干流水位暴涨超越警戒线，云和县紧水滩水库突破四个“历史极值”，致使沿库多个乡镇、街道突发灾情，受灾1608人。县防指立即启动应急响应，迅速组织会商研判、抢险救援，成功转移安置受灾群众320人，落实救援措施40人，未发生人员伤亡事故。全面落实抗旱措施。7月1日至10月8日，全县降水量仅137.7毫米，与上年同比偏少72.4%，为1956年有完整气象记录以来历年最少（1967年降雨量170.2毫米，居倒数第二）。县防指组织气象、水利、住建、农业农村、供排水公司、电力公司等单位，每周实行抗旱会商，有关单位各司其职，全力做好防暑抗旱、保供水、保电力、保农业生产等工作。四是强化森林防灭火工作。落实森林防火责任，实行县领导包乡镇、乡镇领导包村、村组干部包片、159名护林员包山头地块的网格化管理责任制。组织召开森林防灭火形势研判部署会5次，县政府领导对各重点时段森林防灭火工作作出全面部署。同时，将森林防灭火工作目标管理与乡镇街道、部门及领导干部的业绩考核、评先评优等直接挂钩，严格奖惩兑现。强化督导问责，根据不同时期森林防火的特点和要求，先后发布禁火通告2次。会同林业、公安等部门成立督查组，对各乡镇街道、国有林场、重点防火单位开展3轮森林防火督查和重点部位巡查，约谈1个责任不落实、工作不力的乡镇。开展森林火灾隐患排查整治行动，县、乡、村三级联动出动巡查人员2222人次，发现隐患362处，及时制止违规用火200余次。

【强化基层建设】 （一）夯实基层应急管理基础。加强基层保障体系、救援体系建设和物资储备，出台《关于加强基层应急管理体系和能力建设工作方案》，明确县、乡两级应急救援队伍和村（社）应急管理员待遇，县财政安排专项资金220.5万元，用于基层应急管理体系建设。建立县级综合应急救援队1支；在全县各乡镇、街道组建“一专多能、一队多用”的综合应急救援队伍，共10支463人；在行政村组建应急救援小队，每小队5—10人。全县10个乡镇、街道均成立应急管理委员会，86个行政村（社区）设立应急指挥工作小组，选配村（社）应急管理员共103人，落实履职补贴每月500元/人，实现基层应急管理到户到人。将安全生产、自然灾害等风险隐患排查巡查及避险转移、抗灾自救等应急管理职能纳入基层社会治理“一张网”，把网格作为基层最小作战单元，要求应急突击队、村（社）负责人、应急管理员、网格管理员等切实负起安全责任。

（二）健全应急物资保障体系。充分发挥县级应急救援物资储备中心作用，进一步规范应急物资保管、调运、使用、补充、更新、回收和报废等流程，以满足抢险救援需要。

（三）提升应急处突能力。严格落实24小时领导带班值班制度，县、乡两级救援队伍在重要时段靠前布防备勤，集中待命。为全县各救援队补充救援装备，为应急救援队员统一购买100万元保额的人身意外伤害保险。建立全覆盖的无线通信应急保障体系，400兆赫兹频道应急救援对讲系统实现在公众通信全部中断的情况下，可利用通信网功能实时调度指挥应急救援工作。

（四）强化安全宣传教育。开展安全生产培训，提升企业安全意识，通过“线上+线下”方式，组织企业负责人、安管员、从业人员进行培训。全年完成“百万员工大培训”2700人，项目制培训843人。加强宣传阵地建设，浓厚安全文化氛围，在全市率先建成应急安全体验馆1家，通过处州晚报等主流媒体开展安全专栏专题宣传。深化应急安全宣传，积极组织开展“安全生产月”、“3·19”森林消防日、“5·12”防灾减灾日和“10·13”国际减灾日等主题宣传活动。其间，接受现场群众咨询500余人次，发放宣传资料4500余份、宣传品800余份，悬挂张贴横幅、标语400多条，制发微信广告20万条，发送手机短信70余万条，参与“安全应急知识”网络答题竞赛活动6681人。（符欢欢　项伟玲）

消防救援

【概况】 消防救援队伍作为应急救援的主力军，承担着防范化解重大安全风险、应对处置各类灾害事故的重要职责。2022年，云和县消防救援大队在县委、县政府的坚强领导下，以习近平新时代中国特色社会主义思想和重要训词精神为统领，深入贯彻落实党的二十大精神、习近平总书记系列重要讲话精神、省第十五次党代会精神及应急管理部部长王祥喜对消防救援工作的指示要求，以围绕“喜迎二十大，全力保安全”深化“牢记领袖训词，永做忠诚卫士”主题教育和“两严两准”建设为抓手，持续发扬“搏在山区、拼向前列”的丽水消防精神，积极贯彻实施消防安全法律法规和政策措施，圆满完成上级部署的各项重点工作任务，队伍整体形象明显跃升。是年，县消防救援大队共接警出动191次，其中，扑救火灾92次，抢险救援59次，社会救助34次，处置其他警情6起；出动人员2119人次，出动车辆371辆次，抢救被困人员40人，疏散被困人员30人，抢救财产价值1092.54万元。

1人被团中央评为“全国青年岗位能手”，1人被应急管理部消防救援局评为“全国红旗车驾驶员”，1人被浙江省消防救援总队评为“优秀基层干部”，5人被丽水市消防救援支队记个人嘉奖一次。

【落实监管责任】 2022年，县政府多次召开消防安全部署推进会，部署开展合用场所、开放式小区、木制玩具企业、连片香菇棚等一系列专项治理工作。县人大组织开展《浙江省消防条例》执法检查，重点围绕政府部门的消防职责落实，职能部门机制运行，火灾防控重点难点，加强消防教育和培训等6个方面，实地检查应急、住建、文旅、消防、崇头镇、元和街道、工业园区等部门单位，县人大常委会专题听取了县政府关于落实《浙江省消防条例》工作汇报，同时，将执法检查发现的问题，由县人大相关工委进行全程跟踪监督，直至整改完毕，推动各部门、乡镇（街道）进一步清晰自身的消防工作职责，落实消防安全责任，提升了全县消防安全法治化水平。积极推广弱势群体联网式烟感器具安装，结合民生实事工程完成三期联网式烟感安装工作。覆盖独居老人住宅1432户，一级残疾人住宅331户，65岁以上居家老人住宅2000户。实现农村1909户联网式烟感覆盖率达80.2%。县财政下拨相关乡镇18.3万元，用于215户电气线路改造未达标的住宅进行再改造和部分乡镇宣传示范点的创建。

【积极执勤备战】 县消防救援大队结合辖区特点，强化对木质企业、合用场所、高层建筑、水域灭火救援需要建设，优化人员配置和装备配备，加大装备器材采购力度。针对辖区灭火救援任务需求，派员参加省总队、市支队级攻坚组紧急救助能力培训、高空绳索救援能力培训、水域救援和摩托艇培训、无人机飞手培训等，在圆满完成党的二十大安保、“9•16”云和县白龙山街道城南西路81号厂房火灾、“10•17”高胥村香菇棚火灾、“10•26”童园玩具有限公司厂房火灾等急难险重的灭火救援任务中，队伍实战能力稳步提升。积极优化多种形式消防队伍区域联防模式，推动队、站结构由数量规模型向质量效能型转变。2022年，先后对全县微型消防站开展电话拉动532次，实地拉动178次。强化业务训练，定期派业务骨干对辖区多种形式消防队伍进行业务训练，并以“119”消防宣传月启动仪式为契机，组织开展全县多种形式消防队伍比武竞赛，以赛促训，检验成果。

【强化安全检查】 县消防救援大队深刻吸取2021年石塘镇“2•13”较大亡人火灾事故教训，持续深化消防安全综合治理。县人民政府出台《云和县合用场所消防安全管理规定》，为全县合用场所消防安全长效治理提供了制度保障。开展派出所、社区民警和乡镇街道工作人员培训和实训工作2期。对全县348只市政消火栓和3个天然水源取水口进行全面的登记造册和维护保养，确保完好率。检查排查自建房消防安全416栋；排查全县46幢投入使用的高层建筑。持续与县住建部门保持沟通，督促整改隐患。组成由消防救援、应急管理、工业园区牵头的3个检查组，对全县1029家木制玩具企业进行全面安全体检，以厂房外租较多的规上木制玩具企业为试点，督查落实消防设施器材不全、违章搭建、违规住人、自主管理不到位等重点整治措施。组织开展多部门联合检查19

轮次，云和聚焦隐患曝光2轮次，拆除违章建筑3000余平方米，整改使用泡沫夹心板的企业78家，修复消防设施109处，结合县人力社保部门组织的技能提升行动，组织专业化消防检查培训1400人次，实现企业全覆盖。发动相关部门单位开展开放式小区联合检查80余次，对电动车违规情况处罚39起，清理疏散通道电瓶车停放、充电400余处，飞线乱拉300余户。在乡镇、街道的居住小区补贴安装普通集中充电桩195处的基础上，选取5个小区安装了10个规范式联网式智慧充电桩集中充电点。组织召开电动自行车消防安全问题协调推进会，明确了市场监管、住建、消防等部门关于电动车消防安全管理问题的职责。对简易香菇棚开展隐患聚焦曝光1次，交叉检查2次，专题通报1次，发动各乡镇、街道对全县576户菇农的香菇棚进行消防安全全面体检。2022年，县消防救援大队共检查社会单位1188家，行政处罚118家，临时查封15家，责令三停18家，罚款47.69万元。完成省级重大火灾隐患单位丽水星卓玩具有限公司的隐患整改。

【重视消防教育】 积极利用“中国消防”志愿者平台广泛招募消防志愿者，累计招募志愿者6000余人，发起志愿活动135起。在全县各部门、行业邀请优秀代表或知名人士录制“消防公益说”宣传短视频，借助云和“名人”效应，呼吁公众关注消防安全，取得良好的宣传效果。以宣传教育“五进”试点建设为抓手，紧盯火灾多发区域和重点人群，累计发动830余人，实施以燃气、电动车安全使用为重点的远离火灾“敲门行动”2600余次，发放宣传资料2万余份。采取“点单+派单”模式，累计开展消防培训演练35场，受教育群众1万余人。联合县教育局开展“消防安全进军训”“开学第一课”等活动30余场。协同县农业农村局、民政局以党的二十大精神宣讲、文化下乡等活动为契机，针对农村地区开展消防宣传教育活动8场，发放宣传资料5000余份。在云和电视台、童话云和APP等平台累计发布消防安全公益广告和宣传提示56次，在“云和聚焦”栏目开展消防安全隐患曝光行动15次。利用26处社会化LED显示屏、楼宇电视开展全城“亮屏”行动，累计播放滚动提示1万余次。利用移动客户端定期向群众推送短信提示20余万条。（金水华）

市场监督管理

【概况】 2022年，县市场监管局在县委、县政府的正确领导下，认真贯彻党的路线、方针、政策，积极落实上级和县委、县政府的决策部署，聚焦聚力稳进提质、除险保安、塑造变革，统筹发展和安全、效率和公平、活力和秩序，全局工作取得较大进步。是年7月，筹备组建浙江省木制玩具知识产权联盟，12月，入选省市场监管局2022年第二批备案通过的产业知识产权联盟名单；县市场监管局入选省市场监管数字化试验区建设试点单位；荣获浙江省药品检查工作成绩突出集体称号。

【营商环境不断优化】 截至12月底，全县共有在册市场主体2.12万户，同比增长11.25%。县市场监管局以持续优化市场营商环境为抓手，迭代升级企业开办“一件事”和市场主体退出机制，2022年，实现登记在册市场主体突破2万户、注册资本突破200亿元；企业开办指标在全省营商环境无感监测中排名连续三年全省第一，全县市场主体活跃度平稳向好。一是深入推进证照分离改革。全面梳理“证照分离”改革试点事项清单共520项，上线餐馆经营、食品销售等11个“准入准营”事项，采用“一套材料+一次采集+一网申报+并联审批”模式，引导群众办件共48件。二是大力支持个体发展。根据国务院6个方面33条、省8个方面38条、市7个方面32条等稳经济政策，开展全县个体工商户纾困攻坚行动，设立云和县扶持个体工商户发展工作联席会议制度，印发《云和县贯彻落实扶持个体工商户纾困发展若干意见的实施方案》，成立全县个体工商户纾困专班。县内各金融机构累计助力6593家市场主体获贷，获贷金额达41.59亿元；获贷个体工商户5873户，贷款总额20.59亿元。精准落实个体工商户纾困工作，共减免各类税费450万元，兑现市场监管系统涉企补助补贴类资金708万元。三是全力帮扶企业成长。利用日常信用监管数据和“省小微企业云平台”信用信息，结合金融机构评价，为企业精准画像。以信用记录、经营活动评估等创设无抵押无担保信用贷款模式，做到“一次授信、循环使用、随借随还”。累计为4225家市场主体发放首贷10.76亿元，信用融资贷款发放首次突破10亿元大关。四是营造放心消费大环境。打造“放心消费在浙江”品牌，全域推进放心消费建设。2022年，全县创成“双拥”放心消费商圈1个，培育放心消费单位453家，其中，无理由退货承诺单位239家，全面超额完成放心消费建设省定目标任务。聚焦电商企业重点群体，坚持普法宣传和行政指导两手抓，强化预警防范打好“预防针”，“双11”“双12”期间，投诉举报同比下降36%。

【安全监管科学有序】 一是强化食品药品安全监管。紧盯重点，强化食品、药品安全监管，开展“守底线、查隐患、保安全”专项治理行动，聚焦生产、流通、餐饮三大领域的风险隐患开展专项治理。2022年，检查市场主体3664家，覆盖率达95.77%，累计发现风险隐患361个，处置率为100%。落实食品安全“两个责任”，全县设立“包保”责任制，明确“包保”干部284人，实行一级包一级，分片包干，责任到人。设置“两员(食品安全总监和食品安全管理员)”主体197家，包保市场主体数3132家，包保关系对应100%。二是强化特种设备安全监管。开展叉车安全监督管理百日攻坚整治行动，健全“信息流转—隐患处置—违规上路”联动监管执法机制，建立“一车一档”，完成场内叉车登记124台，场外30台，发放牌照154块，全县全年叉车安全“零事故”。三是加强产品质量安全监管。聚焦木制玩具、儿童用品、“三农”产品等开展季节性、滚动式检查；建立生产企业现场抽查、流通领域反溯验证、专项抽查风险监测“三位一体”的产品质量监督抽查机制，切实提升产品质量问题发现处理能力。四是加强重点领域价格监管。持续加大“米袋子”“菜篮子”等重要民生商品价格的巡查力度，严防非市场因素导致价格异常上涨。全年开展重点时段专项检查15次，出动执法人员760人次，立案调查3起。

【除险保安扎实有力】 一是执法水平不断提升。县市场监管局在2022“亮剑”“铁拳”专项行动中，在打击“走私”“网络直播违规营销”“非标电动车”“涉老诈骗”“侵犯知识产权”等领域，案件查办实现新的突破。全年查办案件241件，同比增长45.18%，其中，大要案21件，移送2件，罚没款126.68万元，同比增长72.61%。3月，联合县公安局办结生产销售有毒有害食品案，跨三省抓捕犯罪嫌疑人12名，涉案货值近1000万元，央视二套财经频道对该案作了报道。全年入选省级典型案例4件、推送国家市场监管总局典型案例1件；实施包容审慎柔性执法，优化市场法治环境，对21起轻微违法且无危害后果的行为，不予处罚，予以指导纠正。二是治漠行动扎实推进。开展漠视侵害群众利益网络直播营销违法违规行为专项治理，制定相关制度规范5个，约谈直播经营主体45家，推进“绿色直播间”创建3家。三是“非标”置换专场专换。开展非标电动自行车提前淘汰置换专项行动，在全市率先创建电动车明码标价示范区，出台奖补政策。开展集中淘汰置换专场22场，“置换服务团”为有置换需求的群众服务50次，电动车销售单位100%完成“浙江e行在线”注册，实现“合码登记，一码统管”。完成非标电动自行车提前淘汰置换11156辆，对标省级下达的任务数，置换率达96.93%，排名全市第二。

【创新实践先试先行】 一是“木制玩具制造”“木制玩具销售”经营范围，获国家市场监管总局批准，仅限浙江丽水云和使用，进一步突出云和木玩产业特色，推进木制玩具产业高质量绿色发展。二是积极筹建全省第8个、全市首个国家级知识产权保护平台，组建完成浙江省木制玩具知识产权联盟，吸纳理事单位16家，成员单位8家，金融等服务单位5家，并成功入选省市场监管局2022年备案通过的第二批产业知识产权联盟名单。三是探索推进知识产权简案快办技术执行官择优匹配系统数字化试点建设工作，成功入选浙江省知识产权保护数字化改革试点县，破解在知识产权侵权案件处理方面技术专家短缺的难题。四是联合县金融机构积极推进专利转化运用质押融资，中国工商银行股份有限公司云和县支行发放专利质押贷款惠及企业数量排名全市第二。2022年，全县发明专利授权量30件，同比增长172.7%；有效发明专利拥有量136件，同比增长40.2%；完成知识产权质押融资26笔，总额1.28亿元，同比增长143.4%，专利质押融资首次突破1亿元大关。五是中华鳖生态养殖标准化试点，入选2022年度省级标准化试点项目。六是《以现场改善和优化流程为抓手，夯实质量管理体系基础》创新案例，入选2022年全省小微企业质量管理体系认证提升行动优良案例。

【队伍建设持续强化】 县市场监管局坚持“政治建局”，认真贯彻落实党的二十大、省第十五次党代会、市“两会”等会议精神，推动党性教育常态化；周密部署党风廉政建设工作，印发《2022年全面从严治党工作计划》，做到党建工作与业务工作同部署、同落实、同推进；开展“紧起来、快起来、跑起来”作风建设年活动，按计划讲授廉政党课、开展廉政谈话、批评与自我批评，扎实推进正风肃纪督查、内控建设、作风建设、廉政风险排查、警示教育月、清廉机关建设等各项工作。重视干部队伍建设和青年人才培育，涌现了一批业务骨干团队和青年后起之秀。2022年，食品综合监督管理科干部在全市基层执法人员食品抽样技能比武中，获团体三等奖；质量技术综合监督管理科获浙江省优化营商环境工作成绩突出集体称号；6名干部分别获浙江省市场监管执法工作成绩突出个人、省市场监管安全保障工作成绩突出个人、全省疫情防控冷链食品物防工作先进个人、省食品安全工作成绩突出个人、省市场监管卫士先进个人、省优化营商环境工作成绩突出个人称号；1人获浙江省首届知识产权快速协同保护技能比武大赛三等奖。 （邱　琪）

财政　税务

财　　政

【概况】 2022年，云和县实现地区生产总值95.14亿元，增长-4.1%。其中，第一产业增加值5.71亿元，增长2.7%；第二产业增加值44.60亿元，增长-11.7%；第三产业增加值44.84亿元，增长2.9%。三大产业结构比为6:46.9:47.1。按常住人口计算，人均生产总值74331元。全县财政总收入13.82亿元，下降2.52%；一般公共预算收入8.80亿元，增长0.06%，其中，税收收入6.60亿元，下降7.37%；一般公共预算支出37.97亿元，增长9.96%。全年财政收支平衡。

【组织财政收入】 扎实组织好税收收入。继续大力扶持实体经济稳步发展，坚持放水养鱼，培育涵养优质税源。进一步加强对重点税源、纳税大户的服务和监管，做到勤收细收、应收尽收。做好非税收入和土地出让金收入的谋划和挖潜，力争实现收入平稳有序和可持续。2022年，一般公共预算收入占GDP的9.2%，占财政总收入的63.7%，税收收入占一般公共预算收入的75.0%。全县政府性基金收入12.47亿元，各类社保基金收入3.04亿元，国有资本经营预算收入287万元。全年实现非税收入14.69亿元，其中纳入一般公共预算管理的非税收入2.20亿元。

【经济稳进提质】 全力落实"1+8"政策体系。完善《产业政策奖补资金管理办法》，累计通过政策线上平台兑现各类奖补资金1.15亿元。坚持"早退""快享"将退税政策快速落实到位，全年累计办理留抵退税2.27亿元。充分发挥小额担保公司平台作用，500万元以下担保项目担保费率由1%降至0.5%，减轻企业融资成本。着力稳定就业岗位。落实《稳就业惠民生政策实施方案》，累计向1311家企业发放一次性留工培训补助519.75万元、向1071家企业发放失业保险稳岗补贴557.28万元。狠抓专项债券质量和进度。成立工作专班，制订《云和县专项债券工作专项行动方案》《云和县地方政府专项债券资金管理（试行）办法》，建立健全专项债券项目谋划、储备、使用、管理等工作闭环。坚持横向部门协同和纵向部门沟通，及时储备成熟度高的优质项目。累计争取债券资金8.02亿元，其中一般债券5.5亿元、专项债券2.52亿元。做好政府采购政策落实。加强政策宣传，及时开展质保金清退，组织全县各采购单位开展自查自纠，对违规项目坚持立查立改，累计退还质量保证金705.5万元。

【服务中心大局】 精准推进共同富裕建设。精准扶持低收入群体增收，多渠道筹集资金4000万元，开展"云和雪梨产业创新集成发展三年行动计划"，助力云和雪梨产业化、品牌化发展。落实好"精准扶持低收入农户加快实现共同富裕20条政策"，筹集资金350万元，努力补齐低收入群体增收短板。完善新时代社会救助体系。落实低保、特困供养、孤困儿童标准城乡统筹和自然增长机制，最低生活保障标准从910元/月提高至1035元/月。建立防范因病致贫返贫长效机制。扎实开展"善居工程"，累计为60户低保家庭制定"一户一策"改造方案，改善居住和生活条件，提升生活质量。优化基本公共服务均等化。围绕创建"全国义务教育优质均衡发展县"，多渠道筹措资金，确保一般公共预算教育支出总量和生均支出水平稳步增长。实施"一老一小"明眸皓齿工程，对本县户籍内老年困难群体、0—18周岁儿童青少年做好"一老一小"明眸皓齿项目。完善普惠性托育服务政策，对符合标准的托育机构和经登记的幼儿园托育部给予资金补助。全年民生支出29.1亿元，占一般公共预算支出比重76.64%。全力以赴保障重点项目。深入贯彻集中财力办大事理念，提前谋划"十四五"重大建设项目投融资清单。聚焦新型城镇化样板县域建设、交通基础设施建设、全域旅游等重点工作，筹集基本建设资金11.46亿元，切实保障重点基建项目顺利推进，"财为政服务"理念进一步彰显。

【深化国企改革】 着力完善组织架构。完善出台《云和县市场化改革国有企业整合重组方案》，按照行业相近、主业相关、产业契合度高的原则，将国资公司升格为国投集团，构建新的"1+4"改革框架，集中优势资源，推进国企高质量发展。发挥主力军作用。积极指导转型后的国有公司以市场化方式积极参与基础设施和公共服务项目建设，全年累计承担建设项目80个(其中重点项目47个)，主动助力云景产业平台、小徐未来社区、城市心肺工程等重点项目建设，较好发挥项目建设主力军作用。全力拓展市场化业务。持续提升企业自身造血功能，各市场化改革国有企业主动出击，积极拓展相关业务，与县外各大企业开展深度合作，实现营收突破。强化投融资功能。主动探索通过发行债券等方式，逐步打通直接融资渠道，将县域内有效资源、资产梳理整合，形成以国投公司为平台、相关县属国企为支撑和补充的投融资体系，逐步扩大融资规模，实现滚动融资、良性发展，国投集团于12月15日成功发行企业债1.6亿元。

【树牢绩效导向】 推进财政预算改革和绩效管理。全面深化财政改革。持续推进预算管理一体化，依托预算管理一体化系统，提高项目储备、预算编审、调整和调剂、资金支付等工作的标准化、自动化水平，实现对预算管理全流程动态反映和有效控制。健全项目支出管理机制。出台《云和县项目支出预算管理办法》，对项目的分类、项目库建设以及项目的前期谋划和储备、编报、审核等进行系统梳理，指导各单位规范预算项目管理。推进数字化改革。推广"收支运行智管""专项债券全周期智管""财政公权力大数据监督应用"，助力打造"财政大脑"。承接"浙里捐赠"应用试点，全面上线"浙里报"，实现上线单位公务出行场景全覆盖，持续完善预算管理一体化系统。全面厉行勤俭节约。牢固树立"过紧日子"思想，努力降低行政运行成本，严控"三公"经费和会议费、培训费，全年压减非刚性、非重点支出3211万元。切实提升资金效益，定期开展结余结转资金清理回收，通过不断盘活各领域"沉睡"的财政资金，增加资金有效供给。强化财政监督管理。全面推进预算绩效管理，实现重点绩效目标自评管理全覆盖，开展重大项目事前绩效评估，从立项必要性、投入经济性、项目绩效评价等方面设计事前绩效评估模板。加强财会监督管理，开展会计信息质量及基层财政资金管理专项检查，进一步提高财政资金使用效益。聚焦贯彻落实减税降费政策等6项重点任务，扎实开展地方财经秩序整治。规范公款竞争性存放，严格落实2022年度公款竞争性存放招投标工作，累计公款竞争性存放8.5亿元，并顺利上线公款竞争性存放网上招标平台。开展国有房产(土地)集中排摸整治攻坚，制订《云和县国有房产(土地)集中排摸整治攻坚行动问题整治工作方案》，排查全县行政事业单位及国企管理国有房屋(土地)1044处，摸清底数和问题。

【严守安全底线】 规范地方政府债务管理。严守“三个不得立项”和“六必问责”底线，控制债务增量、消化债务存量。截至2022年底，云和县政府限额内债务余额55.14亿元（一般债务36.68亿元、专项债务18.46亿元），债务风险总体可控。扎实开展隐性债务五年化解工作，2022年化解隐性债务1.09亿元，累计完成化解隐性债务9.63亿元，圆满实现隐性债务清零。防范社保基金风险。严格落实被征地农民参加养老保险政策和企业养老保险省级统筹，按照省级统筹责任分担办法要求，上解责任分担额1.36亿元。认真落实社保风险准备金多渠道筹资责任，多渠道累计筹措社会保障风险金1.3亿元。统筹安排0.69亿元，做实职工基本医疗保险个人账户等资金需求得到有效保障，助力医保基金实现市级统筹。兜实“三保”支出风险。滚动研判未来三个月“三保”特别是工资保障形势，在资金安排和调度上优先保障“三保”需要，累计保障“三保”支出10.04亿元，占一般公共预算支出比重为26.44%。

【打造精干队伍】 学习传达省财政厅开展“高质量发展建设共同富裕示范年”行动工作部署，成立云和财政“青春建功、共富有我”主题行动工作推进专班，一把手亲自挂帅，靠前部署，制订年度工作计划，组建“云和财政青年精准服务共富小分队”及5支先锋队，建立健全“1+5”工作推进机制，始终坚持实事求是、前瞻谋划，重新梳理“集中财力办大事”财政保障体系，调整财力支持结构，将有限的财力精准助力产城融合等七大专项行动，努力破解发展不平衡不充分问题，为开拓一条符合云和实际、具有山区特色的共同富裕之路贡献出财政力量。 （周清杰）

税 务

【概况】 2022年，云和县税务局在县委、县政府和上级党委的正确领导下，以习近平新时代中国特色社会主义思想和党的二十大精神为指引，坚决落实党中央、国务院重大决策部署，全面落实税务总局、省局、市局党委和县委县政府决策部署，切实增强“四个意识”、坚定“四个自信”、做到“两个维护”，坚持“第一议题”制度。全年共组织税费合计收入33.09亿元，同比增长26.77%。税收收入12.68亿元，同比下降2.33%（剔除一次性因素的影响，实际增长11.31%）。其中，中央级收入5.6亿元，同比下降1.64%；县区级收入7.79亿元，同比上升5.9%。社会保险费和非税收入20.41亿元，同比增长91.48%。其中，社会保险费7.31亿元，同比增长12.81%；非税收入13.10亿元，同比增长182.03%。为助力云和打造全国山区县域新型城镇化共富样板，各项工作取得了新进展、新成效。2022年，云和县税务局被丽水市委丽水市人民政府授予“丽水市高质量绿色发展模范集体”称号，获评2021年度县级综合考核优秀单位，获评疫情防控大考大赛先进集体。凤凰山税务分局被评为浙江省青年文明号。离退休干部党支部被评为“第二批规范化离退休干部党支部”。

【税务征管】 2022年，云和县税务局全力落实组合式税费支持政策，助企减负纾困，共落实减负降本4.43亿元，其中，留抵退税2.35亿元，退税524户次；“六税两费”减免2223.09万元；制造业中小微企业缓缴1.38亿元，累计缓缴1837户次，为不同市场主体送去了“及时雨”。严防骗取留抵退税违法行为，累计追回26户次企业共计700余万元留抵税额。深化“纪税协作”，开展政策落实情况检查，查漏补缺，优化工作。一是持续2021年做法，形成“税务+法院”双方联动机制，对新申报的税务债权，做到专人申报、跟踪，有效保护国家税收债权。进一步做好涉案企业税务合规监管工作，及时与县检察院和第三方监督评估组织进行联系沟通，成立合规日常税收管理小组，指派业务骨干担任联络员，下户对企业合规、内控建设提出具体建议，完成全市首家涉案企业税务合规监管工作。二是积极开展税收调研，提升税种管理质效，着眼重点行业，深入分析税收现状与发展趋势，形成高质量的《钢铁生产企业税收负担调查报告》和《木制玩具产业税收情况报告》。不折不扣落实各项税收优惠政策，全年享受研发费用加计扣除57户，加计扣除金额1.95亿元，同比增长80.56%。快准稳落实留抵税，全年办理留抵退税524户次，退还留抵税额2.36亿元。所得税管理不断提质增效，完成358户企业所得税核定转查账鉴定，实现企业所得税查账征收率100%，完成2021年度7456人的个人所得税综合所得汇算清缴工作，补退税办结率达100%。三是进一步夯实税费征管基础，共清理4批次726条问题数据，完成49户个体户和1680户企业的未办税户的情况统计和梳理工作。深化税收征管改革，推进揭榜挂帅项目。开展了部门信息共享，与县自然资源局、生态环境局等13个单位建立了信息共享机制，并共享数据。开展纳税人识别、税种认定工作，强化工业企业房源土地登记税费征缴协作，防范征管和执法风险，对已有数据的636户企业进行比对，整改入库房土两税725万元。

【税费服务】 2022年，云和县税务局通过开展“便民办税春风行动”，问需走访纳税人共计6061户，切实为纳税人解决急难愁盼问题100余个；通过搭建“云”平台，打造“云税播播”直播间，让更多纳税人、缴费人的“忧心事”在云端得到快速解决。先后直播4场次，累计收看人数达1000余人，远程帮办50余次。依托信息化平台发展，打造“智慧办税”体系。2022年，云和县税务局共承接风险应对任务33批次共105户次，通过自然人电子税务局推送的自然人异议申诉任务104条,完成政策落实提示提醒类任务35户次。金三决策二包税收风险管理系统中，共完成风险任务108户次，补缴入库税款305.84万元，滞纳金56.14万元。推进云和县组合式税费支持政策落实的风险防控工作中，金三系统运行平稳，全方位对税务系统信息化开展专项整治工作，压紧压实责任。截至2022年底，网上综合办税率达98.65%，重点业务掌办率达85.75%，“非接触式”办税和群众“零上门”改革成效显著。

【党建工作】 2022年，云和县税务局全面落实新时代党的建设总要求，积极推动党建各项任务落地生根，以高质量党建引领云和税务高质量发展。坚持党管意识形态原则，充分发挥新闻媒体的宣传引导作用，税务工作获得中央级、省级媒体的多次报道，其中以税助农工作登上央视《朝闻天下》栏目和央视新闻频道，云和税务首次登上央视舞台。走访企业6387户，解决困难问题54个，帮助群众实现微心愿25个，开展疫情防控、社区服务等志愿服务48次、2116人次。严格落实中央八项规定精神，认真落实县委“紧起来、快起来、跑起来”作风建设年活动，组织参加全县中层岗位“百舸争流”评选活动，激发中层干部活力。用好监督执纪“四种形态”，常态化做好警示教育，经常性开展谈心谈话，切实抓早抓小、咬耳扯袖。2022年，共召开警示教育大会4次，发送个性化廉政提醒847余人次。持之以恒正风肃纪，努力营造风清气正的政治生态。

【教育培训】 综合运用教育引导、典型激励、数字人事、绩效考核等手段，激励干部担当作为。修改完善《国家税务总局云和县税务局绩效考评结果运用办法》，印发《国家税务总局云和县税务局干部激励措施（试行）》，进一步激发全局干事创业、比学赶超的热情。开展“五个一”警示教育等系列活动，时刻警醒青年干部保持清醒头脑。大力培养青年干部，打造“三位一体”青年学习新模式，制订出台“青年发展型机关”方案。积极向省市局和地方部门推荐人才，1名干部遴选到省局、2名干部被市局提拔为副科级领导干部、2名干部选调到杭州市税务系统、3名干部遴选到市局，6名干部服务地方经济发展。两名干部被丽水市委丽水市人民政府评为“丽水市高质量绿色发展先进个人”。（陈楚楚）

国有资本投资运营

国有资产投资

【概况】 2022年6月，云和县启动新一轮深化国有企业改革，根据《云和县深化国企市场化改革》的精神，设立云和县富云国有资产投资集团有限公司（简称县国投集团），组建城市发展投资、交通发展投资、农旅发展投资、工业发展投资4个专业子公司，将原有的“小而散”状况转变为主要以母公司为掌舵人的“1+4”国资投资架构，形成由国资办监管、母公司负责投融资、子公司负责经营、相关职能部门负责业务协作的工作格局，构建功能完善、分类清楚、职责明确的国资运营体系。截至12月底，通过市场化改革，全县国企已由原来的54家整合缩减至40家。

【公司运行】 2022年，县国投集团面对新冠疫情影响下市场经济的严峻形势，慎终如始地把服务好经营发展作为根本遵循，不折不扣完成县里下达的各项经营指标任务。总资产规模达到142亿元，同比增长16%；净资产24.02亿元，同比增长5.1%；实现营收3.06亿元，同比增长49.3%；扭亏近1400万元，同比增长31.7%。

【项目建设】 2022年，全县固定资产投资纳统项目145个，总投资409亿元，其中，由国企负责代建的项目80个、总投资280亿元。全县共有重点项目63个，由国企负责承建的重点项目47个，占比达74%。县国投集团新增融资贷款（授信）42亿元，有力保障云和县云景产业平台、小徐未来社区等重点项目建设，较好发挥项目建设主力军作用。是年，县国投集团自主谋划落地项目8个，投资总额约12亿元。成功收购房建一级、市政园林二级资质单位，有效投资紧水滩抽水蓄能、杭州滨江飞地等项目，拓展了建筑业、物业管理等板块业务。

【债券发行】 在积极争取银行融资支持的基础上，县国投集团主动探索通过发行债券等方式，逐步打通直接融资渠道，将县域内有效资源、资产梳理整合，形成以县国投集团公司为主体平台、相关县属国企为支撑和补充的投融资体系，逐步扩大融资规模，以求实现滚动融资、良性发展。截至2022年12月，县国投集团已成功发行债券1.6亿元，并创全国近十年以来同主体级别同期限企业债券最低发行利率。

【三池管理】 一是“资金池”管理。资金池作为母公司统一的资金管理平台，于2018年7月设立并投入试运行，先后与9家银行进行合作，将42家公司纳入“资金池”，开设银行账户115个，截至2022年12月31日，资金存量约75450万元，各子公司向资金池内部借款余额为29661万元，解决了各公司因结构性问题导致的资金短缺，大大节约融资成本，有效提高资金使用率。二是“资产池”管理。根据云和县国有房产（土地）集中排摸整治攻坚行动部署安排，2022年7月始，县国投集团组织专班集中办公，全面梳理县域国有资产、摸清底数，共排摸单位137家，排摸登记房屋土地资产1046处。三是“人才池”管理。建立国企人员信息数据库，为人才招聘与调配提供决策参考。截至2022年12月底，县国投集团五大公司共有职工599人，其中，正式员工219人，派遣用工214人，返聘12人，劳务用工150人，见习生4人。根据县招才引智工作要求，完成申报省海外引才计划专家1名。促进公司之间人员交流，合理流动30人，进一步优化了人员队伍结构。

【党建引领】 2022年，县国投集团严格落实全面从严治党主体责任，深入推进清廉国企建设。县国投集团纪检组织紧盯“161”重点工程项目，对全县9个重点项目开展联点督导4次，对进度滞后项目进行督促提醒。紧盯巡视巡察整改，督促指导县交通发展投资公司整改问题15个，完成水务发展投资、城市发展投资公司经第二轮改革后的原巡察问题主体责任交接落实及督查和工业发展投资公司巡察问题整改情况的督查等任务。聚焦“紧起来、快起来、跑起来”作风建设年活动目标，督促各单位和个人自查作风问题120个，已完成整改105个，持续整改15个，开展典型案例警示教育26次。实事求是对拟提拔干部、先进优秀评选和支部换届相关人员共42人次进行廉洁审查，出具意见8份，切实发挥监督治理效能。同时，县国投集团组织100余名党员干部下沉网格，积极配合社区工作，经常入户走访联系。 （肖舒靓）

城市发展投资

【概况】 2022年，云和县城市建设投资集团有限公司（以下简称城投公司）在县委县政府的正确领导下，在广大干部职工的努力拼搏下，围绕服务保障建设“山区县域新型城镇化共富样板”这一中心，紧扣“跨越式高质量发展”主线，聚焦空间，攻坚克难，积极推进城市发展，全年实施项目84个，实现经营性收入4496万元，完成固定资产投资约17.9亿元。

【政府投资项目】 2022年，城投公司负责实施中共云和县委党校迁建工程（红绿融合培训基地）等3个跨年度项目，霞晓桥独山污水处理设施建设工程、云和县消防队迁建工程二次装修工程等13个续建重点项目，6个新建重点项目以及2022年云和县中心城区主要街道及节点春节装扮、复兴路与城南路等路段零星工程交通整改工程、2022年春节节点时花提升改造工程、下城门三角地公园绿化提升工程等42个零星项目。小徐未来社区改造区块全面开工，拆建区块部分子项开工，城投公司加快城市道路建设，负责祥云路（黄水碓—城西路）、大庆寺区块北侧道路等项目和城南东路道路改造工程等道路改造工程。

【民生实事工程】 2022年老旧小区改造项目被列入省民生实事，负责实施云和县浮云小区老旧小区改造工程、云和县中心城区2022年老旧小区综合改造提升项目——（党校区块、环宇路区块、中医院宿舍、公园路32—98号、红光路111—112号）、云和县中心城区2022年老旧小区综合改造提升项目——南山小区等重点民生实事项目，有效改善了居民居住条件，提高了小区环境品质。其中，云和县浮云小区老旧小区改造工程、云和县中心城区2022年老旧小区综合改造提升项目——（党校区块、环宇路区块、中医院宿舍、公园路32—98号、红光路111—112号）已完工改造。完善市政配套设施，2022年已完成新改建污水管网5.6千米，排查管网20千米。城市道路三化一平提升整治——中山街（城东路至新建路）项目被列入省民生实事，提前3个月完工。

【水利建设项目】 2022年，水利投资稳步推进，先后实施17个水利项目建设，龙泉溪云和段综合治理工程已经完成初设评审，已于年底开工建设；浮云溪流域综合治理

（崇头段、城区段提升改造）工程已完成初设批复，进入施工招投标阶段，沈坑门水库工程已于10月开工建设，梧桐坑流域综合治理工程已于7月开工建设。实施紧水滩引调水工程、龙泉溪治理二期（青龙潭、长汀段）工程等5个续建重点项目，其中紧水滩引调水项目主体已完工，实现13.8千米隧洞工程全线贯通，浮云溪、龙泉溪综合流域治理工程稳步推进，新增绿道6.7千米。完成云和县浮云溪流域综合治理工程（将军桥至三望栏段、狮山段、云章下游段I标段）、村头右岸提升改造工程等4个项目完成验收工作；完成云和县沙溪段提升工程等3个项目竣工验收。

【自主开发项目】 2022年，城投公司加快木玩童话小镇地标建筑——木玩展示体验馆等项目建设，负责实施浙江省中波发射管理中心云和广播转播台建设工程、城东幼儿园西侧地块开发（老新云厂）、雾溪制水厂提升改造工程、供水补短板工程——智慧水务等7个项目，推动丽水山泉云和基地（雾溪矿泉水厂）项目落地，进一步提升公司自身造血功能，实现公司做大做强。 （周燕君）

交通发展投资

【概况】 云和县交通投资有限公司（交投公司）是根据《中共云和县委办公室 云和县人民政府办公室关于印发〈云和县国有企业市场化改革方案〉的通知》（云委办发〔2017〕51号）文件精神，2018年12月，由云和县国有资本运营有限公司出资成立的有限责任公司，直属县政府管理，由国资办监管，注册资本8800万元。主要负责交通基础设施建设项目的策划、投资、建设、经营和管理、房地产开发；交通建设物资的供应。

云和县交通投资有限公司下设综合事务部、人力资源部、财务管理部、安全督查部、战略发展部5个部门，下辖云和顺通建设有限公司、云和县永盛公路养护工程有限公司、云和县公交客运有限公司、云和县交通实业发展有限公司、云和县强农实业有限公司5个全资子公司，以及占股30%的云和县鼎晟矿产资源开发有限公司、占股49%的云和县浙石油综合能源销售有限公司。公司共有职工194人，其中在编职工27人。公司设董事会，其中，董事长、总经理1名（比照副科级），其他董事成员4名。设中共云和县交通投资有限公司党支部，现有党员20名，支委会委员5名。

【党建引领】 2022年是中国共产党新百年征程的开局之年，是党的二十大隆重召开之年。强国建设，交通先行。这一年，云和交通工程迎来了大建设，235国道云和段改建工程进入全线全面铺开的施工阶段，为保障交通工程建设的有力有效有序进行，在项目建设中发挥党组织先锋队和党员先锋战士的作用，以更“严”的作用推进工作，以实“干”的精神做好落实，这一年，中共云和县交通投资有限公司支部委员会下发了《2022年党建工作计划》；持续抓好县委巡察组巡察反馈意见的整改落实，着力巩固和拓展巡察整改成果；成立“紧起来、快起来、跑起来”作用建设年活动工作领导小组，动员党员、干部和全体职工投身作用建设年活动；为增强党支部的战斗堡垒作用，经县国投集团党委批准，支委委员由3人增配至5人；编制了《G235国道云和段改建工程参建单位党建联建工作方案（草案）》；常态化开展“三会一课”、主题党日、周一夜学、学习强国党风廉政等党建活动，专题召开党的二十大精神学习会。中共云和县交通投资有限公司支部委员会以巡察反馈问题整改落实为主线，以抓党建与工建融合发展为主责，以作风建设年活动和“党建引领，促项目建设”党建一企一品牌创建为载体，积极推进交投公司党建工作。

【项目建设】 2022年，交投公司共开工实施项目5个：235国道云和段改建工程、局龙线（金水坑至龙门段）改建工程、黄安线提升改造工程、老云龙提升改造工程、官坑驿站。实施交通项目建设4个。其中，紧水滩库区水上服务站、云龙公路二期等已如期完成；石塘交通中心码头工程、赤石码头高水位泊位提升改造工程等项目正有序推进。前期推进项目4个：长深高速公路云和赤石互通改建工程、S210仙居至景宁公路云和局村至大徐段工程（原328省道）、云和湖玉溪库区航道提升改造工程、云和县智慧物流交通汽车服务综合体；谋划项目4个：S210仙居至景宁公路云和规溪亭至朱村口段工程（原328省道）、322国道云和后山至麻垟段公路改建、县城过境公路、义龙高速至长深高速云和联络线，投资总估算达到了91.96亿元，形成了“开工一批、建成一批、谋划一批”的项目持续推进机制。

【公路养护】 2022年，交投公司牢牢把握云和公路事业发展目标任务，主动作为、苦干实干，承接了2021—2022年云和县国省道、县乡道公路日常管养（小修保养）、2022年云和县“四好农村路”路面大中修工程、云和县2022年普通国道路基路面养护工程、云和县老云龙公路提升改造工程等10个工程项目，营业额突破7000万元，比2021年增长52%。

公路养护秉持“建设好、管理好、养护好、运营好”的原则，切实提高农村公路整体服务水平。2022年完成普通国道路基路面养护工程10.02千米；完成全县39条总里程147.973千米的存在破板、裂缝、露骨的农村公路路面修复；完成X311云景线K0+730处公路灾毁应急处治；完成民生实事项目：小云线、大后线等7条县乡公路共计85.372千米的大中修，张庄岭脚至张兰、后交线计20.241千米的改善提升工程。

【运输服务】 县公交客运公司（简称公交公司）分别于2022年9月9日、2022年9月26日完成公开招投标，并于10月底交付三辆纯电微型公交车，该三辆公交车为一踏步车型，填补了公交公司此类车型的空白，方便了残疾市民出行。截至2022年12月公交公司共有31辆城市公交汽车，其中纯电动车型28辆，汽柴油车型3辆。实施“老兵码”免费乘坐公交车优惠政策，为进一步增强退役军人的荣誉感，营造尊重退役军人、尊崇军人职业的良好社会氛围。公交公司与县退役军人事务局协调，依托“浙江老兵码”平台，制定全市退役军人、三属免费乘坐云和城市公交车政策。从2022年11月18日起，浙江省丽水市首个正式实施“老兵码”免费乘坐公交车的优待政策，在浙江云和县落地。让广大退役军人享受到党和政府前所未有的温暖和关怀。正式开通公交乘车离线支付码，受网络信号影响，公交车在线支付功能时常会出现支付失败的情况，带来了诸多不便。为方便市民群众乘车付款，自2022年11月20日起，开启支付宝乘车码和微信快乘车小程序的离线支付模式，并于2022年11月30日全面关闭支付宝、微信的在线付款码支付模式。支付宝乘车码和微信快乘车小程序可实现丽水全域的互联互通，在丽水全域公交车上刷码离线支付乘车。 （周萧云）

工业发展投资

【概况】 云和县工投经济开发有限公司（以下简称工投公司）成立于2022年7月，是由云和县国有资本运营有限公司出资成立的国有企业。工投公司组建以来，在县委、县政府、国投集团的正确领导和广大职工的共同努力下，工投公司坚决贯彻、迅速落实县委县政府各项决策部署和要求，以平台建设、资产盘活、业务拓展等重点工作为抓手，真抓实干、立足本职，有序开展各项工作。

【项目建设】 2022年建设项目40个，其中基础设施项目37个，平台拓展项目3个，累计完成固定资产投资7594万元。完成高胥移民湾平台建设，拓展平台约175亩，并供企业开工建设；建成街心公园2个，绿化面积1.5万平方米；公共服务中心大楼8000平方米；完成停车场、污水管网改造、道路硬化等工业平台改造提升项目28个，兴昌路、启航街等“断头路”延伸工程3个。完成赤龙区块矿地综合开发利用项目前期工作。

【融资工作】 截至2022年12月底，已融资到账3.25亿元，市农发行预包装16亿元项目贷已完成授信，县工商银行12亿元项目贷款在审批中，县中行、农行、建行组团项目贷业已完成可行性研究报告。

【盘活资产】 全面梳理现有资产，其中有产权证的店面35个，厂房15幢，均已通过公开拍租的形式招租，实现年租金收益268万元。未办理分户产权证的安置房21套，职工公寓房156套，广场、公厕、管理房合计8处，界限清晰的征而未用空地11处。将条件成熟的闲置资产通过公开拍租的形式予以出租，2022年共完成4处闲置资产招租和拍租。

【安全生产】 建立健全工投公司安全生产领导机构，成立安全生产领导小组，明确领导班子成员安全生产“一岗双责”。编制《安全教育培训学习制度》《安全生产检查与安全隐患整改制度》《安全生产工作会议制度》等6个安全生产制度初稿和《安全生产应急救援预案》。7—12月，共开展检查活动10多次，查出安全隐患60多处，落实整改闭环率达100%。 （邱晓芳）

农旅发展投资

【概况】 2022年是“十四五”规划发力之年，也是云和县农旅投资运营有限公司（以下简称“县农旅投公司”）启动改革重组的一年，县农旅投公司业务布局初步形成的一年。在县委、县政府、县国资办和县国投集团的支持和领导下，2022年，县农旅投公司坚持稳中求进工作总基调，在重组初期做好人员平稳过渡和业务迅速整合，精准发力AAAAA创建、湖上改造、土地整治、乡村建设、培训业务、后勤服务等领域，逐步推动全县农旅产业和服务产业跨越提升。主要指标有：一是经济指标。2022年，县农旅投公司计划完成营业收入2749万元（核减400万元梯田特许经营费），实际完成营业收入约3313万元（除400万元梯田特许经营费），其中本部613万元（含瓯上公司593万），新农村公司381万元，红绿融合公司224万元（含分公司），强云（邦宁）公司1588万元，瓯上旅行社117万元，仙宫公司110万元，欣艺园林公司280万元；计划完成利润总额-544万元，实际完成利润总额-405万元；计划完成资产总额26.7亿元，净资产总额3.7595亿元，实际完成资产总额25.6亿元，净资产总额3.9亿元，较好地完成年度经济指标和国有资产保值增值。二是投资指标。2022年县农旅投公司及下属子公司计划完成年度投资3300万元，实际完成年度投资9229万元，计入统计系统投资3337万元，完成年度计划的101.12%。年度已完工项目9个，完成投资约5453万元，占完成投资的59%；续建项目7个，年度完成投资约2896万元，占完成投资的31.3%；土地复垦项目11个，完成投资约880万元，占完成投资的9.7%。总之，县农旅投公司充分发挥农旅项目建设主力军职责，深入AAAAA创建、湖上提升、土地整治、未来社区创建等主战场，全年完成投资额约9200万元，无安全生产事故，取得了顺利推进项目建设和安全生产的良好答卷。

【强化内控管理】 先后印发《“三重一大”事项决策实施办法》《规范请销假管理暂行规定》《人事管理制度（试行）》《加强公司作风建设暂行规定》《建设项目造价咨询、招标采购、代理服务收费指导价标准》《财务管理细则（试行）》《资金支付管理办法（试行）》《伙食补助管理办法》《总经理办公会议事制度》《董事会议事制度》《党支部委员会议事制度》等涉及日常管理、财务管理、项目管理领域的共计23项内部管理制度。优化人员队伍，发掘干部自身特点，精准做到过渡期间人岗匹配，避免公司各项业务出现滞后。高度重视公司重组整合，指派精兵强将重点研究各子公司划转合并，完成子公司股权划转、合并等结构优化。在后勤服务方面，新增县车站和工业园区等的保安服务，达成与中梁悦和府和海云公司云北智创中心的物业服务，逐步接手农贸市场和城西菜场的运营管理，启动园林养护市场化进程。

【拓展文旅板块】 童话小镇客厅云和展示馆及木玩馆正式对外开放，成功举办中秋特别活动及小小讲解员选拔活动，全年共接待来访团队3258人次，散客21242人次；完成“遇见云和你”商标注册，启动文创产品和农旅宣传品研发，扶持本地农副产品共计开发完成三款产品，分别是“云和手礼藤编文创礼盒”“遇见云和你系列徽章”“云和手礼农产品宣传礼盒”；黄家畲精品民宿7—10月迎来人流爆点，客房预订供不应求，客户反馈普遍良好；仙宫景区紧跟潮流，启动夜游项目，康养岛爱情露营基地对外开放；先后承接县十七届人大代表履职能力提升培训班、县政协委员（机关干部）培训班等18个班次培训班及各类活动，客户口碑良好。

【推进乡村建设】 年度完成搬迁对象安置48户，大坪安置小区房屋销售48套，房款收入3099万元；年度完成“大搬快聚富民安居”工程融资贷款14602万元，通过新农村公司拨付到各乡镇街道整村搬迁补助资金约13715.24万元，提供了强有力的信贷资金支持；稳步推进两山合作社工作，年度完成清单式收储耕地7002万亩、林地76.6万亩、公益林57.4万亩等，基本形成自然资源资产清单库；重河湾植物基地完成省级保障性苗圃复审，林业共同富裕综合体项目建设申报和苗圃基地油茶中央资金申报；完成2022年北溪林场松材线虫病防控工作。

【打造优良工程】 一是提升梯田AAAAA创建项目。天籁云和停车场改造提升项目（二级游客中心）基本完工，栈云山庄一期工程室外工程完工验收，梯田景区活态博物馆、将军桥入口景观提升工程、索道周边生态修复工程、排污项目（二期）启动建设。二是实施文旅项目。县重点项目云和东旅游集散服务中心（一期）项目室外配套工程完成70%，排污工程完成80%，配电工程完工；小镇客厅室内装饰工程完成建设并完成消防验收，云和县党群服务中心项目完成整体工程量的80%，仙宫景区醉月楼项目已完成主体工程初步验收，室内装饰工程完成招投标公告公示。三是完善土地整治项目。根据云和县《农村土地整治实施办法》，新农村公司积极开展元和街道竹里村高窍区块、沈村村程里坑、赤石乡杭汀村邱家、紧水滩镇牛头山村烂浆糊等11个土地整治项目，已全部开工建设，验收土地82亩，年度完成投资1260万元。未来社区创建中，县农旅投公司加强组织领导和党建引领，在接收到提前一年完成大坪未来社区创建的第一时刻，立刻成立创建专班，扎实有序推进未来社区创建项目建设，并于12月23日圆满完成大坪未来社区创建项目省级验收工作，成为丽水市首批、云和县首个未来社区。

【促进对外合作】 云和东旅游集散服务中心项目和小顺钓鱼岛区块通过前期与那云文旅公司的多次洽谈交流，已基本确定项目方案与合作模式，待县委县政府决策通过，若达成项目引进，云和东大门和云和湖上新增一处引爆旅游行业的旅游目的地；云和湖仙宫景区仙牛岛露营基地项目于2022年12月20日与杭州伴山传媒科技有限公司签订投资协议，将共同把仙宫景区打造成养生休闲、垂钓娱乐的露营胜地；栈云山庄项目与梯田投资公司签订框架合作协议，有效盘活当前闲置国有资产，提高资产使用效益；重河湾植物基地与省园林植物花卉研究院达成合作意向，计划双方合作，由其提供人才技术支持，利用现有资源和树种，将重河湾植物基地打造成园林专业技术人员培训中心和浙西南花卉研究成果转化基地；与市文旅公司对云和仙宫湖文旅项目（文旅飞地办公空间）建设运营合作形成初步构想和框架，共同建设云和湖水上共富基地；与省后勤经济发展集团合资成立物业管理公司，开启县内物业管理高质量服务。

【坚持党建统领】 坚持以党建统揽全局，深入学习贯彻习近平新时代中国特色社会主义思想和党的二十大精神，广泛开展党的二十大精神宣讲活动，以深刻领悟和捍卫“两个确立”为引领，全面提升“政治三力”，加强全体党员干部党性修养，增强“四个意识”、坚定“四个自信”、做到“两个维护”。不断压紧压实主体责任，强化制度建设，将党风廉政建设与日常工作和项目建设同步开展推进。强化理论学习，创新学习方法，抓好成果运用，严格落实“三会一课”，提高学习针对性、实效性，坚持学以致用，用以促学，紧密结合公司实际，将学习研究成果及时运用于各项工作决策中，推动县农旅投公司各项建设迈向高质量发展新台阶。（韩李莲）

金　　融

银　　行

【概况】 2022年，在云和当地的银行共有12家，其中可以分为两大类：一类是负责掌管金融政策的银行，即中国人民银行云和县支行；另一类是商业性银行，共有11家：即中国工商银行云和县支行、中国农业银行云和县支行、中国建设银行云和县支行、云和县农商银行、云和县联合村镇银行、中国邮政银行云和县支行、浙江稠州银行云和县支行、浙江泰隆银行云和县支行、温州银行云和县支行、浙江台州银行云和县支行、中国银行云和县支行。2022年，由于人民银行云和县支行积极贯彻稳健的货币政策、紧紧围绕稳住经济大盘目标，引导全县金融机构精准把握信贷投放进度，切实发挥金融对实体经济的托举作用。截至12月末，全县本外币存贷款总量达322.23亿元，较年初新增53.12亿元。其中，全县各项存款余额166.69亿元，同比增长19.90%，增速位列全市第四；各项贷款余额155.54亿元，同比增长19.56%，增速位列全市第六。余额存贷比、新增存贷比分别为94.30%、94.66%，分别位列全市第六、第五。

2022年，各类央行货币政策工具高效精准落地。截至12月末，支农支小再贷款余额1.33亿元，主要用于满足支农支小信贷需求。落实好两项直达工具接续转换，落实普惠小微贷款支持工具，激励比例由1%提高至2%。已经落实普惠小微贷款支持工具激励772.81万元。加强金融风险防范化解。通过央行评级、存款保险核查和信贷资产质量核查进一步了解辖内法人机构风险状况，开展风险排查及预警提示，推动法人机构持续稳定经营。配合县法院开展涉金融执行终本库存案件出清工作，为依法维护地方金融秩序提供有力保障。全县金融机构不良贷款年末余额7654万元较年初上升603万元；不良率0.49%，较年初下降0.05个百分点，略低于全市平均水平，金融资产质量位列全市第6。

【中国人民银行云和县支行】 中国人民银行云和县支行是负责云和县金融政策性导向的银行，对当地银行进行监督、管理和指导，管理流通中的货币总量，维护支付、清算和结算系统的正常运行。2022年，各项工作都取得了长足发展。

一是充分发挥金融助力地方经济发展。首先，精准助力重点领域。以开展“共富丽水”金融服务年活动为载体，全面加强对制造业、民营和小微企业、涉农等领域的信贷支持。截至12月末，全县普惠小微贷款、制造业贷款、涉农贷款分别新增21.84亿元、5.34亿元、22.09亿元，余额同比增速分别为35.57%、23.59%、28.18%。持续加大对高新技术企业、专精特新中小企业的支持力度，引导辖内金融机构为暂时经营困难的专精特新企业提供信用贷款900万元，《人民日报》对该案例进行了报道。积极对接县政府重点项目。截至12月末，全县金融机构共为12个重点项目授信36.57亿元，贷款余额12.48亿元。其中，针对2022年县政府重点项目——云和县生态产品价值实现示范区(云景生态产业园项目),农发行已成功授信16亿元、农商行发放贷款6000万元。其次,高效落实助企纾困政策。落实延期还本付息政策“应延尽延”,辖内金融机构均推出了延展期还款、无还本续贷等政策优惠,有效缓解困难企业还贷压力。不但引导金融机构持续加大对外贸出口企业的融资支持,全县76家外贸企业贷款余额8.61亿元,较年初新增2.37亿元,余额同比增长10.81%;还引导全县金融机构主动下调贷款利率,创新推出“新市民贷”“远程视频贷”等专项信贷产品及金融服务模式,有效缓解困难企业还贷压力。全县年末一般贷款加权平均利率5.02%,较年初下降18BP;企业贷款加权平均利率4.42%,较年初下降38BP,其中小微企业一年期抵押贷款平均利率降至4.0%。最后,稳步推进改革试验区建设。积极推进金融支持生态产品价值实现机制创新,2022年,生态抵(质)押贷余额达17.73亿元,“两山信用贷”余额达1.53亿元。加快推进数字普惠金融,启动丽水市域外小商超、小超市金融服务平台项目建设,截至12月末,“两小”平台注册“两小”商户数225家,贷款授信总额达到6434万元。持续深化农村产权融资,林权、农房、土地流转经营权抵押贷款余额分别为5.13亿元、5.66亿元、0.77亿元。联合县农业农村局、县金融办创建云和县乡村振兴•共同富裕金农联盟。全县金融机构新型农业经营主体贷款余额5.87亿元、874笔;累计开展金融特色服务活动90次,惠及群众6080人次,发放宣传资料3010份。

二是竭力优化金融服务。首先,持续开展打击治理电信网络诈骗工作。开展存量企业银行账户风险排查工作,加强开户审核、开展反诈宣传,对全辖银行机构开展暗访及现场督察工作。持续推进“移动支付便民示范工程”建设,截至12月末,建成乡村振兴服务站80个,两山金融服务站37个。其次,货币金银及支付结算工作提质扩面。积极开展反假货币宣传月活动,共组织线下反假货币宣传活动40场,制作发放宣传资料9500余份,网络宣传点击量达2万余次,反假货币知识网络答题推广人数5500余人,宣传受众人数1.2万余人。联合县市场监管局、公安局经侦大队、文化市场执法大队开展联合检查工作,整治工作成效明显。最后,国库管理水平持续提升。积极配合县税务部门持续打出减税降费“组合拳”,开展大规模留抵退税业务,优化营商环境,让纳税人缴费人更快、更好地享受减税降费等政策红利。截至12月末,支行国库共处理增值税留抵退税业务共计475笔,1.37亿元,并荣获2022年丽水市人民银行系统国库会计核算质量劳动和技能竞赛优胜集体称号。（练玲玲）

【中国工商银行云和县支行】 2022年,中国工商银行云和县支行(简称工行云和县支行)在县委、县政府的领导下,在县金融办、县人行等部门的关心指导下,全行以习近平新时代中国特色社会主义思想为指导,认真贯彻落实省市分行行长会议精神和各项决策部署,全力提升市场竞争力,立足服务实体经济,有效防控经营风险,实现各项业务稳健发展和安全经营。2022年末,本外币各项存款余额20.72亿元,比年初增加3.76亿元,同比增加22.17%;本外币各项贷款余额22.01亿元,比年初增加3.01亿元,同比增加15.84%;不良贷款余额164万元,不良率0.07%,四行最优。全年未发生重大风险事件,实现安全运行。本外币各项存款时点余额20.72亿元。通过系统营销和新互联网线上营销,提升个人管户资产;通过营销社会热点资金,积极拓展个人中高端市场;做好职场营销,提高代发工资留存率;做好到店客户维护,守好大堂,每客必问。加强与政府单位的走访互动,做好公款竞存招投标工作;利用普惠贷款利率优惠支持中小企业,争取企业货款回笼,从而增加公司存款。

大力投放贷款,支持实体经济。落实普惠金融政策,支持制造业发展，全力抓好贷款发放工作，支持地方经济发展。新增大搬快聚富民安居项目放款5408万元。至2022年末，实现项目贷款余额1.86亿元，比年初增长0.43亿元。全面推行普惠政策，大力支持制造业发展，积极推荐网贷通、在建工程抵押等合适的产品匹配客户。实现普惠贷款余额8.75亿元，比年初增加1.53亿元，余额和增量列四行第1。利用木制玩具产业集群方案、转贷预审批、网络化快速贷、中长期贷款、网贷通等产品支持企业客户，并成功投放了美元贸易融资贷款，实现了外币贷款零的突破。成功办理了全县首笔排污权质押贷款，以及支行首笔政府采购通贷款。制造业贷款余额5.99亿元，比年初增加0.72亿元；小企业贷款余额5.81亿元，比年初增长0.23亿元。大力支持人民群众对住房的需求，为“东景苑”“大搬快聚大坪社区板块”“佳龙云筑”等房开项目发放个人住房贷款。个人住房贷款余额6.41亿元，累放额1.39亿元，余额和累放额列四行第1。

全面提升网点服务，让群众满意。践行以人民为中心的发展思想，不断提升网点服务水平，推进“人民满意银行”建设。完善了“工行驿站”设施建设，完成“放心消费金融网点”评测；下沉普惠业务，调整个人客户经理、理财经理增加网点服务能力；通过“学加练”技能大练兵活动提升网点员工服务技能，激发营销潜能；通过岗位调整、客服通岗、弹性排班、优化劳动组合等措施抓好网点的劳动组合和排班管理；增加大堂人员，优化网点分区服务和沙龙组织，建立“一岗一策”管理机制，发挥网点合力和厅堂效能；加强网点的现场管理，全面提升网点客服经理的运营服务效能，提升网点服务水平和产能；以对人民高度负责的态度抓好客户投诉治理，让群众满意，全年有效投诉为零，客户满意度持续提升。通过抓实信贷业务真实性治理，落实大户分析会诊制度，做好风险隐患排查，加大逾期贷款风险化解力度和不良贷款处置力度，有效防控信用风险，信贷资产质量保持最优。2022年末，五级分类不良贷款余额164万元，不良率0.07%，四行最优。公司贷款一直保持零不良。

加强内控管理，实现安全经营。以提高案件防范意识、操作风险控制能力、规章制度执行力和落实各项内控措施为重点，狠抓细节管理、过程监督、履职检查、违规处罚和问题整改，着力落实内控管理责任，落实员工异常行为网格化智能化管理要求，提高内控管理水平，切实防范操作风险和案件风险。通过内控合规专业网络学习、警示与反思教育活动、《内部控制手册》应用督导推动、落实《中国工商银行丽水分行基层网点主要负责人案件防控“十必做”工作实施方案》等一系列活动加强教育培训，营造合规文化；实施重点领域重要业务风险点检查，消除风险隐患；通过网格化管理，开展岗位练兵、业务竞赛、风险防控等工作，提升网点运营管理水平；通过联网核查客户身份证件、柜面问询、客户回访、实地查访、公用事业账单和网络信息查验等方式，加强反洗钱工作；加强征信用户、系统等管理，严格执行人行相关规定；围绕安全生产，认真执行“三查五问”制度，落实“班前班后”安全自查，在全市第19届安全保卫技术比武中获得第一名；深化打击治理电信网络新型违法犯罪；加强网点和员工疫情防控，实现安全经营。

坚持党建引领，构建清廉金融。邀请省党代表宣讲省党代会精神，组织全体党员集中观看党的二十大开幕会，学习二十大报告，提升党员和广大干部员工政治素养和理论水平。到县体育馆参观“风展红旗如画”国旗展，参观革命烈士纪念碑缅怀先烈，开展清廉金融文化深化年活动，组织全体党员和入党积极分子观看《张有赋案警示教育片》；落实中央纪委六次全会精神和中央巡视整改工作部署要求，做实以案促改、以案促治、以案促建，厚植“三不”一体推进的思想根基。全面从严治党从严治行，深化整治工作；开展自查自纠，严守财经纪律和廉洁纪律、杜绝“虚列支出套取费用”问题，严防违反中央八项规定，努力构建风清气正的清廉金融环境。

积极履行责任，心系群众。组织员工参与新华网格疫情排查等抗疫工作。与赤石乡双林村党建结对，支行党总支与村党支部定期开展共建活动，支行13名党员干部与双林村14位村民一对一结对，每月入村了解贫困群众生活、饮用水和子女教育等情况，及时为村民解困与提供物资等帮助。开展“金融知识普及月　金融知识进万家　争做理性投资者　争做金融好网民”消费者权益保护宣传活动，开展“反假宣传进农村，残币回收入村镇”主题活动，参加人行组织的中山广场反诈宣传。做好垃圾分类工作，配合迎接省垃圾分类检查。举行“工行驿站—社会保障卡服务点”揭牌仪式，开启银政合作共赢服务新征程。（胡广宇）

【中国农业银行云和县支行】 中国农业银行股份有限公司云和县支行地处云和县凤凰山街道中山路162号，内设综合管理部、客户部和营业室3个部室，在职员工38人。农行云和县支行主要职能是办理存款、贷款、承兑、贴现、国际结算等业务。先后被评为中国农业银行总行级文明单位、浙江省文明单位、浙江省巾帼文明示范岗，多次被上级行评为先进集体，获得丽水市创建学习型组织、争做知识型职工先进单位，丽水市消费者信得过单位，丽水市工人先锋号等多个荣誉称号。2022年，云和县人民政府金融办公室公布金融机构支持地方经济发展业绩考核结果，农行云和县支行在四行中考核第一，荣获云和县金融机构支持工业经济贡献奖。同时，获制造业信贷投放贡献奖、项目资金保障奖、普惠金融服务乡村振兴优胜奖等3个奖项。

截至2022年末，农行云和县支行各项存款余额23.1亿元，各项贷款总量24.29亿元。营业收入、净利润、拨备前和拨备后利润均圆满完成上级行下达的指标任务；实现中间业务收入837万元，计划完成率101.38%。新发生不良贷款195.3万元，累计处置不良贷款169.15万元，不良率下降0.08个百分点。全年无经济刑事案件、无重大违规事项、无重大经营风险，连续25年实现平安经营。

2022年，农行云和县支行牢牢抓住丽水跨越式高质量发展的契机，认真贯彻落实党的二十大精神，深入领会党的二十大对于金融工作的要求，将金融“新三性”嵌入到工作当中。充分运用山区26县的信贷差异化政策、运用好“三农”创新基地优势，大力推广生态共富等乡村振兴领域贷款助力乡村振兴，推进山区共富样板建设。激励员工必须牢固树立“开局就是决战，起步就是冲刺”的理念，突出重点、加快发展，以最大努力去争取更好的成效。（张　霞）

【中国建设银行云和县支行】 2022年，中国建设银行股份有限公司云和支行（以下简称建行云和支行）围绕市分行锚定的高质量发展目标以及员工收入“有增长”与价值创造能力“有提升”的要求，深入推进“能力作风建设年”活动，不断提升各项主营业务系统贡献度，进一步增强存贷规模纵横向竞争力。一是负债业务：截至12月末，支行一般性核心存款余额14.41亿元，较年初增长2.51亿元，当年新增四行排名第3。其中，对公存款时点余额为8.2亿元，较年初新增1.6亿元，四行时点新增排名第2；日均存款余额为6.6亿元，较年初减少3704万元，四行占比排名第3；个人存款时点余额6.24亿元，较年初新增8717万元；日均余额5.53亿元，日均新增6064万元，四行排名位均第3。二是资产业务：截至12月末，支行贷款余额16.07亿元。较年初减少了7672万元，其中对公贷款余额5.65亿元，较年初减少1768万元（浙能天然气项目贷款提前还款1.2亿元）；个人贷款余额10.42亿元，减少5905万元，其中，个人住房贷款余额6.2亿元，全年减少6960万元。普惠贷款余额4.38亿元，全年新增5508万元，普惠余额位列县域支行第3。三是资产质量：截至12月末，支行不良贷款余额355.83万元，比年初减少42.33万元，不良率0.22%，比年初下降了0.02%，不良贷款额、率实现双降。

2022年，云和支行坚持一手抓经济，另一手抓党建。为深入落实网点党支部组织建设的各项要求，推进“一网点一支部”建设工程，建行云和支行党支部顺利升格为建行云和支行党总支，完成建行云和支行党总支委员和下辖党支部委员（书记）选举，并由网点负责人担任支部书记履行“一岗双责”，推动网点党支部标准化、规范化建设。同时重视党员队伍建设。建行云和支行先后共新确立发展对象1名、入党积极分子2名，并认真落实“三会一课”制度和要求。建行云和支行还提拔了进入建行仅满2年的青年员工作为综管部负责人，努力构建老中青三代结合的人才梯队，以弥补内部晋升、人事变动、离职退休带来的断层缺口，充分发挥党员先锋模范作用。

坚持以“人”为本的核心理念，按照存款开源提量，贷款扩容提效“两条腿走路”的思路发展业务。一是一如既往做好日常重点客户存款维护工作。组织客户经理多次走访县城投公司、县水投、县旅投等五大国有公司、加强与县财政局、县自然资源规划局、县教育局、县工业园区等重点客户的联系。2022年全年承接云和县专项国债下发金额3.12亿元，承接率达62.4%。二是重点关注国有公司资金往来情况。力争做到“留住资金、长留资金”。2022年，建行云和支行积极做好浙江紧水滩抽水蓄能有限公司、云和抽水蓄能电站有限公司、中铁二十三局集团有限公司丽水分公司的常态化服务打下良好的紧密合作基础。三是大力支持小微企业发展。针对小微企业融资难问题，主打抵押快贷、信用快贷、个体工商户经营快贷、云税贷等在内的“快贷”系列产品，小微企业（个体工商户）可根据自身经营特点择优匹配。截至12月末，支行累计授信小微客户180余户，贷款余额达2.83亿元，取得市场口碑较好、客户反映较好的“双好”成绩。此外，2022年新增国家级专精特新企业浙江兴昌轴承有限公司流动资金贷款1000万元，新增云和县人民医院流动资金贷款1000万元，以及申报获批的云和县国投集团综合授信25亿元为后续国投集团贷款投放打下坚实基础。四是积极拓展国际业务，努力创收。2022年，云和支行对公外汇时点存款330.42万美元，日均存款166.13万美元较2021年增长15万美元。受到国际大环境影响，云和玩具行业国际结算业务交易量受到不小冲击。2022年，支行单位国际结算2977.76万美元，较2021年下降29.10%。全年跨境人民币结算416.36万美元，计划完成率41.64%。对公外汇客户拓展新增2户，计划完成率66.67%；外汇撮合平台完成注册8户，计划完成率达114.29%；对公外汇中间业务收入22.7万元，并为丽水翰海进出口有限公司办理“出口贷”200万元；为云和怡成商贸有限公司、浙江木佬佬玩具工艺品有限公司、浙江奕童进出口有限公司、云和创意森林工艺品有限公司推荐适合外汇产品共计5笔500万美元。五是成立乡村振兴拓展团队。通过连续出台普惠贷款考核方案，以此提高全员营销意识，营造“人人普惠”精神。据统计，2022年，建行云和支行共发放137笔普惠贷款，累计授信5256万元。年末两个月，支行客户经理通过“走街串巷”、实地走访商户营销贷款。商户云贷累计授信32户，合计授信金额1294万元；商叶云贷累计授信10户，合计金额357万元，已经成为经营商户的重要抓手。六是持续强化网点过程化和精细化管理。加强对青年员工“客户维护”观念和能力培养，指导营销岗位切实履行客户分层维护、厅堂到店开口营销等基础工作；针对高端客户制定相应的资产配置方案，加强日常维护联系，通过送鲜花等活动不断密切客户关系。

加强合规教育，提升服务水平和合规履职能力。一是根据分行开展的网点“迎盛典 靓窗口 树品牌”活动。支行及时制订考核方案，将网点服务录像抽查、神秘人检查、客户等候时间、服务投诉等各项内容考核到人。根据抽查结果设立奖惩机制，实现网点服务质量的有效提升。11月，营业网点服务录像检查92分，并列市分行支行层级第一名，较上半年服务录像检查有较大幅度提升。二是每逢节假日前夕，严格落实“十严禁”要求。对员工进行节前廉洁提示，签署节前廉洁提示函，以此强化责任落实，管好自己，管好家人，管好身边人。三是注重青年员工业务水平提升。支行30周岁以下青年人共有14人，支行员工日趋年轻化。在市分行组织的2022年对私或对公客户经理后备考试中，建行云和支行均有3人通过对私和对公客户经理后备考试；在2022年全行专业技术职务等级考试中，建行云和支行共有13人通过相应考试。其中，30岁以下青年员工在本次专业技术职务等级考试中通过率达90%。针对网点目前存在的基金从业资格证空缺问题，现已要求网点青年同事全员参与，并把该项资质作为年终评优评先重要依据。通过不断日常督导和业务学习强化，营销队伍的服务能力及合规履职能力持续加强。四是大力开展个人、对公账户涉赌涉诈排查。针对重点排查账户，组织客户经理上门排查核实或柜员电话调查等多举措并举方式筑牢风险尽职调查防线。此外，建行云和支行还定期安排员工进学校、进武警中队、进裕农学堂、进企业、进社区，宣传反洗钱、防赌反诈知识，发放宣传手册近1200份，组织公司财务开展知识讲座，宣讲350余人次。五是加强贷后管理和不良资产处置工作。组织和监督个人客户经理团队做实贷后管理工作和开展常态化催收工作，处置本年度不良贷款253万元，其中对公27万元、个人154万元、信用卡72万元。　（叶樟民）

【中国银行云和县支行】　2022年11月16日，中国银行云和县支行正式开业，营业厅坐落于云和县浮云街道中山路160号，营业场所面积960平方米，员工14人。作为中国银行浙江省分行中最后成立的一家县域支行，中国银行云和县支行是中国银行积极落实乡村振兴战略、助力县域经济快速发展的重要举措，开启了金融助力地方经济高质量发展的新篇章，将支持共同富裕、助力乡村振兴作为工作的重中之重。2022年底，中国银行云和县支行各项存款余额3303万元，各项贷款余额8586万元，其中普惠贷款2570万元，各项业务开始稳健发展，支行将认真贯彻落实云和县委县政府、金融办、人行等工作要求，做好反洗钱、征信管理等各项工作，做好反诈宣传及案件防控工作，实现安全经营。　（谢肖雅）

【云和农村商业银行】　截至2022年年末，云和农商银行存款余额57.35亿元，比年初增加11.32亿元，增速24.6%；贷款余额47.63亿元，比年初增加8.9亿元，增速22.98%；存、贷款规模均保持全县银行业首位。不良贷款余额0.38亿元，不良率0.79%，风险抵御能力较强，资产质量保持平稳。营业总收入2.76亿元，同比增加3185.27万元，增长13.02%；总支出1.9亿元，同比增加2240.71万元，增长13.37%；实现拨备前利润9943.17万元，同比增加922.16万元，增幅10.22%；营业净收入1.71亿元，增幅11.08%；业务及管理费支出6759.74万元，同比增加了696.81万元，增幅11.49%；成本收入比39.52%，同比增加0.15个百分点；实际不良贷款拨备覆盖率544.91%；同比减少39.87个百分点，经营效益持续提升。

全面助力经济稳进提质。一是突出“快”，提高站位重部署。及时组织专题工作部署会，成立了专项工作领导小组和“五大战区”，由领导带队开展大走访。第一时间推出纾困帮扶5个方面15条工作举措和服务实体经济八大实施方案，把增加对实体经济的贷款投放作为信贷工作的首要任务，扩增量、稳存量，有序助力企业复工复产。二是突出“畅”，助企纾困强服务。落实助企纾困政策，真金白银降低经营成本，助企业不惜贷、不压贷、不抽贷、不断贷，全方位推进“无还本续贷”，实现“无还本续贷”全覆盖，不限续贷金额和次数。提供“宽限期+延期还款”两类方式支持中小企业和个体工商户贷款、暂时遇到困难的个人贷款给予贷款宽限期，并开通绿色服务通道。推出贷款免息券四期，涉及贷款金额3亿元。

持续发力推进共同富裕。一是全面推进普惠金融工作。全方位落实“2063”走访机制，做实农户小额普惠工作和金融支持百万市场主体专项行动。截至12月末，累计走访市场主体16973户，其中小微企业4269户，个体工商户12704户；授信户数6336户，较年初新增2206户，授信金额30.52亿元。二是全面推进“共同富裕”项目。持续推广“合作社+担保基金、新型农业主体、下山转移”等共富模式。聚焦“小县大城”发展战略，持续支持“大搬快聚”项目，发放安置房购房贷款327户，贷款金额达1.13亿元；助力薄弱村消薄项目落地，真正实现“造血”筑强村，发放消薄贷款1145万元；助力全县5000亩雪梨基地开花结果，为石塘镇雪梨项目授信“共富 雪梨贷”1亿元。三是创新小微园区服务方式。打造小微企业园“一园一行一顾问”金融服务品牌，围绕企业资金需求，建立金融支持工业企业生态圈，制作“需求清单”和“服务清单”，推出“百微产业贷”，打造整园授信支持体系，覆盖新汇工业园区、金沅工业新区、滚漆园区、云景生态产业园区等工业园区，授信金融达8亿元，助推小微企业转型升级。2022年以来，已向205户小微企业提供金融支持3.11亿元，减费让利超过1000万元，其中云和农商银行作为全县金融机构第一家支持云景生态项目，发放项目贷款6000万元，获得县领导的批示肯定。四是持续探索农村金融创新。向“农房流转使用权”抵押贷款授信2亿元，进一步深化农村产权制度改革，拓宽“三农”融资渠道。

聚焦聚力服务数字化改革。一是做深数字政务服务。全部网点开办实现政务服务功能。全年丰收互联可办事项为306项，自助终端可办理事项为176项，柜面可办事项为47项，上门可办事项为25项，2.0政务系统累计进件9413件，办结率达到100%，其中为60岁以上老人办件2756笔，占比为29.28%。二是融入数字基层治理。深化与县市场监管局合作，推进放心消费工程，助力促消费稳经济。实施智慧医疗、智慧菜场、智慧校园等惠民数字化建设，利用大数据让群众共享数字成功。截至12月底，移动价值客户覆盖率14.58%，比上年度提升10个百分点。

全年致力创优成果丰硕。2022年，云和农商银行善于拓展业务，积极创优，如期实现各项工作目标，成果丰硕，取得了多项荣誉。先后荣获丽水市“浙农经管”系统推广工作成绩突出集体、2022年度丽水市普惠金融服务乡村振兴改革创新劳动竞赛二等奖、2022年度丽水市“诚信守法企业”、2022年度丽水市金融机构打击治理电信网络新型违法犯罪工作先进集体、2022年度丽水银行业消费者权益保护先进单位、2022年度丽水市银行业宣传信息工作先进单位、2022年度云和县金融支持工业经济贡献奖、2022年度金融机构支持地方经济发展业绩考核一等奖、2022年度金融机构支持地方经济发展业绩考核普惠金融服务乡村振兴优胜奖、2022年度金融机构支持地方经济发展业绩考核贷款投放贡献奖、2022年度金融机构支持地方经济发展业绩考核制造业贷款投放贡献奖等荣誉。（刘张洁）

【云和联合村镇银行】 至2022年末，云和县联合村镇银行各项存款余额8.12亿元，县域市场占比为4.87%，存款日均净增6743万元，其中储蓄存款日均净增4300万元，贷款日均净增1936万元；各项贷款余额8.83亿元，县域市场占比为5.68%，贷款有效户净增244户。实现营业净收入5069.48万元，较上年净增484.38万元，实现拨备前利润2485.89万元，2022年全行考核成本收入比43.44%，较2021年的46.75%下降了3.31个百分点。

2022年，云和县联合村镇银行上门服务农村创业青年263人次，推出6个特色信贷产品，如两山信农贷、兴农贷、联合快贷等，授信金额 6.42 亿元，累计发放贷款 13.54 亿元，其中贷款余额 2.76 亿元。有效解决了农村青年创业资金难的问题，帮助一批有志向、有技能、有项目、有信誉的农村青年自主创业。同时，为进一步弘扬社会主义核心价值观，通过实践体验提升少年儿童全面综合素质，助力少年儿童健康成长。扩大市场影响力，结合以“小小银行家 成就大梦想”主题活动，推出儿童成长存折。截至 12 月末，新开立儿童成长存折 956 户，户均存款 5511 元，新揽定期存款 529.61 万元，新增存款有效户 893 户，其中儿童成长存折开立户数占全县适龄儿童的 16.82%左右，为双基业务拓展打下基础。　（项乐芳）

【中国邮政储蓄银行云和县支行】 截至 2022 年末，中国邮政储蓄银行云和支行（以下简称邮政银行云和支行）各项存款余额 64161 万元，比 2021 年减少 5124 万元，同比减少 7.39%。其中，2022 年公司存款余额 22777 万元，比 2021 年减少 6988 万元，同比减少 23.47%；个人储蓄余额 41384 万元，比 2021 年增加 4475 万元，同比增长 11.32%。2022 年各项贷款余额 154514 万元，比 2021 年增加 17908 万元，同比增长 13.11%。其中，中小企业贷款余额 42497 万元，比 2021 年增加 10540 万元，同比增加 32.98%；零售信贷余额 112017 万元，比 2021 年增加 7366 万元，同比增长 7.04%。不良贷款余额 357 万元，不良贷款率 0.23%。2022 年，邮政银行云和支行大力支持民营、小微、制造业、外贸的金融工作，采取实地上门对接和企业大走访工作，截至 12 月共计对接企业 147 家，共计完成新增放款 10540 万元。同时，因地制宜为企业提供金融服务支撑，针对专精特新和“隐形冠军”企业，量身定制信用贷款产品，第一时间上门服务，根据企业特点，精准地解决资金流动问题，解决企业融资难题，成功案例获《人民日报》刊发。此外，邮政银行云和支行还通过金融知识宣传进乡村活动，积极践行社会责任，加大对农村老年群体等重点人群的宣传力度，2022 年度邮政银行云和支行开展了“3·15”金融知识进千村、“金融知识宣传”走进开犁节、走进云和县职技校等一系列活动，将金融知识普及进乡村工作落实到位，提升全民金融知识素养，助力乡村振兴发展。　（何斌瑶）

【浙江稠州商业银行云和支行】 浙江稠州商业银行股份有限公司丽水云和支行（以下简称云和支行）于 2012 年 12 月 28 日正式开业，2022 年有员工 33 人。云和支行始终坚持“支持中小、服务个私”的市场定位，将中小企业、居民、农户、个体工商户作为长期可持续发展的战略重点来培育和发展，坚持以“创利、创新、创优”为指导思想，切实做到“苦干、巧干、实干”，做实小微业务，创新服务方式，为云和经济发展添砖加瓦。但由于面临着普惠金融背景下的同业竞争压力，但在支行班子及全行员工的共同努力下，2022 年全行业务稳健发展。一是存款业务。截至 2022 年末各项存款余额 11.00 亿元，较上年新增 2.28 亿元，存款日均 10.16 亿元，其中储蓄存款余额 9.16 亿元，较上年新增 2.21 亿元。二是贷款业务。截至 2022 年末各项贷款余额 4.54 亿元，比上年末增加 795 万元，期末存贷比 45.8%，新增存贷比 3.55%。三是截至 2022 年底，累计签约服务站 48 家，签约户数 3490户，贷款笔数 1567 笔，乡村振兴贷余额 1.87 亿元。云和支行不怕困难，紧随市场动态，抓节点、抓重点、抓节奏，起早贪黑走村串户，在已有农商行、邮储、村镇等银行意向入驻的竞争压力下，用最短的时间，做好报批工作，为站点建设赢得了时间。

截至 12 月 31 日，全行重组贷款 0 笔，较上半年减少 21 笔，余额 0 元，较上年减少 555 万元；不良贷款余额 569 万元。2022 年 12 月底，核销贷款共 15 户，金额共 124 万元，核销贷款收回 9.5 万元。在信贷风险管控方面。截至 2022 年底，支行乡村振兴贷签约户数 3490 户、授信总额 6.06 亿元，贷款余额 1.87 亿元，共 1567 户。在合规风险管控方面。严格执行总分行以及监管部门的相关管理规定，对发现的违规情况及时、准确地做好责任认定及通报工作；通过夜学、专项培训，做好监管政策的学习，全面将合规管理政策化、常态化。在声誉风险管控方面。支行不断地加大宣传力度，大力开展“走村访户”工作，全面地宣传了支行的业务经营状况，提高社会大众对支行的认知度。（袁婷婷）

【浙江泰隆银行云和支行】 2022年，在县委、县政府的领导下，泰隆银行云和支行围绕深化小微金融服务、全面助力乡村振兴、维护区域金融稳定等方面，助力全县经济社会高质量发展，取得一定成效。截至2022年底，泰隆银行云和支行存贷款日均规模超16.2亿元，其中，各项存款日均6.82亿元，较年初增加1.02亿元，增长17.49%；各项贷款日均9.33亿元，较年初增加0.47亿元；不良贷款率1.14%，与年初持平；新发生风险资产率0.4%，资产质量持续向好。

关注小微企业，助推企业发展。加强与“成长贷”企业和“小微创业园”企业客户群的联系，逐步推进“走千企”活动，全年走访调研工商企业300多家，新增合作企业80余家。持续开展工业园区大走访活动，根据当地政府的助企纾困名单，有针对性地走访企业180家，新增贷款21户，新发放贷款2000余万元。在杨柳河工业园区开展企业金融科技产品（二维码、网申卡、预授信、批量代发工资等）场景宣传50多场次。召开各类商会、协会、企业座谈会，协助解决“融资难”问题。制订“泰隆服务日”试点方案，开展“泰隆服务日”品牌试点宣传。

支持乡村振兴，助力共同富裕。以协助党委、政府推进乡村振兴为目标，以人人可贷的项目为载体，推动小额授信客户扩面工作，全年新增小额授信客户317户。持续推进信贷业务社区化，拓展社区化经营渠道，深入分析和挖掘社区三大需求，扩大社区信贷业务总量，在贷款业务方面，较年初日均净增资产业务4733万元。在存款业务方面，重点营销两年以内的低息负债业务，存款客户数较年初净增 1270户，基础性存款余额增加10150万元。实施“党建+金融”模式，对接政府部门，推进“治村宝”项目，2022年，已在全县相关乡镇、街道授信1亿多元。同时，通过与乡镇、街道合作，利用网点调整，设立先锋驿站，助力乡村开展农产品销售尝试；为党员先锋、特困群体提供信贷服务。（钟晓菲）

【温州银行云和支行】 温州银行股份有限公司丽水云和小微企业专营支行简称温州银行云和支行。2022年，温州银行云和支行在县委、县政府领导下，在上级行和各级监管部门的关心支持下，通过全行员工的共同努力，各项业务取得平稳有序发展，较好完成县金融发展中心和人行云和县支行下达的各项考核任务，有力支持云和县域的经济社会发展。截至2022年末，温州银行云和支行各项存款余额54580万元，比年初增加8827万元，同比增长19.29%；各项贷款余额47032万元，比年初增加23270万元，同比增长97.93%；不良贷款余额58万元，比年初减少23万元，同比下降0.22%。

拓展融资渠道，振兴当地经济。一是加大资金支持力度，服务实体经济发展。2022年末，小微贷款余额达23016万元，比年初增加8679万元，增长率为46.63%，支持民营小微企业的贷款业务取得较大突破，使小微企业主、个体工商户缓解融资困难，积极应对疫情，尽快复工复产。二是主动对接国企平台，继续大力营销政府项目贷款，服务县域经济社会发展。2022年末，累计向云和县工投经济开发有限公司发放贷款8000万元。三是拓展农村市场，推动乡村振兴。温州银行云和支行开展以信用方式为主的“温信贷”业务，面向云和县全体城乡居民，贷款可用于经营，也可用于消费，实行线上申请，随借随还，最高额度可达100万元，以化解参与农业开发、商贸经营的农户的融资难问题，助力县委、县政府的乡村振兴战略。2022年年末，“温信贷”发放1524户，贷款余额21130万元。

强化行业管理，防范金融风

险。加强信用风险管理，建立并持续完善全面主动智能的风险预防、监测、管理体系，坚持信贷结构调整，完善信贷流程机制。加强流动性风险管理，坚持稳健审慎原则，统筹兼顾内外部资金形势变化，拓展资金来源运用通道，合理安排资产负债总量和结构。加强声誉风险管理，持续完善声誉风险管理体系与机制，提高声誉风险管理水平，深化全员教育培训，推动各级声誉风险的有效防控。（甘倍云）

【台州银行云和小微综合支行】 2022年12月1日，台州银行云和小微综合支行（简称台州银行云和支行）正式开业，营业厅坐落于云和县新建南路62—96号。台州银行云和支行是一家股份制城市商业银行，其总行位于浙江省台州市，自1988年成立以来，台州银行已经历了26年的小微金融发展史，集团拥有7家分行。台州银行云和支行内设三部一前台（业务拓展一部、二部、三部和前台），共有员工人数23人，系台州银行丽水分行第7家县域支行。台州银行云和支行是台州银行积极落实乡村振兴战略、助力县域经济快速发展的重要举措，开启了金融助力地方经济高质量发展的新篇章，将支持共同富裕、助力乡村振兴作为工作的重中之重。2022年12月31日，台州银行云和县支行各项存款余额9732万元，各项贷款余额14603万元，其中普惠贷款9173万元，各项业务开始稳健发展。台州银行云和支行认真贯彻落实云和县委县政府，以及县金融办、县人行对金融工作的各项要求，做好反洗钱知识普及、反诈骗宣传以及做好征信管理和案件防控工作，实现年度安全经营。（叶芬芳）

保　险

【概况】 2022年，在云和县设立和经营的保险行业企业共有5家，即中国人民财产保险股份有限公司云和支公司、中国人寿保险股份有限公司云和支公司、中国人寿财产保险股份有限公司云和支公司、中国太平洋财产保险股份有限公司云和支公司、中国平安财产保险股份有限公司丽水中心支公司云和营销服务部等。各家保险企业都在积极探索发展新路径，开拓地方特色险种，在深化精准扶贫、人寿健康、工程风险、食品安全、农业开发等方面的保项均有新的突破。至2022年末，全县全年实现保费收入15470.24万元。

【中国人民财产保险股份有限公司云和支公司】 2022年，中国人民财产保险股份有限公司云和支公司在省市公司和县委县政府的正确领导下，深入贯彻落实党的二十大精神，按照中国人保财险省、市公司工作部署要求，坚持创新驱动、遵循市场发展规律，坚持“价值强司、品质浙江”的战略引领，坚持央企须加强支持地方经济建设为前提，以客户为中心，以转型求突破，不断开创公司发展新局面，全年实现保费收入5563万元，占市场份额58%，支付赔款3375元。

通过强化政保合作，增强保险供给，全速推进金融保险支持乡村振兴，在地方特色险种、地方工程项目、食品安全等事关民生领域取得新突破、新发展。一是保障公众安全保障，为23853家农户提供农村住房安全保障，为全县公益林提供政策性林木保险80余万亩，为全县农贸市场提供食品安全责任保险。二是深化保险精准扶贫，聚焦意外风险化解开展低收入农户小额意外伤害保险，惠及农户175人。三是继续深化创新农险地方特色险种，2022年，积极与县农业农村局、县财政局做好对接，切实抓好政策性农业保险这项惠民工程，完成了雪梨种植保险、政策性能繁母猪养殖保险、政策性生猪养殖保险、设施农业大棚保险、大棚蔬菜保险、政策性水稻保险、政策性林木保险、政策性农村住房保险10个保险品种的投保，投保农户27587户，保险金额9.3亿元。四是围绕实体经济和社会公众需求，深度参与社会治理。“农村公路财产保险”实现全域统筹，总保额达238.81亿元，为山区26县“四好农村路”建设提供“丽水经验”。五是继续完善"三农"服务体系，已完成了各乡镇"三农"保险服务站(点)的建立工作，对"三农"保险服务站协保员进行了承保及理赔方面的培训，提升了协保员的工作技能，实现公司产品、服务、人员"三下乡"，为金融保险支持振兴乡村建设夯实基础。

总之，中国人民财产保险股份有限公司云和支公司在县委、县政府的坚强领导下，着力聚焦共同富裕建设，深度介入社会综合治理的各项领域，努力充当好的政府的帮手和参谋。主承保了全国首创政府引导型全民健康补充医疗保险(浙丽保)，利用原创性医保制度改革"小切口"撬动民生保障和改善领域的"大变革"，有效破解群众因病致贫返贫问题。（王彬吉）

【中国人寿保险股份有限公司云和支公司】 中国人寿保险股份有限公司云和支公司简称人寿保险云和支公司。公司配备专业管理人员14名，专业销售人员81名。2022年，实现总保费收入6253.63万元，市场占比为68.05%，总保费和市场占比均居全县第1，其中，个人营销保费1018.53万元，公司直销保费440.05万元，银行代理保险保费334.06万元。同年，人寿保险云和支公司共受理理赔案1662件，赔款共计844.39万元，其中，死亡赔付76件，赔付金额150.5万元；残疾赔付19件，赔付金额185.85万元；重大疾病赔付111件，赔付金额334.4万元；医疗金赔付1456件，赔付金额173.64万元。

2022年，人寿保险云和支公司针对社会各界不同群体的需求，开展多种保险业务。险种包括重大疾病保险、意外保险、补充医疗保险、独生子女家庭意外伤害保险、计生特殊家庭保险、两性安康保险、农村小额保险、低收入农户保险、学生平安保险和农民自建房保险等，同时，承担市委、市政府推出的"浙丽保"的相关业务。2022年，计生系列保险投保3.24万人次，保障覆盖至每一个行政村，在改善民生、服务困难群体、完善社会保障体系、辅助社会管理和促进经济发展等方面起到积极作用。与工行云和县支行、农行云和县支行、建行云和县支行、云和县农商银行签订长期合作协议，保持良好的合作代理关系。在与金融机构的合作中，中国人寿的寿险产品以其特有的保障功能，在资产保全、资产传承、风险转嫁等方面发挥重要作用，实现"互惠共赢"。

人寿保险云和支公司持续开展反洗钱、防范非法集资、扫黑除恶、重点风险专项排查整治工作，通过风险教育与现场检查相结合的方式，强化风险意识，落实整改责任，及时治理纠正销售过程中的不合规行为，防范化解销售风险隐患，促进公司持续稳步健康发展。协助县社会保险事业管理局开展对全市参保人员外伤案件的调查工作，全年共受理调查外伤案件1292件，其中，调查发现"阳性件"(不符合理赔报销规定)409件，有效降低地方政府的财政支出。

加强员工队伍建设，助力地方经济发展。2022年，坚持党建引领，认真学习贯彻党的二十大精神，组织开展党员学习、活动12次。9月，开展"百岁老人送温暖"主题党日活动，以增强党员的社会责任心和使命感。结合乡村振兴，开展"我为群众办实事"活动，与安溪畲族乡安溪村14户低收入农户结对，多次进村入户，了解农户的实际困难，商议增收对策和措施，给予物资帮扶。（王云丰）

【中国人寿财产保险股份有限公司云和支公司】 2022年，中国人寿财产保险股份有限公司云和县支公司(以下简称中国人寿财险云和县支公司)保费收入1197.43万元，市场份额13.37%，位居云和财险行业第3，其中车险保费收入684.83万元，非车险保费收入512.6万元。

2022年，中国人寿财险云和县支公司新迁办公地址于云和县城东路50号二层，改善办公环境。同时全力支持云和县地方经济建设，参与235国道云和段改建工程一切险项目，主承保云和县梧桐坑流域河道整治民生项目工程的所有险项，同时积极向上级公司争取政策，开展木制玩具行业企业财产保险、高危企业安全生产责任保险、在校学生监护人责任保险、食品安全责任险以及公众责任保险等民生保险项目。荣获2022年度云和县金融机构支持地方经济发展业绩考核二等奖。全面实行车辆保险电子化保单服务，客户可直接通过在线形式便利完成车险投保、保单查阅下载、网上理赔等车险全流程服务。（程良伟）

【中国太平洋财产保险股份有限公司云和支公司】 中国太平洋财产保险股份有限公司云和支公司（以下简称“太平洋产险云和支公司”）是中国太平洋保险集团旗下中国太平洋财产保险股份有限公司的分支机构。太平洋产险云和支公司自2009年成立以来，经过10余年的不断发展，具备雄厚的实力。2022年共实现保费收入1700万元，同比增长19.29%，在云和市场占比仅次于人保财险，位居第2位。其中，车险保费收入1222.13万元，非车险保费收入478.46万元。2022年，共支付赔款630万元，为保一方安宁做出贡献。

太平洋产险云和支公司坐落于云和县浮云街道府前路8号（电信公司旁）。公司配有现代化的办公设施以及查勘车2台。办公环境整洁干净优美；管理透明化、现代化；服务优质高效；公司设有总经理、非车部经理、车商部经理、综合岗、电销岗、理赔岗及业务部，部门和岗位齐全，共有正式员工10人，非正式员工10人。

公司有一支敢闯敢拼、勇争第一的销售队伍，也有一支“用心承诺，用爱负责”的售后服务团队。公司的核心竞争力不断提高，公司的品牌形象不断提升，员工为客户服务的能力，更加专业、更加贴心、更加高效。一年来，致力于打造公司卓越的服务品牌，不断为客户创造价值，为社会和谐稳定做出贡献。（雷春燕）

【中国平安财产保险股份有限公司云和营销服务部】 2022年，中国平安财产保险股份有限公司丽水中心支公司云和县营销服务部，全年实现保费收入756.18万元，其中车险保费678.11万元，占车险市场份额10.5%。在责任保险、意外险、健康险等事关民生领域取得新突破、新发展。

服务地方实体经济，助力经济持续健康发展：在丽水中支带领下，2022年发挥“数据+科技+服务”的优势，服务地方实体经济，服务小微企业，成为当地首家承保知识产权保险，为小微企业保驾护航：结合小微企业需求和特点，开发店家保，爱员保，疫苗安心保等多款小微专属产品，向企业、员工、市民提供风险保障。荣获2022年度云和金融办颁发金融机构支持当地经济发展业绩考核三等奖；落实客户导向，打造平安服务新生态：为致力于贯彻平安“以客为尊，因客而优”的服务宗旨，丽水平安以行业领先的“理赔360管家”服务模式，确保被保险人在行业化服务外，尽情体验更放心、更省心、更暖心的个性化理赔服务。（张　健）

教育　科技

教　育

【概况】 2022年，云和县教育局（以下简称县教育局）深入贯彻党的教育方针，深化教育领域综合改革，推进师资队伍变革重塑，全力提升教育教学质量，努力办好人民满意的教育，积极开创云和教育事业发展新局面。2022年，云和县顺利通过全国义务教育优质均衡发展县省级评估，县教育局被评为市级护航党的二十大先进单位、2022年度安全工作目标管理责任制考核优秀单位。

至2022年末，全县共有浙江开放大学云和学院1所，普通高中1所，职业高中1所，初中4所，小学10所，特殊教育学校1所，幼儿园15所，区域成人文化技术学校3所[下辖乡镇（街道）成人文化技术教学点10个]，社区学校3所，老年教育教学点10个（与县老年电视大学合作设立）。全县在校中小学生19057名（其中普高1636名、职高1723名、初中3641名、小学7851名，特殊教育38名，在园幼儿4168名）。全县共有中小学、幼儿园教职工1825名（含非编），其中普高160名、职高151名、初中352名、小学553名、幼教601名，特殊教育8名。

【党的领导切实加强】 县委县政府坚持教育优先发展，加强党对教育工作的全面领导。2022年，召开云和县教育高质量发展大会，出台《关于深化综合改革推进教育高质量发展实现“县中崛起”的若干意见》，升格县委教育工作领导小组，县委书记担任县委教育工作领导小组组长，县委常委、常务副县长分管教育工作，县委常委、宣传部部长兼任云和中学党总支负责人，落实县党政班子联系学校制度，形成党委主导、党政齐抓共管的教育领导机制。推进党组织领导的校长负责制试点工作，选优配强学校领导班子，推进清廉学校建设，创成“清廉学校示范校”5所。擦亮党建品牌，创建云和中学“红枫”、文元育英中学“小橙支部”、江滨实验小学“童心向党 红色校园 五彩童年”、星星幼教集团“小星星”4个县级党建品牌，云和三中“爱心妈妈帮扶机制”荣获2022年全市党建品牌十佳创新案例。

【教育资源持续优化】 优化主城区资源配置，加快推进教育项目建设，完成年度投资任务1.08亿元。新建县实验小学分校、大坪幼儿园并投入使用，新增小学学位1620个、幼儿学位360个，改建云和三中宿舍及功能教室，新建江滨实验小学功能教室、崇头镇中心小学功能教室及学生宿舍。撤并停办黄源小学，城东幼儿园新评省一级园。实施护眼灯光改造工程，完成6所学校普通教室智慧灯光改造，81.25%的中小学校实现青少年近视综合防控视觉环境“应改造尽改造”。实施“空调进餐厅进寝室”工程，为全县13所义务教育学校安装空调512台，实现全县中小学空调全覆盖，惠及全县师生1万余人。

【教育改革加速推进】 推进教育教学和师资队伍管理改革，出台《云和县提升中小学（幼儿园、教育发展中心)发展水平专项奖励办法》,县政府设立专项资金1000万元,重奖教育提质突出贡献者。出台《云和县教育系统师德师风负面清单(试行)》,设置底线20条,对违反职业道德的行为实行“一票否决”制。出台《云和中学引进“名优教师”“名优校长”的实施方案》,设立名教师、名校长引进专项经费,建立教育紧缺人才“一事一议”特殊通道。出台《云和县教育系统“银龄”教师招引实施方案》,缓解县域优秀教师总量不足和教师结构性短缺的矛盾。出台《云和县中小学(幼儿园)试用期教师转正考核办法》《云和县教育系统定向委培生管理暂行办法》《云和县教育系统后备教师储备库管理办法》等文件,切实保障教育系统优质师资队伍力量。

【教育质量稳步提升】 学前教育,出台《云和县学前教育发展第四轮行动计划》,普惠性幼儿园在园幼儿占比100%,公办园在园幼儿占比达45.5%,省一二级幼儿园在园幼儿占比达91.3%。深化“云和木玩游戏”课程改革,成立“云和木玩游戏”教育研究中心,出版《“小木玩、大世界”木玩游戏指导用书》,学前教育特色品牌进一步打响。义务教育,推进小初高一体化发展,深化创新型人才培养方案,深入实施小学“强基”工程、初中“壮腰”工程,实现小学集团化办学建设城乡教共体全覆盖。开展“跨地区教共体”建设,义务教育阶段8所学校与北仑、海宁优质学校结对,义务教育发展更趋优质均衡。高中教育,实施“县中崛起”工程,云和中学与慈溪中学签订合作办学协议,在学校管理、教师发展、学生培养等方面开展深度合作。制订《云和中学三年教育提质行动计划》,修订《云和中学教学质量奖(高考奖)分配方案》,组建双一流、特控线攻坚小组,不断提升高考竞争力。职业教育,坚持产教融合发展,稳步推进“双高”建设,深化政企校共建共育新模式,顺利完成2022年“双高”中期验收考核省级评估,县职技校以一类地区全省第一名的成绩摘得省职业教育发展考核一等奖。

【立德树人成效凸显】 推进“双减”工作落地见效,严肃查处各类隐形变异违规培训,实现学科类校外培训机构清零。校内服务扩面升级,深推素质教育,开展丰富的社团文体活动,实现义务教育阶段学校课后服务全覆盖。全县学生体育艺术科技荣获省级奖项7个、市级58个。云和中学获省中学生篮球联赛总决赛第八名,县职技校获评浙江省职业教育“三全育人”典型学校,云和二中连续5年获评省群众体育工作成绩突出单位,城西小学被授予“八一爱民学校”称号。倾力打造县域中小学“行走中的课堂”,至2022年,建成省级劳动教育基地2个(云和梯田公社学农基地、云和大田劳动实践基地),建设市级研学营地2个(云和梯田、仙宫湖),市级研学实践基地9个,县级各类社会实践基地36个,云和小顺爱国主义教育基地创成浙江省思政课教师实践教育基地,全县中小学校研学旅行全面铺开。

【义务教育均衡发展】 顺利完成规范民办义务教育发展工作,原文元育英学校小学部转为公办,更名为云和县育英小学;原初中部保留民办体制,2022年,民办义务教育在校生规模占比由15.1%降至4.08%,14名“公编民用”教师全部清理规范到位。顺利通过全国义务教育优质均衡发展县省级评估,创建工作得到省厅督导组充分肯定。城西小学获评省现代化学校。优化教育提质环境,推行全县公职人员子女外出就读报备管理,严格控制社会性事务进校园。开展校园安全专项整治行动,制订《云和县在校学生行为偏差帮教方案》,全力保障学生身心健康和校园安全稳定。深入推进教育领域数字化改革,实现市智慧校园全覆盖。“家校共育体系改革”被列入浙江省深化新时代教育评价改革单项试点项目,“家校共育”场景被列入浙江省教育领域数字化改革创新试点项目。

【队伍建设逐步加强】 加快招才引智,2022年,引进“双一流”高校毕业生及师范类本科优秀毕业生

22名，硕士生2名。加大定向教师培养力度，选送定向委培生20名，定向委培生录取分数创历史新高。实施教师全员进阶计划，新评丽水市教学能手16人、教坛新秀95人、教坛新苗42人，县级学科带头人26人、教坛新秀55人、教坛新苗48人。教师教科研水平不断提高，云和中学语文、生物组获评丽水市先进教研组，县实验小学英语组、县实验幼儿园中心教研组获评省先进教研组。涌现出党的二十大代表钟华燕、“全国技术能手”季海平、省特级教师兰琴岳、“省春蚕奖”吴晓东等一批优秀教师校长，教师队伍整体素质不断提升。（何沈瑶）

科　　技

【概况】 2022年，全县拥有国家高新技术企业29家。省级企业研究院6家，省科技型中小企业135家，省高成长科技型中小企业11家，省级创新平台1个，省农业科技企业17家，省农业企业科技研发中心4家，省高企研发中心13家，省级众创空间1个。市级创新联合体1个，市级科技企业孵化器1个。县级民营科研所10家。县科技局下设办公室、综合科、科技创新服务中心、科技信息中心。2022年末，行政事业在编人员15人，派遣员工4人。

【重视科技工作】 1月，市委组织部副部长陈科强一行走访调研木玩产业创新服务综合体，指导人才和科技工作；同月，县委常委、统战部部长赖小文调研科技工作，走访木玩产业创新服务综合体。2月，市科技局副局长戴美松一行到云和开展“三服务”走访调研，指导科技创新工作。3月上旬，市政府副秘书长刘海明一行走访浙江欧菲石油设备有限公司，指导企业创新发展。3月下旬，省委书记袁家军考察调研浙江诚创精密机械股份有限公司，指导企业科技创新；市委常委、组织部部长戴平辉走访调研木玩产业创新服务综合体，指导人才科技工作；县委副书记、县长周鸿飞调研指导科技创新工作；县人大常委会副主任林志龙专题调研指导科技工作。5月，市科技局副局长廖旭青一行赴华宏钢铁制品有限公司等企业，指导科技创新工作；县委副书记、县长周鸿飞专题听取科技创新工作汇报。6月，丽水学院院长李俊杰调研指导科技与人才工作。7月，市人大常委会党组副书记、副主任夏喜生一行走访调研木玩产业创新服务综合体，指导科技创新工作；市委党校副校长柳一珍一行走访调研木玩产业创新服务综合体。8月，市政协副主席高波一行走访调研木玩产业创新服务综合体。9月，市科技局副局长沈一峰一行指导龙头企业研发经费申报工作。11月，市科技局副局长杜永明一行指导科技研发投入提升工作。

【扶持科技发展】 强化政策规划引领，释放科技政策红利。持续调整优化人才科技政策，加大扶持力度，浓厚科创氛围，发放科技政策补助资金1337.85万元；鼓励大众创业、万众创新，兑现创新券99万元。全面深化“最多跑一次”改革，积极推进数字经济、数字社会建设。加强科技项目管理，立项县级科技项目23个，其中，工业类11个，农业类8个，社会发展类4个。县人民医院、县中医院等5个项目成为市级自筹类公益性技术应用研究项目。

【加强科技合作】 深化校地合作，杭州电子科技大学艺术设计学院云和产学研实践基地成功揭牌。与杭州电子科技大学签订合作协议，开展“云和县木玩电子技术研发”合作项目。与中国计量学院签订协议，开展“云和木玩创新与标准化研究”合作项目。与浙江工业大学继续开展“木制玩具智能设计研发中心建设”“工业设计技术创新服务平台云和分平台建设”“木制玩具智库中心建设”合作项目。与宁波市北仑区科技局开展山海科技合作交流。

【招引科技人才】 落地高层次人才“绿谷精英”项目5个，其中，创业项目3个，创新项目2个。组织申报海外优青项目1个，推荐申报国家海外引才计划1个，国家高层次人才特殊支持计划1个，省海外引才计划2个，成功入选绿谷英才1名。成功举办云和县人才科技峰会暨“科技人才 创新”赋能木玩产业活动，浙江工业大学校长李小年、省科技厅二级巡视员曹华芬、省经信厅原副厅长马锦跃、省科协原副主席姜长才、丽水市副市长叶伯军及浙江大学、浙江工业大学、杭州电子科技大学、浙江理工大学部分专家、教授受邀参加峰会活动。加强外国专家人才管理，开展外国专家来华工作行政检查。8月，省外国专家局组织在浙的高层次外国专家到云和考察，引导和助推云和企业的发展创新能力。

【推动科技创新】 引导企业进入高新技术企业培育库，推动科技型中小企业成长。全年新增高新技术企业6家，省科技型中小企业38家，省级高企研发中心2家，省级企业研究院1家，市级创新联合体1个，市级科技孵化器1个。实现全社会研发投入快速提升，全年研发经费2.51亿元，高新技术产业增加值6.56亿元，高新技术产业增加值占规上企业增加值的比重为27.3%。服务5家企业申报“尖兵”“领雁”技术攻关，其中，诚创精密机械股份有限公司，成功申报省“领雁”研发攻关计划，实现“零”的突破。建成木玩产业创新服务综合体，全力发挥一站式服务功能，11月，顺利通过省科技厅专家考察组的年度绩效考评。促进科技成果转化和推广应用，及时、准确、完整地收集登记科技成果83个。推进网上技术市场建设，完成技术合同18份，实现交易额1.62亿元。成功举办2022年第六届云和木玩创意设计大赛，收到参赛作品900余件，评选获奖作品16件。成功召开云和•浙江工业大学木玩产业创新研究院阶段性技术成果发布会，获实用新型授权1项，计算机软件著作5个。

【坚持特派制度】 继续实施科技特派员制度，鼓励科技特派员拓宽服务领域，精准对接项目，发展合作企业。根据需要，全年引进省、市个人特派员14名，工业特派员10名，团队特派员2个，实施特派员项目16个。7月，召开全县科技特派员工作会议，市科技局副局长戴美松、省农科院、浙江海洋大学、省林科院、市农林科院等科技特派员派出单位领导和省、市科技特派员及各乡镇、街道分管领导参会，同时，表彰一批优秀科技人才。

【强化科普宣传】 创新活动形式，在童话云和新闻客户端开展以“走进科技 你我同行——科技引领助推乡村振兴”为主题的科技服务，大力宣传科技法律法规、创新政策和生活科普知识。开展科技干部走基层宣讲政策活动，了解企业所需，为企业详细讲解科技政策，助推企业发展，全年上门服务200余家次。协助企业破解难题，为困难企业立项190项，解决问题47个。围绕“减轻灾害风险 守护美好家园”主题，开展“5•12”防灾减灾日宣传，给社会公众发放防震减灾宣传册和宣传品，通过线上线下多角度，进行防灾减灾知识宣传和逃生自救知识讲解。完成第一阶段地震灾害致灾调查与评估；开展地震行政执法监管及掌上执法即时检查和双随机检查。

【夯实党建基础】 深入学习贯彻党的二十大精神，以之武装思想，指导实践，推动工作。围绕“紧起来、快起来、跑起来”的作风建设要求，强化局党组主体责任和领导班子成员“一岗双责”的全面落实。坚持“三会一课”制度，定期召开党支部会议、民主生活会和组织生活会，班子成员带头过好党内组织生活，带头讲好党课，全年组织开展党课活动5次，警示教育3次，主题党日12次，班子成员开展个人谈话提醒13人。创新主题党日活动形式，组织党员赴雾溪畲族乡平阳岗，烽火小顺开展活动，接受红色教育，增强使命担当。强化监督制约，规范权力运行，制定完善1项内部管理制度。贯彻落实“一户一策”措施，结对小顺村低收入农户18户。局班子带领全局干部进村入户，慰问低收入农户，有针对性地开展帮扶，落实结对帮扶资金3万元。组织省水产养殖团队服务小顺村，持续推进小顺综合渔业示范基地建设。组织干部下沉程宅村和工业园区网格，指导做好疫情防控工作。　（罗娟芬）

文化 旅游 体育 广电

文化旅游体育

【概况】 2022年，云和县文化和广电旅游体育局（以下简称县文旅局）以市党代会提出的奋斗目标为指引，以“力争早日创成云和梯田国家AAAAA级旅游景区”为主题主线，坚持抓项目促发展、抓融合添活力、抓文化增内涵，推进公共服务效能提升、省民生实事等方面聚焦发力，促使全县文旅事业平稳健康发展。云和县被评为浙江省第三批全域旅游示范县；云和梯田景区被列入浙江省第一批山区26县“造月工程”名单；云和木玩童话小镇入选浙江省首批文化基因解码成果转化利用示范项目；“云和木玩”工坊入选省级非遗工坊（创建）名单；古村探秘 芒种开犁——松阳云和乡村非遗之旅线路入选首批浙江主题非遗旅游线路；童话书房入选浙江省首届最美公共阅读空间；云和梯田入选第二批浙江省创建文化和旅游IP名单；仙宫景区垂钓项目获评2022年度浙江省运动休闲旅游优秀项目；稻田民宿获评全省“金宿”。全年累计接待游客211.3万人次，实现旅游收入22.3亿元。

【抓党建，促进业务质效提升】 全面贯彻落实党的二十大精神和省、市、县党代会精神，坚持以党建引领文旅高质量发展，持续推进党建工作与党风廉政、意识形态等工作深度融合、互促共进、联动发展。一是“党建+教育”，增强干部引领力。抓好党员干部的思想教育和理论学习工作，不断丰富学习载体，交流研讨，推动学习全覆盖、出实效。创新建立青年党员“五个一”培养机制，通过读书分享、活动轮值、项目领办、积分争先和问题谋划，大力提升党组织凝聚力，开展党日活动轮值9场，读书分享6场，项目领办8个。二是“党建+廉政”，增强干部凝聚力。以全县“紧起来、快起来、跑起来”作风建设年为契机，领导干部切实履行党风廉政“一岗双责”制，主动扛起抓作风抓纪律的政治责任，不断深化党务公开、政务公开、评先评优、干部考核等各项制度，努力营造风清气正的工作氛围；通过项目跟踪、风险梳理、主题演讲、廉心家访等活动，强化干部廉政教育，推动清廉文旅建设。三是“党建+意识形态”，发挥干部凝聚力。围绕党管意识形态的原则，调动全局力量共同做好意识形态工作，形成“统一领导、组织协调、分工负责”的工作格局。根据班子变动情况，及时调整意识形态工作领导小组成员；全力做好重大节点意识形态领域风险排查防范以及全年的安全播出工作，制订印发《云和县中共二十大及杭州亚运会广播电视和网络视听安全播出保障专项工作方案》，确保各项重大活动宣传报道、直播转播工作万无一失。

【抓提质，助推文旅产业发展】 按照“疫情要防住、经济要稳住、发展要安全”的新要求，分析研判文旅产业发展的新需求、新任务和新趋势，全力以赴推动文旅市场恢复。一是加大市场主体纾困解难力度。联合县总工会出台文化和旅游领域稳经济若干举措，通过房租补助或社保补助等举措降低企业经营压力，实现助企纾困政策全部线上拆解，完成线上线下同步兑现1042.29万元，兑现率为100%。开展“遇见云和你”云和文旅500万元消费券大派送活动，涵盖全县A级景区、星级酒店、等级民宿、限额以上入统涉旅住宿餐饮业等57家企业，最终核销金额488.18万元，核销率97.64%，带动居民、游客消费3200万元。二是坚持项目引领强化发展支撑。系统性谋划落实各类项目举措和任务，出台《“重大文旅项目攻坚”行动方案》，全面开展文旅“项目谋划、招商引资、有效投资”等攻坚行动，牵头推进云和梯田、云缦康养度假区等文旅建设项目7个，年度完成投资4.01亿元。完成《云和湖区域重点地块旅游开发概念性规划》初稿编制；专班化推进云和湖度假区项目与中铁建集团合作事宜，拟将云和湖打造成为长三角地区休闲度假旅游目的地，创建国家级旅游度假区。三是纵深推进全域旅游释放活力。完成景区城、景区乡镇和景区村“百千万工程”创建全覆盖的基础上，结合旅游业“微改造 精提升”工程，启动“百千万”工程2.0版本，完成景区乡镇基础设施提升1个，景区村庄5个，创成梅源村省AAA级景区村庄；梯田景区游客中心玩木体验店、“稻生一”咖啡吧、长汀村环村游步道等30个示范点被列入“微改造 精提升”示范点培育名单，累计投资2.18亿元；云和梯田景区实践案例被授予浙江省旅游业“微改造 精提升”最佳案例奖。

【抓攻坚，加快景区创建升级】 锚定县党代会提出“力争2022年创成云和梯田国家AAAAA级旅游景区”的奋斗目标，迅速行动、紧密部署上抢抓“黄金期”。一是健全机制，强化组织保障。成立云和梯田国家AAAAA级旅游景区创建工作专班，对标创建任务要求，发布《浙江丽水云和梯田景区创建国家AAAAA级旅游景区工作方案》，进一步梳理各单位职责分工，制定工作任务分解表、工作任务清单和月度计划表等，将责任明确到单位、到人。定期召开云和梯田国家AAAAA级旅游景区工作例会，破解梅竹村山水林田湖草一体化项目、一级游客接待中心停车场用地等难题30余个，创建AAAAA级旅游景区工作取得有效进展。二是同心攻坚，推进项目建设。完成坑根入口游步道、坑根三级游客中心、梅竹三级游客中心、日出云海观景平台等项目方案设计，户外运动设施、太空舱体验项目旅游厕所、标识系统、环卫设施、下垟搅拌厂备用停车场等项目基本完工，二级游客中心主体工程完工；启动滑雪场地质灾害治理设计方案、梯田博物馆方案设计工作；后交线沿线生态修复有序推进。三是补齐短板，厚植文化底蕴。做大做强梯田文化品牌，成功举办“诗情画意共富路•绿水青山云和你”第十七届浙江山水旅游节暨第十六届云和梯田开犁节系列活动；云和梯田画面入选“共富浙江”主题即开型(绿水青山篇)体育彩票全省十个主画面之一；启动编撰《梅源芒种开犁节》国遗丛书，从开犁节形式、礼仪、文化、传承与发展等系统性、多角度记录国遗项目全貌；梅竹、坑根、下垟3个活态博物馆启动建设。

【重理念，全面推进文体服务】 深入贯彻省委关于全面实施新时代文化工程的部署，推动公共文化服务品质发展、均衡发展，更好满足群众新期待和新要求。一是完善公共文体建设体系。高质高效完成省民生实事项目(39个“15分钟品质文化生活圈”、2个城市书房、1个文化驿站、5个乡村博物馆)；新建县图书馆分馆1家(箬溪书院)，悦读吧6家(黄家畲供销联合社、龙门、行政服务中心、云和政协、温州商会、文化馆)；民宿书吧2个(黄泥岗、蔷薇城堡)，实现图书馆、文化馆分馆全覆盖；加快打造智慧化体育场馆，投入190万元丰富模块设计，优化使用功能；省文旅厅公布了2021年度公共文化服务现代化发展指数(CMDI)评估结果通报，云和县获全市第2名、山区26县第10名，名列全省第51位。二是提高公共文体活动品质。创新思路推出“椤林雅艺”文艺教学系列活动14期，实现公共文化服务由线下转入线上，充实疫情期间群众的精神文化生活；成功引入高规格体育赛事，举办中国桨板公开赛和山区26县系列体育赛事活动——云和梯田定向赛；举办第三届云和“野梨”音乐节、云和县第十七届民间民俗文化艺术月暨“欢歌颂党恩、奋进新征程”首届乡镇街道民乐团演奏大赛；歌曲《云上五天》荣获2022年浙江省山区26县村歌故事会十佳村歌故事奖，《幸福里的生活咿啰吔》荣获2022年“歌颂新时代 喜迎二十大”全省歌词大赛银奖。三是推进文化遗产保护利用。系统开展云和史前文明考古勘探工作，发现马鞍山、青龙山等41处新石器时代至夏商周时期遗址，发掘出的墓葬及重要器物填补云和乃至周边地区这一时期历史空白，对研究云和西周时期文明起到重大推动作用；探索非物质文化遗产与旅游融合发展新路径，古村探秘·芒种开犁——松阳云和乡村非遗之旅线路入选首批浙江主题非遗旅游线路，“云和木玩”工坊入选浙江省省级非遗工坊（创建）名单；瓯江水上蛟龙入选省第六批非物质文化遗产名录。

【抓赛事，普及全民健身运动】 2022年是第二个百年奋斗目标开局之年和“十四五”规划关键之年，云和县体育事业发展中心在局领导的关心支持下，进一步推动群众体育、竞技体育协调发展，加强场馆智慧化建设，提高体育服务水平和青少年竞赛水平，不断推进少体校建设，为省市输送优秀体育人才，积蓄体育后备力量。2022年，共举办云和县第四届全民运动会等县级赛事20余场，4000余人次参加。顺利举办“2022中国桨板公开赛暨‘云缦杯’云和县首届水上运动休闲节”、“全民健身奔共富·喜迎党的二十大”浙江省体育助力山区26县发展系列赛事，云和县申办的是“浙江省定向运动系列赛——云和梯田站”。云和县组队参加首届浙江省山区26县共富杯篮球赛获得第三名的好成绩；云和籍运动员周明爽获得2022年全国赛艇秋季冠军赛双人双桨2000米项目冠军；编制完成云和县体育事业发展史初稿。

【抓创新，优化提升文旅品质】 对标旅游业高质量发展要求，推进行业转型升级，切实转换为促进共同富裕的有效路径。一是突出宣传推广扩大影响。紧盯客源市场，联合兄弟县市开展黄山、景德镇文化旅游营销推介会，拓宽安徽、江西等省外客源市场；积极配合省、市，开展“欢天喜地游丽水”“惠游五月”等系列宣传营销活动；推出“5·19”中国旅游日活动及优惠措施，包含文旅直播促销、景区门票折扣等多项政策，全方位扩大云和文旅的知名度；云逸的院子选送作品梯田有礼——丰收礼获第三届“浙宿好礼”乡村民宿伴手礼大赛综合奖。二是着力提升文旅服务品质。规范全县文旅数据统计管理，制定《云和县全域旅游统计工作实施办法（试行）》；组织开展文旅行业从业人员安全生产、技能提升等培训活动，累计培训1200人次；成功举办首届文旅达人技能大赛，吸引38名选手同台竞技，为后续文旅人才培育、提升和选拔奠定扎实基础。三是持续开展市场整治行动。坚持问题导向、目标导向、结果导向，深入开展“清源、净网、秋风、护苗、固边”五大行动，排查线上线索36条，发现违规行为15起，立案调查13起；抓好文化、文物、广电、出版、旅游等领域的日常监管，保持市场检查覆盖率达到100%，守好文旅市场“小门”，全年出动执法590次，检查各类场所365家次，筑牢文旅市场安全防线。 （涂红燕 应益东）

新闻媒体

融媒体中心

【概况】 2022年，云和县融媒体中心（以下简称县融媒体中心）紧紧围绕县委、县政府的中心工作，坚持党建统领，推进全面从严治党，持续推进党的二十大精神和习近平新时代中国特色社会主义思想学习教育。整合资源、实干争先，坚定不移推进媒体深度融合发展，为云和打造全国山区县域新型城镇化共富样板凝聚强大新闻舆论力量。2022年《今日云和》出版145期，《云和新闻》制播291期，“童话云和”微信公众号推送微文398期，开设专题专栏20余个，编播新闻1万余篇(条)；在国家、省、市级主流媒体刊播新闻1865篇(条)，其中《人民日报》头版2篇、《新华每日电讯》头版1篇、中央电视台34条(含《新闻联播》4条)、《浙江日报》45篇、浙江卫视47条。

【机构编制】 县融媒体中心是中共云和县委宣传部主管的公益一类正科级事业单位，挂云和县广播电视台牌子，核定全额事业编制50名。截至12月31日，实际在岗71人(含编外用工20人)，其中正科级2人、副科级2人；内设机构有办公室、总编办公室、新闻采访部、编辑播出部、新媒体部、专题部、县委报道组、节目监测部、技术保障部、媒资管理部。

【平台建设】 县融媒体中心建设和运营的媒体平台有《今日云和》、云和电视台、云和广播电台(FM95.6)、云和新闻网、“童话云和”新闻客户端、“童话云和”微信公众号、“云和新闻网”新浪微博和“童话云和”蓝媒号、天目号、抖音号、视频号等。2022年，开通云和电视台高清频道，完成高清制播一体化改造和机房电视监测屏、供电线路、电视直播车升级改造，优化节目排播，丰富内容产品，实现电视视听全面升级。

【新闻宣传】 (一)主题报道量质齐升。全媒体平台开设“学习贯彻党的二十大精神”等专题专栏20余个，推出“童话云和十年变迁”等系列融媒报道，全年共刊发新闻稿件1万余条。深化新闻作品创优，18篇宣传报道获得省市新闻奖，“共同富裕‘云’助力”智慧助农活动获省广播电视节目奖对农活动二等奖。

(二)对外宣传成果丰硕。精心策划新闻选题，主动参与和积极配合对外宣传，在省级以上主流媒体刊播800余条。其中，《人民日报》头版点赞云和社会保障和公共服务方面的创新做法；《新华每日电讯》头版关注云和生态价值转化路径；中央电视台《新闻联播》4次聚焦云和，央视大型特别节目《走进老区看新貌》《走进县城看发展》走进云和深入报道，央视《焦点访谈》推出“小城故事　生态优先谋发展”，云和34次亮相央视各大频道(不含新媒体)，系统全面地呈现了云和“小县大城”发展战略和经济社会发展成就；外交部发言人华春莹推特上点赞云和风光组图；全年分别在《浙江日报》、浙江卫视刊播45篇、47条，童话云和知名度和美誉度再攀新高。

(三)话题策划独具匠心。坚持以敏锐的眼光、创意的思维主动挖掘线索，精心策划新闻话题。针对“疫情期间江苏司机困留云和、热心村民提供饭食”的新闻线索，精心策划“云和人真好”网络话题，登上抖音热搜榜，话题阅读量达2000万人次，央视新闻、中新网、《浙江日报》等主流媒体纷纷转发关注。央视《走进县城看发展》采制和播出期间，“童话云和”全媒体平台推出直播预告、图文海报、短视频等20余篇，累计阅读量突破100万人次；精心组织参与“走进县城看发展”网络话题讨论，当天阅读量突破6600万人次，登上热搜榜第3位。“牛云云工作室”策划母亲节网络新词“背地妈粉”，冲上热搜榜第28位，单日话题阅读量近6000万人次。举办“牛云云”网络文明主题展，倡导文明上网、绿色上网，现场观展人数达2万余人。

【党建工作】 截至2022年底，县融媒体中心在职党员25名，退休党员11名。

(一)深化科学理论武装。持续推进党的二十大精神和习近平新时代中国特色社会主义思想学习教育。中心党组坚持“第一议题”制度，学习传达中央、省、市、县重要会议精神50余次，开展党的二十大精神、《习近平谈治国理政》第四卷等交流研讨20余次，党组书记及班子成员上党课7次。全员征订《习近平在浙江》《习近平法治思想学习纲要》等7本学习读本，扎实推动党的创新理论入眼入脑更入心。

(二)强化党的政治建设。中心

党组坚决落实管党治党根本政治责任，切实把党建工作放在心上、扛在肩上、抓在手上。制定年度党建工作计划，把机关党建工作纳入中心党组重要议事日程，全年党组会研究部署党建工作6次。抓紧抓实“三会一课”制度，规范党内组织生活，全年共开展主题党日34次、现场研学3次，高质量召开组织生活会和民主生活会。开展巡察整改问题“回头看”，结合上年度民主生活会、组织生活会上查摆的问题，深刻剖析问题根源，扎实推进整改落实。圆满完成新一届中心党总支及下属党支部换届，配齐配强党务干部队伍。扎实推进“党群连心”活动，引导党员干部在为民服务、解决实际问题中实现作风转变、能力提升。

（三）绷紧意识形态之弦。扛牢压实意识形态（网络意识形态）主体责任，每季度分析研判新闻舆论领域的意识形态（网络意识形态）工作，中心主任、总编分别给全体干部职工讲授意识形态专题党课，牢牢把握意识形态工作管理权。严格执行新闻“三审制”，对新闻稿件出现“表述不准确、报道不规范”等情形及时进行约谈提醒。

（四）筑牢拒腐防变底线。全面实施“治散正气”“治庸提能”“治怠增效”三大行动，针对“佛系”“甩锅”“撞钟”3种表现12项问题，梳理单位问题10个、个人问题318个，全面开展自查自纠，动真碰硬抓好整改落实，切实让干部作风“紧起来、快起来、跑起来”。推行工作纪律“十不准”、工作作风“十提倡”，强化干部纪律约束和作风管理。积极落实“百舸争流”部门中层岗位履职评议活动，推动干部清廉指数、政务效能指数、群众满意指数同步提升。扎实推进清廉机关示范点建设，精心组织“廉心工作室”第二期轮值活动，创新提出廉政风险分级管控和隐患排查治理双重预防机制、中层干部跟踪问效履职测评机制，推出“廉心廉行”栏目，创作7期廉政系列短视频。积极参加家庭助廉集体谈心谈话，自觉签署《家庭助廉倡议书》。

【强化引导】 （一）平台推广有准度。坚持“分众化、差异化”传播，千方百计在各大媒体平台争取人心。积极开展“童话云和”APP线下推介20余场，推出APP“邀请码”，辐射带动潜在用户2万余人。主动联系妇联、老干部服务中心等单位，采取上门服务和远程指导等形式，定向发展关注群体。用好用活“积分商城”，定期更新兑换福利，加强用户黏性，提高APP日活量。截至年末，“童话云和”APP下载用户7万人次、注册用户2.5万人，日均活跃3000人次，县域人口覆盖率超过60%；“童话云和”微信公众号粉丝5.3万人，“童话云和”抖音号粉丝2万人，新媒体平台全年累计阅读量达5000万人次。“融媒指数”综合排名连续多月位居全市第1，全省前列，其中，2022年10月、11月，“融媒指数”综合排名两度位列全省第7，客户端指数排名分别为全省第4、第3，得到市委常委、宣传部部长李一波的点赞肯定。

（二）平台覆盖有深度。免费为10个乡镇（街道）和16个单位开通“入驻号”，组织通讯员开展业务培训，提高前端供稿和成稿能力。争取宣传、组织部门支持，实现全县党员干部“童话云和”APP安装注册全覆盖。联合县司法局，开发“学法用法建档考试”小程序，吸引全县干部职工注册参与。组建“童话云和”粉丝群，策划“转发有礼”“有奖答题”等活动，不断提升媒体平台黏合力。

（三）平台应用有热度。坚持移动优先、内容为王，推出原创精品短视频300余个，其中阅读量突破10万人次的90余个、100万人次的爆款作品20余个。推广“长汀沙滩”“三江口”等热门景点的APP慢直播，探索“台风追踪”“疫情科普”等热点话题的实时直播，“包山村‘梨花微雨’”登上《人民日报》客户端、央视新闻客户端、新华网的视频直播平台，全网阅读量突破500万人次。“童话云和”视频号在线直播“你问我答”疫情科普知识，参与突破100万人次。

【安全播出】 （一）优化顶层设计。坚持“人防、物防、技防、制防、恐防”五防并举，着力补短板、强弱项、提能力，不断强化广播电视安全播出和网络安全工作。健全广播电视安全播出应急预案和网络安全应急预案，修订完善网站新闻编辑、内容管理、机房出入管理、值班值守等多个规章制度，从顶层设计上筑牢安全生产的“四梁八柱”。

（二）夯实硬件基础。开通云和电视台高清频道，完成高清制播一体化改造，优化节目排播，丰富内容产品，实现电视视听全面升级。完成机房电视监测屏、供电线路改造、电视直播车升级改造，更新机房备份UPS电源，及时做好信源备份。实行机房设备设施每周巡查检修和新闻网站每月漏洞扫描，元和广场LED显示屏实行“物理隔离、专网连接、机房控制、专人负责”管理。

（三）守住安全底线。积极落实“护航党的二十大”专项行动，开展应急演练、强化防控措施、严格值班备勤，筑牢广播电视安全播出和网络安全“防火墙”。开展专项消防排查检查，组织火灾警示教育，切实增强全员风险防范意识和消防安全素质。一年来，中心未发生广播电视安全播出事故、网络安全事故、消防事故。

【人事管理】 2022年，县融媒体中心公开招聘事业单位人员1名，编外人员招录1名，退休人员3名，共有在职在编事业人员51人，学历结构方面，硕士4人，本科26人，其他21人。中心持有新闻记者证的共有27人。9月，中共云和县委机构编制委员会同意云和县融媒体中心现有的8名人员编制经费由“自收自支”调整为“全额拨款”。完成集中管理的人事档案专项审核和赋码工作。职称评审通过高级职称1人、中级职称4人，共有高级工程师职称5人、中级职称29人（其中记者2人、编辑12人、工程师11人、其他4人）。坚持人岗相适科学用才，提任和调整16名中层干部，着力构建素质好、能力强、结构优的干部梯队。截至年底，共有18名中层干部，其中，35岁以下8人，35—45岁7人，45岁以上3人。

【工作成效】 2022年，县融媒体中心荣获浙报集团最佳报道组、浙报集团融媒“共享联盟·最具传播力奖”、浙报集团融媒体共享联盟（丽水）2022年度“三点”新闻原创力奖、浙报集团（丽水）2022年度优秀报道组、天目新闻“2022年度县级融媒体中心优秀天目号”、学习强国浙江学习平台2022年度优秀供稿单位、《丽水日报》“先进记者站”“先进基层报道单位”、丽水广播电视总台广电全媒体传播协作二等奖（广播类、电视类各一个）、丽水市广播电视总台“安全播出奖”、云和县常态化疫情防控先进集体（集体嘉奖）、全县打击治理电信网络新型违法犯罪工作成绩突出集体。电视播出系统高清化改造项目获2022年浙江省广播电视科技创新项目金潮奖（基层优秀科技创新类）三等奖，《建好“新媒矩阵”做好“云”传播》项目被评为2022年丽水市宣传思想文化工作创新项目，“童话云和”APP获评市级优秀品牌新媒体，《治好广播“失声症”》入选丽水市首届巡察整改“优秀案例”。2022年，在省市各类新闻奖评选中，县融媒体中心深化新闻作品创优，获省新闻奖18件次、市新闻奖15件次。其中，“共同富裕‘云’助力”智慧助农活动获省广播电视节目奖对农活动二等奖；《云和获中国质量认证中心签发的全国首张岛屿和酒店“碳中和”证书》获得年度浙江省新闻奖三等奖。（鲍金凤）

广播转播

【概况】 云和广播转播台隶属浙江广播电视集团，由浙江省中波发射管理中心主管，是公益一类事业单位。主要承担中国之声和浙江之声两套节目的转播任务。主要设备有1千瓦全固态发射机4台、120米自立塔1座、康明斯50千瓦柴油发电机1台、稳压器1台、卫星地面接收天线3座、发射机自动化控制系统1套、应急广播系统1套、安防监控系统1套、80千伏安电源变压器配电房1座。转播节目覆盖区域主要为云和全境及周边县市部分地区。

【安全转播】 认真落实意识形态工作责任制和安全播出工作责任制，健全完善防范保障体系，规范运维管理，强化应急演练，全面确保安全播出、网络安全和设施安全，圆满完成2022年安全播出保障任务。

【政治教育】 根据《浙江省中波发射管理中心关于学习贯彻党的二十大精神工作方案》，结合"三会一课"、主题党日、微党课等形式，学原本、悟原理，把学习贯彻二十大精神的成果转化为干好本职工作的强大动力。 （吴炫旻）

华数电视

【概况】 云和县华数广电网络有限公司（以下简称云和华数）在县委县政府的正确领导下和上级公司的指导帮助下，紧紧围绕华数集团"改革攻坚年"工作要求，明确工作目标，采取有效措施，抓党建、强管理、促经营，全体员工团结一心，顽强拼搏，较好地完成了各项工作任务，各项经营指标完成率得到有效提升，获浙江华数丽水地区"最佳大众奖"。

【党建工作】 认真贯彻落实党的二十大精神，结合实施华数集团"1334"发展格局和浙江华数"1122"整体发展思路，积极开展了党的二十大精神和省第十五次党代会精神宣讲、清廉华数建设、"一支部一品牌"党建品牌创建、廉政警示教育、党员活动日、员工技能大比拼等活动。通过学习，提升了干部职工思想素质，积极向党组织靠拢，2名优秀对象被列为入党积极分子考察，1人被华数集团评为2022年度"最美志愿者"，1人被浙江华数评为2022年度"最美志愿者"。严格党风廉政建设和意识形态责任分工，按照工作计划，签订党风廉政、意识形态、安全生产责任书，落实工作小组，责任到人。实行廉政承诺，按制度履行职责，和部门负责人做好廉政谈话，及时处理各部门的党风廉政所显露的苗头性、倾向性问题，以便及时了解状况，化解矛盾，达到从源头上预防腐败滋生。深度理解"1612"体系架构，积极参与数字化改革项目实践。6月27日，云和华数与全国同步开启"广电5G"网络服务，进入5G数字化新时代。

【业务经营】 大众市场：围绕2022年度各项重点工作，以收入、客户双增为目标，制订相应的工作计划，结合浙江华数文件指导精神及公司实际，通过开展市场活动、外呼营销、结合"适老化"工作服务下沉等抓手，把办理缴费开户、低保、惠农等服务切实送到市民手中，充分实现便民便利零距离，不断增强用户的信任感和体验感。截至年末，数字电视总客户数15877户。积极推行云和县低保用户减免视听费用和农村用户视听费减免的优惠政策，在网低保用户1500余户，惠农用户13000余户。组织学习5G业务知识，员工营销技能有显著提高。全员启用广电5G卡，参与5G体验和业务测试，及时反馈使用情况，做好友好用户推荐与营销，开卡完成率102%。从各维度抓重点、抓细节、抓管理，各项业绩指标稳步提升，客户服务考核成绩位于全省前列。

集客市场：集客市场注重精细化管理，以精准化服务和求实的态度开展集客工作。积极贯彻落实集团"改革攻坚年"关于集客业务转型的要求，深度拓展并落地相关数字化业务。围绕"一村一社、一老一少"重点行业，签订了多个领域的信息化项目，信息化业务合同收入占公司集客收入60%以上。坚持学习不松懈，帮助团队成员拓宽知识面、提升业务素养、增进展业信心，及时解决工作上的问题，提高执行力，着力培养自主经营的意识、提高自我管理的能力。2022年，云和华数集客市场各项指标完成率位居全市前列。

【网络建设】 根据省公司统一部署，着力开展网络光纤改造工作，根据年度计划，将工作量分解至每月，根据计划有序进行。2022年，共完成83个小区（村）的FTTH网络改造，覆盖用户数11000余户。强调集客维保和工程抢修的及时性与用户满意度，共计发生集客维保 1238 次，工程抢修 44 次，零星施工 82 次，迁改工程 23 处。每月对骨干光缆线路巡检，光缆距离及损耗测试，对隐患点、损耗点和断点及时修复并做好台账，在最短时间内对断点进行恢复和光缆测试。积极落实应急广播日常运维管理，通响率达 95%以上，为了更好地提升应急广播管理，对部分调频广播音柱升级为 IP 广播音柱，同时对省应急管理平台每月做好数据上报和内容播发申请工作，2022 年通过平台申请播放应急广播任务 20 次。做好“云和电视台高清”“丽水公共高清”“丽水文化休闲高清”等 6 套节目的落地工作，同时对云和华数电视节目进行高清前置，提升用户的收视体验。做好 5G 业务发展前期的准备及网络部署工作，以及本地网络保障工作和 5G 业务推广测试工作，确保 5G业务顺利开展。

【安全生产】 云和华数在年初就已经对 2022 年的各重保期间工作做了重点部署，适时调整了公司安全生产领导小组和安全播出领导小组，积极完善各项规章制度，加强安全检查力度，开展“隐患清单化管理”。落实安全播出演练、“1+3”互查工作和安全播出保障攻坚检查，以检查促整改，以整改促提升。强化日常安全督查，确保办公、行车、消防的安全。规范工程施工、承包、采购等流程，杜绝出现廉政风险问题。加强网络巡察，优化网络质量，提升网络承载力。党的二十大安全播出保障期间，云和华数领导班子带队，值班人员、技术人员、安保人员多人多岗 24 小时在岗值守，全面落实党的二十大视听保障，共计值班值守 100 余人次，出动保障车辆 10 辆。累计巡查光缆 960 余公里，巡检中心机房、乡镇机房和重要单位机房 120 余次，为群众、企业等用户检修 100 余次。党的二十大开幕会当天，总经理及技术总监坐镇机房一线，靠前指挥，工程技术部门人员对重点单位的党的二十大开幕会进行收视保障，总计保障 20 余人次。云和华数安播工作没有出现异常情况，安播保障工作获肯定，1 人被集团评为党的二十大保障工作先进个人，2 人被浙江华数评为党的二十大保障工作先进个人。（徐刘杰）

卫生健康　医疗保障

卫生健康

【概况】 2022年，云和县设立医疗卫生机构89个，其中，疾病预防控制中心、妇幼保健与计划生育服务中心、卫生监督所各1家，县级公立医院2家，乡镇卫生院（社区卫生服务中心）8家，民营医院4家，个体诊所34家，村卫生室36家，门诊部2家。全县共有医疗床位561张，常住人口每千人拥有床位4.34张。全县有卫生技术人员1133人，其中，执业（助理）医师509人，注册护士466人，常住人口每千人拥有执业（助理）医师3.93人、注册护士3.6人。居民健康素养水平达到31.66%。县卫生健康局在疫情防控大考大赛中表现突出，被中共云和县委、县人民政府记集体三等功一次。健康云和建设连续四年取得健康浙江考核优秀等次。卫生监督机构全年立案228件，结案227件，罚没金额65.6万元。

【新冠疫情防控】 医疗卫生体系经受住了新冠疫情的重大考验，为全县疫情防控和经济社会稳定发展发挥了重要作用。面对防控措施调整转段新要求，迅速将工作重心从“防感染”转向“保健康、防重症”，全力做好发热门诊“应开尽开”、医疗物资储备供应、农村地区巡诊服务等重点工作，人均医疗资源储备率充足，对每一位新冠患者做到应收尽收、应治尽治。

【医疗卫生改革】 分别对照三乙、二甲标准，推进县人民医院、县中医医院等级评审工作。以“3342+X”能力提升为核心，加快三大临床救治中心、三大医技共享中心、四大重点托管专科和医疗机构管理能力、公共卫生服务能力建设。卒中中心连续两年荣获“丽水市优秀卒中防治中心”称号，创伤中心抢救创伤患者成功率大幅提升，泌尿外科成功申报2022年浙江省山区海岛县龙头学科。围绕构建“县域医共体+片区医疗中心+智慧流动医院+综合应急联动急救”山区医疗服务模式，提档升级县域“五大救治中心”，建立健全医联体、医共体分级诊疗“绿色通道”。成立云和“120”急救指挥中心，在石塘镇、崇头镇中心卫生院建立急救站点。开展医疗新技术、新项目32项。成立董敏俊、魏芳强乡贤名医博士工作站，设立朱玉萍专家工作站。开展“一县一业一学会”智汇山区赋能行动，成立浙江省护理学会云和县康复护理产业服务站。争取丽水市公立医院改革与高质量发展示范项目资金1167万元，配置先进医疗设备，医疗诊断水平得到提升。大力推进“智慧医院”建设，加速建立医疗、服务、管理“三位一体”的智慧医院系统，完成“智慧医疗”“智慧服务”“智慧管理”数字化系统建设。出台《云和县卫生健康系统高层次紧缺人才引进奖励办法》，制订《优秀中青年医学人才暨“青松”“青苗”人才培养实施方案》，完善医疗卫生专业人才培育激励机制。

【公共卫生服务】 持续巩固国家级慢性病综合防控示范区建设，开展健康主题公园、健康社区等健康支持性环境建设。有序开设全—专科联合门诊，通过帮扶带教的方式，使石塘镇、崇头镇、白龙山街道、凤凰山街道等7个基层分院的医疗卫生服务能力得到提升。开展优质服务基层行活动，白龙山街道和凤凰山街道社区卫生服务联合中心、崇头镇中心卫生院、石塘镇中心卫生院3家单位顺利通过市级标准化验收。完成大源村、小徐村、沙浦村、梅源村、黄家畲村5个建制村卫生室的改扩建任务。出台《云和县参保城乡居民健康体检管理办法》《云和县中小学生健康体检管理办法》《关于全面实施加强高血压糖尿病全周期健康管理推进分级诊疗改革的通知》等三项行政措施；推进"一老一小"明眸皓齿工程。推进高血压、糖尿病"两慢病"改革，探索两慢病患者免费用药机制，建立两慢病一体化门诊，改善优化两慢病诊疗路径。县卫生健康局《关于推进流动人口基本公共卫生服务均等化》的惠民举措，成功入选国家基层卫生健康优秀创新惠民案例，在全市属首例，全省仅两例。崇头镇中心卫生院第一家医疗团队，获2022年"浙江省家医党员先锋团队"和"浙江省百姓信赖的优秀家庭医生团队"称号。

【健康云和建设】 顺利通过2021年健康浙江考核，连续4年取得健康浙江考核优秀等次。全面实施健康云和28项行动，云和县荣获"长三角卫生健康治理最佳实践案例"优秀奖。云和县《发布环境空气质量健康指数　拓宽"两山"价值转化通道》案例，成功入选第二批健康中国行动推进地区典型经验案例。"蓝天碧水净土清废行动""职业健康行动""合理膳食行动"3项行动，纳入市级示范样板暨省级示范样板培育计划行动，其中，"合理膳食行动"入选首届健康丽水行动十佳优秀案例。云和县"老年健康促进行动工作"被纳入省健康浙江行动工作试点。持续巩固国家卫生县城创建成果，完成紧水滩镇健康乡镇创建，积极推动安溪畲族乡、赤石乡的健康乡镇创建。

【人口家庭发展】 做好人口统计分析研判。2022年，全县共出生561人，同比减少178人，同比减幅24.09%；死亡816人，同比增加86人，同比增幅11.78%。是年，全县出生率为4.97‰，死亡率为7.22‰，人口自然增长率为-2.26‰。推动育儿友好型社会建设，全面实施三孩生育政策，继续推进云和县生育支持政策的研究制定，加强新型婚育文化倡导宣传。继续深化3岁以下婴幼儿照护服务，完成石塘镇幼儿园托育部、妇计中心婴幼儿照护实训基地建设并投入使用，新增云和梯田游客接待中心、崇头镇中心卫生院2家四星级母婴室。全县完成备案托育机构12家，托位524个，每千人托位数达4.06个；举办保健员保育员培训班2期，受训307人次。

【中医传承创新】 积极推动全国基层中医药示范县创建，制定创建工作任务清单。依托山区、海岛县中医医院中医药特色专科"百科帮扶"项目，扎实推进县中医医院与浙江中医药大学附属第二医院的医疗合作。推进朱勤、王新昌、茹清静、蔡宛如等名医工作室的中医传承，加快中医人才培养。常态化开展中医"师带徒"工作，与省中医药大学在云和合作开设"西学中"(西医学习中医)教学培训，招录学员102名。加强中医适宜技术推广，开展中医药适宜技术推广活动10余次，推广量达650余人次。以"中医中药中国行""中医药适宜技术推广活动""服务百姓健康行动"等大型义诊活动、老年人中医养生和秋冬保健大型专题讲座暨云和县中医医院第十届中医膏方节等活动为载体，开展中医药"三进"活动。充分发挥中医药在疫情期间的防、治、康干预作用。中医诊疗得到有效提升，门诊患者使用中药饮片比例提升至13.64%，使用中医非药物疗法比例提升至9.94%；出院患者使用中药饮片比例提升至57.68%，使用中医非药物疗法比例提升至83.51%。

【老龄事业发展】 着力营造全社会老年友好环境，出台《云和县老龄事业发展“十四五”规划》。推进老年木玩产业发展，组建促进老年木玩事业发展工作专班，举办全省“共同富裕与健康老龄化”研讨会暨浙江省首届老年木玩比赛。深化打击整治各类养老诈骗违法犯罪行为，印发《云和县卫生健康系统开展打击整治养老诈骗专项行动实施方案》。加强老年群体民生保障，完成重点人群23价肺炎疫苗免费接种510人、流感疫苗免费接种2100人、免费胃癌筛查167人、结直肠癌筛查2583人、慢阻肺疾病筛查208人。

【妇幼保健服务】 加强孕期保健管理，强化产前筛查工作。2022年，全县孕产妇活产人数492人，早孕建册484人，产前筛查481人，系统管理人数483人。严格落实高危孕产妇专案管理，实行妊娠风险“五色”分级管理和高危孕产妇专案管理。加强儿童健康管理，为0—6岁儿童建立儿童随访档案，管理率达99.03%。引导农村适龄女性积极参加“两癌”筛查，完成宫颈癌筛查4110例，乳腺癌筛查4069例。开展基本避孕服务项目，全县共设置药具发放点196个，免费实施基本避孕手术1938例。县域艾滋病母婴传播和先天梅毒发病率为零。开展出生缺陷防治，免费婚前医学检查850人、孕前优生健康检查724人，全年共办理出生医学证明515例。对全县托幼机构实施规范管理，举办2期线上托育托幼机构保育员和保健医师培训。着力实施优生优育进万家项目，宣传普及优生优育知识。推进“浙有善育”建设项目，开展养育照护小组活动。深化中医与妇幼保健的深度融合，县城南卫生服务中心成立“医—防—护”儿童健康管理中心。

【疾病预防控制】 加强传染病疫情报告和管理，2022年，报告法定传染病12种1562例，发病率为1208.83/10万，无甲类传染病，报告艾滋病死亡病例2例。提高突发公共卫生事件监测预警能力，全年报告突发公共卫生事件相关信息4起，开展突发公共卫生事件季度风险评估4次。继续推进免疫规划工作，开展预防接种证查验，做好儿童常规免疫、查漏补种和AFP（急性弛缓性麻痹病例）及麻疹病例监测，提升AEFI（疑似预防接种异常反应）报告的敏感性与准确性。深化健康促进场所创建工作，2022年，城西小学成功创建金牌学校，崇头镇中心小学成功创建银牌学校。开展无烟医疗卫生机构建设指导；积极推进健康素养进农村文化礼堂工作，在全县39家农村文化礼堂，开展公共场所控烟宣传。做好结核病患者发现和管理，2022年，共报告肺结核病例40例，发病率为30.96/10万。做好鼠疫监测工作，全年共捕鼠600只。每周协同县市场监管局对重点场所环境、食品及从业人员开展核酸采样检测工作，全年共采集从业人员样本11443份，重点食品样本5815份，重点场所环境样本5206份，所有样本检测结果均为阴性。

【卫生监督检查】 全年共立案228件，结案227件，罚没金额65.6万元。其中，简易119件，不予处罚24件，一般84件（包括医疗卫生18件、传染病防治7件、职业卫生4件、学校卫生7件、放射卫生2件、公共场所46件），大案要案11件。常态化疫情防控期间，对医疗机构疫情防控措施落实情况开展检查，共记分22家44分，查处案件60件。开展集中消毒餐饮具抽检、医疗机构年度校验、抗（抑）菌制剂专项监督检查。继续推进“互联网+监管”建设，使用“浙政钉掌上执法”系统，实施“全领域双随机执法”模式。开展游泳场所水质卫生安全专项治理，辖区内5家游泳场所均已安装水质在线监测设备和智能水表。组织人员联合县教育局、市场监管局对辖区内学校、托幼机构开展春季复学疫情防控监督检查，保障学校安全有序复学。到文元育英小学开展“爱眼日”主题宣传活动，在校内设置护眼知识科普站。规范卫生健康非现场行政执法工作规程，与6家阀门制造企业签订《非现场执法技术设备安装（接入）告知确认书》。创新粉尘在线监测系统，依托第三方打造“事前可提醒，事中可预警，事后可分析”的智能监管系统，从在线监测、职业防护、风险预警、数据分析四方面实施监管。是年，被确定为全省职业卫生工作试点单位。

【基层党建工作】 召开系统党史学习教育总结大会；完成党组织书记述职评议。建立云和嘉瑞君亭酒店、云和大酒店等5个集中隔离点的临时党支部，选派临时党支部党建指导员5名。城南综合医院党支部（“两新”党支部）被评为“四星级党支部”。启动县卫健系统作风建设年活动，制订作风建设年实施方案，开展以“紧起来、快起来、跑起来”为主题的作风建设年活动，查找个人问题清单176个，完成整改139个，持续整改37个；查摆单位问题清单19个，完成整改16个，持续整改3个。结合医疗行业腐败问题专项整治和作风建设年自查整改活动，持续推进清廉医院建设。做好巡察整改“后半篇”文章，根据县委巡察组反馈的县医疗健康集团的巡察意见，及时督促县医疗健康集团落实各项整改任务。（方卉子）

医疗保障

【概况】 2022年，在县委、县政府的坚强领导和上级主管部门的正确指导下，县医疗保障局坚持以习近平新时代中国特色社会主义思想为指导，深入贯彻落实党的二十大精神，坚持以人民为中心的发展思想，着力解决群众急难愁盼问题，补好民生问题短板，管好用好人民群众的“看病钱”“救命钱”，全县医疗保障领域各项工作取得了较好的成效。一年来，全县户籍人口基本医疗保险参保率再创新高，达到99.67%，医保经办事项100%可“网上办”“掌上办”，全县符合条件的困难群众资助参保率达100%，全县医疗救助政策落实率达100%，全县困难群众医疗综合保障率稳定在80%以上，实现高额医疗费用困难人员清零。

【基金运行】 （一）职工医保基金运行情况。2022年度，职工医保基金收入15898万元，较2021年度同期收入增加4755万元，同比增长42.67%；支出12747万元，较2021年度同期支出增加1486万元，同比增长13.2%。基金累计结余10602万元。（二）城居医保基金运行情况。2022年度，城居医保基金收入16307万元，较2021年度同期收入增加2452万元，同比增长17.7%；支出15107万元，较2021年度同期支出增加1283万元，同比增长9.28%。基金累计结余5882万元。

【医保待遇】 （一）全民健康补充医疗保险“浙丽保”待遇报销情况。积极落实丽水市医疗保障局关于“浙丽保”待遇的调整，提高了精准性、增强了普惠性，截至2022年末，全县“浙丽保”参保人数为10.05万人，参保率为93.45%。2022年度，全县共有2.14万余人次享受到“浙丽保”待遇，支出金额共计571万元，累计资助参保达1万余人。（二）生育保险待遇报销情况。积极落实“浙有善育”促进优生优育政策，进一步扩大了生育保险覆盖面，扩大了医保支付范围，调整了生育保险待遇等待期，落实“三孩”生育保险待遇。2022年度，全县共计办理生育津贴申请业务226人次，支付生育津贴共计407.54万元，其中享受二孩待遇人数81人，支付津贴159.05万元，享受三孩待遇人数13人，支付津贴11.68万元。同时完成生育津贴补发工作，共计补发人数126人，共计支付津贴86.27万元。

【医保救助】 （一）落实应保尽保。截至2022年末，全县户籍人口基本医保参保率达99.67%，确保符合条件的困难群众资助参保率达到100%。（二）实现应救尽救。通过进一步优化医疗救助政策，确保医疗救助政策落实率达100%。2022年度，全县医疗救助共计支付925万元。（三）落实高额清零。持续跟踪高额医疗费用困难人员，通过加强部门协作，实现高额医疗费用困难人员清零。2022

年度，共计化解18名困难人员的高额费用，化解金额共计55.89万元。（四）紧扣精准救助。依托“智慧医保”平台，主动发现符合条件的困难人员并进行待遇追溯。2022年度，共计主动追溯救助困难人员108人次，救助金额达180885.05元。

【优化服务】 （一）深化“互联网+医疗保障”。依托一体化政务服务平台，医保经办事项100%可“网上办”“掌上办”。2022年度，共计通过一体化政务服务平台办理业务6708件。（二）打通数据共享壁垒。优抚待遇、残疾人门诊免费服药等待遇接入“智慧医保”系统，实现多种待遇“一站式”结算；发挥县卫健局、县人社局等部门合力，高效推进“一件事”联办。2022年度，共计通过“智慧医保”平台办理“一件事”联办2141件，网办率达100%。（三）全面筛查重复参保。2022年度，共计通过智慧医保平台筛查处理重复参保2400余人次。（四）推进医保电子凭证结算。全县81家定点医药机构已全部接通医保电子凭证结算通道，共计激活医保电子凭证10.8万人次，激活率达98.2%。（五）扩大跨省异地就医直接结算定点医疗机构范围。2022年度，提供跨省异地就医服务的定点医疗机构数量占本统筹区定点医疗机构数量的56%。

【医保改革】 （一）推进支付方式改革。持续推进住院DRGs点数付费，门诊实行按人头付费，长期慢性病住院按床日付费等改革工作，完成2021年度清算工作，其中住院按DRGs付费合计奖励725.5万元，门诊按人头付费合计奖励6.8万元。（二）推动医疗服务价格改革。开展新一轮服务价格摸底工作，依托第三方服务工作，完成2021年度县公立医院服务价格数据清算、现场考核工作，扣除未完成“腾空间”费用50余万元。（三）落实药械等带量采购。定期督促医院做好集采协议执行率、及时回款率、线上采购率等指标性工作。（四）抓好数字化改革。2月“智慧医保”平台上线，实现与国家医保信息平台互联互通、数据共享、一网通办。持续关注系统运行情况，做好业务培训，不断优化和完善系统功能。

【基金监管】 （一）加强宣传教育。组织开展“织密基金监管网，共筑医保防护线”集中宣传月活动。全县81家定点单位、10个乡镇（街道）、168个村落参与了宣传活动，共计发放宣传海报600余张，发放宣传折页3000余份。（二）强化专项整治。聚焦“三假”（假病人、假病情、假票据）行为，对全县定点医疗机构开展规范使用医保基金自查自纠工作，退回自查发现的违规费用82.2万元。在丽水市定点医疗机构交叉检查活动中追回医保基金31.52万元，并对两家医院进行行政处罚，处罚金额共计7.52万元。（三）强化借力监管。依托第三方服务公司，对全县医疗数据进行全方位核查，利用大数据筛查等方式提高基金监管绩效。全年共核查定点医药机构81家，协议处理35家，暂停医保服务1家，追回违规费用15.42万元。（四）强化震慑监管。加大打击欺诈骗保惩罚力度，严格按照协议及条例执行处罚处理，对符合移送司法部门的骗保案件做到应移尽移。完善部门间线索通报、案件移送、联合行动等工作机制。

【党建统领】 （一）抓好政治教育。始终坚持把学习贯彻习近平新时代中国特色社会主义思想作为首要的政治任务，采取召开会议集中学、专题党课引领学、通读书目研讨学、红色基地实地学等多种形式扎实开展理论学习，引导党员干部职工深刻领悟“两个确立”的决定性意义，不断增强“四个意识”、坚定“四个自信”、做到“两个维护”。（二）规范支部建设。紧密结合全县医疗保障中心工作，推动党建统领医疗保障事业高质量发展。将“巩固提升‘浙丽保’参保率，助力打造全国山区共同富裕样板县”，作为机关党建工作的“实招妙招”与机关党支部书记领办的党建项目，同时予以申报。组织支部换届选举，认真落实“三会一课”、主题党日、批评与自我批评、谈心谈话等组织生活制度，规范开展党建述职评议考核和民主评议党员，按时召开组织生活会和民主生活会，完善党务公开制度，使党员享有更多的知情权、参与权、表达权和监督权。

【履行职责】 坚持将意识形态(网络意识形态)工作作为领导班子建设的重要内容，纳入重要议事日程、党建工作责任制、执行党的纪律、干部年度目标考核，与医保中心工作同部署、同落实、同检查、同考核。年初，制订2022年意识形态工作计划，并根据领导班子分工调整，及时调整了意识形态工作领导小组、主要职责及任务分工，形成了一把手负总责，班子成员各负其责的良好工作格局。

【队伍建设】 (一)严把干部选任关口。严格执行党政领导干部选拔任用工作条例，严把干部选任“推荐、考察、酝酿、讨论”四道关口，不折不扣把党的干部路线方针政策落到实处。2022年度，共提任股级干部3名，其中正股级2名，副股级1名。(二)持续推动作风建设。以落实巡察反馈意见整改为契机，经常性开展党风廉政教育，推动全面从严治党向纵深发展、向医保各环节延伸，医保系统清廉指数显著提升。认真落实全县“紧起来、快起来、跑起来”作风建设年活动，结合选人用人问题起底“十大专项”治理工作，强化组织领导，做好自查整改，广泛开展个人岗位廉政风险排查并制定防范措施，2022年度全局未发生违纪违法案件。　(项宗辉)

社会生活

民　政

【概况】 2022年，云和县民政局在县委、县政府和上级民政部门的正确领导下，坚持以党的十九届六中全会、党的二十大、省第十五次党代会、市第五次党代会精神为指导，深入贯彻落实习近平总书记对民政工作的重要指示要求，贯彻落实全省民政工作会议、全县三级干部会议精神，以数字化改革为引领，坚持稳中求进工作总基调，牢牢把握"三新一高"要求，积极履行最底线的民生保障、最基本的社会服务、最基础的社会治理和专项行政管理职责，努力在全面推进民政工作现代化建设、高质量发展上取得新进展。2022年，县民政事业保持"一先一第一"，县民政局获全省民政工作先进县称号，民政工作经验在全省民政局长会议上作交流发言；县民政工作在全市民政系统目标责任制考核中名列第一。积极开展养老服务"爱心卡"、"社会力量助力幸福婚姻家庭建设"市级试点，持续推进全省精准保障标杆区试点。农村服务体系创新案例"流动供销致富车(原三助公益服务)"，入选全国首批县域流通服务网络建设典型案例、全国农业社会化服务典型案例。基层管理革新案例《创新"街乡共治"模式　推动城乡融合治理》，荣获全国第四批乡村治理典型案例称号。

【社会救助帮扶】 (一)圆满完成"善居工程"。开展"善居工程""共富家园"改造项目，按照"一户一档""一户一策"清单式分类改造，133户低保、困难老年人家庭住所得到有效改善，实现从"有居"到"优居"，得到省民政厅领导的充分肯定。8月，省民政厅"善居"工程调研座谈会在云和召开。新建儿童之家6家，其中，大坪社区入选全省首批托幼服务场景。(二)脱贫攻坚兜底到位。全面构建困难群众主动发现网，建立多维研判指标体系，科学判定涉困群众，及时进行低保补差，低保对象人均补差833.4元，补差率达80.5%。全面开展低保专项治理，做到应保尽保，应退尽退。全年新增符合低保条件的各类孤困儿童、困难残疾人、重度残疾人、特困人员372人，退出低保291人，包括公职人员的重要亲属享受低保92人、低保边缘57人、困境儿童4人。(三)做好"扩中"文章。开展"助联体"建设，将低保边缘认定标准放宽到低保标准的2倍。健全完善《云和县失能失智困难群众生活补贴和护理补贴实施办法》，优化出台《云和县精准扶持低收入农户加快实现共同富裕20条政策》《云和县困难退役军人帮扶援助工作实施细则(试行)》。8月，云和县社会救助工作成效在全省救助重点工作推进会上作经验交流。

【强化基层治理】 (一)推进社工队伍建设。完成专职社工招聘和培训，每万名城镇常住人口中，专职社区工作者的配比达15.3，持证社会工作专业人才数达23.8人/万人，并建立社区后备人才库。制定

《社工实操手册》，从社区基本情况、工作职责、工作机制三个方面规范社工实际操作技能。（二）创新建立楼栋长“加油助跑”机制，明确工作职责、动态准入退出和数字化积分管理机制，并从岗位荣誉等9个方面给予关心关爱。首批签约的20家商户，已为楼栋长提供“体检套餐”等41个“助跑礼包”和“网格先锋贷”等29个“星级礼包”。该做法已在民政部《乡镇论坛》和《浙江民政》刊发。深化“街乡共治”实践，探索街乡一体化治理融合，切实提升“新市民”参与社区治理的积极性。“街乡共治”模式被丽水市改革专刊转载推广，并成为全市唯一一个入选第四批全国乡村治理典型案例。（三）推进基层社区建设。开展解放社区、黄水碓社区、青阳门社区办公用房提升改造；组建全市首个工业社区，推动园区、企业、员工等多方共建共治共享。全面完成河上小区等2个“幸福社区”创建；完成小顺村、梅源村2个省级示范型、引领型农村社区的创建和崇头镇等5家乡镇社会工作站的改造提升，社工站实现全县乡镇、街道全覆盖。

【养老事业发展】 （一）推进养老数字化改革。完善“幸福云护”养老护理人员培育场景应用，启动独居、空巢留守老人健康守护试点工程，为103位老年人配备一键呼叫智能手环，实时监测老人生命体征等相关信息。三助公益服务车辆安装GPS，实现服务过程全监管。建成智慧养老院1家，12家乡镇、街道居家养老服务中心配备无感服务智能终端。养老数字化改革工作在市改革专刊推广。（二）提升养老服务质量。新增认知障碍照护专区床位25张，建成康养联合体2家，新增持证养老护理员43人，白龙山街道大坪社区等6个乡镇、街道的居家养老服务中心实现养老服务“五合一”。完成全县2.5万老年人的自理能力初筛，对1700多位疑似失能失智老年人进行专业评估并建立信息档案，为后期精准开展居家养老工作奠定扎实基础。（三）依托乡镇、街道居家养老服务中心建成长者益智幸福坊12家，依托村（居）组织、农家乐、照料中心建成爱心驿站16家，以自然村、片区等小微网格为单位，推选253名“邻里互助长”，就近为周边老人提供“邻里互助”服务。“流动供销致富车”入选全国县域流通六大典型案例、全国农业社会化服务典型案例，并与“‘云善’暖心团”一起入选丽水市山区养老十大创新案例。

【民政事务管理】 （一）深化殡葬改革。狠抓清明平安祭扫，严防火灾事故，倡导文明祭祀，在县级公墓区开展“鲜花换纸钱”活动，为5300余座墓穴发送鲜花。落实殡葬基本服务惠民政策和殡葬“一件事”联办，累计联办790件，联办率为96.28%。（二）规范地名管理。完成龙云线的界线联检工作。完成省建系统县域地名地址信息数据归集、关联、分节74621条、上图77729条。规范县域地名管理和服务，制作街路牌9块，更换牌面44块，路牌维修16次。制作门牌720块，门牌办理、录入32166次。审核住宅区3个。完成国家库行政区域等五大类——云和县级数据质量审核修改1402条，完成国家库非行政区域等五大类及单位类名称——云和县级数据质量审核修改718条。（三）推进补领婚姻登记证试点和“同心合和幸福团”助力幸福婚姻家庭建设工作，全年补办婚姻证633对、补领婚姻证319件。8月，洪姐工作室入驻县婚姻登记处，已成功劝返离婚47对，劝返率达90.3%。组建由劳动模范、道德模范、最美家庭等组成的结婚登记特邀颁证师队伍，开展集体颁证活动，增强结婚对象的责任感和幸福感。

【党风廉政建设】 （一）培育民政党建品牌。创新开展党建统领“云善”暖心团行动，组建以“1个‘云善’暖心团服务总团，6支仙宫湖畔、梯田共富等镇、街社会组织服务联队和15个山区助老等专业服务团”为体系的“1+6+N”暖心帮扶队伍，实现全域覆盖服务。截至2022年末，已为山区群众提供义诊义剪、家政服务等10万人次。《“云善”暖心团 服务“零距离”》以全市第一的成绩，入选全市机关党建“十大创新案例”。(二)加强意识形态建设。始终把意识形态工作作为党的建设的重要内容，纳入重要议事日程和党建工作责任制，与业务工作一同部署、一同落实、一同检查、一同考核。(三)强化党风廉政建设。研究制定《县民政局2022年全面从严治党暨党风廉政工作要点》，严格落实“三重一大”制度。扎实开展警示教育，充分发挥以身边事教育身边人的警示作用，深入查摆廉政风险点，及时制定整改措施、明确整改时限，形成长效严管机制。（吴雨馨）

移民工作

【概况】 2022年，云和县移民工作中心坚持以习近平新时代中国特色社会主义思想为指导，坚毅笃行“丽水之干”，深入贯彻落实大中型水库移民后期扶持政策，认真组织、统筹安排、狠抓落实，水库移民各项工作取得明显成效。全县安排移民投资项目50个，投入移民专项资金2700.62万元。全年发放水库移民直补资金638.1万元。水库移民人均可支配收入已与当地居民基本持平。

【移民共富项目】 2022年，位于紧水滩、石塘库区的“十里云河”经济产业带提升工程项目，入选浙江省水库移民共同富裕示范项目。县移民工作中心投入移民资金440万元，用于紧水滩镇龙门片区沿库公园、绿化带提升工程建设、龙门渔街房屋立面改造、龙门村老码头观景台休憩亭修缮；用于紧水滩镇金水坑片区污水管网、雨水管网改造、无动力污水处理终端和农村公厕建设，截至12月底，已全部顺利完工。实施水库移民共同富裕示范项目，有力带动经济产业带“农家乐”“渔家乐”产业增收，提高移民人均可支配收入，促进水库移民共同富裕。

【直补资金管理】 2022年，县移民工作中心共核减移民直补人口92人，共计发放水库移民直补资金638.1万元。截至2022年末，全县有大中型水库后期扶持移民17946人，其中，直补到人10635人，扶持到村7311人。

【美丽村庄建设】 2022年，县移民工作中心严格按照“产业兴旺、生态宜居、乡风文明、治理有效、生活富裕”的要求，大力塑造各种类型和各具特色的美丽移民村庄，重点扶持紧水滩镇龙门村、元和街道霞晓桥村、浮云街道局村村、浮云街道庄前村、元和街道梅湾村、凤凰山街道新岭村、崇头镇三垟村7个美丽移民村建设；精心打造凤凰山街道新岭村、紧水滩镇龙门村2个美丽移民精品村，进一步完善库区和移民安置区的基础设施和文化设施。对已建成的美丽移民村，指导开展文明村、美丽乡村等创建工作，建立完善村规民约和民主管理制度，强化基层社会治理，切实提高管理水平。

【移民产业发展】 县移民工作中心始终把产业发展作为实现移民持续增收的根本举措，坚持以资源为依托、市场为导向、移民村为主体，突出地域特色，加快产业升级发展步伐。探索创新产业扶持方式，支持移民村因地制宜加强农业基础设施建设，鼓励广大移民发展现代种养业、乡土特色产业、农产品加工流通业、乡村休闲旅游业、乡村新型服务业、乡村信息产业，大力发展城镇第三产业，探索培育物业经济、飞地经济等新产业新业态。积极盘活移民村集体资源、资产、资金，壮大移民村集体经济，使移民通过招工就业、保底分红、订单收购、股份合作等形式受益。全年安排移民投资项目50个，投入移民资金2700.62万元，其中，基础设施类26个，投资688.52万元；生产开发类23个，投资1990.1万元；技能培训类1个，投资22万元。

【移民技能培训】 县移民工作中心围绕产业发展、市场需求、转型需要，对库区和安置区移民开展实用技术培训、就业技能培训，着力抓好云和师傅、手工艺人和乡村管理人才培养，培育一批善经营、精管理的致富带头人、农技带头人、农业经纪人等新型职业农民，带领更多的移民创业就业，增效增收。2022年，安排移民专项资金22万元，先后举办4期移民技术技能培训班，受训移民360人。（刘　薇）

住房公积金管理

【概况】 2022年，丽水市住房公积金管理中心云和分中心（以下简称“分中心”）在县委、县政府和市公积金中心的正确领导下，以习近平新时代中国特色社会主义思想为指导，全面贯彻落实党的二十大精神，紧紧围绕浙江省第十五次党代会、丽水市第五次党代会提出的全年工作目标任务，积极发挥住房公积金在服务企业、服务职工、稳定房地产市场方面的作用，着力在提高制度覆盖、引导合理住房消费、推进公积金数字化改革、防范化解重大风险等方面努力作为。同时积极做好扫黑除恶宣传，持续宣传异常住房交易和违规骗提套取住房公积金的法律责任，做好风险告知和警示教育，2022年1月云和分中心向公安部门移交骗提案件线索1起。2022年，全县534个单位9984人缴存住房公积金，月均实缴净增204人。共归集住房公积金2.83亿元，同比增长4.04%；累计归集总额25.42亿元，归集余额7.25亿元，分别同比增长12.58%和11.88%。受委托办理住房公积金缴存业务的银行5家。

【公积金提贷使用】 2022年，共办理提取住房公积金2.06亿元，提取率为72.79%，其中购、建房提取2825万元，偿还购房贷款本息提取12525万元，租房提取916万元，退休、解除劳动关系等提取4334万元。全年共发放贷款102笔3811万元；贷款户数1749户，贷款余额5.06亿元，累计贷款总额13.5亿元。贷款余额占公积金归集余额比率为69.79%，个贷逾期率为零。住房公积金住房消费额2.01亿元，为县域房地产市场平稳发展提供有力保障。全年实现增值收益1335.36万元，完成年度任务121%，同比增长15.62%，增值收益率1.82%。计提上交县财政公积金中心管理费用311.28万元。

【公积金政策调整】 执行市公积金管委会发布的《丽水市住房公积金管理委员会关于调整丽水市住房公积金政策的通知》（丽公积金管委〔2022〕2号）、《丽水市住房公积金管理委员会关于实施住房公积金阶段性支持政策的通知》（丽公积金管委〔2022〕3号）、《丽水市住房公积金管理委员会关于新时代进一步落实丽水市高层次人才住房公积金优惠政策的通知》（丽公积金管委〔2022〕4号）、《丽水市住房公积金管理委员会关于调整丽水市住房公积金贷款政策的通知》（丽公积金管委〔2022〕5号）。

【公积金政策宣传】 一是通过县电视台、童话云、秀山丽水等媒体平台宣传住房公积金，同时编写《便民服务宣传册》《住房公积金宣传册》等宣传资料，精准推送住房公积金知识及相关资讯，增强大众对公积金政策的了解；二是深入企业开展帮扶，近距离服务职工群众，通过现场发放公积金宣传册、一对一解答、面对面宣讲等形式，为企业职工详细解读公积金缴存、贷款、提取等政策规定、业务办理流程，把公积金惠企便民政策传递到企业及广大职工，用心服务“最后一公里”，全年已累计发放宣传册1000余册。

【优化公积金服务】 开展“人性化”服务，深化线下服务。全年开展各类培训学习9场次，重点加强员工对政策的理解度和精准把握，提升窗口员工的服务水平。开展“惠民公积金、服务暖人心”服务提升三年行动，提升服务满意度。深入开展午间延时服务、预约上门服务等惠民服务将政策和服务送到基层一线，直面服务群众。深化公积金

"最多跑一次"改革。压缩办理时限，33项公积金服务事项100%"最多跑一次"，"跑零次"事项占比100%，"网上可办""掌上可办"事项占比100%，其中租房提取实现"秒到账"。同时持续优化营商环境。做好"一件事""好差评"等重点环节，提升政务服务水平，提高群众满意度；深化流程再造，推动政务服务2.0体验升级，公积金网厅开通率98.88%，全市第一；推进公积金法治政府建设，实时更新部门权力清单、责任清单、便民服务事项和"最多跑一次"事项清单，依法公开权力运行流程，接受社会监督。

【党建统领强队伍】 发挥党建统领作用，锻造政治过硬、能力过硬、作风过硬的干部队伍。严格执行"三会一课"、主题党日、民主评议等制度，认真学习《中国共产党章程》《中国共产党纪律处分条例》、中央八项规定精神等党纪规章，2022年已累计开展集中学习23次，党支部书记讲党课2次，邀请专家讲授专题党课2次。撰写各类心得体会45篇。积极开展"党员服务专员"活动，组织党员进企业、进社区开展送政策送服务活动，充分发挥了党组织战斗堡垒作用和党员的先锋模范作用。累计服务企业27次，面对面服务130余人次，线上服务3000余人次。中心还认真开展"紧起来、快起来、跑起来"作风建设年活动，定期开展正风肃纪检查，对发现的问题及时纠正整改，全年开展正风肃纪检查12次。（张金阳）

乡镇　街道

浮云街道

【概况】 浮云街道古时为浮云乡域，故取名"浮云"，地处县城东北部，成立于2011年9月。街道东邻石塘镇，南界浮云溪，西至新建路，北接紧水滩镇，素有"美丽城镇、童话之窗"的美誉。总面积40.53平方千米，下辖庄前、云章、溪口、局村4个行政村，中山、浮云、青阳门、东门4个社区和红光、蔬菜、象山、大徐4个股份经济合作社，现有户籍人口16123人，常住人口23700人。2022年，浮云街道在县委、县政府的坚强领导下，认真学习贯彻党的二十大、县第十五次党代会精神，以全国山区县域新型城镇化共富样板建设为总目标，以作风建设年活动、六大专项攻坚行动、党建"三区一带"(老云和首善党建领航区、美丽乡村红绿党建植根区、两新特色党建提升区，十里云河党建联动核心带)建设为载体，攻坚克难、勇于担当，全面落实县委、县政府下达的各项指标任务，全力巩固疫情防控和经济社会发展成果，高质量建设展示"老云和"的"重要窗口"和十里云河诗意画廊，取得显著成效。2022年，浮云街道创成云和首个山区县城省级美丽城镇样板、建成省级"十里云河"风貌样板区；名列全市政治生态排行榜第二；获县级综合考核优秀奖。

【加强项目建设】 235国道(浮云段)改建工程报批计划红线内13幢14户房屋及土地征收如期签约；同步完成红线外及平交口21幢24户房屋签约，涉及建筑面积1万余平方米，38户签约房屋已基本腾空，231亩土地征收及坟墓迁移全面完成，确保重点项目用地按时报批。完成凤凰山公园游步道、中波转播台项目的土地丈量。抓好公园路、香菇市场区块旧城改造项目的前期调查摸底工作。认真落实"161"行动(1个系列行动目标、6个专项攻坚行动、1个常态化攻坚机制)交办任务，完成国际生态养生文化村独山节孝牌坊的选址迁移、土地平整等基础工程。完成大庆寺区块土石方清理工程，以保障地块顺利出让；妥善协调解决绿道建设、电力杆线迁移、嘉瑞污水终端建设等选址纠纷。完成新建北路(老百货商场区块)拓宽工程16户遗留住户的抽签安置工作；有效化解蔬菜股份经济合作社留地与白水区块、解放西路连接段等项目建设的历史遗留问题。成立项目结算销号清零领导小组推进项目结算工作，完成送审项目8个，实现结算遗留问题清零销号。

【美丽城镇创建】 高标准推进山区26县县城建设省级样板验收创建。组建"书记、主任双组长和一办六组"工作专班，开展全域美丽行动95次，参与创建活动10万余人次，累计投资52.26亿元，建成项目107个，高标准完成"十个一"建设和提标提质，全力打造"人与城和谐共处、产与城深度融合、乡与城互促并进"的山区县城城镇样板，成功创成云和首个山区县城省级美丽城镇样板，建成省级"十里云河”风貌样板区。推进“森林建设多彩化”，完成国土绿化面积36亩、美丽林相建设620亩、中幼林抚育360亩。流转林地270亩，除治森林松材线虫病1万亩。持续深化小微水体治理、“找巡查挖”专项行动，整治点位25个；完成云章上官村农村污水终端及管网新建工程。加快推进县城污水零直排PPP项目——中山东路改造、浮云小区改造、采真里街区微节点提升、中心城区管线序化等项目建设。

【除险保安工作】 积极开展防汛安全检查，组织防汛巡查890余人次，排查整改、妥善处置隐患点37个。全面推进安全生产大排查大整治，开展消防安全“五进”宣传，组织合用场所安全、用电建筑安全、自建用房安全整治和独居老人敲门行动等专项行动。自建房安全整治累计排查住户3344户，经营性自建房排查“回头看”816户；沿街店铺消防安全隐患排查85家、合用场所整治197家；为弱势群体免费安装烟感设施65户，消除独居老人消防安全隐患132个；完成嘉和苑消防“五进”体验点建设；投入资金4.2万元，为各村、社增配灭火器、灭火栓、消防水带、消防水枪等设施。挂牌组建浮云街道综合行政执法队，开出全县乡镇、街道综合行政执法首张罚单。以新建小区——华鸿云墅为试点，探索“一区一长一规范”机制，有效破解小区新增违建问题。巡察发现违规装修68起，拆除违建6起；督促制定小区管理规范14条，将违建行为消灭在萌芽状态，切实提升小区居住环境。以街道社会矛盾纠纷调处化解中心和村、社服务站点为依托，深化矛盾纠纷多元化解。全力强化辖区稳定，未发生重大刑事治安案件，全力护航党的二十大等重要会议的胜利召开。

【推进共同富裕】 以“共富五圈”为抓手，推进乡村振兴，新建屋顶光伏项目11个，首创建立“共富基金”，三江口户外露营地、溪口童玩天堂、大徐便民服务中心等一批共富项目已投入运营。建成云和首个强村公司农产品展示馆——“童话云和农工社”。完善产权网络交易，农村产权网络流转交易成交11宗，成交额53.26万元。街道强村公司经营利润78.24万元。各村（合作社）集体经济总收入327.18万元，其中，经营性收入234.54万元。8个村均实现总收入20万元且经营性收入达10万元的目标，其中，经营性收入达15万元的村5个，50万元以上的村2个。顺利完成村级公路路面硬化、县城住户加装电梯及屋顶零起坡改造等基础设施提升工程。推进8个省高标准生活垃圾分类亭和定时定点生活垃圾分类亭建设。建成2个社区文化家园和5个“15分钟品质文化圈”，实现公共文化服务供给精准触达群众。全力配合推进文明县城问题点位整治，助力“全国文明城市”创建提名。推进基本养老保险扩面、重点群体就业帮扶清零工作，对133户（274人）低收入农户实施“一户一策”结对帮扶。申报争取低收入农户公益性岗位13个，申报“雨露计划”，扶持4人。拓展“一网通办”2.0平台，办件率达90%以上，开办农民培训班，受训885人次。成功举办第四届瓯江蛟龙文化节，被央视中文国际频道、新闻频道报道8次，进一步提高云和局村三江口的知名度。

【优化干部作风】 高标准实施问题清单整改、项目征收攻坚、工程建设提速、集体经济扩增、民生服务暖心、矛盾纠纷化解、制度建设深化作风建设“七大行动”，涵盖街道7个方面工作、62项具体任务，实行实时增补销号，定期跟踪反馈“七大行动”工作进度，把作风建设成效转化为街道建设、社会发展、服务民生的动力。实施中层干部竞聘上岗、述职评议，严格按照中层干部选拔任用程序，提任正股级干部2名、副股级干部7名。引导年轻干部到关键岗位磨炼，到基层一线、项目前线和攻坚火线历练，以增长才干，提升能力。加强机关内部管理，健全完善机关干部纪律、考勤、值班、请销假、加班审批等日常管理制度，由街道纪工委牵头定期督查通报，列入年终考评，落实奖罚措施，实现干部作风和政治生态环境“双提升”行动见行见效。采取民生实事项目人大代表票决制、村级小微权力清单亮化等做法，接受社会公众监督。2022年末，作为云和县唯一代表，参加全市政治生态排行榜评选，排名全市第二。（宋陈洪）

元和街道

【概况】 元和街道位于县城东南方，即新建路以东，浮云溪以南，由原云坛乡全部和原云和镇部分组建而成，于2011年9月23日挂牌办公。辖区面积118.11平方千米，下辖8个行政村、3个社区、4个股份经济合作社，户籍人口13354人，常住人口21825人。建立党的基层组织32个，其中，党总支5个，党支部27个，党员757人。

2022年，元和街道紧扣“山区城乡融合发展示范区”目标定位，以建设“梨花微雨、新城元和”为总抓手，全面推进街道经济社会高质量发展。

【经济发展行稳致远】 一是项目建设显成效。全年累计完成土地征收735.6亩，房屋征收13万余平方米，靛青山“亿级”抽水蓄能项目前期政策处理工作顺利启动，完成睦田智慧物流汽车服务综合体、云坛溪综合治理等8个项目征收。仅用56天时间，完成小徐未来社区项目525户442亩土地征收及12.3万平方米的房屋拆除，实现“小徐速度”再提升。接力领跑睦田全县首个城中村改造项目，完成42户有土安置工程和118户公寓式安置项目主体工程，城市布局形象进一步优化。大力支持古竹股份经济合作社做实城市有机更新前期工作，居民自发房屋测量率达85%。二是产业发展显特色。依托“云和雪梨”省级特色农业强镇优势，新增雪梨种植面积850余亩。深化特色品牌建设，创新雪梨包装、营销方式，引进雪梨酒、雪梨膏等农产品加工企业，推进生态产品价值转化，促进农户和村集体经济发展。推动产业多元增收，集中力量动员发展草莓、仙人掌等“即产即收”短平快产业。“向海借力”打好消薄攻坚战，依托雪梨订单、光伏产业等促进强村公司增收，发挥与省建设集团党建联建优势，争取产业发展资金480万元。2022年，街道强村公司实现总产值195万元，其中，“农业订单”100余万元，为低收入户创收20余万元。

【城乡品质持续提升】 （一）城市建设加快推进。小徐未来社区开工建设，木玩童话小镇地标建筑项目进展顺利。推进城市基础设施建设，新改建污水管网6000多米，龙母路、祥云街等项目建成通车。（二）乡村风貌焕然一新。突出农田水利、道路交通、文化等领域基础设施提升，完成各村社停车场、健身广场、路灯亮化等项目20余个，竹里村便民服务中心完成主体建设。污水管网建设、居家养老中心等30余个民生实事项目落地投运，云岸大搬快聚安居富民工程65户、11幢安置房全部完工，群众陆续搬入，辖区群众生活幸福指数节节攀高。沈村雪梨集成创新项目开工建设，陈前村美丽宜居、沈村历史文化重点村保护等项目全面完成，元和街道创成省美丽乡村示范乡镇。（三）生态保护扎实有效。联动打好“蓝天、碧水、净土、清废”组合拳，组织开展环境卫生整治行动，全面完成问题点位整改35个，秸秆禁烧工作常抓不懈，累计扑灭秸秆焚烧点位900余处。深入实施“三改一拆”，坚持拆违、控新、治危多管齐下，累计拆违面积6.8万平方米，治理危旧房10户，辖区综合环境和居民生活品质大幅提升。

【社会民生不断改善】 一是公共服务有力。以文化惠民为主线，加大新时代文明实践站建设力度，创建“15分钟品质文化生活圈”，广泛开展文化、体育等活动。落细落实民生政策，做好社会救助兜底，共发放低保金136万元，临时救助补助资金5.7万元，超额完成农民健康体检、“两癌”筛查工作，圆满完成全民医疗保险及“浙丽保”参保工作任务，筑牢健康防线。二是就业形势稳定。认真开展“一户一策一干部”结对帮扶活动，在服务保障、技术指导、资金帮扶等方面精准到位，设立6个公益性岗位，增加农户及低收入户的就业稳定性。进一步加大政策宣传力度，强化技能培训，组织开展云和雪梨种植共富技能培训、丽水素人网络直播培训（专业技术技能培训）等6场次，受训500多人次。三是安全形势巩固。全面落实“除险保安”各项工作举措，压实街道、村社两级工作责任，强化辖区矛盾纠纷的排查化解，全年共排查化解矛盾纠纷100余起，确保街道辖区的平安稳定和社会和谐。全面加强食品安全、消防安全等工作，持续开展“三合一”及合用场所整治，整治隐患场所、住所201家，整治率100%。科学有效做好防汛防台抗旱工作，建立街村二级应急救援队伍，实现汛期无人员伤亡、旱情平稳过渡。

【基层党建逐步夯实】 （一）抓细基层党建。抓深抓实“红色根脉强基工程”，完成梅湾红色讲堂建设，首创云和雪梨“共富学堂”“共富工坊”；通过党的二十大精神宣讲、主题党日等系列活动，提升基层党组织的凝聚力和党员干部的战斗力。（二）抓实基层治理。扎实推进现代社区建设，划分网格23个，建立“爱心敲门团”等特色志愿服务队10支，设立首个社区“和谐”调解室，调解矛盾纠纷60余起，创新建立红色片区管家、“小暖狮”等一批具有元和特色的党建品牌。（三）抓强干部队伍。创新日常教育模式，通过交心谈话、中青年干部座谈会等形式，将基层党建和干部素质提升充分融合；结合“紧起来 快起来 跑起来”作风建设年活动，实施“整治立规 奋勇争先”专项行动，打造敢想、敢闯、敢拼的元和团队，凝聚强大干事合力。

（项宗生）

白龙山街道

【概况】 白龙山街道位于浮云溪以南，新建路以西，总面积35.16平方千米。其中，林地面积29603亩，耕地面积6742亩。街道下辖5个行政村，6个股份经济合作社，4个社区，户籍人口18050人，常住人口32256人。街道设有党组织33个，其中，党委4个、党总支部3个、党支部26个，党员582名。街道有编制44名，其中，行政在编22名，事业在编21名，劳务派遣人员11名。2022年，完成征收项目16个，支付项目征收资金2.59亿元。强村公司总收入达500万元以上，11个行政村、社区集体经济总收入达20万元以上，经营性收入达15万元以上。结对低收入农户143户、290人，发放补助资金15.72万元；“雨露计划”受益学生11名，每人补助3000元。“街乡共治”创新案例获评第四批全国乡村治理典型案例，大坪社区在全市率先创成省级未来社区。白龙山街道获全县综合考核优胜奖。

【项目建设】 推进项目征收进度。根据县委、县政府工作部署，2022年，白龙山街道共承担重点征收项目16个，涉及土地面积5170亩，房屋面积15000余平方米。截至2023年1月6日，已丈量林地2953.14亩，丈量耕地2003.2亩，土地丈量进度达99.75%；完成菇棚、房屋、附属房丈量35万余平方米；支付项目征收资金2.59亿元。街道以县委、县政府“161”项目攻坚行动为抓手，先后完成村头历史文化村落保护、新建南路拓宽、安溪流域综合治理工程、黄安线（黄水碓至安溪）改造提升工程（一期）等一批重点项目，同时，做好矛盾纠纷调处，切实维护人民群众的根本利益。完善基础设施建设。街道先后完成水毁堰坝修复、照明设施维修、三门村便民服务楼建设3个民生项目。完成高胥村、三门村农村污水治理项目。长田村110千伏变电站用地平整项目，祥云街二期拆迁有土安置区（金丰嘉苑东侧地块）电气线路提升工程，高胥、长田村生态公墓建设项目稳步推进。岗头小区北侧安置房建设项目已完成政策处理。

【经济发展】（一）激发特色生态产业发展潜力。大力支持农业产业发展，2022年，白龙山街道粮食功能区由原来的50亩扩至447亩，新增397亩，全面完成水稻种植任务；开发三门黑木耳栽培基地，生产代料黑木耳80万棒（袋）；开辟大坪雪梨种植基地70亩。累计打造引领群众就业致富的各类“共富工坊”10个，其中，产业赋能型的云和师傅盆景“共富工坊”、农旅融合型的大田农旅“共富工坊”，成为全县“共富工坊”的标杆示范。组织农民参加特色水果种植技术培训班、综合能力提升培训班等，全年共培训农民1319人。（二）加大消薄力度，壮大集体经济。充分发挥强村公司带动作用，利用光伏发电、厂房出租等方式，推动村级集体经济加快发展，加快实现共同富裕步伐，2022年，强村公司总收入达500万元以上。全面完成消薄工作各项任务指标，11个行政村、社区集体经济总收入达20万元以上，经营性收入达15万元以上，其中，3个村、社经营性收入达50万元以上。大坪社区盆景园项目参加全县“强村促民富　乡村奔共富”消薄项目大比拼，荣获二等奖。

【民生福祉】一是强化民生基本保障。深入开展低收入家庭结对帮扶，2022年，落实“一户一策一干部”的扶持政策，结对低收入农户143户、290人，其中，实行产业帮扶的76户，共发放补助资金15.72万元；11名学生享受“雨露计划”补助33000元。大力推广城乡医保、浙丽保，截至2023年1月13日，城乡医保参保率已达99.3%，浙丽保参保率达90.27%。打造沙溪片区村企共富家园，针对华宏钢铁厂外地员工众多的实际，提供村企“放心办”服务事项45项、跨省“就近办”服务区域32个。二是丰富群众文化生活。结合贯彻党的二十大精神，开展理论宣讲、科普宣传、送戏下乡、邻里交流等文化活动40余场。打造6个“15分钟品质文化生活圈”，完善文化阵地功能，围绕“浙江有礼　友爱云和”“我们的节日”等主题，线上、线下联动开展文化活动。利用媒体矩阵为正能量发声，2022年，共在童话云和入驻号平台上发布推文85篇。

【环境整治】（一）开展环境综合整治。发挥“大综合一体化”执法队伍重要作用，联合执法部门，动员村社党员干部，投入整治专项资金50余万元，整改县级交办点位95个，自查点位136个。健全环境保护长效机制，推行“门前三包”。结合新时代文明实践活动，开展垃圾分类、低碳生活等主题宣传20余场，组织入户宣传48场、涉及户数3860户。完成中梁悦和府等6个小区10个垃圾分类定时定点投放点建设，其中，2个点位被列为市级示范点。（二）巩固违建处置成果。完成291户、307个点位的违建信息采集工作，常态化开展违建巡查，在重点节假日等违建高发时段强化巡查，即查即拆，累计拆除违建点位47处、3708平方米。结合云景生态产业园项目征收，不断推进菇棚整治、“三改一拆”工作，累计拆除菇棚21.1万平方米，阻止违章搭建27起，拆除25起，共计拆除面积1828.8平方米。（三）强化环境保护意识。全年发放“五水共治”、河长制宣传资料6000余份，发动组织党员群众2500余人次，参与环境整治行动50余次，清理各类垃圾30余吨，治理劣五类水反弹点位25个。同时，大力宣传秸秆焚烧危害，加强重点时段巡查值守，实行线上线下联动治理秸秆焚烧，打好“蓝天保卫战”。

【基层治理】维护社会安全稳定。通过入户安装反诈APP、举办科普宣传活动等方式，防范电信诈骗，保护群众权益。落实除险保安行动。严格落实消防安全责任制，通过“除险保安”行动排查，发现存在13项安全隐患的场所共有102处（户），并全部采取措施整改到位。全年举办消防专题宣传活动20余场，开展消防安全演练3次、业务培训2期，招募村、社应急管理员16人，提升村、社应对突发事件的能力。加强重点时段应急值守，扎实开展防汛抗台、森林防火等应急工作。及时完成原小徐乡政府D级危房拆除任务，消除安全隐患，顺利转移住户10户、群众37人。持续推进“街乡共治”。6月10日，“小县大城”发展战略的成功探索实践和大坪社区的基层治理成果入选中央电视台《走进县城看发展》系列节目。6月16日，《“街乡共治”让下山群众“诗意栖居”》一文被西班牙华侨快报转载。大坪社区被列为全县唯一一个现代社区建设市级试点，成功入选全省首批300个共富基本单元“一老一小”场景，时任省委书记袁家军，省委常委、统战部部长邱启文，副省长王文序等省领导莅临指导；全国各地近50个党政代表团到大坪社区考察学习。“街乡共治”获评第四批全国乡村治理典型案例，大坪社区在全市率先创成省级未来社区。　（程可欣　刘诗云）

凤凰山街道

【概况】　凤凰山街道于2011年9月23日挂牌成立。街道位于浮云溪以北，新建路以西，总面积45.07平方千米。下辖新华、解放、普光、阜安门4个社区居委会，62个居民小组；勤俭、巧云2个股份经济合作社，梅垄、贵溪、后山、新岭、河坑5个行政村，54个自然村，92个村民小组。户籍人口7112户19620人，其中，农村居民3014户8534人，城镇居民4098户11086人。流动人口3619户11755人。凤凰山街道工业产业仍以木制玩具、轴承、钢铁为主。2022年，有规上企业19家，小微企业153家，全年完成规上企业工业产值110.5亿元，同比下降26%。持续拓展电子商务，有淘宝网店700余家，年销售额突破7亿元，带动就业4500多人。加大招商引资力度，洽谈投资合作企业5家，与丽江格林智唯旅游开发有限公司多次洽谈，达成在云投资1.8亿元开发文旅项目的初步合作意向。做大做强雪梨、食用菌等生态主导产业，发展食用菌1150万袋；完成贵溪村黄西垟204亩雪梨示范基地的建设规划。对辖区低收入农户持续开展“一户一策一干部”结对帮扶，已结对141户304人，落实帮扶干部126名。街道有5个村、2个股份经济合作社集体经济总收入达431.56万元，经营性收入达381.24万元。实施“农旅融合”，推进产业振兴，申报农村“微改造”项目15个，完成改造投资198万元。举办新岭桃花节，新增村集体经济30余万元。加快推进山海协作共富工程——山羊养殖基地建设，规划选址河坑村杨家山天堂栏区块，计划投资600余万元，养殖规模约1000只。实施劳动力转移培训就业计划，举办各类实用技术培训班19期，完成农民培训1239人次。开展粮食功能区“非粮化”整治，完成非粮化土地整治面积171.3亩。

【隐患整治】　对沿街店铺、小作坊等“三合一”场所进行回头看，共走访检查612家，排查隐患462处，已全部督促整改到位。配合消防督查14次，排查隐患82处，已全面完成整改。开展“除险保安”大排查大整治行动，走访沿街店铺、企业163家，排查隐患182处，已全部整改到位。消除独居老人消防安全隐患201处；为465户孤寡、残障老人安装烟雾报警器。指导督促6家入库企业按月完成隐患系统申报任务。新建成阜安门社区避灾场所。为行政村、社区配备专职应急管理员，实现应急管理员全覆盖。以“千村示范、万村整治”为总抓手，深入推进城乡环境综合整治工作。坚持以“拆”开路，拆除废弃菇棚1.6万平方米，拆除旱厕14座。累计清理河道3.1千米、清淤0.8万立方米，贵溪后坑头、新岭布岱后等8个涉污涉水改造工程顺利完工，“五水共治”工作满意度位居全县前列。在日常巡察中发现新增违建6处，组织人员进行即查即拆800余平方米。系统数据录入罚没回购处置394户，其中需处置5户，已拆除2户。全年共拆除系统内点位48个23119平方米。加强危房排查，系统图斑录入自建房3697户，完成率100%，其中，经营性自建房579户，发现并鉴定为危房3户，均已完成修缮。

【项目建设】 完成凤凰山健身公园、南铂湾新型城镇化示范安置小区、县实验小学改扩建、中等职业技术学校产教融合中心、童话云和大花园综合配套公共服务中心、云和广播转播台建设、云龙公路(新殿垟至龙门段)改建、城市心肺工程8个项目的土地和房屋征收。全力落实云和梯田创建AAAAA级旅游景区工程所分派的任务,梯田大道重河段管线落地项目进展顺利,复兴路至重河村沿线整治的5个项目,均已完成土地征收。实施沿线堆场清理、道路两侧植树绿化;推进节点式景观建设,重河村沿线环境整体提升已完成规划设计。针对十年未打通的解放西路"断头路",加速推进土地征收,排除"断头路"开通的最后阻碍,受益群众达2000余人。完成"四好农村路"公路管理养护30.27千米,对木路至柘园道路进行路域整治、边沟清理、护栏更换,修复云龙线至杨家山道路4处塌方。完成河坑公路服务站创建和梅垄口至梅垄"四好农村路"改善提升工程建设。

【平安创建】 坚决扛起维稳安保职责使命,坚持分级管理、压实责任,建立维稳领导小组和28个工作专班。领导小组定期召开碰头会,研判辖区维稳安保态势,及时化解消除隐患苗头。加大反诈宣传力度,持续引导辖区居民安装"国家反诈中心"APP,累计安装5627个。完善社会矛盾纠纷调处化解体系,调处各类矛盾纠纷20起,化解率达100%。完成新岭村省级民主法治村(社区)创建工作。全力推进"一支队伍管执法"改革工作,组建由37人组成的综合行政执法队,共办理行政处罚案件42件,执法改革取得初步成效。

【民生改善】 指导辖区内企业建立复工复产工作专班。后山居家养老服务中心投入常态化运营,累计托养72人。改造提升老年活动中心2家。帮扶特困群体,实施社会救助139人,为低收入农户发放低保、补助、临时救助资金共273.5万元。完成城乡居民基本养老保险生存认证1290人,企业养老保险生存认证3089人,成功征缴城乡养老保险1140人,基本养老保险参保率达98.9%。全力推行"浙丽保""23价肺炎疫苗"等医保、防疫措施。省消薄办扶持的后山村便民服务中心顺利结顶;省政府民生实事涉及的3个文化礼堂、7个"15分钟品质生活文化圈"和1个文化家园已建成投入使用,新建"口袋"公园3个。在金利花苑、光明苑、金云花苑建成垃圾分类高标准示范小区。千方百计增加强村公司收入,创新"9+X"增收模式,街道强村公司全年营收205万元,公司利润155万元,同比增长超500%。各村社年总收入、经营性收入各增长14%的指标100%完成。

【党建引领】 通过党建带全局、业绩晾晒场等平台,充分激发干部积极性和主动性。开展"聚力大赶考、全县争一流"专项行动,细化承诺清单94条,实时更新完成进度,完成3个共富工坊建设。组织开展理论学习中心组学习25次,专题研讨调研16次。通过"青年讲堂""书记上党课""车间大讲台"等载体,深入学习宣传贯彻党的二十大精神,全年开展理论宣讲53次,受益群众达3000余人次。多渠道推动流动党员"线上+线下"双报到,使党员"流动不流失",将73名流动党员纳入规范管理。围绕"六大体系""四大机制"建设,做强街道"大工委"、社区"大党委",对街道网格进行重新划分,划定29个网格、126个微网格。配强"1+3+N"网格力量,充分发挥村社党员骨干、乡贤能人、居民代表等关键少数作用。落实"紧起来、快起来、跑起来"作风建设年活动要求,不断强化"严"的责任,把"护航二十大"除险保安、巡察整改和"七张问题清单"作为重大政治任务抓细抓实。全年开展专项监督80次,立案查处各类违纪案件6件,给予开除党籍3人,党内警告处分3人,批评教育5人,督促整改问题32个。创建后山"村企共富联(廉)盟"村居,实施"山水梅垄"生态红廉村

居建设。（董柳娟）

崇头镇

【概况】 崇头镇位于云和县西南部，距县城9.5千米，下辖18个行政村和1个居民委员会，138个自然村，269个村民小组，是省级中心镇。2022年，全镇共有户籍6945户，总人口1.94万人。区域总面积228.2平方千米，有耕地面积3万亩，粮食播种面积1.8万亩。全年发展高山蔬菜6823亩，中药材种植1305亩，雪梨种植249.8亩，黑木耳230.3万袋，茶叶产量65.2吨。2022年，崇头镇有行政编制38人（在编35人，缺编3人），事业编制43人（满编）；共有9个党总支，38个党支部，共有党员1094名，其中农村党员998名。

辖区内有派出所1家（梅源派出所），中学1所（梅源中学），为云和县唯一的农村初中，有教师42人，学生404人；有小学1所（崇头镇小），有教师31人，学生420人；幼儿园1所（崇头幼儿园），有教师9人，在园幼儿64人。有1所中心卫生院、4所分院、6家村卫生室和2家居家养老照料中心（沙铺、云丰）。有1家供电所和3家农商银行、1家村镇银行、1家邮政储蓄。

2022年，崇头镇先后获评全省湿地保护修复工作成绩突出集体、首批“浙江省摄影之乡”；云和梯田国家湿地公园梯田修复工程作为中国“山水工程”典型案例亮相联合国大会；镇强村公司在全市第三届强村公司大比拼中荣获一等奖，强村公司2022年度营收利润在全市排名第四；圆满完成全市花园乡村现场会工作任务；2022年度获评县级综合考核优秀单位。

【全力推进景区升级】 围绕云和梯田创建国家AAAAA级旅游景区，做好强基础、补短板、促提升，逐项对照国家AAAAA级旅游景区创建标准，制定时间表、路线图。全力推进山水林湖田草沙治理——梯田湿地公园梯田修复项目，完成梯田修复工程一期638.83亩农田整治并进入验收阶段，完成二期1582.78亩工程量的30%。完成浮云溪流域综合治理崇头段方案编制和梯田活态博物馆方案。完成《梅竹村风貌管控规划方案》并启动村庄环境整治，顺利推进梅源村电力管线改造（上改下）工程、安置地一期二期、一级游客中心至安置地连接桥等旅游设施配套项目。完成下垟村太阳能热水器拆除及村内道路“白改黑”。引导167家农家乐民宿参与星级认定，逐步形成云和梯田景区精品民宿产业带。同时，稳步推进梯田景区游客接待中心至安置地连接桥及挡土墙工程，全面完成崇头镇污水处理厂项目、众安桥拆建工程和最美梯田风景带沿线景观提升工程等项目，有序推进全域旅游创建，加快落实农村公厕及垃圾分类点改造、村庄风貌治理、节点改造等系列项目。按照景区范围内用水市场化的管理要求，在景中村安装水表894个，执行按季度收缴水费。截至11月，火烧基征收工作全面完成。注重“微改造、精提升”，坚持“小切口、大场景”“小更新、大变样”“小创意、大修复”，投入2000余万元用于梯田主景区风貌改造等提档升级项目，以最小的投入创造最大的效益，让旅游的体验更加生动、公共设施更加齐全、生态环境更加精美。2022年，云和梯田景区入围省第一批“造月工程”名单，成为培育高能级旅游核心吸引物之一。

【乡村振兴稳步实施】 聚焦村集体经济增收，以镇强村公司和村级合作社为销售平台，对接吴兴区进行农产品对口销售，销售额达40余万元，实现村集体增收17万余元。发展产业飞地，扩大异地消薄项目，两期砂洗城厂房获取分红累计达36.52万元。镇强村公司累计利润排名全县第一。聚焦农业特色产业，率先在叶垟村、大垟村等村试点推广高山田鱼、高山稻螺等综合种养项目，完成110亩“稻螺共生”田螺苗投放，推动农业产业综合效益提档升级，为山村群众实现共富提供增收样本。一是开展农田机械改造和与之相适应的农民技能培训项目。完成3个梯田轨道车改造项目，引领农业现代化，开办田间地头共富技能大学堂等高素质农民培训班10场，建立8支云和师傅“共富技能服务队”，累计开展技能培训20场次，现场服务指导18次，受益农户2000余人，不断激发乡村振兴内在动力。7个一事一议项目顺利完工，大垟村、三垟村成为省一事一议助推乡村共富项目村。二是“双招双引”持续发力。成功引进上海浙博商贸有限公司投入5000万元落地建设梯田农耕综合体项目。谋划生态价值转换之云和梯田生物多样性特色体验地项目，荣获云和县“一把手”重大项目谋划大比拼十大优秀谋划奖。统筹推进生物多样性保护，规划鸟类多样性观察点、林麝养殖、高冷生物活性有机硒生态循环农业等一批生物多样性子项目，积极打造生物多样性体验基地。三是基础设施日益完善。启动大垟村便民服务中心等6个一事一议项目，完成梅竹墩头垟区块污水管网建设，黄家畲河东区块、梅源严坑区块均完成90%以上，规范提升梅竹、坑根、黄家畲等3处避灾场所，大力推进消防“五进”试点工作，打造升级版微型消防站5个。完成叶垟牛角山水厂水质提升工程、崇头镇绿道北岸三角地及采摘园区块停车场、沙铺泥石流综合整治、镇区朱源路灯亮化工程、垟背安置地安置房及公共配套设施建设工程、垟背至将军桥沿线路灯亮化工程、下垟村农饮水提质工程，完成后交线(陈坞凹头至王山头段)道路提升、岙沙线(岙头至沙铺)道路提升，为镇域基础设施打下坚实基础。超速完成梧桐坑、沈门坑流域治理工程253.8亩征收任务。积极向上争取资金，完成固定资产投资2000多万元，争取旅游专项债资金2070万元，中央彩票公益金1018万元，乡村建设资金903万元，有效解决了项目要素保障。

【产业发展提质增效】 一是坚守粮食安全底线。在重视粮食生产的基础上，完成农业绿色发展先行示范核心基地提升项目二期建设。同时注重林业经济的可持续发展，顺利完成通景公路沿线两侧山体林相改造423亩，34个涉林垦造耕地项目后续种植管护，种植面积2600余亩。不断探索林下经济种植新模式，启动黄家畲村林下种植黄精300亩，已进入采伐阶段。二是推动旅游业高质量发展。成功创成黄家畲国家AAA级旅游景区和浙江省AAA级景区村，新增陈坞、大湾、叶垟等5个村为旅游景区村，全面形成镇域18个行政村均为省级景区村的全域旅游格局。三是人居环境不断优化。聚焦公路、景区沿线、村庄房前屋后、田间地头等区域，充分调动党员、志愿者等各方力量2100余人次，进行全面治污治脏，集中清运，使沿线村境得到有效整治，促进农家乐和民宿发展。四是镇村品质不断提升，黄家畲和栗溪村省级美丽宜居项目顺利验收，坑根、梅源、下垟创成市级花园乡村精品村。累计拆除各类违法建筑2万余平方米。圆满完成全市花园乡村现场会点位任务，充分展示了全镇花园乡村建设成果，为公园乡村建设夯实了基础。坚持绿色发展，积极探索实现碳达峰碳中和，完成全省第二批低(零)碳乡镇(街道)、村(社区)及减污降碳协同试点创建。

【保障全面措施有力】 切实关心关爱特殊群众，精准兑现特困供养、城乡低保等各项惠民政策，共计发放低收入生活救助、残疾人生活补贴等各类补助金750.46万元、受益群众达13640人次。核实办理计划生育家庭奖励扶助317人，累计发放扶助资金22.08万元。完成辖区内4933名老年人自理能力筛查工作，后期对失能老人发放护理补贴。农村妇女“两癌”免费筛查963人参检，参检率103.5%。牢牢把好食品安全关，成功创成五星级食安办。

【文化浓郁数智高效】 组建崇头镇乡贤共富联盟，成立10个村的乡村振兴乡贤会，18个协商驿站，构建基层群众表达诉求、反映意愿的新通道。新建文化礼堂8个，乡村博物馆1个，成立全县首家乡镇"城市书房"，成功举办"梯田祥龙"祈福、芒种开犁节、下垟畲族婚嫁等民俗文化节庆活动。聚焦"热经济""凉资源"，激活高山避暑经济，举办崇头镇纳凉节，现场吸引游客3000多人，新华网等多家媒体进行同步直播，230余万网友在线收看，直接拉动村民增收8万元。使用"浙政钉"APP数字平台，实现内部审批、文件流转，全面提高行政效率。充分依托浙江政务服务网、"浙里办"APP等在线政务服务平台，逐步实现"最多跑一次"向"一次也不要跑"转变，切实提高服务质效，累计办件量超7100余件次，镇便民服务中心办件率、办结率达全县乡镇街道前列，作为全县唯一一个乡镇街道被县行政服务中心提名推至市里参加"乡镇(街道)花园政务大厅"评选。

【平安崇头建设到位】 完成标准化基层队(所)建设，实现所有实时下沉人员的集中办公，整合下沉人员与镇各条线干部，组建崇头镇综合行政执法队，结合景区实际，精准赋权了10线88项高频多发事项。联合深入企业、在建工程等场所开展安全生产检查178次，排查房屋12740幢，排查率为100%，整治各类安全隐患370条。构建"大应急体系"，同步按照"六有标准"，建设镇级应急管理站，组建综合性应急救援队伍，完成了崇头村、黄家畲村、沙浦村、大湾村、张家地村5个村消防工作站建立。完成三类重点人员(空巢独居老人、残疾人、长期卧病在床人员)的用电建筑电气线路改造工作及烟感报警器安装工作。强化矛盾纠纷源头治理，推行"民事村了、镇村联调"工作机制，镇级共排查40次，村级共排查100次，镇、村联合化解矛盾纠纷案件16起。常态化开展反电诈、养老防诈、反邪教巡查工作，创成镇级"无邪教乡镇"和19个"无邪教村"。 (刘　悦)

石塘镇

【概况】 石塘镇位于云和县东北面，于2011年由原朱村乡、原石塘镇撤并而成，是童话云和东大门、秀山丽水后花园。镇政府所在地距云和县城20千米、丽水市区34千米。全镇区域面积180平方千米，下辖13个行政村，148个自然村，209个村民小组，设有党委1个，党总支10个，党支部34个，党员888人，新一届村四套班子128人，户籍人口12900人，常住人口6200人。全镇耕地面积1.2万亩，山林面积25万亩，其中重点生态公益林13.2万亩。

石塘镇是丽水市区饮用水源保护地，境内有石塘、玉溪两大人工湖。石塘镇是移民大镇，全镇共有移民2000多人，主要是石塘电站、玉溪电站后靠移民。石塘镇还是茶叶之乡、板栗之乡和油茶之乡，全镇共有茶叶3万亩、板栗1.5万亩、油茶6万亩。

石塘镇共有行政事业编制57个，2022年在编在岗59人，内设机构7个：综合信息指挥室、党建统领办公室、平安法治办公室、经济生态办公室、村镇建设服务中心、公共服务中心、公共财政服务中心。辖区内有小学1所(石塘小学)，共有师生270人，幼儿园1所(石塘幼儿园)，共有师生100余人；派出所、卫生院、供电所、信用社各1家。

2022年，石塘镇在县委、县政府的坚强领导下，团结和带领全镇干部凝心聚力、锐意进取，圆满完成年度各项目标任务，党的建设和经济社会各项事业都取得了新的成绩，荣获2022年度县级综合考核优秀单位称号、全县重点项目(重点工作)推进三等奖；小顺村获评全国红色美丽试点乡村、省级未来乡村；金山下村获评省级优秀历史文化村落。

【抓征迁 建项目 扩投资】 一是项目攻坚成效显著。2022年，全镇坚持项目为王，以开展"161"行动为目标，全力攻坚235国道改建、云和东旅游集散服务中心、龙泉溪流域综合治理二期、泉溪流域综合治理等县级重点征收项目12个。特别是235国道改建项目，累计完成土地征收914亩，完成率达99%；房屋128户24600平方米（其中主线内59户100%完成），规划迁建安置小区6个，完成朱村隧道口、兰田湾隧道口、金村大阳岭等多个施工临时用地及小顺、金村、朱村等片区杆线迁改政策处理工作，全力保障了工程的无障碍施工。二是项目建设快速推进。小顺军民融合体、爱国主义教育基地提升、党史教育巷弄、数字小顺基础建设提升、张川至黄山头机耕路道路硬化、石塘污水零直排、朱村片、石塘片饮用水应急工程、大岗山污水终端灾后修复工程、狮子岭饮用水提升改造等一批项目顺利完成。玉溪水库饮用水源地生态治理工程、红色军旅文创基地、红色小顺展览馆、双港污水提升改造工程、深度坑堰坝修复工程等项目加快推进。启动235国道改建工程石塘镇拆迁安置点、茶产业联建综合体、石塘水厂提升等项目加快实施。三是项目投资力度不断加大。完成固定资产投资1400万元，完成率达100%，大力推动"双招双引"工作，积极对接小顺半岛旅游开发，石塘镇寨下叶蜡石矿采选及综合利用技改等招商引资项目，并达成初步合作意向。

【抓产业 兴经济 促增收】 一是农业产业扩面提升。大力推进农文旅融合发展，抢抓雪梨振兴战略机遇，加快构建"两茶一栗一蜜一梨"产业新布局，完成全镇雪梨种植资源排摸，累计谋划集体包装项目7个，规溪、湖滨、金村基地完成项目入库，新增种植面积1204亩，小顺雪梨基地项目稳步推进。二是旅游业态换挡提速。加快推进旅游业态示范区建设，完成长汀休闲驿站主体工程，建成张川村北侧沿溪长廊、长汀沙滩儿童游乐设施项目，完成景区镇标志标牌建设。长汀村环村游步道、长汀沙滩、金山下历史文化村被列入云和县旅游业"微改造、精提升"示范点培育名单。开展旅游资源普查。全镇共普查出旅游单体资源67个，占全县的16%，为保护和开发摸清了底细。三是增收工作稳步提质。建成石塘"共富工坊•先锋直播间"等市级试点，实现直播带货销售收入50余万元，创成来料加工、农旅融合、产业发展等各类共富工坊7个。全镇(样本户)农村人均可支配收入增幅达到28.5%，增长率全县第一；村集体经济总收入、经营性收入目标增长率分别达到47%和76.8%，排名全县第二和第一。其中，村集体经营性收入50万元村庄达到3个，实现零的突破。

【抓整治 优环境 提品质】 一是人居环境全面向好。完成"一把扫帚扫到底"镇村一体化保洁机制改革，健全村级环境卫生长效管护机制。开展"整洁石塘、干净过年"镇村环境整治月等活动，完成4个垃圾中转站及周边环境问题整改，清理垃圾乱倾倒点位80个，整治"脏乱差"点位100个，完成全镇公厕维修及环境整治。完成张兰、小顺垃圾中转站改造提升工程。小顺创成市级花园村庄。二是五水共治常抓不懈。持续巩固污水"零直排"乡镇创建成果，全面深化"河长制"工作机制，探索优化"河长巡河+发现问题+销号问题"管理责任体系，全面加大河道污染巡查自查力度，累计完成回头看点位整治45个，发放宣传用品、海报5000余份，营造"人人是河长，条条是清流"的良好治水氛围。持续坚守生态屏障，大力推进松材线虫病"即查即清"、秸秆焚烧、农业面源污染等工作，长汀村顺利通过省级"五水共治"实践窗口复评,规溪村创成市级"无废乡村"。三是违建控新扎实推进。对新增违建一律零容忍，即查即拆，严格执行建房审批"四到场"制度。加大违法建筑处置力度，打好存量违法建筑拆除"拔钉战"，累计拆除和整治违章搭建3700余平方米。完成自建房纸质排摸工作，共排摸集体土地上房屋3000户。

【抓集聚 重保障 惠民生】 民生保障不断提升。加快实施"大搬快聚富民安居"工程，全年完成搬迁48户、138人，小区给排水、电力、通信等基础配套设施项目加快推进。积极做好低收入人群"应保尽保"工作，开展"无障碍改造进家庭”“善居工程”“云善共富益剪”等关心关爱活动。全镇医疗保险、养老保险、浙丽保实现全覆盖。开展社会救助“一件事”惠民联办服务。养老服务保障精准到位，完成14名困难老年人、重点优抚对象家庭适老化改造项目。关注困难人群，累计发放临时生活补贴、特困、低保补助、临时救助、孤困儿童补助等600万元。全力以赴做好抗旱保供水工作，组建供水志愿服务队13支，打井10口，铺设应急管道1000多米，定点送水80余次、100多吨，发放节水倡议书2000多份。文化生活日益丰富。建成小镇文化会客厅、民间艺人工作室等富有“石塘味”的文化阵地，建立15分钟品质文化生活圈4个，完成长汀农耕博物馆、瓯江船帮文化展示馆等改造提升工程。推出“群众喜爱的十大文艺活动”评选，形成“乡土文艺节目库”，通过为本土艺术家举办摄影展、剪纸艺术作品展发掘培育了一批乡村文艺能人。文明实践地图在“茶香石塘”小程序上线，实现“线上点位可搜索、服务项目可导览”。

【抓治理 除风险 保安全】 一是改革创新成果丰硕。成立首家镇级反诈直播间，开设直播20余场，加大反诈知识宣传力度，诈骗事件同比下降50%，案损金额同比降低71%；创新打造数字驾驶舱平台，建立五色预警地图，提升风险感知分析能力。扎实推进全市执法改革试点工作。二是社会治理更加有效。组建石塘镇综合行政执法队，形成赋权部门与石塘镇充分融合的执法人员构架，成功探索一支队伍+综合执法、联合执法、专业执法三种模式为架构的执法新合力，构建“村—网格—微网格”体系，深入推进“1+3+N”网格管理模式，科学设置微型网格34个，落实网格长、专职网格员等各类人员力量300多人，实现进一次门、查多项事、一次到位，有效化解多头检查、重复执法、随意执法、执法扰民等问题。三是安全生产保障有力。严格落实安全责任，切实守牢安全底线，深入开展“除险保安”大排查大整治、独居老人消防安全检查等系列专项行动，先后召开各类安全生产工作会议29次，走访排查民房1200余户、生产经营单位580余次，全镇安全生产形势持续稳定向好。（金 雷）

紧水滩镇

【概况】 紧水滩镇地处云和县城北部，总面积147.65平方千米，地处瓯江支流龙泉溪上游，距云和县城18千米。东邻石塘镇，南依浮云、凤凰山街道，西与赤石乡毗邻，北与松阳县大东坝镇接壤。于1986年5月设建制镇，1992年、2011年原龙门乡、大源乡先后并入紧水滩镇。镇政府驻金水坑村，2019年行政村规模调整后，行政村规模由22个调整为7个，户籍总人口6977人。系国家环境优美乡镇、卫生乡镇，浙江省美丽乡村示范乡镇、AAAA级景区镇、森林镇、园林镇、体育强镇。紧水滩镇底蕴深厚、优势突出：一是生态优良。镇域林地面积18.4万亩，占土地总面积的76%，森林覆盖率达85%。水域面积10余平方公里，受库区调节，气温冬暖夏凉。其中仙宫湖水质为国家一类水质，负氧离子常年保持在3000个/立方厘米以上，PM2.5常年维持在个位数。二是资源丰富。境内有国家AAAA级旅游景区——仙宫景区，镇域周边还有金石环湖绿道、船帮古镇、九潭十八湾、千年古刹益经堂、王一卿墓、插花殿、牛头山（海拔1297.7米）等名胜古迹，并设有瓯江流域一级电站紧水滩水电站；山地上种植和生产油茶、茶叶、板栗、西瓜、雪梨等特色农产品；仙宫湖鱼类单体111种，其中鲢鱼、鳙鱼、刀鱼等10余类品种野生鱼通过有机鱼认证，有机鱼生产基地获国家认证。三是文化多元。800里瓯江贯境而过，孕育了紧水滩镇丰富多彩的文化。有与海上丝绸之路紧密相关的海纳百川、包容万象的“船帮文化”。有独具特色的汀州客家文化，至今客家人还保持着自己生活习俗、语言、服饰，其独特的“汀州吹打”还被列入浙江省非物质文化遗产名录。有宝贵的抗战历史文化，70多年前为保卫临时省会和全省抗战救亡中心，在方山岭设伏阻击日本侵略军，成功溃敌，扭转了省会一迁再迁的被动局面。有丰富的移民文化，全镇共有7个移民村，移民人口1016人，占总人口的14.56%。还有突出的水电文化、宏伟的水电站及每年雨季的泄洪景观，吸引了众多的远近游客。各类文化的日益融合，为紧水滩镇添姿着色，促进发展。

2022年，紧水滩镇着力抓好平安维稳防控、重点项目建设、共富产业发展、民生社会保障和政府自身建设等工作，坚持问题导向、结果导向，紧密结合年初既定的各项目标任务有序推进，推动全镇经济社会发展增高提质。大搬快聚、宣传、统战、“五水共治”、人民武装、党风廉政、疫情防控、党建等工作均深度贯彻实施、圆满落实完成。致使紧水滩镇荣誉纷至沓来：2021年度全市平安建设表现突出集体，浙江省2022年度第三批县域风貌样板区（云和“十里云河”县域风貌样板区），2021年度丽水市乡镇（街道）政治生态优胜榜20强，中央广播电视总台中国之声《全国新闻联播》《新闻进行时》分别播发云和县紧水滩镇云和湖冬季巨网捕鱼，喜迎冬至。

【坚持党的建设】 一是理论学习教育丰富强化。镇党委坚持把加强党的建设作为全局工作的引领和关键，把学习宣传贯彻党的二十大精神作为当前和今后一个时期的首要政治任务。充分利用周一夜学会、主题党日、专题学习会、理论学习中心组等载体，持续深入学习习近平新时代中国特色社会主义思想和党的二十大精神，推动学习教育制度化常态化，全年共开展学习研讨共80余次，党风廉政建设专题会议与廉政知识学习各4次，切实增强干部履职能力水平。二是党风廉政建设纵深发展。领导干部切实履行“一岗双责”，重点防范重大工程、重点领域、重要岗位的廉政风险。结合“紧起来、快起来、跑起来”作风建设年活动开展，定期组织开展工作作风专项整治行动，将纠察“四风”的工作常态化，谈话提醒80余人次，书面检查2人，诫勉处理2人，党纪政务处理7人，充分起到警示教育效果。三是从严治党锻造过硬队伍。严格落实中央八项规定，控制“三公”经费，强化审计监督。深入推进“最多跑一次”改革，完善“一站式”服务中心建设，全年来共办理事项3295件，办结率100%。并发布村干部“强基带富”榜单，推出“党员先锋健康码”，严格执行“以绩定酬”干部激励机制，以“点题式”任务清单激发村干部干事活力，从严强化自身建设。

【深化项目引领】 一是全面完成重点项目政策处理。完成局龙线（金水坑至龙门段）改建工程涉及土地230亩、房屋4675平方米的测量评估，全部完成230亩土地的征收补偿，1500平方米的房屋补偿。完成紧水滩混合式抽水蓄能电站项目527亩用地丈量和70亩先导工程土地征收补偿。二是全力推进美丽乡村建设。创成十里云河县域风貌省级样板区，市级“四好农村路”示范乡镇。深入实施水库移民共同富裕示范带项目建设，总投资1600万元，龙门渔村、金水坑三望潭美丽乡村风貌凸显。全力推进4个“一事一议”项目建设，涉及投资538万元。在双垟、大源等村实施农饮水提质工程，总投资260余万元。完成农村道路改造提升24.1千米，有效改善镇域交通建设。三是党建品牌项目精彩纷呈。依托“红色微课堂”“乡村小喇叭”宣讲团等平台，开展系列宣讲，坚持用“乡音”传“党音”。深入推进“红色根脉强基工程”，大源村依托共同富裕示范村建设打造偏远村党建样板村，双垟村建成并运营知青共富茶园研学基地，石浦村建成船帮文化研学基地，以高质量党建项目引领共同富裕、乡村振兴。

【聚力共富增收】 一是农业产业持续壮大。高标准完成350余亩特色农产品基地基础设施建设，受益农户86户172人，其中低收入户25人。发放第一批农机购置补贴

5.57万元，涉及农户34户，机具43台。深入实施雪梨产业创新集成发展三年行动计划，完成雪梨种植160亩。大力培育云和湖有机鱼品牌，全年带动镇域库区21个村增收60余万元，惠及村民3056人。深入推进“非粮化”整治工作，完成抛荒复垦519.01亩，清理腾退93.05亩，播种粮食955.99亩，进一步提高粮食产能。二是强村公司亮出新招。持续深化“订单农业”，增加新品种种植，丰富产品供应渠道，全年强村公司实现营收480.55万元，利润184.13万元，带动200余户留守农户增收127万元，村均收入60.41万元，同比增长14.32%，其中村经营性收入255.44万元，同比增长14.87%。三是共富成果共建共享。新建知青共富茶园、石浦百亩良田等村集体经济项目，增收62余万元。推行数字化农业提升工程，完成大源400亩特色农产品基地、铠源牧业高品质绿色科技示范基地建设，有效带动周边农户增收，存栏生猪2500余头。

【关注民生稳定】 一是惠民保障工程稳步实施。落实全镇在册271户586人资金补助，每月发放32万余元。率先实施“善居工程”，完成镇域独居老人、特困户房屋改造62户。积极开展种养殖产业帮扶，全年落实产业帮扶资金74万元，带动468户1075名低收入人群增收致富。扎实推进“大搬快聚富民安居”工程，全年搬迁安置37户129名偏远群众，累计搬迁203户670人。完善金水坑、双垟、石浦村15分钟品质文化生活圈建设，新建牛头山村、渡蛟源村文化礼堂，全年各村累计开展活动80余场。二是镇域重大风险防控到位。三是和谐社会建设持续推进。积极构建“大平安、大治理、大统筹”社会治理格局，有效防范化解各领域风险隐患，圆满完成平安护航党的二十大等各项任务。（宋凯丰）

赤 石 乡

【概况】 赤石乡位于浙江省云和县城西北。东邻紧水滩镇、凤凰山街道，南接崇头镇，西濒龙泉市安仁镇、道太乡，北连松阳县大东坝镇。辖区东西最大距离12.36千米，南北最大距离20.53千米，总面积122平方千米，境内水域面积1.5万亩，耕地面积3082亩，林地面积16.5万亩，其中国家级和省级生态公益林9.1万亩。下辖6个行政村，14个自然村，81个村民小组。乡人民政府驻赤石村黄岗41号，距县城12千米，以政府驻地赤石村取名。2022年，辖区内有公办小学1所，即赤石小学，有6个班级，在校学生145人，教职工14人。义务教育普及率100%。有乡卫生院1家，乡村医疗室2个，信用社1个。

2022年末，全乡在册户籍人口1847户5026人，其中男性2652人，女性2374人，有阴岩1个少数民族村。全乡共有党支部12个，农村党支部10个，全乡党员总数371人。

有育龄妇女1327人，已婚育龄妇女930人。1—12月，全乡共计出生41人，其中男性18人、女性23人，死亡54人。全乡新型农村合作医疗参合率达99.8%，城乡居民养老保险新参保完成率98.6%，65岁以上农民健康体检参检人数703人，参检率达75%。

2022年，全乡实现财政总收入7380.40万元，其中财政补助收入4472.70万元；其他收入2907.70万元。赤石村成功获丽水市第二批精品花园乡村一类村称号；赤石村“共富家园”成为全市新时代乡贤工作现场会考察点，并被浙江新闻“第一聚焦·共富那些事”“说说身边的共富故事”等专题栏目聚焦报道。麻垟村深化共富田园建设，在全市率先推行“田长制”，春耕农忙场景登上央视新闻客户端“全国土地日”专题报道。成立精品民宿（农家乐）共富联盟，表彰云和师傅“共富达人”。成功举办庆七一、喜迎二十大、云和师傅节、云和湖开渔节等主题文化活动。

【项目建设蹄疾步稳】 抢抓全域旅游景区创建机遇，高唱“云和湖时代”赤石最强音，开辟云和湖板块项目建设主战场，着重推进宏地·云缦康养度假区项目建设。一是政策处理用心。全面完成一期建设区块政策处理工作，林木砍伐报批、杆线迁移等均实现100%，助力项目建设驶上快车道。二是配套设施到位。加快污水处理、供水等配套设施建设，赤石区块污水管道、赤石水厂两个配套项目全面开工。三是产业带动有力。成功打造“山海协助”滨湖玫瑰园，亦心居、南山湖稻田民宿、九九归一、六顺、山草小墅等一批精品民宿，成立赤石乡精品民宿（农家乐）共富联盟，市场反应良好。四是谋划布局超前。全面梳理重点招商项目，完善小隐赤石、赤心谷、杭汀山地自行车等项目招引储备。积极谋划赤石未来乡村、双林写生基地、麻垟农创中心、双源露营垂钓基地、杭汀生态农场等项目前期和布局。

【共富多园扩面提质】 积极探索“浪漫赤石”共同富裕示范乡建设路径，在“共富三园”建设基础上，不断深化内涵，拓展外延，打造“共富多园”模式。一是麻垟共富田园深化建设，落实最严格的耕地保护制度，在全市率先推行“田长制”，并结合高标准农田建设和丘陵山地宜机化改造项目，进一步完善粮食功能区农田基础设施建设，329亩非粮化整治工作综合进度排名全县第一，春耕农忙场景登上央视新闻客户端“全国土地日”专题报道，麻垟大米产量和产值预计同比上年翻一番。二是赤石共富家园提档升级，依托来料加工中心打造留守老人家门口增收的“木玩工坊”、新型抱团养老模式的“精神家园”，上半年为20多名留守老人发放工资30余万元。“共富家园”成为全市新时代乡贤工作现场会考察点，并被浙江新闻“第一聚焦·共富那些事”“说说身边的共富故事”等专题栏目聚焦报道。三是滨湖共富乐园探索新径，与中小学校合作建立特色研学基地，推出玫瑰栽培、农事体验、野外拓展等特色研学课程；与处州林业珍贵种苗有限公司签订乡企合作协议，依托企业提供的科技研发、技术推广、基地扩建等支持，在项目包装、订单销售、精品化提升等方面开展深层次合作，使玫瑰成为强村富民的“致富花”。此外，推出麻垟共富养殖园、共富庭院、知青馆，杭汀共富农场、乡贤供销带富等共富实招，成立精品民宿（农家乐）共富联盟，表彰云和师傅“共富达人”，形成了鼓励劳动致富、先富带后富的创新帮带机制，让共富路上一个老乡都不掉队。

【民生福祉不断增进】 全面落实强农惠农政策，巩固脱贫攻坚战成果。以“1+3+N”模式深入开展低收入农户扶贫结对工作，上半年，赤石乡低收入样本户人均可支配收入实现11258元，同比增长22.05%，高于全县0.45个百分点。大力推进大搬快聚富民安居工程，2022年已实现转移9户27人。实施“消薄”提质增效行动，积极谋划赤石共富中心、双源一湾共富渔场、杭汀小水力发电等集体经济联建项目。健全社会救助体系，完善最低生活保障制度，做好农村社会救助兜底工作。加快健康赤石建设，关爱妇幼、老人、残疾人等重点人群，强化农村公共卫生服务，并积极开展健康促进机关和无烟机关创建；以疫苗接种为重点，严格落实常态化疫情防控措施，构筑全民防疫体系。全力做好养老服务体系建设，推进山区特色养老工作，“云栖爱心驿站”助餐服务累计4200人次，“敬老餐工程”每月为30名90岁以上老人送上关爱；“健康守护”以赤石为试点为库区110名留守老人发放智能手环，开启数字化智慧养老新模式。加快推进农村文化阵地建设，完成赤石村、双林村、麻垟村“15分钟品质文化圈”和双林村、杭汀村文化礼堂等省民生实事项目建设，成功举办庆七一、喜迎二十大、云和师傅节、云和湖开渔节等主题文化活动，并针对群众需求开展系列志愿服务。赤石乡入榜浙江省农村文化礼堂建设示范乡。完成滨湖、垟田、双林3个便民服务中心主体建设，增强基层组织服务功能。认真落实安全生产和食品安全

“一岗双责”，加强安全隐患排查化解，全面完成29户经营性用房和2555户自建房（含无人居住房）安全排查工作，发放安全用电用火提醒生活用品2000余件。补齐交通路网短板，高质量建设“四好农村路”，实施紧赤线（担布坑至坳门）道路提升工程，库北至松阳连接线道路云和段通过验收，麻垟至建林通村公路、滩头至建林连接线已全线打通。加快推进赤石码头、双林码头美化提升工程，加快推进南山湖道路提升、双源半坑大坳门至兰家林区道路连心路，杭汀村天堂坑—龚家、曾家道路拓宽，以及杭汀村金刚山道路拓宽等工程建设。谋划启动麻垟至建林连接桥，紧赤线至高山、双坑口至担布坑、双坑口至店子、赤石北码头至建源道路提升、赤石高速互通、322国道后山至麻垟段改建工程等项目前期。

【产业发展稳步增强】 坚持以绿色生态为底色，农文旅康养融合为特色，做深木玩、玫瑰、有机鱼经济文章，致力打造“木玩强乡、鱼米之乡、玫瑰花乡”。一是打造木玩强乡。认真贯彻落实市委、县委“双招双引”先导工程，重点围绕木玩产业、乡贤、人才、资金等要素资源的回归，努力实现“两进两回”双向互动。木玩国际游学中心项目被列入全县年度招引计划，正式启动项目前期工作。同步完善空闲农房创新利用、赤石玩具厂区块改造、阅湖居、瓯江山水诗路等招引项目库。二是打造鱼米之乡。积极谋划推进云和湖创意经济走廊，大力实施云和湖有机鱼品质化品牌化提升行动。借力浙江海洋大学海洋与渔业研究所资源优势，签订云和有机鱼品质提升战略合作协议，成功举办云和湖第一届“开渔节”，发布云和湖有机鱼“康养指数”，被评为丽水市少年儿童业余体育运动学校指定用鱼。三是打造玫瑰花乡。成功培育“玫瑰盆景”新品类，大幅提升“玫瑰+盆景”的观赏价值和经济价值。加快打造“玫瑰+摄影”公园乡村建设，创新发布旅拍摄影套餐，推动“浪漫婚纱”风景线扩面提质。

【乡村环境显著改善】 着力美化村居环境，将单一的市场化保洁，调整为“村为主体+市场支持”的保洁模式，将村集体、村民主责意识和第三方专业化相结合，压实效能、相得益彰，打出环境综合治理组合拳。持续开展环境整治“三大比拼”和“青年创”等美化系列活动，不断优化赤石人居环境。一揽子推进美丽城镇提档升级、“一事一议”助推美丽乡村建设、花园乡村微改造，进一步优化集镇功能。赤石村成功获评丽水市第二批精品花园乡村一类村，获得50万元奖励资金。（叶伟鹏）

安溪畲族乡

【概况】 安溪畲族乡位于云和县城南部，距县城7.5千米。总面积33.5平方千米，下辖安溪、黄处、下武3个行政村，耕地7596亩，山林41990亩，森林覆盖率达86%。全乡共有户籍人口801户2742人，常住人口1616人。2022年，在县委、县政府的正确领导下，安溪畲族乡坚持以习近平新时代中国特色社会主义思想为指导，深入学习贯彻党的二十大精神，立足“梨花乡里　田园安溪”区域品牌，突出“红绿畲”农文旅融合发展特色，以加快发展为主题，以项目建设为抓手，以改善民生为目标，统筹推进经济社会发展，较好地完成了年初预定的各项目标任务。先后获得省级美丽乡村示范乡镇、省AAAA级景区乡镇、小城镇环境综合整治省级样板、美丽城镇省级样板、省级卫生乡镇等荣誉。

【项目建设成果丰硕】 （一）项目建设持续强势推进。23个项目相继开竣工，累计投资额超1亿元。顺利完成黄处村电力、弱电上改下工程，黄安线提升改造（一期）、安溪自来水厂二期、安溪桥拆建、安溪生态公墓、安溪邻里中心等项目相继开工，不断补齐交通出行、民生保障方面短板。顺利完成黄安线、浮云溪流域等5个项目土地征收，面积35亩，为项目建设提供坚强保障。截至10月底，已完成固定资产投资2685万元，投资总额排名乡镇、街道第二位。(二)佛儿岩景区创建工作加速推进。举全乡之力推进佛儿岩创建国家AAAA级旅游景区步伐，佛儿岩游客中心(云和雪梨文化展示中心)装修及布展工程、二级游客接待中心及停车场工程、梅下线改造提升工程等一批项目顺利完工，开工建设黄处至佛儿岩游步道及节点景观工程，各项创建任务顺利推进。(三)美丽城镇省级样板顺利迎检。按照“关注民生、找准切口；成熟一个、落地一个；量力而行、尽力而为”的原则，建立顶格配置专班化运作、清单式管理的统筹机制，“乡—村—网格”全域动员，“专家+智库”双向发力，以“政府+社会”多元投资方式，合力推进美丽城镇省级文旅型样板创建工作。完成美丽城镇建设项目9个，大幅提升乡村美丽指数与群众幸福指数，11月初，顺利通过省级验收。(四)山水田园综合体建设快速起跑。年初开工的投资1.5亿元的招商引资项目——后塘农旅融合项目，已基本完成1号、2号楼主体工程和3号楼一层建设，完成投资1775万元。森泉山庄改造提升项目室内装修已收尾，基本完成商铺招商。安溪流域水景观提升项目，完成1800米污水管道铺设和沿溪景观改造。持续推动云和雪梨产业发展，谋划落实雪梨种植面积300亩，已完成林地审批200亩。(五)“红+绿+畲”融合发展深入推进。迭代升级“战斗黄家地•忠勇严山村”初心研学基地，建成党章学堂、党旗讲堂，落实“党章守护人”与“党旗守护人”职责，获得浙江省民族团结进步教育基地等荣誉称号。进一步盘活利用红色资源，全面促进红色研学路线迭代升级，不断拓宽共富路径，推动融合发展，打造革命老区共富村。“七一”期间，累计接待游客500余人，为村集体经济增收3万余元。

【民生福祉不断提升】 一是有效推进共同富裕。持续开展“一户一策一干部”的低收入农户结对帮扶及常态化管理，大力实施精准帮扶，全乡低收入农户(80户157人)实现人均收入超过9000元。大力推进“大搬快聚富民安居”工程，完成整村搬迁、零星搬迁21户73人，对门山、木樨花整村搬迁稳步推进，事迹成效被央视新闻报道。发展壮大村级集体经济，实现“强村富民”，《浙江日报》头版头条点赞安溪下武村经验。深入实施“强村共富”行动，启动工业园区厂房屋顶光伏增收项目，打造共富工坊，设立共富基金，助力乡村振兴，推动共同富裕。二是社会事业全面进步。健全公共卫生应急管理体系，深入开展爱国卫生运动，不断完善公共卫生设施，顺利完成全国卫生乡镇复评迎检和省级健康乡镇创建工作。全面改善农村留守老人居住环境，完成5户善居工程现场勘测，19户偏远村留守老人共富家园改造。持续完善民政、慈善救助救济体系建设，推进乡村两级居家养老照料服务中心建设，完成农村危旧房改造工作。三是精神文化全域共享。不断完善公共文化服务体系，增强公共文化服务效能，实现乡域文化礼堂全覆盖并全部正常投入使用，打造两个“15分钟文化圈”，实施农旅有机结合，大力弘扬畲族文化，推出彩带编织、畲歌表演等非遗体验项目，举办畲族风情文化节、农民丰收节、下武西瓜节、畲村露营夜游等主题文化活动，把形式多样的文化生活送到群众家门口，为山区群众幸福加码，实现精神文化全域共享。其中，“旅游+农业”做法被央视《第一时间》栏目报道。

【人居环境不断改善】 (一)乡村环境持续改善提升。将农村人居环境整治作为实施乡村振兴战略的切入点和发力点，统筹推进“三改一拆”“五水共治”工作，加速完成安溪上村污水终端提升工程。推动小城镇环境综合整治向美丽城镇建设迭代升级，建立环境整治长效管理机制，常态化开展“五水共治找巡查挖”行动，推进绿化景观提升，常态化开展环境综合整治工作，切实扮靓村容村貌。（二）耕地保护与质量建设稳步推进。严控增量，分类稳妥处置存量，坚决制止耕地“非农化”、防止“非粮化”，继续抓好垦造耕地问题整改后续种植管护，完成328.77亩抛荒整治任务、53亩腾退任务和365亩的种植任务；完善农田水利设施，加大商品有机肥施用、秸秆利用、土壤改良、绿肥种植等技术推广力度，保护提升耕地质量。（三）长效管理机制不断完善。调整优化网格设置，设置大网格7个，微网格12个，并配齐配强“1+3+N”网格队伍，以“党支部+党小组”形式实现网格党组织全覆盖。探索建立“一核多元、协同联动”的治理体系，用好督查“指挥棒”，常态化开展督导检查，大力开展“无废乡村”“无废家庭”试点创建，加强垃圾分类入户宣传，切实以“严”的氛围保障“实”的成效，不断激发人居环境整治的新活力。（张浩涛）

雾溪畲族乡

【概况】 雾溪畲族乡是浙江省十八个少数民族乡镇之一，位于县城西南部，距县城8千米，区域总面积33.3平方千米。全乡下辖2个行政村，有户籍人口2012人，畲族人口518人。截至2022年12月，实现人口转移搬迁473户1606人，人口转移率达79.8%。2022年全乡财政总收入4023.05万元，年末耕地面积4650亩，年末有效灌溉面积2280亩，农作物总播种面积4650亩，实现粮食总产量753吨。2022年，雾溪畲族乡有行政编制10人，事业编制8人（缺编1人）；共有1个党总支，6个党支部，党员208名，其中农村党员181名。1959年始建雾溪水库，2002年9月建成云和县自来水厂，是云和县县城饮用水源保护地，素有“生态之乡”“笋竹之乡”“药材之乡”“水电之乡”的美誉，是全国文明乡。2022年，雾溪畲族乡创成全市第二批生态产品价值实现示范乡镇、省级美丽城镇基本达标乡镇，雾溪水库水源地获评省级优秀。雾溪大坪木玩巾帼共富工坊获评首批省级“巾帼共富工坊”。

【加强生态治理建设美丽乡镇】 实施“数字雾溪”项目，全力打造水源地生态保护数字化应用雾溪样板。加强库区环境卫生整治，全年发现并整治各类卫生问题点位180余处。扎实开展污水治理工程，完成雾溪村石板桥污水处理终端及管网提升改造工程、雾溪村坳头污水处理工程，实现库区沿线生活污水100%处理。完成美丽城镇路灯亮化、坪垟岗房车营地、沿线景观小品等项目建设，实现行政村道路亮化全覆盖，并顺利通过省级验收，达到“基本达标乡镇”水平。结合“爱国卫生乡镇”回头看工作，加强对违章建筑巡查排查整改。2022年，共发现并整治点位216处，清理清运垃圾12吨，辖区大环境得到有效提升。投资170万元实施永安桥至坳头路面大修工程，完成乡村道路日常养护40余千米，切实提升乡村道路安全水平。

【践行两山理论促进绿色发展】 依托“两山合作社”拓展深化生态信用积分体系建设，通过“两山兑”“两山贷”等积分应用促进“两山”转化成果全民共享。截至2022年底，“两山兑”实现积分兑换13.7万分，折合人民币13.7万元，“两山贷”累计发放贷款220余笔5800余万元，扶持创业项目89个，为群众年均节省贷款利息100余万元。佛儿岩北入口、房车露营基地等一批国家AAAA级旅游景区创建配套项目完成建设，“民族山路”项目完成概念设计，坪垟岗丽水市花园乡村精品村、坳头民宿精品村等项目稳步推进。对坪垟岗村百亩板栗林进行改造，新增雪梨种植面积100余亩，率先完成雪梨产业创新集成发展三年行动目标任务。积极打造坪垟岗老茶、山茶油等生态产品，并成功注册了坪垟岗老茶商标、普仁茶商标。

【全面推进生态资源统筹利用】 一是利用“雾溪生态资源一张图”系统在线发布信息，通过协议租赁、交易等方式，对乡域内闲置的林地、耕地、农房和水源涵养林等进行集中售出。截至2022年底，已完成水源涵养林收储230亩，土地整治及非粮化土地资源收储500余亩，林地资源收储7000余亩，坳头等村闲置农房流转28宗。二是扎实推进云景平台征收，云景平台征收项目任务涉及90余亩土地，房屋2户800余平方米，截至2022年底已100%完成土地丈量，实现农户土地签约补偿76亩，签约率84.4%；完成14户14000余平方米香菇棚及生产生活附属物补偿拆除工作并完成房屋征收的前期走访摸排。

【多措并举保障民生促进共富】持续开展低收入农户"一户一策一干部"结对帮扶工作，实现应保尽保和结对帮扶全覆盖。深入推进"共富工坊"建设，积极在大坪打造来料加工中心、就业培训中心、电商培训中心和青年创业之家，全年为群众提供岗位100余个，累计发放工资300余万元。持续深化精神文明建设，省级民生实事"15分钟品质文化生活圈"和乡村博物馆项目顺利推进并建成使用。持续抓好畲族文化保护传承工作，收集编撰《雾溪畲族乡志》和《畲族民歌》，畲乡文化底蕴进一步凸显。

【探索创新基层治理新型模式】持续深化"街乡共治"，常态化开展联席会议、民主议事、"双报到"等制度，努力破解转移群众管理难、融入难等社会治理难题。深入推进"大综合一体化"行政执法改革，完成67项行政执法赋权认领工作，围绕水源保护地开展专项执法行动10余次，简易程序立案查处13起、13人次，普通程序立案查处1起、1人次。配齐配强"1+3+N"基层网格治理团队，以"党支部+党小组"形式实现网格党组织全覆盖。　（蓝方阳）

文件选编

中共云和县委
关于认真学习宣传贯彻党的二十大精神的通知

云委发〔2022〕14 号

各乡镇党委、街道党工委，县直属各单位党委（党组）：

学习宣传贯彻党的二十大精神是当前和今后一个时期全党全国的首要政治任务。为深入贯彻《中共中央关于认真学习宣传贯彻党的二十大精神的决定》（中发〔2022〕29 号）和《中共浙江省委关于认真学习宣传贯彻党的二十大精神的通知》（浙委发〔2022〕39 号）《中共丽水市委关于认真学习宣传贯彻党的二十大精神的通知》（丽委发〔2022〕21 号），扎实推进学习宣传贯彻党的二十大精神，切实把全县广大党员干部群众的思想和行动统一到党的二十大精神上来，把力量凝聚到党的二十大确定的各项目标任务上来，结合我县实际，现就学习宣传贯彻工作通知如下：

一、深刻认识学习宣传贯彻党的二十大精神的重大意义

党的二十大是在全党全国各族人民迈上全面建设社会主义现代化国家新征程、向第二个百年奋斗目标进军的关键时刻召开的一次十分重要的大会。大会批准了习近平同志代表十九届中央委员会所作的报告，批准了十九届中央纪律检查委员会的工作报告，审议通过了《中国共产党章程（修正案）》，选举产生了新一届中央委员会和中央纪律检查委员会。随后召开的党的二十届一中全会选举产生了新一届中央领导集体，选举习近平同志继续担任中共中央总书记。这是一次高举旗帜、凝聚力量、团结奋进的大会，对凝聚和激励全党全军全国各族人民高举中国特色社会主义伟大旗帜、全面建设社会主义现代化国家、全面推进中华民族伟大复兴具有十分重大的政治意义、理论意义、战略意义、实践意义。

大会高举中国特色社会主义伟大旗帜，坚持马克思列宁主义、毛泽东思想、邓小平理论、“三个代表”重要思想、科学发展观，全面贯彻习近平新时代中国特色社会主义思想，分析了国际国内形势，提出了党的二十大主题，回顾总结了过去 5 年的工作和新时代 10 年的伟大变革，阐述了开辟马克思主义中国化时代化新境界、中国式现代化的中国特色和本质要求等重大问题，对全面建设社会主义现代化国家、全面推进中华民族伟大复兴进行了战略谋划，对统筹推进“五位一体”总体布局、协调推进“四个全面”战略布局作出了全面部署。习近平同志的报告为新时代新征程党和国家事业发展、实现第二个百年奋斗目标指明了前进方向、确立了行动指南，是党和人民智慧的结晶，是党团结带领全国各族人民夺取中国特色社会主义新胜利的政治宣言和行动纲领，是马克思主义的纲领性文献。

大会取得了丰硕的政治成果，向党内外、国内外宣示了中国共产党和中国人民在全面建设社会主义现代化国家新征程上举什么旗、走什么路、以什么样的精神状态、朝着什么样的目标继续前进的重大问题，特别是顺利产生一个反映全党意愿、得到党内外公认、团结统一值得信赖的中央领导集体，这是党和人民作出的郑重选择，宣示了我们党的坚定清醒、坚强有力；取得了丰硕的实践成果，回顾总结了党的十九大以来5年的重大成就和新时代10年伟大变革，全景式呈现了以习近平同志为核心的党中央团结带领全党全国各族人民以战略性举措推动变革性实践、实现突破性进展、取得标志性成果的波澜壮阔历程；取得了丰硕的理论成果，开辟了马克思主义中国化时代化新境界，科学总结我国社会主义现代化建设长期探索和实践，提出以中国式现代化全面推进中华民族伟大复兴，是对世界现代化理论的重大丰富和发展；取得了丰硕的战略成果，重申全面建成社会主义现代化强国总的战略安排是分两步走，提出到2035年我国发展的总体目标和未来5年的主要目标任务；取得了丰硕的制度成果，对党章进行适当修改，将党的理论创新、实践创新、制度创新成果体现其中，重点充实完善习近平新时代中国特色社会主义思想的科学内涵和历史定位、增写党百年奋斗的重大成就和历史经验等内容。党的二十大取得的所有成果中最重要最根本的是，再次宣示了“两个确立”的决定性意义，明确了最大的政治、最大的大局、最大的原则，标注了大会彪炳史册的历史地位、历史意义、历史贡献。

认真学习宣传贯彻党的二十大精神，事关党和国家事业继往开来，事关中国特色社会主义前途命运，事关中华民族伟大复兴，对于动员全县广大党员干部群众更加紧密地团结在以习近平同志为核心的党中央周围，全面落实中央决策部署和省第十五次党代会、市第五次党代会、县第十五次党代会精神，夺取新时代中国特色社会主义在云和实践的新胜利，具有重大现实意义和深远历史意义。全县上下要以强烈的政治责任感和使命感认真学习宣传贯彻党的二十大精神，深刻领会、准确把握党的二十大报告中的重要思想、重要观点、重大战略、重大举措，以新时代“挺进师”的奋进姿态坚毅笃行“丽水之干”，在守护“红色根脉”、笃行“两个维护”、推进“两个先行”中，推动学习成果不断转化为中国特色社会主义在云和生动实践的实绩实效。

二、全面准确把握党的二十大精神

学习领会宣传贯彻党的二十大精神，必须坚持全面准确，深入理解内涵，精准把握外延。要原原本本、逐字逐句学习党的二十大报告和党章，学习习近平总书记在党的二十届一中全会上的重要讲话精神，认真领悟党的二十大提出的新思想新论断、作出的新部署新要求，做到学深悟透、融会贯通、入脑入心。

1. 深刻领会和全面把握党的二十大主题是统摄全局的“纲与魂”。党的二十大主题系统集成国之大者，统摄战略全局，指明正确方向。强调“思想”和“旗帜”，亮明了党的政治立场和指导思想，确保党和国家事业始终沿着正确方向胜利前进；弘扬伟大建党精神，确保党始终成为中国特色社会主义事业的坚强领导核心；自信自强、守正创新，踔厉奋发、勇毅前行，使各项工作更好体现时代性、把握规律性、富于创造性；全面建设社会主义现代化国家、全面推进中华民族伟大复兴，要求全党必须紧紧扭住新时代新征程党的中心任务；强调团结奋斗，必须不断巩固全党全军全国各族人民大团结，加强海内外中华儿女大团结，形成共创强国业、共圆中国梦的强大合力。

2. 深刻领会和全面把握过去5年的工作和新时代10年伟大变革的里程碑意义。过去5年和新时代以来的10年，以习近平同志为核心的党中央团结带领全国各族人民创造了新时代中国特色社会主义的伟大成就，推动我国迈上全面建设社会主义现代化国家新征程，实现中华民族伟大复兴进入了不可逆转的历史进程。要结合10年前后党内和国内状况的变化对比，深刻理解进行具有许多新的历史特点的伟大斗争的必要性紧迫性和复杂性严峻性；深刻体会党的十九大以来的5年极不寻常、极不平凡；深刻认识新时代10年伟大变革书写奇迹、彪炳史册，推动党和国家事业焕然一新，世界格局和文明形态发生深刻改变，标注了在党史、新中国史、改革开放史、社会主义发展史、中华民族发展史上的历史地位。

3. 深刻领会和全面把握习近平新时代中国特色社会主义思想实现的发展新跨越。党的二十大报告鲜明提出中国共产党为什么能，中国特色社会主义为什么好，归根到底是马克思主义行，是中国化时代化的马克思主义行。报告强调坚持和发展马克思主义，必须同中国具体实际相结合，必须同中华优秀传统文化相结合；继续推进实践基础上的理论创新，首先要把握好习近平新时代中国特色社会主义思想的世界观和方法论，坚持好、运用好贯穿其中的立场观点方法，坚持人民至上，坚持自信自立，坚持守正创新，坚持问题导向，坚持系统观念，坚持胸怀天下。“两个结合”和“六个必须坚持”，不断丰富发展科学思想，深入回答了中国之问、世界之问、人民之问、时代之问，推动习近平新时代中国特色社会主义思想不断实现发展跨越，跃上了二十一世纪马克思主义新高峰，是新时代的又一次思想解放，必将带领中国人民在新征程上焕发出更为强烈的历史自觉和精神主动，进一步增强开辟马克思主义中国化时代化新境界的理论自觉。

4. 深刻领会和全面把握新时代新征程中国共产党的使命任务和中国式现代化的中国特色、本质要求、重大原则。党的二十大报告宣示新时代新征程中国共产党的使命任务，明确提出以中国式现代化全面推进中华民族伟大复兴，深刻阐述中国式现代化的5个方面中国特色，凝练9个方面本质要求，强调前进路上必须牢牢把握“五个坚持”重大原则。要深刻认识我们推进的现代化是中国共产党领导的社会主义现代化，既有各国现代化的共同特征，更有基于自己国情的中国特色。中国式现代化的中国特色、本质要求、重大原则、战略布局和战略举措，全面描绘了人类文明新图景，也为新时代新征程的伟大探索提供了理论创新、实践创新、制度创新史无前例的宏大场景和广阔舞台，必将不断创造以先进制度、先进理念、先进文化引领世界潮流的人类文明新形态。

5. 深刻领会和全面把握推进社会主义现代化国家建设的系统部署。党的二十大从统筹推进“五位一体”总体布局、协调推进“四个全面”战略布局的高度，分别对经济建设、民主政治建设、文化建设、保障和改善民生、生态文明建设、国防和军队建设、港澳台工作、对外工作作出全面部署，特别是提出健全宏观治理体系、健全人民当家作主制度体系、构建中国话语和中国叙事体系、健全公共服务体系、健全现代环境治理体系、提高一体化国家战略体系和能力等重大部署。这充分体现了全局性谋划、战略性布局、整体性推进的系统观念，贯通理论和实践、国内和国际、中央和地方、战略和策略，必将进一步实现顶层设计和实际操作的紧密结合，更好地推进国家治理体系和治理能力现代化。

6. 深刻领会和全面把握抓关键、补短板、防风险的战略考量。党的二十大报告明确提出教育、科技、人才是全面建设社会主义现代化国家的基础性、战略性支撑，全面依法治国关系党执政兴国、关系人民幸福安康、关系党和国家长治久安，国家安全是民族复兴的根基、社会稳定是国家强盛的前提。要深刻把握国家民族基础支撑、长治久安、根基前提的关键环节，运用战略思维、系统思维、法治思维、底线思维，坚持稳中求进工作总基调，夯实固根本、稳预期、利长远的基础，强化维护安全、维护稳定的能力，始终牢牢掌握制胜未来的主动权。

7. *深刻领会和全面把握坚持党的全面领导和全面从严治党的新形势新要求*。全面建设社会主义现代化国家、全面推进中华民族伟大复兴，关键在党。党的二十大报告警醒全党“两个长期存在”“两个永远在路上”，提出落实新时代党的建设总要求，健全全面从严治党体系，明确了坚持党的全面领导和全面从严治党7个方面的主要任务。中央纪委工作报告从5个方面对未来5年的工作作出部署，进一步明确了下一步纵深推进全面从严治党的重点和突破口，明确宣示坚决打赢反腐败斗争攻坚战、持久战，永远吹冲锋号。要求我们必须保持全面从严治党、勇于自我革命的坚定执着，管党治党一刻也不能放松，必须常抓不懈、紧抓不放，决不能有松劲歇脚、疲劳厌战的情绪，必须持之以恒推进全面从严治党，深入推进新时代党的建设新的伟大工程，以党的自我革命引领社会革命。

8. *深刻领会和全面把握应对风高浪急甚至惊涛骇浪重大考验的坚定清醒*。党的二十大报告深入研判新时代新征程我国发展面临的大环境，充分考虑可能遇到的重大风险挑战，强调要增强全党全国各族人民的志气、骨气、底气，知难而进、迎难而上，牢记“五个必由之路”，倍加珍惜、始终坚持规律性认识，不断巩固全国各族人民大团结，加强海内外中华儿女大团结。要求我们发扬斗争精神、增强斗争本领、坚持团结奋斗，依靠顽强斗争打开事业发展新天地，依靠团结奋斗不断创造新伟业、开创新辉煌。

学习宣传贯彻党的二十大精神，最紧要最核心的是要进一步深刻领悟和把握“两个确立”的决定性意义，增强“四个意识”、坚定“四个自信”、做到“两个维护”，自觉在思想上政治上行动上同以习近平同志为核心的党中央保持高度一致。要不断提高政治判断力、政治领悟力、政治执行力，深刻理解“两个确立”的历史必然性、时代必然性、现实必然性和制度必然性，深刻认识习近平总书记在推动历史性变革、战胜严峻风险挑战中发挥了决定性作用，在民族复兴、赢得未来的伟大进程中发挥着决定性作用，深刻认识“两个确立”决定了中国共产党的核心力量、决定了中国式现代化的根本走向、决定了中华民族伟大复兴的前途命运、决定了中国人民幸福安康的根本利益，深刻认识核心就是力量、方向和未来，党的核心稳定，党心民心就稳、社会大局就稳，从而更加坚定自觉地捍卫习近平总书记核心地位和习近平新时代中国特色社会主义思想指导地位长期稳定，把坚决拥护“两个确立”转化为坚决做到“两个维护”的实际行动，转化为坚决贯彻落实党的二十大精神的新成效。

三、深入开展“六学六进六争先，‘小县大城’谱新篇”学习实践活动，迅速兴起学习宣传贯彻党的二十大精神的热潮

认真学习、全面宣传、扎实贯彻党的二十大精神，要深刻领悟“两个确立”的决定性意义，把握“七个聚焦”要求，立足“红色根脉”独特资源优势，紧扣迎接“八八战略”实施二十周年、“丽水之赞”提出五周年，“小县大城”发展战略实施二十一周年，不断创新学习宣传贯彻的平台、载体、抓手，打好学习宣传贯彻组合拳，推动全县广大党员干部群众准确把握党的二十大精神的核心要义、精神实质、丰富内涵、实践要求，深刻把握习近平新时代中国特色社会主义思想的世界观和方法论，坚持好、运用好贯穿其中的立场观点方法，持续激发忠实践行“八八战略”、坚决做到“两个维护”、奋力推进“两个先行”的强大动力。

深入开展“六学六进六争先，‘小县大城’谱新篇”学习实践活动。一是学深悟透过去5年的重大成就和新时代10年伟大变革的里程碑意义，进一步增强对习近平总书记的忠诚之心、爱戴之情、捍卫之志，在坚定拥护“两个确立”、坚决做到“两个维护”中奋力争先；二是学深悟透习近平新时代中国特色社会主义思想实现的发展新跨越，进一步坚持好、运用好贯穿其中的立场观点方法，在县域践行党的创新理论上奋力争先；三是学深悟透引领新时代新征程的中心任务和宏伟目标，进一步把握中国式现代化的中国特色、本质要求和重大原则，推动“小县大城”发展战略再深化、再落实，在跨越式高质量发展中推进革命老区共同富裕和现代化上奋力争先；四是学深悟透全面建设社会主义现代化国家的系统部署，进一步把握团结奋斗的时代要求，在践行“八八战略”、打造“重要窗口”中奋力争先；五是学深悟透坚持党的全面领导和全面从严治党的新形势新要求，进一步强化以党的自我革命引领社会革命的清醒与坚定，在打造新时代山区党建统领高地和清廉建设高地上奋力争先；六是学深悟透“五个必由之路”规律性认识和抓关键、补短板、防风险的战略考量，进一步弘扬伟大建党精神和红船精神、浙江精神及浙西南革命精神，在以“浙江之答”和“丽水之干”回应中国之问、世界之问、人民之问、时代之问上奋力争先。通过开展学习实践活动，努力当好坚决维护习近平总书记党中央的核心、全党的核心地位的“挺进师”，当好坚决维护党中央权威和集中统一领导的“挺进师”，当好深学笃用习近平新时代中国特色社会主义思想的“挺进师”，当好学习、遵守、贯彻、维护最新党章的“挺进师”，当好推进中国式现代化的“挺进师”。

全面深入学习宣传贯彻党的二十大精神，忠实践行“八八战略”，大力弘扬践行浙西南革命精神，坚毅笃行“丽水之干”，全面系统落实“八个必须坚持”，踔厉奋发、笃行不怠，求真务实、求是挺进，奋力加快跨越式高质量发展，为努力打造全国山区县域新型城镇化共富样板而不懈奋斗。

1. 加强组织领导。各级党委（党组）要紧密结合党中央即将在全党开展的主题教育，面向全体党员开展多形式、分层次、全覆盖的全员培训，周密制定计划，认真组织实施，确保全县党员学习率达到100%。各级党组织要迅速把党的二十大精神传达到每个支部、每名党员，传达到企业、农村、机关、校园、社区、网站和广大干部群众中。党员领导干部特别是县处级以上领导干部要身体力行、率先垂范，带头学、带头讲、带头干，把党的二十大精神讲清楚、讲明白，让老百姓听得懂、能领会、可落实。广大党员要发挥先锋模范作用，深入群众、引导群众认真学习贯彻党的二十大精神。县委组织部要把学习党的二十大精神与干部教育培训工作、加强领导班子建设和基层党组织建设结合起来，切实抓好党员干部的系统培训，特别要集中一段时间分期分批把科级党员领导干部轮训一遍。县教育局要抓好党的二十大精神进教材、进课堂、进学生头脑工作，把学习党的二十大精神作为学校思想政治教育和课堂教学的重要内容。总工会、团县委、妇联等群团组织要发挥自身优势，开展各具特色的学习教育活动。要加强工作指导，加强督促检查，及时发现解决存在的问题。

2. 抓好学习培训。高标准开展多形式、分层次、全覆盖的学习培训，重点抓好六个方面。一是领导干部专题学，11月25日前，各级党委（党组）理论学习中心组以专题学习交流研讨形式开展集中学习，所有中心组成员均要撰写学习心得体会，学习时间不少于1天。二是党员干部示范学。11月30日前，各级党组织将学习党的二十大精神纳入“三会一课”和主题党日学习的重点内容，通过集体研讨、专家辅导、专题党课等方式组织党员开展学习，特别是抓好离退休党员、农村党员、“两新”组织党员、流动党员的学习。三是线上线下全员学。11月30日前，县委直属机关工委、教育部门、国资系统、工商联系统要通过学习交流会、学习论坛、现场学习等形式推动广大干部群众开展丰富多彩的学习活动。12月10日前，县委党校要将党的二十大精神纳入必学课程，对科级领导干部进行专题培训。积极参与“学习强国”丽水平台、“干部网络学院”等平台微课网课的线上学习活动。四是青年群体创新学。11月30日前，围绕党的二十大提出的新思想新观点新论断，组织开展全县青年理论知识定向挑战赛。12

月15日前，各单位发挥青年学习小组的作用，以读书沙龙、青年说、情景剧等形式组织开展主题学习活动。12月31日前，开展“党的二十大精神青年学习交流日”活动，各级领导干部与青年干部、青年群众、青年学生、青年创业者进行“面对面”交流。五是“追随足迹”现场学。12月31日前，组织广大党员干部群众、青年学习小组以主题党日、现场教学、校地结对、宣讲采风等形式，深入习近平总书记调研指导过的地方，开展现场学习、实地访谈，深入挖掘习近平总书记有关重要论述、批示指示精神的生动实践丰富成果。六是思想溯源研讨学。12月31日前，组织全县社科理论界围绕党的二十大提出的新思想新观点新论断，系统深入开展重大理论问题、重大实践问题、重大社会思潮等研究，推出一批高质量、有分量的理论文章。

3. 开展集中宣讲。在配合好市委宣讲团到云和宣讲的基础上，重点开展“五讲”活动。一是县领导带头讲。在职副县级以上党员领导到基层联系点作一次党的二十大精神专题宣讲，并到基层一线开展一次与干部群众的面对面交流。二是县委宣讲团示范讲。县委宣讲团成员分赴机关、企业、农村、学校、社区开展宣讲活动。三是各类宣讲队伍集中讲。推动“书记带头讲、专家深入讲、记者互动讲、劳模工匠匠心讲、支部书记主题党日讲、思政教师课堂讲、青年宣讲员基层讲、巾帼文明岗长讲、志愿者服务讲、乡贤乡村讲、报告会覆盖讲”发挥整体效应。11月30日前，县委书记带头完成宣讲工作，各单位主要负责人完成在本单位、本系统、本条线的宣讲工作。12月30日前，全县科级领导干部和各领域专家学者完成进企业、进农村、进机关、进校园、进社区、进网站宣讲工作；县融媒体中心组织记者开展不同层面对象的访谈。2023年全国“两会”召开前，组织优秀青年宣讲员，深入田间地头、工厂车间、课堂讲堂，开展形式多样的宣讲活动。四是代表青年巡回讲。12月31日前，组织党的二十大代表、“80”“90”和“00”优秀宣讲员组成“党的二十大精神”青年巡回宣讲团，完成全县巡回宣讲。五是面向群众生动讲。发挥好新时代文明实践中心、农村文化礼堂、社区文化家园、企业文化中心等阵地作用，及时开展群众喜闻乐见的宣讲活动。

4. 精心组织宣传。县委宣传部要加强统筹谋划和协调指导，组织新闻媒体全方位集中开展宣传报道，推动党的二十大精神在云和落地生根、开花结果。大力宣传全党全社会对党的二十大的热烈反响和积极评价，宣传各单位学习贯彻党的二十大精神的具体举措和实际行动。发挥主流媒体扛旗引导作用，及时转载刊登中央主要媒体推出的系列评论言论和重点理论文章，结合实际开设“贯彻党的二十大精神系列访谈”“党代表在基层”等专栏专题，壮大宣传声势。及时跟进解读，推出系列宣传解读文章。加强网络宣传传播，着力打造一批刷屏热传的话题、新媒体爆款产品。严格落实意识形态工作责任制，及时对思想理论领域可能出现的模糊认识和错误观点进行辨析澄清，对热点敏感问题进行阐释引导，加强对各类媒体和传播平台的管理，强化网上舆情监测引导，加大有害信息发现处置力度，防止“低级红”“高级黑”，防止错误思想言论和有害信息传播。

四、以党的二十大精神为引领推进全国山区县域新型城镇化共富样板建设起势成势

各乡镇（街道）、各部门要把学习宣传贯彻党的二十大精神与深入学习贯彻习近平新时代中国特色社会主义思想结合起来，与深入学习贯彻习近平总书记对云和工作的殷殷嘱托结合起来，与深入学习贯彻省第十五次党代会、市第五次党代会、县第十五次党代会和县委十五届二次全会精神结合起来，与抓好2022年工作冲刺、2023年工作谋划结合起来，一步一个脚印把党的二十大作出的重大决策部署付诸行动、见之于成效，努力在中国式现代化进程中彰显云和新作为、作出云和新贡献。

1. 把学习宣传贯彻党的二十大精神转化为贯彻落实省第十五

次党代会、市第五次党代会、县第十五次党代会和县委十五届二次全会精神的强大动力。全面对标党的二十大作出的各项决策部署，结合实际逐条逐项细化分解党的二十大报告明确的重要任务、重大举措，加快谋划配套目标体系、工作体系、政策体系、评价体系，切实找准上级决策与云和实际、群众愿望的最佳结合点，坚持深化“小县大城”发展战略，坚定不移创新实践绿水青山就是金山银山理念，全力打好转型升级、文明创建、改革赋能、富民增收、和谐善治战略组合拳，加快形成人与城和谐共处的共富标识、产与城深度融合的共富模式、乡与城互促并进的共富格局，努力打造全国山区县域新型城镇化共富样板，开创建设童话云和新局面。

2. 把学习宣传贯彻党的二十大精神转化为干出经济社会发展新气象的强大动力。深入实施稳进提质攻坚行动和项目推进“161”行动，以超常规力度抓好梯田创5A、云景生态产业平台建设、“双招双引”等重点工作，尽最大努力确保经济运行在合理区间。深入实施新型城镇化和乡村振兴战略，以顶格标准呵护最美生态，以“绣花功夫”推动童话城市、公园乡村蝶变跃升。推动全面深化改革、共同富裕示范区重大改革和数字化改革一体融合，深化农村产权制度改革、生态产品价值实现机制改革等创新实践，加快形成一批具有云和辨识度的“重大改革+重大应用”实践成果。完善为民办实事长效机制，推进人的全生命周期公共服务优质共享和均衡供给，打造更多可触可感的共富成果。迭代完善风险闭环管控大平安机制，落实落细常态化疫情防控、安全生产、自然灾害极端天气避险应对等除险保安各项举措，确保政治安全、社会安定、人民安宁。大兴调查研究之风，围绕群众关注的问题、发展遇到的难题、社会出现的热点问题进行深入调研，认真谋划好明年工作思路，努力在贯彻落实党的二十大精神上开好头、起好步。

3. 把学习宣传贯彻党的二十大精神转化为加强党组织和党员干部自身建设的强大动力。深入理解和把握习近平新时代中国特色社会主义思想的科学体系、精神实质、实践要求，不断谱写马克思主义中国化时代化新篇章，更加自觉地为实现党的历史使命而不懈奋斗。全面落实省委加强政治建设“七大机制”，迭代升级以“七张问题清单”为牵引的党建统领工作机制，举一反三、不折不扣做好省委巡视反馈问题整改。严格执行民主集中制，严肃党内政治生活，坚决拥护“两个确立”、坚决做到“两个维护”。全面推进“全域五星、全县示范”行动，健全“以事察人、人事贯通”用人机制，推动干部队伍、干部工作系统性重塑，打造共富党建联盟服务矩阵，锻造高素质专业化的云和铁军。坚持“两个责任”同向发力，以“全周期管理”一体推进“三不腐”，不断健全“四责协同”机制，持续深化“紧起来、快起来、跑起来”作风建设年活动，持之以恒纠“四风”树新风，不断巩固发展风清气正的良好政治生态。

各单位要及时将学习宣传贯彻党的二十大精神的有关情况报告县委。

中共云和县委

2022年11月4日

中共云和县委办公室　云和县人民政府办公室关于印发《云和高质量发展建设共同富裕示范区产城融合样板行动方案（2021—2025年）》的通知

云委办发〔2022〕10号

各乡镇党委、街道党工委，各乡镇人民政府、街道办事处，县直属各单位：

《云和高质量发展建设共同富裕示范区产城融合样板行动方案（2021—2025年）》已经县委、县政府同意，现印发给你们，请结合实际认真贯彻执行。

中共云和县委办公室

云和县人民政府办公室

2022年3月13日

云和高质量发展建设共同富裕示范区产城融合样板行动方案（2021—2025年）

为贯彻落实《中共中央国务院关于支持浙江高质量发展建设共同富裕示范区的意见》（中发〔2021〕24号）及省委十四届十次全会、市第五次党代会、县第十五次党代会精神，以满足人民群众日益增长的美好生活需要为根本目的，以改革创新为动力，以解决好地区差距、城乡差距、收入差距三大差距问题为主攻方向，坚持"以城聚产、以产兴城、产城融合"，推动人口集中、产业集聚向产城深度融合迈进，为我省高质量发展建设共同富裕示范区提供产城融合云和样板，特制定以下五年行动方案。

一、目标要求

以"美城""强产""富民"为产城融合共同富裕的着力点、突破点和关键点，挖掘结构性潜能，加快质量变革、效率变革、动力变革，加快跨越式高质量发展。到2025年，解决发展不平衡不充分问题取得明显实质性进展，具有鲜明山区产城融合特点的共同富裕体制机制基本成型，城更美、产更强、人更富，成为全省共同富裕示范区产城融合样板。

——努力形成共同富裕山水童话县城"云和示范"。按照"老云和、新童话、真山水"规划理念，全面融入山水底色、童话特色，打造宜居宜业宜游的山水童话县城。全面提升县城人口承载能力和产业集聚能力，常住人口城镇化率达77%，工业园区面积达8.9平方公里，新增规上工业企业35家以上。深化产城融合水平，实现10分钟就业圈、服务圈县城全覆盖。地表水达到或优于II类水体比例达80%以上，森林覆盖率继续保持81.5%以上，PM2.5平均浓度控制在23微克/立方米以下，生态环境质量保持全国领先。

——努力形成共同富裕生态经济转化“云和样板”。贯彻“生态经济化、经济生态化”发展方针，以超常规力度推进“双招双引”，产业转型升级取得明显突破，形成云和特色的现代化生态经济体系。GDP年均增长8.5%，人均GDP达到10万元，一般公共预算收入年均增长15%，工业总产值突破400亿元，年均增长15%，旅游战略支柱产业地位不断提升，旅游总收入突破70亿元，年均增长10%。

——努力形成共同富裕扩中提低增收“云和经验”。围绕“扩中”“提低”，推动更高质量就业创业，建立健全中等收入群体倍增政策体系和基本公共服务体系，健全解决相对贫困的体制机制。居民人均可支配收入达到5.7万元，劳动报酬占GDP比重超过50%，居民人均可支配收入与人均生产总值之比持续提高。中等收入群体规模不断扩大、结构持续优化、生活品质不断提升，家庭年可支配收入10万—50万元的中等收入群体比例达到70%，城乡居民收入倍差缩小到1.95以内。低收入农户人均可支配收入年均增长12%，增收能力、生活品质和社会福利水平明显提升。

二、主要任务

（一）以“美城”来彰显山水田园生态童话

1.优化城乡协调发展空间格局。推动“一城一湖一梯田”空间格局向“一核两廊”迭代升级，推进“核与廊”“廊与廊”之间的交通连接、设施连接、生态连接和文化连接。聚焦中心城区主平台，以未来社区、特色小镇、特色产业平台等重大项目建设为抓手，加快提升城市能级，强化产城融合要素支撑。突出规划引领作用，高质量编制国土空间总体规划，科学修编以产城融合为导向的城市规划，合理确定国土空间资源需求和产业发展、公共服务、基础设施等布局，推动产与城、人与城、乡与城和谐共处，加快形成宜居宜业宜游的县域发展新格局。按照“美丽县城、美丽城镇、美丽乡村”三级开发方向，优化“1571”城镇村三级体系，不断提升城镇化质量，进一步集聚优化城乡空间。加快下山转移农民市民化进程，开展下山转移农民幸福社区建设，推进大坪未来社区二期等项目改造提升。

2. 深入推进城市品质提升行动。大力开展城市更新行动，增强城市韧性，确保城市更健康更安全更宜居更绿色。完善生活功能，持续推进老旧小区、老旧街区和城中村改造，力争到2025年改造老旧小区10个以上。补齐公共设施短板，加快完善水、电、气、路、通信、停车、生活垃圾资源化处置利用、城市公厕和养老、托育、便民市场等配套服务设施，到2025年，城镇生活污水处理率达98%；形成“七纵六横”道路网，建成城市主干道25.8公里、次干道42公里、支路22公里；建成县实验小学、云和三中等地下停车场。完善生态功能，保护修复绿地绿廊绿道，依托“八山八水”构建蓝绿交织的生态网络格局，到2025年，建成区绿地率达41.5%，新增绿道150公里，创成国家园林县城。完善人文功能，加强文化融合，融合木玩文化、抗战文化、民国文化等特色文化，打造特色街景，积淀文化元素魅力；推动采真里街区特色街区高端化、业态多元化，形成新兴文旅消费集聚中心。完善安全功能，加大防灾减灾工程建设力度，推动灾害防御能力显著增强，城市内涝治理明显见效；推进城市治理，建设智慧市政管理信息系统，推进城市管理综合体系的智能融合。

3. 加快推进小徐未来社区建设。围绕“三化九场景”，紧扣“产城融合、数字引领、山水家园、童话世界”特色主题，构筑独具舒适感、归属感和未来感的新型城市功能区，塑造县城形象新名片。将小徐未来社区打造成共同富裕现代化基本单元，2022年开工建设，2024年完成竣工验收。

4. 加快推进木玩童话小镇创建。聚力打造集研发设计、技术创新、创业孵化、科技服务、人才培训、公共服务、技术转化等功能于一体的木制玩具产业创新服务综合体，加快推进木制玩具创业孵化基地、智创空间、幼教创意园等高能级双创平台建设，形成推动产业高质量发展的核心引擎。加快木玩产业与文旅产业融合发展，谋划建设世界童话主题公园，力争2023年木玩童话小镇通过省级命名。

5. 加快推进老木制玩具城区块改造提升。打好新一轮制造业“腾笼换鸟、凤凰涅槃”攻坚战，推进老木制玩具城区块“退二优二”“退二进三”，打造一批专业化、特色化微工业园区，重点承载龙头企业产能回归、成长型企业扩张、产业强链补链的专精特新产业项目以及科创产业化项目，全面提升产业基础能力和产业链韧性。科学编制详细规划、改造提升实施方案，制定低效土地、老旧厂房改造提升方案。科学设置多种改造模式，广泛吸引各方社会力量参与。力争2023年完成60个以上老旧厂区改造提升项目，新建或改扩建标准厂房及配套设施10万平方米以上，整合60家以上以新企业为重点的中小企业入园。2025年全面铺开“退二优二”改造提升工作。

6. 加快推进生态产品价值实现示范区建设。编制《云和县生态产品价值实现示范区建设项目规划设计方案》，结合未来高铁站建设，谋划赤龙工业及高铁商务核心区、三门—高胥—沙溪特色产业区。重点推进赤龙区块建设，到2025年，新增工业用地1700亩以上，完成投资30亿元。大力发展木制玩具产业，进一步谋划文化创意产业园、高新技术产业区，打造成产城融合的标杆性项目。

（二）以“强产”来激发共同富裕澎湃动力

7. 实施生态工业倍增计划。加强木玩品牌建设与推广，推动“木玩+幼教”“木玩+旅游”“木玩+文化”等融合发展，推动云和从“全球木玩生产加工基地”向“全球木玩创制中心”跨越、从“中国木制玩具城”向“国际木制玩具名城”跨越。引导钢压延、轴承、阀门向高端精密制造转型升级，着力引进杭钢金属加工园，力争到2025年，木玩产业产值突破160亿元，钢压延产值突破180亿元，轴承、阀门产值均达15亿元。打好“小升规”“雏鹰行动”“凤凰行动”“放水养鱼”等组合拳，全力培育“链主型”企业、“隐形冠军”“单项冠军”“头部企业”等。谋划建设农产品加工园区，促进云和雪梨、茶叶、食用菌、黑木耳、深山野蜜、高山蔬菜等特色优势农产品生产、加工、销售、服务融合发展，完善冷链物流基础设施和信息系统，加强食品安全全链条追溯监管。

8. 实施生态服务业跨越计划。深入实施消费新政，培育夜间经济、节庆经济、银发经济、体验经济，促进消费扩容提质，重点打造城北山水江泰广场及采真里、木玩智创空间、“城市心肺”等商业服务中心。加快创建AAAAA级景区城，培育壮大生态旅游第一战略性支柱产业，力争到2025年旅游总收入突破70亿元。加快文化产业高质量发展，着力打造木玩文化产业园、云和梯田数字诗路E站等文化产业重点项目和文化产业示范基地，办好中国木制玩具节、云和梯田开犁节等节庆活动，力争到2025年文化产业总产出突破100亿元。大力发展数字贸易，大力发展线上经济、直播经济，谋划实施电商产业园项目，建成云和木玩产业跨境电商集聚区，到2025年，累计实现网络零售总额230亿元以上。

9. 深入谋划发展新经济。大力发展绿色金融，迭代升级绿色金融产品，创成“绿水青山就是金山银山”实践创新基地，力争到2025年GEP的GDP实现率达到25%。积极谋划水经济，依托紧水滩引调水工程，实施城市“心肺工程”，构建以水养城、以水美城、以水润城、以水活城的城湖一体的特色风貌。加快发展面向中高端市场的饮用水，重点开发生产富含硒和氢氧离子等元素的饮用天然矿泉水、饮用天然泉水和饮用天然水等，打造精品水工程项目。深入推进面向美容和医疗等特殊领域、母婴等特殊群体消费用水的研发生产，加大相关领域项目招引力度。

（三）以“富民”实现共同富裕奋斗目标

10. 推动更高质量就业创业。推动产业政策与就业政策协同联动，充分发挥工业园区等平台作用，吸纳更多外来人口、转移人口实现就业。积极落实各类就业创业政策，完成每年新增城镇就业1000人，城镇登记失业率控制在3.5%以下。做好就业困难人员等重点群体就业帮扶工作，推动拓宽高校毕业生就业渠道，鼓励引导高校毕业生到乡镇（街道）及村（社区）工作。扩大公益性岗位规模和安置对象范围，支持企业开发爱心岗位，加强就业困难人员培训、托底安置和帮扶，确保零就业家庭动态清零。健全完善农民培训体系，建设农民就业培训综合体，每年培训农民10000人次。充分发挥"云和师傅"传帮带作用，打造"云和师傅"创富示范园。健全面向劳动者的终身职业技能培训制度，大力开展职业技能培训，推动低收入农户人均可支配收入年均增长12%以上，增收能力、生活品质明显提升。

11. 建立健全中等收入群体倍增政策体系。健全扶持中等收入群体后备军发展的政策体系，加大人力资本投入，激发技能人才、科研人员、小微创业者、高素质农民等重点群体增收潜力，稳步提高工资标准，让更多普通劳动者通过自身努力进入中等收入群体，不断加大支持创业创新创造政策力度，以更大力度吸引各类人才、高校毕业生来云就业创业。规范事业单位人事管理，稳妥实施事业单位管理岗位职员等级晋升制度改革。实施"云和安薪"工程，推进"云和无欠薪"行动，保障劳动者合法收入权益。

12. 建立健全基本公共服务体系。推进教育提质发展，深化集团化办学和新时代城乡教育共同体建设，创成全国义务教育优质均衡发展县，到2025年，高等教育毛入学率达到70%以上，儿童平均预期受教育年限达15.5年。加快健康云和建设，构建全方位全周期的健康体系，巩固提升省级健康促进县、国家卫生县城建设成果，到2025年，人均预期寿命达81.5岁。构建山区特色养老服务体系，大力发展养老新业态、新模式。优化城乡公共文化资源布局，加强公共文化产品和服务供给，实施文化设施补短工程，到2025年，每万人拥有公共文化设施面积达9000平方米以上。健全社会保障体系，积极实施参保扩面计划，加快实现应保尽保和法定人员全覆盖。完善城乡居民基本养老保险政策，加大缴费补贴力度，稳步提高城乡居保待遇水平。发挥慈善第三次收入分配作用，助力共同富裕。加强住房保障，健全人才住房支持政策，加大租赁补贴力度，完善公租房管理办法，逐步扩大保障性住房覆盖面，基本形成以公共租赁住房保障为主体、其他保障形式为补充的城镇住房保障体系，基本满足当地城镇人均可支配收入线以下住房困难家庭、新就业无房职工和符合条件的外来务工人员基本住房需求。到2025年，城镇住房保障受益覆盖率达20%。

三、重点举措

13. 大力实施数字化改革提效工程。以数字赋能推动政策集成化、精准化，探索构建数字化时代有利于共同富裕的新规则新政策新机制。加快迭代形成"1612"数字化改革体系架构，建强一体化智能化公共数据平台，全面推进六大系统建设，开发富有云和特色的多跨协同场景应用，加快建设基层治理大脑，推进数字化改革在基层全面贯通落地，推进数字化改革、全面深化改革、共同富裕示范区建设三者一体融合，全面构建县域整体智治大格局。开展云和公共文化数字化工程，统筹推进数字图书馆、公共电子阅览室、数字文化馆、文物数字化管理、智慧非遗等建设，不断完善公共文化服务数字化改革。推进教育数字化改革，构建"云和县教育数据应用管理中心"，推进"家校共育"等应用建设，推进教育服务提质增效。加快卫生健康数字化转型，加强数字化健康服务能力，优化医共体牵头医院信息集成平台，推进智慧医院、智慧医药、智慧康养服务示范中心建设。

14. 大力实施县城能级提升工程。加快南拓西进，增强人口、产业承载能力。更加突出县城在县域政治、经济、文化、商业等方面的核心地位，统筹布局现代物流、信息、能源、环卫等城市基础设施，以及5G

网络、工业互联网等新型基础设施。统筹提升资源配置和重大基础设施建设能力，实现全域教育、医疗、文化、体育、养老福利等资源的合理配置。推进城市管理综合体系的智能融合，建设智慧市政管理信息系统，大力提升城市精细化管理水平。

15. 大力实施“双招双引”提质工程。进一步完善柔性引才、用才机制，引进高端人才和科技领军人才50人以上、青年人才1万人以上，落地“绿谷精英”人才项目20个以上，在上海、北仑、嘉兴建成“人才科创飞地”。全力招引重大战略项目，实施重大招商项目领办制度，全力争取省级支持重大产业项目政策。推进数字经济、生命健康等产业差异互补招商，协同推动全产业链发展。引进培育优质外贸企业，培育新增出口主体，夯实外贸出口企业基础，推动外向型经济高质量发展。实施新一轮扩大有效投资行动，推进产业转型、交通设施、城乡统筹、生态环保、公共服务五大领域重大项目攻坚，力争实现固定资产投资年均增长15%以上。

16. 大力实施创新引领提速工程。加快推进科技创新，推进“科创绿谷”建设。以创新平台、创新主体、创新人才为核心，建设多元有效的科技体系。围绕主导产业，实施科技领域重点项目，创成木玩产业创新研究院、钢铁研究院、阀门研究院、轴承研究院。加快公共创新平台建设，为木玩企业提供“一站式”服务。引进科技型“高、精、尖、缺”人才，围绕产业开展技术攻关和产品研发，并将成果在云和转化。支持龙头企业联合建立技术创新平台，培育更多创新型领军企业。开展优化营商环境五年行动，深化商事制度改革，打造市场化法治化国际化的一流营商环境。

17. 大力实施开放合作提档工程。创新运用“问海借力”金钥匙，结合长三角一体化和全省“四大”建设，深度参与跨区域产业合作、价值链分工，积极融入长三角一体化发展大格局。努力打造山海协作升级版，深化与北仑区、吴兴区、嘉兴港区等地开展结对合作工作。主动融入“一带三区”发展格局，加强与市区相融，积极对接丽水市“瓯江中上游休闲养生新区”，推进云和与丽水市区瓯江风情带“景景相连”，加快环云和湖区域开发。推进与景宁相融，合力打造云景聚落发展区块。加强央地合作，与国家能源集团、中国铁建集团、杭钢集团等企业积极对接，争取合作项目，着力引进“链主型”企业。

18. 大力实施生态环境提优工程。全面融入诗画浙江大花园最美核心区建设，推动美丽生态、美丽经济、美好生活“三美融合”。以更高标准打好蓝天、碧水、净土保卫战。实施碳排放达峰行动，推动全面绿色转型取得明显成效，绿色产业发展水平、资源能源利用效率、清洁能源发展水平不断提升。着力打造生态产品价值实现机制示范样本，“绿水青山就是金山银山”转化通道进一步拓展。

19. 大力实施精神文明提振工程。深入挖掘浙西南革命精神丰富内涵和时代价值，全面解读研究云和发展历程和历史文化，推出一批有站位、有影响、有分量的研究成果，推动弘扬践行浙西南革命精神不断走深走实走心。以创建全国文明城市为统领，以文化城，进一步提炼“和”文化精神内涵。加快推进县城区块文化高地建设，重点推进狮山公园建设，力争将其打造成云和人民精神堡垒。推进公民道德建设，实施“云和封面”品牌提升行动，建立完善礼遇关爱机制，擦亮“最美云和人”名片。传承弘扬优秀传统文化，实施“文化基因解码工程”，完成农耕文化、木玩文化、抗战文化、红色文化等优质文化元素的解码和利用，挖掘畲族文化、银矿文化、移民文化等多元文化元素内涵，形成体现云和地域特色的文化基因密码，构建云和县文化基因库。

20. 大力实施基础设施水平提高工程。构建高效便捷现代交通网，开工建设温武吉铁路，加快推进丽云宁铁路前期，建成235国道云和段、210省道云和局村至大徐段、长深高速赤石互通改建等工程，加快融入全省“1小时交通圈”

和长三角"2小时交通圈"。构建安全美丽的水利设施网，完成浮云溪、安溪等流域综合治理，实施云和湖综合治理，完善全域防洪保安网，实施农村饮用水达标提标工程，完成制水厂和城市供水管网改造，提升城乡供水能力和供水安全保障。构建绿色清洁的能源设施网，有序实施整县光伏发电项目，深入推进省清洁能源示范县建设。构建现代化信息基础设施网，加快5G信息网络布局，全面推进三网融合和千兆城市建设。

21. 大力实施社会治理提标工程。健全党组织领导的"四治融合"城乡基层治理体系，推进"县乡一体、条抓块统"县域整体智治改革，迭代升级"一中心四平台一网格"，推动审批服务和执法力量下沉，提升乡镇（街道）管理社会和服务群众能力。加快建设法治云和，构建全覆盖的政府监管体系和全闭环的行政执法体系，探索推进"一支队伍管执法"和跨部门跨领域综合执法，实施行政执法类公务员分类管理制度。建设更高水平的平安云和，把保护人民生命财产安全摆在首位，完善"监测、预警、处置、反馈"风险闭环管控大平安机制，有效防范化解重大风险挑战。

四、保障措施

22. 坚持和加强党的全面领导。把党的领导贯穿推动高质量发展建设共同富裕示范区产城融合样板行动的全过程、各领域、各环节。落实全面从严治党主体责任、监督责任，确保中央和省委、市委重大决策部署有效落实。以正确用人导向引领干部干事创业，做好容错纠错工作，强化对敢担当善作为干部的激励保护。

23. 建立健全工作机制。成立社会建设委员会，建立健全清单化推进机制，制定重点任务清单、突破性抓手清单、重大改革清单，明确任务责任，实行闭环管理。各乡镇（街道）、各部门要坚决扛起使命担当，压实工作责任，完善工作机制，形成系统集成、精准施策、一抓到底的工作体系。

24. 突出规划引领作用。围绕规划方案确定的目标要求、主要任务和重点举措，突出重点区块和重要节点，科学分解规划目标任务，加强对规划实施情况的动态管理，强化规划实施的年度监测和评估，确保规划目标任务全面如期实现。

25. 强化政策制度创新。按照共同富裕示范区产城融合样板行动要求，推动各领域各方面政策制度系统性变革。聚焦重点领域，加强与国家、省、市有关部门对接，积极配合上级有关部门制定出台相关领域政策文件，全力争取在重大产业布局、重大项目安排、科技、土地、能耗、资金、人才等方面给予更多支持。积极争取国家级、省级重大改革试点，努力在新型城镇化发展、社会治理、生态产品价值实现等方面率先形成创新性、突破性制度成果。

26. 凝聚全社会共同奋斗共同富裕的强大力量。坚持群众主体，旗帜鲜明鼓励勤劳致富、率先致富，鼓励先富带后富、先富帮后富，激发实现共同富裕的内生动力。充分发挥人大、政协以及各民主党派、工商联、无党派人士的积极作用，强化工会、共青团、妇联等人民团体动员联系服务群众功能，激发全体人民促进共同富裕的积极性主动性创造性，让人人都成为共同富裕的直接参与者、积极贡献者、共同受益者，依靠全体人民共同奋斗，奋力迈向共同富裕美好社会。

云和县高质量发展建设共同富裕示范区产城融合样板重大项目表

表1

序号	项目名称		项目类别	主要建设内容和规模	总投资（亿元）	建设起止年限	“十四五”规划		责任单位
							完成投资（亿元）	形象进度	
“美城”					164.36		103.28		
1	城市有机更新	城市有机更新	实施类	农技站、大庆寺、下前溪、南门东、白水区块等棚户区改造，青阳花苑南侧地块、象山原新云厂、处州汽校等地块房地产开发	55.00	2019—2025	45	完工	县住建局
		小徐未来社区	实施类	规划单元73公顷，实施单元30公顷，建筑面积约40万平方米，打造“三化九场景”的宜居、宜业、宜旅家园，构筑未来社区舒适感、归属感和未来感的新型城市功能区	35.00	2022—2025	35	完工	
		城中村改造	实施类	睦田、古竹、瓦窑等城中村改造	5.00	2020—	2	部分完成	
		老旧小区综合改造	实施类	2005年底前建成的城镇老旧小区改造	1.00	2019—2025	1	完成	
2	城市道路工程		实施类	祥云街东西延伸段（大坪路至仙宫大道、新建路至城西路）、城东南路（复兴路至城南九年一贯制学校）、龙母路（城南路至复兴路、复兴路至祥云街）、狮山路、公园路（云杨路至梨园路）、云雾路（城南路至高铁站）、解放西路（城西路老解放街）道路、温武高铁云和站前路（大坪路至创新大道）、新建南路延伸、城南社区卫生服务中心北侧道路二期、南山路、翠屏街、白龙山路等	6.00	2020—	5	祥云街东西延伸段、大坪路、南山路、龙母路、南山路、公园路、狮山路等道路完工，高铁站前路、云雾路等视铁路进展启动建设	县住建局
3	城市危桥改造		实施类	狮山路2号桥等危桥拆改建，C级以下桥梁整治	0.30	2020—2025	0.25	完成	县住建局
4	城市空间利用和改造		实施类	体育场路公共停车场（实验小学地下空间）车位134个及运动场修复；县府大院立体车库，50个车位；市场监管局立体车库，62个车位；三中地下空间等其他闲置空间建设立体、临时等停车场	1.80	2020—2025	1.78	完工	县住建局
5	城市街景风貌改造		实施类	道路街景改造、桥梁改造、管线改造等；基础设施维护、零星修理；城市亮化；城市特色标识综合工程、城市小品雕塑，交通指示，旅游导向，城市广告等城市特色工程等	1.50	2020—2025	1.5	完工	县住建局
6	国家园林城市创建		实施类	对凤凰山公园进行改造提升，建设全民健身公园；木玩主题公园等整治提升，满足市民休闲需求；利用街头、城市闲置地、小区绿地建设以“老云和”、“新童话”为主题的微景观公园（口袋公园）；环浮云溪等城市绿道建设；城市道路绿化建设、改造提升	2.00	2018—2025	1.5	完工	县住建局

续表1

序号	项目名称	项目类别	主要建设内容和规模	总投资（亿元）	建设起止年限	“十四五”规划		责任单位
						完成投资（亿元）	形象进度	
7	城市供水能力提升工程	实施类	1. 雾溪制水厂改造提升：原有2万吨/日制水厂进行提升改造，包括构筑物及设备更新改造 2. 城市供水管网改造及延伸：城区8个区块供水管网的提升改造以及15个城郊村的供水管网延伸接入，共铺设供水管道约99千米，新建无负压设备泵房9座，惠及人口4.14万人	0.80	2020—2023	0.7	完工	县水投公司
8	城市污水处理厂清洁排放技术改造及城区污水零直排工程	实施类	污水处理厂清洁排放生产技术改造工程，城市道路、生活小区、城郊村、城中村雨污分流、污水截污纳管及污水“零直排”建设	4.67	2019—2022	3.5	完工	县住建局
9	生活垃圾资源化处置利用项目	实施类	总用地面积约18.99亩，主要建设200吨/天垃圾分选+200吨/天垃圾压缩中转处置中心；另配置清运能力为20吨/天餐厨垃圾直运体系，并对37个垃圾中转站进行提升改造和收运体系整合	0.93	2021—2022	0.93	完工	县住建局
10	城市污水处理厂扩容（第二污水处理厂）	实施类	新增污水处理能力20000立方米/天（规模暂定）	1.40	2023—2025	1.40	完工	县住建局
11	城市天然气利用工程	实施类	新建LNG气化站1座、天然气门站1座，敷设市政燃气管道约45千米	0.78	2014—2025	0.14	完工	县住建局
12	工业园区路网连通工程	实施类	对现有园区断头路进行连通，包括新建和信路往北延伸至解放西街道路，道路长400米，跨浮云溪新建桥梁1座；新建解放西街和新华街往西延伸至城南西路的道路工程，长300米，跨黄溪河道新建桥梁一座；守信路往北延伸至53省道，长130米；城西路向南跨丽龙高速联通杨柳河路；兴昌路往西延伸约400米，宽16米	0.60	2023—2027	0.3	部分完成	云和工业园区
13	公交车总站（公交首末站）	实施类	建设公交车总站和首末站3处，占地1万平方米	0.30	2024—2026	0.15	部分完成	县交投公司
14	云和县浮云溪流域综合治理工程（城区段提升改造）	实施类	治理河长3.1千米，改造护岸6千米，河槽修复12万平方米	0.52	2022—2023	0.52	完工	县水利局
15	安溪流域综合治理工程（一期）	实施类	治理河长10.7千米，建设内容包括堤防护岸、防汛通道等	0.49	2021—2023	0.49	完工	县水利局
16	县委党校迁建工程（红绿融合培训基地）	实施类	用地16898平方米，建设综合楼、教学楼、报告厅、宿舍、风雨球场等，总建筑面积约13172平方米	0.67	2020—2022	0.67	完工	县委党校

续表1

序号	项目名称		项目类别	主要建设内容和规模	总投资（亿元）	建设起止年限	“十四五”规划		责任单位
							完成投资（亿元）	形象进度	
17	广播转播台迁建		实施类	用地面积约9.25万平方米，其中建设用地约0.78万平方米。主要建设内容包括场区（技术业务用房、附属用房建筑面积约2200平方米）、地网及附属设施、广播发射工艺系统、连接道路等	0.90	2022—2024	0.9	完工	县水投公司
18	城市数字化基础设施	数字孪生建设	谋划类	建设市县公共数据中心、数据中台、政务云中心、专题库、主题库，县域三维数字地图、大屏，驾驶舱等，整合数据资源，支撑多跨场景应用，形成数字孪生体系建设，实现物理世界和数字世界的双向实时交互	0.50	—	—	—	县大数据中心
		智慧市政	实施类	路灯、污水、供水、桥梁等智能信息平台搭建	0.20	2021—2025	0.2	完成	县住建局
		智慧园区	实施类	主要建设各类智慧基础设施及应用，包括大数据平台、园区公共管理平台系统、应急联动平台、智慧管廊综合管理平台、视频监控系统、企业生产智能化管理平台、智慧照明系统、能源环境监测平台等。覆盖范围近期为3.5平方千米，远期扩展至12平方千米	0.50	2021—2035	0.25	完成现有园区的智慧基础设施建设	云和工业园区
		智慧医疗	实施类	包括应用及数据交换系统、应用交互系统、平台应用门户、病人主索引系统（EMPI）、主数据管理、数据整合系统、闭环监测系统、病人临床集成视图、运营管理智能分析系统、移动BI、口袋病历、临床决策支持系统（CDSS）、科研数据中心及科研平台、服务器、交换机、存储等硬件设备、接口改造等	0.10	2022—2023	0.1	完成	县卫健局
19	综合交通信息（抢险）中心		谋划类	总用地面积约9200平方米，总建筑面积约12000平方米	0.60	—	—	—	县交通运输局
20	综合交通枢纽		谋划类	在规划火车站建集客运、公交、物流等综合交通站场	2.00	—	—	—	县交通运输局
21	云和县城过境公路		谋划类	拟在县城按一级公路标准规划一条全长约15千米，其中隧道约4780米/5座，桥梁约1770米/6座的过境公路。建安费约16亿元	25.00	—	—	—	县交通运输局
22	城市备用水厂		谋划类	依托紧水滩引调水水源，建设10万吨/天备用水厂	1.80	—	—	—	县水投公司
23	木制玩具城更新（中山西路以北地块开发）		谋划类	用地195亩，位于中山西路以北地块开发原陶瓷厂、砖瓦厂、西郊区块，可开发为商业综合体、医疗教育基地、园区总部中心、文化创意产业基地、现代数字化工厂。建筑面积估算20万平方米	14.00	—	—	—	云和工业园区

续表1

序号	项目名称		项目类别	主要建设内容和规模	总投资（亿元）	建设起止年限	“十四五”规划		责任单位
							完成投资（亿元）	形象进度	
“强产”					283.75		99.35		
24	云和县生态产品价值实现示范区建设项目（云景生态产业园）		实施类	用地约11000亩。该区域着重发展童话木玩、现代农旅、现代装备制造、商贸仓储物流、未来社区等多种业态共存的融合发展的示范区	90.00	2022—2035	10	一期赤龙区块矿地开发及基础设施建设	云和工业园区
25	老木制玩具城区块“退二优二”改造		实施类	规划用地618亩，涉及企业201家，总建筑面积约50万平方米	30.00	2022—2030	5	完成部分区块改造	云和工业园区
26	工业园区基础设施建设及提升		实施类	健身广场、公园绿地、路网连通、污水零直排改造等	1.50	2021—2025	1.5	完成	云和工业园区
27	丽水华宏钢铁制品有限公司优特钢生产项目		实施类	新增用地共约700亩，包括新建盘螺、双高棒生产线各1条（四轧、五轧）；对二轧、三轧进行技术改造；与杭钢合作，在购买230万吨产能指标的前提下，新增120t电弧炉生产线1套及配套的精炼、连铸和空分设备	60.00	2021—	30	部分完成	云和工业园区
28	木玩产业提升	木玩企业技改项目	实施类	项目投入10亿元，全力推进全县木玩企业转型升级、技术创新、机器换人、“零地技改”等。推进智能化技术改造，全县共新增工业机器人150余台，新增建筑面积15万余平方米	10.00	2021—2030	5	部分企业完成技改	县经商局
		木制玩具创业孵化基地建设项目	实施类	总用地面积192亩，主体功能包括小微企业园、原辅料市场等；建筑总面积约30万平方米	10.00	2020—2023	8.5	完工	云和工业园区
		木玩智创空间	实施类	规划用地面积240.3亩，拟打造木玩研发、销售、创意、商务接洽的集聚地；打造智慧化、人性化、多功能复合的AAAAA级景区旅游集散中心	10.90	2019—2025	7	完工	县城投公司
		木玩产业创新服务综合体	实施类	总用地面积约118亩，主要建设木玩产业综合服务中心、人才公寓、幼教创意园等	7.00	2019—2025	5	完工	县城投公司
29	商品混凝土项目		实施类	用地30亩，建设预拌混凝土生产线	1.00	2023—2025	1	完工	县经商局
30	木玩童话小镇	小镇地标建筑	实施类	用地约4.56公顷，主要功能城市和小镇规划展示馆、木玩展示综合馆、木玩博物馆、室内玩具体验区、玩具展销区，其他功能有木制玩具论坛、演艺、影视、会议、餐饮、酒店等，建设地方标志性建筑	4.20	2021—2023	4.2	完工投用	县城投公司

续表1

序号	项目名称		项目类别	主要建设内容和规模	总投资（亿元）	建设起止年限	“十四五”规划		责任单位
							完成投资（亿元）	形象进度	
30	木玩童话小镇	小镇配套（仙境丛林和小镇阳台）	实施类	建筑面积约10850平方米，道路广场铺装208464平方米，绿化面积29327平方米，湿地工程6300平方米，主要建设内容为园林花卉植物种植、道路广场铺装、空中栈道建设、音乐喷泉设置、景观灯光布设、配套商业建筑及公厕等。景观设施和灯光，以及广场给排水等	1.15	2022—2024	1.15	完工投用	县城投公司
30	木玩童话小镇	世界童话主题公园	谋划类	规划用地800余亩，建设木玩动漫影视基地、世界童话故事园、童话度假酒店、商业综合体等	10.00	—	—	—	童话小镇指挥部办公室
31	城市心肺（湿地生态整合利用）工程		实施类	用地面积约510亩，建设内容包括结合河道蓄滞洪区建设湿地景观公园及配套公共服务设施（水域约213亩），新建康养中心、产业创新基地、商服用房等约30万平方米	18.00	2022—2028	10	完成湿地公园建设，启动康养区块建设	县水投公司
32	童话云和大花园综合配套公共服务中心		实施类	总用地面积约17968平方米，建筑面积约80468平方米，主要为出租给国有企业、施工企业、设计公司、咨询公司、监理公司、测量单位及其他企业办公等	4.00	2021—2024	4	完工	县水投公司
33	智慧交通物流汽车服务综合体		实施类	用地面积134亩，主要包括汽车展销区、技能培训区、汽车检测区、城市配套区（公交首末站、小型停车场等）、智慧物流区、办公管理及配套服务区等	4.00	2022—2026	2	部分完工	县交投公司
34	狮山景区项目		谋划类	规划范围约420亩，其中已到位建设用地24亩，项目规划建设佛教文化区、休养配套区、公共服务区、高端养生区等内容	5.00	2021—2025	5	招商进行中	县文广旅体局
35	建筑业总部大楼		谋划类	占地约30亩，拟引进外地企业与云和本地企业投资建设云和建筑业总部大楼，专项用于企业办公建筑设计、研发、商务、仓储、人才公寓用房等	2.00	—	—	—	县住建局
36	汽车拆解项目		谋划类	规划用地100亩，建设一个汽车拆解项目，与华宏钢铁厂原有相关设备进行配套使用，实现资源综合利用与回收	3.00	—	—	—	县经商局
37	电商产业园		谋划类	用地面积约60亩，入驻电商企业100余家，建设集电商创客及企业的产品展示区、电商交易区、电商物流、仓储配套等设施于一体的电商产业园	3.00	—	—	—	县经商局

续表1

序号	项目名称	项目类别	主要建设内容和规模	总投资（亿元）	建设起止年限	“十四五”规划		责任单位
						完成投资（亿元）	形象进度	
38	水资源利用加工园	谋划类	依托紧水滩引调水工程，利用引调的紧水滩库区优质水资源，划定区块建设饮料、酒水等生产基地	2.00	—	—	—	县发改局
39	老木制玩具城区块“退二优二”过渡厂房	谋划类	用地面积约110亩，建筑面积20万平方米	5.00	—	—	—	云和工业园区
40	城南商业综合体	谋划类	规划用地25亩，建筑面积10000余平方米，构建集购物、娱乐于一体的商业综合体	2.00	—	—	—	白龙山街道
“富民”				51.29		28		
41	采真里AAAA级景区创建（新华街历史文化街区）	实施类	位于县城新华街及两侧区块，主要包括石门桥区块、历史文化街服务中心、老农械厂、老体委等主要区块节点改造，配套基础设施提升，文化场馆建设，国有资产改造，业态培育等	2.00	2020—2025	1.8	完工	县住建局
42	南铂湾安置小区	实施类	用地约140亩，总建筑面积约14.2万平方米，可安置户数约1000户（含有土安置约214户）	6.60	2022—2025	6.6	完工	县城投公司
43	大搬快聚富民安居工程安置小区项目	实施类	在白龙山街道大坪及岗头、元和街道、石塘镇规划建设4个安置小区，总用地面积约127102平方米，建设安置房1257套，安置群众约6430人，总建筑面积约28万平方米	7.70	2020—2023	6.2	完工	县农业农村局
44	现代装备制造产业园	谋划类	位于沙溪区块，拟用地137亩，引进环保用排污泵、高温高压、特种衬料、耐腐蚀、低温、节能等特种阀门生产项目，高档五金制造项目，高精度、专用化、智能化机械制造项目，汽车、摩托车、工程机械等关键零部件生产项目	2.80	2022—2024	2.8	完工	云和工业园区
45	入园企业建设项目	实施类	新云木业集团有限公司60万套厨房家具玩具生产线建设项目等“十三五”期间入园实施类企业项目	5.70	2018—2022	3.3	完工	县经商局
46	整县分布式光伏发电项目	实施类	拟建设装机100兆瓦屋顶光伏发电项目	4.00	2021—2025	4	完成	县发改局
47	医养结合的社区老年公寓	谋划类	用地30余亩，建设老年公寓、护理中心等5.6万平方米	2.00	2025—2030	2	开工	县民政局
48	实验小学分校	实施类	总用地面积25726平方米，总建筑面积27930平方米（其中，地上建筑面积24372平方米，地下建筑面积3558平方米）。项目建成后形成36个教学班（1620人）规模	1.68	2021—2022	1.6	完工投用	县教育局

续表1

序号	项目名称	项目类别	主要建设内容和规模	总投资（亿元）	建设起止年限	“十四五”规划		责任单位
						完成投资（亿元）	形象进度	
49	云和县第四中学	实施类	规划总用地面积约5.59万平方米（约83.8亩），总建筑面积约5.2504万平方米。按照省Ⅰ类标准建设，设置42个教学班规模，其中初中24个班级，高中18个班级	2.70	2023—2025	2.7	完工并投入使用	县教育局
50	中等职业技术学校产教融合中心二期、三期工程	实施类	1. 二期：新建木玩产教融合大楼，建筑面积14000平方米。新建汽修产教融合大楼，建筑面积4500平方米。 2.三期：新建产教融合中心综合楼，建筑面积5000平方米；新建男女学生公寓、人才公寓，建筑面积11000平方米	3.00	2023—2027	1.52	完成二期工程	县教育局
51	大坪小区幼儿园	实施类	用地面积10195平方米，建设12个班级幼儿园教学用房及配套设施，地上建筑面积6273平方米，地下建筑面积2367平方米	0.66	2020—2022	0.5	完工投用	县农业农村局
52	中小学校舍提升工程 云和三中学生宿舍及功能教室改建工程	实施类	地上建筑面积2896平方米，地下建筑面积590平方米。一层功能教室，二至五层宿舍	0.14	2021—2022	0.106	完工投用	县教育局
	江滨实验小学功能教室新建工程	实施类	建筑面积2168平方米，建筑层数四层，一层为图书室、阅览室，二、三层为四个美术教室和两个教师办公室，四层为多功能报告厅	0.10	2021—2022	0.1	完工投用	县教育局
	第二中学校舍改造提升工程	实施类	1.新建综合教学楼：总建筑面积约2500平方米，包括专用教室、多功能教室；2.立面改造：建筑外墙约19000平方米装饰改造提升，空调机位改造等；3.宿舍改造：改造110间学生宿舍，容纳学生550人，建筑面积约3000平方米	0.21	2023—2025	0.21	完工投用	县教育局
	城西小学风雨球场工程项目	实施类	新建风雨球场，建筑面积约4692平方米；在风雨球场、教学楼、食宿楼间设置天桥，面积约100平方米；球场、道路、绿地等改造修复	0.34	2023—2025	0.34	完工投用	县教育局
	实验小学改扩建工程	实施类	1.一期：拆除校园北面建于90年代的庆同楼与二座文化楼等三栋砖混房屋，新建教学楼及配套设施，建筑面积约7160平方米 2.二期：征收原食品厂民房等，建设实验楼、综合楼及配套，拟建建筑面积共计8180平方米	1.35	2022—2027	0.51	一期完工投用	县教育局
	江滨实验小学改扩建工程	实施类	计划新征用地约5000平方米，新建食堂建筑面积约3250平方米，拆除重建1栋教学楼约3500平方米，新建门卫连廊建筑面积约700平方米，新建篮球场1个，排球场2个，以及其他室外附属工程	0.55	2023—2025	0.55	完工投用	县教育局

续表1

序号	项目名称		项目类别	主要建设内容和规模	总投资（亿元）	建设起止年限	“十四五”规划		责任单位
							完成投资(亿元)	形象进度	
53	人民医院提升	病房扩建工程	实施类	总用地面积9984万平方米，主要建设一幢病房楼、供氧机房以及室外配套设施，总建筑面积7938万平方（地上建筑面积6265万平方米，地下建筑面积1673万平方米）	0.53	2020—2022	0.48	完工投用	县卫健局
		公共卫生应急保障楼	实施类	占地面积780万平方米，总建筑面积4900万平方米，包括车库、公共卫生应急会诊中心、应急物资储备中心及公共卫生管理中心、应急医务人员值班宿舍	0.20	2021—2022	0.196	完工投用	县卫健局
54	中医医院迁建工程		实施类	按二级甲等标准建设，总用地面积约22387万平方米，地上建筑面积约22500万平方米，地下建筑面积约710万平方米，设计床位250张	2.00	2020—2023	1.9	完工投用	县卫健局
55	城北社区卫生服务中心		实施类	总用地面积约4035万平方米，总建筑面积约3841万平方米	0.30	2020—2022	0.301	完工投用	县卫健局
56	童话云和大花园绿道网建设及提升		实施类	现有绿道的改造提升、大中修；部分绿道连接线以及绿道配套的驿站、公厕等配套设施建设	0.50	2021—2023	0.3	完工	县住建局、县水利局、县交通运输局、县发改局
57	残疾人托养及康复中心		实施类	托养中心用地面积3722万平方米，建筑面积4870万平方米，设置托养床位90张；康复中心用地面积3963万平方米，建筑面积4843万平方米，设康复床位70张	0.54	2020—2021	0.25	完工投用	县残联
58	流浪乞讨救助站		实施类	用地面积1500万平方米，建筑面积1000万平方米	0.10	2023—2025	0.1	完工投用	县民政局
59	公安局执法“三个中心”技术用房工程		实施类	总用地面积4200万平方米、建筑面积7150万平方米	0.37	2021—2023	0.37	完工投用	县公安局
60	2029工程二期		实施类	新建坑道式人防工程，总建筑面积2955万平方米	0.52	2019—2021	0.15	完工投用	县住建局
61	消防大队迁建工程		实施类	总建筑面积8914万平方米	0.57	2018—2021	0.28	完工投用	县消防救援大队
62	工业园区公共服务中心		实施类	占地约3329万平方米，主要建设园区企业服务中心、招商、社会事务等服务中心、智慧管理中心大楼以及配套地下车库、绿化等	0.48	2020—2021	0.37	完成建设	云和工业园区
63	采真里文创园综合体		谋划类	总用地30亩，总建筑面积2.5万平方米、地下车库面积8806平方米，为现农械厂区块，计划保留部分建筑，新建商住用房，整个区块建成后打造为商业住房综合体	2.80	—	—	—	县城投公司
64	三门田（果）园综合体		谋划类	以三门精品山地水果产业带为载体，综合山地精品水果生产、果酒加工、山地民宿、采摘体验、休闲观光等功能为一体，涉及白龙山街道三门村、高胥村、沙溪村、泓新村	0.85	—	—	—	县农业农村局
合计					499.4	—	230.63	—	

云和县人民政府
关于印发云和县环境健康管理试点工作方案（2021—2025 年）的通知

云政发〔2022〕31 号

各乡（镇）人民政府、街道办事处，县政府直属各单位：

《云和县环境健康管理试点工作方案（2021—2025 年）》已经县政府第 12 次常务会议审议通过，现印发给你们，请结合实际，认真贯彻执行。

云和县人民政府

2022 年 12 月 26 日

云和县环境健康管理试点工作方案（2021—2025 年）

为进一步深化环境健康管理试点工作，助力丽水建设全国环境健康管理创新区，根据《中华人民共和国环境保护法》《“十四五”环境健康工作规划》等法律法规和文件精神，结合我县实际，特制定本方案。

一、指导思想

以习近平新时代中国特色社会主义思想为指导，坚毅笃行“丽水之干”，积极探索完善环境健康风险管理路径，持续改善环境质量，有效维护生态安全，提升生态环境治理效能，助力打造全国山区县域新型城镇化共富样板，为全国环境健康管理工作贡献云和经验、云和样本。

二、总体目标

深入贯彻落实习近平生态文明思想，确立“健康优先、风险管理”的核心指导地位，建设健康环境，全方位、全周期保障人民健康福祉。推进环境健康风险管理，建立健全环境健康管理体系，坚决防范化解重大环境健康风险隐患。

到 2025 年，环境空气质量健康指数（AQHI）和生态环境康养指数（EHPI）达到一级，居民环境健康素养水平达到 20%以上，力争 PM2.5 小于 20 微克/立方米，环境空气质量优良率大于 99%，化学需氧量、氨氮、氮氧化物、挥发性有机物排放总量完成上下达目标，地表水Ⅰ—Ⅲ类水比例、地表水环境功能区水质达标率、城市集中式饮用水源地水质达标率均达到 100，污染地块安全利用率达 100；居民人均期望寿命达到 81.5 岁以上，重大慢性病过早死亡率控制在 8.5 以下，居民健康素养水平达到 40 以上。

三、工作原则

（一）整体智治，制度重塑。统筹运用数字化技术、数字化思维、数字化认知，对现有生态环境管理制度进行全方位、系统性重塑，将保障健康的理念融入现行生态环境管理政策，建立健全数字化、一体化、智能化的环境健康管理体系。

（二）职责清晰，协同联动。因地制宜、因情施策、因势利导，加强部门联动、明确责任分工、细化目标任务、完善工作举措、形成长效机制，推动环境健康管理工作统筹融合、协同增效。

（三）全民参与，共建共享。持续提升公众环境健康素养水平，引导社会公众有序参与环境决策、环境治理、环境监督和风险沟通，推动环境健康管理工作全民共治、全民共享。

四、工作计划

（一）坚持规划引领。将环境健康管理工作纳入全县国民经济和社会发展第十四个五年规划和二〇三五年远景目标纲要以及“十四五”生态环境保护规划，持续深入探索环境健康管理路径，继续强化风险管控，推动生态环境保护工作提前迈入风险管理轨道。

（二）建立风险监测通报制度。完善生态环境监测网络，优化环境监测站点布设，合理设置监测指标，针对重点环境健康风险源开展补充性监测工作，加大对重点行业监督性监测、企业自行监测力度，在重点行业污染源周边敏感点位增设监测点位，定期监测非甲烷总烃等代表性环境健康指标，研判环境健康风险水平和变化趋势。及时识别项目、规划实施过程中对人群健康的潜在环境风险因素，分析人群主要暴露途径，提出环境跟踪监测计划。

（三）落实风险评估。开展重点环境健康风险源调查评估工作，建立环境健康风险源动态信息库，实施环境健康风险分级差异化、精细化管理，将风险管控制度与排污许可制度深度融合。依法严把县域生态环境准入关口，继续加强Ⅲ类企业、集中污染处理设施等重点行业建设项目、重点企业技术改造、重点规划的环境健康风险评估，强化排放有毒有害污染物等环境健康风险较大行业监管，严控环境健康风险增量。

（四）加强风险管控。注重生态环境风险源头防控，深入打好污染防治攻坚战，推动减污降碳协同增效，助力推进碳达峰碳中和工作。进一步提升木制玩具、阀门铸造、轴承、钢压延加工等行业的污染防治能力和环保管理水平，持续加大对装备水平低、处置设施差、环境管理不达标企业的整治力度，进一步降低环境健康风险。实施企业“环境健康卫士”工程，支持企业加强环境健康风险管理。

（五）强化风险应对。加强环境应急能力建设，强化气象灾害和重点风险源评估预警和应急处置，严防重大生态环境事件发生。加强医疗、废旧金属熔炼等行业核与辐射安全监管，定期开展监督性监测。组织开展企业突发环境风险评估，依法建立健全重大风险源名录，对辖区内重点企业开展全面体检，建立常态化的企业隐患排查整治监管机制。加强环境健康风险监管执法，在“双随机”基础上，着重加强对重点环境健康风险企业的监督管理。

（六）迭代升级场景应用。持续迭代升级环境健康管理在线场景应用，加强数据集中处理、集中运算，充分利用大数据存储与分析平台动态评估环境健康风险，实现污染源全天候监控，及时识别和管理不确定因素，实时发布环境健康预警信息，建立闭环管理机制，实现对环境健康工作的信息共享和公众监督，提高生态环境管理的科学化和精准化水平。

（七）打造环境健康乡村。在“乡村振兴”“五水共治”“千万工程”“无废乡村”和美丽乡村示范县建设等工作基础上，建立涵盖水源保护、饮用水安全、污水治理、卫生厕所、生活垃圾处置、乡村绿化、绿色农产品等指标的美丽健康乡村考评指标体系，探索推进环境健康示范村（社区）建设，助力环境健康工作融入乡村治理。

（八）助力“两山”转化。打好“环境健康”牌，推动出台环境健康体验地建设与评定方法，率先打造一批环境健康体验地，满足公众对环境健康工作的体验需求，推广环境健康素养传播产品，推动环境健康管理工作可视、可知、可感。发布生态环境康养指数及标准，拓展AQHI应用场景，拓展生态产品价值实现途径，加快康养旅游项目落地，持续拓宽“两山”转化通道。

（九）提升公众环境健康素养。全面开展环境健康素养提升工作，监测居民环境健康素养水平，统筹生态环境宣教、居民健康素养、卫生健康素养等工作，将素养提升工作融入现有宣传教育平台，开展进企业、进农村、进社区、进学校、进家庭等“五进”活动，对青少年和农村居民等特定人群、企业等特定场景、饮用水源地周边村落等特定区域开展有针对性的宣教工作。

（十）创新推广应用。定期开展评估，总结提炼环境健康管理试点工作主要做法、主要成效、创新启示，形成系列实践成果、理论成果和制度成果，积极推广AQHI等典型经验，举办环境健康云和论坛，增强全国首批环境健康管理试点县的美誉度、知名度。

五、保障措施

（一）加强组织保障。成立由县政府主要领导任组长，分管副县长任副组长、各有关单位主要负责人为成员的试点工作领导小组，并组建工作专班具体负责试点工作。

（二）加强技术保障。组建专家顾问团队，依托生态环境部环境与经济政策研究中心、浙江省生态环境科学设计研究院等技术支撑单位力量，开展环境健康理论研究、对策研究，探索环境健康管理路径。

（三）加强经费保障。县财政局做好资金保障，确保试点工作顺利开展。市生态环境局云和分局等相关职能部门要积极向上级争取扶持资金，减轻财政负担。

（四）加强宣传保障。依托电视、报纸、网站和“三微一端”等新媒体宣传平台，加大宣传力度，在关键时点集中开展宣传工作，为试点工作顺利开展营造良好的舆论环境。

2022 年云和县国民经济和社会发展统计公报

云和县统计局

2023 年 3 月 16 日

2022 年是极不平凡的一年，国内外宏观形势严峻复杂，需求收缩、供给冲击、预期转弱“三重压力”持续增大，叠加疫情、俄乌冲突等超预期因素影响，我县经济运行承压严重。面对多重挑战和压力，全县始终坚持以习近平新时代中国特色社会主义思想为指导，深入贯彻落实党的二十大、省第十五次党代会、市第五次党代会、县第十五次党代会精神，锚定全国山区县域新型城镇化共富样板目标，统筹抓好疫情防控和经济社会发展各项工作，经济社会大局保持稳定。

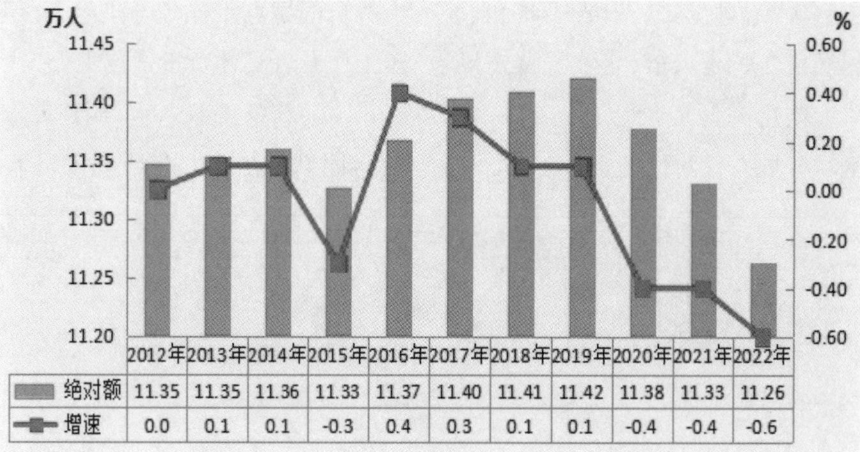

图 1　2012—2022 年云和县户籍人口及增速

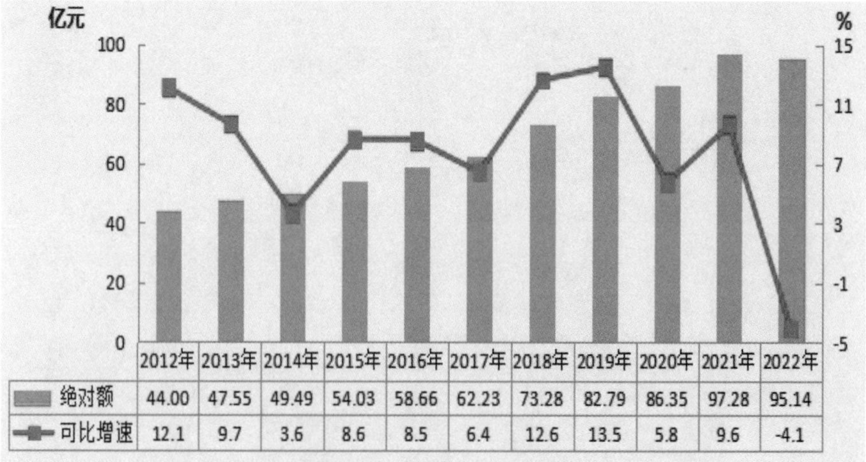

图 2　2012—2022 年云和县生产总值及可比价增速

一、综　　合

据公安部门户籍人口及其变动情况统计，年末全县户籍人口为 112635 人。其中，城镇人口 54715 人，乡村人口 57920 人；男性人口 57753 人，女性人口 54882 人，男女性别比为 105.23（女性为100）；0—17 岁、18—34 岁、35—59 岁、60 岁及以上户籍人口分别为18891 人、19099 人、48951 人和 25594 人。全年全县出生人口为 580 人，死亡人口为939人，人口自然增长率为–3.19‰，比上年下降3.18个千分点。据2022年全省5‰人口变动抽样调查推算，年末全县常住人口12.74万人，城镇化率为74.02%。

初步核算，2022年，全县实现生产总值(GDP)951435万元，按可比价格计算，比上年下降4.1%；与2020年相比，两年平均增长2.5%，按常住人口计算人均地区生产总值为74331元。其中，第一产业增加值57116万元，增长2.7%；第二产业增加值445964万元，下降11.7%；第三产业增加值448355万元，增长2.9%。三次产业对经济增长的拉动贡献分别为0.15个、–5.64个、1.34个百分点；三次产业增加值结构为6.0:46.9:47.1。按照我国地区生产总值统一核算制度，最终计算2021年全县生产总值现价总量为972846万元，按可比价格计算，比上年增长9.6%，三次产业增加值结构为5.5:50.6:43.9。

全年城镇新增就业1254人，帮助853名城镇登记失业人员实现再就业，帮助123名困难人员实现再就业。年末城镇登记失业率为1.12%，比上年末下降0.5个百分点。

全年全县财政总收入138156万元，比上年下降2.5%，其中一般公共预算收入88000万元，增长0.1%，其中税收收入66003万元，比上年下降7.4%。一般公共预算全口径支出379661万元，比上年增长10.0%，其中一般公共服务支出41910万元，比上年增长7.4%；农林水支出56773万元，比上年增长40.8%；社会保障和就业支出41041万元，比上年增长6.7%；卫生健康支出43810万元，比上年增长28.8%；教育支出45891万元，比上年下降9.0%。

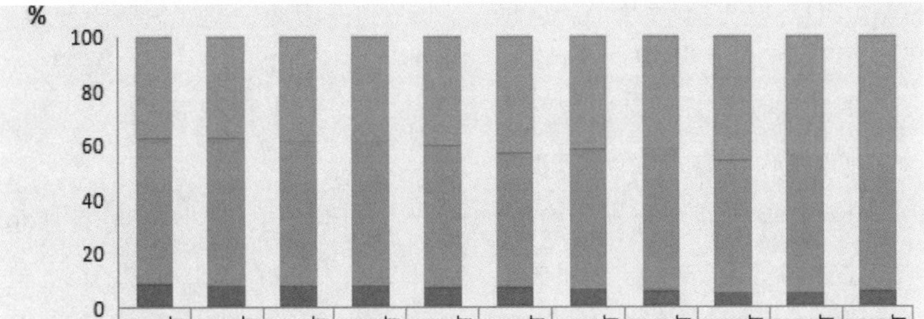

	2012年	2013年	2014年	2015年	2016年	2017年	2018年	2019年	2020年	2021年	2022年
第三产业	37.6	37.5	38.0	38.3	40.7	43.0	41.7	41.1	45.8	43.9	47.1
第二产业	53.6	54.1	53.5	53.8	51.7	49.6	51.7	53.1	48.4	50.6	46.9
第一产业	8.8	8.4	8.5	7.9	7.6	7.4	6.6	5.9	5.8	5.5	6.0

图3　2012—2022年云和县三次产业结构占比情况

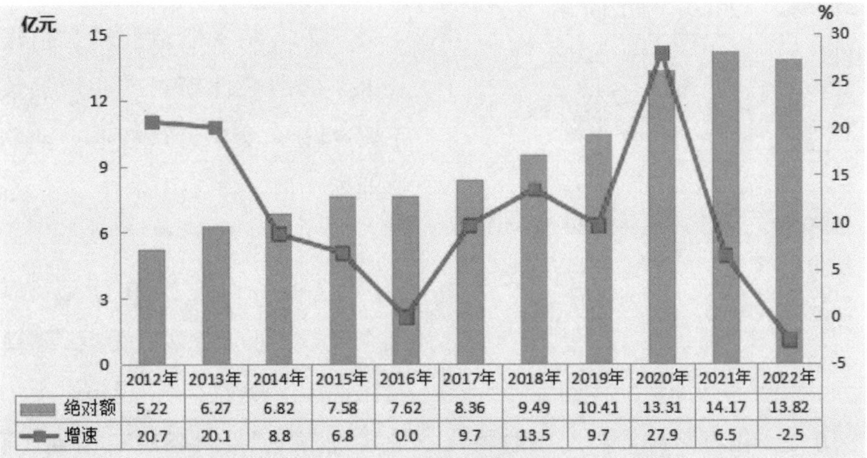

	2012年	2013年	2014年	2015年	2016年	2017年	2018年	2019年	2020年	2021年	2022年
绝对额	5.22	6.27	6.82	7.58	7.62	8.36	9.49	10.41	13.31	14.17	13.82
增速	20.7	20.1	8.8	6.8	0.0	9.7	13.5	9.7	27.9	6.5	-2.5

图4　2012—2022年云和县财政总收入及增速

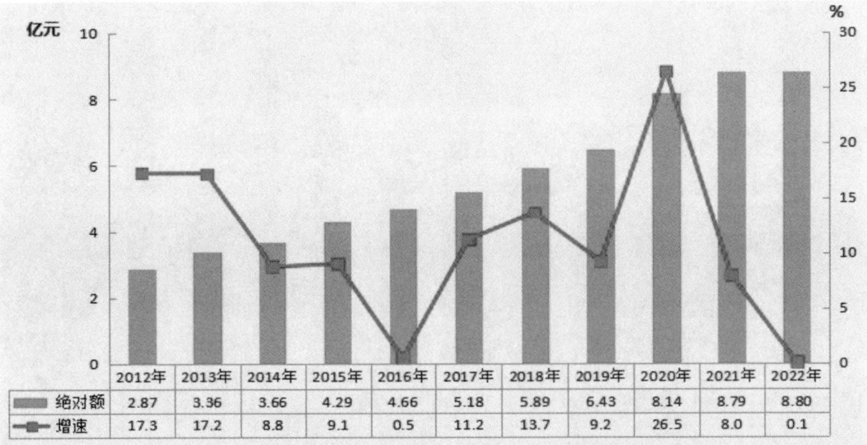

	2012年	2013年	2014年	2015年	2016年	2017年	2018年	2019年	2020年	2021年	2022年
绝对额	2.87	3.36	3.66	4.29	4.66	5.18	5.89	6.43	8.14	8.79	8.80
增速	17.3	17.2	8.8	9.1	0.5	11.2	13.7	9.2	26.5	8.0	0.1

图5　2012—2022年云和县一般公共预算收入及增速

二、农业和农村建设

年末农作物播种面积5538公顷，比上年增长0.78%。其中粮食种植面积3517公顷，比上年增长2.81%；油料种植面积93公顷，比上年下降11.43%；蔬菜种植面积1545公顷，比上年增长0.59%；果园面积1173公顷，比上年下降3.45%；茶园面积2648公顷，比上年增长1.0%。

2022年云和县主要农产品产量及其增长速度表

表1

产品名称	2022年（吨）	2021年（吨）	2022年比2021年增长（±%）
粮食	19330	19121	1.1
油料	237	249	-4.8
茶叶	1221	1203	1.5
蔬菜	28161	27757	1.5
水果	8878	8897	-0.2
香菇	3138	2983	-11.4
黑木耳	1588	1496	6.1
肉类	1709	2127	-19.7
禽蛋	688	695	-1.0
淡水产品	2033	1935	5.1

全年粮食总产量19330吨，比上年增长1.1%。油料产量237吨，比上年下降4.8%。蔬菜产量28161吨，比上年增长1.5%。食用菌总产量5085吨，比上年下降15.1%，其中香菇3138吨，比上年下降11.4%；黑木耳1588吨，比上年增长6.1%。水果总产量8878吨，比上年下降0.2%。茶叶产量1221吨，比上年增长1.5%。

年末生猪存栏1.2万头，比上年末下降11.8%；年末牛存栏1776头，比上年末下降5.3%；年末羊存栏0.06万只，比上年末增长9.94%；年末家禽存栏15.97万羽，比上年末增长2.2%。肉类产量1709吨，比上年下降19.7%。全年淡水产品产量2033吨，比上年增长5.1%。

全面完成全国乡村治理体系建设试点工作，云和县《创新“街乡共治”模式 推动城乡融合治理》案例获评第四批全国乡村治理典型案例。创成安溪村等5个花园乡村精品村，完成沙铺、栗溪、下垟等6个历史文化村落保护利用一般村，新增省级美丽乡村特色精品村3个。完成数字乡村（一期）项目建设，搭建云和县农业产业大脑，创建“云梨共富”场景应用，云和雪梨成功注册国家地理标志证明商标。

三、工业和建筑业

全年全县工业实现增加值395904万元，比上年可比下降13.5%，其中规模以上工业增加值下降20.3%。在规上工业中，制造业增加值下降20.3%，电力、热力、燃气及水的生产和供应业增加值下降18.8%；高新技术产业增加值下降3.2%，装备制造业增加值增长8.4%，战略性新兴产业增加值下降24.0%，数字经济核心产业制造业增加值下降23.1%。

全年实现规模以上工业产值（年主营业务收入2000万元及以上企业，下同）1536332万元，同口径比上年下降21.7%。规模以上工业实现销售产值1481952万元，同

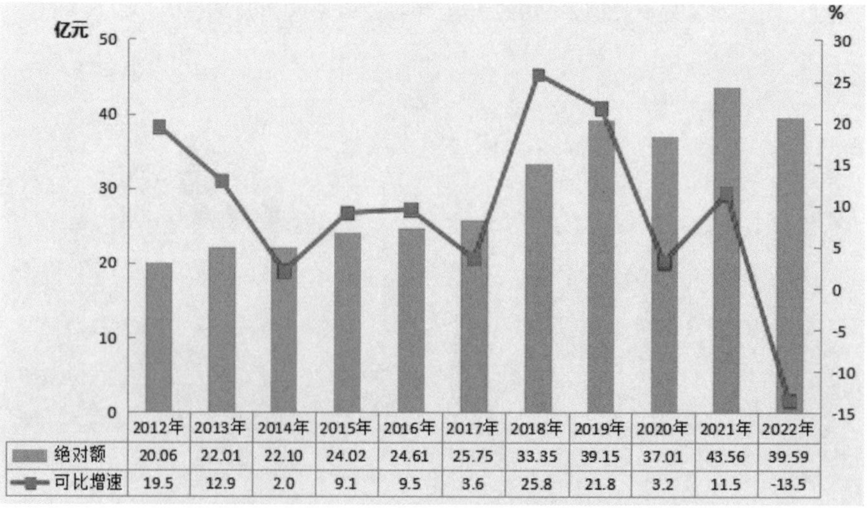

图6 2012—2022年云和县工业增加值及可比价增速

口径比上年下降 23.9 产品销售率为 96.5%；规模以上工业实现出口交货值 175537 万元，同比下降 4.6%；规模以上工业实现新产品产值 159832 万元，同比下降 3.2%。

从全县规模以上工业主要行业产值完成情况看，文教、工美、体育和娱乐用品制造业全年实现产值 318104 万元，比上年下降 10.7%；黑色金属冶炼及压延加工业全年实现产值 547997 万元，比上年下降 35.2%；通用设备制造业全年实现产值 120075 万元，比上年增长 9.3%；电力生产及供应业全年实现产值 84675 万元，比上年下降 13.0%；金属废料和碎屑加工处理业实现产值 388724 万元，比上年下降 17.9%。以上五大行业全年实现产值 1459574 万元，占全县规模以上工业总产值的 95.0%，比上年降低 1.2 个百分点。

全年全社会建筑业实现增加值 50060 万元，可比增长 4.4%。全年建筑安装工程投资增长 7.2%。全年资质以上建筑业完成总产值 158652 万元，比上年增长 11.6%。

四、固定资产投资

全年全县固定资产投资平稳运行，比上年增长 15.3%。其中，交通投资增长 303.0%，工业投资增长 138.6%，高新技术产业投资下降 16.2%。

分项看，房地产开发投资下降 30.1%，项目投资增长 37.8%。分结构看，建安投资增长 7.2%，制造业投资增长 142.1%，基础设施投资增长 54.5%，生态环保、城市更新

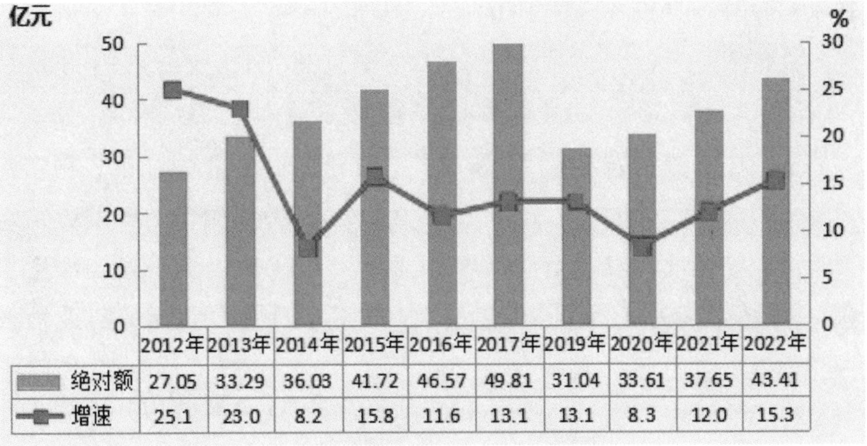

图 7　2012—2022 年云和县固定资产投资增速

注：因国家固定资产投资统计制度改革，2018 年不出数；从 2019 年开始，固定资产投资增速按改革后新口径计算。

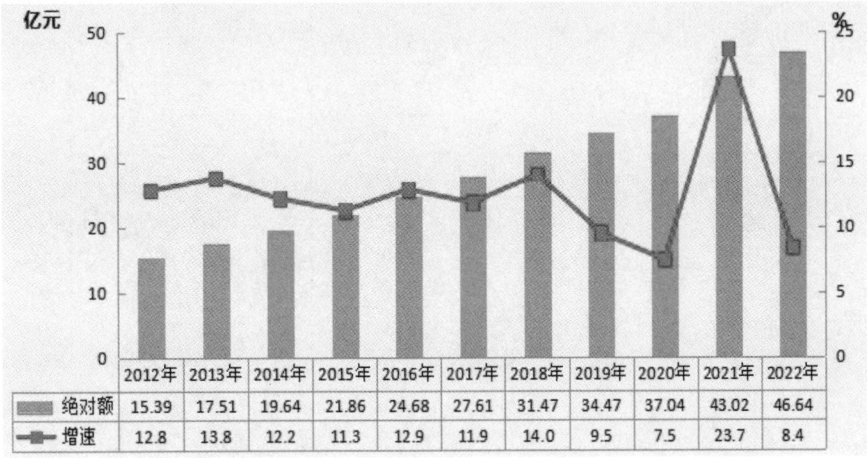

图 8　2012—2022 年云和县社会消费品零售总额及增速

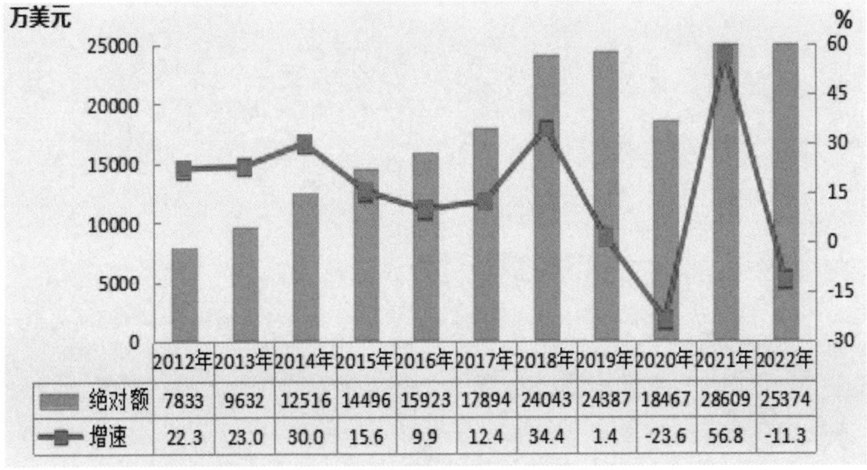

图 9　2012—2022 年云和县外贸出口及增速

和水利设施项目投资增长17.0%，民间投资下降2.8%。

五、内外贸易及招商引资

全年全县实现社会消费品零售总额466373万元，比上年增长8.4%，其中限额以上社会消费品零售总额79428万元，比上年增长13.4%。

分行业看，批发业销售额增长25.2%，其中限额以上批发业销售额增长27.8%；零售业销售额增长10.7%，其中限额以上零售业销售额增长16.7%；住宿业营业额增长2.8%，其中限额以上住宿业营业额增长3.3%；餐饮业营业额增长8.8%，其中限额以上餐饮业营业额增长0.2%。

按美元计量，全年实现外贸进出口总额26187万美元，比上年下

2022年云和主要市场出口情况表

表2

国（地区）别	出口额		出口额	
	按美元计量（万美元）	比上年增长（±%）	按人民币计量（万元）	比上年增长（±%）
合计	25265	−11.69	168120	−9.1
亚洲	2584	31.84	17551	38.53
日本	527	58.2	3630	68.47
沙特阿拉伯	136	698.5	941	751.49
韩国	957	7.63	6382	11.07
东盟	505	91.22	3459	102.4
马来西亚	148	111.49	992	118.46
越南	133	107.94	914	120.37
印度	118	3.02	795	7.96
非洲	141	391.51	988	434.18
欧洲	12254	−16.94	81687	−14.43
欧盟	9730	−21.55	64804	−19.27
比利时	166	298.96	1126	316.9
法国	803	−5.44	5303	−3.33
意大利	693	84.97	4611	90.69
荷兰	2481	−30.24	16602	−27.99
葡萄牙	341	119.54	2223	122.62
西班牙	1388	−49.14	9280	−47.42
瑞典	257	−3.29	1708	−0.62
斯洛文尼亚	913	−48.5	6124	−46.74
波兰	143	−23.21	952	−21.17
保加利亚	102	−21.64	673	−19.79
捷克共和国	98	9.8	644	12
欧洲其他国家	2523	7.34	16883	11.13
俄罗斯	948	63.55	6492	73.47
英国	1508	−7.95	9935	−6.14
拉丁美洲	201	−5.18	1361	−0.35
墨西哥	135	47.33	911	54.18
北美洲	10014	−12.26	66070	−10.38
加拿大	138	−30.48	917	−28.28
美国	9877	−11.94	65153	−10.07
大洋洲	181	−24.84	1212	−21.96
澳大利亚	165	−28.38	1104	−25.75

降11.5%。其中，出口总额为25374万美元，比上年下降11.3%；进口总额813万美元，比上年下降17.5%。按人民币计量，全年实现外贸进出口总额174180万元，比上年下降9.0%。其中，出口总额为168869万元，比上年下降8.7%；进口总额5311万美元，比上年下降16.4%。

全年实现网络零售额368878万元，比上年增长5.3%。

全年引进大项目5个，其中10亿元以上制造业大项目2个，实际利用市外内资13.4亿元、外资303万美元。深入打造山海协作工程升级版，与北仑共建北云飞创现代产业园，成为全省首家投产运营的“产业飞地”。

六、交通运输、邮电和旅游

全年交通运输、仓储和邮政业实现增加值21538万元。

2022年底，境内公路总里程855.72千米，其中高速公路里程50.13千米；全年完成公路货运周转量74252.46万吨千米，同比下降18.88%。

年末共有民用汽车25503辆，较上年末增加1908辆。

全年全县规模以上快递服务企业业务量完成2609万件，比上年增长23.5%；实现快递业务收入11032万元，比上年增长18.7%。

年末邮政局（所）数18个。全年邮电业务总量29318万元，比上年增长73.0%。其中邮政主营业务收入15842万元，电信业务收入13476万元。年末固定电话用户（含小灵通）10912户，其中城市电话用户9823户，农村电话用户958户。年末住宅电话用户2193户。年末移动电话用户152179户，其中4G以上移动电话用户数139104户。年末互联网宽带接入用户数（固定互联网宽带，为电信、移动、联通、华数四家运营商的用户）63648户。

加快梯田创5A步伐，一级游客接待中心、太空舱体验等项目建成投用，稻草草遇见积木木亲子酒店、稻草草冒险乐园等成为新晋打卡点，沿线及景区村庄环境风貌明显改善，成功举办省山水旅游节暨梯田开犁节，云和梯田入选山区26县首批“造月工程”、获评省示范级文旅融合IP，“十一”旅游收入稳居全市同等级景区首位。童话小镇地标建筑主体工程结顶，云缦康养度假区酒店投入运营，佛儿岩游客中心顺利完工，梅源村获评省3A级景区村，创成省全域旅游示范县。

七、金融和保险

年末全县金融机构人民币存款余额1649419万元，比上年末增

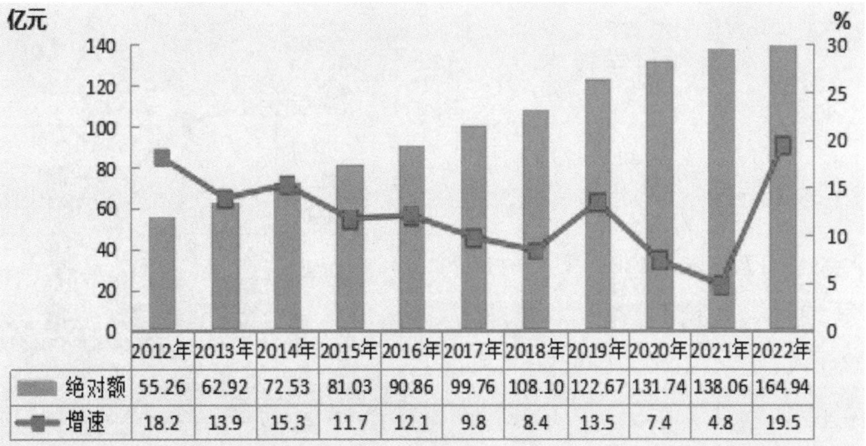

	2012年	2013年	2014年	2015年	2016年	2017年	2018年	2019年	2020年	2021年	2022年
绝对额	55.26	62.92	72.53	81.03	90.86	99.76	108.10	122.67	131.74	138.06	164.94
增速	18.2	13.9	15.3	11.7	12.1	9.8	8.4	13.5	7.4	4.8	19.5

图10　2012—2022年云和县金融机构人民币年末存款余额及增速

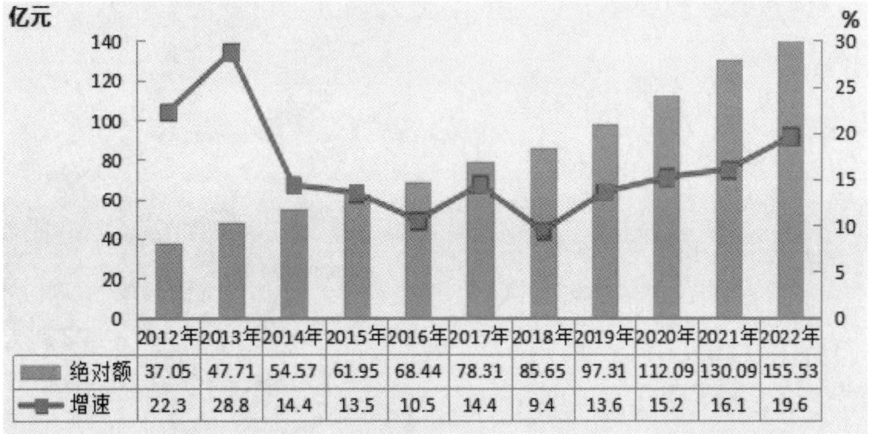

	2012年	2013年	2014年	2015年	2016年	2017年	2018年	2019年	2020年	2021年	2022年
绝对额	37.05	47.71	54.57	61.95	68.44	78.31	85.65	97.31	112.09	130.09	155.53
增速	22.3	28.8	14.4	13.5	10.5	14.4	9.4	13.6	15.2	16.1	19.6

图11　2012—2022年云和县金融机构人民币年末贷款余额及增速

长19.5%。其中，住户存款1086922万元，比上年末增长22.2%。年末金融机构人民币贷款余额1555336万元，比上年末增长19.6%。

全年全县保险业实现保费收入18808万元，比上年增长3.7%。其中，财产险保费收入9406万元，比上年增长3.0%；人身险保费收入9402万元，比上年增长4.4%。全年保险业各类赔款及给付支出7246万元，比上年增长7.4%。其中，财产险赔款及给付支出5323万元，比上年增长9.8%；人身险赔款及给付支出1923万元，比上年增长1.2%。

八、教育和科学技术

2022年，全县拥有普通中学5所，招生1680人，在校生5277人，毕业生1716人；职业中学1所，招生524人，在校生1723人，毕业生603人；小学10所，招生1153人，在校生7851人，毕业生1246人。年末有幼儿园14所，入园幼儿949人，在园幼儿4168人，离园幼儿1213人。

全县共有教职工1825人，在编人员1148人。其中专任教师1411人、行政人员27人、教辅人员246人、工勤人员141人。小学、初中、普高、职高专任教师师生比分别为1:15、1:12、1:12、1:13。

年末省三级以上幼儿园覆盖率为96.67%，中小学标准化学校比例为100%；学前三年幼儿入园率为99.09%，小学、初中入学率为100%，初中毕业升高中比例为98.82%，高中段教育毛入学率为98.39%，高等教育毛入学率为64.44%；九年义务教育完成率为100%，十五年基础教育普及率为98.51%。

全年地方财政科技投入6075万元，比上年增长21.8%。年末实有国家高新技术企业25家；全年新增国家高新技术企业2家、省科技型中小企业19家。引进省、市个人特派员14名，工业特派员10名，团队特派员2个，实施特派员项目16个。成功申报“绿谷精英”人才项目2个，组织申报海外优青项目1个，成功申报1个山区26县高质量发展科技专项。知识产权保护工作平稳推进，全年新增专利授权量851件，其中发明专利27项，实用新型专利401项，外观设计专利423项。

九、文化和卫生

年末全县共有公共图书馆1个，文化馆1个，档案馆1个，2022年末的相关数据全县各类档案182个全宗（其中馆藏171个），共计124440卷，262377件，其中已

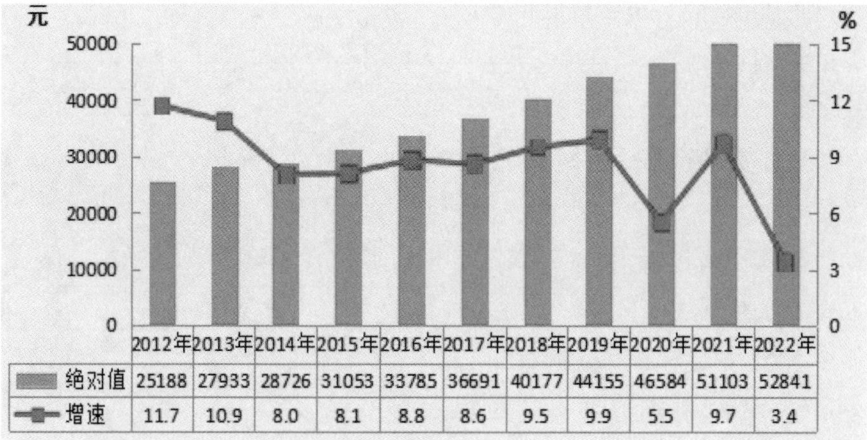

	2012年	2013年	2014年	2015年	2016年	2017年	2018年	2019年	2020年	2021年	2022年
绝对值	25188	27933	28726	31053	33785	36691	40177	44155	46584	51103	52841
增速	11.7	10.9	8.0	8.1	8.8	8.6	9.5	9.9	5.5	9.7	3.4

图12　2012—2022年云和县城镇常住居民人均可支配收入及增速

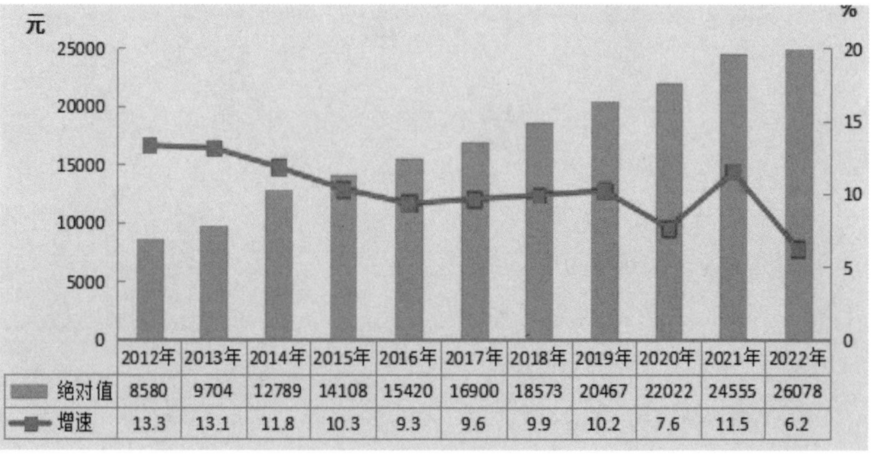

	2012年	2013年	2014年	2015年	2016年	2017年	2018年	2019年	2020年	2021年	2022年
绝对值	8580	9704	12789	14108	15420	16900	18573	20467	22022	24555	26078
增速	13.3	13.1	11.8	10.3	9.3	9.6	9.9	10.2	7.6	11.5	6.2

图13　2012—2022年云和县农村常住居民人均可支配收入及增速

开放全宗140个，开放档案68221卷，开放档案79652件。

年末全县有广播转播电台1座，有线电视台1座，数字电视在册用户30322户，比上年末增加403户。全县电视人口综合覆盖率和广播人口综合覆盖率均达到100%。

年末全县有医疗卫生机构17个（不含村卫生室、门诊部、诊所、卫生所、医务室），其中，医院6个，卫生院6个，社区卫生服务中心2个，专业公共卫生机构3个（含疾病预防控制中心、妇幼保健所、卫生监督所）。年末全县医院实有床位561张，全社会卫生技术人员（不含村卫生室、门诊部、诊所、卫生所、医务室）913人，其中执业医师和助理医师375人。

十、人民生活和社会保障

根据城乡住户一体化调查结果，全年全体常住居民人均可支配收入43684元，比上年增长4.4%。其中，城镇常住居民人均可支配收入52841元，比上年增长3.4%；农村常住居民人均可支配收入26078元，比上年增长6.2%。全年常住城镇居民人均消费性支出33840元，其中食品烟酒消费支出10032元；农村常住居民人均消费性支出21330元，其中食品烟酒消费支出6949元。

2022年常住居民人均可支配收入及生活消费支出表

表3

指标名称	2022年（元）			同比增幅(%)		
	全体	城镇	农村	全体	城镇	农村
常住居民人均可支配收入	43684	52841	26078	4.4	3.4	6.2
一、工资性收入	23540	28134	14707	3.4	2.2	6.0
二、经营净收入	6898	5228	10108	4.6	4.5	5.6
三、财产净收入（成本法）	7490	11216	326	4.4	3.3	8.3
四、转移净收入	5756	8263	937	8.3	6.9	16.7
人均生活消费支出	29560	33840	21330	7.1	6.1	8.8
其中：食品烟酒	8977	10032	6949	6.4	6.3	5.8

从收入结构看，城乡居民工资性收入占比分别为53.2%、56.4%；经营净收入占比分别为9.9%、38.8%；财产净收入占比分别为21.2%、1.3%；转移净收入占比分别为15.6%、3.6%。

全年低收入农户人均可支配收入18435元，比上年增长16%。

全年结婚登记1169对，比上年增长38.8%；离婚登记232对，比上年增长26.8%。基本养老保险参保率达到99.05%，全民医保参保率达到99.67%，“浙丽保”参保率达93.45%。

年末全县城乡低保对象共有1745户3110人，全年共支出低保救助金3103.5万元。特困供养对象共有300户303人，集中供养率35.6%（不含户院挂钩），全年共支出特困供养救助金535.5万元。

十一、资源、环境和安全生产

2022年全县地表水资源总量108968万立方米，比上年减少8.6%；年降水量167513万立方米，比上年减少12.2%；年末全县3座大中型水库蓄水总量57799万立方米，比上年减少27.3%；全年平均降水量1702毫米，比上年1938毫米的降水量减少12.2%。年降水日数177天，比常年同期偏多2.8天；年平均气温19.3℃，比常年偏高1.0℃，为历年同期第二高；年日照时数1618.1小时，与常年持平。全年空气环境质量监测有效天数为362天，优良天数为356天，优良率（AQI）为98.3%。全年降尘量1.5吨/平方千米·月。全年PM2.5平均浓度为19微克/立方米，同比下降5.00%，达到大气环境功能区二级标准。

2022年末云和县省级以上公益林面积53616公顷，其中国家级29668公顷，省级23948公顷；人工造林面积59.53公顷，一般森林抚育面积2066.67公顷。年末全县森林覆盖率81.24%。

全年全社会用电量141947万千瓦时，比上年下降18.2%。其中，工业用电量112494万千瓦时，比上年下降24.8%；城乡居民生活用电量17519万千瓦时，比上年增长33.1%。全年规模以上工业企业能源消费量折合309071吨标准煤，比上年下降23.5%，其中，规模以上工业企业电力消费量100901万千瓦时，比上年下降24.6%；单位规模以上工业增加值能耗比上年下降4.1%。

全年工矿领域生产安全事故1起，死亡1人；生产经营性道路交通事故1起，造成1人死亡；水上交通事故1起，死亡1人。

2022年云和县国民经济和社会发展主要指标表

表4

指　　标	单 位	2022年	2021年	比上年增减(±%)
一、综合				
年末户籍总人口	人	113309	113777	-0.4
其中：男	人	58169	58429	-0.4
女	人	55140	55348	-0.4
其中：城镇人口	人	60335	63040	-4.3
乡村人口	人	57920	60335	-4.0
人口自然增长率	‰	-3.19	-0.01	比上年降低3.18个千分点
年末常住人口	万人	12.74	12.92	-1.4
城市(镇)化率	%	74.02	73.44	比上年提升0.58个百分点
生产总值合计	万元	951435	972846	-4.1
农林牧渔业	万元	59405	55173	2.8
工业	万元	395904	444714	-13.5
建筑业	万元	50060	47657	4.4
批发和零售业	万元	129792	117714	5.7
交通运输、仓储和邮政业	万元	21538	26042	-17.1
住宿餐饮业	万元	19649	18680	3.5
金融业	万元	53586	47054	10.7
房地产业	万元	58432	54800	6.0
营利性服务业	万元	50600	49195	2.2
非营利性服务业	万元	112468	111817	-0.4
第一产业	万元	57115	53066	2.7
第二产业	万元	445963	492371	-11.7
第三产业	万元	448355	427409	2.9
三次产业结构占比	—	6.0:46.9:47.1	5.5:50.6:43.9	—
人均生产总值(户籍人口)	元	84198	85713	-3.6
人均生产总值(常住人口)	元	74331	75414	-3.4
二、农林牧渔业				
农林牧渔业总产值	万元	87096	80823	—
农业总产值	万元	66938	61418	—
林业总产值	万元	7304	6556	—
牧业总产值	万元	6467	6909	—
渔业总产值	万元	2601	2453	—
农林牧渔服务业总产值	万元	3786	3486	—
三、规模以上工业及资质以上建筑业				
规模以上工业产值	万元	1536332	1922478	-21.7
其中：木制玩具制造业	万元	318104	327710	-10.7
黑色金属冶炼及压延加工	万元	547997	845934	-35.2
通用设备制造业	万元	120075	104289	9.3
阀门制造	万元	65451	48014	22.1
轴承制造	万元	52441	54225	-3.3
金属废料和碎屑加工处理业	万元	388724	473378	-17.9

续表4

指　　标	单 位	2022年	2021年	比上年增减(±%)
电力生产与供应业	万元	84675	97372	-13
资质以上建筑业企业产值	万元	158652	142185	11.6
四、固定资产投资及房地产业				
固定资产投资	万元	43.41	37.65	15.3
其中,民间投资	万元	—	—	-2.8
其中,交通投资	万元	—	—	303.0
其中,高新技术产业投资	万元	—	—	-16.2
其中,生态环保、城市更新和水利设施项目投资	万元	—	—	17.0
其中,房地产开发投资	万元	—	—	-30.1
商品房销售面积	万平方米	15.31	12.62	21.2
五、内外贸易及交通				
社会消费品零售总额	万元	466373	430165	8.4
其中,限额以上	万元	79428	68582	13.4
批发业商品销售额	万元	—	—	25.2
零售业商品销售额	万元	—	—	10.7
住宿业营业额	万元	—	—	2.8
餐饮业营业额	万元	—	—	8.8
进出口总额	万元	174180	191321	-9.0
其中,自营出口	万元	168869	184967	-8.7
进出口总额	万美元	26187	29594	-11.5
其中,自营出口	万美元	25374	28609	-11.3
网络零售额	万元	368878	350338	5.3
实际利用外资	万美元	303	201	50.7
规上快递服务业企业业务量	万件	2609	2114	23.5
规上快递服务业企业业务收入	万元	11032	9295	18.7
民用汽车拥有量	辆	25503	23595	比上年末增加1908辆
六、财政金融及保险				
财政总收入	万元	138156	141724	-2.5
其中,一般公共预算收入	万元	88000	87900	0.1
其中,税收收入	万元		71258	
一般公共预算支出合计	万元	379661	345283	10.0
金融机构人民币年末存款余额	万元	1649419	1380575	19.5
其中,住户存款	万元	1086922	889161	22.2
金融机构人民币年末贷款余额	万元	1555336	1300857	19.6
保险业保费收入	万元	18808	18140	3.7
其中,财产险	万元	9406	9136	3.0
人寿险	万元	9402	9004	4.4
七、卫生教育及科技				
卫生机构床位数	张	561	551	1.8
卫生技术人员数	人	913	888	2.8
其中,执业及执业助理医生数	人	375	464	-19.2
普通中学在校学生数	人	5277	5363	-1.6
职业中学在校学生数	人	1723	1826	-5.6
小学在校学生数	人	7851	7889	-0.5
在园幼儿数	人	4168	4345	-4.1
专利授权量	项	851	1157	-26.4
其中,发明专利	项	27	11	145.5
实用新型专利	项	401	522	-23.2
外观设计专利	项	423	624	-32.2

续表4

指　　标	单 位	2022年	2021年	比上年增减(±%)
八、人民生活和社会保障				
全体常住居民人均可支配收入	元	43684	41854	4.4
其中，城镇居民人均可支配收入	元	52841	51103	3.4
农村居民人均可支配收入	元	26078	24555	6.2
城镇居民人均生活消费支出	元	33840	31894	6.1
农村居民人均生活消费支出	元	21330	19605	8.8
低收入农户人均可支配收入	元	18435	15894	16.0
城镇登记失业率	%	1.12	1.62	比上年末下降0.5个百分点
全民养老保险参保率	%	99.05	99.11	比上年下降0.06个百分点
全民医疗保险参保率	%	99.67	99.66	比上年提高0.01个百分点
城乡低保对象人数	人	3110	3381	比上年末减少271人
九、邮电业务				
邮电业务总量	万元	29318	16946	73.0
其中，主营业务收入(邮政)	万元	15842	4147	282.0
电信业务收入	万元	13476	12799	5.3
固定电话年末用户数(含小灵通)	户	10912	11072	-1.4
其中，城市电话用户数	户	9823	9905	-0.8
农村电话用户数	户	958	1027	-6.7
移动电话用户数	户	152179	149776	1.6
互联网宽带接入用户数	户	63648	58562	8.7
十、全社会用电量及节能降耗				
全社会用电量	万千瓦时	141947	173509	-18.2
其中，工业用电量	万千瓦时	112494	149536	-24.8
三产用电量	万千瓦时	10091	9400	7.4
居民生活用电	万千瓦时	17519	13164	33.1
规模以上工业能源消费量(等价值)	万吨标准煤	30.91	39.57	-23.5
规模以上工业电力消费量	万千瓦时	100901	131611	-24.6
规模以上工业增加值能耗降低率	%	4.1	8.8	——

注：(1)本公报所列2022年各项数据为初步统计数据。

(2)全县生产总值和各产业增加值绝对数按现行价格计算，增长速度按2020年可比价格计算。2022年生产总值为初步统计数，2021年生产总值为年报数据。

(3)固定资产投资数据为计划投资500万元以上项目数据。因国家投资统计制度改革，目前只公布改革修订后的同口径可比增速。

(4)2019—2021年社会消费品零售总额根据年报进行修订。

(5)卫生技术人员和卫生机构床位数均不含诊所、村卫生室；执业及执业助理医生数包含诊所、村卫生室。数据取自县卫健局。

(6)人口资料采用县公安局户籍人口口径计算。

(7)从2014年开始正式发布城乡住户一体化改革调查数据，农民人均纯收入变更为农村常住居民人均可支配收入；由于城乡住户一体化改革，城镇常住居民人均可支配收入和农村常住居民人均可支配收入绝对值及增速为新统计口径数据。

(8)医疗、养老保险参保人数及参保率按医疗保障局、人力社保局参保口径计算。

(9)规模以上工业增加值能耗降低率为负，表明上升。

资料来源：本公报中城镇新增就业、登记失业率、养老保险、工伤保险、失业保险数据来自县人力社保局，医疗保险、生育保险人数来自县医疗保障局，财政数据来自县财政局，网络零售额数据来自省商务厅，旅游数据、公共图书馆等数据来自县文化和广电旅游体育局，外贸进出口数据来自县经商局，快递业务量和业务收入来自市邮政管理局，专利数量数据来自县市场监督管理局，档案数据来自县档案局，卫生数据来自市卫生健康委，社会服务、低保数据来自县民政局，水资源、年平均降雨量数据来自县水利局，平均气温、年日照时间数据来自县气象局，空气质量数据来自市生态环境局云和分局，森林覆盖率、生态公益林数据来自县生态林业发展中心，新农村建设数据来自县农业农村局，境内公路总里程数据来自县交通运输局，民用汽车拥有量数据来自县交警大队，移动电话、固定电话、移动互联网用户等通信数据来市电信、移动公司，邮政业务总量数据来自市邮政管理局，货币金融数据来自县人民银行，保险业数据来自市保险协会，教育数据来自县教育局，有线电视用户数据来自县融媒体中心，人口数据来自县公安局，生产事故、交通事故等数据来自县应急管理局，其他数据均来自市统计局和县统计局。

附　　录

2022 年度各级各类先进名录

【全国先进集体】

云和县：

“流动供销致富车”项目获评全国农业社会化服务典型案例

“街乡共治”管理模式入选第四批全国乡村治理典型案例

《发布环境空气质量健康指数 拓宽“两山”转化通道》案例入选健康中国行动推进地区典型经验案例

云和梯田入选国家首批 15 个“天气气候景观观赏地”

云和梯田国家湿地公园梯田修复工程作为中国“山水工程”典型案例，在联合国《生物多样性公约》第十五次缔约方大会（COP15）颁奖典礼上展示

县检察院：

全国检察机关大数据法律监督模型竞赛三等奖

县人力社保局：

全国 2021—2022 年度劳动保障新闻宣传工作优秀单位

【全国先进个人】

杜今安、张俊梅（县法院）

编写案例入选最高人民法院指导性案例

章锣锣（县检察院）

2022 年度全国检察宣传先进个人

方新田（县检察院）

档案工作获最高人民检察院嘉奖

项德忠（县公安局）

荣立个人三等功

【全省先进集体】

云和县：

2022 年度全省深化“千万工程”建设新时代美丽乡村（农村人居环境提升）工作优胜县

全省第二批大花园示范县

第三批浙江省全域旅游示范县

浙江省水库移民工作考核优秀县

2022 年度浙江省精神卫生工作先进单位

被授予“二星平安金鼎”

古村探秘 芒种开犁——松阳云和乡村非遗之旅线路入选首批浙江主题非遗旅游线路

云和梯田景区入选浙江省第一批山区 26 县“造月工程”名单

“云和梯田”入选 2022 年示范级文旅融合 IP 名单

云和梯田农旅“共富工坊”入选全省首批百家电商直播式“共富工坊”典型案例

仙宫景区垂钓项目入选 2022 年度浙江省运动休闲旅游优秀项目

童话书房入选首届浙江省最美公共阅读空间

“十里云河”库区经济产业带提升工程入选浙江省水库移民共同富裕示范项目

《云和创新构建生态环境健康管理新模式 探索“两山”转化新路径》入选第二批全省生态环境系统共同富裕最佳实践名单

云和县龙泉溪（石塘水库—规溪村段）入选浙江省 2022 年美丽河湖名单

浙江云和雪梨栽培系统入选第一批省级重要农业文化遗产资源名单

云和木玩童话小镇项目入选全省首批文化基因解码成果转换利用示范项目

云和木玩童话小镇入选第一批浙江省特色小镇最佳实践案例

浙江省木制玩具知识产权联盟入选 2022 年省级产业知识产权联盟备案名单

云和“黄岗雨林”牌百花蜜、“山亨”猕猴桃等 8 个产品入选第 15 届中国义乌国际森林产品博览会优质产品获奖名单

云和“云河”牌中华鳖、“梯源”牌稻鱼米等 6 个产品入选 2022 浙江网上农博会优质产品名单

浮云溪绿道样板段街区入选 2022 年度浙江省“高品质示范街区”名单

云和 12 家民宿入选全省首批“百县千宿”培育名单

“‘云和师傅’,百亿共富”模式入选第一批省级农民培训促富品牌名单

云和细花雪梨入选 2022 年浙江省优异农业种质资源名单

县委统战部:

县基督教堂被评为全省宗教活动场所消防安全标准化管理“百优争创”活动优秀单位

县信访局:

全省信访系统先进集体

县融媒体中心:

“共同富裕‘云’助力”智慧助农活动获省广播电视节目奖对农活动二等奖

县法院:

全省 2022 年度法治新闻宣传工作表现突出单位

县检察院:

“2022 浙江检察文化品牌建设成果展评活动”中获潜力品牌(银奖)

“智汇引擎”虚假司法确认监督应用入选 2022 年度全省检察机关创新成果名单

2022 年度全省数字检察示范院

县发改局:

丽水华宏钢铁制品有限公司年产 60 万吨产品普转优升级改造项目入选省重大产业项目

云和木玩童话小镇入选浙江省第一批特色小镇高质量发展最佳实践名单

《云和“小县大城”实践对我省推进以县城为重要载体的城镇化建设的启示》获省政府主要领导批示

县教育局:

家校共育系统入选 2022 年浙江省教育领域数字化改革创新试点项目名单

家校共育体系改革入选浙江省深化新时代教育评价改革单项试点项目名单

云和梯田公社学农基地、云和大田劳动实践基地入选浙江省中小学劳动实践基地(第三批)名单

县第二中学获评浙江省群众体育工作成绩突出集体

县实验小学入围基于学习方式变革的新型教学空间典型范例培育名单

县城东幼儿园获评浙江省一级幼儿园

县城西小学入选 2022 年浙江省现代化学校名单

县公安局:

全省优秀公安局

全省公安机关执法质量考评优秀单位

石塘派出所获评全省第二批“枫桥式公安派出所”

县民政局:

2022 年度全省民政系统先进单位

县人力社保局:

2022 年度全省人社系统绩效考评优秀

浙江省人力资源和社会保障系统先进集体

县交通运输局:

2022 年度全省清廉交通建设成绩突出单位

县农业农村局:

浙江省农村宅基地工作成绩突出集体

全省新时代乡村集成改革工作成绩突出集体

县文广旅体局:

《幸福里的生活咿啰吔》获 2022 年“歌颂新时代 喜迎二十大”全省歌词大赛银奖

云和县医疗健康集团(县人民医院):

国家 PCCM 科规范化建设二级医院达标单位

“综合内科输血对象错误 RCA 分析”项目获 2022 年浙江省医院品管大赛综合组佳作奖

“缩短脑梗塞患者抢救室滞留时间”项目获 2022 年浙江省医院品管大赛综合组潜力奖

崇头镇中心卫生院第一家医团队:

2022 年浙江省“家医党员先锋团队”

县市场监管局：
质量技术综合监督管理科获 2022 年度浙江省优化营商环境工作成绩突出集体
2022 年全省药品检查工作成绩突出集体
县林发中心：
浙江省关注森林活动 15 周年成绩突出集体
浮云街道：
入选 2022 年度美丽城镇建设山区县县城城镇省级样板名单
元和街道：
2022 年度浙江省美丽乡村示范乡镇(街道)
凤凰山街道：
浙江省四星级乡镇(街道)食安办
浙江省农村文化礼堂建设示范乡镇(街道)
贵溪村入选省清廉村居建设示范村(居)名单
新岭村入选省美丽庭院特色村名单
新岭村入选 2022 年浙江省“一村万树”示范村名单
新岭村入选 2022 年度省级民族乡村共同富裕点
白龙山街道：
大坪社区妇女儿童驿站入选 2022 年度浙江省首批三星妇女儿童驿站名单
大坪社区入选全省首批共同富裕现代化基本单元“一老一小”服务场景名单
大坪社区入选浙江省 2022 年度第二批未来社区名单
崇头镇：
入选首批“浙江省摄影之乡”名单
浙江省湿地保护修复工作成绩突出集体
梅竹村入选第二批浙江省避暑气候胜地名单
三垟村、梅源村入选浙江省 2022 年度省级美丽示范村
梅源村入选省第十一批历史文化(传统)村落保护利用重点村名单
石塘镇：
小顺村入选浙江省第二批未来乡村名单
紧水滩镇：
“十里云河”县域风貌样板区入选浙江省 2022 年度第三批县域风貌样板区
赤石乡：
浙江省农村文化礼堂建设示范乡镇(街道)
赤石村入选第五批省级民族团结进步创建重点培育单位名单
安溪畲族乡：
入选 2022 年度美丽城镇建设省级样板名单
第五批省级民族团结进步创建重点培育单位
雾溪畲族乡：
入选 2022 年度美丽城镇建设基本达标城镇名单
云和县食用菌产业农合联(农民合作经济组织联合会)：
被认定为省级产业农合联
云和县金坞岭家庭农场：
被认定为浙江省水产健康养殖示范场
云和县清江生态龟鳖养殖专业合作社：
获评省级渔业共富主体称号
云和县金采油茶种植专业合作社：
获评省级第二批“一亩山 万元钱”高质量基地
云和县公益救援促进会：
被认定为 2022 年浙江省品牌社会组织
云和县天盛生态农业有限公司：
获评 2022 年浙江省美丽牧场
云和兴逸生态农业发展有限公司：
被认定为省级低碳生态农场
浙江和信玩具集团有限公司：
被认定为 2022 年浙江省文化产业示范基地
浙江兴昌钢球有限公司高精度长寿命钢球数字化车间：
被认定为 2022 年度第二批省级智能工厂(数字化车间)

全省第二批规范化离退休干部党支部(5 个)：
县人民法院机关离退休干部党支部
县生态林业发展中心离退休干部党支部
县老干部服务中心离退休干部党支部
县农业农村局离退休第一党支部
县税务局离退休干部党支部

浙江省第二批乡村博物馆(5 家)：
云和县银矿展示馆
瓯江船帮文化展示馆
农耕文化微博馆
畲族民俗文化展示馆

中国工农红军挺进师斗争史梅湾纪念馆

浙江省五星级农家乐(7家):

云上五天民宿客栈

归野酒店管理有限公司

浮云一盏民宿客栈

自正民宿管理有限公司

稻田民宿

花开初夏民宿

浙江一双人酒店管理有限公司

【全省先进个人】

叶志明(县纪委县监委)

全省纪检监察系统嘉奖表彰

张平仙(县信访局)

党的二十大信访安保工作成绩突出个人

叶云青(县委党校)

课程《共同富裕路上的乡村振兴——云和探索》获第八届浙江省党校系统精品课优秀奖

王晓庆(县法院)

全省法院系统平安护航党的二十大成绩突出个人

于伟东(县法院)

获荣誉天平纪念章

吴国栋(县检察院)

微课《"一线建模"助推大数据法律监督精准筛查》获2022年度全省检察优秀微课

章锣锣(县检察院)

省级优秀官方新媒体编辑

黄　芳(县民盟)

导演作品《云上五天》获2022年浙江省山区26县村歌故事会十佳村歌故事奖

蓝李俊(县公安局)

全省优秀人民警察

潘文察(县公安局)

除险保安百日攻坚、夏季治安打击整治"百日行动"成绩突出个人

吴　捷(县公安局)

荣立个人二等功

全省公安机关党的二十大安保维稳工作成绩突出个人(3人):

梅海波(县公安局)

王　振(县公安局)

蓝剑锋(县公安局)

华　斌(县人力社保局)

省人力资源和社会保障系统先进工作者

毛必田(县农村经营体制改革服务中心)

全省新时代乡村集成改革工作成绩突出个人

叶佳佳(县疾控中心)

"健康所系　浙里有你"主题宣传活动先进个人

刘冬冬(县人民医院)

2022年浙江省康复治疗职业技能竞赛个人优胜奖

刘慧琴(安溪畲族乡卫生院)

2022年浙江省优秀家庭医生

陈志程(石塘镇龙河村卫生室)

2022年浙江省"优秀乡村医生"

柳国平(县市场监管局)

"浙江省市场监督管理卫士"先进个人

刘淑君(县市场监管局)

2022年度浙江省优化营商环境工作成绩突出个人

王启明(县市场监管局)

2022年度浙江省市场监管安全保障工作成绩突出个人

王　俊(县市场监管局)

2022年度浙江省市场监管安全保障工作成绩突出个人

雷海燕(县市场监管局)

撰写论文获2022浙江省乡村振兴战略论坛征文活动优秀奖

杨文军(县市场监管局)

2022年度浙江省市场监管执法工作成绩突出个人

兰晨阳(县市场监管局)

2022年度食品安全工作成绩突出个人

温莉娜　陈　莉(县林发中心)

浙江省关注森林活动15周年成绩突出个人

柳俊杰　林智康(县华数公司)

省华数系统党的二十大安全保障工作先进个人

李叶鑫(县华数公司)

省华数系统党的二十大保障工作先进个人

浙江省"最美执委"(2人):

邱建英(县元和街道妇联主席)

雷章菊(县白龙山街道三门村妇联执委)

【全市先进集体】

云和县:

2022年度平安工作考核优秀县

全市平安护航党的二十大系列维稳安保工作成绩突出集体(9个):

县委宣传部(网信办)

县信访局
县教育局
县司法局
县人力社保局
县应急管理局
浮云街道
凤凰山街道
崇头镇

丽水市高质量绿色发展模范集体（4个）：

县经济商务局
县财政局
市生态环境局云和分局
县税务局

【全市先进个人】

全市平安护航党的二十大维稳安保和除险保安工作表现突出个人（2人）：

梅明明（县委政法委安全稳定指导科科长）
叶培文（县委政法委社会治理服务中心主任）

全市平安护航党的二十大系列维稳安保工作成绩突出个人（17人）：

林海波（县纪委县监委）
陈龙飞（县委组织部）
张　巍（县委统战部）
张梅珍（县委政法委）
吴应杰（县公安局）
叶世秋（县住建局）
王　晶（县市场监管局）
陈刘杰（县大数据和金融发展中心）
刘　敏（县工业园区管委会）
蓝　轲（县法院 ）
林雪婷（县检察院）
卓和霞（县除险保安工作专班）
吴　涛（元和街道）
何　俊（紧水滩镇）
叶金钦（赤石乡）
王　芳（安溪畲族乡）
李奕均（雾溪畲族乡）

撰写论文获丽水市第十六届自然科学优秀论文：

雷海燕（县市场监督管理局）

丽水市高质量绿色发展先进个人（10个）：

吴力耘（县发改局）
叶巧丽（县经济商务局）
祝海杰（县经济商务局）
梅莉军（县科技局）
阙伟春（县财政局）
杨亨钦（县财政局）
朱美云（县人力社保局）
毛小平（县自然资源和规划局）
何晓丽（县税务局）
叶　伟（县税务局）

【县级先进集体和先进个人】

2022年度县级综合考核、重点项目（重点工作）推进奖考核先进集体名单

表彰单位：县委　县政府（云委发〔2023〕6号）

一、乡镇(街道)综合考核优秀单位(3个)

崇头镇
浮云街道
石塘镇

二、乡镇(街道)综合考核优胜奖单位(1个)

白龙山街道

三、部门综合考核优胜奖单位（1个）

县公安局

四、重点项目（重点工作）推进奖考核先进单位

一等奖单位（3个）：

白龙山街道
县发改局
县检察院

二等奖单位（6个）：

崇头镇
县文广旅体局
县交通运输局
县自然资源和规划局
县水利局
元和街道

三等奖单位（10个）：

县财政局
县委组织部
县委宣传部
县农业农村局
县征收中心
县教育局
县卫健局
凤凰山街道
石塘镇
县农旅投公司

2022年度云和县推进共同富裕工作先进集体名单

表彰单位：县委　县政府（云委发〔2023〕8号）

一、现代社区建设

县民政局

浮云街道
元和街道狮山社区
白龙山街道大坪社区
凤凰山街道普光社区
二、职业技能提升行动
县委组织部
县财政局
县人力社保局
县农业农村局
县文广旅体局
三、“放管服”工作
县发改局
县市场监管局
县行政服务中心
县医保局
崇头镇
四、“山海协作”
县经商局
县经合中心
五、小徐未来社区项目
县司法局
县自然资源和规划局
县住建局
县综合执法局
县征收中心
元和街道小徐股份经济合作社
六、平安护航党的二十大维稳安保和除险保安工作
县委政法委
县信访局
县公安局
县应急管理局
元和街道
七、云和县模范集体
县疾控中心
县老李帮忙团服务中心

2022年度云和县推进共同富裕工作先进个人名单

表彰单位:县委 县政府
(云委发〔2023〕8号)

一、抓项目、促投资、稳增长“161”行动
县政协 王伟友
县信访局 陈琳瑶
县发改局 任军伟、许华芳
县经商局 祝海杰
县教育局 吴林辉
县财政局 赵丽俐
县自然资源和规划局 马健强
县住建局 王继东、周金虹
县交通运输局 陈志敏、朱建安
县水利局 叶佳伟、林 姿
县农业农村局 杨环锋
县文广旅体局 蔺武超
县卫健局 郑 剑
县统计局 潘冰释
市生态环境局云和分局 吴 芳
云和经开区 俞海波、何 浪
县征收中心 周 琳
县林发中心 易 为
浮云街道 蓝建军
元和街道 钟国人
白龙山街道 刘海斌
凤凰山街道 童 欣
崇头镇 张 霞、颜得华
石塘镇 江 成
赤石乡 张全敬
雾溪畲族乡 马婷婷
县城投公司 蒋晓付
县农旅投公司 董存富
正好集团云和分部 宋 立
二、现代社区建设
县委组织部 孙隆礼
县委政法委 叶培文
县民政局 严珊珊
县住建局 洪瑜瑜
县农业农村局 钟伟东
云和经开区 蔡志林
浮云街道 林海飞
浮云街道东门社区 江伟明
元和街道小徐社区 肖燕萍
凤凰山街道新华社区 王丽娅
三、职业技能提升行动
县人力社保局 魏伟妃
县民政局 王丽珍
县住建局 褚林非
县交通运输局 王敏云
县农业农村局 李旭敏
县文广旅体局 徐新芳
县卫健局 刘婷婷
县退役军人局 周乐飞
县应急管理局 金博洋
县市场监管局 徐慧琴
县中等职业技术学校 周圣成
县总工会 杨根火
团县委 王青青
县残联 练 涛
崇头镇 张金华
四、“放管服”工作
县人力社保局 黄 昕
县公安局 毛作其
县住建局 杨 琳
县行政服务中心 江丽云
白龙山街道灵际社区 兰小玲
五、“山海协作”

县委组织部　钟　婧
县发改局　陈兆松
县农业农村局　周莉娜
县文广旅体局　项洪飞
县经合中心　张凌云、沈　建
县供销联社　蓝利华
凤凰山街道　钟建明、蔡仕辉
白龙山街道　吴　伟
六、小徐未来社区项目
县委办　周世福
县纪委监委　叶金宝、吴丰元、朱　潇
县委党校　黄克波
县政协　王长荣
县教育局　叶志跃
县民政局　孙林鹏
县自然资源和规划局　王华军、徐丽红、潘月平
县住建局　毛连清
县农业农村局　杜　烨、董益禄
县医保局　毛芳娇
市生态环境局云和分局　蓝林金
县征收中心　蓝梓洋、王益鸣
凤凰山街道　宋欣怡
元和街道　郑云良、叶臻阳、陈胜文、蓝伟忠、续晓峰、胡旭芬、雷少华、兰刘星、刘伟健、郭凯翔、王海东
县城投公司　余呈伟
县工投公司　吴清科
七、235国道云和段改建工程项目建设
县纪委监委　余　芳
县发改局　阙祖元
县公安局　陈　琛、陈少波
县自然资源和规划局　毛小平
县交通运输局　张定谷、王　伟、华忠勇、阙　伟、刘欣宇
县征收中心　尚　靖
浮云街道　徐正忠、毛芳鑫
元和街道　邱世平
石塘镇　陈庆和、江佳才、吴必波、梅伟波
县交投公司　王庆敏、金碧伟、陈哲北、雷孙杰
县电力公司　钱　波
八、平安护航党的二十大维稳安保和除险保安工作
县委政法委　梅明明
县教育局　柳林静
县公安局　林　涛、叶雨茜
县住建局　蓝士荣
县交通运输局　叶宪平
县行政服务中心　叶金钦
县消防大队　周大火
浮云街道　许峥嵘
石塘镇　雷雅群
九、云和县劳动模范
县公安局　雷雄威
县文广旅体局　陈　君
县中等职业技术学校　季海平
县医疗健康集团　叶志君
浙江智木玩具股份有限公司　陈　华
浙江诚创精密机械股份有限公司　潘伟东
丽水尚威机械有限公司　梁　力
云和县清江生态龟鳖养殖专业合作社　卜伟绍
云和县一清农产品专业合作社　朱少华
白龙山街道大坪社区　刘　燕

2022年度人大代表建议和政协提案办理工作先进单位和先进个人名单

表彰单位：县委办　县人大办　县府办　县政协办
（云委办发〔2023〕3号）
一、建议提案办理工作先进单位名单（6个）
县民政局
县农业农村局
云和经开区
县教育局
县公安局
县文广旅体局
二、建议提案办理工作先进个人名单（10名）
周华健　县人大办
李玲玲　县府办
吴　浩　县府办
刘洪澈　县政协办
王丽珍　县民政局
刘谦周　县农业农村局
何　浪　云和经开区
王小燕　县教育局
余云校　县公安局
胡君鸿　县文广旅体局

2022年度优秀县人大代表和人大代表优秀建议名单

表彰单位：县人大常委会办公室
（云人大常办〔2023〕4号）
一、优秀县人大代表
1. 浮云街道代表小组：周传荣　张岳林

2. 元和街道代表小组：潘叶伟 张永福
3. 白龙山街道代表小组：林少龙 刘伟忠 邵建全
4. 凤凰山街道代表小组：李伟东 王旭芳
5. 崇头镇代表小组：柳启隆 杨小青 王建盈
6. 石塘镇代表小组：陈小明 兰军波
7. 紧水滩镇代表小组：蓝德信 肖开明
8. 赤石乡代表小组：卜广焕
9. 安溪畲族乡代表小组：洪广敏
10. 雾溪畲族乡代表小组：蓝国平
11. 经开区代表小组：姚伟丽

二、代表优秀建议

1. 叶李先代表领衔提出的《关于有序推进备案非标电动自行车淘汰工作建议》
2. 刘项龙代表领衔提出的《关于进一步完善村干部补贴的建议》
3. 徐必伟代表领衔提出的《关于尽快开工建设云和县茶产业公共服务中心(朱村茶叶加工交易市场)的建议》
4. 江 伟代表领衔提出的《关于预防青少年违法犯罪的建议》
5. 艾裕炎代表领衔提出的《关于深化教育强县的建议》
6. 练巧忠代表领衔提出的《关于打造“环云和湖经济带”建设的建议》
7. 柳绍轩代表领衔提出的《关于农村老人养老问题的建议》
8. 蓝国平代表领衔提出的《关于优化雾溪畲族乡下山转移政策的建议》
9. 金建忠代表领衔提出的《关于发展林光互补光伏发电项目促进村集体经济增收的建议》
10. 叶正忠代表领衔提出的《关于加强云和酿酒小作坊塑化剂管理的建议》
11. 张永平代表领衔提出的《关于在治理松材线虫病的同时跟进生态复绿的建议》
12. 魏永森代表领衔提出的《关于要求在祥云街文元中学—实验小学分校地段新建停车场的建议》
13. 王旭芳代表领衔提出的《关于适当增加社区工作者岗位数量的建议》
14. 叶德敏代表领衔提出的《关于要求规划云和县杨柳河工业园区南片区块基础道路建设的建议》

2022 年度先进委员组、优秀政协委员、优秀提案名单

表彰单位：县政协
（云政协〔2023〕3 号）

一、先进委员组

农业农村组
资源环境组
医卫社保组

二、优秀政协委员(排名不分先后)

丁 勤 毛春美 吕 毅 杜 烨
肖珂珂 吴丽琴 邱振宇 谷小红
张宪群 张媛媛 胡水香 柳伟波
骆递宾 徐仙娥 黄 芳 梅伟琴
彭慧慧 董益涛 雷海燕

三、优秀提案

1.《不拘一格育人才，千方百计引人才，助力县域经济高质量发展》
提案人(组)：工商联组
2. 打造高质量“万亩梨园”，拓宽共同富裕“快车道”的建议
提案人(组)：农业农村组
3. 关于加快建设现代化农业创业园的建议
提案人(组)：三胞民宗组
4. 关于推动云和木玩产业和老年健康养老融合发展的提案
提案人：马达飞
5. 充分挖掘木玩文化价值优势，打造“童话云和”城市文化 IP
提案人：黄 芳
6.《关于推动阀门行业向精深加工转型提升的建议》
提案人：练 飞
7. 木玩自动化产业的扶持和提升
提案人：吴海涛
8. 关于推进我县公职律师队伍建设的建议
提案人：杜 烨
9. 关于大力推动我县稻渔综合种养产业发展的提案
提案人：卜伟绍
10. 加强“流动供销致富车”规范化建设的建议
提案人：雷海燕
11. 关于将杨柳河工业园区打造成“美丽园区”的建议
提案人：赵旅军
12. 关于加强基层专业公共卫生应急队伍建设的提案

提案人：林　浩

2022年反映社情民意信息工作先进个人名单

表彰单位：县政协

（云政协〔2023〕4号）

毛春美　冯茜茜　沈　洋

赵小霞　唐　毅　雷海燕

2022年度全县党委、政务信息工作优秀单位和优秀个人名单

表彰单位：县委办、县府办

（室字〔2023〕9号）

一、党委信息

（一）优秀单位

A类：县水利局、县农业农村局、县财政局、县公安局、县检察院、县自然资源和规划局、县委宣传部

B类：云和经开区、县司法局、县卫健局、县交通运输局、县行政服务中心

C类：县融媒体中心、县档案馆、县征收中心、县委编办、县公积金中心

乡镇（街道）：赤石乡、紧水滩镇、元和街道、崇头镇、石塘镇

（二）优秀个人

叶晶晶（县水利局）、项大圣（县农业农村局）、魏建荣（县财政局）、余云校（县公安局）、李海洋（县检察院）、寿笠凯（县自然资源和规划局）、王晓晔（县委宣传部）、蓝萍萍（云和经开区）、张紫君（县司法局）、张雪韵（县卫健局）、李玲（县交通运输局）、徐鑫涛（县行政服务中心）、廖彬辰（县融媒体中心）、邱燕萍（县档案馆）、陈樱名（县征收中心）、刘鑫悦（县委编办）、吴盼盼（县公积金中心）、席淑红（县综合执法局）、叶秀华（赤石乡）、宋凯丰（紧水滩镇）、吴江钏（元和街道）、夏梦琦（崇头镇）、沈洋（石塘镇）、练淼根（浮云街道）、艾月娥（雾溪乡）

二、政务信息

（一）优秀单位

A类：县财政局、县人力社保局、县市场监管局、县经商局、县文广旅体局、县民政局

B类：县税务局、县交通运输局、县统计局、县医保局

C类：县供销联社、县退役军人事务局、县审计局

乡镇（街道）：崇头镇、石塘镇、浮云街道、赤石乡、紧水滩镇

（二）优秀个人

魏建荣（县财政局）、李沂蔓（县人力社保局）、邱琪（县市场监管局）、方辉（县经商局）、罗春蕾（县文广旅体局）、项宗辉（县医保局）、王艺（县税务局）、叶玲（县交通运输局）、刘宁（县供销联社）、夏梦琦（崇头镇）、阙雨婷（石塘镇）、项德忠（县公安局）、项大圣（县农业农村局）、方卉子（县卫健局）、吕丹（县科技局）、张紫君（县司法局）、吴楠（市生态环境局云和分局）、赵宇（县综合执法局）、艾月娥（雾溪乡）

2022年度云和县优秀助企服务员名单

表彰单位：县精准服务企业工作领导小组办公室（云企服办〔2023〕2号）

毛剑锋　云和县委办改革协调科科长

刘　艳　云和县税务局机关党委党建工作股股长

叶巧丽　云和县经商局企业科副科长（主持工作）

季柳贵　共青团云和县委青少年宫副主任

王小荣　云和县司法局和中心事务科科长

陈琳瑶　云和县统一政务咨询投诉举报服务中心副主任

朱伟波　云和县校舍建设中心负责人

徐展鹏　云和县委组织部两新服务中心主任

程亚芳　云和县科技局科技创新服务中心工作人员

梅育源　云和县社会经济调查队副队长

罗忠政　云和县纪委县监委办公室副主任

刘谦周　云和县农业农村局社会发展科副科长

2022年云和县主要组织机构及负责人名录

【中国共产党云和县委员会】

书　记：李忠伟

副书记：周鸿飞　陈　卿

常　委：胡　坚（12月止）

周　坚　黄伟杰

孙开用　傅雅涛

许文金　赖小文

舒坚阳　梅　华

谢岩伟（12月起）

【云和县人民代表大会常务委员会】

主　任：叶晓勇

副主任：林建文（2月起）

陈伟忠（2月起）

叶长火（2月起）

刘伟玲（2月起）

柳成东（2月起）

林志龙（2月起）

黄文伟（2月止）

柳春华（2月止）

谢云生（2月止）

彭招平（2月止）

叶晓伟（2月止）

魏启勤（2月止）

党组书记：叶晓勇

党组副书记：林建文

人大常委会办公室

主　任：雷长育

副主任：王伊健

机关党组书记：雷长育

机关党组副书记：邱伟荣（3月止）

韦望荣（3月起）

人大财政经济委员会

主任委员：黄文伟（2月止）

柳成东（2月起）

副主任委员：任乐群（2月止）

梁必武（12月止）

邢春苗（2月止）

魏唐华（2月起）

毛晓伟（2月起）

人大法制和监察司法委员会

主任委员：谢云生（2月止）

刘伟玲（2月起）

副主任委员：王思罢

叶毅夫（2月止）

李建宁（2月止）

宋韶峰（2月起）

人大社会建设委员会

主任委员：彭招平（2月止）

刘伟玲（2月起）

副主任委员：王永春

张慧丽（9月止）

陈春伟（9月起）

齐荣军（2月起）

人大常委会法制和监察司法工作委员会

主　任：王思罢

副主任：高文胜

人大常委会代表与选举任免工作委员会

主　任：韦望荣

副主任：王维健

人大常委会教育科技文化卫生工作委员会

主　任：邱伟荣（3月止）

陈婧伊（3月起）

人大常委会财政经济工作委员会

主　任：任乐群（3月止）

魏唐华（3月起）

副主任：戴建英

人大常委会农业与农村工作委员会

主　任：李林平

副主任：贺　凌

人大常委会城乡建设与环境资源工作委员会

主　任：李水平

副主任：王伟荣

人大常委会社会建设工作委员会

主　任：王永春

副主任：刘伟峰

【云和县人民政府】

县　长：周鸿飞（2月起）

副县长：傅雅涛

胡　坚（2月起，12月止）

谢岩伟（2月起）

孙开用

周　坚（1月止）

缪磊磊（9月止）

颜　韬

江　静

蓝利明

李爱勇（2月起）

胡　翔（12月起）

赵建勇（12月起）

党组书记：周鸿飞

党组副书记：傅雅涛

【中国人民政治协商会议云和县委员会】

主　席：王新荣（2月止）

章作飞（2月起）

副主席：王沿伟（2月止）

徐志雄（2月起）

陈　岑

叶长火（2月止）

刘伟玲（2月止）

吕　明（2月起）

党组书记：章作飞

党组副书记：徐志雄

秘书长：蓝永平（1月止）

颜元祖（1月起）

副秘书长：谢　勇（3月止）

周　誉

机关党组书记：蓝永平（1月止）

颜元祖（1月起）

机关党组副书记：谢　勇（3 月止）

政协办公室

主　任：蓝永平（3 月止）

　　　　颜元祖（3 月起）

副主任：谢　勇（3 月止）

政协提案委员会

主　任：包群伟（3 月止）

　　　　王伟友（3 月起）

副主任：（空）

政协委员工作委员会

主　任：董士林（3 月止）

　　　　刘伟华（3 月起）

副主任：周　朵

政协经济委员会

主　任：陈吉望

副主任：项文伟（3 月止）

政协农业和农村委员会

主　任：刘伟华（3 月止）

　　　　项文伟（3 月起）

副主任：胡承兄（3 月止）

　　　　周春波（3 月止）

政协人口资源环境委员会

主　任：柳　源

副主任：雷汉雄

政协教育科技卫生体育委员会

主　任：叶　俊

副主任：（空）

政协社会法制和民宗港澳台侨委员会

主　任：蓝丽芳（3 月止）

　　　　包群伟（3 月起）

副主任：（空）

政协文化文史和学习委员会

主　任：邱长书（3 月止）

　　　　董士林（3 月起）

【其他县处级领导】

保留正县级待遇：雷一坤

保留副县级待遇：彭平生

　　　　　　　　林李平

　　　　　　　　余高进

【中共云和县纪律检查委员会云和县监察委员会】

纪律检查委员会

书　记：舒坚阳

副书记：叶金宝　叶志明

常　委：吴丰元

　　　　余建林（5 月止）

　　　　王少艳（10 月起）

　　　　徐　会

　　　　刘海波（2 月起）

监察委员会

主　任：舒坚阳

副主任：唐　欣（1 月止）

　　　　叶志明

委　员：吴丰元

　　　　叶汝健（5 月止）

　　　　林上泉

　　　　刘海波（5 月起）

　　　　沈昺丞（5 月起）

办公室

主　任：林　海（5 月止）

干部室

主　任：（空）

宣传教育室

主　任：徐　会（2 月止）

　　　　彭慧慧（2 月起）

党风政风监督室

主　任：彭　飞

信访室

主　任：林海波

机关专职副书记：褚夏斌

第一纪检监察室

主　任：沈昺丞（5 月止）

第二纪检监察室

主　任：练建都（5 月止）

第三纪检监察室

主　任：（空）

第四纪检监察室

主　任：吴建飞

案件审理室

主　任：练和云（10 月止）

　　　　毛荣付（12 月起）

案件监督管理室

主　任：刘小春

派驻纪检监察组

派驻第一纪检监察组

组　长：王雪梅

副组长：雷光斌　王晓为

派驻第二纪检监察组

组　长：吴爱红

副组长：柳益平　刘　君

派驻第三纪检监察组

组　长：张成通

副组长：柳　敏

派驻第四纪检监察组

组　长：方有德

副组长：张菲菲

派驻第五纪检监察组

组　长：官玉和（10 月止）

　　　　练和云（10 月起）

派驻第六纪检监察组

组　长：杨进寿（5 月止）

　　　　余　芳（5 月起）

派驻县委组织部纪检监察组（县委直属机关纪检监察工委）

组　长（书记）：雷永东

派驻县公安局纪检监察组
组　长:叶亚飞
派驻县人民法院纪检监察组
组　长:叶铭亮
派驻县人民检察院纪检监察组
组　长:林伟兵

【云和县人民法院】
院　长:郭　俊
常务副院长:黄绍林(12月止)
副院长:杨剑琼　李益红
政治部主任:黄为民
执行局局长:蔡　勇
审判委员会专职委员:
于伟东　刘　婵
吴晓明(7月起)
党组书记:郭　俊
党组副书记:黄绍林

【云和县人民检察院】
检察长:陈　乐
常务副检察长:(空)
副检察长:余良伟　李佳妮
政治部主任:蔡平平(12月止)
徐宇波(12月起)
检察委员会专职委员:
刘金树(12月止)
雷丽梅
党组书记:陈　乐
党组副书记:(空)

【县委工作部门】
县委办公室[台湾工作办公室(县政府台湾事务办公室)]
县委办公室
主　任:周世福(3月起)
副主任:谢岩伟(3月止)
邱德锋(3月止)
江佳杰(3月止)
吴巧媛
唐　欣(1月起)
余建林(5月止)
张平仙(兼)
台湾工作办公室(县政府台湾事务办公室)
主　任:周世福(3月起)
副主任:张小丽
保留副科级干部:陈善军
组织部
部　长:黄伟杰
常务副部长:林志龙(3月止)
魏　斌(3月起)
副部长:叶府平(3月止)
孔祥丰(3月止)
雷春华(6月起)
林　燕(3月起)
项丽芳(兼)
项宗荣(兼)
陈　俊(兼)
县委人才工作领导小组办公室
专职副主任:杜梅斌
县委新经济与新社会组织工作委员会
书　记:叶府平(3月止)
雷春华(6月起)
副书记:雷海峰
梁伟华(兼)
余　芳(兼)(5月止)
吴巧红(兼)(6月起)
郭丽莉
直属机关工作委员会
书　记:黄伟杰
常务副书记:叶府平(3月止)
雷春华(6月起)
专职副书记:林　燕(3月止)
林　海(5月起)
宣传部
部　长:梅　华
常务副部长:陈婧伊(3月止)
杨恒斌(3月起)
副部长:廖海英　叶小平
社会科学界联合会
主　席:廖海英
副主席:彭慧慧(2月止)
阮宏波(6月起)
统一战线工作部
部　长:赖小文
常务副部长:梁超炜
副部长:梁伟华(兼)
徐金玲
徐宇波(12月止)
蔡平平(12月起)
民族宗教事务局
局　长:徐宇波(12月止)
徐金玲(12月起)
县政府侨务办公室
主　任:梁超炜
归国华侨联合会
主　席:梁超炜
专职副主席:吴　汛
政法委员会
书　记:陈　卿
常务副书记:张小伟
副书记:李爱勇(兼)
柳奕红(6月止)

徐伟俊
董伟平(6月起)
政治处主任:董春虹
巡察工作领导小组办公室
主　任:叶志明(10月止)
王少艳(10月起)
副主任:陈晓波
县委巡察组
组　长:王少艳(10月止)
朱林宝
官玉和(10月起)
副组长:叶　敏　叶洪伟
蓝志方　雷华兴
陈　烽
副科级巡察专员:
阙祖飞　黄法金
李丽红　黄小琴
县委机构编制委员会办公室
主　任:陈　俊
副主任:吴巧红(6月止)
柳奕红(6月起)
王明友(12月起)
县委、县政府信访局
局　长:张平仙
副局长:吴永贵　刘　蓉
信访督查专员:刘海鑫

【县政府工作部门】
政府办公室
主　任:徐建明(3月止)
朱振华(3月起)
副主任:叶金宝(1月止)
郑云良(3月止)
赵志军(3月止)
项大伟　王建平
徐雪飞　李云伟
卢　飞
马叶俊(3月起)
吴孔平(3月起)
党组书记:徐建明(3月止)
朱振华(3月起)
发展和改革局
局　长:任军伟
副局长:张盛武
雷魏芳(6月止)
曹海平(6月止)
吴锗珊(挂职)
总工程师:阙祖元
党组书记:任军伟
社会建设委员会
专职副主任:夏俊燕(5月起)
经济商务局
局　长:蓝雪飞
副局长:王明友(12月止)
钱　瑾(2月起)
总经济师:练　飞
党组书记:蓝雪飞
国际贸易促进委员会
会　长:蓝雪飞(8月起)
副会长:毛昌财(8月起)
教育局
局　长:刘定华(3月止)
邱德锋(3月起)
副局长:吴林辉　杨恒勇
邹永文
陆书伟(挂职)(12月起)
教育督导员:柳林静(3月止)
县政府专职副总督学:
柳林静(3月起)
党组书记:刘定华(3月止)
邱德锋(3月起)
科技局
局　长:官军军
副局长:咸德征(6月止)
季　剑(6月起)
党组书记:练奕万
公安局
局长、督察长:李爱勇
政　委:邱发强
副局长:周仁礼　赖建平
俞海波(5月止)
阙夏波(5月起)
副政委:陈小平
党委书记:李爱勇
党委副书记:邱发强
政治处主任:邱寒冰
交警大队大队长:黄叶银
交警大队教导员:项　明
看守所(拘留所)所长:王　骏
治安大队大队长:徐晓军
刑侦大队大队长:周丽荣
禁毒大队大队长:林德法
保留副科级干部:毛作其
民政局
局　长:李叶平(3月起)
副局长:余　芳(5月止)
高　诚
吴巧红(6月止)
党组书记:李叶平(3月起)
司法局
局　长:颜元祖(3月止)
赵志军(3月起)
副局长:刘海波(2月止)
卢永波(6月止)
叶汝健(5月起)

政治处主任：王　芳
党组书记：颜元祖（3 月止）
　　　　　赵志军（3 月起）

财政局

局　长：柳成东（3 月止）
　　　　叶府平（3 月起）
副局长：黄育金　吴林娟
　　　　杨亨钦（12 月起）
总会计师：蓝波成
党组书记：柳成东（3 月止）
　　　　　叶府平（3 月起）
党组副书记：黄育金
党组专职副书记：王丽华
财政监督局局长：舒　瑾

国有资产管理委员会办公室党委

书　记：柳成东（3 月止）
　　　　叶府平（3 月起）
副书记：（空）

人力资源和社会保障局

局　长：项宗荣
副局长：蔡　礼　姜　轸
党组书记：项宗荣

自然资源和规划局

党组书记：周华伟（7 月止）
　　　　　穆晓通（7 月起）
局　长：穆晓通（7 月起）
副局长：魏伟明
　　　　潘月平（8 月止）
总规划师：马健强

森林公安局（森林警察大队）

局长（大队长）：宋有芝
保留副科级干部：陈伟军

住房和城乡建设局

局　长：吕　明（3 月止）
　　　　邢决功（3 月起）
副局长：叶世秋
　　　　王荣启（6 月止）
　　　　王继东
　　　　毛连清（6 月起）
　　　　刘文文
总工程师：范曾琛（6 月止）
　　　　　江林峰（6 月起）
党组书记：杨恒斌（3 月止）
　　　　　邢决功（3 月起）

交通运输局

局　长：毛华锋
副局长：叶文伟　叶永平
　　　　张定谷
　　　　晏江驰（挂职）（12 月起）
总工程师：江林峰（6 月止）
　　　　　范曾琛（6 月起）
党组书记：毛华锋

交通运输行政执法队

队　长：毛华锋
专职副队长：王庆敏（5 月止）
　　　　　　黄　剑（12 月起）

邮政管理局

局　长：毛华锋（兼）（3 月起）
副局长：吴　东（5 月起）

水利局

局　长：汤建飞
副局长：李向军
　　　　毛连清（6 月止）
　　　　刘　伟（10 月起）
党组书记：汤建飞
总工程师：官剑锋（8 月止）

农业农村局

局　长：叶晓彬
副局长：彭石伟（3 月止）
　　　　杨环锋　赵丽萍
　　　　钟伟东（3 月起）
总农艺师：余伟丽　凌益春
党组书记：叶晓彬
党组副书记：杨环锋（8 月起）

农业行政执法队

队　长：叶晓彬
专职副队长：高启龙

文化和广电旅游体育局

局　长：朱振华（3 月止）
　　　　吴广丰（3 月起）
副局长：季绍斌　张启水
　　　　项洪飞（挂职）
　　　　方柔嘉（挂职）（12 月止）
　　　　胡国生（挂职）（12 月起）
总工程师：胡凌凌
党组书记：朱振华（3 月止）
　　　　　吴广丰（3 月起）

文化市场行政执法队

队　长：朱振华（3 月止）
　　　　吴广丰（3 月起）
专职副队长：陈励耕

卫生健康局

局　长：刘伟彪
副局长：郑　剑
　　　　蓝张蔚
党委书记：刘伟彪
专职副书记：张晓东
计划生育协会副会长：梅伟琴

退役军人事务局

局　长：武　燚
副局长：林建明
　　　　阙陈通（6 月止）
　　　　咸德征（6 月起）
　　　　金　威（兼）（6 月起）
党组书记：武　燚

应急管理局
局　长:叶通海(3月止)
　　孔祥丰(3月起)
副局长:徐志强　董盛强
　　秦　志
党委书记:叶通海(3月止)
　　孔祥丰(3月起)
党委副书记:徐志强

审计局
局　长:颜柏林
副局长:魏唐华(7月止)
　　易火伟
　　刘礼玲(7月起)
总审计师:郑成文

经济责任审计联席会议办公室
主　任:(空)
党组书记:颜柏林

市场监督管理局
局　长:吴广丰(3月止)
　　刘定华(3月起)
副局长:肖建伟　吴王焕
　　叶雪芳(8月止)
　　吴伟勇(8月起)
总工程师:章首林
党组书记:吴广丰(3月止)
　　刘定华(3月起)
党组副书记:(空)

市场监管行政执法队
队　长:吴广丰(3月止)
　　刘定华(3月起)
专职副队长:王　伟

城西市场监管所
所　长:彭金生

统计局
局　长:余　媛
副局长:季　剑(6月止)
　　颜　青(12月起)
总统计师:颜　青(12月止)
　　杜学锋(12月起)
党组书记:余　媛

医疗保障局
局　长:王长荣
副局长:杨建飞　肖　静
党组书记:王长荣

综合行政执法局
局　长:邱荣宴
副局长:吴　东(5月止)
　　柳伟方　夏　阳
　　卢永波(6月起)
党组书记:邱荣宴

丽水市生态环境局云和分局
党组书记:李禄伟
局　长:李禄伟
副局长:项文平　刘　巍
总工程师:王锋(3月起)

生态环境保护综合行政执法队
队　长:李禄伟

【事业单位】

浙江云和经济开发区
主　任:魏　斌(5月止)
　　俞海波(5月起)
副主任:郭丽莉　蔡志林
　　李朝阳(3月止)
　　易健敏(10月止)
　　阙陈通(6月起)
总工程师:徐　斌
党委书记:魏　斌(5月止)
　　俞海波(5月起)
党委副书记:郭丽莉

党　校
校　长:黄伟杰
常务副校长:黄克汥
副校长:王丽琴(6月止)
　　叶跃平
　　骆递宾(6月起)
教育长:骆递宾(6月止)
　　方正华(6月起)
校务委员会主任:黄克汥

行政学校
校　长:傅雅涛
常务副校长:黄克汥

社会主义学校
校　长:赖小文
常务副校长:黄克汥

全面深化改革服务中心
副主任:朱玉杰
　　张钦炜(6月止)
　　杨伟华(6月起)
　　叶彬彬

社会治理中心
主　任:陈　卿(10月起)
党组书记:占大鲸(10月起)
常务副主任:占大鲸(10月起)
副主任:洪跃根(10月起)

大数据和金融发展中心
副主任:凌益菲(10月起)
　　官剑锋(10月起)
　　王　波(10月起)
　　王育信(12月起)

档案馆
馆　长:张盼星
副馆长:魏世荣　宋世明

老干部服务中心
主　任:项丽芳

副主任:李成东
叶雪芳(8月起)
党组书记:项丽芳

离退休干部工作委员会

书　记:项丽芳
专职副书记:李彩凤(8月止)
叶雪芳(8月起)

融媒体中心

主　任:朱登峰
总　编:(空)
副主任:阮宏波(6月止)
兰根成(10月起)
总　编:徐松青(5月起)
副总编:严晶晶
徐松青(5月止)
党组书记:朱登峰
总工程师:兰根成(10月止)

综合指挥和大数据中心

主　任:占大鲸(10月止)
副主任:董伟平(6月止)
吴伟勇(8月止)
王　波(6月起,10月止)
官剑锋(8月起,10月止)
总工程师:洪跃根(10月止)
党组书记:占大鲸(10月止)

行政服务中心

党组书记:邱向明
主　任:潘　峥(10月止)
邱向明(10月起)
副主任:魏利伟
林友平
李　俐(10月起)

机关事务保障中心

主　任:林珊珊
副主任:田　颖　陈伟飞
党组书记:林珊珊

经济合作交流中心

党组书记:王燕萍
主　任:王燕萍
副主任:钱　瑾(2月止)
张丽华
张钦炜(6月起)
张凌云(挂职)
沈　建(挂职)

土地和房屋征收工作指导中心

主　任:卢进斌
副主任:周　琳　吴小峰
党组书记:卢进斌

生态林业发展中心

主　任:徐向前
副主任:曾秋敏(8月止)
蓝振荣
吴丽萍(10月起)
吴　杰(12月起)
总工程师:吴丽萍(10月止)
党组书记:徐向前

旅游发展中心

主　任:穆晓通(7月止)
副主任:毛根伟(10月止)
徐见化　吴奔细
项光朝
党组书记:穆晓通(6月止)
吴广丰(8月起)

移民工作中心

主　任:张文军

供销合作联合社

主　任:蓝利华
副主任:钟　骅
党组书记:李叶平(3月止)
江佳杰(3月起)

丽水市住房公积金管理中心云和分中心

主　任:张　莹
副主任:(空)

【民主党派】

中国民主同盟云和县基层委员会

主　委:陈　岑
副主委:叶　峰　贺　凌

【部分群众团体】

总工会

主　席:桑旭婷
副主席:李　俐(10月止)
徐剑琴(10月起)
周新余
党组书记:桑旭婷

团县委

书　记:季国林(6月止)
杨菲菲(6月起)
副书记:叶佳卉(10月止)
华海军(3月起)
柳国平(12月起)

妇女联合会

主　席:练晓锋
副主席:黄　娅　张媛媛
任文彦
党组书记:练晓锋

科学技术协会

主　席:朱伟文(3月止)
蓝丽芳(3月起)
副主席:(空)
党组书记:李建康

文学艺术界联合会

主　席:钱松伟

副主席：张彦良
党组书记：钱松伟
残疾人联合会
理事长：邱伟生（10 月止）
　　　　潘　峥（10 月起）
副理事长：徐剑琴（10 月止）
　　　　　练　涛
党组书记：邱伟生
红十字会
会　长：（空）
专职副会长：宋韶峰（3 月止）
　　　　　　谢　勇（3 月起）
工商业联合会
主　席：王伟友（3 月止）
　　　　吕　明（3 月起）
常务副主席：梁伟华（3 月起）
副主席：李朝阳（3 月起）
党组书记：梁伟华
关心下一代工作委员会办公室
主　任：王阶才（3 月止）
常务副主任：项丽芳（兼）
专职副主任：王阶才（3 月起）

【中央、省和县双重管理部门】
国家税务总局云和县税务局
局　长：曹国勇
副局长：王海伟　王素梅
　　　　尤小兵　梅丽伟
纪检组组长：吴宇斐
党委书记：曹国勇
凤凰山税务分局
局　长：（空）
国网云和县供电公司
执行董事：钱　波
总经理：（空）
纪委书记：赵利挺
副经理：刘海俊（10 月止）
　　　　肖国磊（10 月起）
　　　　吴林洋
党委书记：金华芳
党委副书记：钱　波
气象局
局　长：刘海英（12 月止）
副局长：罗骏华（12 月止）
　　　　林子翔（12 月起）
　　　　黄庆华（12 月起）
　　　　刘银峰
党组书记：刘海英（12 月止）
烟草专卖局（分公司）
局长（经理）：章建军
副局长：蓝　峰
纪检组组长：蓝　峰
副经理：梅振中
党组书记：章建军
中国邮政集团公司浙江省云和县分公司
总经理：叶黎华
副总经理：杜巧森
纪委书记：杜巧森
党委书记：叶黎华
中国人民银行云和县支行
行　长：叶银龙
副行长：黄文云　李勇敏
纪检组组长：黄文云
党组书记：叶银龙
中国工商银行云和县支行
行　长：葛建华
副行长：刘春霞　陈娟英
中国建设银行云和县支行
行　长：江　舟
副行长：齐爱民
中国农业银行云和县支行
行　长：陈　晟
副行长：张庆伟
纪委书记：吴俊晖
党委书记：陈　晟
中国农业发展银行云和信贷组
主　任：朱志鹏
浙江云和农村商业银行股份有限公司
董事长：郑旭勇
行　长：季晓伟
副行长：刘李锋　李中铝
监事长：毛益平
纪委书记：毛益平
党委书记：郑旭勇
邮政储蓄银行云和县支行
行　长：徐　健
副行长：潘小明
中国电信云和分公司
总经理：唐　亮（3 月止）
副总经理：林祖伟
　　　　　吴瑾瑜
　　　　　程昌斌（3 月起）
党委书记：唐　亮（3 月止）
党委副书记：吴瑾瑜（3 月起）
中国移动云和分公司
总经理：周绍友
副总经理：吴雪琴
中国联通云和分公司
总经理：李　彦
副总经理：胡治滨
中国人保财险公司云和县支公司
经　理：蔡伟荣
中国人寿保险公司云和县支公司
经　理：吴云涛

云和广播转播台

台　长:邹启明

【部分事业企业单位】

金融发展中心

主　任:凌益菲(10月止)

支部委员会书记:

凌益菲(10月止)

新闻网络中心

主　任:倪　操

社会保险事业服务中心

主　任:蓝国华

支部委员会书记:蓝国华

交通运输发展中心

主　任:徐建平

支部委员会书记:徐建平

乡村振兴指导服务中心

主　任:徐仙娥

支部委员会书记:徐仙娥

云和中学

校　长:陈春伟(8月止)

袁明月(8月起)

副校长:张伟琴　张成友

党总支书记:陈春伟(8月止)

党总支副书记:柳伟忠(8月止)

第二中学

校　长:费建中

党总支书记:练蓓蓓

第三中学

校　长:徐立民

党总支书记:林伟琴(8月止)

中等职业技术学校

校　长:陈伟华

副校长:张华燕(8月止)

吴根荣　王柳娟

党总支书记:陈伟华

党总支副书记:陈剑和(8月止)

林伟琴(8月起)

浙江广播电视大学云和分校

校　长:刘智育(5月止)

党支部书记:苏立群

医疗健康集团

院　长:陈　岑

党委书记:毛晓伟

副院长:潘晓峰　洪广秋

官兴荣　蓝文广

党委副书记:汤玉和

人民医院

院　长:陈　岑

党总支书记:毛晓伟

执行院长:周崇斌(挂职)(12月止)

王济纬(挂职)(12月起)

副院长:潘晓峰　洪广秋

官兴荣　蓝文广

中医院

院　长:陈　岑

副院长:潘晓峰　洪广秋

官兴荣　蓝文广

党支部书记:汤玉和

富云国有资产投资有限公司

董事长、书记:洪永波

专职副书记、纪委书记:陈德明

副总经理:赫英涛

朱志鹏(挂职)(7月起)

刘　海(12月起)

城市建设投资集团有限公司

副总经理:刘根明　蒋晓付

交通投资有限公司

董事长、总经理:王庆敏

副总经理:叶时伟(6月起)

农旅投资运行有限公司

董事长、总经理:董存富

副总经理:季时芬　刘祖斌

工投经济开发有限公司

董事长、总经理:徐见化

副总经理:石余福

【乡镇、街道】

浮云街道

党工委书记:王燕梅

党工委副书记:

钟鼎春　柳盼盼

刘少伟　吴小军(挂职)

赖仙龙(挂职)(5月起)

党工委委员:

季时长　叶　俊

蓝　敏　徐雨欣

董益涛　陈　平

办事处主任:钟鼎春

办事处副主任:

叶　俊　徐正忠

杨恒贵　刘　伟(10月止)

纪工委书记:季时长

人大工委主任:蓝建军

人大工委副主任:余火亮

元和街道

党工委书记:周世福(3月止)

郑云良(3月起)

党工委副书记:

叶臻阳　陈胜文

马芳芳　徐　晨(挂职)

党工委委员:

李旭波　肖珂珂

杨菲菲(6月止)

李彩凤(8月起)

续晓峰　蓝伟忠
胡旭芬
办事处主任：叶臻阳
办事处副主任：
蓝伟忠　罗俊青
王华军　黄伟堂
纪工委书记：李旭波
人大工委主任：袁石忠
人大工委副主任：项仁来

白龙山街道

党工委书记：高时圣
党工委副书记：
张　悦（3月止）
黄亚飞（6月起）
毛作跃（6月止）
刘　卿
易健敏（10月起）
林科吉（挂职）
党工委委员：
项德华　李　丹
李宏杰　许少王
林海飞　吴　卉
梅海波（兼）（6月止）
陈玉荣（兼）（6月起）
办事处主任：张　悦（3月止）
黄亚飞（6月起）
办事处副主任：
李　丹　王思雄
刘海斌　杜学锋（12月止）
纪工委书记：项德华
人大工委主任：黄亚飞（6月止）
毛作跃（6月起）
人大工委副主任：蓝卫国

凤凰山街道

党工委书记：黄俊毅
党工委副书记：
雷春华（6月止）
雷魏芳（6月起）
张伟杰
叶建军
蔡仕辉（挂职）
李　振（挂职）（5月起）
党工委委员：
官新荣（10月止）
林敏春　严海虹
叶海龙　童　欣
刘晓东
叶佳卉（10月起）
阙夏波（兼）（5月止）
蓝李俊（兼）（5月起）
办事处主任：雷春华（6月止）
雷魏芳（6月起）
办事处副主任：
官新荣（10月止）
叶海龙（10月起）
陈　炜　夏　宁
董祥健
纪工委书记：林敏春
人大工委主任：陈晓华
人大工委副主任：吴知醒

崇头镇

党委书记：刘　锋
党委副书记：
张　霞　马晓玲
梅　灵（5月起）
陈桂江（挂职）
党委委员：李　锋　张金华
陈雅璐　袁雅玲
李凌霄　傅绍康
董存富（6月止）
季国林（6月起）
陈玉荣（兼）（6月止）
刘　杰（兼）（6月起）
镇　长：张　霞
副镇长：董存富（6月止）
季国林（6月起）
林永红　张红燕
王仁利　朱国林
纪委书记：李　锋
人大主席：林华勋
人大副主席：蓝少荣

梯田景区管理委员会

主　任：刘　锋（兼）（10月起）
专职副主任：毛根伟（10月起）

石塘镇

党委书记：张　毅
党委副书记：马叶俊（3月止）
赖祝鑫（6月止）
廖景涛　卢　春
王剑芳（挂职）（5月起）
党委委员：陈庆和　胡柳燕
陈　捷　郑琳健
蓝夏薇　叶海丰
梅　灵（兼）（5月止）
陈相东（兼）（6月起）
镇　长：马叶俊（3月止）
副镇长：陈庆和　袁杨芳
柳　晔　江佳才
叶伟林
纪委书记：胡柳燕
人大主席：俞伟良
人大副主席：楼海东（12月止）
江礼胜（12月起）

紧水滩镇

党委书记：李海芳
党委副书记：王　峰　何　俊
丁　毅（挂职）
党委委员：徐海平　金叶剑

卢春芳　华　栋(兼)
严　沁　郑成平
雷龙斌
镇　长:王　峰
副镇长:金叶剑　赵劲松
吕　毅　王　婧
纪委书记:徐海平
人大主席:李　伟
人大副主席:(空)

赤石乡

党委书记:蒋　浩(3 月止)
党委副书记:
刘　鑫　叶金钦
石　磊(挂职)(5 月起)
党委委员:杨亨忠　宋志明
潘利安　严伟芳
程　阳　蓝剑梅
乡　长:刘　鑫
副乡长:江礼胜(12 月止)
张　勤　韦房珈
纪委书记:严伟芳
人大主席:叶挺凡
人大副主席:(空)

安溪畲族乡

党委书记:邢决功(3 月止)
张　悦(3 月起)
党委副书记:蓝　涛
夏俊燕(3 月止)
官新荣(10 月起)
季建荣(挂职)(5 月止)
李　甬(挂职)
陈央伟(挂职)(5 月起)
党委委员:夏俊燕　林　煊
温伟斌
安　蔚(10 月止)
张全敬　蓝阳丰
乡　长:蓝　涛
副乡长:张全敬　赵雪华
梅　浩
纪委书记:林　煊
人大主席:叶晓波
人大副主席:(空)

雾溪畲族乡

党委书记:黄立君(12 月止)
党委副书记:
蓝　菲　李奕均
周永红(挂职)(5 月起)
党委委员:柳　亘
曹海平(6 月止)
安　蔚(10 月起)
艾月娥　叶　盛
乡　长:蓝　菲
副乡长:曹海平(6 月止)
安　蔚(10 月起)
马婷婷
纪委书记:柳　亘
人大主席:王永春
人大副主席:(空)

(县委组织部提供)

社区"两委"主要负责人名录

所属街道	社区名	党委书记、居委会主任
浮云街道	中山社区	王碧红
浮云街道	浮云社区	朱锡煌
浮云街道	青阳门社区	余伟红
浮云街道	东门社区	雷建梅
元和街道	小徐社区	彭伟红
元和街道	狮山社区	李芬芳
元和街道	元和社区	梅丽萍
白龙山街道	大坪社区	刘　燕
白龙山街道	黄水碓社区	刘伟忠
白龙山街道	灵际社区	雷海香
白龙山街道	箬溪社区	蓝陈华
凤凰山街道	新华社区	周慧仙
凤凰山街道	解放社区	钟倩雯
凤凰山街道	普光社区	王旭芳
凤凰山街道	阜安门社区	季伟华
云和经开区	工业社区	王　欢

行政村"两委"主要负责人名录

浮云街道

村　名	党组织书记、村委会主任
庄前村	金建忠
云章村	叶克敏
局村村	陈伟明
溪口村	项宗华

元和街道

村　名	党组织书记、村委会主任
山脚村	雷余田
霞晓桥村	杨克标
沈村村	雷岩聪
云岸村	蓝伟军
陈前村	王善宗
梅湾村	潘叶伟
竹里村	蓝堂昌
梨庄村	叶长法

白龙山街道

村　名　党组织书记、村委会主任

三门村　吴元西
程宅村　程良邱
沙溪村　周加华
泓新村　邵建全
高胥村　林乐文

凤凰山街道

村　名　党组织书记、村委会主任
梅垄村　雷剑锋
贵溪村　严建友
后山村　杨李荣
新岭村　徐美阳
河坑村　张永青

崇头镇

村　名　党组织书记、村委会主任
崇头村　项宗平
梅源村　杨恒平
南山村　陈元伟
三垟村　朱胜华
岩下村　项金龙(6 月始)
栗溪村　钟刘玲
下垟村　陈方伟
坑根村　叶家云
梅竹村　刘家永
叶垟村　练良贤
陈坞村　钟海涛
黄家畲村　叶志袁
大垟村　叶继宝
张家地村　罗庆锋
王荫山村　沈庭有
后垟村　毛伟明
沙铺村　朱国林
大湾村　叶挺利

石塘镇

村　名　党组织书记、村委会主任
小顺村　陈小明
联合村　雷丽军
湖滨村　王　哲
金村村　林小伟
长汀村　蓝克明
朱村村　叶春冬
竹子坪村　叶　盛
桑岭村　谢伟林
双港村　李柏青
龙河村　陈　锦
规溪村　金界伟
石塘村　余良兴
叶高坪村　蓝加龙

紧水滩镇

村　名　党组织书记、村委会主任
金水坑村　叶端伟
牛头山村　蓝伟林
双垟村　叶雄峰
渡蛟源村　孙克宝
大源村　李乾平
龙门村　林宗平
石浦村　彭永生

赤石乡

村　名　党组织书记、村委会主任
滨湖村　周培兄
赤石村　周永文
麻垟村　沈根明
双林村　张兆伟
双源村　马伟平
杭汀村　马珊花

安溪畲族乡

村　名　党组织书记、村委会主任
安溪村　洪广平
下武村　蓝陈高
黄处村　王伟强

雾溪畲族乡

村　名　党组织书记、村委会主任
坪垟岗村　蓝忠华
雾溪村　郑伟明

（县委组织部提供）

表 1

云和县县情综合

指标名称	单位	1985 年	1990 年	1995 年	2000 年	2005 年	2010 年	2011 年
土地面积	平方公里	978	978	978	978	978	978	978
年末总人口(户籍)	人	111513	109121	108444	109251	110376	112785	113460
其中:男	人	60244	57932	57357	57825	57988	58578	58842
女	人	51269	51189	51087	51426	52388	54207	54618
其中:乡村人口(农业人口)	人	91455	92972	93389	91384	90876	91962	92854
城镇人口(非农业人口)	人	20058	16149	15055	17867	19500	20823	20606
其中:0–17 岁	人	—	—	—	—	20691	20334	20561
18–34 岁	人	—	—	—	—	30018	26162	25371
35–59 岁	人	—	—	—	—	43476	48419	49153
60 岁及以上	人	—	—	—	—	16191	17870	18375
人口出生率	‰	14.42	9.97	10.6	10.96	10.92	9.09	12.86
人口死亡率	‰	5.95	5.58	5.83	5.77	7.10	8.38	6.55
人口自然增长率	‰	8.47	4.39	4.77	5.19	3.82	0.71	6.31
年末常住人口	万人	11.15	11.15	10.65	10.33	10.71	11.16	11.49
年末从业人员	人	47701	62500	64100	70500	78500	76900	78700
第一产业	人	34074	39542	38600	39400	23000	28400	26500
第二产业	人	8151	15786	12400	11500	23900	25200	25800
第三产业	人	5476	7172	13100	19600	31600	23300	26400
职工人数(不含私营)	人	9321	10783	9832	7655	9498	9384	8928
国有经济单位	人	6276	8231	8372	5970	5770	6072	5863
城镇集体经济单位	人	3045	2552	1460	680	151	130	208
其他经济单位	人	—	—	—	1005	3577	3182	2857
城镇个体私营从业人员	人		2613	3371	9750	15435	20393	20754
在岗职工工资总额(不含私营)	万元	990	2344	5291	7934	25061	43659	45625
在岗职工平均工资(不含私营)	元	1088	2185	5371	10524	26463	46525	51104
农村劳动力	人	38380	48634	53900	55200	50752	59163	61982
生产总值(当年价格)	万元	7116	18777	59359.24	80061.88	165413	336446.94	393964.35
第一产业	万元	2640	5170	16660	19690	23625	32385	36586
第二产业	万元	2679	8461	28841.52	33513.83	77645	175443.70	207168.43
第三产业	万元	1797	5146	13857.73	26858.05	64143	128618.24	150209.92
生产总值指数(1978 年=100)	%	217.5	342.3	609.2	804.0	1456.3	2535.0	2776.4
户籍人均生产总值(当年价格)	元	638	1717	5431	7322	15036	29853	34826
常住人均生产总值(当年价格)	元	638	1699	5504	7717	15495	30270	34787
折合美元常住人均生产总值(当年平均汇率)	美元	217	360	659	932	1892	4471	5461

注:(1)1971 年以来,全部工业总产值含浙南制药厂,1987 年开始又增加紧水滩电厂和新华机械厂;从 2011 年开始,规模以上工业总产值统计范围
业总产值数据,采用经商局年度统计数据;由于国家统计制度改革,对 2017 年规上工业总产值进行修订,修订后结果与往年数据难以衔接。(2)2011
年开始为全社会;2008 年开始为交通部专项调查数据口径;2009 年开始采用营业性统计口径。(4)社会消费品零售总额从 1993 年开始根据经济普
均统计在"视同法人"所在地莲都区。(5)1978—1994 年为全社会外贸收购总额,计量单位为万元;1995 年开始为自营出口总额,计量单位为万美元。
配收入抽样调查。(8)1978—2001 年为农村居民人均所得收入,数据来自县农业局《农村经济收益分配和效益统计表》年报资料;从 2002 年开始为农
为农村常住居民人均可支配收入,城乡常住居民人均可支配收入数据按照新口径发布。

情况统计表

2012年	2013年	2014年	2015年	2016年	2017年	2018年	2019年	2020年	2021年	2022年
978	978	978	978	978	984	990	990	990	990	990
113469	113530	113597	113271	113680	114025	114093	114203	113777	113309	112635
58759	58782	58753	58543	58658	58750	58706	58691	58429	58169	57753
54710	54748	54844	54728	55022	55275	55387	55512	55348	55140	54882
93180	93266	92626	66974	67038	66850	66446	63219	63040	60335	57920
20289	20264	20971	46297	46642	47175	47647	50984	50737	52974	54715
20727	19845	20138	19939	20003	20304	20335	20351	19972	19727	18891
24841	24971	23480	23190	22755	22137	21588	20971	20483	19667	19099
49097	49091	49232	48626	48666	48644	48743	49157	49137	49430	48951
18804	19623	20747	21516	22256	22940	23427	23724	24185	24485	25594
10.53	9.32	11.51	8.36	9.56	13.29	10.74	9.75	8.21	6.68	5.13
6.68	6.70	6.87	7.14	6.18	9.52	7.63	6.90	7.37	6.68	8.31
3.85	2.62	4.64	1.22	3.38	3.77	3.11	2.85	0.84	0.00	–3.18
11.56	11.7	11.89	12.14	12.41	12.55	12.71	12.80	12.92	12.92	12.74
79100	79200	78900	79300	80600	80400	80200	81800	83500	84000	81500
23800	21100	18700	15400	13200	11100	8800	6900	5300	5500	5500
26100	26600	27200	28100	28900	29900	30700	31200	31700	30500	29600
29200	31500	33000	35800	38500	39400	40700	43700	46500	48000	46400
10075	11430	11060	11720	11808	10141	9799	9580	—	—	—
5635	6571	6630	6637	6582	6740	6452	6131	—	—	—
603	706	501	655	665	812	346	138	—	—	—
3837	4153	3929	4428	4561	2589	3001	3311	—	—	—
23528	28102	32304	32958	37248	39849	—	—	—	—	—
48156	52318	53368	65491	71863	74895	86376	88491	—	—	—
47797	51082	53109	62556	71123	79254	89551	100677	—	—	—
62301	56698	56557	55538	5448	56319	55503	54006	—	—	—
440018.07	475528.52	494914	540252.20	586584.74	622286.18	732768.43	827868.94	863535.70	972846	951435
38864	40041	41992	42765	44861	46169	48246	48471	49856	53066	57115
235748.22	257151.16	264907.28	290513.33	302978.06	308363.10	378711.45	439189.94	418297	492371	445963
165405.85	178336.36	188014.72	206973.87	238745.68	267754.08	305810.98	340208	395382	427409	448355
3112.6	3413.0	3536.2	3841.4	4169.9	4438.8	5000.2	5676.0	6003.1	6581.4	6308.3
38780	41897	43580	47627	51693	54657	64245	72590	75749	85713	84198
38179	40888	41960	44965	47787	49763	57926	64931	67201	75414	74331
6243	6896	7239	7759	7812	8064	9642	10448	9743	11783	11051

调整为年主营业务收入2000万元及以上工业企业；2012年开始紧水滩电厂产值不纳入统计，归省电力公司统计；从2015年开始，统计局不发布工年公路管理局统计口径调整，公路线路长度中包括村道线路长度，2011年以前不包括村道线路长度。（3）旅客周转量和货运周转量统计口径：1987查已作调整；从2010年开始，社会消费品零售总额数据采用“法人在地”原则口径统计，县烟草公司、中石油、中石化均视为产业活动单位，其零售额（6）医生数根据市统计局数据将1998—2005年数据作调整；2009年开始医生数为全社会口径。（7）从2003年开始我市才开展城镇居民人均可支村居民人均纯收入，数据来自县统计局城乡住户抽样调查结果。（9）根据城乡住户一体化调查改革，从2014年开始，农村常住居民人均纯收入更名

续表 1

指标名称	单位	1985年	1990年	1995年	2000年	2005年	2010年	2011年
固定资产投资	万元	13302	5658	8861	27963	112972	204477	216280
其中:国有及国有控股企业投资(全民所有制)	万元	12891	4731	3791	22615	73108	114851	109035
非国有投资(集体所有制+城乡私人建房)	万元	411	927	2655	1562	34104	76619	107245
财政总收入	万元	479	740	2452	6466	19250	34583	43256
一般公共预算收入	万元	—	—	1474	4259	11391	20312	24471
一般公共预算支出	万元	916	2383	5539	11536	28447	82262	95880
金融机构人民币年末存款余额	万元	3365	10791	41570	79722	169617	391077	466875
城乡居民储蓄存款余额	万元	1923	5639	22293	42715	81977	209739	244804
金融机构人民币年末贷款余额	万元	4753	9857	29584	47959	111472	262467.52	303022
保险业务收入	万元	—	182	790	730	2269	7310	8397
邮电业务收入	万元	57	185	799	2791	5308	9381	9917
耕地面积	公顷	5083	4875	4800	4315	4176	8283	8399
农用机械总动力	万千瓦	1.59	2.17	3.21	3.96	4.00	3.60	6.16
化肥施用折纯量	吨	1310	1696	2518	1366	1094	597	597
农村用电量	万千瓦时	454	852	2889	880	1537	1683	1683
农林牧渔业总产值(当年价格)	万元	3498	6871	24880	31030	37476	50780	55975
其中:农业(种植业)	万元	1646	2730	8412	7739	27488	39757	44091
林业	万元	665	1489	12116	17786	3914	3204	3864
牧业	万元	690	1638	3013	3349	2856	4283	5092
渔业	万元	44	117	220	467	1661	1816	1178
农林牧渔服务业	万元	453	897	1119	1689	1557	1720	1750
主要农产品产量								
粮　食	吨	34242	36024	38998	33124	25371	2575	24604
油　料	吨	201	315	302	268	339	379	384
茶　叶	吨	87	100	135	123	217	691	803
蔬　菜	吨		13667		29811	40763	31118	29164
水　果	吨	173	1167	2560	4218	8300	9628	8844
香　菇	吨	15	46	2632	5148	3292	3638	4431
黑木耳	吨	32.5	33	148		1023	1798	1590
水产品	吨	111	196	304	624	2520	3500	1850
猪牛羊等肉	吨	2204	2811	3186	2513	2029	2111	2028

注:(1)从2011年开始固定资产投资仅指限额以上固定资产投资,2011年以前固定资产投资指全社会固定资产投资,包括限额以上、限额以下固定
算内支出,其中1978—1983年为云和、景宁分县前的合计数;1989—1993年为财政决算收入与决算支出;1994年开始实行分税制财政体制改革,为
一般公共预算支出。(4)1978—1983年金融机构人民币年末存、贷款余额为云和、景宁分县前的合计数;(5)保险业保费收入2003年及以前数据来
电业务总量,2012年起邮电业务总量为邮电业务收入,从2014年开始邮电业务收入中的邮政业务收入包含快递业务收入;1990年以前用1980年
括紧水滩和双港,在此之前属地区电力部门管辖统计。(9)农林牧渔业统计范围2001年及以前年分为种植业、林业、牧业、渔业及副业,2002年以及
其中2001年计入种植业产值;1996年农林牧渔业分行业数据暂缺;2007-2015年农林牧渔业产值及其中分项数据根据2016年"三农"普普查结果

2012 年	2013 年	2014 年	2015 年	2016 年	2017 年	2018 年	2019 年	2020 年	2021 年	2022 年
270526	332878	360282	417238	465712	498065	—	—	—	37.65	43.41
147367	163252	208843	242142	311772	294684	—	—	—	—	—
123159	169626	151439	175096	153940	203381	—	—	—	—	—
52209	62713	68232	75806	76213	83607	94882	104053	133124	141724	138156
28696	33630	36598	42899	46640	51800	58890	64330	81363	87900	88000
104122	124583	132922	161741	207528	234295	250234.64	303991	329890	345283	379661
552634	629203	725336	810287	908598	997621	1080991	1226678	1317402	1380575	1649419
295558	336154	379931	431016	496255	540303	605115	695372	807360	889161	1086922
370543	477144	545653	619450	684367	783057	856532	973085	1120866	1300857	1555336
9483	11656	11573	14142	18760	17502	18128	16868	18269	18140	18808
9634	10293	12556	9842	10852	11872	12232	13416	14361	16946	29318
8443	8505	8536	8907	9057	9252	9292	9292	9293	9057	—
6.37	6.61	6.83	6.98	7.07	6.33	6.50	6.692	6.937	6.6537	—
597	603	586	558	558	548	548	536	531	647	—
1683	1683	1683	1657	1686	1728	1721	1726	1674	5899	—
59998	63537	66598	67920	71414	73914	77021	78214	79559	80823	87096
46623	49491	52815	53635	55621	57768	59143	58149	58149	61418	66938
4618	4750	5068	5380	5814	6225	6391	6702	7308	6556	7304
6212	6687	5965	5997	6954	6650	7097	8583	8830	6909	6467
775	810	809	877	844	937	1829	1872	2074	2453	2601
1770	1799	1941	2031	2181	2334	2561	2908	3198	3486	3786
23658	24115	23494	21871	20747	15300	16038	17541	18107	19121	19330
341	310	309	353	366	132	147	264	223	249	237
873	870	826	860	907	1135	1196	1190	1205	1203	1221
29545	30108	30299	27360	26862	29384	28622	29194	28400	27757	28161
8709	8268	8859	8597	7999	8119	7538	8134	8370	8897	8878
3555	2524	4815	5017	4841	4226	3800	3525	3366	2983	3138
2342	2464	1244	1200	1230	1523	1885	1870	2185	1496	1588
1303	1335	1395	1604	1617	1206	1459	1828	1873	1935	2033
2452	3017	3416	3128	3135	2582	2613	2341	1815	2127	1709

资产投资以及农户投资。2018 年因投资统计制度改革，不出数。(2)从 1995 年开始统计财政总收入。(3)1978—1988 年为地方财政预算内收入和预财政总收入(分为上划中央收入和地方财政收入)和地方财政支出；从 2012 年开始，地方财政收入更名为一般公共预算收入，地方财政支出更名为自云和县人民保险公司《业务统计年报表》；2004 年开始，数据来自市保险协会全口径统计。(6)1992 年以前为邮电计费业务总量，1992 年开始为邮不变价，2000 年以前用 1990 年不变价，从 2001 年开始用当年价格。(7)2008 年后耕地面积资料来源于土管部门。(8)从 1995 年开始，农村用电量包后调整为农业、林业、牧业、渔业及农林牧渔服务业；食用菌产业(香菇、木耳)产值 2000 年及以前计入林业产值，2001 年及以后调整计入农业产值，进行相应修订，但主要农产品产量不进行相应修订。

续表 1

指标名称	单位	1985 年	1990年	1995 年	2000 年	2005 年	2010 年	2011 年	2012 年
年末生猪存栏数	头	38925	49149	50293	29932	25421	21184	18934	22374
年末牛存栏数	头	7996	8494	7616	3971	3438	2229	1754	1806
全部工业企业单位数	个	110	813	1991	1195	1029	1704	1681	1816
工业总产值(当年价格)	万元	3437	14338	103567	87251	215791	541876	737527	922796
其中:规模以上工业总产值(当年价格)					48260	154029	419283	484706	595477
公路线路长度	公里		194	245	245	270	332	858	866.077
客运量	万人	247	138	213	188	289	250	236	238
客运周转量	万人公里	8624.86	4272	10274	7405	12451	7882	7115	7153
货运量	万吨	22.08	35	183	123	250	195	145	163
货物周转量	万吨公里	3772.79	3184	15952	8961		15278	13329	15810
社会消费品零售总额	万元	3333	5438	20166.86	33774.44	59722.56	113845.97	136375.54	153883.32
自营出口	万美元	125	1117	822	1545	3021	6588	6407	7833
幼儿园幼儿数	人	1300	1541	1279	2090	3327	4546	4464	4607
小学在校学生数	人	12327	9096	8521	7131	7911	7486	7572	7584
普通中学在校学生数	人	5350	5683	5200	5747	4872	5448	5229	4920
学龄儿童入学率	%	97.22	99.68	99.8	99.98	100	100	100	100
小学专任教师数	人	536	398	400	492	447	446	448	471
普通中学专任教师数	人	261	315	308	337	344	378	384	369
医院数	个	20	20	22	20	20	20	20	12
医院床位数	张	199	218	216	241	224	255	320	348
医生数	人	144	167	162	173	172	234	278	284
全社会用电量	万千瓦时	1588	4463	5684	7921	18910	33079	50154	67580
工业用电量	万千瓦时	1177	3601	3919	5984	13713	24407	40034	56550
居民生活用电量	万千瓦时	—	600	1404	1449	2792	5275	5888	6530
城镇常住居民人均可支配收入	元	—	—	—	—	11860	20131	22549	25188
农村常住居民人均可支配收入	元	300	465	695	1989	3360	6370	7570	8580
城镇常住居民人均生活消费支出	元	—	—	—	—	8559	12629	13847	15252
农村常住居民人均生活消费支出	元	—	—	—	—	2854	4322	5143	5744

注:(1)1971 年以来,全部工业总产值含浙南制药厂,1987 年开始又增加紧水滩电厂和新华机械厂;从 2011 年开始,规模以上工业总产值统计范围
业总产值数据,采用经商局年度统计数据;由于国家统计制度改革,对 2017 年规上工业总产值进行修订,修订后结果与往年数据难以衔接。(2)2011
年开始为全社会;2008 年开始为交通运输部专项调查数据口径;2009 年开始采用营业性统计口径。(4)社会消费品零售总额从 1993 年开始根据经济普
均统计在“视同法人”所在地莲都区。(5)1978—1994 年为全社会外贸收购总额,计量单位为万元;1995 年开始为自营出口总额,计量单位为万美元。
收入抽样调查。(8)1978—2001 年为农村居民人均所得收入,数据来自县农业局《农村经济收益分配和效益统计表》年报资料;从 2002 年开始为农
为农村常住居民人均可支配收入,城乡常住居民人均可支配收入数据按照新口径发布。

2013 年	2014 年	2015 年	2016 年	2017 年	2018 年	2019 年	2020 年	2021 年	2022 年
22100	19100	17600	18300	17700	16700	7864	13400	14154	12006
2000	2185	2065	2017	1040	1710	1775	1527	1692	1776
2057	2060	—	—	—	—	—	—	—	—
1080438	1130017	1031000	1114200	933500	1415000	1813000	1987000	2550700	2033400
731630	707639	636606	742765.4	510059.3	938393.8	1196143.60	1375412	1922477.6	1536332
870.6	886.3	886.3	887.811	891.345	891.75	905.35	929.043	918.28	855.72
238	191	190	188	152	143	—	78	63	—
7255	6439	6344	6267	5153	6390	—	2173	2174	—
167	183	187	192	198	292	—	607	617	—
15917	16413	16814	17246	18156	47737	—	93995	95583	—
175087.54	196442.26	218613.23	246806.51	276062.03	314745.54	344708.92	370430.09	458083.97	466373.36
9632	12516	14496	15923	17894	24043	24387	18467	28609	168868.91
4584	4621	4606	4556	4522	4193	4120	4056	4345	4168
7773	7882	8157	8033	8053	8183	8011	8014	7889	7851
4778	4684	4566	4488	4601	4778	4893	5092	5365	5277
100	100	100	100	100	100	100	100	100	100
468	474	480	500	500	526	517	531	544	522
377	377	379	369	398	381	386	385	431	434
12	10	11	11	11	10	10	10	10	10
430	400	480	545	593	549	553	555	551	561
310	309	324	364	406	437	458	428	464	375
78870	74603	88235	112430.24	62090.00	118372.80	158414.85	159313.96	173509	141947
67073	62129	74471	96715	45650	99721	136972	137172	149536	112494
7016	7188	7582	8826	9303	10870	12065	12688	13164	17519
27933	28726	31053	33785	36691	40177	44155	46584	51103	52841
9704	12789	14108	15420	16900	18573	20467	22022	24555	26078
16775	18746	20190	21644	23256	25126	27488	27888	31894	33840
6684	10874	11806	12836	13963	15139	16440	16712	19605	21330

调整为年主营业务收入 2000 万元及以上工业企业；2012 年开始紧水滩电厂产值不纳入统计，归省电力公司统计；从 2015 年开始，统计局不发布工
年公路管理局统计口径调整，公路线路长度中包括村道线路长度，2011 年以前不包括村道线路长度。⑶旅客周转量和货运周转量统计口径：1987
查已作调整；从 2010 年开始，社会消费品零售总额数据采用“法人在地”原则口径统计，县烟草公司、中石油、中石化均视为产业活动单位，其零售额
⑹医生数根据市统计局数据将 1998—2005 年数据作调整；2009 年开始医生数为全社会口径。⑺从 2003 年开始我市才开展城镇居民人均可支配
村居民人均纯收入，数据来自县统计局城乡住户抽样调查结果。⑼根据城乡住户一体化调查改革，从 2014 年开始，农村常住居民人均纯收入更名